U0863074

革命文献与民国时期文献
保护计划

成果

国家图书馆 编

民国时期图书总目

农业科学

国家图书馆出版社

图书在版编目（CIP）数据

民国时期图书总目．农业科学 / 国家图书馆编．—北京：国家图书馆出版社，2020.10
ISBN 978-7-5013-7038-2

Ⅰ．①民…　Ⅱ．①国…　Ⅲ．①农业科学—图书目录—中国—民国　Ⅳ．① Z812.6

中国版本图书馆 CIP 数据核字（2020）第 167900 号

书　　名 民国时期图书总目·农业科学
著　　者 国家图书馆　编
责任编辑 许海燕
封面设计 陆智昌

出版发行 国家图书馆出版社（北京市西城区文津街7号　100034）
（原书目文献出版社　北京图书馆出版社）
010-66114536　63802249　nlcpress@nlc. cn（邮购）
网　　址 http://www. nlcpress. com
排　　版 京荷（北京）科技有限公司
印　　装 河北三河弘翰印务有限公司
版次印次 2020年11月第1版　2020年11月第1次印刷

开　　本 787×1092（毫米）　1/16
印　　张 36
字　　数 800千字
书　　号 ISBN 978-7-5013-7038-2
定　　价 300.00元

《民国时期图书总目》编委会

本卷编委会

主　编：张　涛

编　委（按姓氏笔画排列）：

刘永梅　张　群　崔　玥　常　青

出版说明

《民国时期图书总目》主要收录1911年1月—1949年9月我国出版的中文图书，酌情收录这段时间内国外出版的中文图书，是一部大型的回溯性书目。

基于目前普查情况统计，在这段时期里，我国出版的中文图书约20余万种。20世纪80—90年代，北京图书馆（今国家图书馆）曾编过一套《民国时期总书目》，主要收录了北京图书馆、上海图书馆和重庆图书馆收藏的中文图书，并补充了一些其他图书馆的藏书，基本上反映了这段时期中文图书的出版概貌。《民国时期总书目》由原北京图书馆参考研究部自1961年开始组织编纂，编委和顾问主要成员包括田大畏、王润华、邱崇丙、朱光暄等，1985年开始分卷册陆续出版，为民国时期的书目存录、学术研究和文献保护提供了便利。前辈专家学者严谨求实的工作作风，他们为民国时期文献整理和保护事业做出的卓越贡献，值得我们永远铭记。感念于斯，我们深知责任重大，只有砥砺前行，在前辈专家学者工作的基础上不断充实和完善其内容，争取为广大读者提供一部可供参考利用的书目。

《民国时期图书总目》是在参与民国时期文献普查的各个机构的大力支持下，依托"民国时期文献联合目录"，并吸收了全国图书馆联合编目中心各省级成员馆、"大学数字图书馆国际合作计划"(China Academic Digital Associative Library, CADAL) 的主要高校成员馆以及一些专业图书馆等民国时期文献主要收藏机构的书目数据基础上编纂而成。在收书范围、书目分类、著录方式及编纂体例上，大体延续了《民国时期总书目》的做法，同时根据目前书目数据的实际情况进行了一些调整。从书目的完整性、藏书机构的代表性等各方面都较《民国时期总书目》有了显著的提高。此外，本书目一大特色是待陆续出版完成后将实现与"民国时期文献联合目录"线上数据联动，以满足在数字时代大背景下读者对于民国时期文献数据的实时便捷查找、识别、选择和获取。

本书目基本依据《中国图书馆分类法》(第四版)体系，按学科分为哲学，宗教，社会科学总论，政治，法律，军事，经济，文化、科学、教育、体育，语言文字，文学理论、世界文学、外国文学，中国文学，艺术，历史、地理，自然科学（基础科学），医药卫生，农业科学，工业技术、交通运输、航空航天、环境科学，综合性图书18卷，将分卷陆续出版。

随着时代的发展和技术的进步，图书馆编目工作发生了巨大变化，编目方式由卡片目录发展为机读目录，各藏书机构间的书目交流也日趋频繁和便捷。如何以海量的机读格式书目数据为基础，编纂一部大型的印刷本回溯性书目，对于编纂人员来说充满挑战，实施过程复杂且动态，不易掌控，而且这部书目涉及的藏书机构多、书目数据量大、图书版本情况复杂、涉及学科范围广，并且有一些图书破损严重，著录信息无从查起，需要编纂人员考证或推测，加之编纂人员水平有限，一定会有错误或不当之处，敬请读者批评指正。

本书编委会

2018年4月

前　言

民国时期是中国历史上一个短暂但又十分重要的时期。这一时期，社会变化剧烈，学术思想活跃，留下了大量文献，包括图书、期刊、报纸、档案、日记、手稿、票据、传单、海报、图片及声像资料等。这些文献是反映民国时期政治、经济、社会、文化、军事等方面情况的重要资料。但是，由于种种原因，民国时期文献老化、损毁现象严重，亟待抢救与保护。自20世纪80年代以来，民国时期文献日益受到关注，抢救、保护与开发利用工作逐步展开，并取得了阶段性成果。

为了进一步促进民国时期文献的保护和利用，2011年，国家图书馆联合国内部分文献收藏单位策划了“民国时期文献保护计划”，希望通过文献普查、海内外文献征集与整理出版、文献保护技术研究等工作的开展，加强民国时期文献的原生性和再生性保护。这一计划，得到了文化部（今文化和旅游部）、财政部的大力支持，并于2012年正式启动。

项目开展以来，在各收藏单位以及相关专家学者的大力支持下，各方面工作均取得了重要成果。在文献普查方面，建成“民国时期文献联合目录”系统，收录国家图书馆等22家大型文献收藏机构的书目数据30余万条，馆藏数据60余万条。在此基础上，2015年2月，《民国时期图书总目》编纂工作正式启动，力争全面揭示普查成果，提供社会各界使用。为了做好这项工作，我们制订了《〈民国时期图书总目〉实施方案》，确定了客观著录图书信息的原则，界定了文献收录时间，规范了编纂体例与工作细则等。

《民国时期图书总目》是一部收集、整理民国时期图书的大型工具书，收录1911年1月—1949年9月除线装古籍以外在我国出版的中文图书，并酌情收录这段时间内国外出版的中文图书。

北京图书馆（今国家图书馆）曾于20世纪80年代中期陆续整理出版了一套联合目录性质的《民国时期总书目》，被学者广泛使用。为使书目更加丰富完整、资料来源更加可靠、著录更加详细准确、分类更加合理，我们在充分吸收《民国时期总书目》成果的基础上，对书目及著录内容进行了大量的补充和校订，收藏单位数量也大大增加。

《民国时期图书总目》按学科分卷出版，同时还将发行《民国时期图书总目》数据库版，并随时补充、订正，以方便读者查检使用。

陈力

2018 年 4 月

凡　　例

一、收录范围

1. 本书目主要收录1911年1月—1949年9月我国出版的中文图书，酌情收录这段时间内国外出版的中文图书。1911年前印行、民国期间又连续出版的丛书、多卷书，以及1911年前出版、民国期间重印的图书，均予以收录。

2. 民国期间出版的期刊、报纸、少数民族文字图书及线装书等不在本书目收录范围，待另行编印出版。

二、著录项目

1. 著录内容：顺序号、题名、责任者、版本、出版发行、形态细节、丛书、提要及附加说明、馆藏标记，共9个项目。

（1）顺序号：每一条目的顺序编号，各卷单独编号。待本套书目全部出版后，读者可以利用条目顺序号，在“民国时期文献联合目录”上，查找到该条目下所有图书的书目和馆藏详细信息。

（2）题名：包括正题名、副题名、交替题名、合订题名、外文题名等。所有分册名、分册号、其他题名信息以及交替题名一律置于题名后的圆括号内，之间按性质用空格隔开（交替题名单独列出）。合订书（两种及以上著作合并成一册出版而又没有共同题名）依次著录各著作题名，其间用中圆点隔开。

（3）责任者：包括著者、译者、点校者、辑注者、编者等。三人以上合著、合译的，只著录第一人姓名，后加“等”字。责任者之间以空格隔开，不同责任者的合订书，责任者之间用中圆点隔开。

（4）版本：包括版次、版本的附加说明等。

（5）出版发行：包括出版地（或发行地）、出版者（或发行者、印刷者）、出版或印刷年月等。

（6）形态细节：包括册数、页数、开本、装帧等。图书中分段表示的页码，用加号相连。开本信息依据普查数据中的厘米信息转换，并参照《民国时期总书目》进行整理。未著录装帧形式的，一般为普通平装本。

（7）丛书：包括丛书名、丛书编号等。丛书项内容置于圆括号内，有多个丛书名时，分别置于各自的圆括号内。

（8）提要及附加说明：包括图书的内容提要、题名及责任者的补充说明、适用范围以及其他著录内容的补充说明。根据实际普查情况有部分书目未提供提要及附注等。

（9）馆藏标记：提供书目数据的各公共图书馆、高校图书馆及专业图书馆等收藏单位的简称，并分别按各收藏单位简称的汉语拼音排序。为了最大限度地涵盖民国时期图书的出版发行情况，本书还收录了一些来自《民国时期总书目》和其他出版物的书目信息，由于无对应普查馆，所以无馆藏标记。

2. 著录标准：依照中文图书著录规则，以题名页、版权页为主要信息源，同时参考其他信息源。以客观著录为基本原则，并对相关内容进行必要的规范化处理。

3. 原书著录项目缺漏，由编纂者考证推测添加的著录内容，加方括号以示区别，提供参考。

三、分类与编排

1. 本书目按学科分卷，分册编辑出版。按照书目数量的多寡一个学科编成一册或多册；或由若干学科合成一册。

2. 本书目依据《中国图书馆分类法》（第四版）进行分类，并根据具体情况设置详简不同的类目名称。

3. 本书目类目不作交替和互见。包含两种以上学科内容的图书，按主要内容归类。

4. 本书目把《四部丛刊》《丛书集成》和《四部备要》三套丛书统一放在“综合性图书”卷。

5. 本书目各卷在划分类目的基础上，依次按照题名、责任者和出版者三个项目汉语拼音音序编排。三个项目完全相同的，原则上合并为一个条目，计为一种；个别上述三个项目相同但内容差异较大的，则析为单独条目。

6. 同一条目下作品的不同版本，原则上按出版时间先后排序，同时兼顾版次顺序。

7. 在编排上，为集中同一责任者的同一作品，凡使用不同笔名和署名，以及有不同中译名的外国原著者，一般选用较常见的署名，不拘于本名和标准译名，必要时在附注中说明。

四、索引及用字

1. 本书目各卷都附有汉语拼音为序的题名索引以及题名首字汉语拼音检索表。

2. 本书目使用的汉字除了按规定必须使用的繁体字和异体字外，均以现行的简化字为标准。

本卷编制说明

一、本卷主要收录1911年1月—1949年9月我国出版的有关农业科学方面的中文图书，并酌情收录这段时间内国外出版的此类图书，共计4017种。

二、本卷分为农业科学总论，农业基础科学，农业工程，农学（农艺学），植物保护，农作物，园艺，林业，畜牧、动物医学、狩猎、蚕、蜂，水产、渔业共10个类目，在10个类目下，又分为肥料学、土壤学、农业气象学、农田水利、病虫害及其防治等63个细目。

三、本卷收录的图书归类主要依据《中国图书馆分类法（第四版）》，并根据民国时期图书具体情况分编。凡属学科界限不清或有争议者，一般归入上一级类目或按照主要内容归类。

四、科学论文和报告的抽印本、暂行本，均予以收录。

五、本卷图书，基本依题名、责任者、出版者相同的原则划分条目，每一条目计为一种。

六、各类目图书的排序，原则上依次按照题名、责任者、出版者三个项目汉语拼音音序编排。同一条目下的不同版本，按出版时间先后排序，兼顾版次顺序；个别出版发行信息不全的图书，放在该条目的最后。

七、提要及附注说明主要揭示图书的内容、适用范围、题名、责任者的补充说明等信息。

八、对部分著录内容实施必要的规范化处理，如对责任者形式、责任方式、尺寸等进行规范统一。

九、本卷部分图书中无题名页、版权页等著录信息源，还有一些图书破损严重，因此某些著录项目存在空缺，或由编纂者考证后加方括号注明。

本卷收藏单位简称表

收藏单位简称	收藏单位全称
安徽馆	安徽省图书馆
北师大馆	北京师范大学图书馆
重庆馆	重庆图书馆
川大馆	四川大学图书馆
大理馆	大理白族自治州图书馆
大连馆	大连市图书馆
大庆馆	大庆市图书馆
东北师大馆	东北师范大学图书馆
福建馆	福建省图书馆
复旦馆	复旦大学图书馆
甘肃馆	甘肃省图书馆
广东馆	广东省立中山图书馆
广西馆	广西壮族自治区图书馆
贵州馆	贵州省图书馆
桂林馆	广西壮族自治区桂林图书馆
国家馆	国家图书馆
河南馆	河南省图书馆
黑龙江馆	黑龙江省图书馆
湖北馆	湖北省图书馆
湖南馆	湖南图书馆
吉大馆	吉林大学图书馆
吉林馆	吉林省图书馆（吉林省少年儿童图书馆）
江西馆	江西省图书馆
近代史所	中国社会科学院近代史研究所
辽大馆	辽宁大学图书馆
辽宁馆	辽宁省图书馆
辽师大馆	辽宁师范大学图书馆

续表

收藏单位简称	收藏单位全称
南京馆	南京图书馆
内蒙古馆	内蒙古自治区图书馆
宁夏馆	宁夏回族自治区图书馆
农大馆	中国农业大学图书馆
青海馆	青海省图书馆
清华馆	清华大学图书馆
人大馆	中国人民大学图书馆
山东馆	山东省图书馆
山西馆	山西省图书馆
陕西馆	陕西省图书馆
上海馆	上海图书馆（上海科学技术情报研究所）
绍兴馆	绍兴图书馆
首都馆	首都图书馆
四川馆	四川省图书馆
天津馆	天津图书馆
武大馆	武汉大学图书馆
西交大馆	西安交通大学图书馆
西南大学馆	西南大学图书馆
新疆馆	新疆维吾尔自治区图书馆
云南馆	云南省图书馆
浙江馆	浙江图书馆
中科图	中国科学院文献情报中心

说明：

1. 本表按收藏单位简称音序排序。

2. 简称规则：公共图书馆一般以行政区划名称加“馆”字简称，如吉林省图书馆简称为“吉林馆”；高校图书馆以高校简称加“馆”字简称，如北京大学图书馆简称为北大馆；其他类型图书馆以常用简称为准，如中国科学院文献情报中心简称为“中科图”。

3. 本书目中所收录的首都图书馆的部分馆藏，来源于“北京市公共图书馆联合目录”。

目　录

农业科学总论

00001

半年来的花园村 河南第二行政督察区农林实验学校编辑

开封：河南第二行政督察区农林实验学校，1934.1，133页，16开

本书收录1933年下半年该校情况报告和教职员作品。分本场暨本校创办经过、计划、章则、生活、论著、杂俎6部分。其中论著多为农业和教育方面文章，杂俎收录诗歌、散文等。书末附本校教职员一览。

收藏单位：国家馆

00002

筹备中央农业实验所之经过 中央农业实验所筹备委员会编

南京：中央农业实验所，[1932.6]，115页，16开

本书内容包括：中央农业研究所筹备委员会第一至四次会议记事录、中央农业研究所组织章程草案、实业部指令、实业部总务司通知等。

收藏单位：国家馆、南京馆

00003

大华农场农产汇报 大华农场编

上海：大华农场农产推广处，1931.3，52页，32开

本书内容包括：摄影、题字、栽培法、营业条例、农产价目。书前有孔祥熙、胡汉民、孙科、张人杰、张我华、易培基等题词。

收藏单位：广东馆、浙江馆

00004

二年来的冬期农业学校校友服务社 刘瑞昌编纂

[北京]：出版者不详，1941，68页，32开

收藏单位：国家馆

00005

福建省立农学院概要（创始一年来之工作报告） 福建省立农学院编

福州：福建省立农学院，1941.7，38页，16开

本书内容包括：创办经过、行政组织、建筑设备、教务、训导、总务、文书、科学馆、图书馆、农学系、园艺学系、森林学系、农业生物学系、农业经济学系、附设农场、农业考察团、各种委员会、本院大事记、本院廿九年度下学期教职员一览。

收藏单位：福建馆、南京馆

00006

福建省立农学院开学纪念刊 [福建省立农学院编]

福州：福建省立农学院，1940.11，44页，18开

本书内容包括：福建省立农学院办学要旨、院舍平面图、院历、章则、本院各系学程一览、本院教职员一览、本院学生一览。书前有陈仪题词。

收藏单位：福建馆、广东馆、南京馆

00007

福建省农事试验场成立六周年纪念专刊

永安：中国文化服务社福建分社，1945.2，22页，16开

本书共4部分：前言、沿革及现况、工作及成果、福建省农事试验场三十四年上半年职员简历表。

收藏单位：福建馆、浙江馆

00008

福建省农业改进处概况 福建省农业改进处编

[永安]：福建省农业改进处，1940.2，100页，32开

本书介绍该处组织变迁与现状、经费收支，以及作物、园艺、森林、畜牧、病虫害、农艺化学、农林推广、农业教育等方面的概况。书末附本处职员录、各附属机关职员录等。

收藏单位：重庆馆、福建馆、国家馆

00009

福建省农业改进处暨附属机关组织规则

出版者不详，1939，油印本，1 册，16 开

收藏单位：南京馆

00010

福建私立集美试验农林学校实际工作进行计划大纲 [集美试验农林学校编]

集美试验农林学校，1935.2，50 页，32 开

本书共 6 部分：本校民国二十四年的计划大纲要项、农艺改进计划、园艺改进计划、牧畜繁殖计划、森林改进计划、农村经济改进计划。书末附本地农作物耕种情形之调查。

收藏单位：国家馆

00011

甘肃省立第一农业学校十五周年纪念刊 甘肃省立第一农业学校校刊编委会编

兰州：甘肃省立第一农业学校校刊编委会，1932.5，24 页，16 开

本书收录《本校成立十五周年纪念》《本校二十一年度教务计划》《甘肃农业不发达的原因》《棉作对于土质及气候之关系》《小科学——普通植物的根茎叶》等文章。书前有杨希尧祝词。

收藏单位：国家馆、浙江馆

00012

甘肃省农事试验场第一次报告书 鲁绍周编

[甘肃省农事试验场]，1916，10+178 页，22 开

本书收录了有关粮食、特用作物、园艺的成绩。书前有甘肃省农事试验场多帧照片。目次页书名题：甘肃省农事试验场第一次成绩报告书。

收藏单位：国家馆、宁夏馆

00013

高等考试农业技师考试声请检核须知 考试院考选委员会编

考试院考选委员会，1943.1，6 页，36 开

本书共 5 部分：农业技师考试与分科、农业技师检核、应检核资格、资格之证明、声请检核手续。

收藏单位：国家馆

00014

谷蔬瓜果 杨荫深编

上海：世界书局，1946.1，86 页，32 开（日常事物掌故丛书）

本书记述谷、蔬、瓜、果等数十种作物的名称、来源、历史典故、故事等。书末附谷蔬瓜果营养成分表。

收藏单位：重庆馆、南京馆、上海馆

00015

关于西北农林教育之所见 戴季陶著

南京：新亚细亚学会，1934，102 页，25 开（孝园丛刊 1）

本书收文章 8 篇，内容包括：《建设西北专门教育之初期计划》《修复咸阳诸陵及编纂周陵志办法概要》《对于改定校址及工作进行之意见》《游陕述怀致杨虎城书》《为咸阳造林事致王子元书》等。书末附《中央关于开发西北之计划》等。

收藏单位：重庆馆、广东馆、国家馆、江西馆、南京馆、上海馆、浙江馆

00016

管相桓等农业研究论文集（水稻） 管相桓等著

四川省农业改进所稻麦改良场，1945，1 册，16 开

00017

广东公立农业专门学校一览 广东公立农业专门学校编

广东公立农业专门学校，1921.4，74 页，16 开

本书共 6 章：沿革、校则、管理规则、校员职责、校员会议、附则。目次页书名题：广东省公立农业专门学校一览。

收藏单位：国家馆

00018

广东建设厅农林局农业改良试验区之过去与

将来 广东建设厅农林局农业改良试验区编著

广州：广东建设厅农林局，1931.5，136 页，24 开

本书共 3 章：绪言、过去之工作、将来之计划。内容包括：设立事项、农业调查、地质调查、土壤调查、演讲宣传、饲养试验、改良表征运动、考察与指导、兴办事项、设立优良种子介绍处、提倡组织农业改进会、举办合作事业计划、举行农产比赛会等。书前有邓彦华、廖崇真照片以及本区全体职员摄影。

00019

广东省地方农林试验场第五次报告书（民国三年至九年 下卷） 广东省地方农林试验场编

广东省地方农林试验场，[1920]，[650] 页，18 开

本书共 3 部分：蚕桑课、化学课、森林课，收录了 1914 年至 1920 年蚕桑试验报告、化学试验报告、林业试验报告。内容包括：栽桑、养蚕及制种、化学肥料、有机肥料、农林品展览会肥料、食品、果子、饲料等。

收藏单位：湖南馆

00020

广东省立广肇罗甲种农业学校十周纪念特刊 广东省立广肇罗甲种农业学校编

肇庆：广东省立广肇罗甲种农业学校，1923，25 页，25 开

本书内容包括：开会词、对于农校十周纪念之感言、我校十年来的环境及遭遇、本校纪念日之解释、十周纪念会的经过。书末附十周纪念歌（G 调）、欢迎歌（D 调）。

收藏单位：国家馆

00021

广群芳谱 （清）汪灏等编

上海：商务印书馆，1935.4，24 册（[2516] 页），32 开（万有文库 第 2 集 318）

上海：商务印书馆，1935.4，4 册，32 开，精装（国学基本丛书）

上海：商务印书馆，1935.8，再版，4 册，32 开，精装（国学基本丛书）

本书共 100 卷，系古农书，原为明代王象晋著，后由清康熙帝命汪灏增删改编而成。分天时、谷、桑麻、蔬、茶、花、果、木、竹、卉、药共 11 个谱，对每种植物均详述其形态、特征及栽培方法等。原题：清圣祖敕撰。

收藏单位：安徽馆、重庆馆、大理馆、大连馆、大庆馆、东北师大馆、广东馆、贵州馆、国家馆、黑龙江馆、湖南馆、江西馆、辽大馆、辽师大馆、南京馆、内蒙古馆、宁夏馆、山东馆、上海馆、首都馆、天津馆

00022

广西农林试验场报告书（第 1 号 中华民国二十一年份） 广西农林试验场编

［柳州］：广西农林试验场，[1932]，138 页，16 开

本书收录了农艺组、森林组、园艺组、畜牧兽医组、化验组、病虫害组等试验成绩和工作报告。书前附该场全图，书末附二十一年份一至十二月逐日气象平均要素表、地温表、全年气象一览表及各月温度变迁图。目次页题名：广西农林试验场民国二十一年份试验成绩及工作报告。

收藏单位：广东馆、桂林馆、国家馆、上海馆

00023

广西农林试验场报告书（第 2 号 中华民国二十二年份） 广西农林试验场编

［柳州］：广西农林试验场，1933，442 页，16 开

本书收录了农艺组、森林组、园艺组、化验组、病虫害组、桂平水稻试验分场等试验成绩和工作报告。书前附该场全图，书末附二十二年份一至十二月逐日气象平均要素表、地温表、全年气象一览表及各月温度变迁图。目次页题名：广西农林试验场民国二十二年份试验成绩及工作报告。

收藏单位：重庆馆、广东馆、桂林馆、国家馆、南京馆、上海馆

00024

广西农事试验场二十五年事业简报 广西农事试验场编

[柳州]：广西农事试验场，[1936]，油印本，8叶，大16开，环筒页装

本书介绍了水稻、旱稻、小麦、棉花、果树等推广工作，记述了绿肥栽培、堆肥制造、虫害防除等相关工作情况。

收藏单位：国家馆

00025

广西农事试验场附属沙塘无忧石碑坪三垦区调查 林玉文著

柳州：广西农事试验场，1939.11，84页，16开（研究专刊12）

本书共10章：绪言、沙塘石碑坪无忧三垦区概述、垦区家庭与人口、家庭消费、田场周年经营之状况、垦民家庭周年之收支、卫生、借贷、垦民对于垦区施政之意见、结论。

收藏单位：重庆馆、国家馆、近代史所

00026

广西农事试验场概况 广西农事试验场编

[柳州]：广西农事试验场，[1935]，12页，16开

本书内容包括：该场沿革、组织、事业进行概况等。

收藏单位：重庆馆、南京馆

00027

广西农事试验场概况 广西农事试验场编

柳州：广西农事试验场，1940.1，44页，16开

本书共8部分，内容包括：该场沿革、组织、设备、经费、事业进行概况等。附本场职员一览表、廿八年度试验工作一览表、本场出版刊物一览表。为杂刊1号。

收藏单位：桂林馆、国家馆、南京馆、首都馆、浙江馆

00028

广西农事试验场廿三年度工作报告书 广西农事试验场编

柳州：广西农事试验场，1935.6，32页，16开

本书分农艺、畜牧、病虫害等。

收藏单位：安徽馆、桂林馆、国家馆、湖南馆

00029

广西农事试验场三十三、三十四年度工作报告 广西农事试验场编

柳州：广西农事试验场，1947，12页，16开（广西农事试验场报告10）

本书介绍广西农事试验场1944—1945年在农艺、园艺、森林、病虫害及农业化学方面的研究成果。

收藏单位：桂林馆

00030

贵州省农业改进所概况 贵州省农业改进所编

贵州省农业改进所，1946.12，47页，16开

本书共5部分：贵州省农业改进所沿革及组织、设备、经费及人事、各系会工作概况、附录。书末附贵州省农业改进所现任工作人员目录。

收藏单位：贵州馆、国家馆、南京馆

00031

贵州省农业改进所两年来各项重要施业计划及纲要汇编 贵州省农业改进所编

贵州省农业改进所，1940，1册，32开

本书讲述了农业、森林、畜牧兽医等方面的一些施业计划及实施纲要。封面题名：本所两年来各项重要施业计划及纲要汇编。

收藏单位：重庆馆、南京馆

00032

国立东南大学农科办理农业调查团之原因与组织 国立东南大学农科编

[南京]：国立东南大学农科，1923，14页，16开

收藏单位：上海馆

00033

国立东南大学农科售品部一览 东南大学农科编

南京：东南大学农科，1923.3，64页，23开

本书为该校农科出售的苗木、种畜、农具等的价目表。

00034
国立东南大学农科推广部售品一览 东南大学农科推广部编
南京：东南大学农科推广部，1925.1，60 页，23 开

00035
国立东南大学农科之基础与计划 东南大学农科编
南京：东南大学农科，1921.12，20 页，24 开
本书介绍了农科实验分场的设置和人员分配、人员数量、学历、职位等情况，以及事业范围、校外捐助、将来计划、结论。又名：国立东南大学农科之基础与计画。为农科报告第 1 册。
收藏单位：上海馆

00036
国立西北农林专科学校一览（二十五年度） 国立西北农林专科学校编
武功：国立西北农林专科学校，1936，1 册，16 开
本书内容包括：校史概要、各种常设委员会题名、本校暂行章程、各组学程内容及各场概况、附属机关概况、其他各部分概况、法规、教职员及学生名录等。
收藏单位：甘肃馆、广东馆、国家馆、南京馆

00037
国立西北农学院教职员录（三十七学年度） 国立西北农学院编
国立西北农学院，1948，32 页，25 开
本书收录了国立西北农学院三十七学年度教职员名录，包括：院长室、农艺学系、植物病虫害系、农业经济系、森林系、园艺系、畜牧兽医系畜牧组、畜牧兽医系兽医组、农业化学系等。
收藏单位：国家馆

00038
国立中山大学农林植物研究所概况（第一次五年报告） 国立中山大学农林植物研究所编
[广州]：国立中山大学农林植物研究所，1934.5，58 页，22 开，环筒页装
本书共 4 部分：组织、经费、各部进行概况、未来之企图。
收藏单位：国家馆

00039
国立中山大学农学院农场概要指南 国立中山大学农学院编
[广州]：国立中山大学农学院，1934，[16] 页，64 开
本书收录了农场垦殖面积、生产消费等统计图表。

00040
国立中山大学农学院推广部概况 [国立中山大学农学院推广部编]
广州：国立中山大学农学院推广部，1933.11，120 页，32 开
广州：国立中山大学农学院推广部，1935.11，120 页，32 开
本书共 3 部分：概述、组织、推广工作。书中重点介绍了蚕业推广、稻作推广、优良农林种苗推广等工作概况。
收藏单位：国家馆、吉林馆、上海馆、浙江馆

00041
国立中央大学农学院作物系十六年总报告书
[南京]：[国立中央大学农学院]，[1928—1949]，油印本，1 册，16 开，精装
收藏单位：南京馆

00042
河北省立农学院各会议规程·河北省立农学院各委员会规程
[保定]：河北省立农学院，1932.4，28 页，22 开
本书收录河北省立农学院院务会议议事规程 13 条、河北省立农学院教务会议议事规程 9 条、河北省立农学院事务会议议事规程 9 条、河北省立农学院系务会议议事规程 10 条、河北省立农学院场务会议议事规程 10 条、河北省立农学院审计委员会议事规程 8

条、河北省立农学院辅导委员会规程 8 条、河北省立农学院体育委员会规程 8 条等。

收藏单位：国家馆

00043

河北省立农学院各会议议事规程·河北省立农学院各委员会议事规程

[保定]：河北省立农学院，1933.9，10 页，22 开

本书收录河北省立农学院各会议议事规程 15 条、河北省立农学院各委员会议事规程 16 条。

收藏单位：国家馆

00044

河北省立农学院教务通则

[保定]：河北省立农学院，1933.7，12 页，22 开

本通则共 11 节：入学及转学、纳费及注册、选系及转系、学分及成绩、请假缺课及扣分、禁考重习及补考、升级及留级、休学退学转学及复学、毕业、奖励及惩戒、附则。民国二十二年七月修正。

收藏单位：国家馆

00045

河北省立农学院事务通则

[保定]：河北省立农学院，1933.9，20 页，22 开

本通则共 5 节：宗旨、职务、会议、委员会、附则。内容包括：院长综理一切院务、秘书商承院长办理一切院务、各学系主任商承院长或秘书办理各学系事宜及职掌如左等。民国二十二年九月经院务会议修正。

收藏单位：国家馆

00046

河北省立农学院物品保管规程

[保定]：河北省立农学院，1933.11，4 页，22 开

本规程共 13 条，内容包括：本学院物品应分类各置专人负责保管、保管人经管各种物品应分类分部编号并印制号签于各个物品酌量贴系之、保管物品应分类制备物品登记簿填载左列各项等。为民国二十二年十一月十四日经院务会议议决。

收藏单位：国家馆

00047

河北省立农学院学刊简章·河北省立农学院学刊投稿简章

[保定]：河北省立农学院，1933.11，4 页，22 开

本书收录河北省立农学院学刊简章共 14 条。内容包括：本刊定名为河北省立农学院学刊、本刊以研讨关于本国农林问题并介绍国外农林名著为宗旨等。收录河北省立农学院学刊投稿简章共 8 条，内容包括：来稿凡系研讨农林问题并介绍国外关于农林之论著而与本刊宗旨相合者一律欢迎等。

收藏单位：国家馆

00048

河北省立农学院学生补考规则

[保定]：河北省立农学院，1934.1，2 页，22 开

本规则共 6 条，内容包括：学生有左列情事之一者应施行补考、补考在一学期内每科以一次为限、补考试卷分数一律按九折计算等。

收藏单位：国家馆

00049

河北省立农学院学生请假及扣分规则

[保定]：河北省立农学院，1934.1，4 页，22 开

本规则共 8 条，内容包括：学生于授课时间因故不能上课时须到教务课领取请假凭单注明起讫时日送经该课主任核准否则以旷课论等。民国二十二年九月经院务会议修正。

收藏单位：国家馆

00050

河北省立农学院学生学业成绩考查规则·河北省立农学院学生学业成绩计算施行细则

[保定]：河北省立农学院，1934.1，6+6 页，

22 开

本书收录河北省立农学院学生学业成绩考查规则 15 条、河北省立农学院学生学业成绩计算施行细则 16 条。

收藏单位：国家馆

00051

河北省立农学院一览 河北省立农学院编

保定：河北省立农学院，1936.6，194 页，16 开

本书共 15 部分：院址图、照片、院史、校历、组织大纲、课程、章则、各系概况、设备、经费、统计图表、本院职教员名录、本院学生名录、历年离院职教员名录、历年毕业生名录。

收藏单位：国家馆、南京馆

00052

河北省立农学院职员录（二十三年度第二学期）

保定：河北省立农学院，[1934]，4 页，16 开

本书收录有薛培元、朱佩实、杨成奇、张子隆、李蓬洲、宋崇之、薛岳生、冯廉清等职员的基本信息。

收藏单位：国家馆

00053

河北省立农学院组织大纲

[保定]：河北省立农学院，1933.9，4 页，22 开

本大纲共 24 条，内容包括：本学院依照河北省政府委员会会议议决案定名为河北省立农学院、本学院依注重实用科学之原则以研究高深学术养成专门人材为宗旨等。民国二十二年七月经院务会议修正。

收藏单位：国家馆

00054

河北省立农学院组织大纲·河北省立农学院办事总则·河北省立农学院学则

[保定]：河北省立农学院，1932.3，26 页，22 开

本书收录河北省立农学院组织大纲 22 条、河北省立农学院办事总则 15 条、河北省立农学院学则 45 条。

收藏单位：国家馆

00055

河北省农事第四试验场二十一年成绩报告

河北省农事第四试验场编

北平：河北省农事第四试验场，1933.10，88 页，16 开

本报告共 3 部分：普通作物、特用作物、蚕桑。书前有图 4 幅。版权页题名：试验成绩报告。逐页题名：河北省农事第四试验场民国二十一年试验成绩报告。

收藏单位：国家馆

00056

河北省农事第一试验场中华民国二十一年试验成绩报告 河北省农事第一试验场编

[天津]：河北省农事第一试验场，1933.9，92 页，16 开

本报告共 4 部分，介绍了作物系、蚕桑系、养蜂系、气象系的工作概况。书前有刘家璠序，书中有摄影 16 幅、图表 12 幅。

收藏单位：国家馆

00057

河北省农事第一试验场中华民国二十二年试验成绩报告 河北省农事第一试验场编

[天津]：河北省农事第一试验场，1933，28 页，13 开

收藏单位：浙江馆

00058

河北省省立易县高级农业职业学校五年计划

河北省省立易县高级农业职业学校编

易县：河北省省立易县高级农业职业学校，1935.3，24 页，22 开

本书内容包括：添班及设科、添置设备、二十三年度至二十七年度五年内设农艺科、园艺科的班级等。附农艺科、园艺科课程表。

收藏单位：国家馆

00059

河北省水产专科学校一览 河北省水产专科

学校文书室编辑股编辑
天津：河北省水产专科学校，1932.6，62 页，16 开
　　本书有校史、课程标准、人名录等。

00060
湖北省立农学院二周年纪念特刊 湖北省立农学院二周年纪念筹备会出版组编
恩施：湖北省立农学院二周年纪念筹备会出版组，1942.11，124 页，16 开
　　本书设有专载、论著、调查研究、计划、院况等栏目，收录了《农业教育政策之商榷》《湖北省立农学院教育实施方针》《春秋战国农业技术的发展》等文章。
　　收藏单位：国家馆、南京馆

00061
湖北省立农学院教职员录（民国三十七年二月） 湖北省立农学院编
[武昌]：湖北省立农学院，1948，油印本，1 册，16 开，环筒页装
　　本书共两部分：教员之部和职员之部。
　　收藏单位：重庆馆

00062
湖北省立农学院人事管理规则 湖北省立农学院编
[武昌]：湖北省立农学院，1948，油印本，1 册，16 开，环筒页装
　　本书收录湖北省立农学院人事管理规则 50 条。
　　收藏单位：重庆馆

00063
湖北省立农学院学则 湖北省立农学院编
[武昌]：湖北省立农学院，[1948]，油印本，1 册，16 开，环筒页装
　　本书收录湖北省立农学院学则共 9 章 42 条。
　　收藏单位：重庆馆

00064
湖北省南湖农业试验场工作计划大纲（民国二十一年） 邵惕公著
南湖农业试验场，[1930—1939]，58 页，22 开
　　本书内容包括：序言、复兴施政纲要以及稻作系、麦作系、豆作系、园艺系、昆虫系、育苗系、推广系及化验系二十一年份工作计划大纲。
　　收藏单位：广西馆、国家馆、南京馆

00065
湖南农事试验场工作报告 [湖南农事试验场编]
湖南农事试验场，1935.5，562 页，16 开
　　本书收录了湖南农事试验场关于作物、园艺、虫害防治等试验成绩，以及常德分场工作、气象观测方面的报告。系该场廿三年度工作报告。
　　收藏单位：广东馆、湖南馆、南京馆、浙江馆

00066
湖南农事试验场工作报告（民国二十四年 第4期） 湖南农事试验场总务科编
湖南农事试验场总务科，1936.3，272 页，16 开
　　本书收录了湖南农事试验场关于作物、园艺、虫害防治等试验成绩，以及常德分场工作、气象观测方面的报告。
　　收藏单位：湖南馆、上海馆

00067
湖南省立高级农业职业学校二年来校务辑要 湖南省立高级农业职业学校出版部编
长沙：湖南省立高级农业职业学校出版部，[1935]，292 页，16 开
　　本书分迁建事项和普通事项两部分，包括公牍、会务、工作报告、添置、签载等。校务辑要的时间从 1933 年 3 月到 1935 年 8 月。逐页题名：湖南省立高级农校二年来校务辑要。
　　收藏单位：国家馆、湖南馆、山西馆

00068
湖南省农业改进所工作总报告（中华民国二十七年度）
长沙：湖南省农业改进所，[1939]，油印本，

149 叶，16 开，环筒页装

本报告共 10 项：稻作、杂作、棉作、森林、垦务、茶作、园艺、畜牧兽医、病虫害系、农业工程。目次页书名题：湖南省农业改进所二十七年度工作报告。

收藏单位：国家馆

00069

湖南省农业改进所二十八年度工作报告 [湖南省农业改进所编]

[长沙]：湖南省农业改进所，[1940]，172 页，16 开

本报告共 12 项：稻作、杂作、棉作、森林、茶作、园艺、垦务、虫害、农业工程、畜医、测候、调查统计。

收藏单位：南京馆、西南大学馆

00070

湖南私立修业高级农业职业学校三十周年纪念刊 私立修业高级农业职业学校附属第一小学校编

长沙：私立修业高级农业职业学校附属第一小学校，1934.5，120 页，16 开

本书共 10 部分：校歌、弁言、序、本校三十周年纪念筹备会会刊发刊词、本校教育之旨趣——努力生产教育、题词、插图、本校史略、章则、本校现况。

收藏单位：国家馆

00071

湖南私立修业高级农业职业学校最近三年的设施

[长沙]：湖南私立修业高级农业职业学校，1936，62 页，32 开

收藏单位：广东馆

00072

湖南修业学校棉稻试验场报告书第四期

湖南修业学校棉稻试验场，56 页，16 开

收藏单位：南京馆

00073

华北农事试验场要览 （日）田村真吾编辑

北京：华北农事试验场，1943.9，42 页，23 开

本书共 6 部分：华北农事试验场沿革、所在地、组织及人事、土地及建筑物、现行事业概要、印刷物目录。书后附用地及建筑物配置图。

收藏单位：国家馆

00074

机关生产的农业常识 李俊著

华北新华书店，1947，36 页，32 开

本书共 3 部分：种大地、茶园、农产制造。内容包括：积肥、整地、播种、养苗与倒栽、施肥、浇水、管理、防除病虫害、收获、留种等。

收藏单位：国家馆、河南馆、山东馆

00075

机关生产的农业常识 李俊著

[沁源]：太岳新华书店，1945.12，36 页，32 开

收藏单位：国家馆、山东馆

00076

吉林省地方农事试验场民国五年第八次成绩报告 吉林省地方农事试验场编

吉林省登瀛阁，1917，[318] 页，16 开

本书共 6 部分：观测部成绩报告、树艺部成绩报告、园艺部成绩报告、森林部成绩报告、桑蚕部成绩报告、柳蚕部成绩报告。

收藏单位：国家馆、辽宁馆

00077

江苏省立第二农事试验场成绩报告 潘昌恒编辑

徐州：江苏省立第二农事试验场，1920.2，112 页，大 32 开

收藏单位：南京馆

00078

江苏省立第二农事试验场进行概况

徐州：江苏省立第二农事试验场，1919，140 页，32 开

收藏单位：南京馆

00079
江苏省立第一农校农业推广部进行计划 徐正铿拟
[南京]：江苏省立第一农校农业推广部，30页，21开

本书共4部分：缘起、组织及行政、经费、现行之计划。

收藏单位：国家馆

00080
江苏省立第一农校农业推广部要览 江苏省立第一农校农业推广部编
[南京]：江苏省立第一农校农业推广部，18页，21开

本书共6部分：建设缘起、董事会、顾问会、职员、办事规程、实施概况。

收藏单位：国家馆

00081
江苏省立林业试验场概况 江苏省立林业试验场编
镇江：江苏省立林业试验场，1936.8，50页，22开

收藏单位：南京馆

00082
江苏省立苏州农业学校五周纪念特刊 江苏省立苏州农业学校编
苏州：江苏省立苏州农业学校，1932.11，46页，横16开，精装

本书共8部分：五年来学校行政概要、五年来之教务概况、农务部五年经过概要、蚕务部五年来实施概况、五年来之事务概况、训育委员会概况、五年来图书馆的概况、化学实验室工作概况。

收藏单位：国家馆

00083
江西省立湖口农业试验场民国二十一年作业报告 江西省立湖口农业试验场编
南昌：江西省立湖口农业试验场，1933.4，58页，16开

本书共6部分：事业进行计划大纲、棉作育种计划、二十一年试验报告、二十一年测候总表、二十一年江西省棉产调查报告、二十二年试验工作实施计划。

收藏单位：国家馆、浙江馆

00084
江西省农业院成立十周年纪念特刊 江西省农业院编
南昌：江西省农业院，[1944.3]，56页，16开

本书共5部分：题辞、近年来作物试验研究纪要、十年来之推广事业统计、本院历年来经费统计表、本院及附属机关概况表。书末附本院组织系统表、本院现任职员一览、本院曾任职员一览。

收藏单位：广东馆、国家馆、浙江馆

00085
江西省农业院概况 江西省农业院编
[南昌]：江西省农业院，[1935.3]，4页，22开

本书共6部分：江西省农业院成立经过、性质、经常费、开办费、组织、事业。

收藏单位：国家馆

00086
江西省农业院概况 江西省农业院编
[南昌]：江西省农业院，1936.5，24页，23开
（江西省农业院院务报告4）

本书内容包括：该院组织大纲、开办两年来的经过、1936年度工作计划及理事、职员名录等。

00087
江西省农业院概况 江西省农业院编
[南昌]：江西省农业院，1937，38页，23开
（江西省农业院院务报告6）

收藏单位：广东馆

00088
江西省农业院概况 江西省农业院编
[南昌]：江西省农业院，1939.4，40页，16开

本书从创设经过、组织概况、经费、事

业概况等方面介绍了江西省农业院的工作。

收藏单位：湖南馆、江西馆、南京馆、浙江馆

00089

江西省农业院廿四年度工作报告 江西省农业院编

南昌：江西省农业院，1936.8，204页，16开（江西省农业院院务报告5）

本书共23部分，内容包括：农艺部作物组报告、农艺部园艺组报告、农艺部农业化学组报告、农艺部农具组报告、农艺部昆虫组报告等。

收藏单位：重庆馆、广东馆、国家馆、南京馆

00090

江西省农业院工作报告 江西省农业院编

南昌：江西省农业院，1939.4，12页，25开

本书介绍了该院自1933年成立以来在作物、畜牧、兽医、森林、园艺、昆虫、肥料、农业教育等方面的工作进展情况。

收藏单位：国家馆

00091

江西省农业院工作报告 江西省农业院编

南昌：江西省农业院，1941.2，34页，16开

本书共5部分：沿革、组织、经费、事业概况、三十年度计划纲要。

收藏单位：广东馆、国家馆、江西馆

00092

江西省农业院民国二十八年事业计划及经费预算书

出版者不详，油印本，1册，16开

收藏单位：南京馆

00093

江西省农业院事业概况 江西省农业院编

[南昌]：江西省农业院，1947.11，40页，25开

本书共12部分：概述、作物、园艺、森林、畜牧兽医、昆虫、农艺化学、农具、农业经济、农业推广、农业教育、其他。

收藏单位：国家馆、吉林馆、南京馆、浙江馆

00094

江西省农业院新院落成暨成立两周年纪念刊 江西省农业院编

南昌：江西省农业院，1936，150页，18开（江西省农业院院务报告3）

本书共8部分：本院组织系统及事业范围表、本院创设计划及组织规程、本院创办两年来之回忆、本院两年来之试验推广及教育工作、江西农业之现状及应采之农业生产政策、本院二十五年度工作计划、本院添设推广处及各种场圃计划、附录。其中第4部分收该院两年来试验推广及教育工作专论17篇，包括：《农艺部作物组工作》（许付桢）、《农艺部园艺组工作》（董时厚）、《农艺部昆虫组工作》（忻去邪）、《农艺部农业经济组工作》（余其心）、《附设永修棉场工作》（廖显扬）等。书末附本院理事名录、本院职员名录。

收藏单位：国家馆、山西馆

00095

江西省农业院组织及计划 江西省农业院编

[南昌]：江西省农业院，1934.12，94页，16开（江西省农业院院务报告1）

本书共5部分：改进江西农业计划大纲、江西省农业院组织大纲、江西省农业院理事会组织规程、江西省农业院工作计划书、江西省农业院二十三年度工作实施计划。

收藏单位：重庆馆、东北师大馆、国家馆、江西馆、浙江馆

00096

江西省农业专门学校校友会第一次同学录

江西省农业专门学校校友会编

江西省农业专门学校校友会，1册，36开

收藏单位：广东馆

00097

胶澳商埠农林事务所农林规则

出版者不详，1923.5，30页，18开

收藏单位：南京馆

00098

教务统计（二十五年度 第一学期 甲组） 河北省立农学院注册课编

河北省立农学院注册课，1936，[72]页，16开

本书收录关于教职员、课程、新生、毕业学生等方面的统计表69种。

收藏单位：国家馆、南京馆

00099

今后之集美农林学校的办法 福建私立集美试验农林学校编

福建私立集美试验农林学校，1935.2，40页，32开

本书分上、下两篇。上篇为总纲，内容包括：改革的理由、改革的目标、教育方法、课程、生活的计划与考核、一个最低限度的毕业标准等；下篇为学则，内容包括：组织大纲、职务分担、假期及学期等。附录本季招生简章。

收藏单位：国家馆

00100

金陵大学农学院总场分场及各合作试验场第十届讨论会报告 农艺系编

南京：金陵大学农学院，1936.7，107页，23开（金陵大学农学院特刊12）

本报告共7部分：叙言、历届讨论会史略、开会词、演讲、报告、讨论、开会日程（附参加代表名单）。

收藏单位：国家馆、西南大学馆

00101

津南农村生产建设实验场农事试验所民国二十四年份农事试验报告书 王又民著

沧县：津南农村生产建设实验场，[1936.1]，66页，16开

本书共两部分：农场工作报告、棉场工作报告。卷端题名：津南农村生产建设实验场附设农场棉场民国二十四年份工作概要。

收藏单位：国家馆、西南大学馆

00102

经济部中央农业实验所二十九年一至六月工作进度报告 ［经济部中央农业实验所编］

经济部中央农业实验所，1940，油印本，10叶，16开，环筒页装

本书内容包括：稻作、小麦、杂粮、棉花、蚕丝、工艺作物、林业、家畜养殖等进度报告。

收藏单位：国家馆

00103

旧历春节送给农友们的礼品 许洪春等著

北平：出版者不详，[1930—1939]，26页，32开（国立北平师范大学乡村教育实验区民众小丛书4）

本书收入有关京郊农业知识和农村习俗的短文9则：《说几句开场话》《赌博之害》《玉米黑疸病的防除法》《怎样预防煤毒》《两个农夫的话》《谈谈年画》《二十四节歌》《西山歌谣四则》《本区零讯》。

收藏单位：重庆馆、国家馆

00104

科贡乡农事工作报告 福州电气公司农村电化部［编］

福州电气公司农村电化部，1937，[38]页，16开

收藏单位：福建馆、广东馆

00105

兰溪县地方农事试验场第二次成绩报告

兰溪县地方农事实验场，1919，80页，22开

本书内容包括：摄影、报告、稻类、麦类、油类、特种作物等。

收藏单位：浙江馆

00106

劳作（农业 第1册） 童润之　刘同圻编

上海：商务印书馆，1939，再版，10+274页，32开

上海：商务印书馆，1948，4版，10+274页，32

开
上海：商务印书馆，10+274 页，32 开

本书共 6 编：植物的构造及生理、土壤、肥料、植物的病害、植物的虫害、气象。内容包括：植物各部组织的基本单位、植物各部的形态与构造、植物如何生长、植物如何吸收与输送养分、植物如何制造与贮藏食物等。书末附参考书、中西名词对照表。为师范学校教科书。

收藏单位：重庆馆、国家馆、江西馆

00107
劳作（农业 第 2 册 作物） 童润之 刘同圻编
上海：商务印书馆，1948，4 版，218 页，32 开

本书共 6 编：作物论、禾谷类、豆油类、织物类、糖料及染料类、嗜好品及药料类。书末附参考书、中西名词对照表。为师范学校教科书。

收藏单位：重庆馆

00108
劳作（农业 第 3 册 园艺学） 童润之 刘同圻编
上海：商务印书馆，1948，4 版，186 页，32 开

本书共 5 编：园艺植物繁殖论、果树园艺、蔬菜园艺、花卉园艺、造庭园艺。书末附参考书、中西名词对照表。为师范学校教科书。

收藏单位：重庆馆

00109
劳作（农业 第 4 册 蚕桑畜牧） 童润之 刘同圻编
长沙：商务印书馆，1941，3 版，191 页，32 开
上海：商务印书馆，1948，4 版，191 页，32 开

本书共 4 编：栽桑、养蚕、畜牧学通论、畜牧各论。书末附参考书、中西名词对照表。为师范学校教科书。

收藏单位：重庆馆、广东馆

00110
老农今话 张援编
上海：靖江农庆轩，1927.12，121 页，32 开（靖江张氏农庆轩著述 5）

本书讲述农民生活习俗及传统的耕作法，并论及农业经营、农工状况等。

收藏单位：国家馆、南京馆

00111
利寅文录 利寿峰著
出版者不详，[1933]，166 页，25 开

本书分上、下两编。上编学术收录《罗盘之解答》《化学史略》《动植物之需求各质甚俭论——人不宜奢求以自扰》《考验甘蔗成熟期满之必要》等 7 篇论文；下编议论收录《广东宜倡种麦以补米食之不足》《论冬耕之必要及征求冬耕籽种文》等 17 篇论文。书末附《再上都督辞职书》《广州省立七校停课宣言书》等。

收藏单位：北师大馆、东北师大馆、广西馆、国家馆、河南馆、湖南馆、江西馆、天津馆、浙江馆

00112
两年来之四川中心农事试验场 陈让卿编著
[重庆]：四川中心农事试验场，1935.5，72 页，16 开

本书共 11 部分，介绍该场场务概略、农艺科、园艺科、畜产科、兽医科、病虫害科、农业化学科、农业推广科、测候所、农业调查委员会、农业技术人员训练学校的概况。

收藏单位：重庆馆、国家馆、上海馆、浙江馆

00113
论新旧农业的技术基础 郑林宽著
[永安]：福建省农林处，1943.4，3 页，16 开

本书为《福建农业》第 3 卷第 5、6 期合刊单行本。

收藏单位：国家馆

00114
美国农业教育推广之调查 徐正铿编
江苏省立第一农校农业推广部，1922.6，38 页，22 开（江苏省立第一农校农业推广部 1）

本书介绍美国农业教育推广事业的组织

及其出版物。

收藏单位：国家馆、上海馆

00115

美国之农业教育 徐正铿著

上海：商务印书馆，1922.9，1册，32开

上海：商务印书馆，1924，[235+60]页，25开

本书共5章：研究深奥农业之教育机关、高等农业教育、中等农业教育、初等农业教育、红黑种人及犯人之农业教育。书末附美国各州农业大学课程及课时。

收藏单位：安徽馆、重庆馆、国家馆、湖南馆、江西馆、南京馆、内蒙古馆、上海馆、浙江馆

00116

民国二十八年度业务功程 中央农事试验场编

中央农事试验场，[1939]，65页，22开

本书记述了北京本场及济南、青岛、石家庄等支场、分场的作物栽培、农林调查、土壤改良、病虫害防治等方面的试验与研究情况。

收藏单位：国家馆

00117

民众农业丛书（11—19） 赵英若 秦翊编

上海：中华书局，1931—1935，1册，36开

本书为民众农业丛书合订本，第11种为种桑浅说，第12种为种花浅说，第13种为种树概说，第14种为畜牧浅说，第15种为养蜂浅说，第16种为气象浅说，第17种为农业历，第18种为园艺历，第19种为养蚕浅说。

收藏单位：南京馆

00118

民众生产指导 江蝶庐著

上海：大达图书供应社，1933.4，2册（226+193页），32开（生产丛书）

本书共10部分：畜产之部、种植之部、饮食之部、工艺之部、颜料之部、美术之部、修饰之部、化学之部、文房之部、废物之部。上册介绍兽类、禽类、鱼类等畜养法，果类、瓜类、菌类、药材、林木及其他农作物的种植法。下册介绍食品、饮料、各种用品的制造法。

收藏单位：江西馆

00119

民众生产指导 江蝶庐著

上海：广益书局，1933.4，2册（226+193页），32开（民众生利丛书）

上海：广益书局，1936.11，2册（226+193页），32开（生产丛书）

收藏单位：重庆馆、广东馆、湖南馆、江西馆、首都馆

00120

民众生产指导 江蝶庐著

上海：新民书局，1934，2册（226+193页），32开（生产丛书）

上海：新民书局，1935，再版，2册（226+193页），32开（生产丛书）

收藏单位：安徽馆、重庆馆、广东馆、国家馆、南京馆、绍兴馆

00121

民众生产指导（上册） 江蝶庐著

上海：新民书局，1933.4，226页，32开（生产丛书）

本书共两部分：畜产之部、种植之部。畜产之部共6章：兽类畜养法、禽类畜养法、虫类畜养法、鱼类畜养法、贝类畜养法、介类畜养法。种植之部共7章：果类种植法、瓜果种植法、农作物种植法、菌类种植法、工作物种植法、药材种植法、林木种植法。

收藏单位：首都馆

00122

农产促进委员会工作报告 农产促进委员会编

农产促进委员会，1939.4，24页，16开

本书共5部分：推广事业、推广训练、推广研究、推广组织、推广经费。

收藏单位：广东馆、国家馆、南京馆

00123
农产促进委员会主办事业预期效果报告书
农产促进委员会编
农产促进委员会，1939.7，14页，16开
本书内容包括：农作物推广、病虫害防治、畜牧兽医推广、水利垦殖经营等。
收藏单位：国家馆

00124
农产化验所一九二三年至一九二九年之事辑 中东路局地亩处编
哈尔滨：中东铁路印刷所，1930春，42页，32开（中东路局地亩处出版品1）
本书共25部分，内容包括：农产化验所事绩之概略、现有仪器与工作范围之影响、化验工作之增加、关于研究豆类潮湿问题、豆类在化学上各项情形、出口豆油情形等。
收藏单位：国家馆

00125
农村科学 （英）李特尔（W. B. Little）著 费一民译
昆明：中华书局，1940.8，166页，32开（科学常识丛书）
本书共12章，内容包括：绪论、农业史略、关于土壤的科学、关于植物生长的科学、关于耕种的科学、关于种子的科学、关于肥料的科学等。
收藏单位：安徽馆、重庆馆、国家馆、辽宁馆、南京馆、内蒙古馆、宁夏馆、上海馆、浙江馆

00126
农工商业生产新书 奚楚明编
上海：商业书局，1933.9，4册（88+110+169+185页），25开
本书介绍各种生财之道。共3编：养畜类、种植类、工艺类，内容包括：经济作物的种植和畜产的养殖法，手工艺品、食品、日用杂品的加工及制造等。
收藏单位：安徽馆、广东馆、国家馆、江西馆、农大馆、天津馆

00127
农家宝 冀东行政公署农林厅编
冀东行政公署农林厅，1947.2，30页，32开
本书内容包括：二十四节气、整地、选种、肥料、植树等。
收藏单位：国家馆、天津馆

00128
农家便览 叶谋兴编
镇海：三益农林场、中华农业社，1926.6，46页，24开
镇海：三益农林场、中华农业社，[1926.7]，再版，46页，24开
本书介绍每年各节气应进行的园艺、植树、养蚕、养蜂、畜牧等农事活动。
收藏单位：广东馆、南京馆、内蒙古馆

00129
农家的一年
[上海]：大东书局，1947，16页，36开（新儿童基本文库）
收藏单位：广东馆

00130
农家获利秘诀 河村清编
新京（长春）：满洲事情案内所，1940.10，72页，32开
收藏单位：南京馆

00131
农家快览 农业进步社编
旅顺：农业进步社代理部，1937，40页，16开
本书系蔬菜种子、果木树苗、园艺用具、农药等商品广告目录。

00132
农家生活·利用农闲 陈醉云编
上海：中华书局，1948.5，24页，36开（中华文库 民众教育1）
本书内容包括：生活和趣味、自然界的美景、农村和城市、农业的重要、农民的地位、农业的种类、业务的选择、农人也要研究学问、农闲中的工作等。
收藏单位：上海馆、天津馆

00133
农家袖珍　李积新编
南京锡成公司，1927.1，1册，50开
本书共9篇，内容包括：总论、土壤、肥料、作物、森林、家畜、杂类等。
收藏单位：重庆馆、浙江馆

00134
农林部农业推广委员会业务概况　农林部农业推广委员会编
[南京]：农林部农业推广委员会，1948.7，26页，23开
本书共6部分：引言、健全农业推广组织、增进农业生产、办理农业复员配发救济物资、繁殖及供应农业推广材料、办理农业推广宣传训练。
收藏单位：广东馆、国家馆、南京馆

00135
农林部中央农业实验所三十七年度一至六月份中心工作计划表及经费概算
[南京]：农林部中央农业实验所，1948，油印本，1册，横8开
本书内容包括：农林部中央农业实验所北碚农事试验场三十七年度一至六月份中心工作计划表及经费概算、农林部中央农业实验所崇安茶叶试验场三十七年度一至六月份中心工作计划表及经费概算、农林部中央农业实验所湄潭桐茶试验场三十七年度一至六月份中心工作计划表及经费概算。
收藏单位：国家馆

00136
农林蚕场会议会刊
山东省政府实业厅农林局，1949.1，43页，16开
本书共6部分：关于病虫害防治与调查研究、优良品种、耕作方法、林木、畜牧、推广。书前收入《一九四八年山东农林场会议总结报告》。
收藏单位：广东馆

00137
农林顾问汇刊(初集)　国立中山大学农学院推广部汇编
广州：国立中山大学农学院推广部，1935.11，100页，32开
本书汇集《农声月刊》农林顾问栏答读者来信中的疑难问题60余个，共6类：农艺、园艺、畜牧、森林、昆虫·植病、肥料化学。
收藏单位：国家馆

00138
农林浅说　农林部中央农业实验所等编
农林部中央农业实验所[等]，[1941]，1册，32开

00139
农林浅说　四川省农业改进所等编
[江津]：[四川省农业改进所园艺试验场]，1940，1册，32开

00140
农林新报三百期　李醒愚编
[南京]：金陵大学农学院农林新报社，1933.10，234页，22开
本书共两部分：过去概况、分类索引。过去概况包括10部分：创刊、组织、事业、职员、演进、销行等。分类索引包括21类：作物、园艺、森林、蚕桑、畜养、病虫害、教育、农村社会、水利、气象及时令、农业书报等。
收藏单位：国家馆

00141
农林学问答　万鸿庆编
外文题名：Dialogues on agriculture and forestry
上海：商务印书馆，1922.8，45叶，32开
上海：商务印书馆，1925.2，再版，45叶，32开，环筒页装
上海：商务印书馆，1926.4，3版，45叶，32开，环筒页装
本书内容包括：土质学问答、肥料学问答、灌溉学问答、种植学问答、森林学问答等。文言体。
收藏单位：重庆馆、福建馆、广东馆、广西馆、国家馆、湖北馆、南京馆、宁夏馆、山西馆、陕西馆、首都馆、天津馆、新疆馆、

浙江馆

00142
农民常识　韩贵青编述
［开封］：河南省立民众教育馆编辑部，1932，20页，32开（民众教育丛书3）
收藏单位：国家馆、近代史所

00143
农民经验调查录　教育部编
［重庆］：教育部，[1940.11]，3册（54+64+40+94页），25开
本书共3册，第1册为作物、农具两篇；第2册为蔬菜、果树两篇；第3册为森林苗圃播种篇。书中记述了四川省、江西省、湖北省、浙江省、广西省等不同地区农业发展情况。
收藏单位：安徽馆、重庆馆、广东馆、贵州馆、国家馆、湖南馆、江西馆、南京馆、内蒙古馆、西南大学馆、浙江馆

00144
农趣汇刊　农趣报社编
宁波：农趣报社，1928.1，1册，16开
本书由1926年《农趣报》（共20期）合编而成，共15类，内容包括：论说、文苑、农艺、园艺、农识、蚕桑、森林、畜牧等。
收藏单位：国家馆

00145
农商部农事试验场民国二年试验成绩报告　农商部农事试验场编
［北京］：农商部农事试验场，1914.8，[450]页，18开
本书共5部分，收录了树艺科、园艺科、蚕丝科、化验科、病虫害科试验成绩报告。书末附家禽饲育成绩、民国三年度试验计划书、北京附近主要农产物一览表等。书口书名题：农事试验场成绩报告。
收藏单位：国家馆

00146
农商部农事试验场一览　［农商部农事试验场编］
北京：农商部农事试验场，1914.7，100页，22开
本书内容包括：农商部农事试验场沿革、暂行规程、分科细则、处务通则、会计办事细则、学习生规则、分给子种蚕种苗木规则、动物一览表等。
收藏单位：国家馆

00147
农商部中央农事试验场第三期成绩报告（民国五年）　农商部中央农事试验场编
农商部中央农事试验场，[1917]，1册，18开
本书收录了树艺科、园艺科、蚕丝科、化验科、病虫害科的试验成绩报告。书前有刘春霖序、试验场图，书末附重要作物病虫害防除法简明表等。目次页书名题：农商部中央农事试验场民国五年试验成绩报告。
收藏单位：国家馆、天津馆

00148
农商部中央农事试验场第四期成绩报告（民国七年至九年）　农商部中央农事试验场编
农商部中央农事试验场，[1922]，[300]页，18开
本书收录了树艺股、园艺股、蚕丝股、化验股、病虫害股的试验成绩报告。书前有张勘序、试验场图，书末附办事通则暨各项细则规则、职员一览表。目次页书名题：农商部中央农事试验场民国七年至九年试验成绩报告。
收藏单位：重庆馆、国家馆、湖南馆、首都馆

00149
农声汇刊（1 农业经济论丛）　张农　翟克合编
广州：国立中山大学农学院推广部，1934.11，286页，16开
本书共7部分：农村经济之部、农村社会之部、农村合作及金融之部、农业土地问题之部、粮食问题之部、农业改良之部、农业行政。收录了《中国农村经济问题之研究调

查计划》《耕作法及土地改良》《改良广东稻作计划书》等文章。

收藏单位：国家馆

00150

农声汇刊（2 土壤肥料论丛） 张农 翟克合编

广州：国立中山大学农学院推广部，1934.11，134+112 页，16 开

本书分为土壤之部和肥料之部。土壤之部收入《研究土壤分类之新趋势》《广东土壤之概况与农林利用之区分》《农事试验与土壤调查》等 12 篇文章；肥料之部收入《人造肥料是否可用》《酸性土壤及石灰施用问题》等 11 篇文章。

收藏单位：安徽馆、福建馆、广西馆、贵州馆、国家馆、黑龙江馆、湖北馆、辽宁馆、南京馆、山西馆、陕西馆、绍兴馆、四川馆、天津馆

00151

农事常识 东北政委会等著

佳木斯：东北书店，1947.4，73 页，32 开（生产小丛书 1）

本书内容包括：耕种知识、农历、棉花和亚麻、蔬菜等。书前有东北政委会发布生产令、东北政委会关于发放五万万元农业贷款指示、东北政委会关于开展农村生产运动的指示、春耕生产中的疑难解答等。

收藏单位：国家馆、南京馆、山东馆

00152

农事常识 王子吉编

福州：福建省保训合一干部训练所，1939.4，220 页，32 开（福建省保训合一干部训练所丛书 5）

收藏单位：安徽馆、国家馆

00153

农事常识（劳作） 江萧苇编

上海：乐华图书公司，1935，103 页，32 开（新儿童生活丛书）

本书内容包括：农事的范围、怎样选择土壤、作物的分类、怎样选择种子、怎样播种等。

收藏单位：重庆馆、首都馆

00154

农事试验场成绩报告附录

出版者不详，[1915]，48 页，18 开

本书内容包括：家禽饲育成绩、民国三年度实验计划书、树艺科计划书、年中行事纪要、北京附近主要农产物一览表、前任职员一览表等。

收藏单位：国家馆

00155

农事问答汇编（第 1 集） 实业部中央农业实验所编

南京：实业部中央农业实验所，1936.1，83 页，16 开

本书共 10 部分：农艺、园艺、植物病害、虫害、森林、土壤肥料、畜产、蚕桑、养蜂、农业经济。

收藏单位：安徽馆、广东馆、国家馆、湖南馆、农大馆、上海馆、浙江馆

00156

农事问答汇编（第 2 集） 实业部中央农业实验所编

南京：实业部中央农业实验所，1936.10，74 页，16 开

本书共 12 部分：农艺、园艺、植物病害、虫害、森林、土壤肥料、茶叶、畜牧兽医、蚕桑、养蜂、农具、农业经济。

收藏单位：国家馆

00157

农事指导 邵晓堡编著

无锡：江苏省立教育学院研究实验部，1933.12，208 页，32 开（民众教育实施丛书）

本书共 5 章，内容包括：农事指导之准备、农事指导之实施、主要农作之实地改良等。书末附改进中国农业计划要项。

收藏单位：重庆馆、国家馆、上海馆、浙江馆

00158
农书　（元）王祯撰
上海：商务印书馆，1937.3，3 册（540 页），32 开（万有文库 第 2 集 375）（国学基本丛书）
长沙：商务印书馆，1939.9，3 册（540 页），32 开（万有文库 第 1—2 集简编 234）（国学基本丛书）

全书分农桑通诀卷 6 卷，百谷谱 4 卷，农器图谱 12 卷，论述农业技术，各种作物、蔬菜、果树的品种、形状及种植法，以及各种农具的图样、用途与制法等。

收藏单位：重庆馆、大连馆、东北师大馆、国家馆、江西馆、内蒙古馆、上海馆、西南大学馆、浙江馆

00159
农业宝鉴　陆费执　李积新编
上海：中华书局，1932.12，450 页，25 开，精装
上海：中华书局，1935.8，再版，450 页，25 开，精装
上海：中华书局，1939.8，3 版，450 页，25 开，精装
上海：中华书局，1941.1，5 版，450 页，25 开

本书共 9 编，内容包括：土壤、肥料、畜产、森林、蚕桑、病虫害、气象等农业基本知识。本书为农民、农场职员、农学生、农校职员，及一切从事于农业者参考之用。

收藏单位：安徽馆、重庆馆、广东馆、广西馆、国家馆、湖南馆、江西馆、辽宁馆、南京馆、内蒙古馆、上海馆、首都馆、西南大学馆、浙江馆

00160
农业常识　北京特别市公署宣传处编
北京：北京特别市公署宣传处，1942.5，59 页，32 开（时局丛书 4）

本书收录《怎样增加农业的生产》《气象——是农业要素之一》《肥料试验》《怎样选择优良种子》《园艺》《农村副业的意义》6 篇短文。为日伪机关出版物。

收藏单位：国家馆、首都馆

00161
农业常识　陈益编
上海：大华书局，1936，132 页，25 开

收藏单位：重庆馆、广东馆

00162
农业常识　冯锐　步毓森　蒋涤旧编
外文题名：Agricultural knowledge
上海：商务印书馆，1930.11，271 页，32 开（普及农业科学丛书）
上海：商务印书馆，1933.2，国难后 2 版，271 页，32 开（普及农业科学丛书）
上海：商务印书馆，1934.3，国难后 5 版，[12]+271 页，32 开（普及农业科学丛书）
上海：商务印书馆，1934，国难后 6 版，271 页，32 开（普及农业科学丛书）
上海：商务印书馆，1934.11，国难后 7 版，271 页，32 开（普及农业科学丛书）
上海：商务印书馆，1935，国难后 8 版，271 页，32 开（普及农业科学丛书）
长沙：商务印书馆，1938，国难后 9 版，271 页，36 开（普及农业科学丛书）
上海：商务印书馆，1939，10 版，271 页，32 开（普及农业科学丛书）
重庆：商务印书馆，1943.4，渝 1 版，179 页，36 开（普及农业科学丛书）
重庆：商务印书馆，1944，渝 2 版，179 页，36 开（普及农业科学丛书）

本书共 5 部分：什么是农业、什么是农学、中国农业的重要、动植物受两大势力的支配、农业改进最要的常识。

收藏单位：安徽馆、重庆馆、广东馆、国家馆、黑龙江馆、湖南馆、江西馆、南京馆、宁夏馆、首都馆、天津馆、浙江馆

00163
农业常识　福建省社会处编
福建省社会处，1944.4，19 页，32 开（社工丛书）

收藏单位：南京馆

00164
农业常识　杨振华　黄琮编

文亦可印刷局，1927 印，石印本，[166] 页，30 开，环筒页装（豫陕甘农村组织训练处讲义 6）

00165
农业常识（第 1—2 册） 边区农林局　一二九师生产部合编
出版者不详，1943.11，2 册，32 开
本书分上、下两册。上册共 5 部分：冬耕、选种、肥料、播种与管理、蔬菜种植法。下册讲几种主要作物，包括小麦、谷子、玉茭、高粱、大豆、荞麦、棉花、小麻、山药旦、红薯、根菜作物的历史、特点、用途和栽培方法等。
收藏单位：国家馆

00166
农业常识（第 2 册 主要作物的种法） 边区农林局　军区生产部合编
边区农林局、军区生产部，1943.11，24 页，36 开
本书介绍了小麦、谷子、玉茭、高粱、大豆、荞麦、棉花、小麻、山药旦、红薯、根菜作物的历史、用途、气候与土宜、收获与储藏等。
收藏单位：国家馆

00167
农业常识（西北训练团合作班讲义之七） 锡占一编
出版者不详，1938，38 页，16 开
收藏单位：广东馆、国家馆

00168
农业常识概要 张幼锐编
福建公训服务社，1940.5，40 页，32 开
收藏单位：重庆馆

00169
农业常识讲义 鲁权三编述　中央陆军军官学校特别训练班编辑
中央陆军军官学校特别训练班，1937，76+12 页，32 开
本书封面题名：农业常识。为教学讲义。
收藏单位：安徽馆、重庆馆

00170
农业大学（一问一答） 农业进步社编辑局编
农业进步社，216 页，32 开
本书以问答方式分述养鸡、畜产、果树、蔬菜、作物、林业、农业、土壤肥料、农机具等问题。
收藏单位：国家馆、辽大馆、首都馆

00171
农业大意
出版者不详，1939，166 页，25 开
出版者不详，1940，162 页，32 开
本书共 12 章：概论、土壤及肥料、农业气象、农田水利、农艺作物、园艺作物、森林、害虫防治、畜牧、兽医、垦殖、农产制造。为师资训练教材。
收藏单位：贵州馆、江西馆

00172
农业概论 黄绍绪著
上海：商务印书馆，1931.4，200 页，32 开（百科小丛书）（万有文库 第 1 集 597）
本书共 18 章：总论、土壤、植物之生活、植物繁殖之方法、肥料、农具、农业土木、作物、园艺、林树、植物病害、动物之生活、家畜之品种、饲料及饲养、家畜之管理、昆虫、农场经济、农人生活。为职业学校教科书。
收藏单位：安徽馆、大连馆、东北师大馆、广西馆、贵州馆、国家馆、黑龙江馆、湖南馆、辽大馆、辽宁馆、辽师大馆、内蒙古馆、宁夏馆、上海馆、天津馆、武大馆、浙江馆

00173
农业概论 黄绍绪著
上海：商务印书馆，1933.6，国难后 1 版，226 页，32 开
上海：商务印书馆，1933.10，国难后 2 版，226 页，32 开
上海：商务印书馆，1934.4，国难后 3 版，226

页，32 开
上海：商务印书馆，1934.11，国难后 5 版，226 页，32 开
上海：商务印书馆，1935.5，国难后 6 版，226 页，32 开

本书共 20 章：总论、土壤、植物之生活、植物繁殖之方法、肥料、农具、农业土木、作物、园艺、森林、植物病害、动物之生活、家畜之品种、饲料及饲养、家畜之管理、昆虫、蜂、蚕、农场经济、农人生活。为职业学校教科书。

收藏单位：重庆馆、广东馆、贵州馆、国家馆、湖南馆、辽大馆、南京馆、首都馆、西南大学馆、浙江馆

00174
农业概论　黄绍绪著
长沙：商务印书馆，1938.4，改编 1 版，2 册（229+246 页），32 开，精装
长沙：商务印书馆，1938.11，改编 2 版，2 册（229+246 页），32 开，精装
长沙：商务印书馆，1939.2，改编 3 版，2 册（229+246 页），32 开
长沙：商务印书馆，1941.6，改编 5 版，2 册（229+246 页），32 开
上海：商务印书馆，1947.2，改编 7 版，2 册（229+246 页），32 开（新中学文库）
上海：商务印书馆，1948.8，改编 8 版，2 册（229+246 页），32 开
上海：商务印书馆，1949，改编 9 版，2 册（229+246 页），32 开

本书共 4 编：农业大意、作物、园艺、畜牧。内容包括：总论、土壤、肥料、农具、气象、植物病害、虫害、农场管理、农人生活等。为职业学校教科书。

收藏单位：安徽馆、重庆馆、东北师大馆、广东馆、广西馆、贵州馆、国家馆、黑龙江馆、湖南馆、吉大馆、江西馆、辽大馆、辽宁馆、辽师大馆、南京馆、内蒙古馆、上海馆、绍兴馆、首都馆、西南大学馆、浙江馆

00175
农业概论（简编）　黄绍绪著
上海：商务印书馆，1939，226 页，36 开（农学小丛书）（万有文库 第 1—2 集 500）
长沙：商务印书馆，1939.12，226 页，32 开（百科小丛书）（万有文库 第 1—2 集 500）

收藏单位：安徽馆、东北师大馆、江西馆、上海馆

00176
农业概论　杨国藩著
上海：大华书局，1935.1，2 册（196+209 页），25 开

本书共 6 编：农业及农学总论、农业的各种要素、农作物泛论及主要作物、园艺、造林、畜产。

收藏单位：重庆馆、国家馆、湖南馆、南京馆

00177
农业概论（上册）　杨国藩著
上海：大华书局，1935.12，再版，196 页，25 开

本书共 3 编：农业及农学总论、农业的各种要素、作物泛论及主要作物。

收藏单位：重庆馆、国家馆、农大馆、西南大学馆

00178
农业概论讲义
出版者不详，油印本，21 页，32 开

收藏单位：南京馆

00179
农业概要　顾复编　陆费执校
上海：中华书局，1926.11—1929.7，6 册，27 开

本书共 18 编：农业论、农场经营、气象、土壤、肥料、土地改良、农具、作物泛论、植物的构造和生理、作物各论、园艺、森林、虫害、病害、动物的构造和生理、畜产、养蚕、水产。为新师范教科书。

收藏单位：广东馆、河南馆、江西馆、南京馆、浙江馆

00180
农业概要（第 1 册）　顾复编　陆费执校
上海：中华书局，1926.11，92 页，27 开
上海：中华书局，1928，再版，92 页，27 开

上海：中华书局，1930.4，6版，92页，27开
上海：中华书局，1931.9，10版，92页，27开
上海：中华书局，1932.5，13版，92页，27开
上海：中华书局，1934.10，18版，92页，27开

本书为第1—4编：农业论、农场经营、气象、土壤。内容包括：农业的意义、农业的特质、农业的种类、农业的效用、农业的起源和发达、世界农业的大势、我国农业的历史等。封面题名：新师范农业概要。为新师范教科书。

收藏单位：重庆馆、广东馆、河南馆、天津馆、浙江馆

00181
农业概要（第2册） 顾复编 陆费执校
上海：中华书局，1927.6，110页，27开
上海：中华书局，1931.12，7版，110页，27开
上海：中华书局，1932.8，9版，110页，27开
上海：中华书局，1932.11，10版，110页，27开
上海：中华书局，1933.6，11版，110页，27开
上海：中华书局，1934.10，14版，110页，27开
上海：中华书局，1935.2，15版，110页，27开

本书为第5—8编：肥料、土地改良、农具、作物泛论。内容包括：肥料的主要成分、肥料的种类、厩肥和堆肥、绿肥、人粪尿、骨粉、草木灰类、肥田粉、施肥的方法、肥料的用量等。封面题名：新师范农业概要。为新师范教科书。

收藏单位：广东馆、国家馆、江西馆、天津馆

00182
农业概要（第3册） 顾复编 陆费执校
上海：中华书局，1929.1，103页，27开
上海：中华书局，1930.7，再版，103页，27开
上海：中华书局，1931.11，5版，103页，27开
上海：中华书局，1934.10，11版，103页，27开
上海：中华书局，1935.8，13版，103页，27开

本书为第9—10编：植物的构造和生理、作物各论。内容包括：根、茎、芽、叶、花、果实、种子、发芽和生长、植物的分类、稻、小麦、大麦和裸麦、燕麦等。封面题名：新师范农业概要。为新师范教科书。

收藏单位：广东馆、天津馆、浙江馆

00183
农业概要（第4册） 顾复编 陆费执校
上海：中华书局，1929.4，92页，27开
上海：中华书局，1930.12，再版，92页，27开
上海：中华书局，1931.11，4版，92页，27开
上海：中华书局，1934.9，8版，92页，27开
上海：中华书局，1935.8，10版，92页，27开

本书为第11编：园艺。内容包括：果树园艺总说、果树的种类、梨、苹果、枇杷、柑橘、桃、梅、李、杏、樱桃、杨梅等。封面题名：新师范农业概要。为新师范教科书。

收藏单位：广东馆、广西馆、浙江馆

00184
农业概要（第5册） 顾复编 陆费执校
上海：中华书局，1929.6，89页，27开
上海：中华书局，1931.4，再版，89页，27开
上海：中华书局，1932.1，3版，89页，27开
上海：中华书局，1933.9，5版，89页，27开
上海：中华书局，1934，7版，89页，27开
上海：中华书局，1935.8，8版，89页，27开

本书为第12—14编：森林、虫害、病害。内容包括：森林的效用、树木的种类、树木的性质、造林、森林的管理、森林的保护、林木的采伐和造材、木材的运搬、森林的经理等。封面题名：新师范农业概要。为新师范教科书。

收藏单位：广东馆

00185
农业概要（第6册） 顾复编 陆费执校
上海：中华书局，1929.7，133页，27开
上海：中华书局，1931.11，再版，133页，27开
上海：中华书局，1934.6，4版，133页，27开

本书为第15—18编：动物的构造和生理、畜产、养蚕、水产。内容包括：哺乳类、鸟类、鱼类、昆虫类、繁殖、育成、饲养、管理、栽桑、蚕室和蚕具等。封面题名：新师范

农业概要。为新师范教科书。

收藏单位：广西馆

00186

农业管窥 程侃声 叶德备著

武昌：程侃声，叶德备[出版者]，1947.1，260页 32开（北农丛书）

本书共22章，内容包括：农业概况、中国的农业问题、栽培对于作物的影响、作物与光热、水土和地势、庄稼的管理、作物的培肥、收获和贮藏、轮作间作与混作、品种与遗传、作物的改进等。

收藏单位：重庆馆、国家馆、农大馆、浙江馆

00187

农业和交通 林大椿编著

北平：中华平民教育促进会，1932.10，再版，14页，50开（平民读物52）

本书内收文章5篇：《农业和交通》《阳历和农事》《清明到了，大家快种树罢》《大家快来打苍蝇》《夏季卫生应注意的两点》。

收藏单位：国家馆

00188

农业及实习 陆费执等编

上海：中华书局，1936.9，3册，32开

收藏单位：南京馆

00189

农业及实习（第1册） 陆费执等编

上海：中华书局，1935.9，[252]页，32开

上海：中华书局，1935.10，3版，[252]页，32开

上海：中华书局，1936.10，再版，[252]页，32开

上海：中华书局，1939.11，7版，[252]页，32开

昆明：中华书局，1940，10版，[252]页，32开

上海：中华书局，1941，9版，170页，32开

昆明：中华书局，1941.3，11版，[252]页，32开

上海：中华书局，1947.5，15版，[252]页，32开

本书共3编：农业大意、作物泛论、作物各论。内容包括：土壤、肥料、气象、农具、整地施肥、种子预措、播种和育苗、移植和间苗、中耕和除草、灌溉和排水、收获和贮藏、栽培顺序、秧田管理等。再版责任者题：陆费执、刘崇佑编。新课程标准乡村师范学校适用。

收藏单位：广东馆、国家馆、河南馆、江西馆、内蒙古馆、农大馆、首都馆、浙江馆

00190

农业及实习（第2册） 陆费执等编

上海：中华书局，1937.4，4版，206+38页，32开

昆明：中华书局，1937.10，再版，206+38页，32开

昆明：中华书局，1939，6版，188页，32开

昆明：中华书局，1941.3，8版，206+38页，32开

本书分园艺、养蚕畜牧两编，内容包括：蔬菜园艺、果蔬园艺、花卉园艺、养蚕、家畜、家禽、蜂。新课程标准乡村师范学校适用。

收藏单位：重庆馆、国家馆、内蒙古馆、山西馆

00191

农业及实习（第3册） 陆费执等编

上海：中华书局，1936.7，96页，25开

昆明：中华书局，1941.3，6版，96页，32开

本书共两章：造林通论、造林各论，内容包括：造林的利益、造林的土地和位置、天然造林法、杉木、油桐等。附中西名词对照表。新课程标准乡村师范学校适用。

收藏单位：国家馆、内蒙古馆、农大馆

00192

农业及实习 唐志才 储劲编

上海：黎明书局，1934.9—1935.9，4册，32开

本书共4册，分上中下3编。上编为农业总论1册，内容包括：农业大意、农业气象、土壤、肥料。中编为农业各论2册，内容包括：作物泛论之部、作物各论之部、栽桑

法、养蚕法、园艺、畜产、造林法。下编为农业应用及教学法1册，内容包括：农业经营、农业土木、农具、病害、虫害、小学校农业教学法、农业推广及附录。本书为黎明师范教本，可供师范学校及农民教育馆职员、农村小学教师参考之用。

收藏单位：浙江馆

00193

农业及实习（第1册） 唐志才　储劲编

上海：黎明书局，1934.9，202页，32开

上海：黎明书局，1935.2，再版，201页，32开

上海：黎明书局，1935.5，3版，201页，32开

上海：黎明书局，1935.9，3版，202页，32开

上海：黎明书局，1936.6，6版，202页，32开

上海：黎明书局，1937，7版，202页，32开

本书为上编农业总论，共4章：农业大意、农业气象、土壤、肥料。为黎明师范教本。

收藏单位：重庆馆、广东馆、国家馆、江西馆、辽大馆、农大馆、首都馆、浙江馆

00194

农业及实习（第2册） 唐志才　储劲编

上海：黎明书局，1935.4，26+372页，32开

上海：黎明书局，1935.9，再版，26+372页，32开

上海：黎明书局，1936.3，再版，26+372页，32开

上海：黎明书局，1936，4版，26+372页，32开

上海：黎明书局，1937，5版，26+372页，32开

上海：黎明书局，1937，6版，26+372页，32开

本书为中编农业各论1—4章：作物泛论之部、作物各论之部、栽桑法、养蚕法及附录。为黎明师范教本。

收藏单位：重庆馆、广东馆、国家馆、河南馆、辽大馆、南京馆、首都馆、天津馆、浙江馆

00195

农业及实习（第3册） 唐志才　储劲编

上海：黎明书局，1935，17+356页，32开

上海：黎明书局，1936.3，［再版］，17+356页，32开

上海：黎明书局，1936.8，3版，17+356页，32开

上海：黎明书局，1937，4版，17+356页，32开

上海：黎明书局，1937.5，5版，17+356页，32开

上海：黎明书局，1937，6版，17+356页，32开

本书为中编农业各论5—7章：园艺、畜产、造林法及附录。为黎明师范教本。

收藏单位：重庆馆、广东馆、国家馆、江西馆、辽大馆、首都馆、天津馆

00196

农业及实习（第4册） 唐志才　储劲编

上海：黎明书局，1935.9，236页，32开

上海：黎明书局，1936.9，3版，236页，32开

上海：黎明书局，1937.10，5版，236页，32开

本书为下编农业应用及教学法，共7章：农业经营、农业土木、农具、病害、虫害、小学校农业教学法、农业推广及附录。为黎明师范教本。

收藏单位：安徽馆、重庆馆、广东馆、国家馆、江西馆、南京馆、首都馆、西南大学馆

00197

农业技术

出版者不详，422页，32开

出版者不详，316页，32开

本书共9章，内容包括：导论、农产物的繁殖和方法、本省农业的环境、整地的方法和工具、播种与轮栽、作物、造林、家畜和家畜的卫生等。

收藏单位：广东馆、桂林馆

00198

农业教材 江西省地方政治讲习院编

江西省地方政治讲习院，1940，238页，32开（分组训练教材17）

本书内容包括：概论、本省农业行政组

织、农艺生产、园艺生产等。封面题名：农业。

收藏单位：重庆馆

00199

农业教学法纲要

出版者不详，油印本，254 页，16 开

收藏单位：南京馆

00200

农业教育 南京高等师范学校农业研究会编辑

南京：南京高等师范学校农业研究会，1920.12，2 版，232 页，16 开

收藏单位：南京馆

00201

农业教育 杨开道著

上海：商务印书馆，1933.12，85 页，32 开（万有文库第 1 集 309）（师范小丛书）

上海：商务印书馆，1934.1，85 页，32 开（师范小丛书）

上海：商务印书馆，1935.7，再版，85 页，32 开（师范小丛书）

本书共 7 章：绪论、农业研究教育、高等农业教育、中等农业教育、农民职业教育、农业推广教育、结论。

收藏单位：安徽馆、重庆馆、大理馆、大连馆、东北师大馆、广东馆、广西馆、贵州馆、国家馆、黑龙江馆、湖南馆、江西馆、辽大馆、辽师大馆、南京馆、内蒙古馆、宁夏馆、上海馆、首都馆、天津馆、武大馆、西南大学馆、浙江馆

00202

农业教育电影股份有限公司章程 农业教育电影股份有限公司编

农业教育电影股份有限公司，[1946.3]，5 页，16 开

本书共 6 章：总则、股份、股东会、董事监察人及职责、决算及盈余分配、附则。

收藏单位：国家馆

00203

农业浅说 丁锡华编 顾树森校阅

上海：中华书局，1917.3，36 页，32 开（通俗教育丛书）

上海：中华书局，1920，3 版，36 页，32 开（通俗教育丛书）

上海：中华书局，1923，5 版，36 页，32 开（通俗教育丛书）

上海：中华书局，1925，6 版，36 页，32 开（通俗教育丛书）

上海：中华书局，1926，7 版，36 页，32 开（通俗教育丛书）

上海：中华书局，1928，8 版，36 页，32 开（通俗教育丛书）

上海：中华书局，1930.4，10 版，36 页，32 开（通俗教育丛书）

上海：中华书局，1934，11 版，36 页，32 开（通俗教育丛书）

上海：中华书局，1936.9，12 版，36 页，32 开（通俗教育丛书）

上海：中华书局，1941，13 版，36 页，32 开（通俗教育丛书）

本书共 10 部分：何谓农业、农业之由来、农业之进步、农业之效用、农业之种类、农业之经营、农业与土地、农业与资本、农业与劳力、农业与科学。

收藏单位：安徽馆、重庆馆、广东馆、国家馆、河南馆、江西馆、山西馆、首都馆

00204

农业浅说 广西省政府农业管理处编

广西省政府农业管理处，1 册，32 开

本书收录《贮粮损耗防止方法》《骨肥》《烟草栽培方法》《除虫菊的栽培和利用》《毒鱼藤的繁殖和利用》《种乌柏浅说》《水稻螟虫防治浅说》《蓖麻栽培浅说》等文章。

收藏单位：桂林馆

00205

农业浅说

出版者不详，1 册，32 开

本书内容包括：改良水稻栽培方法等。

收藏单位：浙江馆

00206
农业浅说 湖南省农会编
湖南省农会，1921.2，17 册，25 开
收藏单位：江西馆

00207
农业浅说（第 3 期）
山东省立农事试验场，1923.12，10 页，25 开
收藏单位：江西馆

00208
农业浅说丛书 国立中央大学农学院推广部编
国立中央大学农学院推广部，1 册，25 开，精装
本书内收文章 60 篇，内容包括：《统一棉种》《种稻浅说》《植树须知》《苗圃概要》《除螟浅说》《栽菊浅说》《扦插法及压条法》《河南种植美棉浅说》等。
收藏单位：重庆馆

00209
农业全书 赖昌编译
上海：新学会社，1911.7，3 册，22 开，精装
上海：新学会社，1912.9，再版，3 册，22 开，精装
上海：新学会社，1914.4，4 版，3 册，22 开，精装
上海：新学会社，1922，[5 版]，3 册，25 开，精装
上海：新学会社，1923.4，6 版，3 册 [1502] 页，22 开，精装
上海：新学会社，1929.3，7 版，增修版，3 册，22 开，精装
上海：新学会社，1932.10，[8 版]，3 册，大 32 开
上海：新学会社，1933.5，9 版，增修版，3 册，22 开
本书共 3 编 16 卷，内容包括：气象、土壤、肥料、经济、病虫害，以及栽培通论及各论、家畜通论及各论等。
收藏单位：安徽馆、重庆馆、广东馆、国家馆、湖南馆、南京馆、农大馆、绍兴馆、首都馆、西南大学馆、浙江馆

00210
农业全书（上编） 赖昌编译
上海：新学会社，[1920—1929]，石印本，1 册，22 开
上海：新学会社，[502] 页，22 开
本书为上编，共 6 卷：农业之原理、气象、土壤、肥料、经济、病虫害。
收藏单位：重庆馆、广西馆、国家馆、绍兴馆、首都馆

00211
农业全书（中编） 赖昌编译
上海：新学会社，[1920—1929]，石印本，1 册，22 开
本书作者网罗东西方农学著作，选择其中对我国农业发展有益的部分加以纂译。
收藏单位：国家馆

00212
农业生产课本 李俊编著
[武安]：华北新华书店，1946，26 页，32 开，环筒页装
本书内容包括：冬闲期、过罢旧年（春耕准备）、桃杏花开（春耕开始活动）等。为民校冬学大众黑板教材。即解放区出版物。
收藏单位：重庆馆、国家馆、山东馆、天津馆

00213
农业生产实验指导 洪子良编
上海：广益书局，1937.3，324 页，32 开
上海：广益书局，1938.12，324 页，32 开
上海：广益书局，1940.3，再版，324 页，32 开
上海：广益书局，1942.9，再版，324 页，32 开
上海：广益书局，1948，新 1 版，324 页，32 开
本书共 16 部分：土壤管理法、农场管理法、农场肥料施用法、园蔬栽培法、西瓜栽培法、百合栽培法、香蕈冬菇栽培法、果木树栽培法、葡萄栽培法、柑橘改良栽培法、苹果栽培法、桃树栽培法、实用养猪法、实

用养鸡法、实用养牛法、实用养羊法。

收藏单位：安徽馆、重庆馆、国家馆、南京馆、浙江馆

00214

农业生产手册　刘仲甫编

嫩江省政府建设厅，1948.4，58页，32开

收藏单位：南京馆

00215

农业提要　新民会河北省指导部青年训练所编

新民会河北省指导部青年训练所，1938.12，104页，32开

本书共11章：总说、作物品种之分类、作物栽培之要素、作业之次序、苗床、管理、病虫害之防除法、蔬菜各论、作物各论、森林、花卉。日伪机关出版物。

收藏单位：国家馆

00216

农业推广年报　江苏省立第一农校推广部编

南京：江苏省立第一农校推广部，1922，50页，23开

00217

农业推广展览说明（首都科学展览会）

南京：农林部农业推广委员会，1948.10，8页，32开

本书内容包括：农林部农业推广委员会简况、农业推广展览会等。封面题展览会时间：1948年10月10—12日，地点：南京成贤街96号。

收藏单位：南京馆

00218

农业万宝全书　周碧猷　黄建农等编　孙道生总纂

奉化：勤生农林场，1926，2册，16开

本书介绍勤生农林场办场经验，分述了果树栽植法、作物种植法、畜牧养殖法等农业知识。

收藏单位：南京馆、上海馆、浙江馆

00219

农业文库（初集）　中央农业推广委员会编

南京：中央农业推广委员会，1934.1，1册，32开

本书共10篇：作物篇、森林篇、蚕桑篇、害虫篇、畜牧篇、合作篇、土壤篇、肥料篇、园艺篇、副业篇。

收藏单位：安徽馆、重庆馆、国家馆、南京馆、农大馆、上海馆、浙江馆

00220

农业文库（蚕桑篇）　中央农业推广委员会秘书处编纂

南京：中央农业推广委员会，1934.1，144页，32开

本书共3部分：蚕之饲育、蚕种制造、桑树栽培。第1部分为1—6章：蚕室、蚕具、消毒、催青、收蚁、饲育；第2部分为7—9章：蚕种制造法概说、蚕种制造法各论、蚕种之保护；第3部分为10—15章：桑树品种之选择、桑苗繁殖、桑树栽植、桑树养成、桑树培养、桑叶收获。

收藏单位：国家馆、湖南馆

00221

农业文库（肥料篇）　中央农业推广委员会秘书处编纂

南京：中央农业推广委员会，1934.1，78页，32开

本书共14章：肥料的三要素及其效用、肥料的分类、肥料三要素的形态与其特性、肥料检验简法、肥料的配合、人粪尿——贮藏及其施用法、厩肥——管理及其施用法、堆肥——制法及其施用法、油饼——种类及其施用法、骨粉——制法及其施用法、绿肥、肥田粉、石灰及石膏施用的利弊、草木灰。

收藏单位：国家馆

00222

农业文库（副业篇）　中央农业推广委员会秘书处编纂

南京：中央农业推广委员会，1934.1，48页，32开

本书共4章：引言、种植、畜养、制造。内容包括：除虫菊、金针菜、黄蜀葵、薄荷、杞柳、黄草、草莓、玫瑰花、种菌、甘蓝、养蜂、养鸡、养兔、养鱼、草帽缏等。

收藏单位：国家馆

00223

农业文库（害虫篇） 中央农业推广委员会秘书处编纂

南京：中央农业推广委员会，1934.1，108页，32开

本书共两章：害虫防治法通论、中国之重要害虫。第1章共5节：化学防治法、机械防治法、农业防治法、生物防治法、法规防治法；第2章共6节：稻作害虫、棉作害虫、桑树害虫、蔬菜害虫、果树及森林害虫、飞蝗。书末附参考文籍、度量衡对照表。

收藏单位：国家馆

00224

农业文库（合作篇） 中央农业推广委员会秘书处编纂

南京：中央农业推广委员会，1934.1，130页，32开

本书共6章：合作概论、信用合作、购买合作、利用合作、运销合作、指导组织之步骤。书末附录8节：合作社法、农村合作社暂行规程、浙江鄞县宁波市有限责任肥料购买合作社社章、吴江县震泽区开弦弓村有限责任生丝精制运销合作社章程、农产储藏有限合作社模范章程、灌溉有限合作社章程拔萃、农村信用合作社章程、江苏吴江县合作社联合会暂行章程。

收藏单位：国家馆、南京馆

00225

农业文库（森林篇） 中央农业推广委员会秘书处编纂

南京：中央农业推广委员会，1934.1，62页，32开

本书共12章，内容包括：森林利益、森林分类、中国森林带、中国森林之分布、中国造林主要树种、育苗方法摘要、造林方法摘要、针叶树类、阔叶树类等。

收藏单位：国家馆

00226

农业文库（土壤篇） 中央农业推广委员会秘书处编纂

南京：中央农业推广委员会，1934.1，106页，32开

本书共9章：土壤之分类、土壤之成分、土壤之性质、土壤之耕锄、灌溉与排水、地力之维持、土壤之改良、土壤之简易检查法、土壤之实地观察。

收藏单位：国家馆

00227

农业文库（畜牧篇） 中央农业推广委员会秘书处编纂

南京：中央农业推广委员会，1934.1，120页，32开

本书共8章：畜牧之起源、畜牧之利益、畜牧之分类、家畜之饲喂、育种、牛、羊、猪。

收藏单位：国家馆

00228

农业文库（园艺篇） 中央农业推广委员会秘书处编纂

南京：中央农业推广委员会，1934.1，145页，32开

本书共10章：果树之种类与分布、果树繁殖法、果树栽植法、果树品种之选择、果树修剪法、果树施肥法、果树病虫害防治法、果树采收分级包装贮藏法、果实之加工法、水果之贩卖组织。

00229

农业文库（作物篇） 中央农业推广委员会秘书处编纂

南京：中央农业推广委员会，1934.1，182页，32开

本书共16章：小麦、大麦、大豆、高粱、粟、大麻、亚麻、苎麻、苘麻、黄麻、芝麻、马铃薯、玉蜀黍、茶、棉、稻。

收藏单位：国家馆

00230
农业新书 庄崧甫著
上海：新学会社，1931.10，42 页，22 开
本书著者原题：庄景仲。
收藏单位：南京馆

00231
农业须知 教育总署编
北平：教育总署，1943.4，40 页，32 开
收藏单位：国家馆、山西馆、首都馆

00232
农业学校农场农事试验报告（民国七年） 吴夔编
吉林省立农业学校，1919.3，43 页，23 开
本书共 7 章：总说、农期内之气候概要、地积、普通作物试验、特用作物试验、蔬菜试验、制糖用植物试验。逐页题名：吉林农业学校农场农事试验报告书。
收藏单位：国家馆

00233
农业哲学 克莫斯基（R. Krzymowski）著 曹贯一译 刘运筹校
外文题名：Philosophie der landwirtschaftslehre
长沙：商务印书馆，1938.3，285 页，32 开（汉译世界名著）
本书共 13 章，内容包括：农学历史的发端、营业之农业与自然现象之农业、农学之地位与任务、农学中之唯理主义与要因之交织、农业之实验研究、农业非实验研究等。书前有校者序、译者序、原著者之自叙略历及主要论著。由日译本转译。
收藏单位：重庆馆、广东馆、广西馆、贵州馆、国家馆、黑龙江馆、辽大馆、南京馆、上海馆、首都馆、浙江馆

00234
农业职业教育 章之汶 辛润棠著
上海：商务印书馆，1937.7，[25]+495 页，22 开
本书共 4 编：绪论、农业职业教育、实习、社会活动。内容包括：农业职业教育、我国农业教育概况、美国农业教育、农业职业学校师资、我国农业教育政策、农业职业学校、课程编制、教案举例、教学方法、农场等。书中有表 70 张、图 32 幅，书末附职业补习学校规程等 10 则。
收藏单位：重庆馆、广东馆、国家馆、湖南馆、南京馆、天津馆、西南大学馆

00235
农业职业教育的实际问题 檀仁梅著
邵武：私立福建协和大学农业教育系，1944.9，33 页，25 开（协大农业教育丛刊 1）
本书共 6 部分：导言、四校的概况、校长所提的农业职业学校的最大问题、关于教职员方面的问题、关于学生方面的问题、结论。
收藏单位：国家馆、南京馆

00236
农业指导 福建省政府建设厅合作事业管理局编
[永安]：福建省政府建设厅合作事业管理局，1939.7，14 页，25 开（福建省合作训练小丛书）
本书共 5 章：总论、土壤、肥料、作物、畜产。目次页书名为：福建省合作训练小丛书（农业指导）纲要。
收藏单位：国家馆

00237
农业指导手册（第 1 册 春耕工作） 太行区农林局编
太行区农林局，1943.2，1 册，32 开
本书共 4 部分：劳力组织到调剂、春耕比赛、春耕准备与技术材料、春耕播种期技术材料。
收藏单位：国家馆

00238
农友会报（第 3 期） 周又山等编
上海：国华书局，1912.9，172 页，22 开
收藏单位：江西馆

00239
农政全书　（明）徐光启著
上海：商务印书馆，1930.10，10 册（[1351] 页），32 开（万有文库第 1 集 592）（国学基本丛书）
本书共 60 卷，内容包括：农本、田制、农事、水利、农器、树艺、蚕桑、种植、牧养、制造、荒政等。古籍重刊。
收藏单位：安徽馆、重庆馆、大理馆、大连馆、东北师大馆、广西馆、贵州馆、国家馆、黑龙江馆、湖南馆、江西馆、辽大馆、辽师大馆、内蒙古馆、宁夏馆、上海馆、天津馆、西南大学馆、浙江馆

00240
农政全书　（明）徐光启著
北平：燕京道区增产指导委员会，1942.9，1 册，16 开，精装
收藏单位：国家馆、近代史所、辽大馆、上海馆、首都馆

00241
平衡不完全区集试验之理论与改正　黄朕著
永安：福建省农业改进处，1945.10，28 页，16 开（福建省农业改进处研究报告 31）
本书是农业试验设计工作的统计学论文。

00242
平民教育运动的农业改进　冯锐编
北京：中华平民教育促进总会，14 页，21 开（普及农业科学研究院丛书 1）

00243
圃场试验误差及其估计理论　汪厥明著
北平：国立北平大学农学院，1934.4，72 页，16 开
本书附英文摘要。

00244
齐民要术　（北魏）贾思勰著
上海：商务印书馆，1930.10，2 册（96+120 页），32 开（万有文库）（国学基本丛书）
上海：商务印书馆，1936，3 版，96+120 页，32 开（国学基本丛书简编）
长沙：商务印书馆，1938，4 版，96+120 页，32 开（国学基本丛书）
上海：商务印书馆，1939.12，2 册（96+120 页），25 开（万有文库 第 1—2 集简编 233）（国学基本丛书）
长沙：商务印书馆，1939.12，285 页，32 开（丛书集成初编）
上海：商务印书馆，[1940]，1 册，32 开（国学基本丛书简编）
商务印书馆，（96+120）页，32 开（国学基本丛书简编）
本书共 10 卷 92 篇，分述黄河流域各种农作物、蔬菜、果树、竹木栽培，家畜、家禽饲养与农产品的加工等。
收藏单位：安徽馆、重庆馆、大理馆、大连馆、大庆馆、东北师大馆、广东馆、广西馆、贵州馆、国家馆、黑龙江馆、湖南馆、吉大馆、江西馆、辽大馆、辽师大馆、南京馆、内蒙古馆、宁夏馆、上海馆、绍兴馆、首都馆、天津馆、武大馆、西南大学馆、浙江馆

00245
前北平农事试验场成绩提要（一九四六年至一九四七年）
华北农业科学研究所，1949.5，78 页，22 开
本书共 10 部分：麦作、棉作、杂粮特作、生理实验、园艺、土壤肥料、农业化学、农业工程、植物病虫害、农业经济。
收藏单位：国家馆

00246
青海省第一农业学校校刊　李惠民等编
青海省立第一农业学校校刊编辑社，1932.6，60 页，16 开
收藏单位：南京馆

00247
青年农业新教科书　（日）佐藤宽次郎著
东京：青年学校教科书株式会社，1943，3 版，71 页，25 开
收藏单位：广东馆

00248
全国农业职业学校教员暑期讲习会演讲录

教育部普通教育司编
教育部普通教育司，1936.11，2 册（1037 页），16 开

本书内容包括：讲习会的办会经过、人名录、简章、办事细则、各讲师的演讲大纲及学员笔记 87 篇。书前有：王世杰题签书名。

收藏单位：国家馆、南京馆、上海馆

00249
热带农业（第 1 集） 郭绍周著 林有壬 郭绍鸿校
外文题名：Tropical agriculture
北京：京华印书局，1926.5，78 页，22 开

本书简要介绍热带土质和天气，详细介绍甘蔗、橡皮树、咖啡、茶、烟、鸡纳树、椰子树、粳稻、玉蜀黍、大薯、甘薯、黄大豆、落花生共 13 种热带农作物的种植。

收藏单位：广东馆、国家馆、首都馆

00250
仁中校劳作讲义 [仁中校编]
仁寿益新石印社，石印本，[61] 叶，25 开，环筒页装

本书共 4 章：果树园艺、畜牧兽医、病虫防治、杂俎。

收藏单位：重庆馆

00251
山东省立第一农事试验场农艺部二十二年工作进行计划 山东省立第一农事试验场编
济南：山东省立第一农事试验场，1933.2，30 页，18 开

本书共 9 部分：试验纲要、小麦育种试验、小麦品种比较试验、小麦栽培试验、粟之育种试验、粟品种比较试验、高粱育种试验、高粱品种比较试验、黄豆品种比较试验。

收藏单位：国家馆

00252
山东省立第一农事试验场农艺化学部试验成绩报告（二十二年份） 山东省立第一农事试验场农业化学部编
济南：山东省立第一农事试验场，[1933]，46 页，16 开

本书共 3 部分：关于分析事项、关于栽培试验事项、关于调查事项。

收藏单位：国家馆

00253
山东省立第一农事试验场试验报告（二十一年份） 山东省立第一农事试验场编
济南：山东省立第一农事试验场，1933.12，262+54 页，16 开

本书共 5 部分：农艺部分、园艺部分、农药化学部分、病虫害部分、气象观测报告。书末附农艺化学实验法。

收藏单位：国家馆

00254
山西公立农业专门学校章程
出版者不详，[1945]，88 页，18 开

收藏单位：广东馆

00255
山西农桑总局农事试验报告 山西农桑总局农事试验场编
山西农桑总局农事试验场，1921，90 页，18 开

本书内容包括：作物、园艺、林牧、制造方面的农事试验报告及制法。书末附分配各县新种子表、分配各县新种种植法说明表。

收藏单位：国家馆、南京馆

00256
山西农学耕种论（4） 山西农学编辑会编
山西农学编辑会，[1920]，43 叶，32 开

本书分辛香类和果树类，内容包括：葱、蒜、芫荽、辣角子、小茴香、果树分类、果树的培植、果树打切、下粪和保护等。目录页书题名：山西农学耕种各论。

收藏单位：国家馆

00257
山西省立农业专科学校卅一周年纪念特刊
山西省立农业专科学校编
山西省立农业专科学校，1933.11，118 页，16

开

本书内容包括：插图、发刊词、祝词、校史概略、本校组织大纲、论著、译述、调查、杂俎等。

收藏单位：国家馆

00258

山西省立农业专科学校一览　山西省立农业专科学校编辑委员会编

太原：山西省立农业专科学校，1935.6，[324]页，16开

本书内容包括：绪言、校旗、校徽、校歌、摄影、历任督办监督校长表、插图、沿革、本校组织系统表、组织大纲、学则、课程纲要、规程、办事细则、各项规则、附录、设备、统计、名录等。书前有：阎锡山题签书名。

收藏单位：广东馆、国家馆

00259

上海市市立农事试验场概况　上海市市立农事试验场编

上海市市立农事试验场，1932.10，16页，23开

收藏单位：南京馆

00260

上海市市立农事试验场最近二年间进行概要暨试验成绩报告　上海市市立农事试验场编

上海市市立农事试验场，1934，142页，22开

本书内容包括：棉、稻、麦、大豆的试验成绩。书前有吴铁城等序文及图照。

收藏单位：南京馆、浙江馆

00261

上海市市立农事试验场最近三年间进行概要暨试验成绩报告　上海市市立农事试验场编

上海市市立农事试验场，1934.10，142页，24开

本书内容包括：棉、稻、麦、大豆的试验成绩报告。书前有吴铁城等序文及图照。

00262

生产材料　高元贵等著

[菏泽]：冀鲁豫书店，1945.8，41叶，32开

本书内收《农民发动起来要迅速坚决的转入生产运动》《滑县如何从民主民生运动转上了生产运动》《南乐转入生产工作的经验》《张寨的生产互助怎样搞起来的》《关于支持生产问题》等7篇文章。

收藏单位：国家馆

00263

生产新法（新式标点）　朱太忙标点　胡协寅校阅

上海：大达图书供应社，1934.10，166页，25开（民众实用新书）

上海：大达图书供应社，1935.3，再版，166页，36开（民众实用新书）

上海：大达图书供应社，1936.1，再版，166页，32开（民众实用新书）

本书内容包括：谷部、蔬部、木部、果部、花部、药部、畜牧部、占候部、诗赋部、卫生至要、服食方、四季备考、群花备考等。

收藏单位：重庆馆、广东馆、江西馆、绍兴馆、首都馆

00264

生利指导丛书　魏德铭等编

上海：南星书店，1931，1册，32开，精装

本书为合订本，内收《工艺制造指导》（魏德铭）、《生物畜养指导》（卢稼轩）、《农艺种植指导》（李植三）、《业外生利指导》（王君纬）。

收藏单位：重庆馆

00265

生利指南（实业之新发明）　中华新教育社编

上海：中华新教育社，1918.10，3册（156+322页），32开

上海：中华新教育社，1919.11，再版，3册（156+322页），32开

上海：中华新教育社，1920.9，3版，3册（156+322页），32开

上海：中华新教育社，1921.10，4版，3册（156+322页），32开

上海：中华新教育社，1922.9，5版，3册（156+

322 页），32 开
上海：中华新教育社，1924，6 版，3 册（156+322 页），32 开
上海：中华新教育社，1927.10，8 版，3 册（156+322 页），32 开
上海：中华新教育社，1928.12，9 版，3 册（156+322 页），32 开

本书分农业、工业两编。上册为农业，介绍了材木、果实、叶树、谷菜、花草、根草、棉花等种植法，以及猪、羊、鸡、蚕、蜂、鱼、蛏、真珠介等养殖法。中册和下册为工业，介绍了饮食品、服饰品、应用品、印刷品、药品制造法。上海馆藏初版缺下册。

收藏单位：安徽馆、重庆馆、河南馆、南京馆、上海馆、绍兴馆、首都馆、浙江馆

00266

省立龙岩高农四周年校庆特刊 福建省立龙岩高级农业职业学校学生自治会编

[龙岩]：福建省立龙岩高级农业职业学校学生自治会，1947，36 页，18 开

收藏单位：广东馆

00267

师范农业 教育总署编审会著

北京：新民印书馆股份有限公司，1942，3 册（270+244+218 页），32 开

全书共 3 册。第 1 册主要介绍各种主要作物及蔬菜、花卉、果树的栽培法；第 2 册介绍育种的原理及方法、各种家畜家禽的饲养法、各种林木的性状及抚育保护等；第 3 册分述气象、土壤、肥料等大意，介绍农业营运及成果、农地改良及农业推广等主要事项。

收藏单位：黑龙江馆、南京馆、浙江馆

00268

十个中等农业职业学校调查的研究 赵植基 孙祖荫编

南京：金陵大学农学院乡村教育系，1934.6，24 页，16 开

本书共 3 部分：绪论，分析、统计和议评，我们的意见。内容包括：分科统计、开办科别统计、目的的分析、毕业生出路统计、教职员学历统计、在校学生人数统计等。为金陵大学《农林新报》第 11 年第 17 期抽印本。

收藏单位：国家馆

00269

十周纪念集 江苏省立第二农业学校校友会编

外文题名：The tenth anniversary number of agricultural monthly

苏州：江苏省立第二农业学校校友会月刊部，1922.11，88 页，16 开

本书内容包括：校友会十周纪念词、对于母校十周纪念之感想、十周纪念的感想和希望、农村小学设施农业教育之研究等。版权页题名：江苏省立第二农业学校校友会。逐页题名：江苏省立第二农业学校十周纪念刊。

收藏单位：广东馆、上海馆

00270

实验农业全书 （美）施妥缕著 赵元益译

上海：上海农学实授所，1911—1912，3 册，25 开，环筒页装

全书共 3 编，上编内容包括：地土并空气与植物关系、空气为植物养料、水与地土关系、地下水动情、耕法、耕法器具并用法等。中编内容包括：含淡气之动物并植物废料、同生、青肥料、粪溺并牧场肥料等。下编内容包括：肥料用法历史、轮种、轮种各法、灌溉法、田地布置等。

收藏单位：首都馆

00271

实业部上海商品检验局、中央农业实验所、汉口商品检验局合办茶业改良场成立一年来之工作概况 茶业改良场编

茶业改良场，1934.3，16 页，18 开

本书共 14 部分，内容包括：沿革、一年来制茶工厂及茶山之整理更新工作概况、添置制茶机械、征集国内外各种优良红绿茶样品、红茶制造试验、茶树栽培试验、二十二年春季经济制茶概况等。

收藏单位：国家馆、上海馆

00272
实业部中央农业实验所概况（民国二十二年七月至二十三年六月） 实业部中央农业实验所编
南京：实业部中央农业实验所，1934.8，32 页，22 开（杂刊 2）

本书共 13 部分，内容包括：史略、组织及人事概要、场地建筑及设备、该所农业经济、作物改良、植物病虫害的防治、土壤肥料的研究工作等。附录修正实业部中央农业试验所章程。

收藏单位：重庆馆、国家馆、南京馆、上海馆

00273
实业部中央农业实验所民国二十二年六月至二十三年十二月工作总报告 实业部中央农业实验所编
南京：实业部中央农业实验所，[1935.11]，98 页，16 开

本书共 11 部分，内容包括：史略、组织、人事概况、各系实验工作报告提要、合作实验、建筑及设备、农场概况等。书末附英文译文、实业部中央农业实验所刊物目录。

收藏单位：国家馆、上海馆

00274
实业部中央农业实验所民国二十四年一月至十二月工作报告 实业部中央农业实验所编
南京：实业部中央农业实验所，[1936]，148 页，16 开

本书共 11 部分，内容包括：史略、组织、人事概况、农场概况、实验工作撮要、全国农业改进之推动、各系实验工作详细报告等。逐页题名：实业部中央农业实验所民国二十四年一月至十二月工作总报告。

收藏单位：国家馆、南京馆、上海馆

00275
实业部中央农业实验所三十一年度工作报告 实业部中央农业实验所编
[南京]：实业部中央农业实验所，[1940—1949]，286 页，16 开

本书内容包括：该所职员人数统计图、技术人员学历统计图、该年度职员俸薪比较图、发收文件统计图、技术人员一览表、该所组织系统表、场地全图等，并按所属各系、组总结年度工作。附录该所第一至四次所务会议记录及本年度大事记、事业进行三年计划大纲、组织规程等。目次页题名：实业部中央农业实验所民国三十一年度工作报告。

收藏单位：国家馆、南京馆、上海馆

00276
实业部中央农业实验所研究报告 汤惠荪 杜修昌编
南京：实业部中央农业实验所，1936.12，19 页，16 开

本书内容包括：绪言、研究史略、材料及方法、产卵受温度影响之实验、孵化受温度影响之实验等。

收藏单位：南京馆

00277
实业部中央农业实验所最近概况 实业部中央农业实验所编
南京：实业部中央农业实验所，1933.10，复写本，24 叶，大 16 开

本书记述了实业部中央农业实验所 1933 年 7 月至 9 月的工作概况及计划，涵盖了农艺系、森林系、植物病虫害系、蚕桑系等。

收藏单位：国家馆

00278
实业部中央农业实验所最近三个月工作概况（民国廿二年十、十一、十二三个月） 实业部中央农业实验所编
南京：实业部中央农业实验所，[1934]，油印本，32 叶，大 16 开

本书概述了实业部中央农业实验所 1933 年 10 月至 12 月的工作情况。涉及植物生产科、动物生产科、农业经济科，涵盖了农艺系、森林系、植物病虫害系、蚕桑系等。

收藏单位：国家馆

00279
实用农业活叶教材（第 1 集） 章之汶 辛润

棠编辑
成都：四川省实施县各级组织纲要辅导会议，1942.10，[100] 页，16 开
成都：四川省实施县各级组织纲要辅导会议，1943.7，再版，[100] 页，16 开
　　收藏单位：重庆馆

00280
实用农业活叶教材（第 2 集） 章之汶　辛润棠编辑
成都：四川省实施县各级组织纲要辅导会议，1943，1 册，32 开
　　收藏单位：广东馆

00281
私立华东农业职业学校现况一瞥 私立华东农业职业学校编
上海：私立华东农业职业学校，[1947]，4 页，25 开
　　本书内容包括：简史、本校宗旨、现状说明、目前最急切的需要、本校现任教职员等。
　　收藏单位：国家馆

00282
私立南通农科大学简章 私立南通农科大学编
南通：私立南通农科大学，[1923]，18 页，22 开
　　本简章共 13 条，内容包括：缘起、定名、位置、宗旨、组织、学年、学期、休假、学系、入学转学、学分、纳费、奖励惩戒。附有教职员一览表、校长照片、校舍及农场图等。
　　收藏单位：国家馆

00283
私立农村科学研究所章则 私立农村科学研究所编
[私立农村科学研究所]，1939.4，19 页，32 开
　　收藏单位：南京馆

00284
四川省农业改进所概况 四川省农业改进所编
[成都]：四川省农业改进所，1939.12，60 页，16 开
　　本书共 8 部分：四川省农业改进所沿革、组织、人事、设备、经费、事业撮要、二十八年度主要事业增加农民收益估计、附录。
　　收藏单位：重庆馆

00285
四川省农业改进所施政报告 四川省农业改进所编
[成都]：四川省农业改进所，1939.12，16 页，16 开
　　本报告共 5 部分：引言、施政方略、主要事迹、经费收支概况、结语。书末附各机关人员协助表、各机关补助经费表。
　　收藏单位：重庆馆、国家馆

00286
四川省农业改进所事业概况报告（二十七年至二十九年） 四川省农业改进所 [编]
[成都]：四川省农业改进所，1941.5，油印本，10 叶，16 开，环筒页装
　　本书共 3 部分：绪言、四川省农业改进所行政措施情况、摘要及结论。
　　收藏单位：国家馆

00287
四川中心农事试验场农业化学部事业计划大纲 四川中心农事试验场编
[重庆]：四川中心农事试验场，[1933]，6 页，16 开
　　本书共 5 节：引言、事业、研究、设备、附言。内容包括：柑橘贮藏试验、榨菜制造试验、杀虫药剂调查及制造试验等。
　　收藏单位：重庆馆

00288
四川中心农事试验场农业化学科事业计划大纲 四川中心农事试验场编
[重庆]：四川中心农事试验场，1934.4，[18] 页，22 开，环筒页装
　　本书共 5 节：引言、事业、设备、榨菜制

造试验、附言。

收藏单位：重庆馆、国家馆

00289

四川中心农事试验场农艺部事业计划大纲

四川中心农事试验场编

[重庆]：四川中心农事试验场，[1933]，10 页，16 开

本书内容包括：急应改良之作物、改良七大作物之目的、良种良法之推广、稻麦大豆之育种、改良棉作等。附《中心农事试验场职员表》。

收藏单位：重庆馆

00290

四川中心农事试验场农艺科事业计划大纲

四川中心农事试验场编

[重庆]：四川中心农事试验场，[1933—1936]，[22] 页，22 开，环筒页装

本书共 5 节：引言、改进棉稻麦之目的、改进棉作计划、改进稻麦计划、改进杂粮计划。

收藏单位：重庆馆、国家馆

00291

四年来之河北省立农学院

[保定]：[河北省立农学院]，1935.8，16 页，32 开

本书揭露河北省立农学院院长薛培元任职四年间的劣迹。

收藏单位：国家馆

00292

苏州农校农科一九三三级 苏州农业学校一九三三级编

苏州：苏州农业学校一九三三级，1933，186 页，16 开

本书共 6 部分：纪念文字、论著、学术、调查、文艺、编辑室。

收藏单位：国家馆

00293

绥远省农林试验场作业报告书（民国二十一年） 绥远省农林试验场编

绥远省农林试验场，1933—1949，1 册，16 开，精装

收藏单位：首都馆

00294

台湾省立花莲农业职业学校三十六年度第一学期校务概况 台湾省立花莲农业职业学校编

[花莲]：台湾省立花莲农业职业学校，1947，油印本，1 册，16 开

收藏单位：广东馆

00295

台湾省农业试验所汇报（第 3 号） 台湾省农业试验所编

台北：台湾省农业试验所，1947.8，43 页，16 开

本书收录论文两篇：《三十年来无肥料栽培水稻试验成绩之探讨》（陈振铎、林家棻）、《同种肥料连用对水稻产量及土壤理化性之影响》（张守敬、林家棻、步燚昇）。

收藏单位：国家馆

00296

台湾省农业试验所嘉义农业试验支所概况

台湾省农业试验所嘉义农业试验支所编

嘉义：台湾省农业试验所嘉义农业试验支所，1947.4，28 页，22 开

本书共 5 部分：台湾省农业试验所嘉义农业试验支所简史、过去事业概述、接收后之重要设施、今后工作方针与计划、优良品种概观。书末附组织规程、职员录、甘薯重要品种目录、台湾甘薯文献目录、热带果树名录。

收藏单位：浙江馆

00297

台湾省农业试验所嘉义农业试验支所概况

台湾省农业试验所嘉义农业试验支所编

嘉义：台湾省农业试验所嘉义农业试验支所，1948.4，34 页，25 开

本书共 6 部分：沿革、位置设备及经费、

过去事业概述、接收二年来重要工作概述、今后工作方针与计划、优良品种概观。附录组织规程、本支所职员录、本支所甘薯重要品种名录、本支所热带果树名录等。

收藏单位：广东馆

00298

台湾省农业试验所民国三十五年年报 台湾省农业试验所编

台北：台湾省农业试验所，1946.12，136 页，16 开

本书共两编：概况、工作报告，收录了农艺系、园艺系、农业化学系、畜产系、应用动物系、植物病理系、台东热带农业试验支所、台中农业试验支所、屏东农业试验支所、士林园艺试验支所、凤山热带园艺试验支所等调查、试验研究以及推广方面的工作报告。封面题名：民国三十五年年报。

收藏单位：广东馆、国家馆、湖南馆、浙江馆

00299

台湾省农业试验所民国三十六年年报 台湾省农业试验所编

台北：台湾省农业试验所，[1947]，164 页，16 开

本书收录了农艺系、园艺系、农业化学系、畜产系、应用动物系、植物病理系、嘉义农业试验支所、台中农业试验支所、屏东农业试验支所、台东热带农业试验支所、士林园艺试验支所、凤山热带园艺试验支所等调查、试验研究以及推广方面的工作报告。封面题名：民国三十六年年报。

收藏单位：国家馆、上海馆

00300

田间试验之设计与分析 范福仁著

外文题名：Design and analysis of field experiments

桂林：上海科学公司桂林分公司，1942.1，346 页，22 开

上海：新农企业股份有限公司，1947.5，订正再版，346 页，22 开（新农丛书）

上海：新农企业股份有限公司，1948.11，再版，346 页，22 开（广西农事试验场丛书 2）

本书共 12 章，内容包括：现代田间技术，田间试验方面所需之统计知识，随机区组、拉丁方及裂区试验，混杂试验，拟复因子试验等。附中英文术语对照表、索引。

收藏单位：广东馆、河南馆、江西馆、辽大馆、内蒙古馆、农大馆、浙江馆

00301

我国乡村师范之农业教学 郑槐 黄贻孙编

南京：金陵大学乡村教育系，1934，20 页，16 开

本书为《金陵大学农林新报》第 11 年第 16 期抽印单行本。

收藏单位：重庆馆

00302

夏小正疏义 （清）洪震煊著

上海：商务印书馆，1937.12，71 页，32 开（万有文库第 2 集 226）（国学基本丛书）

长沙：商务印书馆，1940.8，71 页，36 开（国学基本丛书）

本书内容涉及自然现象、生产活动和社会活动等，特别是生产方面的大事，如农耕、渔猎、蚕桑、养殖等。

收藏单位：安徽馆、重庆馆、大理馆、大连馆、大庆馆、东北师大馆、广东馆、国家馆、黑龙江馆、湖南馆、吉大馆、辽师大馆、内蒙古馆、宁夏馆、上海馆、西南大学馆、浙江馆、中科图

00303

现代新农业 曹之彦编著

出版者不详，1931.7，148 页，32 开

北平：震亚书局，1933.2，再版，148 页，32 开

本书共两篇：栽培篇、家畜家禽及家虫篇。内容包括：农业与三民主义、田土的性格、田土和栽培、肥料、肥料和栽培、水和农田、换种、农家怎样防除病虫害、农作物遗传大意、农具、田间记载和经济出纳、育种大意等。逐页题名：现代新农业教本。

收藏单位：国家馆、内蒙古馆

00304

乡政学院农业组工作报告（民国廿七年七

月一廿八年六月） 乡政学院农业组编
乡政学院农业组，[1939]，油印本，1 册，18 开，环筒页装
本书共 4 部分：农业改良、农业推广、训练方面、服务方面。
收藏单位：国家馆

00305
小学农事指导法 王琳编著
上海：世界书局，1939.10，97 页，32 开
上海：世界书局，1948.6，再版，97 页，32 开
本书共 8 章：小学与农事、农事工作的材料、农事工作的一般指导、农事工作的实例、农事工作的设备、农事工作的管理、农事成绩单考查、结论。
收藏单位：安徽馆、重庆馆、东北师大馆、广西馆、贵州馆、国家馆、河南馆、江西馆、辽宁馆、南京馆、上海馆、浙江馆

00306
新法农业教科书（第 4 册） 刘大绅著 吴研因校订
上海：商务印书馆，1922.5，4 版，59 页，25 开
本书内容包括：养牛法、养鸟法、养猪法、养羊法、养鸡法、种桑法、养蚕法等。为高等小学学生用书。
收藏单位：广东馆

00307
新农业（第 2 辑） 农业进步社编
旅顺：农业进步社，1938.3，297 页，25 开
旅顺：农业进步社，1940.11，6 版，297 页，25 开
旅顺：农业进步社，1943.1，9 版，297 页，25 开
本书共 9 部分：论坛及经营、普通特用作物、农家副业、果树、蔬菜、病虫害、肥料、花卉、杂俎。版权页责任者题：苍德玉编辑。
收藏单位：广东馆、国家馆

00308
信江农业专科学校概述暨发展计划书 信江农业专科学校编
信江：信江农业专科学校，28 页，32 开
本书内容包括：沿革、组织、教职员以及发展计划。
收藏单位：江西馆、浙江馆

00309
修农生活与农村教育 修业高级农校农艺师资科第二班编
长沙：湖南修业高级农校农村服务社，1936.6，16 页，32 开
本书记录修业高级农校农艺师资科第二班各项实习和学校生活，收文章 47 篇。
收藏单位：国家馆、南京馆

00310
旭光 江苏省立苏州农业学校预科学生自治会学术股编辑社编
苏州：江苏省立苏州农业学校预科学生自治会学术股编辑社，1930.7，[127] 页，22 开
本书为 1930 年庚午级（预科二年级）毕业学生刊物。内容包括：论坛、文艺、研究、杂俎、报告等。
收藏单位：国家馆

00311
畜植与生产 许啸天主编
上海：明华书局，1936.6，203 页，32 开（现代百科家庭生活丛书 7）
上海：明华书局，1939.9，再版，203 页，32 开（现代百科家庭生活丛书 7）
本书共 10 部分：畜植常识、家庭两种生产法、家畜饲养法、家禽饲养法、鱼介养殖法、果木栽接法、花园管理法、菜园管理法、科学小工业生产法、化学小工业生产法。封面责任者题：许啸天、高剑华合编。
收藏单位：广东馆、辽宁馆

00312
学校农业之设计与经营 申屠杰编著
中国农业书局，1948.2，115 页，32 开
本书共 8 章：开始的几点解释、假设要我们来经营这样一个学校的话、我们先来栽培行道树与绿荫树、其次我们来经营花园、我

们来经营作物园、最后我们来试养几种动物、我们的学校农业经营成功了、末了我们还要来谈谈学校农业的推广。附学校农业行事历。

收藏单位：国家馆

00313

一年来的青大农事试验场 ［国立青岛大学农学院农事试验场编］

［青岛］：国立青岛大学农学院农事试验场，1930.6，136页，23开（国立青岛大学农事试验场丛刊1）

本书收录任德宽、郑普一、郑兰芬等人论文12篇。内容包括：该场目标、建设、蚕丝改良推广计划、选种、肥料、育苗、栽培，并有该场一年大事记、信用合作社章程等。

收藏单位：广东馆、国家馆

00314

预备荒年 林大椿著

定县：中华平民教育促进会，1930.11，14页，50开

北平：中华平民教育促进会，1932.10，再版，14页，50开

本书内收5篇文章：《预备荒年》《请大家注意选种》《农民们应利用农暇读书》《请大家注意黑穗病》《农民的醒觉》。

收藏单位：国家馆

00315

云南农林植物研究所概况 云南农林植物研究所编

昆明：云南农林植物研究所，1941.6，14页，32开

本书共11部分：缘起、组织、经费、进行研究之问题、调查采集、栽培试验、标本室、陈列室、图书馆、出版品、委托或合办之事业。书末附本所研究人员之著述名录。

收藏单位：重庆馆、国家馆

00316

云南农林植物研究所民国三十一年度工作述要 云南农林植物研究所编

［昆明］：云南农林植物研究所，1942，石印本，8叶，16开，环筒页装

本书内容包括：云南经济植物之调查、云南省各地林区之勘测、云南省重要林木造林方法之试验、云南省经济植物栽培之试验、云南木材采集工作、植物分类之研究等。

收藏单位：重庆馆

00317

云南全省经济委员会开蒙区垦殖局农事试验场民国二十八年工作报告 开蒙区垦殖局农事试验场编

开蒙区垦殖局农事试验场，1940，54页，16开

本书内容包括：稻作育种与栽培试验、杂粮试验之准备、草棉育种与栽培试验、木棉研究与肥料试验、稻棉害虫之调查防治与试验、土壤调查简要、气象报告简要等。

收藏单位：国家馆、湖南馆

00318

云南省立昆华高级农业职业双塔初级中学校概览 云南省立昆华高级农业职业双塔初级中学校编

昆明：云南省立昆华高级农业职业双塔初级中学校，1937.2，89页，16开

本书内容包括：沿革、大事记、行政组织、教务概况、训育概况、事务概况、经费概况、军训童军概况、体育概况、学生课外生活概况、农事试验场概况、师生一览等。

收藏单位：国家馆

00319

云南省立农事试验场要览 云南农事试验场编

大华石印局，121页

收藏单位：南京馆

00320

再得救 郭仁凤著 章之汶译

南京：无锡锡成公司驻宁印刷所，1925，再版，18页，46开（南京金陵大学农林科农林浅说4）

收藏单位：重庆馆

00321
怎样把农业技术提高一寸（草稿） 中共中央财政经济部研究室经济组编
中共中央财政经济部研究室经济组，1948.9，油印本，67 叶，16 开
收藏单位：国家馆

00322
怎样习农 陈和祥编
上海：民众教育研究社，1932.6，68 页，42 开（注音符号民众万有丛书 农业类）
上海：民众教育研究社，1933，68 页，50 开（注音符号民众万有丛书 农业类）
收藏单位：江西馆、首都馆

00323
浙江农事试验场试验成绩报告（第 7 册 稻作之部） 程绳植编
杭州：浙江省地方农事试验场，1918.4，160 页，23 开
本书分水稻、陆稻两部分。内容包括：本省外省各属粳糯品种试验、播种期对插秧期试验、薄播密植法试验等。目录页书名题：浙江省地方农事试验场中华民国四年份稻作试验成绩报告；正文页书名题：浙江省地方农事试验场试验成绩报告（稻作之部）。
收藏单位：国家馆、南京馆、绍兴馆、浙江馆

00324
浙江农事试验场试验成绩报告（第 8 册 棉作之部） 李德祥编
杭州：浙江省地方农事试验场，1918.6，138 页，23 开
本书共 14 部分：品种试验、播种期试验、间作试验、品种对播法试验、点播法试验、品种对株距试验、浸种试验、拌种试验、基肥种类试验、肥料种类试验、油粕施用法试验、摘心试验、培土试验、直播移植比较试验。正文页书名题：浙江省地方农事试验场试验成绩报告（棉作之部）。
收藏单位：国家馆、南京馆

00325
浙江农事试验场试验成绩报告（第 9 册 药料之部） 李德祥编
杭州：浙江省地方农事试验场，1918.6，146 页，23 开
本书共 12 部分，收录了元参、贝母、白芷、千金子、草决明、荆芥、薄荷、地黄、薏苡、白芥、白术、黄菊共 12 种药材的种植试验成绩。
收藏单位：国家馆

00326
浙江农事试验场试验成绩报告（第 10 册 蚕桑之部） 嵇伟 张保寅 徐一亨编
杭州：浙江省地方农事试验场，1918.9，46 页，23 开
本书共两部分：养蚕类、栽桑类。内容包括：春蚕种类试验、夏蚕饲育试验、秋蚕饲育试验、种类试验、肥料种类试验、播种法试验等。
收藏单位：国家馆

00327
浙江省地方农事试验场十年份各科设计书 浙江省地方农事试验场编
杭州：浙江省地方农事试验场，1921，130 页，22 开
本书共 12 部分：上种艺科设计书呈、上森林科畜牧科病虫害科设计书呈、上蚕桑科设计书呈、上化验科设计书呈、种艺科设计书、森林科设计书、畜牧科设计书、病虫害科设计书、蚕桑科设计书、化验科设计书、观测科设计书、跋。逐页题名：浙江省地方农事试验场民国十年份各科设计书。
收藏单位：国家馆、首都馆、浙江馆

00328
浙江省第五区农场第一年工作报告
萧山：浙江省第五区农场，1935，96 页，16 开
本书内容包括：施政报告、试验报告、推广报告、调查报告、气象报告。
收藏单位：浙江馆

00329
浙江省第一区区农场二十三年度事业进行计划
浙江省第一区区农场，1934，手抄本，1册，大16开
本书内容包括：小麦、水稻、特产、苗木。封面题名：浙江省第一区区农场二十三年度事业计划。
收藏单位：浙江馆

00330
浙江省立农事试验场成绩报告 [浙江省立农事试验场编]
杭州：浙江省立农事试验场，1915，400页，16开
本书为该试验场1913年冬季至1914年冬季一年间的成绩报告。
收藏单位：首都馆

00331
浙江省立农业改良场年报 陈方济编著
杭州：浙江省立农业改良场，1932.7，168页，16开
本书共5部分：浙江省立农业改良场沿革、组织系统、设备概况、事业概况、附录。正文页书名题：浙江省立农业改良场年报第一号（二十年七月至二十一年七月）。
收藏单位：国家馆、上海馆

00332
浙江省立农业学校十周纪念刊 浙江省立农业学校编
[杭州]：浙江省立农业学校，[1923]，[118]页，18开
本书内容包括：学校沿革纪要、学校组织一览表、设备状况、建筑状况、农场区划表、林场区划表、历年学生人数比较表、毕业生状况一览表等。
收藏单位：国家馆

00333
浙江省农业改进所二十七年度工作报告 莫定森编著
浙江省农业改进所，[1939]，1册，16开
本书共7部分，收录了农艺、森林、蚕丝、畜牧兽医、植物病虫害、农业推广、农田水利方面的工作报告。附各县中心农场试验产量比较表多种。书前有伍廷扬序。
收藏单位：重庆馆、广东馆、国家馆、南京馆、上海馆、浙江馆

00334
浙江省农业改进所二十七年度事业进行计划 [浙江省农业改进所编]
浙江省农业改进所，1938，20页，16开
本书介绍了浙江省农业改进所1938年农业计划的概况。
收藏单位：浙江馆

00335
浙江省农业改进所二十八年度工作报告 莫定森编著
浙江省农业改进所，[1940]，204+20页，16开
本书共7部分，收录农艺、森林、蚕丝、畜牧兽医、植物病虫害、农业推广、农田水利方面的工作报告。书末附二十八年各县中心农场纯系水稻地方试验、各县中心农场纯系小麦地方试验等。
收藏单位：广东馆、国家馆、上海馆、浙江馆

00336
浙江省农业改进所二十八年度事业进行计划 [浙江省农业改进所编]
浙江省农业改进所，[1939]，20页，16开
本书共7部分，从农艺、推广、森林、畜牧、蚕丝、病虫害、农田水利等方面介绍了浙江省农业改进所1939年农业计划概况。
收藏单位：南京馆、上海馆、浙江馆

00337
浙江省农业改进所丽水县中心农场二十八年工作总报告
出版者不详，1939，56页，16开
本书内容包括：工作结果提要、农情概述、举行作物地方试验与繁殖稻麦良种、森

林事业等。

收藏单位：浙江馆

00338

浙江省农业改进所松阳县中心农场廿七年份工作报告

出版者不详，1938，1 册，16 开，油印本

本书内容包括：工作结果提要、农情概述、举行作物地方试验与繁殖稻麦良种、森林事业等。

收藏单位：浙江馆

00339

浙江省农业改进所职员录　浙江省农业改进所编

松阳：浙江省农业改进所，1939.1，36 页，32 开

松阳：浙江省农业改进所，1943.5，[25] 页，32 开

本职员录共 4 部分，记录了浙江省农业改进所职员姓名、性别、职务、住址。

收藏单位：浙江馆

00340

浙江省农业改良总场二十三年份业务概况报告　浙江省农业改良总场编

浙江省农业改良总场，1934.12，15 页，18 开

本书内容包括：稻种、棉业、蚕业、林业、肥料。

收藏单位：南京馆、浙江馆

00341

浙农新声　浙江省立农业学校编

[杭州]：浙江省立农业学校，1923，[156] 页，23 开

本书为浙江省立农业学校成立十周年纪念刊，收录有发刊词、祝词、来稿、论著、研究、调查、转载等。

收藏单位：广东馆、国家馆、绍兴馆、浙江馆

00342

直隶农事试验场第二、三次成绩报告

[直隶农事试验场]，[1918]，1 册，16 开

本书共两部分：第二次成绩报告、第三次成绩报告。内容包括：气象课成绩报告、树艺课试验成绩报告、园艺课试验成绩报告、蚕桑课试验成绩报告、牧畜课试验成绩报告等。

收藏单位：南京馆

00343

直隶农业专门学校成绩（中华民国四、五年度）　直隶公立农业专门学校编

保定印书馆，1917.11，石印本，226 页，23 开

本书收录了直隶农业专门学校在气象观测、土肥分析、作物及园艺栽培等方面的成绩。

收藏单位：国家馆

00344

中国农学会会章　中华农学会编

重庆：中华农学会，1944.7，10 页，25 开

本书书末附二十五届年会章则。

收藏单位：南京馆

00345

中国农业教育问题　邹秉文编

上海：商务印书馆，1923.5，69 页，25 开

上海：商务印书馆，1923.9，再版，69 页，25 开

上海：商务印书馆，1929.4，3 版，69 页，25 开

本书收入文章 8 篇：《改进吾国农业专门学校办法之商榷》《吾国乙种农校之现状及其改进方法》《对于吾国甲种农校宗旨办法之怀疑》《吾国农业教育之现状及将来希望》《实施全国农业教育计划大纲及筹划经费办法》《吾国新学制与此后之农业教育》《新学制实行后之各省农业教育办法》《江苏实行新学制后之农业教育办法》。

收藏单位：国家馆、湖南馆、江西馆、辽大馆、南京馆、内蒙古馆、上海馆、西南大学馆、浙江馆

00346

中国农业科学研究社成立大会特刊

[上海]：中国农业科学研究社，1947.11，14页，16开

本书内容包括：介绍农业科学研究社、中农社成立感言、在艰苦中磨炼的蔬菜小组、化验室中变相万千等。

收藏单位：国家馆、南京馆

00347

中国农业科学研究社一周年纪念刊　中国农业科学研究社编

[上海]：中国农业科学研究社，1948，8页，16开

00348

中国农业科学之研究与实验　行政院新闻局编

南京：行政院新闻局，1947.7，29页，32开

本书概述中央农业试验所在改良品种、改进栽培方法、研究土壤肥料、防治病虫害实验等方面所做的工作。

收藏单位：安徽馆、重庆馆、大庆馆、广东馆、贵州馆、国家馆、河南馆、湖南馆、江西馆、辽大馆、辽宁馆、南京馆、内蒙古馆、山西馆、上海馆、首都馆、浙江馆

00349

中国西部科学院农林研究所二十二年度报告　中国西部科学院农林研究所编

中国西部科学院农林研究所，1934，油印本，26叶，32开，环筒页装

本书共8篇，内容包括：总务、气象、作物、畜牧、林垦、养蚕报告等。

收藏单位：重庆馆

00350

中华农学会第二十届年会到会须知　中华农学会编

南京：中华农学会，1937.6，8页，42开

本书内容包括：年会地址、日期、住宿地点、乘车须知等。

收藏单位：国家馆

00351

中华农学会第十八届年会论文提要　李顺卿等著

年会论文股，油印，1册，9开

收藏单位：上海馆

00352

中华农学会第十九届年会指南　中华农学会编

[中华农学会]，1936.7，28页，22开

本指南共7部分：广西省略图、广西风景片、本届年会启、广西农产品、广西名胜古迹、广西省政府所属各机关一览表、到会须知。

收藏单位：桂林馆、上海馆

00353

中华农学会近况　中华农学会编

出版者不详，1939，6页，22开

收藏单位：广东馆

00354

中华农学会募集百万基金、募集三十万奖学基金、经收孙玉书先生五秩寿辰纪念奖金、经收梁叔五先生六秩寿辰纪念奖金、经收中国三十年农业改进史印费、经收黄聘珍先生纪念奖金征信录

中华农学会，1944，34页，25开

收藏单位：重庆馆

00355

中华农学会三十年间概况

南京：[中华农学会]，1947.1，10页，22开

本书介绍了中华农学会自1916年秋在南京江苏第一农校开始筹备，1917年1月开成立大会至1947年成立30年期间发展壮大的历程和工作概况。

收藏单位：广东馆、南京馆

00356

中央农事试验场十年来经过情形（民国十一年十二月）　中央农事试验场编

中央农事试验场，1923.1，20+42页，18开

本书共9部分：叙言、农作物子种之分给及出售、园艺种苗之分给及出售、桑苗蚕种之分给及出售、请求化验之一班、昆虫标本之采制、昆虫标本制作种类、书籍之编印、农事之质疑及应答。附录罗君实调查中央农事试验场的农业状况。

收藏单位：国家馆

00357

中央农业实验所十年来工作概要 农业部中央农业实验所编

[南京]：农业部中央农业实验所，[1943]，30页，16开

本书共9部分，介绍中央农业实验所自成立10年以来，土壤肥、棉作、稻作、麦作杂粮等各部历年研究、试验成绩。卷首有谢家声的弁言。

收藏单位：重庆馆、国家馆、南京馆

00358

仲恺农工学校学生毕业论文集（第1辑） 仲恺农工学校编

广州：仲恺农工学校，1930.8，[199]页，16开

本论文集收该校第一届蚕丝科学生毕业论文15篇，包括：《初秋蚕经济饲育试验》《对于广东原有蚕种之给桑量与食下量及消化率之关系试验》《粤法育与经济育之比较》《广东秋蚕实施湿布育的试验报告》等。

收藏单位：国家馆、上海馆

00359

庄稼汉手册 李俊著

新华书店，1945，35页，32开（生产小丛书）

新华书店，1945.9，64页，32开（生产小丛书）

本书以河北、山西交界的涉县、黎城一带的地形条件和天气特点为依据，介绍了农业生产技术。共4部分：农家历、肥料、种子、栽培技术。书末附农谚注解。

收藏单位：国家馆、山东馆

农业基础科学

农业数学及农业化学

00360

变量分析法之农艺应用实例 王绶著

外文题名：Application of the method of analysis of variance in agronomic research

南京：[金陵大学]，1935.5，[31]页，22开

本书为《金陵学报》第5卷第1期第205至235页抽印本。

收藏单位：国家馆

00361

高级农业职业学校农艺化学概论 王恺编著 国立编译馆主编

上海：正中书局，1948.8，200页，32开

本书共4编：生物化学大意、生物生理学大意、农产物加工之大意、作物病虫害防治大意。教育部审定。

收藏单位：重庆馆、国家馆、黑龙江馆、辽宁馆、南京馆

00362

农产分析及工业分析 余兰园编著

北平：余兰园[出版者]，[1935.10]，284页，22开

本书共两编，收录了农产品和工业产品的化学分析及煤、水、铁、钢、肥皂、纸、油漆的实验分析。

收藏单位：国家馆

00363

农业化学 孙宗浩著

学术讲演会，14页，22开

本书为学术讲演会讲演录。

收藏单位：广东馆、首都馆

00364
农艺化学 （美）顾兰纳著 新学会社编译部编译
上海：新学会社，1913，3版，[134]页，22开
上海：新学会社，1927.7，6版，[134]页，22开
本书共3章：论植物必需之养分、论制造肥料之方法、论研究农务化学得益之理由。为中等农学校用书。
收藏单位：广东馆、国家馆、南京馆

00365
农艺化学 沈觐寅编著
上海：商务印书馆，1931.5，232页，32开
上海：商务印书馆，1932.6，国难后1版，232页，32开
上海：商务印书馆，1934，国难后3版，232页，32开
长沙：商务印书馆，1938.12，国难后6版，232页，32开
长沙：商务印书馆，1939.4，国难后7版，232页，32开
长沙：商务印书馆，1941，国难后8版，232页，32开
北京：商务印书馆，[1940—1949]，232页，32开
本书共26章，内容包括：植物所含之物质、种子萌芽时所吸取之养料、同化作用及碳氧氢氮之来源、植物之无机养料、植物如何吸收养料、水之功用、植物如何预备其养料等。为职业学校教科书、新学制高级农业学校教科书。
收藏单位：安徽馆、重庆馆、国家馆、河南馆、湖南馆、江西馆、辽大馆、南京馆、西南大学馆、浙江馆

00366
农艺化学 严梅和编
上海：中华书局，1948.12，106页，32开
本书共4编：土壤化学、肥料化学、植物生理化学、营养化学。内容包括：土壤所含植物养料、土壤之吸收性质、肥料总论、肥料之分类、有机肥料、化学肥料等。
收藏单位：广东馆、国家馆、湖南馆、江西馆、辽大馆、上海馆、浙江馆

00367
农艺化学 叶元鼎编
上海：黎明书局，1933.7，244+76页，32开，精装（黎明农业丛书）
上海：黎明书局，1934.10，再版，244+76页，32开（黎明农业丛书）
本书共10章：绪论、大气、土壤、土壤中之化学变化、施肥与普通肥料、特别肥料、植物之化学成分、作物之化学、家畜之化学、农业上用之杂品。书末附土壤化学分析法及分析结果之报告、棉植之营养问题等。
收藏单位：重庆馆、广东馆、国家馆、河南馆、黑龙江馆、湖南馆、吉林馆、辽宁馆、南京馆、首都馆、天津馆、浙江馆

00368
农艺化学
出版者不详，1册，18开
本书共3卷：论植物必需之养分、论制造肥料之方法、论研究农务化学得益之理由。
收藏单位：浙江馆

00369
农艺化学泛论 （日）后藤格次著 周建侯译
上海：商务印书馆，1937.3，194页，32开（万有文库第2集376）（自然科学小丛书）
上海：商务印书馆，1938.1，194页，25开
上海：商务印书馆，1939.9，194页，25开（万有文库第1—2集简编236）（自然科学小丛书）
上海：商务印书馆，1940.12，194页，32开（自然科学小丛书）
本书共12章：绪论、土壤、肥料、土壤微生物、农产制造、发酵、纤维、利用价值之增进、营养、家畜饲养及畜产制造、水产、基础研究及结论。
收藏单位：安徽馆、重庆馆、大理馆、大连馆、大庆馆、东北师大馆、广东馆、贵州馆、国家馆、黑龙江馆、湖南馆、江西馆、辽师大馆、南京馆、内蒙古馆、宁夏馆、上海馆、天津馆、武大馆、浙江馆

00370
农艺化学教科书 （日）千叶敬止 （日）香月喜六原著 胡朝阳编译

上海：新学会社，1912，112 页，22 开
本书为初等农学校用书。
收藏单位：首都馆

00371
农艺化学浅说 张继龄编
上海：商务印书馆，1933.1，45 页，32 开（农学小丛书）
上海：商务印书馆，1933.6，再版，45 页，32 开（农学小丛书）
上海：商务印书馆，1935，3 版，45 页，32 开（农学小丛书）
本书共 12 章：植物之成分、植物之有机成分、植物之矿质成分、植物吸取养料之情状、水及空气与植物之关系、土壤之成分、土壤之定量分析、肥料最小量定律及最大量定律、动物肥料、植物肥料、化学肥料、化学肥料之配合及分析。
收藏单位：安徽馆、重庆馆、广东馆、贵州馆、国家馆、湖南馆、江西馆、南京馆、宁夏馆、首都馆、天津馆、浙江馆

00372
农艺化学试验 王正著
北平：震东印书馆，1932，22+314 页，16 开
本书共 5 篇：定性分析、定量分析、人造肥料之试验、植物灰分之定量分析、土壤之物理及化学的试验法。书末附各元质之原子量表、常用盐类之和量表等。
收藏单位：国家馆、农大馆

00373
农用无机化学新编 高祖诚等编
上海：中华书局，1914.5，202 页，32 开（农学丛书）
本书内容包括：化学及化学变化、化合及分解、元素分子原子、空气、酸素燃烧、水、水素、食盐、金属及非金属等。
收藏单位：浙江馆

00374
实用农艺化学 鲁葆如编著
上海：商务印书馆，1937.11，394 页，32 开，精装
长沙：商务印书馆，1939.2，再版，394 页，32 开
上海：商务印书馆，1947.1，3 版，394 页，32 开
本书共 12 章：绪论、大气、土壤、自然水、植物、肥料、作物、畜体之化学、牲畜饲养、乳业、农用药剂、蛋及蛋制品。为职业学校教科书。以英国英格尔（Herbert Ingle）所著《初等农艺化学》为蓝本，参考中外书籍期刊修正补充而成。
收藏单位：东北师大馆、广东馆、国家馆、黑龙江馆、南京馆、山西馆、上海馆、浙江馆

00375
中等农艺化学 蒋继尹编
上海：中华书局，1925.8，64 页，27 开
上海：中华书局，1926.1，再版，64 页，27 开
上海：中华书局，1929.10，3 版，64 页，27 开
上海：中华书局，1934，5 版，64 页，27 开
上海：中华书局，1939.5，8 版，64 页，27 开
本书研究农艺物质之组成变化，共 4 部分：空气诸成分、水、无机成分、有机成分。为新学制农业教科书。
收藏单位：重庆馆、桂林馆、江西馆、南京馆、上海馆、浙江馆

00376
中华农业化学会演讲录（第 1 集） 刘拓等讲 中华农业化学会编
中华农业化学会，1931.6，57 页，32 开
本书收录 6 篇演讲录：《农业化学者的责任》（刘拓）、《大豆（Soybean）》（刘拓）、《中国人工肥料问题》（刘和）、《植物中之光化作用》（杨梦赉）、《生活素 D》（吴竹修）、《橡皮工业》（赵学海）。
收藏单位：国家馆

肥料学

00377
初等肥料学教科书 （日）日本农业教育协会

著 胡朝阳译
上海：新学会社，1912.7，66 页，22 开，精装
上海：新学会社，1913.4，再版，66 页，22 开，精装

本书共 3 编：绪论、肥料各论、肥料泛论。内容包括：作物与肥料、土中之养分、肥料之三要素、肥料之分类、人粪尿、厩肥及堆肥等。封面题名：肥料学教科书。逐页题名：肥料教科书。为初等农学校用书。

收藏单位：首都馆

00378
地力更生实用堆肥学 苍德玉著
[旅顺]：农业进步社，[1942]，183+15 页，32 开

本书共 5 部分：地力更生篇、堆肥制造篇、肥料不足之对策、自给肥料改良增产体验记、附录。书末附鸡粪发酵利用访问记、堆肥问答、堆肥标语集。

收藏单位：国家馆

00379
堆肥 广西省政府建设厅农业管理处编
广西省政府建设厅农业管理处，36 页，32 开（农业浅说 22 土壤肥料类 6）

本书共 12 部分：堆肥的功效、堆肥的原料、制造堆肥的原理与促进堆肥发酵腐熟的方法、减少堆肥养分损失的方法、节省制造堆肥的人工或劳力的方法、制造堆肥的要诀、制造堆肥的几种实例、堆肥的腐熟程度与外观及重量与体积之关系、堆肥的施用方法、堆肥的贮藏方法、厩肥、政府奖励堆肥的办法。

收藏单位：国家馆、南京馆

00380
堆肥读本 苍德玉著
旅顺：农业进步社，1938.9，141 页，32 开

本书分地力更生篇、堆肥制造篇。内容包括：地力与堆肥、增收的经济化、日本农业之真进步、堆肥与农业、堆肥万能、堆肥制造的前提、普通堆肥舍内堆积制造法、舍外堆积法等。

收藏单位：国家馆

00381
堆肥及其制造方法 中央卫生实验院卫生化学室编
[南京]：卫生署中央卫生实验院，1946.11，7 页，16 开

本书以图文形式介绍了堆肥及其制造方法。内容包括：引言、制造堆肥之原理、制造堆肥之方法、堆肥场之设置、堆肥之成品。

收藏单位：国家馆

00382
堆肥浅说 福建省建设厅编
[福州]：福建省建设厅，1937.9，16 页，32 开（农林推广丛书 1）

本书共 9 部分：什么是堆肥、堆肥的价值、堆肥的性质和效用、制造堆肥的原料、堆肥制造法、翻制法、堆肥制造场、堆肥管理法、堆肥施用法。

收藏单位：重庆馆

00383
堆肥新编 邓宗岱编
上海：新学会社，1920.6，88 页，22 开
上海：新学会社，1935.9，增正再版，88 页，22 开

本书共 12 章：绪言、堆肥之性质、堆肥之效能、堆肥制造、堆积物之变化、堆肥之管理法、堆肥之施用法、堆肥成品良否鉴别法、堆肥与各土壤之关系、堆肥与各肥料之关系、堆肥与农作物之关系、堆肥之分类。

收藏单位：安徽馆、重庆馆、国家馆、内蒙古馆、农大馆、上海馆、首都馆、浙江馆

00384
堆肥制造 江西省农业院编
江西省农业院，1939.1，14 页，32 开（推广丛书 1）
江西省农业院，1940.2，14 页，32 开（推广丛书 1）

收藏单位：重庆馆、广东馆、江西馆、西南大学馆

00385
肥料 顾复著

上海：商务印书馆，1930.4，77 页，32 开（万有文库 第 1 集 602）（农学小丛书）
上海：商务印书馆，1932.12，77 页，32 开（农学小丛书）
上海：商务印书馆，1933，再版，77 页，32 开（农学小丛书）
上海：商务印书馆，1934.1，3 版，77 页，32 开（农学小丛书）
上海：商务印书馆，1934.7，再版，77 页，32 开（万有文库 第 1 集 602）（农学小丛书）
上海：商务印书馆，1935.5，4 版，77 页，32 开
上海：商务印书馆，1939.12，77 页，25 开（万有文库 第 1—2 集简编 242）（农学小丛书）

本书共 7 章：叙论、动物质肥料、植物质肥料、矿物质肥料、混合肥料、肥料之选择、施肥。

收藏单位：安徽馆、重庆馆、大理馆、大连馆、大庆馆、东北师大馆、广东馆、广西馆、贵州馆、国家馆、黑龙江馆、湖南馆、江西馆、辽大馆、辽师大馆、内蒙古馆、宁夏馆、上海馆、绍兴馆、浙江馆

00386
肥料 江西省农业院编
南昌：江西省农业院，1935.8，21 页，25 开（推广教本 1）
[南昌]：江西省农业院，1940，16 页，32 开（推广丛书 化字 2）

收藏单位：重庆馆、江西馆

00387
肥料 松江省政府建设厅编
佳木斯：东北书店，1948.5，再版，9 页，50 开（生产丛书 2）

本书共 3 部分：上肥料有什么好处、作物需要的养分、主要肥料的制法。

收藏单位：国家馆

00388
肥料 太行行署编
出版者不详，1946，26 页，64 开

本书为农业技术文件第 9 号。

收藏单位：国家馆

00389
肥料 赵复编 赵景源校
上海：商务印书馆，1934.2，43 页，32 开（小学生文库 第 1 集 农业类）
上海：商务印书馆，1934.10，再版，43 页，32 开（小学生文库 第 1 集 农业类）

本书内容包括：动机、肥料的作用、肥料的性质和主要成分、肥料的分类、动物质肥料。

收藏单位：安徽馆、东北师大馆、贵州馆、湖南馆、宁夏馆、绍兴馆、首都馆

00390
肥料（人粪尿） 国立中山大学农学院推广部编
广州：国立中山大学出版部，[1934]，8 页，25 开（农林浅说 肥料类 1）

本书内容包括：人粪尿的高低及成分、人粪尿的处理、人粪尿施用法、人粪尿功效与植物的关系等。

收藏单位：国家馆

00391
肥料常识 刘主生著
四川中心农事试验场农事推广科，18 页，32 开（农业浅说 3）

本书介绍了农人施用肥料的知识。

收藏单位：重庆馆

00392
肥料分析 盛澄渊著
上海：商务印书馆，1947.3，88 页，32 开

本书共 11 章：化学肥料之检验、硫酸铵、硝酸钠、石灰氮、过磷酸石灰、汤马斯磷肥、钾肥分析、农用石灰、厩肥分析、一般混合肥料分析法、土壤有效养分之测定与施肥量之推算。书末附重要元素之原子量表等。

收藏单位：重庆馆、贵州馆、国家馆、江西馆、辽大馆、辽宁馆、山西馆

00393
肥料概说
青岛：青岛市农林事务所冬期农事讲演会，

1932.12，18 页，32 开

收藏单位：南京馆

00394

肥料浅说　冯翔凤编

开封：河南中山大学农业推广部，1930.6，8 页，32 开（河南中山大学农业推广部农业丛书 17）

本书共 3 部分：淡肥的要素和施用、磷肥的要素和施用、钾肥的要素和施用。

收藏单位：国家馆

00395

肥料浅说　周惟诚编

上海：中华书局，1930.10，24 页，36 开（民众农业丛书 7）

上海：中华书局，1932.9，再版，24 页，36 开（民众农业丛书 7）

上海：中华书局，1936.8，4 版，24 页，36 开（民众农业丛书 7）

本书内容包括：肥料的重要、肥料的要素和分类、人粪尿、厩肥、鸟粪和蚕屑、骨粉、绿肥、油粕类、堆肥、草木灰等。

收藏单位：重庆馆、湖南馆、江西馆、内蒙古馆、上海馆、首都馆、天津馆

00396

肥料浅说（上册）　江苏省立民众教育院　劳农学院研究部编

[南京]：江苏省立民众教育院研究部，14 页，32 开（注音农民小丛书）

本书共 3 部分：肥料成分和效用、肥料的来源、肥料施用方法。

收藏单位：国家馆、江西馆

00397

肥料试验报告　陈方济　厉熙琴编

[南京]：国立中央大学农学院，[1928—1949]，44 页，16 开（农学丛刊）

收藏单位：南京馆

00398

肥料试验结果报告（农业化学组）　彭家元　陈禹平著

[成都]：四川省农业改进所，1940.4，246 页，18 开（农业丛刊 研究专刊 11）

[成都]：四川省农业改进所，1941，246 页，18 开（农业丛刊 研究专刊 11）

本书内容包括：绵阳县、合川县水稻三要素肥效试验；绵阳、内江、温江三县小麦油菜三要素肥效试验；总场油菜三要素肥效拼列法比较试验等。逐页题名：肥料试验报告。

收藏单位：重庆馆、国家馆、南京馆

00399

肥料试验指南　（德）马瓜德（B. Morguart）著　江汉罗译

上海：中华农学会，1926.5，24 页，22 开（农业改进丛书）

本书共 6 章：肥料与农产之关系、观察试验法、精确试验法、长条试验法、试验之类别、施肥试验通则。

收藏单位：国家馆、上海馆

00400

肥料问题　浙江省建设厅农业改良总场化学肥料管理处编

浙江省建设厅农业改良总场化学肥料管理处，1933.11，1 册，16 开

本书内收文章 25 篇，内容包括：《取缔肥田粉之意义》（曾养甫）、《管理化学肥料之真谛》（张范村）、《浙江省农民施用肥料问题》（章祖纯）、《氮气问题与我国农业国防之关系》（何尚平）、《化学肥料在中国之历史》（马寿徵）等。附世界各国化学肥料历年生产量统计表、浙江省二十二年度化学肥料登记统计表、化学肥料名称一览表等。

收藏单位：国家馆、南京馆、农大馆、上海馆、浙江馆

00401

肥料新编　赖昌编译

上海：科学书局，1911，208 页，32 开（农学丛书）

上海：科学书局，1912，208 页，22 开（农学丛书）

本书分总论、泛论、各论、余论。内容包括：肥料学之定义、肥料学之范围、农学上肥料学之位置、植物营养概论、肥料论、施肥论、动物质肥料、植物质肥料、矿物质肥料等。为中等农学校用书。

收藏单位：国家馆、首都馆、浙江馆

00402

肥料学　包容著

上海：新学会社，1930.8，132 页，32 开

本书共 3 编：绪论、各论、概论，内容包括：农场肥料、化学肥料、间接肥料、肥料之效果、肥料之配合等。

收藏单位：国家馆、浙江馆

00403

肥料学　包容著

上海：中国农业书局，1942.10，增订 4 版，132 页，32 开

收藏单位：安徽馆、国家馆、上海馆

00404

肥料学　黄毅编　庄崧甫校

上海：新学会社，1911，3 版，70+16 页，22 开

上海：新学会社，1913，4 版，70+16 页，22 开

本书共 3 篇：总论、各论、结论。内容包括：植物必需养分、肥料与植物的关系、肥料与气候的关系、动物质肥料、植物质肥料、矿物质肥料等。校者原题：庄景仲。为中等农学校用书。

收藏单位：首都馆

00405

肥料学　李积新编

上海：商务印书馆，1933.10，268 页，22 开

上海：商务印书馆，1934.8，再版，268 页，32 开

上海：商务印书馆，1935.1，3 版，16+268 页，32 开

上海：商务印书馆，1935.5，4 版，268 页，32 开

长沙：商务印书馆，1938，5 版，264 页，32 开

长沙：商务印书馆，1941.4，7 版，268 页，32 开

上海：商务印书馆，1941，8 版，264 页，32 开

上海：商务印书馆，1946.8，9 版，268 页，32 开

上海：商务印书馆，1947.2，10 版，268 页，32 开

上海：商务印书馆，1949.1，12 版，268 页，32 开

本书共 6 章：绪论、农场肥料、人造肥料、间接肥料、刺激肥料、概论。附录我国各地商品检验局现行人造肥料检验规程。为高级农业职业学校教科书。李积薪即李积新。

收藏单位：安徽馆、重庆馆、广东馆、贵州馆、国家馆、湖南馆、江西馆、内蒙古馆、上海馆、首都馆、浙江馆

00406

肥料学　陆旋编

外文题名：Study on manure

上海：商务印书馆，1916.9，124 页，22 开

上海：商务印书馆，1919.10，再版，124 页，25 开

上海：商务印书馆，1920.10，3 版，124 页，27 开

上海：商务印书馆，1924.7，6 版，124 页，25 开

上海：商务印书馆，1926.4，88 页，28 开

上海：商务印书馆，1926.12，再版，88 页，32 开

上海：商务印书馆，1929，再版，124 页，25 开

上海：商务印书馆，1930.2，3 版，88 页，32 开

上海：商务印书馆，1932.6，国难后 1 版，88 页，32 开

上海：商务印书馆，1932，国难后 2 版，88 页，32 开

上海：商务印书馆，1934.9，国难后 4 版，88 页，27 开

上海：商务印书馆，1935.1，国难后 5 版，88 页，32 开

上海：商务印书馆，1938.11，国难后 10 版，88 页，22 开

上海：商务印书馆，1948.8，15 版，88 页，27 开

本书介绍了有机肥料、无机肥料、间接肥料、刺激肥料的相关知识，内容包括：人粪尿、厩肥、鱼肥、动物质杂肥、绿肥、磷酸质无机肥料等。书末附主要肥料之重量。内容大部分译自日文书。为新学制农业学校教科书、初级农业职业学校教科书。

收藏单位：安徽馆、重庆馆、广西馆、贵州馆、国家馆、河南馆、湖南馆、江西馆、绍兴馆、首都馆、浙江馆

00407

肥料学　倪靖著

上海：中华书局，1936.5，14+224 页，32 开（农业丛书）

上海：中华书局，1941，再版，14+224 页，32 开（农业丛书）

上海：中华书局，1948.3，3 版，14+224 页，32 开（农业丛书）

本书共 5 编：绪论、肥料种类、肥料之施用法、肥料之制造及检验法、附录。内容包括：我国肥料事业之概况、肥田物质之来源、肥料之分类、氮质肥料、磷酸肥料、钾质肥料、氮磷肥料、氮钾肥料、磷钾肥料等。书前有蔡无忌序，书末附中文名词索引。

收藏单位：安徽馆、重庆馆、广东馆、广西馆、贵州馆、国家馆、河南馆、黑龙江馆、江西馆、辽宁馆、南京馆、内蒙古馆、上海馆、首都馆、浙江馆

00408

肥料学　彭家元著

上海：商务印书馆，1936.1，14+409 页，23 开，精装（大学丛书）

上海：商务印书馆，1936.8，再版，14+409 页，23 开（大学丛书）

长沙：商务印书馆，1939，3 版，14+409 页，23 开（大学丛书）

重庆：商务印书馆，1944.9，蓉 1 版，14+409 页，23 开（大学丛书）

本书共 21 章，内容包括：植物营养素之功能及来源、土壤中植物营养料之损失及增加、肥料之分类、人粪尿、家畜粪尿、厩肥、绿肥、有机氮质肥料、无机氮质肥料、天然磷质肥料、加工磷酸肥料等。

收藏单位：重庆馆、贵州馆、国家馆、湖南馆、辽师大馆、南京馆、山西馆、上海馆、首都馆

00409

肥料学

[上海]：出版者不详，144 页，32 开

本书共 5 编，内容包括：肥料种类、肥料之施用法、肥料之制造及检验法、附录等。为上海市私立大华农场农业函授学校讲义。

00410

肥料学表解　上海科学书局编辑所编

上海：科学书局，1911，84 页，50 开（实业学表解丛书）

收藏单位：广东馆

00411

肥料学讲义　（日）吉村清尚著　刘友惠译

上海：商务印书馆，1930.12，505 页，32 开（农学丛书）

上海：商务印书馆，1934.11，国难后 1 版，505 页，32 开（农学丛书）

上海：商务印书馆，1935.6，国难后 2 版，560 页，32 开（农学丛书）

上海：商务印书馆，560 页，32 开（农学丛书）

本书内容包括：肥料、肥料成分的运命、肥料的反应、空气中游离氮的利用法、肥料各论、肥料的效果、施肥的方法、肥料的用量、肥料的配合、肥料的评价等。

收藏单位：重庆馆、广东馆、贵州馆、国家馆、河南馆、湖南馆、江西馆、南京馆、山西馆、上海馆、首都馆

00412

肥料学讲义　刘和著

出版者不详，1933.6，234 页，22 开

本书共 4 章：植物营养概论、人工肥料、自然肥料、肥料试验与肥料应用。书中有图 27 幅、表 38 张，书末附肥料要素等数表、肥料成分表及中西名词对照表等。

收藏单位：浙江馆

00413
肥田粉不可滥用的理由 包容编
[杭州]：国立浙江大学农学院推广部，1929.2，8页，32开

00414
肥田粉之应用及防弊 戴弘 许植方编
[杭州]：国立浙江大学农学院推广部，1930，28页，32开（国立浙江大学农学院农业浅说8）
[杭州]：国立浙江大学农学院推广部，1934.4，19页，32开

本书共5部分：绪言、人造肥料和天然肥料的比较、肥田粉的种类、使用肥田粉应注意的事项、购买肥田粉应注意的事项。

收藏单位：重庆馆、浙江馆

00415
骨肥 福建省建设厅编
[福州]：福建省建设厅，1938.4，6页，32开（农林推广丛书5）

本书共3章：绪言、骨肥制法、骨粉之性质和使用法。

收藏单位：福建馆

00416
骨粉的效用和用法 南宁骨粉厂编
南宁骨粉厂，1935.12，8页，36开

收藏单位：国家馆

00417
广东肥料改进计划 黄菩荃编 凌道扬校
广州：行政院善后救济总署广东分署编译室，1946.9，4页，16开

本书共6部分：本省土壤概况、本省农民施肥概况、战前本省肥料进口情形、本省过去肥料生产事业概况及战时损失、本省需肥总量估计、今后本省肥料事业应有之措施。

收藏单位：国家馆

00418
广西省提倡堆肥办法
出版者不详，油印本，1册，16开

收藏单位：南京馆

00419
国立中山大学农学院广东化学肥料营业施用概况调查报告书 苏旭光调查
广州：国立中山大学农学院，1933.9，106页，16开

本书共7部分：绪言、化学肥料输入广东之历史及其数量、化学肥料输入广东之种类及其价格、化学肥料在广东内地销售概况、各地农民对于化学肥料之施用法、施用化学肥料后对于农作物及土壤之影响、结论。

收藏单位：国家馆、中科图

00420
化学肥料问题论战缩影 张乃凤编著
农林部中央农业实验所，[1942.12]，1册，16开

本书内容包括：英国议会访华团团员泰弗亚勋爵讲演的要点和各方面的反应、该所土壤肥料系讨论会记录等。为该所《农报》第9卷第19—24期抽印单行本。

收藏单位：国家馆、南京馆

00421
几种化学肥料性质及其施用方法 陆发熹编
广州：国立中山大学农学院农业化学系及土壤研究所，1949.8，12页，32开（国立中山大学农学院肥料浅说1）

本书共6部分：绪言、化学肥料种类及其性质、化学肥料施用方法、化学肥料之施用量、化学肥料施用之时期、肥料配合时应注意之要点。

收藏单位：国家馆

00422
江苏省各县施用人造肥料结果表
出版者不详，10页，16开

本书按地名根据不同作物介绍了肥料种类、价值、施用数量、施用年数、土壤状况等内容。

收藏单位：国家馆

00423
磷钾肥之研究 浙江省建设厅农业改良总场

化学肥料管理处编
出版者不详，32 页，16 开
收藏单位：浙江馆

00424
硫铵施用法 （日）关川清编 曾公智译
华北合作事业总会，1943.2，25 页，23 开
收藏单位：国家馆

00425
硫在植物营养上的功能 铁明著
浙江省土壤研究所，1937.8，8 页，16 开（浙江省土壤研究所丛刊 第 2 类 1）
本书介绍了硫在植物中的功能，内容包括：土壤是否适于作物生长与硫的关系、土壤中硫的来源、硫促进微生物的滋长等。
收藏单位：国家馆、上海馆

00426
绿肥 广东建设厅农林局推广课编
[广州]：广东建设厅农林局推广课，1932 春，12 页，32 开（推广丛书 7）
[广州]：广东建设厅农林局推广课，1932 夏，再版，12 页，32 开（推广丛书 7）
[广州]：广东建设厅农林局推广课，1933 春，3 版，12 页，32 开（推广丛书 7）
[广州]：广东建设厅农林局推广课，1933 秋，4 版，12 页，32 开（推广丛书 7）
[广州]：广东建设厅农林局推广课，1933 冬，5 版，12 页，32 开（推广丛书 7）
[广州]：广东建设厅农林局推广课，1935.5，6 版，12 页，32 开（推广丛书 7）
本书内容包括：绿肥之效用、绿肥之种类、绿肥作物之选择、绿肥作物栽培法及其应注意之事项、对于各种土壤之关系等。
收藏单位：重庆馆、广东馆

00427
绿肥 广西省政府农业管理处编
广西省政府农业管理处，18 页，32 开（农林浅说 新 7 号）
本书共 8 部分：什么叫做绿肥、绿肥作物的效用、本省现有的绿肥作物、绿肥作物的栽培方法、绿肥的施用方法、利用绿肥作物为饲料的利益、绿肥作物的留种方法、绿肥作物留种地的茎叶利用方法。
收藏单位：安徽馆、国家馆

00428
绿肥 彭家元著
广州：国立中山大学农林科推广部，1929.1，14 页，25 开（农林浅说 肥料类 2）
广州：国立中山大学农林科推广部，1930.4，再版，14 页，25 开（农林浅说 肥料类 2）
收藏单位：广东馆

00429
绿肥及堆肥 朱敏编
广西农林局，1934.11，28 页，36 开（农林浅说 7）
本书内容包括：绿肥之性质及效能、绿肥作物的种类及其栽培法、绿肥的施用法，堆肥的来源、堆肥的制造、堆肥的效用、堆肥施用法等。
收藏单位：桂林馆、国家馆

00430
绿肥浅说 四川省农业改进所编
四川省农业改进所，1939，11 页，32 开（农林浅说 5—5）
成都：四川省农业改进所，1943，再版，12 页，32 开（农林浅说）
本书共 7 部分：何谓绿肥、绿肥作物之种类、绿肥之功效、栽培绿肥之注意、施用绿肥之注意、绿肥在四川栽培之情形、四川急宜栽培绿肥。
收藏单位：重庆馆、国家馆

00431
满洲肥料学 苍德玉著
旅顺：农业进步社，1942.8，14+219 页，32 开
本书共 4 编：肥料总说、自给肥料、贩卖肥料、间接肥料。内容包括：植物的营养、肥料五要素之作用、肥料中三要素之形态、肥料之分类、肥料成分之吸收率、肥料之配合等。书末附地力更生对策。为东北沦陷区出

版物。

收藏单位：国家馆

00432

闽农细菌速成有机肥料说明书 福建省农业改进处编

[福建省农业改进处]，4 页，32 开

本书共 6 部分：导言、有效成分、施用方法、本肥料之特点、与其他有机肥料之比较、结论。

收藏单位：福建馆

00433

尿的贮藏法 冯翔凤编

开封：河南中山大学农业推广部，1930.6，2 版，8 页，32 开（河南中山大学农业推广部农业丛书 20）

本书内容包括：尿的施用、尿的贮藏、尿的成分、尿的腐熟。

收藏单位：国家馆

00434

农作物施肥法原理 王世中著

重庆：商务印书馆，1946.2，154 页，28 开

上海：商务印书馆，1946.10，154 页，28 开

上海：商务印书馆，1949，再版，154 页，32 开

本书共 4 部分：导言、腐植质肥料、天然肥料、各种农作物之施肥法。

收藏单位：重庆馆、广东馆、国家馆、南京馆、山西馆、首都馆

00435

配合肥料浅说 江西省农业院配合肥料厂编

[江西省农业院配合肥料厂]，1941.9，8 页，32 开

收藏单位：南京馆

00436

劝告农民如何施用肥田粉书 福建省农林改良总场编辑

[福州]：福建省农林改良总场，1935.10，10 页，32 开（推广浅说 1）

[福州]：福建省农林改良总场，1936.3，再版，10 页，32 开（推广浅说 1）

本书共 4 章：什么叫做肥田粉、肥田粉的性质怎样、肥田粉为什么不肥田而反会害田、各种肥田粉的施用法。

收藏单位：福建馆

00437

人粪尿

广西省政府农业管理处，12 页，32 开（农林浅说 18）

收藏单位：湖南馆、南京馆

00438

人粪研究学 永宁著

道化书局，1931.5，114 页，32 开

00439

人造肥田料施用法 广州商品检验局编

广州商品检验局，1934，90 页，32 开

收藏单位：国家馆

00440

山西农学肥料论（4 编）

山西农学编辑会，再版，1 册

本书共 4 编：总说、动物质肥料、植物质肥料、矿物质肥料。

收藏单位：国家馆

00441

施肥须知 广东建设厅农林局推广课编

广州：广东建设厅农林局推广课，1932，再版，20 页，32 开（推广丛书 10）

广州：广东建设厅农林局推广课，1933 夏，3 版，20 页，32 开（推广丛书 10）

广州：广东建设厅农林局推广课，1933 冬，4 版，20 页，32 开（推广丛书 10）

广州：广东建设厅农林局推广课，1934 春，5 版，20 页，32 开（推广丛书 10）

广州：广东建设厅农林局推广课，1935.5，6 版，20 页，32 开（推广丛书 10）

本书内容包括：肥料三要素及其功用、肥料之种类效用及其施用法、肥料之配合、施肥与肥料性质之关系、施肥与植物特性之关

系、施肥与土质之关系等。

收藏单位：重庆馆

00442

施肥须知　廖迪雍编

广州：广东建设厅农林局农业改良试验区，1930.9，24页，25开（农业浅说3肥料类1）

本书共6部分：肥料三要素及其功用、肥料之种类效用及其施用法、肥料之配合、施肥与肥料性质之关系、施肥与植物特性之关系、施肥与土质之关系。

收藏单位：国家馆

00443

施用肥料以增加粮食生产浅说　四川省农业改进所编

四川省农业改进所，1939，10页，32开（农林浅说5—6）

本书内容包括：物食料、欧美与中国所用的肥料不同、肥料要素、四川的肥料问题等。

收藏单位：重庆馆、国家馆

00444

石灰肥料浅说　冯翔凤编

[开封]：河南大学农业推广部，1930.12，10页，32开（河南大学农业推广部农业丛书25）

收藏单位：南京馆

00445

实用肥料分析法　赵云梦编著

金华：正中书局，1941.9，91页，25开（农学丛书）

重庆：正中书局，1942.12，再版，91页，25开（农学丛书）

上海：正中书局，1945.11，复1版，91页，25开（农学丛书）

上海：正中书局，1948.4，2版，91页，25开

本书共3篇：通论、肥料之定性分析、肥料之定量分析。书末附重要元素之原子量表、计算分析物质乘数表等。

收藏单位：安徽馆、重庆馆、广东馆、国家馆、湖南馆、江西馆、辽宁馆、南京馆、宁夏馆、农大馆

00446

四川之肥料　陈禹平著

成都：四川省政府建设厅，1941.9，22页，16开（建设丛书50）

本书共4章：总论、肥料之性质、四川省肥料问题、四川省肥料之开源节流法。

收藏单位：重庆馆、国家馆、南京馆

00447

速成堆肥与普通堆肥肥效比较试验　四川省农业改进所编

[四川省农业改进所]，1940.1，6页，16开（农业丛刊5）

收藏单位：南京馆

00448

速效性油饼肥料制造法（亦名，菌化油饼肥料制造法）　彭家元　陈禹平著

四川省稻麦改进所，1938.2，7页，32开

收藏单位：重庆馆

00449

速效性油饼肥料制造法（亦名，菌化油饼肥料制造法）　彭家元　陈禹平著

四川省农业改进所，1939，7页，32开（农林浅说5）

收藏单位：重庆馆

00450

天然肥料　江西省农业院编

江西省农业院，1939.4，16页，25开（推广丛书2）

江西省农业院，1940.6，17页，32开（推广丛书 化字4）

收藏单位：重庆馆、江西馆、西南大学馆

00451

天然肥料的功效和施用法　陈方济著

杭州：浙江省立农业改良场，1932.8，52页，22开（农业浅说3）

本书内容包括：绪言、植物的生活、肥料三要素的功用、有机物的功用、天然肥料的种类、动物质肥料、植物质肥料等。

收藏单位：国家馆

00452

土壤肥料实验 马寿徵著

重庆：商务印书馆，1947.2，180页，25开（中法比瑞文化协会丛书）

上海：商务印书馆，1947.6，180页，25开（中法比瑞文化协会丛书）

本书共4篇：绪论、肥料实验、土壤分类、土壤中生物测定养分比较法。内容包括：土壤调查、肥料分析、肥料试验、检定土壤肥料有效养分之生物试验、土壤分类之说明、原理。

收藏单位：重庆馆、国家馆、江西馆、宁夏馆、农大馆、浙江馆

00453

西安集成三酸厂试制骨肥经过报告书 西安集成三酸厂编

西安集成三酸厂，[1931]，[16]页，16开，环筒页装

本书共6部分：试制之动机、兽骨肥料之重要效用、试制造之经过、成分之化验、施用之方法、副产物之处理。附计划书暨施用法。

收藏单位：国家馆

00454

乙种农业肥料教科书 胡朝阳编 杨熙光修正

上海：新学会社，1917.5，67页，22开

本书共3编：绪论、肥料各论、肥料泛论。其他题名：农业肥料教科书。为乙种农学校用书。

收藏单位：浙江馆

00455

用肥料 储椒生编写

出版者不详，24页，32开（农民学习丛书）

本书内容包括：肥料的种类、农业植物的三种重要肥料、堆肥的做法和堆肥舍的构造等。

收藏单位：浙江馆

00456

油菜小麦肥料试验（农业化学组研究报告） 彭家元 陈禹平编

四川农业改进所，1941.6，42页，16开（农业丛刊17）

本书共7部分：概述、各试验地概况、试验计划、田间调查结果、试验结果、讨论、摘要。题名取自封面。逐页题名：广汉等十四县油菜三要素肥效试验。

收藏单位：南京馆

00457

元平式速成堆肥法浅说 四川省农业改进所编

四川省农业改进所，1938.10，6页，32开

本书共两部分：元平式速成堆肥法浅说、制造速成堆肥特别应该注意事项。

收藏单位：重庆馆

00458

圆钵肥料试验重复次数之研究 陈方济 厉熙琴著

出版者不详，[1935—1949]，28页，16开

收藏单位：南京馆

00459

怎样积肥 晋绥边区行政公署建设处编

晋绥边区行政公署建设处，1945.1，4页，32开（生产建设丛书5）

本书共3部分，介绍了多方开辟肥料的来源、如何保存好天然肥、怎样配合与使用肥料等内容。

收藏单位：重庆馆、国家馆、山东馆、山西馆

00460

怎样造成一种混合肥料 国立中山大学农林科推广部编

[广州]：国立中山大学农林科推广部，1928.3，8页，25开

[广州]：国立中山大学农林科推广部，1928.12，再版，8页，25开（农林浅说 农艺化学类3）

本书封面题名：怎样做成一种混合肥料。

00461
蒸制骨粉肥料浅说 四川省农业改进所编
[成都]：四川省农业改进所，1939.6，5页，32开
[成都]：四川省农业改进所，1943.6，再版，5页，32开（农林浅说）
本书内容包括：骨粉与作物的关系、蒸制骨粉的优点、蒸制骨粉之施用量、蒸制骨粉之施用法等。
收藏单位：重庆馆

00462
智利肥料问答 智利肥料普及会中国总会编
上海：智利肥料普及会中国总会，11页，24开
本书介绍智利肥料的成份、施用、效力等。为推销智利肥料的宣传赠品。

00463
中等肥料教科书 （日）佐佐木祐太郎著 沈化夔译述
上海：新学会社，1912.12，106页，23开
上海：新学会社，1914.12，3版，106页，23开
本书为中等农学校用书。
收藏单位：首都馆

00464
中等肥料学 蒋继尹编
上海：中华书局，1925.5，77页，27开
上海：中华书局，1926.4，3版，77页，27开
上海：中华书局，1931.9，6版，77页，25开
上海：中华书局，1932.7，7版，77页，25开
上海：中华书局，1934，10版，77页，27开
上海：中华书局，1937.5，13版，77页，27开
上海：中华书局，1941.1，15版，77页，27开
上海：中华书局，1941.1，19版，77页，27开
本书分通论、各论两编，第1编共5章：肥料、肥料之分解及变化、作物之特性、施肥与土质气候之关系、肥料之反应；第2编共3章：农场肥料、化学肥料、石灰问题。为新学制农业教科书。
收藏单位：重庆馆、广东馆、湖南馆、江西馆、南京馆、上海馆、西南大学馆、浙江馆

土壤学

00465
白霉菌法测定广东重要土系有效磷质之结果 彭家元 苏旭光 陈禹平[著]
[广州]：国立中山大学农学院农林化学系，1936.8，39页，16开（国立中山大学农学院农林研究委员会丛刊第3类）（农林化学系专刊1）
本书共5部分，内容包括：引言、前人之研究、本系之研究、测验广东重要土系有效磷质之结果、摘要。
收藏单位：国家馆

00466
宝安增城县土壤调查报告 谢申 朱达龙编著
广州：广东土壤调查所，1936，[63]页，22开（国立中山大学农学院农林研究委员会丛刊第2类）（土壤报告90）
本报告分宝安、增城两县，内容包括：地方概说、土壤状况、农林生产概况、农林前途之希望等。附各区区公所所在地一览表、度衡里亩比对表、十万分一着色土壤图等。
收藏单位：重庆馆、东北师大馆、广西馆、国家馆、黑龙江馆

00467
保护水土浅说（省建1001号） 谷正伦编著
甘肃省政府，1944.10，8页，18开
本书共4部分：什么叫作水土保护、为什么要保护水土、保护水土的方法、附注。
收藏单位：甘肃馆、国家馆

00468
博罗、惠阳土壤调查报告 刘茂青等编著
广州：国立中山大学农学院土壤调查所，1936，62页，22开（国立中山大学农学院农林研究委员会丛刊第2类）（土壤报告22—23）
本报告分博罗、惠阳两县，内容包括：概说、土壤概况、农业生产概况及前途之希望。附着色土壤图和度衡里亩对照表。著者还有：覃树辉、刘天乐、黎旭祥、朱达龙。

收藏单位：重庆馆、东北师大馆、广西馆、国家馆、黑龙江馆、山西馆

00469
察哈尔张北县一幼年柱状碱土之性质　梭颇　熊毅著
外文题名：The nature of a young solonetz from Changpeihsien, Chahar, north China
实业部地质调查所、国立北平研究院地质学研究所，1936.9，[17] 页，16 开
本书共 7 部分，从土壤形态、机构成分、溶性盐质等方面介绍了中国北部察哈尔地区碱性土性质。用英文写作，附中文摘要。摘印《土壤专报》第 15 号。
收藏单位：广东馆、国家馆

00470
澄海潮安土壤调查报告　陈宗虞　温大明编著
外文题名：Soil survey of Ching-Hai & Chao An districts Kwangtung, China
广州：广东土壤调查所，1936，28+38 页，22 开（国立中山大学农学院农林研究委员会丛刊 第 2 类）（土壤报告 16—17）
本书收录澄海、潮安两县土壤调查报告，每份调查报告共 3 部分：本县概说、土壤状况、农林生产概况及发展希望。附着色土壤图及摄影图、度衡里亩比对表。
收藏单位：东北师大馆、广西馆、国家馆

00471
筹备中之中国土壤肥料学会　中国土壤肥料学会临时通讯处编
杭州：浙江省化学肥料管理处，1935.12，18 页，22 开
本书共 8 部分：本会创立之动机与筹备之初步经过、灵隐初步筹备会议、第一次新闻消息、中国土壤肥料学会会章草案、征求修改会章意见一封书、修改会章草案意见之一束及友邦之同情与赞助、来函摘要、中国土壤肥料学会之我感。
收藏单位：国家馆

00472
初等土壤学教科书　赖昌编译　庄崧甫校阅
上海：新学会社，1912.1，54 页，22 开，精装
上海：新学会社，1913.3，再版，54 页，22 开
本书内容包括：土壤之毛细管力、土壤之温度、土中之空气、土壤之吸收力、土壤之种类、土壤之肥瘠、土壤之改良、客土法、烧土法、灌溉等。封面题名：土壤学教科书。原著者：日本农业教育协会。校阅者原题：庄景仲。为初等农学校用书。
收藏单位：湖南馆、首都馆

00473
从地力测定实验结果讨论我国施用氮磷钾三种肥料之普及性　叶和才　陈华癸编著
北碚：农林部中央农业实验所，1945.3，石印本，[22] 页，18 开，环筒页装（农林部中央农业实验所杂刊 12）（地力之测定 第 2 报告）
本书共 4 部分：田间实验方法述要、田间实验结果、施用三要素肥料之普及性、附录。
收藏单位：国家馆

00474
道路工程对于土壤学识应用之研究（国立交通大学毕业论文）　曾昭谟著
[上海]：国立交通大学土木系，手写本，107 张，16 开
本论文指导教师为陈本端先生。
收藏单位：上海馆

00475
东莞县土壤调查报告书　邓植仪　谢申等编著
外文题名：The soil survey of Tung Kuan district Kwangtung, China
广州：国立中山大学农学院土壤调查所，1934.1，1 册，22 开（印刷物 乙种 4）
本书共 3 部分：本县概说、土壤概况、农林生产及发展希望。书末附土壤样本采取地点一览、东莞县自治区地位一览、着色土壤图及摄影图 16 幅等。
收藏单位：东北师大馆、广西馆、国家馆、黑龙江馆、上海馆

00476
东西山荒地考察总报告 ［四川省政府编］
［成都］:［四川省政府］，36 页，16 开
本书内容包括：考察经过及垦殖办法纲要、荒原面积及所在地、土壤肥料、山民经济概况等。
收藏单位：重庆馆、南京馆

00477
对于含碳酸钙土壤之烧灼减重研究 李庆逵著
实业部地质调查所、国立北平研究院地质学研究所，1936，[5] 页，16 开
本书为《土壤专报》第 15 号摘印本。
收藏单位：广东馆

00478
防止放火烧山与水土保持 傅蕴琦编
农业部西江水土保持实验区，1947.4，9 页，32 开

00479
福建崇安水吉邵武茶区之土壤 俞震豫编著
永安：福建省建设厅地质土壤调查所，1944.7，27 页，18 开（福建省地质土壤调查所土壤报告 8）
本书内容包括：概述、土壤总论、茶区分述以及建议等。附英文摘要及图表。

00480
福建福安福鼎两县之土壤 刘海蓬 俞震豫编著
永安：福建省建设厅地质土壤调查所，1945.6，38 页，18 开（福建省地质土壤调查所土壤报告 9）
本书内容包括：福安福鼎两县土壤概况、土壤及农林业、茶叶与土壤的关系等。
收藏单位：国家馆、上海馆

00481
福建建瓯建阳邵武崇安区之土壤 宋达泉 沈梓培编著
永安：福建省建设厅地质土壤调查所，1942.12，74 页，18 开（福建省地质土壤调查所土壤报告 2）
本书内容包括：邵武崇安区的地理环境、土壤分类、土类专论、土系概述、土壤利用与管理等。
收藏单位：国家馆、上海馆

00482
福建九龙江区之土壤 宋达泉 俞震豫编著
永安：福建省建设厅地质土壤调查所，1943.3，59+11 页，18 开（福建省地质土壤调查所土壤报告 3）
本书内容包括：福建九龙江区土壤环境、土壤分类、主要土类及其生成与发育、土系及土壤利用与农工矿业等。另附图表 25 页。
收藏单位：国家馆、上海馆

00483
福建龙岩县之土壤 沈梓培 俞震豫编著
外文题名：Soils of Lungyen district Fukien
永安：福建省建设厅地质土壤调查所，1943.12，45 页，18 开（福建省地质土壤调查所土壤报告 6）
本书共 5 章，龙岩县概况、土壤生成、土壤分类、土壤肥力、土壤利用及管理。书末附中英文摘要以及图 5 帧、表 5 张。学术研究与中央地质调查所合作。
收藏单位：国家馆、上海馆

00484
福建闽清县及闽江南岸之土壤 沈梓培编著
外文题名：Soils of Shahsien, Yuchi, Mintsing, Yungtal and futsing area, Fukien
永安：福建省建设厅地质土壤调查所，1945.10，40 页，18 开（福建省地质土壤调查所土壤报告 10）
本学术研究与中央地质调查所合作。
收藏单位：上海馆

00485
福建莆田县之土壤 席承藩 陈德霖编著
永安：福建省建设厅地质土壤调查所，1945.6，24 页，18 开（福建省地质土壤调查所土壤报告 7）

本书介绍莆田县概况及自然区域，论及成土物质、土壤与农业等问题。

收藏单位：国家馆、上海馆

00486

福建省研究院土壤保肥试验区研究工作概述 福建省研究院编

[永安]：福建省研究院，1941.9，油印本，21叶，16开，环筒页装

本书内容包括：研究试验事项、调查事项、编译事项、已发表之论文专刊、示范与推广事项。书末附福建省经济建设五年计划农业部第五项荒山荒地之改良与利用分年工作大纲。

收藏单位：重庆馆、福建馆

00487

福建省研究院土壤保肥试验区研究设备及荒山废田试验之像片（福建省长汀县河田镇） 福建省研究院辑

[福建省研究院]，1册，10开

收藏单位：福建馆

00488

福建永安三元两县之土壤 周昌芸 沈梓培编著

永安：福建省建设厅地质土壤调查所，1943.3，40页，18开（福建省地质土壤调查所土壤报告4）

本书共5章：概述、土壤之生成、土壤分化、土壤肥力、土壤利用与管理。

收藏单位：重庆馆、上海馆

00489

福建永春县之土壤 宋达泉编著

外文题名：Soils of Yungchunhsien, Fukien

永安：福建省建设厅地质土壤调查所，1941.12，26+12页，18开（福建省地质土壤调查所土壤报告1）

本书共6章：调查区域概况、土壤环境、农林业、土壤、土壤肥力及土壤管理、本县的垦区及垦地。书后附摘要及附录。

收藏单位：国家馆

00490

复因设计之变量分析法应用于室内土壤试验之研究 陈禹平著 彭家元校

[成都]：四川省农业改进所，1940.7，28页，22开（农业丛刊8）

本书共6部分，介绍了利用复杂因子分析法测验土壤试验各种方法之影响因子，从而探究某种因子是否重要及改良方法。

收藏单位：国家馆

00491

改良碱土的方法

出版者不详，油印本，1册

本书书名据卷端及书签题，著者不详。

收藏单位：国家馆

00492

改良土壤之新植物（胡枝子属） 夏之骅 林汝昌著

外文题名：Soil amelioration by a new legume : lespedeza

永安：福建省研究院，1941，44页，16开（土壤专刊3）

本书共4部分：植物学上之研究、胡枝子属之一般用途、胡枝子属改良土壤之功效、胡枝子属之栽培法。书末附图版11帧以及参考文献。

收藏单位：国家馆

00493

甘肃西北部之土壤 马溶之著

外文题名：Soils of northwestern Kansu

长沙：经济部地质调查所、国立北平研究院地质学研究所，1938.4，82页，16开（经济部地质调查所国立北平研究院地质学研究所土壤专报19）

本书共5章：概述、旅途描写、土壤之成因及分类、土壤专论、移垦问题。附英文摘要、甘肃省西北部土壤概图。

收藏单位：湖南馆

00494

甘肃中部之砂田 张宗汉编

中国农民银行土地金融处，1947.3，42页，32开

本书共12章：甘肃中部之天然环境与农业条件、旱农制度与甘肃中部之砂田、砂田之源起与分布、砂田之种类、砂田之铺敷、砂田之栽培、铺砂之功效、砂田之缺点、铺砂费用之估计、砂田之经济价值、铺砂之改良、中国农民银行土地金融放款。

收藏单位：广东馆、南京馆、浙江馆、中科图

00495

高要县土壤调查报告 谢申 陈宗虞编著

外文题名：Soil survey of Ko-Yeau district, Kwangtung, China

广州：国立中山大学农学院广东土壤调查所，1934，50+14页，22开（国立中山大学农学院农林研究委员会丛刊 第2类）（土壤报告7）

本书共3部分：地方概说、土壤状况、农林生产概况与前途希望。书末附高要各自治区地位一览、度衡里亩比对表、着色土壤图及摄影图。目录页及正文页书名题：高要县土壤调查报告书。

收藏单位：东北师大馆、广西馆、国家馆

00496

广东陆丰、海丰、揭阳、紫金等县土壤调查报告 陈宗虞等编

[广州]：国立中山大学农学院广东土壤调查所，1940，[96]页，23开（国立中山大学农学院农林研究委员会丛刊 第2类）（土壤报告24—27）

本书收录了广东陆丰、海丰、揭阳、紫金等县土壤调查情况报告。内容包括：本县概说、土壤状况、农林生产概况、农林发展之希望等。编者还有：黎旭祥、刘天乐、朱达龙。

收藏单位：东北师大馆、广西馆、国家馆、南京馆

00497

广东省中部土壤约测报告（中英文合编） 潘德顿著 朱莲青 陈恩凤译

外文题名：A reconnaissance soil survey of a portion of Kwangtung Province

北平：实业部地质调查所、国立北平研究院地质学研究所，1933.5，[274]页，16开（实业部地质调查所国立北平研究院地质学研究所土壤专报6）

本书共11部分：绪言、调查区域之概况、土壤图及报告内容释要、名词释义、本区土壤通论、土壤情形之途中记录、广东省之气候、土壤图、广东之土壤区域、农业、摘要。中华教育文化基金董事会委托土壤调查。

收藏单位：国家馆、湖南馆、南京馆

00498

广东土壤提要（初集） 邓植仪编

广州：广东土壤调查所，1934.5，140页，16开（国立中山大学农学院农林研究委员会丛刊 第3类）（土壤专刊1）

本书共14章：土壤与农林业之关系、气候与农林业之关系、广东气候与土壤之生成、广东之地势与农林土地之利用、广东土壤调查暂行分类法述要、广东之重要土壤系统、中区土壤及农林业、西区土壤与农林业、北区土壤及农林业、东区之土壤与农林业、极东区之土壤与农林业、南区之土壤与农林业、琼岛北区之土壤与农林业、广东土壤总论。附全省土壤分布图。

收藏单位：广西馆、国家馆、内蒙古馆

00499

广东土壤调查暂行办法 邓植仪编

广州：广东建设厅农林局土壤调查所，1931.11，42页，22开

本书共5部分：土壤分类法、土壤垂直切面研究法、野外调查进行手续、化验土壤方法概述、制图法。书前有绪言，书末附土壤机械分析及化验法、研究土壤垂直切面名词释义。

收藏单位：国家馆、南京馆

00500

广东西沙群岛之土壤及鸟粪磷矿 陆发熹编著

[南京]：经济部中央地质调查所，1947.9，[13] 页，16 开（土壤季刊单行本 92）

本书共 5 部分：绪言、地理环境、土壤概要、鸟粪磷矿、建议。附西沙群岛林岛及石岛土壤图。

收藏单位：国家馆

00501
广东重要土壤肥沃度概述（中英文对照） 彭家元编
外文题名：A discussion on the soil fertility of some important soil series of Kwangtung, China
广东土壤调查所，1934.7，14+14 页，16 开

本书共 7 部分：绪言、土壤中三要素含量之比较、各系土壤三要素含量之比较、土壤酸度及石灰需要量、有机质及其含氮量之比率、炭氮比率、全磷酸与有效磷酸量之比较。

收藏单位：国家馆

00502
广宁四会土壤调查报告 彭家元 刘天乐 黎旭祥编著
外文题名：Soil survey of Kwongning and Szuhui districts, Kwangtung, China
广州：国立中山大学农学院广东土壤调查所，1936，[60] 页，22 开（国立中山大学农学院农林研究委员会丛刊 第 2 类）（土壤报告 14—15）

本书含广宁、四会土壤调查报告。广宁土壤调查报告分 3 部分：地方概况、土壤、农业状况。四会土壤调查报告分 4 部分：地方概说、土壤、农业情形、农林事业之希望。分别附着色土壤图。正文中题名为：广宁县土壤调查报告书；四会县土壤调查报告书。

收藏单位：国家馆

00503
广西桂林县土壤调查报告书 蓝梦九编著
广西土壤调查所，[1936.8]，44 页，16 开

收藏单位：桂林馆

00504
广西柳江县土壤概要 李连捷著
外文题名：Soils of Liuchianghsien, Kwangsi
重庆：经济部中央地质调查所、国立北平研究院地质学研究所，1940.1，30+16 页，16 开（经济部地质调查所国立北平研究院地质学研究所土壤专报 20）

收藏单位：国家馆、湖南馆

00505
广西柳州县土壤调查报告书 蓝梦九编著
外文题名：Soil survey of Liuchow district Kwangsi, China
柳州：广西土壤调查所，1936.4，[51] 页，16 开

本书共 9 部分：本县概况、土壤概论、各系土壤、灌溉及排水、土壤管理及改良、土壤利用、写真、土壤图、英文摘译。书前有绪言。

收藏单位：国家馆

00506
广西省平乐县土壤调查报告 符宏洲 郭魁士 李嘉猷编著
柳州：广西农事试验场，1940.5，51 页，16 开

本书共 7 章：本县概述、农业、土壤概况、各种土壤之野外观察特征、各种土壤理化性质之检讨、重要土系发育方式之检讨、对于土壤利用管理改良上之建议。附摘要、平乐县土壤分布地图、插图、表。

收藏单位：国家馆

00507
广西土壤调查所土壤化验标准 蓝梦九撰
[柳州]：广西土壤调查所，1935.5，81 页，22 开

本书共 6 章：供试品之采集及调制、物理的分析、化学的分析、土壤物理性质之诸检定、土壤化学性质之诸检定、土壤微生物实验法。

收藏单位：桂林馆、国家馆、上海馆

00508
广西土壤调查所野外调查标准 蓝梦九撰
柳州：广西土壤调查所，1935.3，45 页，22 开

收藏单位：桂林馆、国家馆、辽师大馆、上海馆

00509
广西土壤调查所一览 广西土壤调查所编
柳州：广西土壤调查所，1935.12，56页，23开
收藏单位：桂林馆、南京馆、上海馆

00510
广西邕宁县土壤调查报告书 蓝梦九编著
外文题名：Soil survey of Yungning district Kwangsi, China
柳州：广西土壤调查所，1935.12，[92]页，16开（甲种刊物1）
本书共8部分：本县概况、本县土壤总论、本县土壤各论、本县农作物耕种法、对于本县土地应如何改良及利用之建议、土壤写真、本县土壤图、英文摘要。
收藏单位：桂林馆、国家馆

00511
贵州中南部之土壤 李连捷 熊毅 侯学煜著
外文题名：Soils of south central Kweichou
重庆：经济部中央地质调查所，1941.7，70+10页，16开（经济部中央地质调查所土壤专报第21号）
本书对贵州省中南部地质土壤进行了研究，提出了土地利用及管理问题。书末附贵州中南部土壤概图。中华教育文化基金董事会委托土壤调查。
收藏单位：安徽馆、国家馆

00512
国立北平大学农学院冀南碱地视察报告书
[国立北平大学农学院编]
北平：国立北平大学农学院，1935.8，30页，16开

00513
河北省定县土壤调查报告 侯光炯 朱莲青 李连捷著
北平：实业部地质调查所、国立北平研究院地质学研究所，1935.9，[120]页，16开（土壤专报13）
本报告受中华教育文化基金董事会委托调查。附英文摘要。
收藏单位：内蒙古馆、首都馆

00514
湖南长沙湘潭湘乡衡山四县之土壤 周昌芸著
实业部地质调查所、国立北平研究院地质学研究所，1937.9，72+113页，18开（实业部地质调查所国立北平研究院地质学研究所土壤专报17）
收藏单位：安徽馆、重庆馆、广东馆、贵州馆、国家馆、湖北馆、湖南馆、宁夏馆、天津馆

00515
花县从化佛冈土壤调查报告 刘茂青 覃树辉等编著
广州：[国立中山大学农学院]广东土壤调查所，1936，20+26+34页，23开（国立中山大学农学院农林研究委员会丛刊 第2类）（土壤报告11—13）
本书收录花县、从化、佛冈三县土壤调查报告。花县和从化土壤调查报告分别介绍了本县概说、土壤概况、农业生产概况及前途之希望。佛冈土壤调查报告介绍了本县概说、土壤概况、农林生产概况及今后发展希望。三个报告均附着色土壤图。正文题名为：花县土壤调查报告书；从化县土壤调查报告书；佛冈县土壤调查报告书。前两个报告著者为刘茂青、覃树辉，最后一个报告著者为谢申、陈宗虞。
收藏单位：东北师大馆、广西馆、国家馆、黑龙江馆

00516
化验浙江各处粘土报告 徐仁民著
[杭州]：浙江省民政厅卫生实验处，1936.1，30页，16开（浙江省民政厅卫生实验处附设卫生实验所丛刊5）
收藏单位：上海馆

00517
江宁土壤报告　陈方济　陈伟编著
南京：国立中央大学出版组，1935.6，26页，16开（农学院专篇1）
本书内容包括：江宁县概况、土壤及农业改良等。附江宁土壤图。
收藏单位：国家馆

00518
江苏淮安高邮一带之土壤　程伯容编著
外文题名：Soils of Hwaian and Kaoyiu regions in northern Kiangsu
[南京]：经济部中央地质调查所，1947.12，8页，16开（土壤季刊单行本99）
本书为《土壤季刊》第6卷第4期抽印本。

00519
江苏省东部盐渍三角洲区土壤约测（中英文合编）　梭颇　侯光炯著
北平：实业部地质调查所、国立北平研究院地质学研究所，1934.5，[139]页，16开（实业部地质调查所国立北平研究院地质学研究所土壤专报7）
本书内容包括：江苏省东部盐渍三角洲区土壤、农作及垦殖方法等。附该区地图。中英文本。中华教育文化基金董事会委托土壤调查。
收藏单位：国家馆、湖南馆

00520
江苏省句容县土壤调查报告（中德文合编）　周昌芸　李连捷　陈恩凤著
北平：实业部地质调查所、国立北平研究院地质学研究所，1934.8，46页，16开（实业部地质调查所国立北平研究院地质学研究所土壤专报8）
本书共7部分：本区概况、土壤、各土类之理化性质比较、土壤与农业、土壤管理、土壤改良、摘要。
收藏单位：国家馆

00521
江西省地质调查所土壤室工作计划（草案）　江西省地质调查所拟
江西省地质调查所，[1941.7]，16页，32开
本书共4部分：江西省地质调查所土壤室工作方针、所希望之结果、土壤工作分期进行办法、所需经费概算。正文页刊：中华民国三十年七月三十一日拟。
收藏单位：国家馆

00522
江西之土壤及其利用　罗钟毓编著
江西省地质调查所，1948.4，7页，16开
本书系《临时简报》第13号、《经建季刊》第5期抽印本。附该省土壤约图及土壤利用概图。

00523
将乐之土壤　夏之骅等编著
外文题名：Soils of Chianglo hsien Fukien
永安：福建省研究院，1941，60页，13开（土壤专刊4）
本书共5章：概况、农业与荒地、土壤改进、土壤之酸度及肥素含量、对于本县土壤改良利用及管理之建议。附2幅图、21张表。著者还有：郭魁士、林诗旦、丁敬礼。
收藏单位：广东馆、国家馆

00524
荆峪沟流域水土流失及经流系数之测验研究报告　黄河水利委员会上游工程处水土保持实验区编制
出版者不详，油印本，1册，16开
本书记录为民国三十四年度。
收藏单位：南京馆

00525
垸地问题研究　广西普及国民基础教育研究院编
普及国民基础教育研究院，1934.10，89+6页，32开（广西普及国民基础教育研究院专刊1）
本书内容包括：垸地问题研究、垸的利用、抢堵垸坝经过及保护垸田办法、垸地利用意见书、垸地改湖意见书、垸地利用的开端。附录关于垸之故事三则、南湖桥路记。

封面题名：埌——五村农民衣食所寄的地方。

收藏单位：广东馆、桂林馆、国家馆、宁夏馆

00526

论水土保持 阎振兴编

中央水利实验处等，1943.6，油印本，1 册，16 开

收藏单位：南京馆

00527

论土壤与成土物质 朱莲清编著

北平：中国地质学会，[1928]，6 页，25 开

本书介绍土壤与成土物质的区别。为《地质论评》第 1 卷第 6 期摘印本。

收藏单位：广东馆、国家馆

00528

梅县大埔蕉岭土壤调查报告 谢申 陈宗虞 温大明编著

广州：国立中山大学农学院广东土壤调查所，1936，3 册（46+32+32 页），23 开（国立中山大学农学院农林研究委员会丛刊 第 2 类）（土壤报告 18—20）

本书收录梅县、大埔、蕉岭三县土壤调查报告，内容包括：本县概说、土壤概况、农业生产概况及前途之希望等。附着色土壤图，附图 3 张及度衡里亩对照表。正文题名为：梅县土壤调查报告书；大埔土壤调查报告书；蕉岭土壤调查报告书。

收藏单位：东北师大馆、国家馆、黑龙江馆

00529

美国保土计划中植草排水道的设计 黄希素著

经济部中央地质调查所，1947，25—28 页，16 开（土壤季刊单行本 87）

本书为《土壤季刊》第 6 卷第 1 期摘印本。

收藏单位：重庆馆

00530

民国二十八年广西省土壤肥力及肥料效果试验计划

出版者不详，[1939]，油印本，21 页，16 开

收藏单位：南京馆

00531

闽西金溪沙溪上游之土壤 席承藩 毛金生[著]

永安：福建省建设厅地质土壤调查所，1943.5，40 页，18 开（福建省地质土壤调查所土壤报告 5）

本书内容包括：闽西金溪沙溪上游之土壤概况、土壤性态、土壤与农林等。后附图表。与中央地质调查所合作调查研究。

收藏单位：国家馆

00532

南海县土壤调查报告书 刘茂青编

外文题名：Soil survey of Namhoi district Kwangtung, China

[广州]：国立中山大学农学院广东土壤调查所，1933.12，62 页，22 开（印刷物 乙种 3）

本书共 3 部分：本县概说、土壤概况、农业生产概况及前途希望。书中附着色土壤图 1 张及摄影图 10 幅。

收藏单位：东北师大馆、广西馆、国家馆、黑龙江馆、上海馆

00533

泥土 周缵善编

上海：新中国书局，1933，44 页，50 开（常识小丛书 第 2 集 10）

本书内容包括：泥土是怎样生成的、泥土的种类、表土和底土、泥土的成分与组织、泥土的重量与颜色、泥土中的水空气和微生物等。

收藏单位：重庆馆

00534

粘土中胶性物体与可型性之关系 温步颐 卫尔逊合编

北平：实业部地质调查所、国立北平研究院地质学研究所，1931.10，1 册，16 开

本书为《地质汇报》第 17 号摘印本。

收藏单位：广东馆

00535
农地土壤酸度简易测定法之研究与酸度测定结果之解释　陈振铎　陈春泉编著
[永安]：福建省农业改进处，1947.5，17页，16开
本书为《福建农业》第7卷单行本。

00536
农林部中央农业实验所土壤肥料系三年来之工作概况　张乃凤著
出版者不详，1941.3，7页，16开
收藏单位：南京馆

00537
番禺县土壤调查报告书　邓植仪编著
外文题名：Soil survey of Pan-Yu district Kwangtung, China
广州：广东土壤调查所，1932.12，1册，22开（印刷物 乙种1）
本书共3部分：本县概说、土壤、农林生产概况及前途希望。附着色土壤图及摄影图，度衡里亩比对表及英文提要。
收藏单位：东北师大馆、广西馆、国家馆、南京馆、上海馆

00538
彭县什邡之土壤　陆发熹编著
成都：四川省农业改进所，1943.4，44页，16开（四川省农业改进所农事实验总场土壤专报 甲种1）
本书共8章：本区之自然地理、土壤通论、土壤各论、土壤地理、土壤侵蚀、土壤利用、土壤与农作物之关系、农林业发展之前途。书末附彭县什邡土壤概图。
收藏单位：国家馆

00539
普通浮秤法土壤机械分析之研究　陈振铎　华孟著
外文题名：The use of common hydrometer for the mechanical analysis of soils
台北：台湾省农业试验所，1947.6，18页，16开（台湾省农业试验所专报2）
本书为土壤分析法研究报告，内容包括：前人工作、装置及方法、实验结果、讨论、结论等。
收藏单位：国家馆、上海馆

00540
侵蚀与保土　铁明著
上海：中华土壤肥料学会，1945，97页，25开
本书共8部分：土壤侵蚀与中国前途、土壤侵蚀的原理、影响侵蚀的条件、水与侵蚀、保土的耕作法、种草与造林、保土工事、保土的设计。书末附名词对照，有插图20帧。

00541
琼崖土壤调查报告书　广东省建设厅琼崖实业局编辑
广东省建设厅琼崖实业局，1934，27页，32开（报告丛书1）

00542
曲江县土壤调查报告　彭家元　刘天乐　黎旭祥编著
外文题名：Soil survey of Chu Chiang district
广州：国立中山大学农学院广东土壤调查所，1936，58页，22开（国立中山大学农学院农林研究委员会丛刊 第2类）（土壤报告21）
本书共3部分，介绍该县地方概况，土壤、农业生产状况及农业的前景。附摄影图12帧，并有着色土壤图。正文中题名为：曲江县土壤调查报告书。
收藏单位：重庆馆、东北师大馆、广西馆、黑龙江馆、宁夏馆

00543
热带土壤之生成及发育　（荷）慕尔著　（美）潘德顿英译
外文题名：Tropical soil forming processes and the developmend of tropical soils (with special reference to Java and Sumatra)
北平：实业部地质调查所、国立北平研究院地质学研究所，1933.2，200+6页，18开
本书共3部分：热带区域内成土物风化作用之方式、灌溉水对于土壤肥力之影响、通

用土壤专名之商榷。为英文版，中文述要。本书原名：爪哇及苏门答腊之土壤。

收藏单位：国家馆、天津馆

00544

三年来之天水水土保持实验区　农林部水土保持实验区编

天水：农林部水土保持实验区，1946.2，92页，16开

本书共3部分：概况、专载及附录。专载部分收论文10篇，内容包括：《水土保持与水土保持事业》（傅焕光）、《西北水土保持事业考察报告》（蒋德麒）、《土地沟状冲蚀之防制》（徐学训）等。附主要保土植物学名对照表等。

收藏单位：重庆馆、广东馆、国家馆、南京馆、上海馆

00545

三水县土壤调查报告　彭家元　温大明　周炯辉编著

广州：国立中山大学农学院广东土壤调查所，1935，48页，22开（国立中山大学农学院农林研究委员会丛刊第2类）（土壤报告8）

本书共3部分，介绍该县地方概况、土壤分系、各系土区的性状与分布、农林生产概况及发展前途等。正文中题名为：三水县土壤调查报告书。

收藏单位：重庆馆、东北师大馆、广西馆、国家馆

00546

沙县之土壤　夏之骅等编著

外文题名：Soils of Sa-Hsien, Fukien

永安：福建省研究院，1941，50页，13开（土壤专刊5）

本书共5章：概况、农业、土壤概述、土壤之酸度及肥度、沙县土壤之利用及改良意见。附青州荒地土壤勘察报告、沙县土壤图1幅、青州荒地土壤图1幅。著者还有：郭魁士、周鸣盛、倪秉灿。

收藏单位：广东馆、国家馆、南京馆

00547

砂防工学　Paul Winter　O. Haptel 合著

出版者不详，1942，1册，16开

收藏单位：首都馆

00548

山东省高密县土壤调查报告　（日）田村真吾编辑

华北产业科学研究所、华北农事试验场，1943.4，11页，16开（调查资料29）

本书共6部分：绪言、土壤采取地的说明、土壤的理化学的性质、水质、低温地改良状况、总括。正文内容为日文。

收藏单位：国家馆

00549

山西大同区土壤报告　（美）潘德顿等著

外文题名：Soil survey of the Tatung area, Shansi Province, China

北平：国立北平研究院地质研究所，1933.2，83页，16开（实业部地质调查所、国立北平研究院地质研究所土壤专报5）

本书受中华教育文化基金董事会委托调查。有大同区土壤图等20帧。著者还有：常隆庆、陈伟、侯光炯。

收藏单位：湖南馆

00550

顺德县土壤调查报告书　刘茂青编著

[广州]：国立中山大学农学院广东土壤调查所，1934.2，32页，22开（印刷物乙种5）

本书共8部分：本县之位置及地势、地质之概况、河流及水利、交通、气候、土壤之分类、农业生产之概况、农业前途之希望。附着色土壤图。

收藏单位：东北师大馆、广西馆、国家馆、黑龙江馆、上海馆

00551

四川成都区土壤约测　朱莲青著

外文题名：A reconnaissance soil survey of Chengtu area, Szechuan

南京：实业部地质调查所，北平：国立北平研

究院地质学研究所，1937.2，53+70 页，16 开（实业部地质调查所国立北平研究院地质学研究所土壤专报 18）

本书共 5 章：本区概述、气候、农林业概况、土壤之性质及其与作物之关系、建议。附摘要。中华教育文化基金董事会委托土壤调查。

收藏单位：国家馆、湖南馆

00552

四川省乐山县土壤分级及其方法　冯兆麟著

管理中英庚款董事会，1940.5，手写本，1 册，8 开

本书为管理中英庚款董事会科学研究助理研究报告书。冯兆麟著作第 6 种。

收藏单位：南京馆

00553

四川之土壤　余皓　李庆逵编著

[重庆]：经济部中央调查所，[1944]，110 页，16 开

本书共 12 章，内容包括：土壤与地理环境、土壤分类纲要、红壤与黄壤、灰壤及灰棕壤、棕壤、黑钙土、栗钙土及漠钙土、黑色石灰岩土、高山草原土及泥炭土、土壤与农业等。附土壤概图。书眉刊：土壤专报。

收藏单位：国家馆

00554

四年来之土壤肥料工作　彭家元等著

四川省农业改进所农事实验总场，1942.10，139 页，16 开（农业丛刊 2）

本书介绍了四年来土壤调查、肥料推广方面的工作情况。

收藏单位：重庆馆

00555

苏北滨海垦殖区沿海土壤研究报告

江苏省垦殖设计委员会国立中央大学农学院，1937.2，84 页，10 开

本书内容包括：调查之情形及野外观察之概况、土样之调制与化验等。

收藏单位：湖南馆、南京馆、浙江馆

00556

台中县之土壤　茹皆耀　华孟编著

外文题名：Soils of Taichung district Taiwan Province

台北：台湾省农业试验所，1947.12，96 页，16 开（台湾省农业试验年专报 6）

本书共 8 章：台中县概况，台中县之地势与地质、台中县之植物与气候、土壤调查之方法、台中县之土壤、台中县之农业、台中县土壤肥沃度概述、提要。书中插图 15 幅，书末附英文提要。

收藏单位：国家馆

00557

泰和区土壤　吴本忠　朱显谟　傅徽第编著

南昌：江西省地质调查所，1941，157—188 页，16 开

本书共 3 章：导言、本区概况、土壤性能及属类。书末附英文节要。

收藏单位：国家馆

00558

土地改良法　万国鼎著

外文题名：Soil and its management

上海：商务印书馆，1929.10，99 页，32 开（农学小丛书）（万有文库 第 1 集 601）

上海：商务印书馆，1933.9，99 页，32 开（农学小丛书）

上海：商务印书馆，1934.1，再版，99 页，32 开（农学小丛书）

上海：商务印书馆，1934.6，3 版，99 页，32 开（农学小丛书）

上海：商务印书馆，1934.7，再版，99 页，32 开（农学小丛书）（万有文库 第 1 集 601）

上海：商务印书馆，1935.7，4 版，99 页，32 开（农学小丛书）

长沙：商务印书馆，1939.5，6 版，99 页，32 开（农学小丛书）

[长沙]：商务印书馆，1939.9，简编本，99 页，32 开（万有文库 第 1—2 集）（农学小丛书）

上海：商务印书馆，1939.12，简编本，99 页，25 开（万有文库 第 1—2 集 241）（农学小丛书）

本书共 10 章，内容包括：导言、土壤的

由来、土壤的成分、土壤的性质、土中的水和空气、土中的生物、肥瘠概论、改良的方法等。

收藏单位：安徽馆、重庆馆、大连馆、东北师大馆、广东馆、广西馆、贵州馆、国家馆、河南馆、黑龙江馆、湖南馆、江西馆、辽大馆、辽师大馆、南京馆、内蒙古馆、宁夏馆、上海馆、首都馆、天津馆、西南大学馆、浙江馆

00559
土壤　江西省农业院编
江西省农业院，1939.4，36 页，25 开（推广丛书 3）
江西省农业院，1941.1，30 页，25 开（推广丛书 3）
收藏单位：广东馆、江西馆

00560
土壤
出版者不详，24 页，32 开
收藏单位：南京馆

00561
土壤冲刷与防制方法　张鸣韶著
北平：中国地质学会，[6] 页，25 开
本书为《地质论评》第 2 卷第 1 期摘印本。
收藏单位：广东馆

00562
土壤·肥料　周惟诚编
上海：中华书局，1948.5，30 页，32 开（中华文库 民众教育 1）
上海：中华书局，1949.5，再版，30 页，32 开（中华文库 民众教育 1）
本书共两部分：土壤、肥料。内容包括：土壤的由来、土壤的分类、土壤的成分、土壤中的微生物、土壤的组织、土壤中的水和空气、土壤的颜色温度和吸收力、各类土壤的特性、土壤的肥瘠、土壤的改良、肥料的重要、肥料的要素和分类等。
收藏单位：广东馆、上海馆

00563
土壤肥料实验法　蓝梦九著
北平：国立北平大学农学院，1934.3，121 页，16 开，精装（国立北平大学农学院丛书 4）
本书分上、下两卷，内容包括：供试品之采集及调制、物理的分析、化学的分析、土壤物理性质之诸检定、土壤化学性质之诸检定等。
收藏单位：国家馆

00564
土壤肥素可用量之化学速测　夏之骅　季天祜著
外文题名：Rapid chemical tests for amounts of available plant nutrients in soils
[永安]：福建省研究院，[1940.11]，37 页，13 开（福建省研究院土壤专刊 2）
[永安]：福建省研究院，1941.4，再版，37 页，13 开（福建省研究院土壤专刊 2）
本书共 5 章：肥素之可用量及测定、化学速测方法之应用价值、本院倡用之速测方法、举行速测时应有之注意、速测结果之应用。书前有陈仪序、绪言，书末附英文摘要及参考文献。
收藏单位：国家馆

00565
土壤分类及土壤调查（中英文合编）　谢家荣　常隆庆著
北平：实业部地质调查所、国立北平研究院地质学研究所，1931.3，40 页，16 开（实业部地质调查所国立北平研究院地质学研究所土壤专报 2）
本书与《河北省三河平谷蓟县土壤约测报告》《陕西渭水流域采集土壤标本报告》合订。中华教育文化基金董事会委托土壤调查。
收藏单位：国家馆

00566
土壤分析法　李庆逵著
实业部地质调查所、国立北平研究院地质学研究所，1937.2，98 页，16 开（土壤特刊 乙种 3）

本书共 4 章：总论、普通化学分析、特殊化学分析、物理分析。书末附仪器、药品、各种分析附表。

收藏单位：东北师大馆、广东馆、国家馆、农大馆

00567

土壤改良

出版者不详，油印本，31 页，大 16 开

收藏单位：南京馆

00568

土壤改良常识 中央陆军军官学校特别训练班编

中央陆军军官学校特别训练班，1937，40 页，32 开

本书共 12 章，内容包括：土壤之意义及效用、土壤之由来、土壤之组织、土壤中之细菌、土壤之吸收力、土壤之种类、土壤改良方法等。

收藏单位：重庆馆

00569

土壤工作十五年 熊毅著

[南京]：经济部中央地质调查所，1946，144—162 页，16 开

本书内容包括：叙述十五年来之工作概况、学术、贡献及事业推进等。为《土壤季刊》单行本第 79 号。为《土壤季刊》第 5 卷第 3 期摘印本。

收藏单位：国家馆、上海馆

00570

土壤化学分析法 彭谦编著

上海：国立编译馆，1946.11，87 页，25 开

上海：国立编译馆，1947.7，2 版，87 页，25 开

本书共 12 章：土样之采取及预备、仪器之管理及使用、药剂之配制、普通分析、全量矿质成分之分析、土壤 PH 值之比色测定、土壤水溶成分之分析、黏土及盐基交换作用、土壤之有机碳、土壤化学成分之简捷测定法、分析植物以测定土壤肥度之方法、利用微生物测定土壤肥度之方法。附容积定量分析计算练习题。为部定大学用书。

收藏单位：重庆馆、广东馆、国家馆、河南馆、辽宁馆、南京馆、内蒙古馆、农大馆、浙江馆

00571

土壤力学挈要 陈克诚编

出版者不详，[1941.3]，[21] 页，16 开

本书内容包括：土壤研究之问题及目标、土壤研究的必要性、土壤物理性之试验等。系《学林》第 7 辑抽印本。

收藏单位：南京馆

00572

土壤剖面之研究 熊毅著

北平：中国地质学会，4 页，24 开

本书为《地质论评》第 1 卷第 6 期抽印本。

收藏单位：广东馆、国家馆

00573

土壤浅说 山西省第四次治安强化运动实行委员会厚生部编

山西省第四次治安强化运动实行委员会厚生部，1942.4，14 页，32 开

本书共 3 部分：土壤的命名、土壤的种类、土壤的改良。为日伪机关出版物。

收藏单位：国家馆

00574

土壤浅说 周惟诚编

上海：中华书局，1930.10，22 页，36 开（民众农业丛书 6）

上海：中华书局，1932.9，再版，22 页，36 开（民众农业丛书 6）

上海：中华书局，1936.8，4 版，22 页，36 开（民众农业丛书 6）

收藏单位：重庆馆、黑龙江馆、湖南馆、江西馆、内蒙古馆、首都馆

00575

土壤侵蚀——吾国之危机 铁明著

出版者不详，[1941—1949]，10 页，32 开，环筒页装

本书内容包括：有关土壤侵蚀之种种、土壤侵蚀之概况、土壤侵蚀之防止、努力之途径。

收藏单位：国家馆

00576

土壤侵蚀与中国前途　铁明著

出版者不详，1945，9 页，25 开

本书阐述中国土壤的侵蚀与保土等问题。为《侵蚀与保土》抽印本。

00577

土壤调查　林诗旦　黄大伦　黄振乾编纂

将乐县政府，1940.12，25 页，25 开（将乐地政实验丛书 7）

本书共 5 章：本县概况、调查步骤、土壤、土壤管理、土壤改良。书前有土壤分布图、土壤剖面图。

收藏单位：重庆馆、国家馆、南京馆

00578

土壤调查标准　蓝梦九著

南京：中华农学会，1937.1，162 页，22 开

本书共 3 篇：野外调查、土壤理化分析、生物试验。内容包括：土壤生成及发育之考察、土壤形态鉴定、土壤分类、野外调查手续、供试品之采集及调制、物理的分析等。为研究用书。

收藏单位：安徽馆、国家馆

00579

土壤调查及土壤图之制法　周昌芸著

北平：中国地质学会，[12] 页，26 开

本书内容包括：导言、土壤调查需用之仪器、土壤调查之方法及程序、土壤图之制法、土壤调查报告之编撰、我国土壤工作略述。为《地质论评》第 1 卷第 5 期摘印本。

收藏单位：重庆馆、广东馆

00580

土壤微生物学　陈华癸编著

上海：国立编译馆，1947.8，106 页，25 开

上海：国立编译馆，1948.4，沪 2 版，106 页，25 开

本书共 10 章，内容包括：土壤中微生物的种类和形态、土壤中微生物的化学变化和营养、土壤中微生物的数目、土壤中的有机质及其分解、土壤中分解有机物质的微生物、微生物的氮素固定作用等。为部定大学用书。

收藏单位：东北师大馆、国家馆、辽宁馆、上海馆、浙江馆

00581

土壤微生物学　蓝梦九著

上海：中华书局，1945.11，166 页，22 开

上海：中华书局，1948.4，再版，166 页，25 开

本书共 12 章：土壤微生物之分布、无氮素有机物分解菌类、含氮素有机物分解菌类、硝酸化成细菌类、硝酸还元细菌类、游离氮素固定细菌类、作用于无机物之细菌类、土壤放射状菌类、土壤菌类、土壤藻菌类、土壤原生动物、土壤微生物之应用。为大学用书。

收藏单位：重庆馆、东北师大馆、贵州馆、国家馆、河南馆、黑龙江馆、江西馆、内蒙古馆、上海馆、西南大学馆、浙江馆

00582

土壤新编　赖昌编辑　杨谋新校阅

上海：科学书局，1912.9，172 页，22 开（农业丛书 3）

本书共 9 章：土壤之起源、土壤之化学的性质、土壤之理学的性质、土壤之类别、土壤与作物及肥料之适应、土壤之检查法、土壤肥瘠之原因、土壤之评价、土壤之改良。书前有总论。为中等农业学校用书。

收藏单位：首都馆、浙江馆

00583

土壤学　包容著

上海：中国农业书局，1936.10，[27]+264+20 页，22 开，精装

本书共 9 章：绪言、土壤之生成、气候之差异与土壤带、土壤化学、土壤物理、土壤之野外调查、土壤之分类、中国各部土壤略说、土地改良论。

收藏单位：东北师大馆、国家馆、湖南

馆、南京馆

00584

土壤学 褚乙然编

上海：商务印书馆，1933.11，169页，32开

上海：商务印书馆，1935.1，4版，169页，32开

长沙：商务印书馆，1938，8版，169页，32开，精装

长沙：商务印书馆，1941，10版，169页，32开

上海：商务印书馆，1946.8，11版，169页，32开

上海：商务印书馆，1947.5，12版，169页，32开

上海：商务印书馆，1948.8，14版，169页，32开

上海：商务印书馆，1949.6，15版，169页，32开

本书共15章：绪论、土壤的由来、风化物之堆积和运搬、土壤中的无机成分、土壤中的有机成分、土壤的形状、土壤之性质、土壤之吸收力、土壤中之微生物及其作用、土壤之分类、土壤与作物及肥料之适应、土壤之反应、土壤之检定法、土壤之肥瘠、土壤改良。为初级农业学校教科书。

收藏单位：安徽馆、重庆馆、国家馆、湖南馆、内蒙古馆、上海馆、首都馆、浙江馆

00585

土壤学 邓植仪 彭家元著

广州：国立中山大学农科学院，1931.9，274页，24开

广州：国立中山大学农科学院，1937.8，再版，274页，24开

本书共17章，内容包括：绪论、土壤物质之构成、土壤之分类、土壤机械分析及土粒之重要理化性、中国各部土壤略说、土壤之物理性、土壤之水、土中水分之保持与调节、土壤之热与空气、土壤之有机物质、土壤生物及其作用等。

收藏单位：南京馆

00586

土壤学 何述曾编 蒋维乔 刘大绅校

上海：商务印书馆，1916.8，128页，25开

上海：商务印书馆，1919，修订再版，128页，25开

上海：商务印书馆，1921，4版，修订本，128页，25开

上海：商务印书馆，1924，修订7版，128页，25开

上海：商务印书馆，1925，8版，修订版，128页，24开

上海：商务印书馆，1931.1，9版，修订版，128页，25开

本书共6编29章，内容包括：土壤由来、土壤之组成、土壤中微生物、土壤性质、土壤种类及其各类特性等。教育部审订，农业学校用书。根据日本佐佐木祐太郎所著《土壤学教科书》编译而成。

收藏单位：安徽馆、重庆馆、国家馆、黑龙江馆、湖南馆、江西馆、首都馆、浙江馆

00587

土壤学 黄毅编述

上海：新学会社，1912，6版，60页，23开

上海：新学会社，1913，7版，60页，23开

上海：新学会社，1930.9，11版，60页，23开

本书共5章：土壤之由来、土壤之种类、土壤之成分、土壤之性质、土壤之改良。为中等农学校用书。

收藏单位：国家馆、绍兴馆、首都馆、浙江馆

00588

土壤学 李新一编

北京：中华图书社，1942.11，152页，32开（农业丛书2）

本书共15章：叙论、土壤的生成、风化物的堆积和搬运、土壤中的无机成分、土壤中的有机成分、土壤的形状、土壤的性质、土壤的吸收力、土壤中的微生物及其作用、土壤的分类、土壤与作物及肥料的适应、土壤的反应、土壤的检定法、土壤的肥瘠、土壤改良。

收藏单位：国家馆

00589
土壤学 王云森 陈启昌编
上海：商务印书馆，1933.3，[15]+341 页，32 开
上海：商务印书馆，1933.11，3 版，[15]+341 页，32 开
上海：商务印书馆，1935，4 版，[15]+341 页，32 开
上海：商务印书馆，1948.1，11 版，[15]+341 页，32 开
上海：商务印书馆，1948.7，12 版，341 页，32 开

本书共 25 章，内容包括：土壤之概义、构成土壤之主要矿物及岩石、土壤之成因、土壤之分类、土壤之结构及组织、土壤一般之性质、土壤水、土壤之水分与植物、土壤水分之调节、土壤之有机物等。为新学制高级农业学校教科书。

收藏单位：重庆馆、广东馆、国家馆、湖南馆、江西馆、南京馆、浙江馆

00590
土壤学
[北平]：文化学社，[1930—1939]，32 页，18 开

本书共 14 章：总论、地球的来源、土壤的来源、土壤的分类、土壤的性质、砂土的改良法、粘土的改良法、救济流沙土的方法、碱地与盐地的改良法、施肥的意义、耕锄的意义、深耕的利益、深耕时应注意事项、考察田地应注意的事项。

收藏单位：国家馆

00591
土壤学
出版者不详，51 页，32 开

本书为上海市私立大华农场农业函授学校讲义。

00592
土壤学（卷上） 刘和著
上海：商务印书馆，1935.1，12+331+12 页，23 开，精装（大学丛书）
长沙：商务印书馆，1938.10，3 版，12+331+ 12 页，23 开（大学丛书）
长沙：商务印书馆，1939，4 版，12+331+12 页，23 开（大学丛书）

本书共 9 章：生成土壤之矿物及岩石、岩石之风化与土壤之生成、土壤形态、土壤分类、土壤之成分、土壤之物理性、土壤水分、土壤调查、世界土壤分布情形。书名页印有：原浙江大学丛书。

收藏单位：安徽馆、重庆馆、东北师大馆、广西馆、贵州馆、国家馆、湖南馆、江西馆、内蒙古馆、宁夏馆、上海馆、浙江馆

00593
土壤学（卷中） 刘和著
上海：商务印书馆，1936.7，10+340+8 页，23 开，精装（大学丛书）
上海：商务印书馆，1937.2，再版，10+340+8 页，23 开，精装（大学丛书）
长沙：商务印书馆，1938.10，10+340+8 页，23 开（大学丛书）
长沙：商务印书馆，1938，再版，10+340+8 页，25 开（大学丛书）

本书共 6 章：土壤之无机物成分、土壤之有机物成分、土壤胶体物、土壤溶液与土壤应用植物食料、土壤反应、土壤培肥。

收藏单位：安徽馆、重庆馆、东北师大馆、贵州馆、国家馆、南京馆、内蒙古馆、西南大学馆

00594
土壤学大意 刘伊农编著
中央训练团地政人员训练班，1947，130 页，32 开

本书为中央训练团地政人员训练班讲义。

收藏单位：重庆馆

00595
土壤学概要 （日）关丰太郎著 蓝梦九译
长沙：商务印书馆，1939.7，142 页，32 开
长沙：商务印书馆，1940.9，再版，142 页，32

开
长沙：商务印书馆，1941.4，3版，142页，32开
上海：商务印书馆，1946.12，4版，142页，32开
上海：商务印书馆，1948.1，5版，142页，32开

本书共4篇：土壤之生成移动及成层、土壤之机械的组成及理学的性质、土壤之化学的组成及性质、土壤之肥瘠分类及系统。内容包括：风化作用、腐败作用、土壤之移动及成层、土地之表面及土壤成层、磐层及其种类、地形及土层之观察、土壤之机械的分析等。为职业学校教科书。

收藏单位：安徽馆、重庆馆、东北师大馆、广东馆、国家馆、江西馆、辽大馆、辽宁馆、上海馆

00596
土壤学提要 尹吉三编著
重庆：农业技术出版社，1946，90页，36开

本书共15章，内容包括：土壤之基本的概念、土壤物质之来源与分类、土壤之生成分类与调查、中国土壤略说、土壤之机械分析及其重要理性化、土壤之物理性、土壤之水分及其与植物之关系、碱性土及改良等。

收藏单位：国家馆

00597
土壤学原理及其应用 万国鼎编著
出版者不详，116页

收藏单位：南京馆

00598
土壤学之新发展 （德）拉茨（W. Laatsch）著 王世中译
外文题名：Dynamik der deutschen acker und waldböden
上海：正中书局，1946.12，260页，25开
上海：正中书局，1947.9，3版，260页，25开

本书分通论和各论，内容包括：德国土壤之母石、风化作用、黏土之生成与分解、腐植质之生成与分解流失、土粒体积之成分与土壤变动性、团粒构造之建立与毁坏、土壤水之经济、德国土壤之变动能、土壤发育、具阻滞性之黏土生成作用或黏土变化作用之土壤型等。书末附中德名词对照表。

收藏单位：重庆馆、东北师大馆、国家馆、河南馆、黑龙江馆、辽宁馆、南京馆、农大馆、上海馆、浙江馆

00599
土壤颜色之研究 熊毅著
北平：中国地质学会，[18]页，25开

本书为《地质论评》第2卷第1期摘印本。

收藏单位：广东馆

00600
土壤与肥料 李新一编
北京：颖光出版社，1944.9，2版，154页，32开（农业丛书）

本书共15章：叙论、土壤的生成、风化物的堆积和搬运、土壤的无机成分、土壤的有机成分、土壤的形状、土壤的性质、土壤的吸收力、土壤中的微生物及其作用、土壤的分类、土壤与作物及肥料的应用、土壤的反应、土壤的检定法、土壤的肥瘠、土壤改良。

收藏单位：国家馆

00601
土壤与肥料（第1卷第3号） 浙江省化学肥料管理处编
外文题名：Soils and fertilizers
杭州：浙江省化学肥料管理处，1935.4，122页，22开

本书内容包括：磷肥肥效盆钵比较试验报告、苏俄对于土壤形态学研究之贡献、土壤之生成分类及发育、土壤有害成分之研究等。

收藏单位：国家馆

00602
土壤之冲刷与控制 张含英编译
长沙：国立编译馆，1941.10，427页，25开
重庆、上海：国立编译馆，1945.11，427页，

25 开
上海：国立编译馆，1948.1，再版，427 页，25 开

本书共 14 章：绪论、冲刷之因素、防护之方法、雨量与径流、阶田之设计、阶田定线之理论及实施、阶田之修筑、阶田修筑之费用及其维护、阶田之排水出路、沟壑之控制、临时性及半永久性节制坝、永久性节制坝或保壤坝、植物之特殊效能、土壤之保持及田地之应用。书末附英汉名词对照表等。

收藏单位：重庆馆、国家馆、江西馆、首都馆、浙江馆

00603
土壤之冲刷与控制　张含英编译
上海：商务印书馆，1949.9，3 版，427 页，25 开

收藏单位：安徽馆、重庆馆、国家馆、江西馆、辽宁馆、内蒙古馆、云南馆、浙江馆

00604
土壤质地之研究　熊毅著
北平：中国地质学会，[16] 页，25 开

本书为《地质论评》第 2 卷第 1 期摘印本。

收藏单位：广东馆

00605
威远县之土壤　程广禄编著　彭家元　陈祥校
成都：四川省农业改进所，1947.10，18 页，16 开（四川省农业改进所农事实验总场土壤专报 甲种 5）

本书共 6 章：威远概述、威远之农业及土地利用、威远之土壤通论、威远之土壤各论、威远之土壤肥沃度、对于威远农业改进之意见。附威远县土壤图。

收藏单位：国家馆

00606
温州市土地鉴定报告
出版者不详，[1949]，1 册，16 开

本书收录温州市土地鉴定报告。

收藏单位：浙江馆

00607
吾国红壤区域垦荒调查暂行办法　侯光炯著
北平：中国地质学会，[8] 页，25 开

本书为《地质评论》第 2 卷第 3 期摘印本。

收藏单位：广东馆

00608
西北土壤地理　马溶之著
马溶之 [出版者]，[1946.2]，28 页，16 开

本书共 3 部分：概论、土壤地理区域、摘要。书末附西北土壤地理图。图中刊：民国三十五年二月马溶之著。

收藏单位：国家馆

00609
西沙群岛鸟粪　朱庭祜编
出版者不详，1928.10，1 册，16 开

本书内容包括：地形及地质、鸟粪。为《地质年报》第 1 号摘印本。

收藏单位：浙江馆

00610
新会县土壤调查报告　刘茂青　覃树辉编著
广州：[国立中山大学农学院] 广东土壤调查所，1934，36 页，22 开（国立中山大学农学院农林研究委员会丛刊 第 2 类）（土壤报告 6）

本书共 8 部分：本县位置及地势、地质概况、河流及水利、交通、气候、土壤之系列、农业生产之概况、农业前途之希望。附着色土壤图 1 幅。目次页题名为：新会县土壤调查报告书。

收藏单位：东北师大馆、广西馆、国家馆

00611
匈牙利碱地之垦辟　李积新译
[南京]：江苏省垦殖设计委员会，1936.4，32 页，16 开

本书共 4 部分：碱土演变中之土力学、施用碳酸钠及有机肥垦辟退盐碱地与退化碱地、

用洗泄法开辟盐碱地、用化学药品开辟钠碱地。书前有绪论，书末有结论。江苏省垦殖设计委员会第 2 种。

收藏单位：国家馆、湖南馆、南京馆、浙江馆

00612

蓄水保土浅说 水利部水利示范工程处编

水利部水利示范工程处，1947.5，92 页，32 开

本书共 8 章：看得见的灾难——水旱灾、水和土、不被注意的灾害——水土的流失、水土流失的严重后果、蓄水保土、蓄水保土准备工作、蓄水保土实验工作、蓄水保土实施工作。

收藏单位：重庆馆、甘肃馆、广东馆、贵州馆、国家馆、南京馆、上海馆、浙江馆

00613

乙种农业土壤学教科书 赖昌编译 庄崧甫原校 杨熙光修正 江起鲲校订

上海：新学会社，1911.9，58 页，22 开

上海：新学会社，1916，3 版，58 页，22 开

上海：新学会社，1917.9，4 版订正，58 页，22 开

上海：新学会社，1919.6，5 版订正，58 页，22 开

本书共 27 章：绪论、土壤之由来、土壤之积集、土壤之化学的成分、有机物之分解、腐植质、硝化作用、硝酸还元作用、游离窒素同化作用、土壤之物理学的成分、土壤之组织、土壤之毛细管力、土壤之保水力、土壤之透水性、土壤之蒸发性、土壤之温度、土中之空气、土壤之吸收力、土壤之种类其一、土壤之种类其二、土壤之肥瘠、土壤之改良、客土法、烧土法、灌溉、排水、耕地整理。目次页题名：土壤学教科书。原校者：庄景仲。为乙种农学校用书。

收藏单位：首都馆、浙江馆

00614

云南省澄江之土壤 谢申 黎旭祥 刘致清编著

外文题名：Soil of Chengkiang district Yunnan, China

粤北：国立中山大学农学院土壤调查所，1941.5，68 页，22 开（国立中山大学农学院土壤调查所丛刊 第 2 类 土壤报告 28）

本书共 4 章：本县概况、土壤状况、农林概况、对于本县土壤管理问题之管见与农林前途之展望。书后附提要、英文提要及附图。逐页题名：澄江之土壤。

收藏单位：东北师大馆、广西馆、国家馆

00615

浙江省杭县土壤调查报告 马寿徵 余皓 宋达泉著

外文题名：A soil survey of Hanghsien Chekiang Province

杭州：浙江省土壤研究所，1936.12，142 页，16 开

本书共 8 部分：绪言、本区概况、土壤、农业概况总述、各土类区农业概况分述、土壤管理与改良、摘要、附言及本区土壤俗名访问录。书末附英文摘要，照片 23 帧，土壤分类肥力图各 1 幅。

收藏单位：国家馆、浙江馆

00616

整理水道改良土壤汇刊（第 2 期） 河南省整理水道改良土壤委员会编

开封：河南省整理水道改良土壤委员会，1935.12，236 页，16 开

本书共 10 部分：插图、发刊词、报告、查勘工作、工程计划、改壤实验、会议纪录、公牍摘要、法规条例、杂录。题名页出版时间题：民国二十五年六月。

收藏单位：国家馆、南京馆、天津馆

00617

中等土壤教科书 （日）佐佐木祐太郎著 周公才译

上海：新学会社，1912.12，116 页，22 开

上海：新学会社，1914，3 版，116 页，22 开

本书共 6 编：土壤之由来、土壤之组成、土壤之微生物、土壤之性质、土壤之种类及其各类之特性、土壤之肥瘠及土壤与气候作

物之关系。书前有绪言。逐页题名：土壤教科书。为中等农学校用书。

收藏单位：安徽馆、重庆馆、首都馆

00618

中等土壤学 杨炳勋编

上海：中华书局，1927.11，112页，27开

上海：中华书局，1931，5版，112页，27开

上海：中华书局，1931.11，7版，112页，27开

上海：中华书局，1933.12，11版，112页，25开

上海：中华书局，1935.8，14版，112页，27开

上海：中华书局，1937.5，16版，112页，27开

上海：中华书局，1937，17版，112页，27开

上海：中华书局，1948.8，22版，112页，27开

本书共6章：总论、土壤物理、土壤肥泽、肥料、排水及灌溉、土壤之应用。为新学制农业教科书。

收藏单位：重庆馆、广东馆、贵州馆、国家馆、湖南馆、江西馆、南京馆、内蒙古馆、上海馆

00619

中国黄土颗粒分析资料之整理研究报告（2） 中央水利实验处［编］

中央水利实验处，1942.7，油印本，1册，16开，环筒页装

本书共8部分：弁言、西北黄土高原、黄土天然性质、黄土与黄河之关系、土壤颗粒分析标准图表之建议、颗粒分析资料之整理、分析结果之讨论、参考图书目录。

收藏单位：国家馆

00620

中国黄土区域土壤冲刷概况 徐善根著

南京：金陵大学农学院，1938.11，34页，25开

本书共6节：黄土高原之概观、土壤冲刷之原因、土壤冲刷之动力、陕甘农地防止土壤冲刷之实例、防止黄土区域土壤之冲刷方法之商榷、防止土壤冲刷进行之程序。为金陵大学《农林新报》第15年第30—31期抽印本。

收藏单位：重庆馆、国家馆、南京馆

00621

中国酸性白土之初步研究 杜春宴 刘敬琨著

重庆：经济部中央工业试验所，1945.6，9页，16开

本书共6部分：引言、粘土脱色力之比较、粘土特性之测定、一般工业之应用、结论、附录。书末附叙永土、南川土之出产概况。为经济部中央工业试验所研究专报第148号。

收藏单位：国家馆

00622

中国土壤的酸度和碳酸钙含量 李庆逵 鹿笃伊著

南京：实业部地质调查所，北平：国立北平研究院地质学研究所，1936.9，36页，18开

本书共6部分：土壤的酸度、酸土和碱土、中国土壤的酸度和碱度、中国土壤酸度和碳酸钙含量表、附言、参考书。为《土壤专报》第15号摘印本。

收藏单位：广东馆、国家馆

00623

中国土壤——概观之实地考察 （美）萧查理著 邵德馨译

北平：实业部地质调查所、国立北平研究院地质学研究所，1930.11，50页，16开

北平：实业部地质调查所、国立北平研究院地质学研究所，1931.2，50页，16开（实业部地质调查所 国立北平研究院地质学研究所土壤专报1）

本书内容包括：红土区域、磐层区域、褐土区域、中部扬子受溢平原、扬子下游冲击区域、淮河流域土壤、黄河旧道淤积土、北方平原之冲击土、中部平原之砂姜土、土壤改良等。附中国土壤区域略图。中华教育文化基金董事会委托土壤调查。

收藏单位：国家馆、湖南馆、南京馆

00624

中国盐渍土之初步研究 熊毅著

外文题名：A preliminary study on salted soils in China
实业部地质调查所、国立北平研究院地质学研究所，1936.9，[32] 页，16 开

本书论述了中国盐渍土的分类及标本采集地点等。中英文本。为《土壤专报》第 15 号摘印本。

收藏单位：广东馆、国家馆

00625
中国盐渍土之分类及其概性 熊毅著
经济部地质调查所、国立北平研究院地质学研究所，1938.4，88 页，16 开（土壤特刊 乙种 2）

本书共 3 章：我国盐渍土命名及分类之拟议、我国盐渍土之分布及其概性、改良吾国盐渍土之途径及已有之研究成绩。附盐渍土之分析法。

收藏单位：重庆馆、贵州馆、国家馆、湖南馆

00626
中国之土壤 梭颇著 李庆逵 李连捷译
实业部地质调查所、国立北平研究院地质学研究所，1936.12，244 页，16 开（实业部地质调查所 国立北平研究院地质学研究所土壤特刊 乙种 1）

本书共 16 章，内容包括：绪言、地理之背景、成土作用及主要土类、黑钙土及栗钙土、黄土区之土壤、漠境区之土壤、砂姜土及华北之冲积土、盐土碱土及其类属之土壤、紫棕壤黑色石灰土及山东棕壤、棕色及灰棕色已经淋溶之土壤及灰壤等。附有插图 95 版及七百五十万分之一中国土壤概图。

收藏单位：安徽馆、东北师大馆、国家馆、黑龙江馆、湖南馆、南京馆、首都馆、西南大学馆、浙江馆

00627
中山县土壤调查报告书 彭家元等编
外文题名：Soil survey of Chungsan district Kwangtung, China
[广州]：国立中山大学农学院广东土壤调查所，1933.11，[73] 页，22 开（印刷物 乙种 2）

本书共 6 部分：导言、地方概说、土壤概述、中山县土壤之化学分析、农业状况、摘要。附英文提要、度衡里亩比对表、着色土壤图 1 幅、摄影图 12 幅。编者还有：刘天乐、温大明、黎旭祥。

收藏单位：东北师大馆、广西馆、国家馆、黑龙江馆、南京馆、上海馆

00628
中文土壤名词试草 侯光炯主编
北平：实业部地质调查所、北平研究院地质学研究所，1935，92 页，16 开（土壤特刊 2）

本书为土壤学中英文名词对照及释义。

收藏单位：广东馆

农业气象学

00629
百泉农谚集 河南省立民众师范院编
[辉县]：河南省立民众师范院，[1929—1949]，40 页，32 开（民众教育丛书）

收藏单位：重庆馆、南京馆

00630
北夏农谚的研究 王顺编著
无锡：江苏省立教育学院研究实验部，46 页，16 开

00631
波兰农业气象概况 吕炯编
南京：中国气象学会，1937.2，16 页，大 32 开

本书载《气象杂志》第 13 卷第 2 期。

收藏单位：南京馆

00632
广东省地方农林试验场附设观测所年报（中华民国十年份） 广东省地方农林试验场附设观测所编
外文题名：The meteorological record, 1921, weather bureau Kwangtung agricultural & forestry

experiment station
广东省地方农林试验场附设观测所，[1922]，51 页，16 开

本书共 18 部分，内容包括：节气日期表，气候平均表，各月风向回数及平均风向表，各月各日气压表、气温表、湿度表、水蒸气张力表、风向最多方位及风速表、日照时数表、蒸发量表、降水量表等。为广东省地方农林试验场 1921 年全年气象观测表。

收藏单位：国家馆

00633
农家行事 郑绍武编辑
旅顺：农业进步社，1944，103 页，32 开

收藏单位：国家馆

00634
农家月令 刘明德著
长沙：湖南省农村建设协进会，1937，32 页，32 开（农村建设丛书 甲类 3）

收藏单位：广东馆

00635
农林天气学新编 顾鸣盛编辑 杨墨林校
上海：科学书局，1915，120 页，22 开（农学丛书 19）

本书为中等农学校用书。

收藏单位：河南馆、首都馆、浙江馆

00636
农事历（病虫害之部） 王历农编著
南京：中国青年工读团推广部，1942.10，56 页，32 开（农村建设丛书 甲类 2）

收藏单位：南京馆

00637
农事历（园艺之部） 王复生 汤铭新编著
南京：中国青年工读团推广部，1943.1，110 页，32 开（农村建设丛书 甲类 3）

本书记述果树、蔬菜、花卉 1—12 月份的各项园艺工作。内容包括：修剪、果园清理中耕、病虫害防治、栽植、施肥等。书前有陈端志序。

收藏单位：国家馆、南京馆、浙江馆

00638
农事历（作物之部） 顾心梅编著
南京：中国青年工读团推广部，1942.9，52 页，32 开（农村建设丛书 甲类 1）

本书记述一年里有关作物的农事劳动。内容包括：作物栽培计划之决定、冬季休闲田之处理、土地改良、土地开垦、肥料之准备等。书前有陈端志序。

收藏单位：国家馆、南京馆、浙江馆

00639
农谚 鲍维湘编
上海：中华书局，1948.7，3 册，32 开（中华文库 民众教育 1）
上海：中华书局，1949.5，3 册，32 开（中华文库 民众教育 1）

全书共 3 册：气候的农谚、生产的农谚、格言的农谚。每册按照谚语首字的笔画进行排序。

收藏单位：广东馆、贵州馆、上海馆

00640
农谚 张佛编
上海：商务印书馆，1934.6，54 页，32 开
上海：商务印书馆，1934.8，再版，54 页，32 开
上海：商务印书馆，1935.4，3 版，54 页，32 开
上海：商务印书馆，1947.2，4 版，54 页，32 开
上海：商务印书馆，1948.6，5 版，54 页，32 开

本书共两编：农事门、时令气象门。内容包括：水利、种植、耕耘、施肥、牲畜、灾害、测验、收获、树艺、节令、气候、预测、日月、星辰、风、虹、云、雨雪雾、雷电等 21 类汇集华北、黄河流域流行的谚语。

收藏单位：安徽馆、重庆馆、东北师大馆、广东馆、广西馆、贵州馆、国家馆、河南馆、黑龙江馆、湖南馆、吉林馆、江西馆、辽大馆、南京馆、内蒙古馆、首都馆、浙江馆

00641
农谚和农歌 国立北平大学农学院农业经济

系编
北平：北平阜成门外农学院，1932.5，70页，32开
本书收录农谚401则，涉及农业气象、时令、农作物、树艺家畜、农家工作、乡村生活等方面，同时收录农歌36首。
收藏单位：国家馆、首都馆

00642
农谚新解 李鸿渐编
教育部民众读物编审委员会，3册，64开（民众文库）
本书共5章：农事总论、农事各论、农家副业、生活、气象。借民间谚语来传播农业新知识，可供农民参考及一般人阅读。
收藏单位：重庆馆、南京馆、宁夏馆

00643
农业气象教科书 （日）驹井春吉 （日）小西德治郎著 叶与仁译
上海：新学会社，1911，56页，22开
上海：新学会社，1912.12，56页，22开
上海：新学会社，1915.11，再版，56页，22开
上海：新学会社，1917.3，再版，56页，22开
本书共6章：绪论、温热及光、气压与风、温度与降水、天气、气候及植物带。版权页题：乙种农业气象教科书。为乙种农学校用书。
收藏单位：首都馆、浙江馆

00644
农业气象教科书 （日）驹井春吉 （日）小西德治郎著 叶与仁译
上海：新学会社，1912.12，52页，22开，精装
上海：新学会社，1913.4，再版，52页，22开
本书版权页题：初等农业气象教科书。为初等农学校用书。
收藏单位：首都馆

00645
农业气象浅说 赵英若编著
上海：中华书局，1934.7，20页，36开（民众民业丛书16）
上海：中华书局，1940，再版，20页，36开（民众民业丛书16）
收藏单位：广东馆、黑龙江馆、江西馆、上海馆

00646
农业气象学 陈遵妫著
上海：商务印书馆，1935.9，13+323页，25开
上海：商务印书馆，1936.3，再版，13+323页，25开
上海：商务印书馆，1936.12，3版，13+323页，25开
上海：商务印书馆，1937.3，4版，13+323页，25开
本书共10篇：总论、太阳辐射、温度、湿度、降水、气压、风、空中电气、天气、气候。书中多采用竺可桢著作及日本农学博士稻垣乙丙刊物之资料，有插图78帧。大学适用。
收藏单位：重庆馆、广东馆、贵州馆、国家馆、河南馆、湖南馆、南京馆、内蒙古馆、山西馆、首都馆、天津馆、西南大学馆、浙江馆

00647
气候和农作物 翁理之主编
上海：中华书局，1936.1，40页，32开（小学中年级自然副科本）
收藏单位：重庆馆、内蒙古馆

00648
青岛之附近气候与农作关系 蒋丙然著
出版者不详，1940.3，[26]页，16开
本书按照不同月份，从气温、水养、雨量、气压等方面讲解了青岛气候对农作物的影响。
收藏单位：国家馆、河南馆

00649
四川之气候与作物生产（民国二十六年至三十五年） 孙虎臣 崔增体著
农林部华西区推广繁殖站、四川省农业改进所，1947.7，30页，18开（农业统计丛刊3）
本书共8部分：导言、主要作物灾害损

失、资料来源、生产因素、气候因素、气候与作物生产之关系、讨论、结论。附8幅图，10张表。此书第5页以前为正文，以后的图表部分为石印。

收藏单位：重庆馆、国家馆

00650
台湾农业气候　陈正祥著
外文题名：The agro-climate of Formosa
台北：国立台湾大学农学院农业地理研究室，1948.1，60页，16开（国立台湾大学农学院研究报告 第2卷 第1号）

本书共8部分：引论，自然环境，季风与雨期，雨量，温度，飓风及其灾害，湿度、云量、日照、蒸发及其他，气候区域。书前附英文目录，书末附英文概要。

收藏单位：国家馆

00651
太湖流域之天气俗谚　太湖流域水利委员会编
太湖流域水利委员会，1934.8，22页，32开

本书内容包括：天空气色与天气之关系、风与天气之关系、云与天气之关系、日与天气之关系等。

收藏单位：国家馆

00652
天气测验丛谈（中国天气俚谚汇解）　朱炳海著
桂林：科学书店，1943.7，149页，36开

本书共3部分：绪论、名词通解、中国天气俚谚之评价。内容包括：风类俚谚、云雾类俚谚、天空景象类俚谚、寒暖类俚谚、雨雪雾霜类俚谚、节气月日干支类俚谚等。

收藏单位：重庆馆、广东馆、桂林馆、国家馆、江西馆、南京馆

00653
田家谚　胡寄尘编
外文题名：Rural proverbs
上海：商务印书馆，1924.6，14页，50开（平民小丛书 7 文艺类）
上海：商务印书馆，1925，再版，14页，大64开（平民小丛书 7 文艺类）
上海：商务印书馆，1935.9，18页，42开（民众基本丛书 第1集 歌谣谚语类）
上海：商务印书馆，1935.10，再版，18页，50开（民众基本丛书 第1集 歌谣谚语类）
上海：商务印书馆，1935.11，3版，18页，42开（民众基本丛书 第1集 歌谣谚语类）

本书收集了关于种田的谚语40条，谚语后有注释。农民朋友可以一面当歌唱，一面学到农家的知识。1935年版旁附注音字母。

收藏单位：重庆馆、国家馆、宁夏馆、首都馆

00654
田家谚　胡寄尘编
上海：商务印书馆，1924—1925，1册（14+14+13+16+12+15页），64开（平民小丛书）

本书与《苦丫头》《三迁》《陈珠儿》《夺产奇谈》《劝俗新诗》合订。

收藏单位：重庆馆

00655
云南气象谚语集　陈一得汇编
出版者不详，1939，119—146页，22开

本书从风雨类、时节类、物候类、农事类等方面汇集了云南气象谚语。为《教育与科学》第5期摘印本。

收藏单位：国家馆、南京馆

00656
浙江农事试验场观测科年报（1916）　浙江农事试验场编
杭州：浙江农事试验场，1918.5，42页，22开

本书以图表形式记录浙江全年风向、节气、气压、寒暑变更、水量及各种作物积温、果树平均温度等。

收藏单位：国家馆

00657
浙江农事试验场观测科年报（1917）　浙江农事试验场编
杭州：浙江农事试验场，1918.8，28页，22开

本书记录了风向、气压、气温、降水量及各种作物积温，均为图表形式记录。

收藏单位：国家馆、浙江馆

00658

中等农业气象学　倪慰农编　陆费执校

上海：中华书局，1926.5，124页，25开

上海：中华书局，1932.7，6版，124页，25开

上海：中华书局，1933，7版，124页，27开

上海：中华书局，[1930—1939]，124页，32开

上海：中华书局，1939.2，11版，124页，25开

上海：中华书局，1939.11，12版，124页，25开

上海：中华书局，1939.11，14版，124页，25开

本书分概论、本论两编。概论共10章：大气之成分及性质、热源、温度、气压、风、水蒸气、云、降水、预测、灾象之预测；本论共4章：农业气象、气候与农产之关系、气候与作物、天气与作物。为新学制农业教科书。

收藏单位：重庆馆、广东馆、国家馆、湖南馆、江西馆、南京馆、浙江馆

00659

中国农谚　费洁心著

上海：中华书局，1937.9，262页，32开（农业丛书）

上海：中华书局，1940.7，再版，262页，32开（农业丛书）

上海：中华书局，1941.1，3版，262页，32开（农业丛书）

本书共5编，分时令、气象、作物、饲养、箴言，收录农谚6000余则。

收藏单位：重庆馆、东北师大馆、广西馆、贵州馆、国家馆、河南馆、江西馆、辽宁馆、南京馆、内蒙古馆、上海馆、浙江馆

00660

中国气象谚语集　陈卓民著

广州：国立中山大学出版部，1933.2，66页，16开（国立中山大学理工学院丛书）

本书共8章：关于风向的、关于云形与云向的、关于天空光景的、关于季节及时刻性的、关于物象感觉的、关于农业事项的、不分类的、未及分类者。书末附谚语检查表。

收藏单位：南京馆

00661

中华农谚　夏大山编著

南京：金陵大学，1933.10，132页，22开

南京：金陵大学，1934.7，再版，62+30+100页，22开

南京：金陵大学，1934.10，3版，132页，22开

本书共3篇：气象、节令、农业。收录农谚数千条。

收藏单位：东北师大馆、国家馆、上海馆、浙江馆

00662

庄稼话　钱毅编

北极星出版社，1946.7，134页，48开

本书收录4类农谚：生产、天时、庄稼、杂类。

收藏单位：南京馆、上海馆

00663

庄稼话　钱毅编

大连：光华书店，1948.3，165页，36开

哈尔滨：光华书店，1948.7，163页，36开

收藏单位：重庆馆、东北师大馆、国家馆、宁夏馆、山东馆、首都馆、天津馆

00664

庄稼话　钱毅编

黄河出版社，1947.6，再版，134页，48开

本书收录4类农谚：生产、天时、庄稼、杂类。卷首有《记钱毅》（适夷），柳亚子题词及《向钱毅学习》等数篇。卷末有补遗。

收藏单位：桂林馆、上海馆

农业生物学

00665

害虫与益虫　楼人杰编

上海：中华书局，1945.10，298页，32开（农业丛书）

上海：中华书局，1949.2，再版，298页，32开

（农业丛书）

本书共5篇：概论、害虫防治、益虫保护及利用、害虫各论、益虫各论。为高级农业学校及从事昆虫工作者参考用书。

收藏单位：重庆馆、东北师大馆、国家馆、江西馆、辽宁馆、南京馆、上海馆、西南大学馆、浙江馆

00666

昆虫农产展览会报告书　中央农事试验场编

中央农事试验场，1922.12，1册，16开

本书内容包括：叙言、昆虫农产展览会之发生及沿革、开会顺序、开会时之盛况、昆虫展览会开会词、大总统训词、昆虫展览会成绩之概要、农产展览会成绩之概要等。书前附照片。目录页书名题：昆虫农产展览会报告。

收藏单位：国家馆、首都馆

00667

农业昆虫学　夏德甫编

上海：商务印书馆，1933.5，256页，32开

上海：商务印书馆，1933.11，再版，256页，32开

上海：商务印书馆，1934.9，3版，256页，32开

上海：商务印书馆，1935.5，4版，256页，32开

本书共8章：绪言、昆虫外部形态及生理、昆虫内部构造及生理、昆虫生活史、昆虫与人类之关系、昆虫分类、昆虫之采集、害虫之防除。为高级农业学校教科书。

收藏单位：重庆馆、桂林馆、国家馆、湖南馆、南京馆、内蒙古馆、浙江馆

00668

农业微生物学（下）　农学院编

农学院，油印本，232—532叶，22开，环筒页装

收藏单位：重庆馆

00669

农艺植物学　汤文通著

上海：新农企业股份有限公司，1947，204页，18开（新农丛书）

本书分通论、各论两编，共24章：种子植物体、植物体内之基本构造、根、茎、叶、花、果实种子及幼苗、植物之分类及定名、禾本科植物、小麦、大麦、燕麦、黑麦、蜀黍、粟类植物、玉蜀黍、稻、甘蔗、梯牧草及其他、百合科植物、豆科植物、旋花科植物、山茶科植物、桑科植物。

收藏单位：广东馆

00670

农用昆虫新编　赖昌编辑　李瀛洲校阅

上海：科学书局，1913.2，144页，22开（农学丛书5）

本书为中等农学校用书。

收藏单位：桂林馆、首都馆

00671

农用昆虫学教科书　（日）小贯信太郎著　胡朝阳纂译

上海：新学会社，1911.2，订正再版，144页，22开

上海：新学会社，1914，4版，144页，22开

上海：新学会社，1932，订正6版，144页，25开

本书内容包括：昆虫外部之构造及其名称、成长蜕皮变态、害虫益虫有用虫、昆虫之分类等。有插图115帧。为高级农学校用书、中等农学校用书。

收藏单位：安徽馆、首都馆

00672

中等农业昆虫学　孙钺编

上海：中华书局，1930.12，114页，25开

上海：中华书局，1932.11，再版，114页，27开

上海：中华书局，1937，3版，114页，27开

本书分通论和各论各7章，内容包括：昆虫在动物界之地位、昆虫躯体之构造、昆虫之变态、昆虫之分类、害虫预防法、害虫驱除法、普通作物之害虫、特用作物之害虫、果树类之害虫等。为新学制农业教科书。供

新学制农业学校及师范学校农业科教授之用。

收藏单位：重庆馆、国家馆、湖南馆、江西馆、辽大馆、辽宁馆、南京馆、宁夏馆、上海馆、浙江馆

农业工程

00673

农业土木（浙江省地方自治专修学校讲义） 葛敬铭编

杭州：浙江省地方自治专修学校，1930，72页，22开

本书内容包括：农业土木之意义、水之循环、河流、水之运动等。

收藏单位：浙江馆

00674

农业土木教科书 （日）上野英三郎原著 沈化夔译

上海：新学会社，1913，102页，22开

本书共6部分：总论、灌溉、排水、器械扬水、道路、耕地整理。

收藏单位：安徽馆、湖南馆、首都馆、浙江馆

00675

农业土木学 （日）田中贞次著 樊作哲译

上海：中国科学公司，1936.4，1册，22开

本书共5编：总论、灌溉、排水、开垦及垦滩、耕地整理。内容包括：农业土木学、农业水利学、土地改良学，耕地性质，土壤与水之关系，土工，农道，流路，灌溉水性质，灌溉用水量，灌溉水源，渠道，灌溉之方法，排水量，排水之方法等。

收藏单位：重庆馆、东北师大馆、国家馆、辽宁馆、南京馆、上海馆、天津馆、浙江馆

农业机械及农具、农业机械化

00676

改良农具图说 李炳芬编著

广州：广东建设厅农林局推广课，1933夏，26页，32开（推广丛书32）

广州：广东建设厅农林局推广课，1933冬，再版，26页，32开（推广丛书32）

广州：广东建设厅农林局推广课，1934春，3版，26页，32开（推广丛书32）

广州：广东建设厅农林局推广课，1935，5版，32页，32开（推广丛书32）

收藏单位：重庆馆、广东馆

00677

改良农器法 唐志才编著

上海：世界书局，1933.2，140页，32开

上海：世界书局，1933.5，再版，140页，32开

本书共10部分：民生主义和农器、古代农器的一斑、中西农器的比较、农器改良的效益、农器制造的必要、农器构造的原理、农器制造的材料、农器应用的动力、应用农器的种种、结论。有插图78帧。

收藏单位：重庆馆、广东馆、贵州馆、国家馆、河南馆、江西馆、南京馆、浙江馆

00678

改良条播器 孟奠国撰

国华书局，1931，石印本，1册（河南省立商邱麦作试验场丛书）

收藏单位：国家馆、南京馆

00679

广西省政府推广新式农具办法

广西省政府建设厅农业管理处，4页，32开

收藏单位：南京馆

00680

开垦与农具（上） 刘家驹编著

定县：中华平民教育促进会，1933.1，26页，50开（平民读物149）

本书讲畜力机的构造、作用及好处，同

时介绍了龙骨车改良意义很重大。

收藏单位：国家馆

00681

开垦与农具（下） 刘家驹编著

定县：中华平民教育促进会，1933.1，20页，50开（平民读物150）

本书内容包括：开荒用的犁丈、畜力工作的效力以及南北方土质差异对开垦荒地的农具的影响。

收藏单位：国家馆

00682

南京八卦洲农民使用农业机械工作报告（本行与农业推广委员会协助） 中国农民银行南京分行编

[南京]：中国农民银行南京分行，[1947年]，20页，32开（农民服务丛书5）

本书共8部分：前言、八卦洲概况、农民以往遭遇之困难、本行协助农民解决困难之途径、本行协助该洲农民工作进行概况、机械之分配管理与使用情形、机械使用之效果、今后之计划。

收藏单位：国家馆、吉林馆、南京馆

00683

碾米磨麦浅说 徐培英著

战时教育文化事业委员会，1939.4，32页，25开（应用科学小丛书）

收藏单位：广东馆、江西馆、浙江馆

00684

农具 顾复编著

外文题名：Farm implements

上海：商务印书馆，1931.4，124页，32开（农学小丛书）（万有文库第1集600）

上海：商务印书馆，1933.10，124页，32开（农学小丛书）

上海：商务印书馆，1934，3版，124页，32开（农学小丛书）

长沙：商务印书馆，1939.5，5版，124页，32开（农学小丛书）

长沙：商务印书馆，1939.12，简编本，124页，32开（农学小丛书）（万有文库 第1—2集简编240）

本书共28部分，内容包括：绪言、铁耙、锄头、铲及叉、犁、耙、扒平板及辊轴、播种机、施肥机、除草中耕器、龙骨车及水斗、风车、水车、引擎、发电机及马达、水帮浦、捕虫网及诱蛾灯等。

收藏单位：安徽馆、重庆馆、大理馆、大连馆、东北师大馆、广东馆、广西馆、贵州馆、国家馆、河南馆、黑龙江馆、湖南馆、江西馆、辽大馆、辽师大馆、内蒙古馆、宁夏馆、上海馆、绍兴馆、天津馆、浙江馆

00685

农具 汪锡鹏编著

南京：正中书局，1936.5，58页，32开（中国发明发见故事集10）

金华：正中书局，1943.3，4版，58页，32开（正中少年故事集）（中国历代发明发见故事集10）

上海：正中书局，1948.6，沪1版，58页，32开（中国发明发见故事集10）

本书共10部分：在荷镇上、耒耜与牛、耙、锄头歌声、聪明的孩子、两件怪东西、一条龙、中国古机器、脱谷器与脱稃器、在驴背上。

收藏单位：重庆馆、广东馆、广西馆、贵州馆、国家馆、湖南馆、江西馆、辽大馆

00686

农具教科书 （日）上野英三郎原著 沈化夔译

上海：新学会社，1914，76页，22开

本书为农学校用书。

收藏单位：首都馆

00687

农具浅说 褚藜照编

上海：中华书局，1931，26页，36开（民众农业丛书8）

上海：中华书局，1934.5，再版，26页，36开（民众农业丛书8）

上海：中华书局，1936.8，3版，26页，36开（民众农业丛书8）

本书内容包括：农具概说、农具的材料、动力的来源、农具的种类等。

收藏单位：重庆馆、黑龙江馆、江西馆、内蒙古馆

00688

农具浅说 江苏省立教育学院研究实验部编

无锡：江苏省立教育学院，1931.6，18 页，25 开（注音农民小丛书）

收藏单位：江西馆

00689

农具学 顾复编纂

外文题名：A study of agricultural implements

上海：商务印书馆，1927.9，131 页，25 开

上海：商务印书馆，1930，再版，131 页，24 开

上海：商务印书馆，1931.4，124 页，22 开

上海：商务印书馆，1933.2，国难后 1 版，131 页，32 开

上海：商务印书馆，1934，国难后 2 版，131 页，32 开

重庆：商务印书馆，1945.1，渝 1 版，93 页，32 开

上海：商务印书馆，1947.6，7 版，93 页，32 开

本书分总论和各论两部分。各论共 4 编：整地用具、种植用具、管理工具、收获用具。为新学制高级农业学校教科书、职业学校教科书。

收藏单位：安徽馆、重庆馆、东北师大馆、广东馆、贵州馆、国家馆、湖南馆、江西馆、辽宁馆、内蒙古馆、山西馆、上海馆、天津馆、浙江馆

00690

农具学 颜纶泽编 刘大绅校

外文题名：Study of agricultural implements

上海：商务印书馆，1919.2，127 页，25 开

上海：商务印书馆，1919.10，再版，127 页，25 开

本书内容包括：农具之意义、农具之类别、我国农具之制度、农具之效用、制造农具之材料、耕种用具等。为农业学校用书。

收藏单位：国家馆、首都馆、天津馆

00691

农业机械学 林查理 吴相淦合著

南京：金陵大学农业工程学会，1949，212 页，32 开（农业工程丛书）

本书共 10 章：绪论、耕地机械、整地机械、播种机械、中耕机械、灌溉机械、收获机械、脱粒机械、农业机械之设计、农业机械之使用与管理。

收藏单位：重庆馆、国家馆

00692

农用器具学新编 顾凤池编辑

上海：科学书局，1941.4，120 页，23 开（农学丛书 18）

本书附图 120 余帧。为中等农学校用书。

收藏单位：安徽馆、广东馆

00693

培土机使用安装说明书 农业部机械农场管理处编译室编辑

农业部机械农场管理处编译室，1949.7，31 页，32 开（农业机械丛书 5）

本书为培土机使用说明，培土机为佛哥森厂出品。内容包括：拖拉机之准备工作、培土机之准备工作、培土深度、铲距、护苗板、方向舵、驾驶指示针、培土机附装凹盘等。书中附图 17 幅。

收藏单位：广东馆、国家馆

00694

日本食粮干燥装置调查报告 实业部上海商品检验局植物病虫害检验组编

上海：实业部上海商品检验局，1936.3，34 页，16 开（实业部上海商品检验局特种报告 6）

本书共 8 部分：日本各种谷类干燥装置、热气杀虫之效果、蒸气对于谷类之影响、米谷干燥度与虫害及碎米量之关系、日本最近奖励装干燥装置情形、农业仓库设置干燥装置经营成绩、干燥装置与仓库之改良、干燥装置在中国推广之必要。

收藏单位：重庆馆、国家馆、上海馆

00695
新农具 蒋孝义编
上海：中华书局，1948.7，2册（18+20页），36开（中华文库 民众教育1）
本书共6章：总论、农具使用动力的比较、曳引机、耕作农具、收获农具、唧筒。书中详细介绍新农具的种类、动力及使用方法。
收藏单位：东北师大馆、广西馆、贵州馆、国家馆

00696
新式农具 四川省农业改进所编
成都：四川省农业改进所，1939，1册，16开（农林浅说52）
收藏单位：重庆馆

00697
战后农具复员计划草案（国内制造部份）
出版者不详，油印本，10页，16开，环筒页装
本书共3部分：执行计划、经费概算、人才训练。
收藏单位：重庆馆

00698
中等农具学 颜纶泽编
上海：中华书局，1926.1，125页，32开
上海：中华书局，1926.4，再版，125页，27开
上海：中华书局，1929，3版，125页，27开
上海：中华书局，1931，4版，125页，27开
上海：中华书局，1932.11，5版，125页，32开
上海：中华书局，1937，7版，125页，32开
上海：中华书局，1941.1，9版，125页，32开
上海：中华书局，1941.2，10版，125页，32开
上海：中华书局，1947.2，11版，125页，27开
本书共6章：总论、整地用具、种植用具、收获用具、调制用具、附属用具。有插图88帧。为大学院审定新学制农业教科书。
收藏单位：重庆馆、广东馆、河南馆、江西馆、辽宁馆、南京馆、浙江馆

农业电气化与自动化

00699
福州电气公司农村电化部报告（第1号） 福州电气公司农村电化部编
福州电气公司农村电化部，1930.6，44页，16开
本书分农事试验、实地指导两编。内容包括：育种试验、栽培法试验、肥料试验、电力灌溉、农家指导、柑橘指导等。附录日本稻作之发达、本地稻作改良之要点等。
收藏单位：国家馆

00700
福州电气公司农村电化部汇报 陈振铎编
出版者不详，[1935.2]，45页，16开

00701
关于科贡农村改善进行办法 刘崇伦述
福州电气公司农村电化部，1934.5，[48]页，16开
福州电气公司农村电化部，1948，48页，16开
本书内容包括：新路筑成、增设灌溉用抽水机、齐整田垠、实现合作社、农具及耕牛、增加生产改良生活等。附录租田案、科贡乡河田招租办法等。述者原题：刘雅扶。
收藏单位：福建馆、天津馆

00702
农村电化部事业概略 福州电气公司农村电化部编
福州电气公司农村电化部，1933.10，38页，16开
本书介绍农村电化部农作、牧畜、灌溉工作情况。

农田水利

00703
安丰塘灌溉工程计划 淮河水利工程总局编
淮河水利工程总局，1948，1册，13开
收藏单位：首都馆

00704
办理省县水利开发事业手续程序
出版者不详，36 页，16 开，环筒页装
本书介绍了办理省县水利开发事业手续程序，内容包括：编送次年度预定施工地区概要书、勘察预定地区、通知预定补助、申请事业之许可事项等。附录第一至八号格式表格。
收藏单位：国家馆

00705
本行在武进办理电力及机器灌溉情形 南京中国农民银行编
南京：中国农民银行，1947.9，8 页，32 开（农民服务丛书 3）

00706
查勘陕西泾渠水利报告书 吴南凯编著
出版者不详，1923.3，[14]+34+19 页，23 开
本书文前有摄影及图，附英文节要。
收藏单位：国家馆、上海馆、天津馆

00707
察哈尔省农田水利纪要 察哈尔省建设厅编
[张家口]：察哈尔省建设厅，1934.8，44 页，16 开
本书共 4 部分：总说、已成之灌田水渠、未成之灌田水渠、结论。附察哈尔省各县灌田水渠图 10 幅、察省现有农田引河水渠调查表、察省未开之农田引河水渠调查表。
收藏单位：国家馆

00708
朝鲜农田水利事业调查报告 李书田编
[北平]：国立北平研究院出版部，1929.12，12 页，16 开（国立北平研究院调查报告 1）
本书共 5 章：关于水利之旧有习惯、关于堤堰及洑之近代设施、关于灌溉事业之取缔、水利组合、灌溉事业之现况。
收藏单位：国家馆、近代史所

00709
抽水机柏油锅讲义 朱奎元编
蚌埠：出版者不详，1948.7，26 页，32 开
本书内容以通用活塞抽水机及离心力抽水机的结构为主，以使用时一切必需的计算为辅。
收藏单位：浙江馆

00710
崔兴沽模范灌溉工程筹办经过及计划大纲
内政部华北水利委员会编
内政部华北水利委员会，1934.6，14 页，16 开
本书共两章：崔兴沽模范灌溉工程筹办经过、崔兴沽模范灌溉工程计划大纲。书前附工程摄影等 8 帧，书末附华北水利委员会模范灌溉场工程总平面图。
收藏单位：国家馆、浙江馆、中科图

00711
大庚新城灌溉工程初步计划书 江西水利局编
南昌：江西水利局，[1943—1949]，12 页，25 开
收藏单位：江西馆

00712
导渭计划之一 陕西弭灾水利促进会编
西安：陕西弭灾水利促进会，[1932]，7 叶，16 开，环筒页装
本书内容包括：兴修渠计划，估款、借债兴工按亩抽还、设立水利公司办法等。书前有引渭计划区图、全渠之利益及需款表等。
收藏单位：甘肃馆、国家馆、首都馆

00713
敌伪农田水利建设概况（第 79 号） 中央调查统计局特种经济调查处编
中央调查统计局特种经济调查处，1945.8，油印本，9 页，18 开
本书共 3 部分：凿井灌溉、治河灌溉、结论。内容包括：凿井实施办法、计划开凿及已竣水井、治河实施方针、治河实施概况等。可作为经济参考资料。
收藏单位：国家馆

00714
电力灌溉 福州电气公司农村电化部编
福州电气公司农村电化部，1931.11，再版，16 页，32 开（农业杂说 3）
收藏单位：重庆馆、国家馆、首都馆、天津馆

00715
对渭北人民切切实实的说几句话·泾惠渠管理管见·泾惠渠管理章程拟议 李仪祉编著
李仪祉 [发行者]，1932.6，16 页，16 开
本书内容包括：泾惠渠管理管见和泾惠渠管理章程拟议，分总则、水老、启闭斗门、斗内经费、用水纷争等。编著者及发行者原题：李协。
收藏单位：国家馆

00716
福建莲柄港灌溉工程第一期报告 福建莲柄港溉田局编
福建莲柄港溉田局，1929.9，74 页，16 开
本书共 10 部分：莲柄港区域及历史、需要水量与取水方法、机厂位置及安置机器情形、渠道之联络及工作进行情形、各种建筑物及工程进行情形、农事试验场、建筑费、灌溉之利益、征收议决案、附录。书内题名《海军莲柄港溉田局第一期报告》。
收藏单位：国家馆、浙江馆

00717
复兴关附近高地灌溉工程初步计划书 姜国干计划
[重庆]：行政院水利委员会水利示范处，1943，晒印本，5 页，16 开
本书封面题名：重庆复兴关附近高田灌溉工程初步计划书。
收藏单位：国家馆、南京馆

00718
甘肃河西农田水利计划纲要
出版者不详，[1944]，油印本，6 叶，16 开，环筒页装
本书共 6 部分：河西概述、河西水利现状、开发原则、计划纲要、组织、三十二年度经费估计。
收藏单位：国家馆

00719
甘肃开发河西农田水利第一期实施计划
出版者不详，1943.1，油印本，1 册，16 开
本书共 6 部分：序言、工作方针、整理旧渠办法、举办基本工作办法、经费之分配、预期之效果。
收藏单位：国家馆

00720
甘肃省发展农田水利三年计划大纲
出版者不详，1941，油印本，1 册，16 开，环筒页装
本书为 1942—1944 年计划。收录了全省水利普遍查勘、设立第一间水文站、保土蓄水试验、研究土壤之经济利用等内容。本计划为 1942 年 11 月拟。
收藏单位：国家馆

00721
甘肃省黄河沿岸水车概况及兰州十里店水车抽水机试验计划
[甘肃水利林牧公司]，[1945]，油印本，7 叶，16 开
本书内容包括：黄河沿岸水车沿革、水车转动时期、水车破坏与修理等。
收藏单位：国家馆

00722
甘肃水利林牧公司代办水渠工程移交结束办法 [甘肃水利林牧公司编]
甘肃水利林牧公司，1945，油印本，4 页，13 开
收藏单位：国家馆

00723
甘肃水利林牧公司第二次渠务会议记录 甘肃水利林牧公司编
甘肃水利林牧公司，[1943.2]，石印本，[16] 页，16 开，环筒页装

甘肃水利林牧公司，[1943]，油印本，1 册，13 开

本书内容包括：总经理开会词、各渠主任报告工作状况、永乐渠宋主任报告等农田水利问题。

收藏单位：国家馆

00724

甘肃水利林牧公司农田水利查勘规范 [甘肃水利林牧公司编]

甘肃水利林牧公司，[1945]，油印本，4 页，13 开

本书内容包括：必须查询事项、必须携带仪器、必须绘全部草图、查勘报告须具备格式等。书末附查勘人员注意事项。

收藏单位：国家馆

00725

藁城县灌溉渠概况须知 藁城县水利组编

藁城县水利组，石印本，[24] 页，16 开，环筒页装

本书共 10 部分，内容包括：开凿灌溉渠之宗旨、水利组合之机构、引水灌田之利益、灌溉渠是公营事业、灌溉渠是为公众谋利益、灌溉渠是永久的公产等。

收藏单位：国家馆

00726

各省二十四年灌溉水利工程 中央统计处编

[南京]：中央统计处，[1936]，18 页，24 开

本书介绍了陕西、甘肃、河北、福建等 10 个省的水渠及灌溉工程修建情况。

收藏单位：重庆馆

00727

沟洫举隅 张廷枬著

上海：新学会社，1932.2，36 页，25 开

本书收录沟渠、农田水利研究方面的文章 6 篇：《井田沟洫制之系统及其治迹》《沟洫废后之灾象与复兴之迫切》《新制沟洫之规划》等。附庄崧甫“淮河吟”。

收藏单位：国家馆、南京馆、上海馆

00728

古代灌溉工程原起考 徐中舒[著]

[北平]：国立中央研究院历史语言研究所，1932，255—269 页，16 开（历史语言研究所集刊 5）

本书共 7 部分：叙言、堤防之发生、稻与水利建设、运河与灌溉、曲防与水攻、郑及韩梁灌溉工程之发达、结论。为《历史语言研究所集刊》第 5 本抽印本。

收藏单位：国家馆

00729

灌溉 冯雄著

上海：商务印书馆，1933.12，49 页，32 开（万有文库 第 1 集 556）（工学小丛书）

上海：商务印书馆，1934.1，49 页，32 开（工学小丛书）

上海：商务印书馆，1934.5，再版，49 页，32 开（工学小丛书）

上海：商务印书馆，1934.7，再版，49 页，32 开（万有文库 第 1 集 556）（工学小丛书）

上海：商务印书馆，1935.4，再版，49 页，32 开（工学小丛书）

本书共 17 部分：定义、世界灌溉事业之沿革、总论、初步研究、灌溉水源之研究、灌溉用水之品质、取水设备、蓄水、输水设备、配水设备、开荒、施水法、灌溉用水量、过量灌溉之害、灌溉区域之泄水、灌溉之法律问题、灌溉事业之经济问题。

收藏单位：安徽馆、重庆馆、大理馆、大连馆、东北师大馆、广东馆、广西馆、贵州馆、国家馆、黑龙江馆、湖南馆、江西馆、辽大馆、辽宁馆、辽师大馆、南京馆、内蒙古馆、宁夏馆、上海馆、天津馆、西交大馆、西南大学馆、浙江馆

00730

灌溉工程 杜镇福编

出版者不详，1942，263 页，16 开

收藏单位：南京馆

00731

灌溉工程 汪胡桢著

上海：厚生出版社，92 页，36 开（中国工程

师手册 水利手册 第 3 编）
　　收藏单位：国家馆、上海馆

00732
灌溉工程讲义　刘崇质编
土木工程专科学校，1943，308 页，22 开
土木工程专科学校，[1940—1949]，382 页，22 开
　　本书共 8 编：总论、土壤、灌溉、灌溉工程构造物、排水、放淤、洗碱、垦泽。封面题名：灌溉工程。
　　收藏单位：国家馆

00733
灌溉工程设计参考手册　蔡邦霖主编
[南京]：行政院水利委员会，1945.2，1 册，16 开
　　本书共 5 编：概论、应用水力学、渠道论、建筑物、排水与蓄水。内容包括：基本概念、用水问题、供水问题、土壤与地层结构之影响、配水方法与施水方法、灌溉计划之初步探讨、洪水量之计算、溢流之计算、流速之计算等。附图 60 余帧。
　　收藏单位：国家馆、南京馆、上海馆

00734
灌溉工程设计参考手册　华北人民政府农业部水利处编
华北人民政府农业部水利处，1949，1 册，16 开
　　本书共 5 编：概论、应用水力学、渠道论、建筑物、排水与蓄水。书末附拦河堰设计纲要、混凝土重力式拦河堰设计实例、基础工程参考表等。
　　收藏单位：国家馆、天津馆

00735
灌溉工程设计参考手册　水利部编
南京：水利部，1945.2，387 页，32 开，精装
南京：水利部，1948.10，再版，增订本，387 页，32 开，精装
　　本书共 4 编：概论、应用水力学、渠道论、建筑物。内容包括：基本概念、农业条件、论用水、论供水、蓄水、排水、配水方法与施水方法、灌溉计划之初步探讨等。
　　收藏单位：国家馆、中科图

00736
灌溉井之凿井指针　（日）太田更一著　赵克度译
华北合作事业总会，1943.2，21 页，25 开
　　本书共 11 部分：绪言、凿井适地之地形、地下水、灌溉井之形状及构造、集水管、凿井方法、凿井工程及所要劳力、凿井费用、材料、井之灌溉能力、凿井上应注意之事项。
　　收藏单位：国家馆

00737
灌溉新编　新中工程股份有限公司编
上海：新中工程股份有限公司，1929，110 页，16 开（新中丛刊 1）
　　本书共 9 章：绪论、水与农产出品之关系、吾国之风雨气候、吾国原有之灌溉方法、近世灌溉法、机械灌溉、抽水机、发动机、机械灌溉之成绩。
　　收藏单位：西交大馆

00738
灌溉需水量之研究　苏庆芳著
出版者不详，复写稿，24 页，13 开
　　收藏单位：上海馆

00739
广东省各县（市局）山塘土坝建筑须知　广东省政府建设厅农田水利处编
广东省政府建设厅农田水利处，[1936]，[16] 页，36 开（广东省农田水利建设丛书 1）
　　本书共 7 章：总纲、调查测量、土坝设计、土坝施工、工程检验、管理防修、附则。附广东省全年雨量统计表及土坝设计图 16 帧。
　　收藏单位：国家馆、南京馆

00740
广东省农田水利专刊（第 1 号）　广东省建设厅编

广东省建设厅，1944.4，50页，18开

本书共5部分：灌溉工程实施概况、防潦工程实施概况、工程计划、修筑水塘工程、附录。书前有代发刊词——水利建设的重要性，书末附广东省水利计划大纲。

收藏单位：国家馆

00741

合作淘井法（附凿泉浅说） 河南中山大学农业推广部编辑股编

外文题名：Cooperative plan of well drilling

开封：河南中山大学农业推广部，1929.11，24页，32开（河南中山大学农业推广部农业丛书8）

开封：河南中山大学农业推广部，1930.3，再版，24页，32开

本书内容包括：淘井的缘起、章程、结论等。

收藏单位：南京馆、浙江馆

00742

河北省滹沱河仁寿渠工程报告 河北省滹沱河灌溉工程处编

河北省滹沱河灌溉工程处，1935.6，[18]+54页，16开

本书共7部分：缘起、计划、经费来源及估计、组织、设计经过、施工经过、大事记。书前有仁寿渠灌溉工程统计简表，书末附职员录。

收藏单位：国家馆、上海馆、天津馆、浙江馆

00743

河北省滹沱河仁寿渠灌溉管理暂行章程 河北省滹沱河灌溉工程处编

河北省滹沱河灌溉工程处，1935.9，18页，18开

本书共11章：总则、引水、灌水、排水、水租、水利公社、防汛、闸之运用、堰闸渠堤及一切建筑物之修护、禁条及罚则、附则。另附图及说明。

收藏单位：国家馆、天津馆

00744

河北省农田水利改进计划纲要 陈曾栻[编]

出版者不详，1941，3叶，13开，环筒页装

收藏单位：国家馆

00745

河北省农田水利委员会第一届筹办凿泉成绩书 河北省农田水利委员会编

河北省农田水利委员会，1935.5，398+57页，32开

本书内容包括：巡视员刘亦璞等人关于河北省阜平、曲阳、定县、唐县、邢台、沙河等县的凿泉报告计划书，筹办员毛仁沛等人关于望都、完县、新乐、行唐、正定、平山、元氏、内邱、磁县等县的凿泉报告计划书。卷首有“河北各县凿泉筹办员编制报告划一办法”。

收藏单位：广东馆、国家馆、首都馆

00746

河北省农田水利委员会第二届筹办凿泉成绩书 河北省农田水利委员会编

河北省农田水利委员会，1936.12，572+82页，32开

本书内容包括：巡视员刘亦璞等人关于河北省阜平、曲阳、定县、唐县、邢台、沙河等县的凿泉报告计划书，筹办员毛仁沛等人关于望都、完县、新乐、行唐、正定、平山、元氏、内邱、磁县等县的凿泉报告计划书。卷末有“调查开凿各泉表”。

收藏单位：国家馆

00747

河北省农田水利委员会第三届成绩书 河北省农田水利委员会编

河北省农田水利委员会，1937.7，2册（562+46）页，32开

本书收录涿县、房山、满城、唐县、获鹿、井陉、灵寿、阜平等县工作报告，涉及有凿泉计划、泉苗调查报告书、开泉报告书等。另有河北省农田水利委员会二十五年工作一览表等46项。

收藏单位：国家馆

00748

黑惠渠工程概要　行政院水利委员会泾洛工程局编

行政院水利委员会泾洛工程局，1942.3，8页，16开

本书共6部分：缘起、灌溉面积及黑河流量、工程概况、工费统计、工程利益、附言。书末附黑惠渠灌溉区域图。

收藏单位：国家馆

00749

虹吸灌溉工程　张鸿烈等著　山东省政府编

[济南]：山东省政府，[1934.12]，250页，16开

本书内收7篇报告，内容包括：《虹吸管之水力情形及流量之计算》（曹瑞芝）、《山东历城王家梨行虹吸工程计划》（曹瑞芝）、《小清河工程报告》（张鸿烈）、《疏浚北运河概况》（史安栋）、《查勘卫河报告》（周礼）等，述及山东境内的黄河查勘结果。逐页题名：水利专刊。

收藏单位：国家馆

00750

洪雅花溪渠灌溉工程计划书

[洪雅县]：出版者不详，油印本，4叶，16开，环筒页装

收藏单位：国家馆

00751

滹沱河灌溉计划　华北水利委员会编

天津：华北水利委员会，1933.6，18页，16开

本书共6部分：绪言、水量分配与灌溉之地亩、第一期工程计划大纲、估计、施工程序、结论。该计划工程在河北省灵寿县境内。

收藏单位：广东馆、国家馆

00752

冀西井泉调查记　塔德著

出版者不详，1932.3，4页，25开（中国华洋义赈救灾总会丛刊 乙种50）

本书作者作为总工程师，1929年受河北省政府之托，调查河北省京汉沿线的定县、无极、邢台三县的水井情况。附各县水井分布图。

00753

简阳县贾家场翻水坳灌溉工程计划书

经济部四川省水利局，油印本，3页，16开

本书为经济部四川省水利局小型灌溉工程计划书。

收藏单位：国家馆

00754

金堂广汉北泽堰灌溉工程述要　四川水利局编

四川水利局，1942.4，18页，25开（四川水利工程丛书4）

本书封面题签：何北衡。

收藏单位：重庆馆

00755

近年来的农田水利　行政院新闻局编

[南京]：行政院新闻局，1947.10，34页，32开

本书共4部分：引言、抗战时期的农田水利、抗战结束后的农田水利、今后之展望。书前有照片16幅，书末附抗战时期各省完成灌溉工程一览表、胜利以后各省完成灌溉工程一览表、各省利用农贷办理尚未完成之灌溉工程一览表等。

收藏单位：重庆馆、大庆馆、广东馆、广西馆、国家馆、河南馆、黑龙江馆、江西馆、近代史所、南京馆、宁夏馆、人大馆、上海馆、首都馆、浙江馆

00756

泾惠渠　行政院新闻局编

[南京]：行政院新闻局，1947.10，10+24页，32开

本书共4部分：引泾史略、泾惠渠之工程述要、泾惠渠之管理概况、泾惠渠之灌溉成效。书前附泾惠渠渠道分布图以及工程全貌。

收藏单位：安徽馆、北师大馆、重庆馆、广东馆、广西馆、贵州馆、国家馆、河南馆、湖南馆、江西馆、近代史所、辽宁馆、南京

馆、宁夏馆、上海馆、首都馆、浙江馆

00757
泾惠渠补充及修理工程计划　全国经济委员会泾洛工程局编
全国经济委员会泾洛工程局，1934，蓝图本，1 册，13 开
本书内容包括：理由、水文研究、工程、工费估计表、工料调查、施工程序表、工程利益等。
收藏单位：国家馆

00758
泾惠渠农民灌溉须知　陕西省水利局渭北水利工程处编
陕西省水利局渭北水利工程处，1934.5，22 页，16 开
本书共 11 部分：总论、引水洞口之进水量、各干渠流量、各支渠流量、斗口之进水量、目前分水标准及以后改善方法、保护渠道、整理田地、田地需水量及灌溉时期、各支渠之建筑物、遵守水章。
收藏单位：国家馆

00759
泾惠渠十年　陕西省泾惠渠管理局编
陕西省泾惠渠管理局，1942.6，1 册，16 开
本书介绍了泾惠渠修后 10 年的概况。
收藏单位：南京馆

00760
泾惠渠十五年　陕西省水利局编
[西安]：陕西省水利局，1947.6，28 页，16 开
本书共 4 部分：工程述要、管理经过、灌溉成绩、专论。内容包括：引泾略史、引水工程、输水工程、历年主要增修工程、棉麦灌溉试验研究之结果、泾惠渠与我国农业建设等。
收藏单位：广东馆、国家馆、首都馆

00761
泾渠志稿　高士蔼编
[西安]：高士蔼，1935.12，106 页，25 开
本书共 9 部分：历代泾渠图、历代泾渠名称、历代泾渠修浚记、历代泾渠古迹考、历代泾渠工程纪略、历代泾渠斗门沿革考、历代泾渠制度考、历代泾渠职官表、历代泾渠名人议论杂记。书前有秦郑渠道略图、汉白公渠略图、历代渠口略图等 4 幅。
收藏单位：国家馆

00762
开凿张垣西渠报告书　察哈尔省建设厅工程处编
[张家口]：察哈尔省建设厅工程处，1930.1，1 册，16 开
本书收 3 篇文章：《开凿张垣西渠记》（栗迺敬）、《开凿渠身之计划》（赵世忠）、《建筑各桥坝之计划》（赵世忠），另有工程实施情况、包工合同、纪录、专载等。书前附像、摄影等多幅。
收藏单位：国家馆

00763
抗战胜利后之农田水利事业建设　章元义编
章元义 [发行者]，[1942.7]，8 页，16 开
章元义 [发行者]，[1940—1949]，手写本，1 册，16 开，环筒页装
本书共 4 部分：我国农田水利过去之历史及其成功、农田水利之现状与需要及其待决、战后农田水利推进之计划、抗战期中应行准备事项及办法。为农产促进委员会《农业推广通讯》第 4 卷第 7 期《抗战胜利后的农业建设》专号抽印本。
收藏单位：国家馆、南京馆

00764
兰丰渠崔家崖渠道防护工程计划书
出版者不详，[1934]，油印本，3 叶，16 开
本书共 8 部分：缘由、概要、资料、理论、工费估计、施工程序、利益、工料调查。封面题名：兰丰渠崔家崖防护工程计划书。
收藏单位：国家馆

00765
乐至县农田水利述要　赵玉林编

出版者不详，1942.11，石印本，28+[22] 页，16 开，环筒页装

本书共 5 部分：绪言、乐至概况、三年来农田水利实务、改进意见、结论。书前有自叙、乐至县乡镇区划图、题字，书末附乐至县三十一年度挖凿塘堰承贷积谷实施办法等。

收藏单位：国家馆

00766

李仪祉先生纪念刊 国立西北农林专科学校水利组编

国立西北农林专科学校水利组，1938.6，146 页，16 开

本书内容包括：悼文 11 篇，永久纪念办法 1 篇，李仪祉遗著《农田水利之合作》等 5 篇，叶彧讲辞《如何利用土地》等 3 篇，陈椿庭《土坝之渗透原理》等 9 篇。并有专载、规划、附载等。

收藏单位：重庆馆、国家馆

00767

李仪祉先生逝世二周年纪念刊 陕西水利局编

陕西水利局，1940，油印本，1 册，16 开，环筒页装

本书为《陕西水利季报》第 4 卷第 1—4 期合刊。

收藏单位：首都馆

00768

刘福凿井经验新书 刘福编

[济南]：刘福 [发行者]，1928.6，88 页，16 开

[济南]：刘福 [发行者]，1929.6，再版，88 页，16 开

[济南]：刘福 [发行者]，1931.6，3 版，88 页，16 开

本书共 40 章，内容包括：人对于自流井及用水的情形、研究凿井经过的情形、初次试验经过的困难、绥中县所经过的情形、民国十七年凿井的经过、平津自来水公司与井户的冲突、理想的防旱法等。

收藏单位：国家馆

00769

眉山醴泉渠工程计划

出版者不详，[1937]，油印本，6 叶，13 开，环筒页装

本书共 5 部分：缘起、眉山醴泉渠工程计划概要、理论、工费估计、利益。

收藏单位：国家馆

00770

眉山鲜滩区灌溉工程计划

出版者不详，1 册，12 开

收藏单位：南京馆

00771

梅陂灌溉水电工程计划书 江西水利局编

江西水利局，1941.2，66 页，25 开

本书共 10 部分：绪言、地形及地质、水文情形及其研究、设计、工程费估价、施工程序、工程实施后之利益、工程费来源及偿还方法、三种计划之比较、结论。

收藏单位：广东馆、江西馆、中科图

00772

绵阳涪翁堰灌溉工程述要 四川省水利局编

成都：启文印刷局，1942.4，26 页，25 开（四川水利工程丛书 5）

本书共 8 部分：绪言、查勘、测量、设计、施工、经费、农田增益、结语。书中附插图多帧，书末附涪翁堰自流灌溉整理工程撮要（英文）。封面题签：何北衡。

收藏单位：重庆馆、国家馆

00773

（绵阳）龙西渠灌溉工程述要 四川省水利局编纂

四川省水利局，1942.4，22 页，25 开（四川水利工程丛书 2）

本书共 10 部分：绪言、计划概要、施工经过、工程现状图解举例、工程费、贷款一览、农田增益、管理及维修、第一年栽种情形、结论。题名页题签：何北衡。

收藏单位：重庆馆、国家馆、黑龙江馆、南京馆、首都馆

00774
（绵阳）天星堰灌溉工程述要　四川省水利局编纂
外文题名：Canal irrigation Tienhsing
四川省水利局，1942.4，20 页，25 开（四川水利工程丛书 3）
　　本书共 9 部分：绪言、计划概要、施工经过、管理维修救济防洪、工程现状图解举例、工程费、贷款一览、农田增益、结论。题名页题签：何北衡。
　　收藏单位：重庆馆、国家馆、首都馆

00775
模范灌溉　模范灌溉管理局编
南京：模范灌溉管理局，1934.6，48 页，16 开（建设委员会事业报告 第 4 号）
　　本书共 12 部分，内容包括：总论、武锡区办事处、武锡区办事处今后计划、庞山湖实验场、庞山湖实验场计划概况、庞山湖实验场现有设备、庞山湖实验场现在经营情形、庞山湖实验场本年份经营情形等。逐页题名：建设委员会模范灌溉事业报告。建设委员会事业报告第 4 号。
　　收藏单位：广东馆、国家馆、上海馆

00776
模范灌溉　模范灌溉管理局编
南京：模范灌溉管理局，1935.10，106 页，16 开（建设委员会事业报告 第 4 号）
　　本书共 7 部分：总论、武锡区办事处、庞山实验场、凤怀区实验场、灌溉局武锡处庞山场暨凤怀场事业统计一览表、武锡处庞山场二十三年份生产损益表、附录。逐页题名：建设委员会模范灌溉事业报告。建设委员会事业报告第 4 号第 2 期（民国二十三年度年报）。
　　收藏单位：贵州馆、南京馆

00777
模范灌溉　模范灌溉管理局编
[南京]：模范灌溉管理局，1937，242 页，16 开（建设委员会事业报告 第 4 号）
　　本书介绍武进武锡区庞山场的灌溉建设情况，并附组织章程、管理规则等。建设委员会事业报告第 4 号。
　　收藏单位：首都馆

00778
宁都过龙上坝灌溉工程计划书　江西水利局编
江西水利局，[1943—1949]，10 页，25 开
　　收藏单位：江西馆

00779
宁夏拟修新建渠工程图表
出版者不详，1 册，12 开
　　收藏单位：南京馆

00780
宁夏省修治各渠及沟洞河道五年计划说明书
出版者不详，[1939]，石印本，[68] 页，32 开，环筒页装
　　本书附进度表预算书。
　　收藏单位：国家馆、南京馆

00781
农村水利　江西省第八区行政督察专员公署编
江西省第八区行政督察专员公署，1934.10，18 页，32 开
　　本书共 10 部分：绪论、渠、塘、坝、井、沟、汲水机站、升水机船、自动水车、附言。正文页及书口书名题：江西省第八行政区农村水利施工须知。
　　收藏单位：国家馆

00782
农田机器灌溉　无锡工艺机器厂编　华洪涛校订
无锡：人报社，1937.5，40 页，24 开
　　收藏单位：重庆馆

00783
农田机器灌溉设计　皮炼著
中国建设协会，22 页，16 开
　　本书共 14 部分：总论、水量之消失、水

量之吸收、田亩之渗漏、田亩需水之容量、输水渠道损失、戽水机容量之计算、发动戽水机之动力、电动发动机灌溉、内燃发动机、柴油发动机之选择及管理、设备柴油机与煤气机之成本、风力发动机概述、人工灌溉与机器灌溉之比较。

收藏单位：国家馆

00784

农田水利 东北物质调节委员会研究组编

沈阳：东北物资调节委员会，1947.11，138 页，32 开，精装（东北经济小丛书 18）

本书共 6 章：九·一八事变前农田水利概观、伪满时代农田水利事业之变迁及其事业之实施、农田水利之调查及研究、紧急造成农地事业、水利组合及水利公会、结论。

收藏单位：安徽馆、重庆馆、东北师大馆、广东馆、贵州馆、国家馆、河南馆、黑龙江馆、辽大馆、辽师大馆、南京馆、内蒙古馆、宁夏馆、山西馆、上海馆、首都馆、天津馆、西交大馆、西南大学馆

00785

农田水利工程计画用设计定规 台湾省行政长官公署农林处耕地科编制

台北：台湾省行政长官公署农林处耕地科，1946.12，157 页，32 开

本书共 8 部分：农田水利、设计资料、标准水路、构造物材料表、参考步挂表、材料重量、开垦及分线小水路、换算诸表。为农田水利工程计划用书。

收藏单位：国家馆

00786

农日水利工程简易图说 江西水利局编

江西水利局，1939.8，48 页，16 开（水利专刊 4）

本书内容包括：蓄水库坝工程、堆坝工程、江闸工程、护岸工程等。

收藏单位：湖南馆、浙江馆

00787

农田水利工程浅说 广西省政府农业管理处垦殖水利组编

广西省政府农业管理处垦殖水利组，38 页，32 开（农田水利丛书 1）

本书共 3 章：总论、灌溉工程、排水工程。内容包括：普通水力知识、雨量、水位、水深、流速、比降、流量、雨量与流量之关系、水位与流量之关系、灌溉面积、用水量之估计等。

收藏单位：桂林馆、国家馆

00788

农田水利浅说（上）［四川省政府建设厅编］

四川省政府建设厅，20 页，32 开

本书内容包括：农田水利建设的基本技术。

收藏单位：重庆馆

00789

农田水利手册 福建省农业改进处编

［永安］：福建省农业改进处，1944.12，66 页，32 开

本书共 11 部分：序、小型农田水利工程建筑须知、非常时期强制修筑塘坝水井暂行办法、福建省非常时期强制修筑塘坝水井暂行办法实施细则、福建省各县（市）（区）农田水利贷款办法、福建省各地农田水利协会申请贷款工程计划纲要、修正福建省各地农田水利协会组织通则、兴办水利事业奖励条例、福建省各县（区）乡镇保甲推动兴修农田水利人员奖励标准、地方农田水利工作竞赛通则、农田水利工作竞赛实施办法。

收藏单位：福建馆

00790

农田水利述要 潘庸著

出版者不详，1948.5，22 页，32 开

本书共两部分：农田水利工程种类、农田水利工程实施程序。书末附中国农民银行办理小型农田水利工程贷款办法、农林部农田水利工程处三十七年度中心工作一览表等。

收藏单位：贵州馆、国家馆、南京馆

00791

农田水利学 过立先著

贵阳：文通书局，1942.7，108 页，32 开（实

用科学丛书）

本书共6编：总论、灌溉、排水、开犁、农田整理。封面题名：农田水利。

收藏单位：重庆馆、贵州馆、国家馆、南京馆、上海馆

00792

农田水利学 沙玉清编著

上海：商务印书馆，1935.9，18+310页，25开

上海：商务印书馆，1936.3，再版，18+310页，22开

上海：商务印书馆，1936.11，3版，18+310页，22开

长沙：商务印书馆，1939.2，4版，18+310页，22开

本书共6编：农田水利基本的原理和方法、灌溉、排水、放淤及洗碱、垦泽、农田水利的事业。书中插图202帧，书末附度量衡比较表、中国各地每月平均雨量及最多最少雨量比较表。

收藏单位：安徽馆、重庆馆、贵州馆、国家馆、河南馆、黑龙江馆、湖南馆、辽大馆、辽宁馆、内蒙古馆、山西馆、上海馆、首都馆、天津馆、浙江馆

00793

农田水利学讲义

出版者不详，油印本，35页，64开

收藏单位：南京馆

00794

农作物灌溉需水量简易试验法

出版者不详，[1930—1949]，油印本，1册，16开，环筒页装

收藏单位：国家馆

00795

渠道概要 潘绍宪译著

广州：中华编译社，1930.6，39页，22开（中华编译社丛书2）

收藏单位：江西馆

00796

渠道输水损失

出版者不详，[1940—1949]，油印本，15叶，16开，环筒页装

本书内容包括：灌溉用水渠的水价、土质要求、输水损失情况、影响渗漏因素等。译自：爱渠维纳灌溉实习工程学。

收藏单位：国家馆

00797

全国经济委员会泾洛工程局洛惠渠工程概略 全国经济委员会泾洛工程局编

全国经济委员会泾洛工程局，[1936]，5页，16开

本书介绍了洛惠渠工程。书前有洛惠渠桥、隧洞、闸等摄影多幅，书末附洛惠渠灌溉渠道总图等。

收藏单位：国家馆、南京馆

00798

全国经济委员会泾洛工程局洛惠渠工程计划

全国经济委员会泾洛工程局，1934.10，晒印本，20页，13开

本书内容包括：理由、水文研究、工程、工费估计表、工料调查、施工程序表、工程利益。目录页题名：洛惠渠工程计划书。

收藏单位：国家馆

00799

仁寿渠工程图案 河北省滹沱河灌溉工程处编

河北省滹沱河灌溉工程处，1935.12，1册，大9开

收藏单位：浙江馆

00800

三台北坝高地灌溉工程述要 梅逢春[著]

三台北坝高地灌溉工程处，1942.5，石印本，3叶，16开，环筒页装

本书共5部分：工程沿革——北坝灌溉计划、工程计划、提水机械、施工情形、水力发电计划。

收藏单位：国家馆

00801
三台县涪江桃李太三坝灌溉工程及永成堰整理工程报告书
四川省水利局，油印本，1 册
收藏单位：南京馆

00802
（三台）郑泽堰灌溉工程述要 四川省水利局编纂
四川省水利局，1942.4，20 页，25 开（四川水利工程丛书 1）
本书共 9 部分：绪言、计划概要、施工经过、工程现状图解举例、工程费、贷款一览、农田增益、管理及岁修、结论。
收藏单位：重庆馆、贵州馆、国家馆

00803
山东黄河沿岸虹吸淤田工程计划 山东建设厅编
[济南]：山东建设厅，1933.9，1 册，16 开
[济南]：山东建设厅，1934，再版，1 册，16 开
本书内容包括：绪言、淤田工程概要、山东黄河流域水文情形、虹吸管、淤田方法、淤田工程建设费之估计、进行办法、结论。书末附 27 张山东黄河沿岸虹吸淤田工程初步计划调查表、23 张虹吸淤田工程图纸，以及二十一寸虹吸管说明书。
收藏单位：广东馆、国家馆、天津馆

00804
山东省泰安县灌溉计划地区调查报告 建设总署水利局编
建设总署水利局，1941.9，5 页，16 开，环筒页装
本报告共 7 部分：行程、河川状况、蓄水池、利用水量、灌溉计划、工事费、结论。
收藏单位：国家馆

00805
山西汾河灌溉资料 山西省公署编
建设总署水利局农地科，[1941]，1 册，16 开，环筒页装
本书共 3 部分：整理汾河概略、勘测汾河第三新坝报告书、勘查临汾襄陵新绛灌田水机报告书。为日伪机关出版物。
收藏单位：国家馆

00806
山西省汾河河渠坝堰机水灌田、水文灾情运输水系调查概况 山西省经济建设委员会编
山西省经济建设委员会，1941.9，1 册，16 开
本书内容包括：汾河洪水坝第一第三坝修筑及现况、阳曲及太原河渠浇地情形、汾河沿岸各县城村镇水灾情形等。书末附汾河逐日流速图、含沙量图、河道变迁图、山西全省水系图等多帧。
收藏单位：国家馆

00807
陕西褒惠渠模型试验报告书 郑肇经总编
南京：中央水利实验处，1948.5，30 页，16 开（中央水利实验处研究试验报告 甲种 水工模型试验 11）
本书共 3 部分：缘起、捆河塔断面模型试验、全型模型试验及附录。附英文摘要。
收藏单位：广东馆、国家馆、上海馆、天津馆

00808
陕西灌溉事业之实际问题 刘钟瑞著
陕西水利局，1942.8，8 页，16 开，环筒页装
本书共 9 部分：引言、雨量及农作物需水情形、陕西各渠之供水量、灌溉系统之设计、引水设备、渠道选线、工程管理、灌溉管理、灌溉之将来。系中国工程师学会第十一届年会论文。
收藏单位：国家馆

00809
陕西汉惠渠工程述要 陕西省汉惠渠工程处编
陕西省汉惠渠工程处，1941.5，12 页，16 开，环筒页装
本书共 8 章：缘起、灌溉范围、灌溉区域内农作物、汉惠渠各项工程明晰表、引水工

程、输水工程、分水工程、排水工程。目次页题名：陕西汉惠渠灌溉工程述要。

收藏单位：首都馆

00810

陕西汉惠渠进水闸滚水坝及筏道模型试验报告书 郑肇经总编

南京：中央水利实验处，1948.5，38 页，16 开（中央水利实验处研究试验报告 甲种 水工模型试验 7）

本书共两部分：汉惠渠进水闸及滚水坝模型试验、汉惠渠筏道模型试验。内容包括：缘起、模型设计与试验设备、试验之经过及其结果、模型与试验之准确度及试验结果之引伸、结论。附图目次、英文摘要。

收藏单位：广东馆、国家馆、上海馆

00811

陕西黑惠渠进水闸滚水坝及修复计划模型试验报告书 郑肇经总编

南京：中央水利实验处，1948.5，18 页，16 开（中央水利实验处研究试验报告 甲种 水工模型试验 6）

本书共两部分：陕西黑惠渠进水闸及滚水坝模型试验、陕西黑惠渠修复计划模型试验。书末附英文摘要。

收藏单位：广东馆、国家馆、上海馆

00812

陕西民生渠工程报告书 张维藩著

陕西省水利局，1930.1，26 页，16 开

本书共两部分：民国十八年以前民生渠工程概略、建设厅重修民生渠工程概略。书前有序言，书末附张钟灵督工疏浚民生渠工程报告、郝逢泰督工修筑民生渠工程报告，以及多幅民生渠工程图。

收藏单位：国家馆

00813

陕西省新兴灌溉水利统计 陕西省政府水利局编

西安：陕西省政府水利局，1943，油印本，35 页，横 16 开

本书收录 7 幅图 10 张表，内容包括：陕西省灌溉工程分布图、泾惠渠渠道分布图、渭惠渠渠道分布图、梅惠渠渠道分布图、黑惠渠渠道分布图、汉惠渠渠道分布图等。

收藏单位：国家馆

00814

陕西渭河流域灌溉计划书 巴尔格著 顾葆康译

出版者不详，15 页，16 开

收藏单位：南京馆

00815

陕西渭惠渠计划书 黄河水利委员会导渭工程处编

黄河水利委员会导渭工程处，1935.1，26 页，16 开

本书共 11 部分：绪言、渭河概况、灌溉区域、测勘经过、渠道标准水量、工程设计及估价、工程总价、渠成后之利益、工程推进之步骤、工款分期之支配、工程处组织之拟定。

收藏单位：重庆馆、甘肃馆、广东馆、国家馆、南京馆

00816

陕西引洛工程计划书 孙绍宗著

[陕西水利局]，1933.9，22 页，16 开

本书共 6 部分：绪言、洛河状况、灌溉区域、灌溉应需之水量、测量经过、各种工程之设计及估价。

收藏单位：国家馆

00817

陕西之灌溉事业 李仪祉著

中国水利工程学会，24 页，16 开

本书为第六届年会论文。

收藏单位：广东馆

00818

水力激水机说明书

出版者不详，油印本，1 册，16 开，环筒页装

收藏单位：国家馆、南京馆

00819

水利辑要 珠江水利局编

珠江水利局，油印本，1册，16开，环筒页装

本书内容包括：引水灌溉须知、低坦派水须知、农田预防水旱须知、围基建设须知等。

收藏单位：国家馆

00820

四川灌县都江堰灌溉区域图说 四川省建设厅第二科编

成都：四川省建设厅，1933.8，26页，16开

本书内容包括：绪言、都江堰沿革、都江堰各河流形势及灌田渠堰之说明、都江堰内外江干支各流所属渠堰名称统系表、都江堰干支各流河底倾斜表、整理都江堰计划等。

收藏单位：国家馆、江西馆、南京馆、天津馆、浙江馆

00821

四川洪雅花溪渠干渠跌水、甘肃兰封渠崔家崖跌水模型试验报告书 郑肇经总编

外文题名：Model study of drops in Hua-Chi irrigation canal Szechuan, and Lan-Fung canal, Kansu

南京：中央水利实验处，1948.5，36页，16开（中央水利实验处研究试验报告 甲种 水工模型试验9）

本书共两部分：四川洪雅花溪渠干渠跌水模型试验、甘肃兰封渠崔家崖跌水模型试验。内容包括：试验之缘起、跌水分析与模型之选择、模型之设计与制造、试验之经过及其结果、模型与试验之准确度等。目次页题名：四川洪雅花溪渠干渠跌水模型试验报告书·甘肃兰封渠崔家崖跌水模型试验报告书。

收藏单位：广东馆、国家馆、上海馆

00822

四川洪雅花溪渠干渠跌水模型试验报告书

经济部中央水工试验所编

重庆：经济部中央水工试验所，1941.7，15+7页，16开

收藏单位：南京馆

00823

四川省第三区各县征工修筑塘堰各项规则及注意事项

[四川省政府]，[1937]，32页，18开，环筒页装

本书收录四川省第三区各县征工修筑塘堰实施规则36条，四川省第三区各县征工修筑塘堰工程处及工程队组织规则16条，以及各联保征工修筑塘堰实施步骤与注意事项。书末附修筑塘堰标杆式样、征收代役金收据式样等各种格式。

收藏单位：国家馆

00824

四川省二十县农田水利调查报告

出版者不详，油印本，33页，16开

本报告共5章：引言、各县农田水利总说、各县农田水利状况、各县农田水利统计表、结论。

收藏单位：南京馆

00825

四川省高地灌溉机械改进推广办法 四川省水利局编

四川省水利局，1940，6页，16开

本书共12部分：高地灌溉机械略说、川省就有灌溉机械、新式灌溉机械之适用问题、本局对于高地灌溉机械研究试验之成果、新式灌溉机械推广办法、派员勘测计划实施、设厂制造灌溉机械、训练工匠奖励自制、印送机械详细图说、制发模型便利仿造、派员巡行表演示范、派员指导技术工作。

收藏单位：国家馆、南京馆

00826

四川省水利局筹办高地灌溉工程概要

[四川省水利局]，油印本，1册，16开

收藏单位：南京馆

00827
四川省水利局贷款兴办各灌溉区平面图
四川省水利局，1941，晒印本，1 册，16 开
收藏单位：国家馆

00828
四川省水利局高地灌溉工程须知
四川省水利局，1940，8 页，16 开
本书共 3 章：土木部份、机械部份、计算公式及附例。内容包括：水源取水地点暨引水道及尾水道之选择、水文估测、地形测绘、灌溉区内之面积及土质勘测、灌溉渠线之选择等。
收藏单位：南京馆

00829
四川省水利局高地灌溉机械说明书（第 1 集）
四川省水利局，1940，1 册，16 开
收藏单位：南京馆

00830
绥西水利局复兴渠工程计划书　绥西水利局编
[绥远]：绥西水利局，1942.8，石印本，[24] 页，16 开，环筒页装

00831
绥远工赈拟修渠道计划书　绥远赈务会　绥远省政府建设厅编
绥远赈务会、绥远省政府建设厅，[1930.4]，1 册，16 开
本书内容包括：绥远省各县拟修渠道总图，绥远省各县拟修渠道实况表，拟修固阳县第一、二、三干渠图，拟修包头县民福渠渠道图及说明等。
收藏单位：国家馆、首都馆

00832
绥远河套十大干渠暨乌加河退水图表计划书　周晋熙编
绥远省建设厅，1935.2，46+[100] 页，16 开，精装
本书共 9 部分：序影、弁言、测量缘起、测量经费预算、整理河套十大干渠初步建议（附工程估价表）、各渠之沿革、测量各渠照片 50 张、各渠图由一号至三十号、结论。卷端题名：绥远河套十大干渠图表计划书。
收藏单位：天津馆

00833
绥远民生渠报告书　绥远省政府秘书处编　赵曾祺校阅
绥远省政府秘书处，1931.6，[11+96] 页，16 开，精装
本报告共 10 部分：图影、序文、引言、记事、计划、章则、报告、建议、用款、文件。书前有摄影、图，绥远省主席李培基等人的序。
收藏单位：重庆馆、国家馆

00834
绥远省民生渠水利公会第一届报告书　绥远省民生渠水利公会编
绥远省民生渠水利公会，1934.3，116 页，16 开
本书共 7 部分：图影、缘起、组织、总务、工务、农务、杂录。内容包括：民生渠水利公会之组织、经费筹借之经过、民生渠区域内之地势、本年工程上之工作、将来工程之计划、新工程之计划等。
收藏单位：国家馆

00835
台北县农田水利概况　蒋钦慈　叶铜钟编
出版者不详，[1947.4]，58 页，24 开
收藏单位：上海馆

00836
台湾农田水利　台湾省行政长官公署农林处耕地科编
台北：台湾省行政长官公署农林处耕地科，1946.10，66 页，25 开
本书内收文章 6 篇，内容包括：《一年来台湾农田水利》《台湾省农田水利事业改革意见书》等。另有论述三星、员林、高雄、盐埔等地土改工程概要等文章。

收藏单位：国家馆

00837
台湾省之农田水利　（日）芝田三勇著　吕石头译　徐世大　施成熙校
台湾省水利局，1948.2，157页，16开（台湾省水利局丛刊5）
本书共8章：绪论、明清二代之水利设施、公共埤圳官设埤圳时代、水利组合时代之前期、水利组合时代之后期、日人统治时代之事业费、光复后之农田水利设施、今后发展之方向。
收藏单位：国家馆

00838
太湖流域农田水利略　龚允文著
[太湖水利局]，[1925.7]，1册，16开
本书共3篇：水流之源委、水患之防治、低区农田之经营。附太湖流域形势图、实测苏常镇运河图2帧。
收藏单位：国家馆、辽大馆、上海馆

00839
洮惠渠工程纪要　王力仁编
洮惠渠工务所，1938.8，34页，32开
本书共7部分：洮惠渠设计大略、洮惠渠办理经过、洮惠渠之建筑工程与凿石工程、洮惠渠之土工、洮惠渠支用工款之数目、洮惠渠之弱点、结论。
收藏单位：国家馆

00840
万全县水利委员会渠务纪要　万全县水利委员会编
万全县水利委员会，1935.10，[110]页，16开
本书内容包括：渠线平面图、职员表、开渠起因、计划、公文、会议记录等。书前有当时察哈尔省军政要人及该会委员等照片多幅。

00841
渭北引泾水利工程报告　渭北引泾水利工程局编
外文题名：Report on the Wei Pei irrigation work
渭北引泾水利工程局，1932.5，26+[24]+18页，16开
本书共5部分：略史、概论、工程报告（水文、建筑、经济）、结论、附志。书末附恢复泾渠为救荒要策、泾惠渠锡名记、渭北引泾工程职员录。书前有于右任、许世英题词，李仪祉序，封面书名杨虎城题：泾惠渠。中英文本。
收藏单位：重庆馆、贵州馆、国家馆、上海馆

00842
渭惠渠第一期工程纪略　陕西省水利局编
陕西省水利局，[1936.11]，[26]页，16开，环筒页装
本书共9部分：引言、第一渠渠道工程、拦河大坝工程、引水闸及冲刷闸工程、渠闸及排洪闸工程、桥梁及跌水工程、斗门工程、涵洞工程、渡槽工程。目录页书名题：陕西省水利局渭惠渠第一期工程纪略。书中有邵力子序，插表多个。
收藏单位：国家馆、南京馆、上海馆、首都馆、天津馆、浙江馆

00843
稳定土渠研究　张有龄等编
成都：中央水利实验处成都水工试验室，1946.3，油印本，21页，16开
本书为研究报告第2号。
收藏单位：南京馆

00844
西式凿井法——陕西省凿井计划书　赵璧编
陕西建设人员训练所，[1931.12]，60+34页，22开
本书共6章：凿井之历史、泉源、凿井方法、自流水、凿井之困难与其救济方法、自流井出水量与灌田计算法。附录为陕西建设厅凿井队在长安社曲镇凿出自流井经过情形。
收藏单位：贵州馆、国家馆

00845
兴办农田水利事业述要　浙江省农业改进所

编
浙江省农业改进所，1940.5，34 页，32 开
本书内容包括：主办之农田水利业务、各县农田水利工程查勘办法等。
收藏单位：南京馆、浙江馆

00846
兴办农田水利须知　广西省政府水利工程处编
出版者不详，[1934]，24 页，22 开
本书内容包括：水坝、水渠、蓄水池、凿井、抽水机、旧式汲水器等。题名和责任者取自封面。
收藏单位：桂林馆

00847
雅安周公渠灌溉工程计划
雅安：出版者不详，[1931—1949]，油印本，4 叶，大 16 开
本书共 5 部分：缘起、理论、计划概要、工费估计、利益。
收藏单位：国家馆

00848
雅安周公渠灌溉工程计划附编
雅安：出版者不详，[1931—1949]，油印本，2 叶，大 16 开
收藏单位：国家馆

00849
以水为中心的华北农业（纪念国立北京大学五十周年校庆）　应廉耕　陈道编著
北平：北京大学出版部，1948.12，82 页，16 开（华北之农业 4）
本书共 7 部分：绪论、灌溉面积和水源、农作物对水的需要、河川和灌溉、涌泉和灌溉、凿井和灌溉、华北凿井灌溉的前途。书后有表 61 个，附表 11 个，图 23 幅，地图 11 幅。
收藏单位：广东馆、国家馆、吉林馆、近代史所、上海馆、首都馆

00850
永定河上游桑干河淤灌工程计划书　察哈尔省水利局编制
察哈尔省水利局，1947.9，晒印本，1 册，18 开
本书内容包括：位置与地势、气象、水源、农作物及需水情形、渠道、工程估费、灌溉利益等。书末附工程需用其他物质器材。
收藏单位：国家馆

00851
余江白塔河复兴坝灌溉工程计划书　江西水利局编
江西水利局，[1943—1949]，12 页，25 开
收藏单位：江西馆

00852
预防旱潦改进全省农田水利计划书　蒋太炎拟
出版者不详，1937.6，32 页，24 开
本书内容包括：改进四川农田水利计划。

00853
豫北凿泉调查报告　陈临之著
河北省农矿厅，1929.12，32 页，32 开
本书收录 3 份凿泉调查报告：辉县凿泉方法及灌地情形、汲县凿泉方法及灌地情形、淇县凿泉方法及灌地情形。书后附河北省农矿厅凿泉办法。
收藏单位：国家馆

00854
云南省农林水利　中国人民解放军西南服务团研究室编
中国人民解放军西南服务团研究室，1949，39 页，32 开（云南省参考资料 3）
本书共两部分：云南省农林水利的概况、云南省农林水利的机构系统。
收藏单位：重庆馆

00855
凿井工程　葛荫萱著
北平：工务总署水利局事务科，1945.5，162 页，32 开
本书共 4 编：华北凿井之必要现况及沿革、凿井总论、凿井工程本论、我国凿井之

今后问题及附录。附录参考杂志书籍报告一览表。为日伪机关出版物。

收藏单位：国家馆、河南馆、山西馆、首都馆

00856
凿井工程 葛荫萱编著
出版者不详，[1940—1949]，250 页，22 开

本书逐页题名：建设总署土木工程专科学校凿井工程讲义。

收藏单位：国家馆

00857
凿井工程 李吟秋编著
天津：益世报馆，1930.9，96+54 页，16 开
北平：国立北平研究院出版部，1931.1，[216] 页，16 开，精装（国立北平研究院水利研究会丛书 1）

本书共两卷：井泉通论、凿井方法。内容包括：凿井之历史观、井水之源流、地下水储水岩层、地下水之潜行及其性质、泉源、自流水、井之水理、浅井之人工掘凿法、机器标准凿井法、加利福尼亚式凿井法、空杆法旋钻法及水射法、滤水管之构造、凿井之困难与其救济方法、汲井与储水。书末附冀晋察绥四省兴办水利奖励凿井条例。

收藏单位：广东馆、国家馆、黑龙江馆、南京馆、宁夏馆、浙江馆

00858
凿井浅说 李子棠著
汲县：河南村治学院同学会，1932.10，62 页，32 开

本书内容包括：穿泉概论、穿泉之手续、穿泉穴工作、左右转之原因、下护桶及制造法、护桶内穿泉工作法、土质经验之利害等。

收藏单位：重庆馆、国家馆、江西馆、南京馆、首都馆

00859
凿井术 李珍璞著
[开封]：河南省政府建设厅，1935，140 页，16 开

本书内容包括：凿井概论、凿井立架法、凿井器具之制造及其用途等。

收藏单位：河南馆、浙江馆

00860
凿泉浅说 梁式堂著
河北省农田水利委员会，[1934.3] 重印，20 页，32 开

本书共 12 部分，介绍了凿泉的地理位置、因泉蓄水、先行试凿、引泉灌田等方面内容。

收藏单位：国家馆

00861
凿泉浅说 梁式堂著
郑州：河南村治学院同学会，1932，18 页，32 开

收藏单位：重庆馆、国家馆

00862
凿泉浅说 [梁式堂著]
四川省水利局，[1932—1949]，油印本，7 叶，16 开，环筒页装

收藏单位：国家馆

00863
凿泉浅说问答 梁式堂著
河北省农田水利委员会，[1934.4]，116 页，32 开

本书共 14 章，内容包括：总论、泉苗、水量、开池、旧泉、开渠、购地备器、调查泉苗分配工程、引水、标志、合作等。

收藏单位：国家馆、宁夏馆、天津馆

00864
凿塘浅说 四川省水利局编
外文题名：Remarks on pond excavation
四川省水利局，1943.2，20 页，36 开（四川水利工程丛书 第 2 辑 1）

本书共 9 部分：概论、塘之定义及种类、塘之水源及作用、塘应具之蓄水量、塘址之选择、塘之设计及构造、推进办法、凿塘之估价、结论。

收藏单位：重庆馆、南京馆、上海馆

00865
凿塘蓄水之研究
出版者不详，油印本，1册，12开
收藏单位：南京馆

00866
漳河及滏阳河流域间农田水利状况（资料）（民国三十年四月一日起同月三十日止 第一号） 葛荫萱著
出版者不详，1941，手抄本，36页，16开
出版者不详，1941，油印本，46页，16开
本书共4部分：参考范围、自然条件、农田水利、历代未解决之农田水利事件及问题。内容包括：河川概况、农业状况、农田水利提倡之原因、现在农田水利状况等。
收藏单位：国家馆

00867
浙川甘之农村与水利 钱承绪编
上海：中国经济研究所，1940.8，1册，32开
本书内收4篇资料：《战时浙江之农田水利调查报告》《浙江推行播种冬作运动》《四川农村情况：绵阳·长寿·涪陵》《甘肃粮库剪影》。
收藏单位：广东馆、国家馆

00868
中国井泉三利六年计划书 王书亭编
王书亭[出版者]，1943.8，30页，25开
本书共15部分：水旱预防、凿井经验、发现水面上升之两定律、碎石层之意义及分布状况、学院组织计划、兵团开运、殖边固防、水利与建军、机械之效力与制备、清流灌种浊流灌苗、井泉利工之剖视、井泉利商之群解、利用浊流放淤变碛漠为沃野、个人研究井泉之实验经过、附泉渠形势略图说。
收藏单位：国家馆

农田基本建设、农垦

00869
福建农垦之经营方式 刘子崧著
永安：福建省研究院社会科学研究室，1941，9页，16开
收藏单位：福建馆

00870
垦荒全书 黄毅著 陈雪堂校
上海：东方兴业会社，1914.10，1册，22开，精装
本书共5篇：垦荒总论、垦荒政策、平原之垦荒、山地之垦荒、水地之垦荒。卷首有伊莘农作序及“凡例”。
收藏单位：北师大馆、广东馆、国家馆、湖南馆、辽宁馆、南京馆、首都馆、天津馆

00871
垦殖经营之农艺技术 施珍著
[江西省垦务处]，20页，32开（江西省垦务处丛刊6）
本书共8部分：引言、选择荒地问题、开荒方法问题、选定作物类及品种问题、栽培方法问题、农具问题、垦区农事试验问题、余言。
收藏单位：国家馆、南京馆

00872
垦殖学 李积新著
上海：商务印书馆，1935.10，445页，25开（中华农学会丛书）
上海：商务印书馆，1936，再版，445页，25开（中华农学会丛书）
长沙：商务印书馆，1938，3版，[33]+445页，25开（中华农学会丛书）
本书共8篇：概论、中外垦殖概况、垦政、开垦方法、灌溉、排水、抗旱、移民。附图95幅。书前冠：唐启宇序。书末附图表目录。

收藏单位：重庆馆、广东馆、国家馆、黑龙江馆、湖南馆、江西馆、辽宁馆、南京馆、上海馆

00873
垦殖学讲义　潘信中编
广东省地方行政干部训练团，1940，29 页，32 开

00874
宜林垦牧　任承统讲
中央训练团党政训练班，1939，10 页，32 开
本书为中央训练团党政训练班讲演录。
收藏单位：广东馆

农业工程勘测、土地测量

00875
德国一千分一土地测量之试验（用蔡司立体制图仪及其多倍镜头摄影器）　希米罕著　魏大鸣译
南京：陆地测量总局航空测量队，1933.10，27 页，16 开（航空测量丛书 10）
收藏单位：南京馆

00876
户地测量讲义　刘古林编讲
中央训练团党政训练班，1947，84 页，32 开
本书内收《户地测量》和《高程测量》两篇。
收藏单位：重庆馆

00877
土地测量法大要　训政学院编辑
河南书局，1929，54 页，32 开
收藏单位：河南馆

农学（农艺学）

00878
儿童农艺活叶指导　方与严著
出版者不详，1 册，32 开
本书内容包括：制豆芽菜、盆栽蔬菜、考察作物等。
收藏单位：浙江馆

00879
耕种学讲义　葛敬铭编
出版者不详，88 页，23 开
本书内容包括：耕种学之起源及耕种学之范围、作物之特性、作物之品种、作物之选择等。
收藏单位：浙江馆

00880
耕种学讲义
[杭州]：[浙江省地方自治专修学校]，[1930]，[124+12 页]，23 开
本书共 6 章：总论、繁殖、管理、作物改良、病虫害之祛除、气象。
收藏单位：浙江馆

00881
共和农事教宣讲规范　神州图书局编辑所编辑
上海：神州图书局，1912，26 页，32 开
收藏单位：首都馆

00882
江苏大学农学院作物门十六年度总报告书
江苏大学农学院，1927，油印本，53 叶，16 开，环筒页装
本书内容包括：绪言、作物门略史、各试验场沿革、试验事业、施业方针、研究事业、棉稻麦之改良推广计划等。逐页题名：作物门总报告书。
收藏单位：国家馆

00883
科学与广西植物生产 广西农事试验场等汇编
柳州：广西农事试验场，1943，111页，32开
本书共7章：第1章阐明农业在经济建设中之重要性，并述及场、站、室之简史及其主要成就；第2章研讨广西植物生产事业之本身问题及其解决途径；第3—6章分述造林、土壤改进、病虫害防治及种苗改良之最近进展；第7章对将来之广西植物生产事业作一远瞩。附广西各地逐月平均雨量表。
收藏单位：重庆馆、广东馆、桂林馆、国家馆、南京馆、上海馆

00884
利寅教授任职二十五周年纪念特刊
出版者不详，[1933]，44页，25开
收藏单位：广西馆、江西馆

00885
农家百事问答 严岩编著
上海：中国农业书局，1912，3版，189页，22开
上海：中国农业书局，1915，4版，189页，22开
上海：中国农业书局，1942.8，5版，增订本，189页，22开
本书共4编：肥料、病害、害虫、杂问。内容包括：化学的肥料、黄豆不结实之原因、骨粉磷酸于水中溶解之方法、家禽粪之肥效及米糠大豆粕所含之要素、家禽排泄物等。
收藏单位：国家馆、宁夏馆、首都馆

00886
农家百事问答（实地试验） 范扬译辑
上海：新学会社，1912，3版，189页，23开
上海：新学会社，1915，4版，189页，23开
本书以问答的形式，解答肥料、病害、害虫等方面的问题。
收藏单位：安徽馆、重庆馆、南京馆、浙江馆

00887
农林须知 任国梁编
冀东建设厅，1938.1，108页，16开
本书共12编：整地、施肥、防除害虫、果树剪定与整枝、种子选用及贮藏事项、造林、养蚕浅说、除虫菊之用途及栽培法、薄荷栽培法、鼬萩之用途及其栽培法、柞树山蚕培养法、治蝗。书前有序，书末附昌平县捕打蝗蝻暂行办法12条。
收藏单位：国家馆、农大馆

00888
农务新编 顾鸣盛编译
上海：科学书局，1912.8，238页，22开（农学丛书2）
本书分通论、各论两部分。通论内容包括：农事之沿革、进化、性质、效用、种类；各论内容包括：气候、空气、土壤、农地、农具、授时、种子、病虫害、农事试验、作物等。书末附关于农业之法规、螟害防除方法等。为中等农学校用书。
收藏单位：首都馆、浙江馆

00889
农学 孙伯才著
上海：亚细亚书局，1935.3，10+238页，32开（基本知识丛书1）
本书共7章：农业和农学、土壤、施肥、农具、栽培、农业问题、总述及附录。附录为推荐参考书、问题。
收藏单位：国家馆、天津馆、西南大学馆、浙江馆

00890
农学 孙伯才著
上海：中国文化服务社，1936.4，再版，10+238页，32开（基本知识丛书1）
上海：中国文化服务社，1936.4，10版，10+238页，32开（基本知识丛书1）
收藏单位：安徽馆、重庆馆、广东馆、国家馆、南京馆、农大馆、首都馆、浙江馆

00891
农学宝鉴

出版者不详，[1935—1949]，10+144+14 页，25 开

收藏单位：江西馆

00892
农学大意　胡朝阳编译
上海：新学会社，1930.8，7 版，3 册，32 开

本书分上中下编，内容包括：职业、农业、农学、土壤、作物、洪水、日光、稻、稻之选种、麦之栽培、爪哇薯栽培法、茄子之栽培、果树之移植、林树之育苗、绵羊及山羊等。

收藏单位：南京馆

00893
农学大意　建设总署土木工程专科学校编
建设总署土木工程专科学校，76 页，18 开

本书为建设总署土木工程专科学校农学大意讲义。

收藏单位：国家馆

00894
农学大意　章之汶　辛润棠编
成都：金陵大学农学院编辑部，1940.10，170 页，16 开（金陵大学农学院丛书）
成都：金陵大学农学院农业教育学系，1943.10，再版，260 页，32 开（金陵大学农学院丛书）
南京：金陵大学农学院农业教育学系，1948.10，3 版，260 页，32 开（金陵大学农学院丛书）

本书第 3 版责任者为：章之汶、辛润棠、郭敏学。

收藏单位：安徽馆、重庆馆、南京馆

00895
农学大意（上编）（日）稻垣乙丙著　胡朝阳编译　庄崧甫校
上海：新学会社，1911，68 页，22 开
上海：新学会社，1913，3 版，68 页，22 开
上海：新学会社，1925，8 版，68 页，22 开
上海：新学会社，1930.6，9 版，68 页，22 开

本书共 36 课，内容包括：农业、农民、农学、农地、土壤、作物、家畜、节气、肥料、饲料、农具、种子、作物之害敌等。版权页题名：新撰农学大意。校者原题：庄景仲。为农业补习学校高级小学农业科教科用书。

收藏单位：重庆馆、国家馆、首都馆

00896
农学大意（中编）（日）稻垣乙丙著　胡朝阳编译　庄崧甫校
上海：新学会社，1911.8，74 页，22 开
上海：新学会社，1913，3 版，74 页，22 开
上海：新学会社，1919.4，6 版，74 页，23 开
上海：新学会社，1923.10，7 版，74 页，22 开
上海：新学会社，1930.6，9 版，74 页，22 开

本书共 33 课，内容包括：稻、稻之选种、水田、稻之播种及移植、水田之灌溉及除草、稻之收获及调制、稻之害敌、麦、麦之栽培、麦之害敌等。版权页题名：新撰农学大意。校者原题：庄景仲。

收藏单位：安徽馆、国家馆、江西馆、首都馆

00897
农学大意（下编）（日）稻垣乙丙著　胡朝阳编译　庄崧甫校
上海：新学会社，1913，3 版，100 页，22 开
上海：新学会社，1930.8，7 版，100 页，22 开

本书共 33 课，内容包括：果树、果树之移植、果树之培养、果树之患害、森林树木、造林、牛之饲养、养鱼等。版权页题名：新撰农学大意。校者原题：庄景仲。

收藏单位：国家馆、首都馆

00898
农学概论　童玉民著
外文题名：A general treatise on agriculture
上海：中国农学社，1935.8，146 页，32 开

本书共 3 篇：农学、农业、农村。内容包括：农学之意义、农学之性质、农学之组织、农学之历史、农业之意义、农业之性质、农业之范围、农业之种类、农业政策、农业研究、农业推广等。

收藏单位：重庆馆、国家馆、辽宁馆、南京馆、上海馆、浙江馆

00899
农学新书 庄崧甫编著
上海：新学会社，1912，3 版，42 页，22 开
上海：新学会社，1913，4 版，42 页，22 开
上海：新学会社，1931.10，7 版，42 页，32 开
本书共 8 章：气候、土壤、肥料、种子、耕种、培苗及中耕、病毒、害虫及益虫益鸟。编著者原题：庄景仲。
收藏单位：湖南馆、首都馆

00900
农学研究 崔辑五著 胡荣森校
北京：大有书局，1944，37 页，32 开
收藏单位：首都馆

00901
农学要义 陆费执编
上海：中华书局，1937.1，180 页，32 开（中华百科丛书）
上海：中华书局，1941.1，3 版，180 页，32 开（中华百科丛书）
本书共 10 章：绪论、植物繁殖、植物之食料、土壤、肥料、害物、栽培、饲料与饲养、农场管理、农村社会。书末附中、西文名词索引。
收藏单位：重庆馆、国家馆、湖南馆、江西馆、南京馆、内蒙古馆、宁夏馆、首都馆、天津馆、西南大学馆

00902
农业 刘大绅编
外文题名：Agriculture
上海：商务印书馆，1914.10，2 册（156+123 页），25 开
上海：商务印书馆，1915，再版，2 册（156+123 页），25 开
本书共 11 章：绪论、栽培泛论、栽培各论、土壤、肥料、农具、蚕桑、畜牧、森林、制造、经济。为师范学校新教科书。
收藏单位：湖南馆、江西馆、内蒙古馆、首都馆、西交大馆、浙江馆

00903
农业（卷上） 刘大绅编
上海：商务印书馆，1916.11，11 版，156 页，25 开
上海：商务印书馆，1921.10，9 版，156 页，25 开
上海：商务印书馆，1926.2，12 版，156 页，25 开
本书为上卷，共 6 章：绪论、栽培泛论、栽培各论、土壤、肥料、农具。为师范学校新教科书。
收藏单位：广东馆、国家馆、浙江馆

00904
农业（卷下） 刘大绅编
上海：商务印书馆，1918.12，5 版，123 页，25 开
上海：商务印书馆，1921，7 版，123 页，25 开
本书为下卷，共 5 章：蚕桑、畜牧、森林、制造、经济。为师范学校新教科书。
收藏单位：广东馆

00905
农业及园艺（第 18 卷 第 1 号 1 月号）
东京：株式会社养贤堂，1943.5，598 页，18 开
本书分为论说、总说及资料、主张、研究速报、要录、种艺实验法讲座、育种谈话会记事、农业气象学谈话记事、农村时事解说、年中行事、连载讲座等栏目。
收藏单位：国家馆

00906
农艺 科学画报编辑部编
上海：中国科学图书仪器公司，1948.12，84 页，32 开（中国科学社科学画报小丛书 实用小工艺 9）
本书共 5 章：植物的培植与防护、农具及其应用、家禽与家畜、鱼与鸟、田园。
收藏单位：重庆馆、东北师大馆、广西馆、国家馆、黑龙江馆、辽宁馆、南京馆、上海馆、天津馆

00907
农艺论文摘要（第 5—6 合期） 金陵大学农

艺系编
南京：金陵大学农艺系，1936.1，24页，23开
本书收录摘要16篇，作者多数为外国人，并在国外期刊上发表过。

00908
区田编　（清）李廷樟撰
[崇明]：天长教育图书社，1943，石印本，20页，32开
本书内容包括：区田说、区天式、开做区田、量下籽种、拣留苗秧、耘除野草、结穗壅土、不必择地等。
收藏单位：南京馆

00909
劝农浅说（第1册）
中央农事试验场，1917.1，10页，25开
本书介绍了劝农深耕浅说。
收藏单位：江西馆

00910
劝农浅说（第2、5、6、8册）
中央农事试验场，1919.8，30页，25开
本书内容包括：劝女界种花说、说水稻钻心虫宜治的大概、说蜜虫宜治的大概、说草莓等。
收藏单位：江西馆

00911
劝农浅说（第3册）
中央农事试验场，1917.3，8页，25开
本书介绍劝农家轮栽作物说。
收藏单位：江西馆

00912
劝农浅说（第4册）
中央农事试验场，1917.3，8页，25开
本书介绍中央农事试验场广告。
收藏单位：江西馆

00913
劝农浅说（第7册）
中央农事试验场，1919.4，再版，14页，25开
本书介绍种美棉获利最厚说。
收藏单位：江西馆

00914
劝农浅说（第9—11册）
中央农事试验场，1919.8，25页，25开
收藏单位：江西馆

00915
劝农浅说（第12、15、18、27册）
中央农事试验场，1919.8，30页，25开
本书介绍劝农栽蓝靛以挽回利权说、薰烟防霜法、栽种番茄之利益、劝种外洋玉蜀黍以增民食说。
收藏单位：江西馆

00916
劝农浅说（第13册）
中央农事试验场，1917.8，7页，25开
本书介绍独杆多花大菊培养法。
收藏单位：江西馆

00917
劝农浅说（第14册）
中央农事试验场，1917.8，8页，25开
本书介绍普通花木栽培法、施肥、温床花卉栽培法。
收藏单位：江西馆

00918
劝农浅说（第16册）
中央农事试验场，1917.9，10页，25开
收藏单位：江西馆

00919
劝农浅说（第17册）
中央农事试验场，1917.10，8页，25开
本书介绍驱除蝼蛄要略、中央农事试验场农事访问处简章、农商部农林传习所广告、中央农事试验场广告。
收藏单位：江西馆

00920
劝农浅说（第19册）

中央农事试验场，1917.11，8 页，25 开
收藏单位：江西馆

00921
劝农浅说（第 20 册）
中央农事试验场，1917.11，6 页，25 开
本书介绍劝农家选择种子以增收税说。
收藏单位：江西馆

00922
劝农浅说（第 21 册）
中央农事试验场，1917.12，3 页，25 开
本书介绍劝制雄黄灰除虫说。
收藏单位：江西馆

00923
劝农浅说（第 22 册）
中央农事试验场，1917.12，6 页，25 开
本书介绍果树接木法。
收藏单位：江西馆

00924
劝农浅说（第 23 册）
中央农事试验场，1918.1，9 页，25 开
本书介绍果树盆栽之利益及其方法。
收藏单位：江西馆

00925
劝农浅说（第 24 册）
中央农事试验场，1918.2，5 页，25 开
本书介绍农家宜知肥料之主要成分说。
收藏单位：江西馆

00926
劝农浅说（第 25 册）
中央农事试验场，1918.3，11 页，25 开
本书介绍劝内地农民多种马铃薯说。
收藏单位：江西馆

00927
劝农浅说（第 26 册）
中央农事试验场，1918.3，7 页，25 开
本书介绍劝农区农民宜速备人力耕犁说。
收藏单位：江西馆

00928
劝农浅说（第 28 册）
中央农事试验场，1918.5，12 页，25 开
本书介绍有害蜘蛛之防除法。
收藏单位：江西馆

00929
劝农浅说（第 29 册）
中央农事试验场，1918.6，7 页，25 开
本书介绍花椰菜栽培法。
收藏单位：江西馆

00930
劝农浅说（第 30 册）
中央农事试验场，1918.7，7 页，25 开
本书介绍种植陆稻的必要性。
收藏单位：江西馆、浙江馆

00931
劝农浅说（第 31 册）
中央农事试验场，1918.8，6 页，25 开
本书介绍种栗多获法。
收藏单位：江西馆

00932
劝农浅说（第 32 册）
中央农事试验场，1918.9，6 页，25 开
本书介绍稻热病防除法。
收藏单位：江西馆

00933
劝农浅说（第 33 册）
中央农事试验场，1918.10，6 页，25 开
本书论述劝种玉蒿苣说。
收藏单位：江西馆

00934
劝农浅说（第 34 册）
中央农事试验场，1918.11，6 页，25 开
本书讲述种桑法。
收藏单位：江西馆

00935
劝农浅说（第 35 册）
中央农事试验场，1918.12，6 页，25 开
本书讲述土制骨粉简便法。
收藏单位：江西馆

00936
劝农浅说（第 36 册）
中央农事试验场，1919.1，6 页，25 开
本书讲述种大豆可以肥田。
收藏单位：江西馆

00937
劝农浅说（第 37 册）
中央农事试验场，1919.2，6 页，25 开
本书讲述除虫菊栽培调制及用法。
收藏单位：江西馆

00938
劝农浅说（第 38 册）
中央农事试验场，1919.3，6 页，25 开
本书讲述美国甜柿椒栽培法。
收藏单位：江西馆

00939
劝农浅说（第 39 册）
中央农事试验场，1919.4，6 页，25 开
本书讲述防除果树刺虫法、防除榆叶甲虫法。
收藏单位：江西馆

00940
劝农浅说（第 40 册）
中央农事试验场，1919.5，6 页，25 开
本书讲述豌豆栽培法。
收藏单位：江西馆

00941
劝农浅说（第 41 册）
中央农事试验场，1919.6，5 页，25 开
本书介绍劝种大麻以应需要说。
收藏单位：江西馆

00942
劝农浅说（第 42 册）
中央农事试验场，1919.7，5 页，25 开
本书介绍简便土壤改良法。
收藏单位：江西馆

00943
劝农浅说（第 43 册）
中央农事试验场，1919.8，5 页，25 开
本书介绍驱除蚜虫简易法、瓜叶菊栽培法。
收藏单位：江西馆

00944
劝农浅说（第 44 册）
中央农事试验场，1919.9，9 页，25 开
本书介绍堆肥说。
收藏单位：江西馆

00945
劝农浅说（第 45 册）
中央农事试验场，1919.10，5 页，25 开
本书介绍甜菜栽培法。
收藏单位：江西馆

00946
劝农浅说（第 46 册）
中央农事试验场，1919.11，7 页，25 开
本书介绍说麦之黄锈病、石刁柏之种法。
收藏单位：江西馆

00947
劝农浅说（第 47 册）
中央农事试验场，1919.12，7 页，25 开
本书介绍丝绵制造法。
收藏单位：江西馆

00948
劝农浅说（第 48 册）
中央农事试验场，1920.1，11 页，25 开
本书介绍蔬菜栽培法。
收藏单位：江西馆

00949
劝农浅说（第 49 册）
中央农事试验场，1920.2，7 页，25 开
本书介绍农家宜知驱除害鸟保护益虫益鸟说。
收藏单位：江西馆

00950
劝农浅说（第 50 册）
中央农事试验场，1920.3，3 页，25 开
本书介绍种棉花宜多用骨灰肥料。
收藏单位：江西馆

00951
劝农浅说（第 51 册）
中央农事试验场，1920.4，13 页，25 开
本书介绍各种土质及对于各农作物之宜忌。
收藏单位：江西馆

00952
劝农浅说（第 52 册）
中央农事试验场，1920，6 页，25 开
本书介绍救灾最宜之秋麦春种法。
收藏单位：江西馆

00953
劝农浅说（第 53 册）
中央农事试验场，1920，11 页，25 开
本书介绍秋季结球白菜栽培法。
收藏单位：江西馆

00954
劝农浅说（第 54 册）
中央农事试验场，1921.1，17 页，25 开
本书介绍蝗蝻防除法。
收藏单位：江西馆

00955
劝农浅说（第 55 册）
中央农事试验场，1921.2，5 页，25 开
本书介绍杞柳之用途及栽培法。
收藏单位：江西馆

00956
劝农浅说（第 56 册）
中央农事试验场，1921.3，19 页，25 开
本书介绍葡萄栽培法。
收藏单位：江西馆

00957
劝农浅说（第 57 册）
中央农事试验场，1921.6，21 页，25 开
本书介绍果树与气候之关系。
收藏单位：江西馆

00958
劝农浅说（第 58 册）
中央农事试验场，1921，4 页，25 开
本书介绍种橘法。
收藏单位：江西馆

00959
劝农浅说（第 59 册）
中央农事试验场，1921.11，20 页，25 开
本书介绍普通害虫防除法、益虫保护对于农业之必要。
收藏单位：江西馆

00960
劝农浅说（第 60 册）
中央农事试验场，1921.12，3 页，25 开
本书介绍西红柿酱制造法。
收藏单位：江西馆

00961
劝农浅说（第 68 册）
中央农事试验场，1923.2，14 页，25 开
本书介绍王瓜促成栽培法。
收藏单位：江西馆

00962
劝农浅说（第 69 册）
中央农事试验场，1923.3，14 页，25 开
本书介绍北京果脯制造法。
收藏单位：江西馆

00963
劝农浅说（第 70 册）
中央农事试验场，1923.4，8 页，25 开
本书介绍蔬菜制造之一斑。
收藏单位：江西馆

00964
劝农浅说（第 72 册）
中央农事试验场，1924.3，8 页，25 开
本书介绍亚麻之栽培及其制麻法。
收藏单位：江西馆

00965
劝农浅说（第 73 册）
中央农事试验场，1924.3，6 页，25 开
收藏单位：江西馆

00966
生财宝库 王后哲编著
[上海]：求新编辑社，1925.5，16+76+120 页，32 开
本书共两篇：农艺、工艺。上篇内容包括：树木种植法、果品种植法、花卉栽培法、蔬菜栽培法；下篇内容包括：杂用品制造法、化妆品制造法、饮食品制造法、游戏品制造法、特种品制造法。
收藏单位：河南馆

00967
生财宝库 王后哲著
上海：大达图书供应社，1935.6，16+76+120 页，25 开
上海：大达图书供应社，1936.2，再版，16+76+120 页，32 开（黎明乡村教育丛书）
收藏单位：重庆馆、广东馆、河南馆、江西馆、首都馆

00968
新农学 任珮章编辑 杜丛桂校订
北京：四存中学，1930，2 册（234+218 页），32 开
北京：四存中学，1934，再版，2 册（234+218 页），32 开
北京：四存中学，1941，3 版，2 册（234+218 页），32 开
收藏单位：首都馆

00969
栽培丛书（第 1 册） 黄毅编 庄崧甫校阅
上海：新学会社，1924，4 版，88 页，27 开
本书介绍禾谷、豆菽、蔬菜、果木、饲料、林木、纤维料、糖料、油料类植物的形态、种类、病毒、害虫、栽培等。校阅者原题：庄景仲。

00970
栽培丛书（第 2 册） 黄毅编 庄崧甫校阅
上海：新学会社，1913，3 版，162 页，23 开
收藏单位：湖南馆、首都馆

00971
栽培概论 曹之彦著
北京：文化学社，1926.1，80 页，32 开
北京：文化学社，1928.3，再版，80 页，32 开
北京：文化学社，1928.8，3 版，80 页，32 开
本书共 18 章：农家的籽种怎样保存、籽种发芽、土、田土和作物、肥料、肥料和作物、水和作物、排水和灌溉、我国北方的轮栽、我国北方的播种、耕锄、收获、不用籽种的繁殖和整形、病虫害的防除、农作物遗传大意、育种大意、农具、田间记载和经济出纳。书前有作者自序。
收藏单位：重庆馆、江西馆

00972
栽培集中律 邱琨著 王椿荣校
平汉路管理委员会，1933，154 页，32 开
本书共 4 篇，阐释了空气与植物的关系。内容包括：前论——空气律的发端、生理论——空气律的基础、根本论——空气律的进展等。
收藏单位：广东馆、国家馆、江西馆、首都馆

00973
栽培通论教科书 （日）农业教育协会原著

叶与仁译述
上海：新学会社，1912，46 页，22 开
上海：新学会社，1913，再版，46 页，22 开
上海：新学会社，1917.5，3 版，修正，46 页，22 开

本书为初等农学校用书。

收藏单位：首都馆、浙江馆

00974
栽培新编　顾鸣盛编辑
上海：科学书局，1912.9，2 册（194+138 页），22 开（农学丛书 3）

本书讲了禾谷类、豆菽类等各类农作物的栽培方法。为中等农学校用书。

收藏单位：安徽馆、河南馆、首都馆、浙江馆

00975
栽培学　龚厥民编
上海：商务印书馆，1928.5，106 页，32 开
上海：商务印书馆，1932.10，国难后 1 版，106 页，32 开
上海：商务印书馆，[1937.7]，106 页，32 开
长沙：商务印书馆，1938，国难后 7 版，106 页，32 开，精装
上海：商务印书馆，1939.6，国难后 8 版，106 页，32 开
上海：商务印书馆，1940，国难后 9 版，106 页，32 开

本书共 10 章：绪论、繁殖法、整地、播种、施肥、管理、收获及调制、农具、贮藏、栽培顺序。为新学制初级农业学校教科书。

收藏单位：安徽馆、重庆馆、广东馆、国家馆、湖南馆、江西馆、南京馆、首都馆、西南大学馆

00976
浙江省立农业推广人员养成所概况
出版者不详，60 页，16 开

本书内容包括：图片、章程、学则、设备、组织、职员表等。

收藏单位：浙江馆

00977
浙江省立农业推广人员养成所章则类编
出版者不详，88 页，16 开

本书梳理了浙江省立农业推广人员养成所平时工作所用到的规章制度。

收藏单位：浙江馆

00978
中等农产制造学　包容编　陆费执校
上海：中华书局，1927.12，128 页，32 开
上海：中华书局，1937.5，6 版，128 页，32 开
上海：中华书局，1939，昆明 10 版，128 页，32 开

本书共 5 编：绪论、炭水化物、醸造物、嗜好品、染料。内容包括：发酵防腐理论，淀粉、糖、酒、茶、烟的制造等。为新学制农业教科书。

收藏单位：南京馆

00979
中等农学通论　陆费执　陈赓飏编
上海：中华书局，1926.4，10+144 页，27 开
上海：中华书局，1928，6 版，10+144 页，27 开
上海：中华书局，1929.3，7 版，10+144 页，27 开
上海：中华书局，1929.8，8 版，10+144 页，27 开
上海：中华书局，1929.12，9 版，10+144 页，25 开
上海：中华书局，1931，13 版，10+144 页，27 开
上海：中华书局，1932.1，15 版，10+144 页，27 开
上海：中华书局，1932.8，17 版，10+144 页，27 开
上海：中华书局，1932.11，18 版，10+144 页，25 开
上海：中华书局，1933.3，19 版，10+144 页，27 开
上海：中华书局，1933.11，21 版，10+144 页，27 开
上海：中华书局，1934，22 版，10+144 页，27 开
上海：中华书局，1934.8，23 版，10+144 页，27 开

上海：中华书局，1934.10，24 版，10+144 页，27 开
上海：中华书局，1948.8，28 版，10+144 页，27 开

本书共 4 编：总论、土壤、植产、畜产。内容包括：农学之意义、农学之分类、中国之农产、从事农业之要素、农田生产之要素、土壤之意义、土壤之成分、土壤之组织、土壤中之湿气、耕耘、肥料、植物之功用、植物生理、植物之繁殖等。为新学制农业教科书。

收藏单位：重庆馆、广东馆、国家馆、湖南馆、江西馆、南京馆、内蒙古馆、山西馆、首都馆、浙江馆

00980
中法农学名词汇刊 新中国农学会编订
上海：新中国农学会，1929.8，96 页，32 开

本书封面题名由李煜瀛（李石曾）题写。

收藏单位：南京馆

00981
种地新法 宿士平等著
山东新华书店，1947.11，改订本，52 页，32 开（大众文库 生产）
华东新华书店，1949.3，改订本，渤海版，52 页，32 开（大众文库 生产）

本书共 5 部分：土壤、肥料、选种与浸种、种植、防治病虫害。书末附庄户行事历。著者还有：李明、秦杰、郭英忱、陈启文。

收藏单位：南京馆、山东馆

农学的研究方法

丰产试验（经验）、农业技术推广

00982
本会为何提倡农业改良 中华平民教育促进会总会华北试验区农业科学推广系编
北京：中华平民教育促进会总会华北试验区农业科学推广系，10 页，50 开（中华平民教育促进会总会华北试验区普及农业科学丛刊 5）

本书共 4 部分：提倡农业改良是贯彻本会政策的一部、提倡农业改良为求达到增加农业生产的目的、提倡农业改良是本会“责无旁贷”的事业、实施农业改良的最好中心是乡村平民学校及其附带组织。正文页及书口书名题：本会为什么要提倡农业改良。

收藏单位：国家馆、辽大馆

00983
本局廿一年度各种农业推广设计施行方法
广东建设厅农林局推广课编
广州：广东建设厅农林局推广课，[1933.7]，再版，74 页，23 开（计划丛书 5）

收藏单位：广西馆

00984
本局廿一年度暂行农业推广设计大纲 广东建设厅农林局推广课编著
广州：广东建设厅农林局推广课，1932.9，94 页，25 开（计划丛书 4）

本书共 18 部分，内容包括：早造改良稻种表证设计、绿肥表证设计、土壤深耕表证设计、改良土蜂表证设计、果树剪枝表证设计、各种果树嫁接设计、牛瘟免疫表证设计、防除柑橘类之疮痂病表证设计等。附番禺县农业推广处表证农家证书等。

收藏单位：广西馆、农大馆

00985
各级农业推广人员训练纲要 农产促进委员会编
重庆：农产促进委员会，1939.3，36 页，36 开

本书共 6 部分：农业推广人员训练之需要、中央推广督导员训练纲要、省推广视导员训练纲要、省推广辅导员训练纲要、县推广人员训练纲要、县农业推广助理指导员训练纲要。

收藏单位：国家馆、南京馆

00986
华北农产研究改进社第一年工作报告 华北农产研究改进社编

[天津]：华北农产研究改进社，1935.3，78页，32开

本书共4部分：弁言、本社之旨趣及组织、一年来之工作、结论。内容包括：品种比较试验、表证试验、研究试验、摘心试验、防止自然杂交研究、杂交育种等。书末附各县各批运津棉花用费表。逐页题名：华北农产改进社工作报告书。

收藏单位：国家馆

00987

华北农产研究改进社工作报告　[华北农产研究改进社编]

[天津]：华北农产研究改进社，1936.3，58页，18开

本书共3部分：弁言、一年来之工作、结论。内容包括：中美棉花育种试验、繁殖与推广、小麦试验、高粱试验等。书末附华北农产研究改进社组织系统表。目录页题名：华北农产研究改进社第二年工作报告。逐页题名：华北农产研究改进社第二年工作报告书。

收藏单位：国家馆

00988

华北农业科学研究所实验研究工作概况　华北农业科学研究所编

华北农业科学研究所，1949，16页，16开

收藏单位：国家馆

00989

江苏大学农学院作物门各试验场试验计划

江苏大学农学院，[1928]，油印本，51叶，16开，环筒页装

本书分14部分，内容包括：江苏大学农学院作物门各农事试验场试验计划总纲、各棉场育种计划大纲、中棉种子寿命长短试验计划大纲、中棉自然杂交试验计划大纲、麦作试验计划等。书内附各作物试验场平面图。

收藏单位：国家馆

00990

江苏省十九、二十两年度农业推广情形概况　江苏省建设厅编

镇江：江苏省建设厅，1933.9，25页，16开

00991

江苏省最近二年农业推广状况　江苏省农矿厅编

镇江：江苏省农矿厅，1931.5，90页，16开

本书共3章，概述江苏省农矿厅推广委员会之组织、章程、经费、工作，以及二年间的农业推广状况。书前附多帧照片。出版时间取自版权页，封面题：中华民国二十年四月初版。

收藏单位：广西馆、国家馆、河南馆、上海馆

00992

农林部陕西省推广繁殖站三十三年度工作报告

出版者不详，1933，27页，16开

收藏单位：广东馆

00993

农学实验法　（日）大塚孙市著　怀献侯译

外文题名：Agricultural laboratory exercises

上海：商务印书馆，1927.6，127页，32开

上海：商务印书馆，1930.12，再版，127页，32开

上海：商务印书馆，1933.6，国难后1版，127页，32开

上海：商务印书馆，1935，国难后2版，127页，32开

上海：商务印书馆，1938.5，国难后2版，127页，32开

本书共7章：绪论、作物实验、关于昆虫及微生物之实验、土壤实验、肥料实验、植物成分实验、农产物及制造实验。附录永久玻片标本、昆虫标本、作物病害标本、土壤标本及肥料标本制作法。为师范学校农业科实验用书。

收藏单位：重庆馆、广东馆、贵州馆、国家馆、河南馆、湖南馆、江西馆、南京馆、山西馆、上海馆、天津馆、西南大学馆

00994

农学实验法讲义　蒋祖墉编译　庄纪祥校

上海：新学会社，1921，464+24 页，18 开，精装

本书为高等小学校农业补习学校、甲乙种农业学校适用。

收藏单位：重庆馆

00995
农业改良 韦和勤编
金华：国民出版社，1940.12，58 页，32 开（地方自治丛书 5）

本书共 6 章：绪论、近年来我国农业衰落的现状及其原因、改良我国农业的先决问题、农业生产技术的改进、新县制下的农业建设、结论。

收藏单位：安徽馆、重庆馆、广东馆、国家馆、南京馆、浙江馆

00996
农业改良试验区之过去与将来 广东建设厅农林局农业改良试验区编
广州：建设厅农林局，1931.5，136 页，22 开

本书共 3 章：绪言、过去之工作、将来之计划。内容包括：设立事项、农业调查、地质调查、土壤调查、演讲宣传、饲养试验、改良表证运动、考察与指导等。

收藏单位：国家馆

00997
农业推广 唐志才编著
重庆：正中书局，1944.10，51 页，32 开（民众教育馆实施小丛书 9）

本书共 3 章：农业推广的意义及范围、吾国在抗战前后农业推广的发展史、农业推广的方法。

收藏单位：重庆馆、国家馆、辽宁馆、南京馆

00998
农业推广 西康省地方行政干部训练团编
[西康]：西康省地方行政干部训练团，1941.5，55 页，32 开

收藏单位：重庆馆

00999
农业推广督导组织纲要 农产促进委员会编
重庆：农产促进委员会，10 页，32 开

本书共两部分：各级督导组织之机构、各级推广督导人员之任务。

收藏单位：国家馆、南京馆

01000
农业推广法 孙希复编
上海：商务印书馆，1935.5，310 页，23 开
上海：商务印书馆，1937.4，3 版，310 页，23 开
长沙：商务印书馆，1940.6，4 版，310 页，23 开

本书共 16 章：绪论、我国筹画农业推广之过去、我国农业推广之现在、美国农业推广之概论、我国农业推广应有之组织、农业推广之方法、农业推广之准备、农业推广之材料、农业推广员应有之技术、农业推广之工具、农业推广之实例、农业推广员应有之农业常识、农业推广员应有之修养、农业推广应与各方面之联络、农业推广之经费问题、农业推广之法规。

收藏单位：重庆馆、广东馆、贵州馆、国家馆、黑龙江馆、湖南馆、吉大馆、辽大馆、南京馆、内蒙古馆、山西馆、首都馆、天津馆、浙江馆

01001
农业推广法 徐正铿编
出版者不详，[1934]，88 页，22 开

收藏单位：重庆馆、江西馆

01002
农业推广方法 董鹤龄著
世界书局，1947.8，77 页，32 开（世界集刊）

本书共 8 部分：表证农田、特约农家、农产展览会、农产比赛会、农事讲习会、儿童农学团、农业补习学校、农会。附录修正农会法、农民福利社设置办法。

收藏单位：重庆馆、广东馆、国家馆、南京馆、内蒙古馆、浙江馆

01003
农业推广论文集（第1辑） 乔启明著
重庆：农林部农业促进委员会，1940.4，1册，18开
本书内收12篇论文：《农业推广组织问题》《战时农业推广》《战时农民组织与农会》《农会与农业推广》《农会之认识与推行》《温江乡村建设之原则与组织》《县单位农业推广制度之实验》《县农业推广工作要点》《农辅团的使命》《如何培养农业推广人才》《抗战阶段中我国农业推广概述》《论农业推广与农贷关系及其联系》。
收藏单位：南京馆

01004
农业推广论文集（第2辑） 乔启明著
重庆：农林部农业促进委员会，1940.12，1册，18开
本书内收11篇论文：《今后县农业推广之展望》《农业推广与新县制》《农民运动与抗战建国》《农会经济自立之途径》《农会教育事业与农民训练》《农业推广计划之拟定与实施》《农业推广视导制度》《如何利用冬季推进农业推广事业》《如何确立今后农业生产政策》《发展我国农业生产协议》《西南经济建设与农业推广》。
收藏单位：南京馆

01005
农业推广论文集（第3辑） 乔启明著
[重庆]：[农林部农业促进委员会]，1942.1，[112]页，23开，环筒页装
本书内收11篇论文：《农业建设的关键》《农辅团第二年》《县单位农业推广实验之使命与方针》《农业推广人员应有的知识与修养》《粮食问题与农业推广》《再论粮食问题与农业推广》《当前农贷问题之检讨》《农业推广材料问题》《农业推广与农场管理》《吾人对于农场管理制度应有之认识》《今后农业推广之新希望》。附录《晋南农村之固有组织》。
收藏单位：广东馆、浙江馆

01006
农业推广巡回辅导团实施计划纲要 农产促进委员会编
重庆：农产促进委员会，1939.5，18页，36开
本书共7部分：工作目标、工作原则、组织、工作范围、辅导事项、辅导方式、经费预算。
收藏单位：国家馆、南京馆

01007
农业推广之理论与实施 廖崇真著
长沙：商务印书馆，1940.6，243页，32开
本书共4编：农业推广之重要、农业之历史及制度、农业推广之研究、农业推广之实施。内容包括：农业推广与国民经济建设、农业推广与农村社会问题、农业推广与农村合作事业、农业推广与成年农民补习教育、美国农业推广发展史、各国农业推广制度概况等。书前有邓植仪序及作者自序。
收藏单位：贵州馆、国家馆、江西馆、浙江馆

01008
青岛市农林推广事业概况 青岛市农林事务所编
青岛：青岛市农林事务所，1934.7，61页，25开
本书共16部分：划定农业推广区域、设置农业推广实验区、设置特约农田、举行冬期农事讲习会、举办农产展览会、分发果树苗、分发蔬菜种苗、分发种鸡种畜、推行家畜配种、设置推广中心区、指导防除果树及蔬菜病虫害、分发麦种、指导牛乳业组织合作社、协助工商学会设立李村植棉场、分发林苗、印发刊物。附民国二十三年度农业推广计划。
收藏单位：国家馆、南京馆、上海馆

01009
全国农业推广材料一览表 中央农业推广委员会编
中央农业推广委员会，1935，52页，16开
本表共7类：普通作物类、特用作物类、园艺作物类、种苗树木类、禽畜蚕蜂类、农

具机械类、疫苗药剂类。附推广材料出品机关地址一览表。

收藏单位：国家馆

01010

全国农业推广实施计划纲要　农产促进委员会编

重庆：农产促进委员会，1939.5，25 页，32 开

本纲要共 6 部分：组织、人才训练、推广业务、推广实验区、人员与工作之支配、推广经费。附全国农业推广实施办法大纲。

收藏单位：重庆馆、国家馆、南京馆

01011

全国农业推广实施计划纲要草案　农产促进委员会编

重庆：农产促进委员会，1939，19 页，32 开

本草案共 6 部分：组织、人才训练、推广业务、推广实验区、人员与工作之支配、推广经费。

收藏单位：国家馆

01012

全国农业推广实施状况调查录（第 1 集）　中央农业推广委员会编

中央农业推广委员会，1936.12，270 页，16 开

本调查录介绍全国农业行政机关之部、农业试验机关之部、社会教育机关之部、学校教育机关之部 173 个机关的名称、所在地、成立年月、组织概况、工作实施范围、推广材料、业务进行概况等。其中有江苏省棉产改进所南通学院农科棉作部、湖北省政府建设厅农业推广处等。

收藏单位：国家馆、南京馆

01013

县单位农业改良推广办法　河北省县政建设研究院编

河北省县政建设研究院，1934.12，9 页，23 开

本书为县单位农业改良推广的具体办法，共两部分：生计巡回训练学校、表证农家。附县单位生计训练及农业推广组织系统表。

收藏单位：国家馆、南京馆

01014

现阶段农业推广问题　廖崇真著

出版者不详，油印本，4 页，16 开

收藏单位：南京馆

01015

怎样丰收（水 肥料 消毒）　河北省公署宣传处资料研究室编

河北省公署宣传处资料研究室，1942.4，28 页，32 开

本书共 6 部分：种子消毒浅说、治除蝗虫与粘虫的方法、水、有利于农作物增产的凿井与凿泉、肥料、碱地应如何改良。为日伪机关出版物。

收藏单位：国家馆

01016

浙江省农业改进史略　浙江省农业改进所编

[景宁]：浙江省农业改进所，1946.12，48 页，32 开

本书共 13 章：稻麦、蚕丝、茶叶、棉、桐油及其他特产、园艺、森林、畜牧与兽医、植物病虫害、土壤与肥料、农田水利、战时粮食增产、农业推广。书前有莫定森序。

收藏单位：重庆馆、国家馆、湖南馆、南京馆、浙江馆

01017

中国农业技术的改进问题　黄绍绪编著

出版者不详，[26] 页，16 开

本书内容包括：中国农业技术的优点、中国农业技术的缺点、中国农业技术改进的现状、今后农业改良应采的方针。为《农林》第 4 辑抽印本。

收藏单位：国家馆

作物生物学原理、栽培技术与方法

01018

冬季作物栽培浅说　浙江省农业改进所编

松阳：浙江省农业改进所，1938，11 页，32 开

（农业浅说 6）

本书介绍了冬季作物小麦、大麦、蚕豆、豌豆、油菜的栽培方法。

收藏单位：安徽馆、浙江馆

01019

冬季作物栽培浅说　浙江省食粮管理委员会编

浙江省食粮管理委员会，1937.9，16 页，32 开

本书内容包括：为什么要栽培冬季作物、几种冬季作物的滋养价值、主要冬季作物的栽培方法等。

收藏单位：浙江馆

01020

工艺作物学

出版者不详，199 页，22 开

本书共两编：纤维类、吸饮类。

收藏单位：浙江馆

01021

几种主要作物的栽培方法　周建编著

南宁：民团周刊社，1938.7，52 页，32 开（基层建设丛刊 第 2 辑 4）

本书介绍了水稻、小麦、玉蜀黍、木薯、甘薯、棉、甘蔗共 7 种主要作物的栽培方法。内容包括：土宜、品种的选定、整地、播种、插秧、施肥、中耕除草、收获、留种、病虫害防治等。

收藏单位：贵州馆、桂林馆、国家馆、南京馆

01022

农业大意作物学篇　杨开渠编

出版者不详，159 页，22 开

本书共 10 章，内容包括：概论、作物与环境、轮作制、水稻栽培法等。

收藏单位：黑龙江馆、浙江馆

01023

农作物篇　陆绍曾著

上海：中国图书公司和记，1915.12，106 页，32 开

本书共 9 部分：园作之价值、园作之要旨、园地之营造、园地之土质、园作之用具、作物之栽培、栽培法之概要、作物播种收获气候表、作物栽培法简表。逐页题名：园作须知——农作物篇。

收藏单位：国家馆、湖南馆、辽宁馆、首都馆、浙江馆

01024

普通作物教科书　（日）日本农业教育协会编　方从矩编译　章钦润文

上海：新学会社，1911，66 页，25 开，精装

本书其他题名：初等普通作物教科书。为初等农业学校用书。

收藏单位：重庆馆、首都馆

01025

四十五大作物论　颜纶泽编　万国鼎校

上海：商务印书馆，1924.6，[12+535] 页，25 开

上海：商务印书馆，1931.4，再版，[12+535] 页，23 开

上海：商务印书馆，1933.9，国难后 1 版，[12+535] 页，22 开

上海：商务印书馆，1934.10，国难后 2 版，[12+535] 页，22 开

上海：商务印书馆，1935.6，国难后 3 版，[12+535] 页，23 开

上海：商务印书馆，1937.6，国难后 4 版，[12+535] 页，23 开

本书共 10 章：嗜好品类、糖料类、淀粉类及粉料类、纤维类、油蜡类、树液类、染料类、酿造类、药料类、杂用类。书前有概言。

收藏单位：安徽馆、重庆馆、广东馆、贵州馆、国家馆、湖南馆、南京馆、宁夏馆、山西馆、浙江馆

01026

新编作物通论　童玉民编

上海：新学会社，1922，156 页，24 开

上海：新学会社，1929，再版，156 页，24 开

本书为甲种农学校授课用书。其他题名：作物通论。

收藏单位：安徽馆、重庆馆、浙江馆

01027
乙种普通作物教科书 方从矩译述 章嵚润文
上海：新学会社，1912，66页，22开
上海：新学会社，1913，再版，66页，22开
上海：新学会社，1915，修正3版，66页，22开
上海：新学会社，1917.3，[修正4版]，66页，22开
本书内容包括：禾谷类、稻、麦、粟、蜀黍、玉蜀黍、荞麦、荳荚类等。为乙种农学校用书。
收藏单位：首都馆、浙江馆

01028
中等作物学 周汝沆编 陆费执校
上海：中华书局，1925.3，119页，32开
上海：中华书局，1926，4版，121页，25开
上海：中华书局，1931.8，6版，86页，32开
上海：中华书局，1932.11，8版，86页，32开
上海：中华书局，1933，11版，121页，27开
上海：中华书局，1937.5，16版，121页，27开
昆明：中华书局，1940，18版，121页，27开
本书共两部分：食用作物、工艺作物。食用作物包括：禾谷类、菽谷类，工艺作物包括：纤维料类、糖料类、染料类。书中介绍了各类作物的性状、来历、品种、气候、土质、栽培法、病虫害防治等知识。为新学制农业教科书。版权页误题：周汝沅。
收藏单位：重庆馆、国家馆、南京馆、内蒙古馆、山西馆、上海馆、西南大学馆、浙江馆

01029
中国十五种农作物之研究 程洪祖编著
成都：成城出版社，1941.5，116页，32开
本书共17章：总论、稻、玉蜀黍、高粱、小米、糜子、小麦、大麦、荞麦、黄豆、豌豆、蚕豆、花生、油菜、芝麻、棉、结论。书末附图5幅：中国主要地势区域略图、中国酸性中和性及碱性土壤之分布、每年平均雨量、中国两大农业区域、中国之农业区。
收藏单位：重庆馆、东北师大馆、广东馆、国家馆

01030
中国作物论 原颂周著
外文题名：Chinese agricultural products
上海：商务印书馆，1924.6，407页，24开
上海：商务印书馆，1928.6，再版，407页，24开
上海：商务印书馆，1931.3，3版，407页，24开，精装
上海：商务印书馆，1933.8，国难后1版，394页，24开（大学丛书）
上海：商务印书馆，1935.7，国难后1版，394页，24开（大学丛书 教本）
上海：商务印书馆，1937.3，国难后2版，394页，24开（大学丛书 教本）
本书共40章，内容包括：概论、水稻、陆稻、小麦、燕麦、粟、黍稷、玉蜀黍、高粱、黑麦、荞麦、豆菽类、甘薯、马铃薯、纤维植物总论、棉之性状及成分、棉之来历用途及产额、棉之气候及土宜等。为新学制高中农业科用书。
收藏单位：安徽馆、重庆馆、广东馆、广西馆、贵州馆、国家馆、湖南馆、江西馆、辽师大馆、南京馆、内蒙古馆、上海馆、首都馆、浙江馆

01031
重要作物 唐启宇著
外文题名：Some important crops
上海：商务印书馆，1929.10，147页，32开（万有文库第1集604）（百科小丛书）
上海：商务印书馆，1931.8，147页，32开（百科小丛书）
上海：商务印书馆，1933.4，国难后1版，147页，32开（百科小丛书）
上海：商务印书馆，1934.7，再版，147页，32开（万有文库 第1集604）（百科小丛书）
上海：商务印书馆，1935.7，国难后2版，147页，32开（百科小丛书）
上海：商务印书馆，1939.12，简编，147页，

25开（万有文库第1—2集244）（百科小丛书）
重庆：商务印书馆，1945.1，120页，36开（百科小丛书）

本书共10章：概论、稻、小麦、杂粮、棉、各种麻、大豆及其他产油作物、茶、烟草、甘蔗及甜菜。附重要作物之轮栽表。

收藏单位：安徽馆、重庆馆、大理馆、大连馆、东北师大馆、广西馆、贵州馆、国家馆、黑龙江馆、湖南馆、江西馆、辽大馆、辽师大馆、南京馆、内蒙古馆、宁夏馆、上海馆、首都馆、天津馆、西南大学馆、浙江馆

01032
作物泛论教科书 （日）佐佐木祐太郎著 沈化夔译述
上海：新学会社，1913.1，146页，25开
上海：新学会社，1915.3，3版，146页，25开
上海：新学会社，1924.9，5版，146页，25开
上海：新学会社，1928.9，7版，重订版，146页，25开

本书为中等农学校用书。

收藏单位：首都馆

01033
作物各论教科书 （日）佐佐木祐太郎著 沈化夔译
上海：新学会社，1913，2册（116+108页），22开

本书为中等农学校用书。

收藏单位：首都馆

01034
作物讲义
出版者不详，[1934—1949]，82页，25开

收藏单位：江西馆

01035
作物生理学 吴峡 胡朝阳编译
上海：新学会社，1911，102页，32开
上海：新学会社，1913，再版，102页，32开

本书共33章，介绍了叶、茎、根、种子的构造、生长发育，作物的生长、生殖、遗传，以及温度、气候、水分、光线等与作物生长的关系。附图31幅。为中等农学校用书。

收藏单位：重庆馆、国家馆、南京馆、首都馆

01036
作物通论 江西省训练团编
江西省训练团，1946.9，32页，25开

收藏单位：江西馆

01037
作物学 湖北省政府教育厅编
汉口：鄂湘赣书局，1943.4，再版，60页，32开（农业增产计划丛书2）

收藏单位：南京馆

01038
作物学 黄绍绪编著
上海：商务印书馆，1949，3册（193+252+253页），32开

全书分上、中、下3册，共10篇：栽培通论、禾谷作物、根作物、饲料作物、豆科植物、油料作物、糖料作物、药科作物、嗜好料作物、纤维作物。上册为1949年3月出版，中、下册为1949年6月出版。为职业学校教科书。

收藏单位：重庆馆、国家馆、湖南馆、内蒙古馆、西南大学馆

01039
作物学 凌昌焕编纂
上海：商务印书馆，1917.2，113页，32开
上海：商务印书馆，1917，58页，25开
上海：商务印书馆，1926.3，90页，32开
上海：商务印书馆，1932.6，国难后长沙1版，90页，32开
上海：商务印书馆，1932.11，国难后2版，90页，32开
上海：商务印书馆，1934，国难后5版，90页，32开
上海：商务印书馆，1935.5，国难后7版，90页，32开
长沙：商务印书馆，1938.11，国难后增订8版，

96 页，32 开，精装
上海：商务印书馆，1946，10 版，90 页，32 开
上海：商务印书馆，1949.1，13 版，90 页，32 开

本书分上、下两篇。上篇食用作物，共 4 章：禾谷类、豆菽类、根菜类、饲料类。下篇工艺作物，共 5 章：纤维类、油料及树液料类、糖料类、嗜好料及药用料类、染料类。附作物栽培一览表。为职业学校教科书、新学制初级农业学校教科书。

收藏单位：重庆馆、国家馆、南京馆、山西馆、上海馆、首都馆、西南大学馆、浙江馆

01040
作物学 （日）指宿武吉讲授 贾树模编译
上海：商务印书馆，1911.9，5 版，76 页，32 开
上海：商务印书馆，1914，7 版，76 页，25 开
上海：商务印书馆，1923，9 版，76 页，25 开

本书为初等农学教科书。

收藏单位：重庆馆、广东馆、南京馆、首都馆、浙江馆

01041
作物学 朱炳章编
台山：西华印书馆，1937，132 页，32 开（简易师范农业讲义 2）

收藏单位：广东馆

01042
作物学泛论 顾复编
长沙：商务印书馆，1927.9，170 页，25 开
上海：商务印书馆，1929，再版，170 页，24 开
上海：商务印书馆，1932.6，国难后 1 版，170 页，32 开
上海：商务印书馆，1934.9，国难后 5 版，170 页，32 开
长沙：商务印书馆，1938，国难后 10 版，170 页，32 开，精装
长沙：商务印书馆，1938，国难后 11 版，170 页，32 开，精装
长沙：商务印书馆，1941，13 版，170 页，32 开
上海：商务印书馆，1941.6，国难后 14 版，170 页，32 开
重庆：商务印书馆，1943，128 页，32 开
长沙：商务印书馆，1947.5，国难后 15 版，128 页，32 开
上海：商务印书馆，1949.1，16 版，128 页，32 开

本书共 13 章：作物及品种、作物体之构成及生理、繁殖、选种、整地、播种、栽植、管理、保护、收获、储藏、贩卖、耕作制度。为职业学校、高级农业职业学校教科书。

收藏单位：安徽馆、重庆馆、广东馆、国家馆、河南馆、湖南馆、江西馆、南京馆、内蒙古馆、宁夏馆、山西馆、上海馆

01043
作物学概论 余友泰编著
上海：龙门联合书局，1949.3，132 页，32 开（职业学校丛书）

本书共 24 章，内容包括：绪论、作物的分类、世界主要作物的分布与生产状况、中国农业区域、限制作物分布的因子、作物的种实及其鉴定、作物种子的寿命与发芽、作物的生长、作物的生殖、作物的根、水分与作物生长的关系、土壤与作物生长的关系、肥料与作物生长的关系、作物品种等。

收藏单位：广东馆、国家馆、内蒙古馆

01044
作物学概论 翁德齐编
上海：新农企业股份有限公司，1947.6，143 页，16 开（新农丛书）

本书共 17 章：绪论、作物之分类、世界作物之分布及产况、中国作物之分布及产况、作物之生长、土壤与作物生长之关系、水与作物生长之关系、作物之肥料、作物之品种及种子、作物之改良、整地、播种及移植、管理、收获处理及贮藏、良种之检定、轮作制度、旱农制度。

收藏单位：广东馆

01045
作物学各论 顾复编

外文题名：Special remarks for farm crops
上海：商务印书馆，1928.4，272 页，32 开
上海：商务印书馆，1932.8，国难后 1 版，272 页，32 开
上海：商务印书馆，1932，国难后 2 版，289 页，32 开
上海：商务印书馆，1935，国难后 4 版，311 页，32 开
上海：商务印书馆，1936.12，国难后 6 版，272 页，32 开
长沙：商务印书馆，1938.11，国难后 8 版，272 页，32 开
商务印书馆，1941.3，国难后 10 版，272 页，32 开
成都：商务印书馆，1943.8，272 页，32 开
上海：商务印书馆，1946.6，12 版，272 页，32 开
上海：商务印书馆，1948.5，13 版，272 页，32 开

本书分食用作物、工艺作物两编。食用作物 4 类 21 种，包括：稻、小麦、大麦、黑麦、燕麦、玉蜀黍、蜀黍、粟、黍等。工艺作物 7 类 31 种，包括：棉、苎麻、大麻、亚麻、黄麻、蔺、蒲、落花生、油麻、油桐、漆树、橡皮树等。为高级农业职业学校教科书。

收藏单位：安徽馆、重庆馆、广东馆、国家馆、湖南馆、江西馆、辽大馆、内蒙古馆、宁夏馆、山西馆、天津馆、西南大学馆、浙江馆

01046
作物学实验教程　黄绍绪编著
上海：商务印书馆，1928.8，99+19 页，25 开
上海：商务印书馆，1934.1，国难后 1 版，99+19 页，32 开
上海：商务印书馆，1939.2，国难后 3 版，100+[20] 页，32 开
上海：商务印书馆，1939.8，国难后 4 版，100+[20] 页，32 开，精装
上海：商务印书馆，1947.8，6 版，100+[20] 页

本书共 48 个试验，内容包含：作物之发芽、肥料试验、马铃薯之形态、甘蔗之性态、油菜花、作物病害之预防等。书后附中等农业学校作物教学法。为职业学校教科书。

收藏单位：安徽馆、重庆馆、广东馆、国家馆、湖南馆、江西馆、辽大馆、南京馆、内蒙古馆、西南大学馆

01047
作物学通论　黄绍绪编著
上海：商务印书馆，1925.12，171 页，32 开
上海：商务印书馆，1934.2，171 页，32 开
上海：商务印书馆，1935.2，国难后 5 版，171 页，32 开
上海：商务印书馆，1935.5，国难后 6 版，171 页，32 开
长沙：商务印书馆，1938.11，8 版，171 页，32 开
上海：商务印书馆，1939，国难后 9 版，171 页，32 开，精装
重庆：商务印书馆，1943，171 页，36 开
江西：商务印书馆，1943，赣 1 版，171 页，36 开
上海：商务印书馆，1946.9，13 版，171 页，32 开
上海：商务印书馆，1947.6，14 版，171 页，32 开
上海：商务印书馆，1948.5，15 版，171 页，32 开

本书共 21 章，内容包括：总论、作物之重要、作物之品种、作物改良问题、作物良种取得之方法、作物气候之宜、作物土壤之宜、作物栽种之制度、特别农作法、整地、施肥、绿肥、石灰、播种等。为中等农业学校、职业学校、农村师范学校作教科书。

收藏单位：安徽馆、重庆馆、广东馆、贵州馆、国家馆、江西馆、南京馆、内蒙古馆、西南大学馆、浙江馆

作物品种与种质资源（品种资源）

01048
多品种比较试验之理论与实际　汪厥明编

外文题名：The principles and practice of multi-varietal trials
永安：福建省农业改进所，1941.7，30 页，16 开（福建省农业改进处研究报告 1）

本书共 6 部分：绪言、原理、多品种比较试验、讨论、摘要、参考文献。

收藏单位：重庆馆、国家馆、南京馆

01049
多数品种时田间试验之新法不完全区组之应用举例　周承钥　蔡旭编著
[成都]：四川省农业改进所，1940.3，29 页，16 开（农业丛刊 3）

本书共 6 部分：引言、不完全区组以外之数种方法概述、不完全区组之设计、不完全区组实用上之价值、举例、结语。

收藏单位：国家馆

01050
机差自由度估算法　汪厥明著
外文题名：Methods of determining the degrees of freedom for errors
台北：厥明生物统计研究室，1947.12，10+20 页，16 开（国立台湾大学农学院研究报告 第 1 卷 第 5 号）

本书共 5 部分，内容包括：连结动差、连结乘积动差、常态机差之性质与估算、常态机差自由度估算实例等。为中英文本。

收藏单位：国家馆、吉大馆

01051
两种拟复因子试验设计及分析方法之介绍　缪进三著
永安：福建省农林处，1943.4，14 页，16 开（福建省农林处研究报告 15）

本书共 4 部分：我国田间试验方法之进步、最基本之拟复因子设计——二向二组群、二向二组群拟复因子试验之分析、平衡不完全随机区组之设计。

收藏单位：国家馆、南京馆

01052
农林种子学（上卷）（日）近藤万太郎著　杨开渠译
上海：商务印书馆，1936.3，464 页，22 开（大学丛书）
上海：商务印书馆，1936.8，再版，464 页，22 开（大学丛书）
长沙：商务印书馆，1940.4，2 版，464 页，大 32 开（大学丛书）

本书共 21 章，内容包括：种子之一般性状、果实之一般性状、种子及果实之传播、种子之发芽与水分之关系、种子之发芽与温热之关系、种子之发芽与氧气之关系及呼吸作用、种子之发芽与光线之关系、种子之发芽与冷冻之关系、种子之发芽与化学刺激之关系等。附术语及项目索引、人名索引。

收藏单位：重庆馆、东北师大馆、广东馆、贵州馆、国家馆、黑龙江馆、湖南馆、江西馆、南京馆、内蒙古馆、宁夏馆、首都馆、西南大学馆、浙江馆

01053
农艺植物考源　俞德浚　蔡希陶编译　胡先骕校订
长沙：商务印书馆，1940.9，300+[16] 页，36 开（汉译世界名著）

本书共 3 卷：通论、栽培植物之源流及传播、总论。内容包括：世界各国农事之起源、考证栽培植物源流之方法、应用地下部分之植物、应用茎叶部分之植物、应用果实部分之植物、应用种子之植物、栽培植物考源总表、结论。书末附植物科学名及英文名索引、中文植物学名索引。根据德空多尔氏《农艺植物考源》一书编译而成。

收藏单位：重庆馆、大庆馆、东北师大馆、江西馆、上海馆、浙江馆

01054
实验农用种子学新编　上海科学书局编辑所编
上海：科学书局，1914.10，84 页，23 开（农学丛书）

本书封面题名：实验种子学新编。

收藏单位：安徽馆、浙江馆

01055
世界作物之种类（日）明峰正夫著　周汉藩

刘瑛译
北平：中国植物学会，1936.12，1174—1242页，16开

本书以中英文对照的形式，收录了世界不同种类的作物。载《中国植物学杂志》第3卷第4期。

收藏单位：广东馆

01056
异群不等组之多品种比较试验 张鲁智著
外文题名：The multi-varietal trials in unequal groups of sets
永安：福建省农业改进处，1941.10，47页，16开（福建省农业改进处研究报告3）

本书共8部分：引言、所谓等组与不等组、二元二群不等组多品种比较试验、二元三群不等组多品种比较试验、三元三群不等组多品种比较试验、结语、摘要、参考文献。

收藏单位：国家馆

01057
中华民国主要农产图 陆殿扬主编 中国史地图表编纂社编制
上海：亚光与地学社，1947.3，1册，16开
上海：亚光与地学社，1948.6，增订再版，1册，16开

本书为中心国民学校适用。

收藏单位：江西馆

01058
庄稼的祖先 李俊著
沈阳：东北书店，1949.4，46页，32开（大众科学丛书）

本书共13部分：庄稼的祖先、石头变成土、粪、不结籽的果木树是怎样生成的、黑羊变白羊、小理化工厂、种籽的旅行、张冠李戴、修修剪剪、落花生、植物吸血鬼、虫、风调雨顺。

收藏单位：重庆馆、东北师大馆、广东馆、国家馆、辽宁馆、山东馆、首都馆

01059
庄稼的祖先 李俊编
[涉县]：华北新华书店，1947.10，56页，32开（大众科学丛书5）

收藏单位：重庆馆、国家馆、湖南馆、山东馆、山西馆

01060
庄稼的祖先 李俊编
[延安]：西北新华书店延安总店，1949，58页，32开

收藏单位：重庆馆

01061
庄稼的祖先 李俊编
新华书店，1949，46页，32开（大众科学丛书）

收藏单位：南京馆

01062
作物品种鉴定的意义和方法 浙江省农业改进所编
浙江省农业改进所，1940.9，16页，32开（浙江省农业改进所丛刊2）

收藏单位：南京馆

作物遗传育种与良种繁育

01063
改良品种之繁殖与推广 郝钦铭 张汝俭著
出版者不详，1936.8，24页，16开

本书为金陵大学农学院《农林新报》第13年第24期抽印本。

01064
改良种子推广法 沈学年编著
中央农业推广委员会，1936.5，66页，16开

本书共12章：绪言、种子推广事业之组织、作物改良协会之组织、区域试验、示范农田、繁殖优良品种、农家采用改良品种之办法、优种登记、种子之检定、种子之分级、种子专律、结论。

收藏单位：国家馆

01065
检定及分布改良品种之方法 郝钦铭编
南京：金陵大学农学院，1934，70页，22开
收藏单位：广东馆、河南馆、南京馆、西南大学馆

01066
金陵大学农学院农事试验总场及各省分场合作场之改良作物品种
成都：金陵大学农学院，1939.4，油印本，38叶，16开
本书共两部分：作物改良工作经过及现状、改良作物品种。改良作物品种涉及8类：小麦、棉花、水稻、大豆、粟、高粱、大麦、玉蜀黍。为蓉字报告第2号。
收藏单位：重庆馆、贵州馆、国家馆、湖北馆、山西馆、首都馆、天津馆、浙江馆

01067
满蒙优良种苗普及事业计划案 南满洲铁道株式会社庶务部调查课编
南满洲铁道株式会社庶务部调查课，[28]页，23开（汉译调查资料 第1编）
本书系日本古仁所丰拟定的一份计划，共两部分：优良种苗普及计划、经费。附农艺师范学校设立计划案概要。

01068
农家自行选种法 李明良著
外文题名：Methods of personal seed selection
成都：中华基督教会四川协会文字事业委员会，1931.9，13页，44开
成都：中华基督教会四川协会文字事业委员会，1936.4，再版，13页，44开
本书共3部分：引言、纯良种子的利益、选种的方法。
收藏单位：国家馆

01069
农林种苗便览（第12期）
上海：益生种苗行，1932，40页，32开
本书以表格形式罗列了多种树苗的名称、果形、色泽、品质、成熟期、价格等。
收藏单位：广东馆

01070
农人自己保守纯种的方法 王绶著
出版者不详，1928，14页，22开（金陵大学农林科农林丛刊43）
收藏单位：广东馆

01071
农作物改良法 顾复编著
上海：商务印书馆，1923.10，167页，25开
上海：商务印书馆，1927.1，再版，167页，25开
上海：商务印书馆，1931.4，3版，[15]+167页，32开
上海：商务印书馆，1934.6，国难后1版，146页，25开（农学小丛书）
上海：商务印书馆，1934.6，国难后1版，167页，25开
上海：商务印书馆，1935，国难后2版，146页，25开（农学小丛书）
商务印书馆，1939.5，国难后4版，146页，32开（农学小丛书）
本书共4篇：农作物育种学（即品种改良法）、农事试验法、农业推广法、实例。书前有绪言。为农业学校用书。
收藏单位：安徽馆、重庆馆、广东馆、贵州馆、国家馆、湖南馆、江西馆、南京馆、内蒙古馆、农大馆、首都馆、浙江馆

01072
品种改良 唐志才著
上海：新学会社，1930.8，116页，32开
上海：新学会社，1935.10，再版，115页，32开
本书共12章：品种改良的意义及目的、品种改良法与遗传学的关系、欧美品种改良的借鉴、品种改良上必备的知识、混合种植法、纯系种植法、曼德尔氏定律、最近的遗传学研究、形状的结合、特殊作物育种法、近代禾谷类的育种法、家畜育种法。
收藏单位：重庆馆、广东馆、国家馆、南京馆、内蒙古馆、农大馆、上海馆、浙江馆

01073
实用作物育种学新编 陆自诚编
上海：科学书局，1913.12，108页，23开（农学丛书13）
本书共3编：前论、育种本论、各论。第1编共4章：总论、变异、相关现象、遗传；第2编共8章：育种之种类、淘汰、昂进育种法、由于偶然变异之育种法及异种分离法、由于交杂之育种法、由于无性生殖之育种法、育种场及其管理、形质调查用器具；第3编共6章：小麦、大麦、燕麦、拉伊麦、稻、玉蜀黍。为中等农学校用书。
收藏单位：安徽馆、国家馆、浙江馆

01074
推广改良作物品种之步骤 郝钦铭编
南京：金陵大学农学院，1935.3，26页，32开
收藏单位：南京馆

01075
我国农作物种子改良及推广方法刍议 沈宗瀚著
南京：金陵大学农林科，1928.5，24页，23开（金陵大学农林科农林丛刊45）
本书介绍了种子改良在农业改良上的地位，阐述了主要作物品种的改良法（含改良目的、调查已有的品种、品种分类、品种试验等），分析了农作物种子推广的方法。

01076
选留纯种的好方法 浙江省立农业改良场编
杭州：浙江省立农业改良场，1931.10，6页，25开（农民浅说2）
本书共5部分：你们田里所长的野稻是很多很多、损失还不只这样哩、怎么个选法呢、挑选十亩田用的种籽也不见得费时、还有一种更切于实用的方法。
收藏单位：国家馆

01077
选种 松江省政府建设厅编
佳木斯：东北书店，1948.4，10页，50开（生产丛书3）
本书共3部分：种子选择的要点、主要作物选种法、最后的几句话。
收藏单位：国家馆、辽宁馆、南京馆

01078
一年来之作物育种
出版者不详，1931.9，1册，25开（农业丛刊）
本书介绍了1931年一年来之作物育种进展情况。
收藏单位：浙江馆

01079
用耐旱籽种来防灾 中国华洋义赈救灾总会编
北平：中国华洋义赈救灾总会，1930.3，20页，25开（中国华洋义赈救灾总会丛刊 乙种40）

01080
育种学 国立北京大学农学院编
[北京]：国立北京大学农学院，1944，[218]页，18开
本书共4部分：日本之农业研究、植物育种学讲义、田间试验之新设计及随机排列之方法、育种上必要之细胞遗传学技术。
收藏单位：国家馆

01081
育种学 唐志才 冯明吴编
上海：商务印书馆，1933.2，98页，32开
上海：商务印书馆，1933.9，再版，98页，32开
上海：商务印书馆，1934，3版，98页，32开
上海：商务印书馆，1935.4，4版，98页，32开
长沙：商务印书馆，1939.9，7版，98页，32开
上海：商务印书馆，1947.6，8版，98页，32开
上海：商务印书馆，1948.5，9版，98页，32开
本书共8章：总论、交杂育种法、分型育种法、其他之育种法、品种优劣之鉴定、鉴定禾本科作物之显隐之主要形质、米之品质鉴定、育种圃及原种圃。为高级农业学校师范学校或中等学校生物学之参考书。
收藏单位：安徽馆、重庆馆、桂林馆、国家馆、湖南馆、江西馆、南京馆、上海馆、

首都馆、浙江馆

01082
育种学概要　（日）明峰正夫著　许调履译
上海：中国农业书局，1937.8，102页，23开
　　收藏单位：贵州馆、南京馆、宁夏馆、上海馆

01083
植物生产改进组作物改良报告（中华平民教育促进会生计部）　中华平民教育促进会编
定县（河北）：中华平民教育促进会，1935.12，52页，32开
　　本书共8章：绪言、工作概述、育种、栽培、虫害防治、病害防治、其他研究、最近三年试验一览。
　　收藏单位：国家馆

01084
植物育种学（上卷）　汪呈因编著
上海：商务印书馆，1937.2，224页，25开
　　本书为上卷，共6编：绪论、选择育种、杂交育种、突变育种、无性繁殖改良法、附录。内容包括：植物育种学之重要、植物育种学之沿革、植物改良之方法、混合选种法、纯系选种之原理、纯系选种之方法、纯系选种之实施、比较试验及或差、美国杆行试验法、英国分区试验法等。书内有插图36幅。
　　收藏单位：重庆馆、东北师大馆、贵州馆、国家馆、湖南馆、南京馆、内蒙古馆、西南大学馆、浙江馆

01085
植物育种学（下卷）　汪呈因编著
上海：商务印书馆，1948.11，385页，25开
　　本书为下卷，共4编：总论、自花受精作物、常异花受精作物、常异花受精作物及无性繁殖作物。内容包括：植物生殖方法与育种、品种性状之鉴定、交配上特种技术、稻之育种通论、稻之育种方法、稻之育种遗传、小麦育种通论、小麦育种方法等。书末附中文、日文、英文及法文参考书目。
　　收藏单位：重庆馆、东北师大馆、国家馆、江西馆、西南大学馆、浙江馆

01086
中等植物育种学　徐正铿编　陆费执校
上海：中华书局，1927.6，198页，25开
上海：中华书局，1930.5，再版，198页，25开
上海：中华书局，1931.9，3版，198页，25开
上海：中华书局，1937.5，6版，198页，32开
　　本书分上、下两编，内容包括：育种与进化、变异、突变、遗传、杂交、变律遗传、纯系、数量遗传、植物之生殖、育种法之分类、选择育种法、杂交育种法、利用杂种法、利用突变法、无性繁殖育种法、抵抗病害植物之育成。为新学制农业教科书。大学院审定新学制适用。
　　收藏单位：安徽馆、重庆馆、湖南馆、辽宁馆、南京馆、上海馆、浙江馆

01087
中国作物改良研究会议演讲集　马保之编
南京：实业部中央农业实验所，1934.11，83页，16开
　　本书收录演讲词28篇、讨论稿1篇，内容包括：《中国作物育种事业之过去现在及将来》（沈宗瀚）、《小麦育种之标准方法及问题》（周承钥）、《吾国水稻育种之商榷》（卢守耕）、《日本现行水稻育种法概要》（周拾禄）、《大豆育种法之探讨》（王绶）、《叶菜类育种法》（管家骥）等。书前有会员名录、开会词、欢迎词。
　　收藏单位：国家馆、南京馆、浙江馆

01088
中国作物育种学　王绶编著
上海：商务印书馆，1936.1，240页，23开
上海：商务印书馆，1936.6，再版，240页，25开（金陵大学农学院丛书）
上海：商务印书馆，1936.11，3版，240页，25开（金陵大学农学院丛书）
长沙：商务印书馆，1938.10，5版，240页，25开（金陵大学农学院丛书）
长沙：商务印书馆，1941.3，6版，240页，25开（金陵大学农学院丛书）

本书共14章：总论、天然自花受粉作物育种法——选择法、天然自花受粉作物育种法——杂交法、小麦育种法、大麦育种法、水稻育种法、大豆育种法、粟类作物之育种法、芦粟育种法、棉作育种法、玉蜀黍育种法、马铃薯育种法、农民自行育种法、改良种子推广及检定。书前有序言，书末附表。

收藏单位：安徽馆、重庆馆、广东馆、国家馆、湖南馆、南京馆、内蒙古馆、宁夏馆、上海馆、首都馆、浙江馆

01089

种籽改良常识　中央陆军军官学校特别训练班编

中央陆军军官学校特别训练班，1936，46页，32开

本书为植物育种学讲义。

收藏单位：重庆馆

01090

作物育种法提要　山西省农务局著

太原：山西省农务局，1936.3，26页，16开（山西省农务局丛书1）

收藏单位：山西馆

01091

作物育种实验指导　余松烈编

上海：新农企业有限公司，1949.9，184页，22开（新农丛书）

本书共4篇：作物品系比较试验之设计与分析、作物育种方法、杂交技术、附录——苏联米却林派学者之品种改良法。收录39个试验，包括：Barlow's表之检查、各型计算机之使用法、生物统计复习、秆行试验之计算法、平衡不完全随机区组试验之设计与分析等。为大学教本。

收藏单位：广东馆、西南大学馆

01092

作物育种学　郝钦铭编著

上海：商务印书馆，1946.10，2册（34+921页），25开

上海：商务印书馆，1947.11，再版，2册（34+921页），22开

上海：商务印书馆，1949.3，3版，2册（34+921页），25开

本书共8编：作物品种之改良及其原理、食用作物类、油用作物、纤维用作物、地茎用作物、根用作物、糖用作物、刺激性作物。书中有表253张，有插图153幅。

收藏单位：重庆馆、东北师大馆、贵州馆、国家馆、江西馆、辽宁馆、南京馆、山西馆、西南大学馆、浙江馆

01093

作物育种学　蒋涤旧著

北平：文化学社，1935.3，10+516页，32开

本书共14章：绪论、我国作物育种之急需、育种之步骤、育种方法之分类、育种与进化、变异论、突变论、遗传论、纯系论、交配论、作物生殖法与育种之关系、节制作物传粉作用之方法、作物比较试验之困难及其补救法、重要作物育种法。

收藏单位：重庆馆、国家馆、山西馆、上海馆

01094

作物育种学泛论　沈学年著

杭州：当代出版社，1948.1，2册（458页），32开

本书共17章：绪论、作物育种之演进、育种与演化、育种与变异、作物育种所根据之遗传学原理、植物繁殖法与育种之关系、育种方法之分类、作物育种之程序、植物抗虫育种、植物抗病育种、植物之自花授粉、植物之异花授粉、染色体与育种、试验机误及补救、改良种子之推广法、生物统计学在作物育种上之应用、田间试验之技术。封面题名：作物育种泛论。可作物育种学课程及农学院用书。

收藏单位：重庆馆、首都馆、浙江馆

耕作学与有机农业

01095

边区改良农作问题　中共西北中央局调查研究室编

出版者不详，1944，18 页，32 开（陕甘宁边区生产运动丛书）

本书内容包括：改良农作的方法、关于深耕、关于施肥和积粪、关于修改地形等。

收藏单位：重庆馆、南京馆

01096

春耕运动　卢浩然等著

青年出版社，37 页，32 开（技能训练丛书）

本书共 8 章：春耕运动、整地、下种、移植间拔和中耕、土壤与肥料、灌溉与排水、虫害、病害。附录为劝农大会歌。封面责任者题：卢浩书。

收藏单位：重庆馆、广东馆、国家馆、江西馆、南京馆、浙江馆

01097

冬耕及冬期作物栽培浅说　广西农林局编

广西农林局，1934.11，8 页，32 开（广西农林局农林浅说 13）

收藏单位：国家馆

01098

福建省督导冬耕人员参考资料

出版者不详，油印本，1 册，16 开

收藏单位：南京馆

01099

福建省三十一年度冬耕手册　福建省粮食增产总督导团编

福建省粮食增产总督导团，1942.8，40 页，32 开

本书共 6 章：福建省政府训令代电四通、福建省三十一年度冬耕督导纲要、福建省三十一年度冬耕宣传纲要、利用冬夏休闲田地种植小麦杂粮、开垦荒地与利用隙地增产小麦杂粮、附录。

收藏单位：福建馆

01100

改良耕种法　范云书编著

上海：世界书局，1932.12，114 页，32 开

上海：世界书局，1934.11，再版，114 页，32 开

本书共 10 章：民生和耕种、耕种的起源和发达、新式耕种法和旧式耕种法、耕种植物、繁殖法、耕地法、管理法、轮栽法、收获法、推广法。书中插图共 24 幅。

收藏单位：安徽馆、重庆馆、广东馆、国家馆、江西馆、南京馆、浙江馆

01101

改良耕种·防治害虫　陈醉云编

上海：中华书局，1948.5，28 页，36 开（中华文库）（民众丛书）

本书分《改良耕种》和《防治害虫》两篇。第 1 篇共 9 节：为什么要改良耕种、改良土壤、采用新式农具、选择好的品种、育苗和移植、摘心和剪枝、中耕除草和灌溉、肥料要用的适当、各种作物要轮替栽种；第 2 篇共 8 节：农作物的害虫、农作物的病菌、器械的预备、药料的预备、农业防治法、人工防治法、药料防治法、自然防治法。

收藏单位：东北师大馆、贵州馆、上海馆、天津馆

01102

耕种方法的研究　松江省政府建设厅编

佳木斯：东北书店，1948.4，8 页，50 开（生产丛书 4）

本书共 4 章：松江地区农业上的特点、农耕上今后应注意的几项、耕锄问题、关于高垅平垅。

收藏单位：国家馆、南京馆、山东馆

01103

耕种学（第 1—12 册）　王敬止等辑述　民国函授学校编

上海：民国函授学校，1916—1917，78 页，25 开（农业科讲义 1—2）

收藏单位：江西馆

01104

耕作浅说　山西省第四次治安强化运动实行委员会厚生部编

山西省第四次治安强化运动实行委员会厚生部，1942.4，12 页，32 开

本书共3部分：整地、播种、锄耘。内容包括：春耕、夏耕、秋耕、撒播、条播、点播等。为日伪机关出版物。

收藏单位：国家馆

01105

华北农作物的栽培制度 华北农业科学研究所编译委员会编

华北农业科学研究所编译委员会，1949，17页，16开

收藏单位：国家馆

01106

农业耕作方法计算问题 松江省政府建设厅编

佳木斯：东北书店，1948.4，17页，50开（生产丛书6）

佳木斯：东北书店，1948，再版，17页，50开（生产丛书6）

本书内容包括：大豆每垧人工马工计算、谷子每垧人工马工计算、年成每垧收获比较表、一匹马成本计算、关于种地时期等。

收藏单位：重庆馆、国家馆、辽宁馆、南京馆、山东馆

01107

"区田""圳田"第二年实验成果与推广意见 浙江省动员委员会编

出版者不详，52页，32开

本书内容包括：区田圳田施用之底肥、整地完毕时之区田、整地完毕时之圳田、圳田发育状况等。

收藏单位：浙江馆

01108

土壤深耕设计 广东建设厅农林局推广课编

广州：广东建设厅农林局推广课，1932，4页，32开

广州：广东建设厅农林局推广课，1933春，再版，4页，32开

广州：广东建设厅农林局推广课，1933秋，3版，4页，32开（推广丛书21）

广州：广东建设厅农林局推广课，1934春，4版，4页，32开（推广丛书21）

01109

怎样推广冬耕 饶华棣编著

赣县：新赣南出版社，1942.5，14页，大64开（乡镇建设小丛书2）

本书共6部分：什么叫做冬耕、为什么要推广冬耕、赣南各县过去一般冬耕情形的检讨、推广冬耕实施的步骤、几种适应本区风土的冬作物栽培方法、乡镇行政人员对于推广冬耕所负的责任。

收藏单位：重庆馆、国家馆

播种、栽植、田间管理

01110

农艺要旨 杨逸农编 西康省地方行政干部训练团编辑

西康省地方行政干部训练团，1941，112页，32开

本书介绍了西康省内小麦、籼稻、青稞、玉麦、洋芋、棉花等8种重要植物的种植方法。

收藏单位：重庆馆

01111

农艺种植指导 李植三编

上海：南星书店，1931.5，19+182页，32开（生利指导丛书）

上海：南星书店，1932.9，再版，19+182页，32开（生利指导丛书）

上海：南星书店，1933.5，4版，19+182页，32开（生利指导丛书）

上海：南星书店，1934.2，5版，19+182页，32开（生利指导丛书）

上海：南星书店，1935.2，改订版，19+182页，32开（生利指导丛书）

上海：南星书店，1935.9，再版，19+182页，32开（生利指导丛书）

上海：南星书店，1936.3，再版，19+182页，32开（生利指导丛书）

上海：南星书店，1936.11，再版，19+182 页，32 开（生利指导丛书）

本书共 10 编：织染料及糖料类、禾谷类、豆菽类、蕈科类及蔬菜类、果木类、油料类、嗜好料类、纤维料类、饲料及漆类料、林木类及盆花类。每一编分别介绍每类农作物的形态、种类、适宜气候、土质、栽培、病虫害防治、收获等种植知识。

收藏单位：安徽馆、重庆馆、广东馆、国家馆、湖南馆、江西馆、内蒙古馆、山西馆、上海馆、绍兴馆、浙江馆

01112

实用田间技术　包敦朴编著

福州：福建省立农学院，1947.11，196 页，25 开（福建省立农学院丛书）

本书共 10 章：总论、随机区组及拉丁方格、组群设计及分裂区试验、取样技术及缺区补救法、因子试验、因子混什试验概论、因子混什试验分析示例、拟复因子试验、平衡不完全随机区组及拟拉丁方格法、复式试验之综合变量分析法。

收藏单位：福建馆、湖南馆

01113

绥德种庄稼的方法　康敏编著

边区文协大众化工作委员会，1943，45 页，64 开

本书共 4 部分：绥德的气候、绥德的土壤、有些什么好农具、怎样种庄稼。

收藏单位：国家馆、南京馆

01114

怎样种庄稼　晋绥边区行政公署编

[兴县]：出版者不详，[1943.11]，22 页，36 开（农作法研究）

本书共 6 部分：什么地种什么庄稼、怎样上粪、耕种的方法、怎样锄地、收获、一年庄稼二年作。附录有种菜方法简单介绍。

收藏单位：国家馆、天津馆

01115

最新种植丛书　魏新农编

上海：中西书局总店，1931.8，[600] 页，32 开，精装

本书内容包括：种稻、种大麦、种小麦、种荞麦、种粟、种黍、种蜀黍、种玉蜀黍等。

收藏单位：国家馆、南京馆、上海馆

农产品收获、加工及贮藏

01116

仓储改进及仓虫防治指导手册

荣昌：农林部中央农业实验所，1941.3，42 页，32 开（杂刊 8）

本书共 5 章：总则、积谷制度及推广组织、推广方法、实施防治须知、出差须知。逐页题名：防治积谷害虫人员手册。

收藏单位：国家馆

01117

仓储技术管理　江西省农业院编

江西省农业院，1939.11，22 页，32 开（推广丛书 虫字 8）

本书共 6 部分：仓储技术管理之意义、仓储施行技术管理之重要性、江西一般贮谷情形之检讨、积谷贮藏中之三大敌害及在本省近年来猖獗之情形、防止积谷敌害之有效方法、区乡行政对于仓储施行技术管理之责任。

收藏单位：江西馆、西南大学馆、浙江馆

01118

仓储技术管理须知

荣昌：农林部中央农业实验所，1940.11，14 页，32 开（农林部中央农业实验所浅说 39）

本书共 8 部分：清洁仓库、米谷入仓堆积法、仓内温湿度调节法、仓内防湿设备、仓外防热设备、病虫害损耗检查、仓库检查、防止米谷损耗的人工处理法。

收藏单位：国家馆

01119

仓库害虫及其防治　曾省　李隆术编著

重庆：正中书局，1944.2，184 页，25 开

本书共 9 章：绪言、仓储与虫霉防治之重要、积谷害虫发生原因之研讨、积谷害虫之种类及经过习性、仓库改进、积谷管理、贮藏剂、防治方法、鼠族之害。书末附积谷病害、中国仓库害虫及益虫一览、参考文献。

收藏单位：重庆馆、国家馆、辽宁馆、南京馆、山西馆、首都馆

01120
福建省仓库害虫之初步调查报告 黄震著
外文题名：A report of the preliminary investigation of granary insects in Fukien Province
[永安]：福建省研究院，1941，18 页，18 开（福建省研究院动植物研究所汇报 1）

本书介绍该省仓库害虫的种类、分布状况、发生的原因、损害概况、防除技术等。附录仓库害虫采集邮寄法、国内已发见的仓库害虫名录、参考文献、重要害虫图样 8 幅等。

收藏单位：国家馆

01121
积谷害虫 黄修明编
上海：实业部上海商品检验局农作物检查组，1934.1，41 页，16 开

本书共两部分：积谷害虫种类、积谷害虫之防除方法。为农字单印本第 10 号。

收藏单位：国家馆、上海馆

01122
积谷害虫 江西省农业院编
南昌：江西省农业院，1935.8，14 页，16 开（推广丛书 虫字 3）
南昌：江西省农业院，1936.7，再版，16 页，25 开（推广教本 虫字 3）
江西省农业院，1939.4，10 页，25 开
江西省农业院，1940，3 版，10 页，36 开（推广丛书 虫字 4）

本书共 3 部分：前言、积谷害虫的种类及其为害状况、积谷害虫的防除方法。

收藏单位：重庆馆、江西馆、西南大学馆、浙江馆

01123
积谷害虫初步之研究 尤其伟著
出版者不详，1929.4，37 页，24 开（国立中央大学农学院丛刊 17）

收藏单位：重庆馆、湖南馆

01124
积谷害虫防治的意义和我们这次进行的步骤 江西省农业院编
[南昌]：江西省农业院，1936.7，16 页，32 开（江西省农业院昆虫组浅说 4）

01125
积谷害虫高温致死度之试验 楼作舟著
上海：实业部上海商品检验局，1936.8，37 页，16 开（实业部上海商品检验局特种报告 4）

本书共 5 部分：引言、试验器械之设计、大粉虫致死之温度点、虫体致死之理由、结论。封面书名题：积谷害虫高温致死之试验。

收藏单位：国家馆、上海馆

01126
积谷害虫名汇（续） 黄修明编
上海：中国科学社，1938.12，[42] 页，16 开

本书为《科学》第 22 卷第 11—12 期抽印本。

01127
积谷技术管理是什么 江西省农业院昆虫组编
江西省农业院昆虫组，[1938.9]，17 页，25 开（江西省农业院 昆虫浅说 7）

本书共 5 部分：积谷技术管理名辞释义、积谷技术管理之发端、积谷技术管理的功用、积谷技术管理工作之着眼点、江西一般贮谷情形之检讨及现在积谷技术管理工作之实施。

收藏单位：贵州馆、江西馆、南京馆

01128
几种重要仓库害虫 金孟肖 张允晋 刘莹著
外文题名：A few important stored grain insects
杭州：浙江省昆虫局，1933.10，[33] 页，16

开（浙江省昆虫局特刊 第 22 号）

本书共 5 部分：绪言、各论、仓库害虫之防治法、参考书、图版及说明。另有浙江省昆虫局特刊 19—27 号合订本。

收藏单位：国家馆、江西馆、南京馆、首都馆

01129

几种重要积谷害虫

荣昌：农林部中央农业实验所，1940.11，28 页，32 开（农林部中央农业实验所浅说 38）

本书介绍了几种重要积谷害虫的形态和经过习性，共两类 13 种。第 1 类甲虫类包括：米象、谷虫、大谷盗、长角谷盗、锯谷盗、拟谷盗、中国豆象、黑菌虫、米出尾虫；第 2 类蛾类包括：麦蛾、一点谷蛾、米黑虫、果子缟螟蛾。

收藏单位：国家馆

01130

江西三十七县积谷害虫防治报告　忻介六　钟秀群编著　农艺部昆虫组编

南昌：江西省农业院，1937.3，92 页，16 开（江西省农业院专刊 5）

本书共 6 部分：引言、本省积谷害虫为害之史的追溯及其猖獗范围、本省积谷害虫之种类及其生活史、本省土产熏蒸剂之调查及其效力试验、一年来指导防除积谷害虫之经过、结论。书中含 23 张表和 26 幅图。

收藏单位：重庆馆、国家馆、江西馆、浙江馆

01131

旧式谷仓之合理改造与积谷贮藏之合理管理　忻介六编

江西省农业院，1939.10，20 页，25 开（江西省农业院 专刊 3）

收藏单位：江西馆

01132

粮食保管防化讲义

出版者不详，160 页，25 开

收藏单位：江西馆

01133

米粉黑拟蚑（Alphitobius Piceus Oliv.）之形态习性及其生长与温湿度之关系　黄修明　张鸿元　葛殷雷著

上海：实业部上海商品检验局，1936.4，54 页，16 开（实业部上海商品检验局研究报告 2）

本书共 10 部分：引言、分布、形态、习性、米粉黑拟蚑对于低温耐寒性之观察、米粉黑拟蚑生长与温湿度之关系、防治要点、结论、附录、参考文献。

收藏单位：国家馆

01134

农仓手册　江西省农村合作委员会编

江西省农村合作委员会，1936.9，64 页，22 开（江西省农村合作委员会丛刊 3）

收藏单位：江西馆

01135

农产保藏学　杨其蔚编著

上海：新学会社，1931.4，186 页，32 开

本书内容包括：贮藏学发达史、细菌学与农产保藏之应用、罐藏预备与设备、铁叶罐罐藏法、玻璃罐罐藏法、热水锅杀菌、一次杀菌法、罐果子法、罐藏蔬菜、罐藏肉类及海产类、罐头食物贮藏及腐败等。逐页题名：实用农产保藏学。

收藏单位：国家馆、南京馆、上海馆

01136

农产品　梁庆椿主编　中国农民银行汉译社会科学百科全书译辑委员会编译

北平：正中书局，1947.7，172 页，32 开（汉译社会科学百科全书 农业篇 9）

本书收有关农产品的译文 11 篇：《谷类》（波尔著，王经式译）、《牲畜业》（卡莱门著，刘琇业译）、《牛乳供给》（维俄著，刘琇业译）、《糖》（密卡士著，刘琇业译）、《棉》（柯克斯著，杨玉昆译）、《亚麻大麻及黄麻》（奥赤德著，刘琇业译）、《羊毛》（希敦著，徐昭译）、《橡胶》（辉特茜著，刘琇业译）、《烟草》（托拉塞尔著，刘琇业译）、《酒精》（麦克利欧德著，刘琇业译）、《热带垦殖场农

产品》（西尔佛马斯忒、奈德著）。

收藏单位：安徽馆、重庆馆、广东馆、国家馆、湖南馆、辽宁馆、南京馆、上海馆、首都馆、浙江馆

01137
农产运销及加工 中国农民银行汉译社会科学百科全书译辑委员会编译
［上海］：正中书局，1947.7，292页，32开（社会科学百科全书 农业篇8）

本书内收译文18篇，内容包括：《农产运销》（麦克斯顿著，黄海音译）、《冷藏》（海丁著，孟复译），《分等》（里昂著，李惟峨译）、《粮食工业》（波拉克著，孟复译）、《磨粉业》（卡曼著，刘琇业译）、《罐头制造业》（威廉著，李惟峨译）、《毛皮业》（因尼斯著，刘琇业译）、《颜料与油漆》（蒲里斯地著，李惟峨译）等。

收藏单位：贵州馆、国家馆、湖南馆、南京馆、上海馆、首都馆、天津馆、浙江馆

01138
全国建仓积谷查验实施办法
内政部，1937，4页，32开

收藏单位：广东馆

01139
上海积谷害虫发生状况之调查 楼作舟著
上海：实业部上海商品检验局，1936.3，14页，16开（实业部上海商品检验局特种报告5）

本书共3部分：导言、上海各仓库中积谷害虫发生情形大略、上海各米厂及面粉厂中积谷害虫发生情形大略。

收藏单位：国家馆

01140
邵阳县区乡镇董办理积谷奖惩条例·邵阳县区乡镇仓储管理细则 湖南邵阳县政府编
湖南邵阳县政府，1932.11，16页，18开

本书收录邵阳县区乡镇董办理积谷奖惩条例10条、邵阳县区乡镇仓储管理细则34条、各地方仓储管理规则5章25条、湖南省各县县仓储管理细则25条、湖南省各县县长筹办仓储考成章程4章10条。

收藏单位：国家馆

01141
夏收与秋收 太行区农林局编
涉县：华北书店，1943.6，32页，32开（农业指导手册4）

本书共3部分：组织与领导、夏收期技术材料、秋收期技术材料。

收藏单位：国家馆

01142
综合农产制造学（农产加工编）（日）高桥偵造著 王兆登译
出版者不详，油印本，126叶，16开，环筒叶装

本书全面介绍了红葡萄酒的酿造方法。为高级农业学校适用。

收藏单位：重庆馆

农产品的综合利用

01143
农业上的废物利用 ［福建省政府建设厅编］
［福州］：福建省政府建设厅，1937.6，6页，32开

本书共10节：各种骨头的利用、粪便的利用、垃圾的利用、杂草的利用、草木灰和废水的利用、树皮树叶及根枝的利用、稻草和麦秆的利用、豆渣和豆饼的利用、蔗渣的利用、陶器破片的利用。

收藏单位：福建馆

农产副业技术

01144
副业经营（又名，实学群艺） 张德懋主编
宁波：实学群艺馆，1936，81页，32开

本书收录13篇文章：《卷头之话》《果酒酿造法》《橡皮图章制造法》《软锡管装皮

鞋油的制法与卖法》《科学种菇法》《小资本轻便商品制造法》《药品代理业计划书》《改良无泥皮蛋科章程》《开办工艺传习科缘起》《工艺传习科分科说明》《入学须知》《工艺顾问》《编余之话》。

收藏单位：国家馆

01145

副业经营法　苏雄亚编译

上海：生活研究社，1920，152 页，22 开

收藏单位：首都馆

01146

家庭农艺　杨开渠编著

南京：正中书局，1936.2，155 页，32 开，精装（女子与家庭丛书）

本书共 10 章：总论、农业和环境、种作的准备、种菜日记、果树的栽培法、花卉的栽培、养蜂的方法、养猪的方法、养鸡的方法、蚕的饲养法。

收藏单位：重庆馆、广东馆、贵州馆、国家馆、湖南馆、江西馆、南京馆、宁夏馆、首都馆、浙江馆

01147

家庭实业致富新书　奚楚明编

上海：中国实业研究会，1921.4，88 页，32 开（第 1 集）

上海：中国实业研究会，1922.3，再版，88 页，32 开（第 1 集）

上海：中国实业研究会，1922.4，110 页，32 开（第 2 集）

上海：中国实业研究会，1930.5，修正 4 版，88 页，32 开（第 1 集）

上海：中国实业研究会，1930.5，修正 4 版，110 页，32 开（第 2 集）

本书共有两集，收录家庭致富知识。第 1 集内容包括：养兔之利益及其饲育管理法、丝绵制造法、养鲤鱼法、种除虫菊之利益及其培植法、驱除蚊虫香配置法等。第 2 集内容包括：种黄金树之利益及其栽培法、种枇杷新法、肉类罐头食物制造法、水果罐头食物制造法等。

收藏单位：湖南馆、浙江馆

01148

农村副业指导　陈向平　卢文迪编

上海：黎明书局，1935.4，212 页，32 开（黎明乡村教育丛书）

上海：黎明书局，1935.10，再版，212 页，32 开（黎明乡村教育丛书）

本书共 10 章：农村副业的发生及性质、中国农村经济与农村副业、副业经营地先决条件、副业选择上的必要条件、副业经营上应注意的事项、各种栽培法、林产、畜产、水产、农产制造。附录为农事季节表。编者“陈向平”原题：陈增善。

收藏单位：安徽馆、重庆馆、贵州馆、国家馆、南京馆、内蒙古馆、上海馆、首都馆、浙江馆

01149

农家副业　李乃垚　韦镜权编著

外文题名：Avocation of farming

上海：商务印书馆，1930.10，111 页，32 开（万有文库第 1 集 595）（农学小丛书）

上海：商务印书馆，1933，111 页，32 开（农学小丛书）

上海：商务印书馆，1934.1，再版，111 页，32 开（农学小丛书）

上海：商务印书馆，1934.7，再版，111 页，32 开（万有文库第 1 集 595）（农学小丛书）

上海：商务印书馆，1934，3 版，111 页，32 开（农学小丛书）

上海：商务印书馆，1938.11，6 版，111 页，32 开（农学小丛书）

本书共 4 章：绪论、树艺、养殖、制造。第 1 章介绍了农家副业的意义、与经济和社会的关系、开展副业注意的事项；第 2 章介绍了蕈、黄草、琅琊草、除虫菊、油桐、白菜、甘蓝、草莓等植物的种植法；第 3 章介绍了兔、火鸡、蜂、猪等动物的养殖法；第 4 章介绍了罐头、蛋粉、香精、樟脑、榨菜等制造法。

收藏单位：安徽馆、重庆馆、东北师大馆、广西馆、贵州馆、国家馆、黑龙江馆、

湖南馆、江西馆、辽大馆、辽师大馆、南京馆、内蒙古馆、宁夏馆、上海馆、天津馆、武大馆、西南大学馆、浙江馆

01150
农家副业（实业世界） 范扬编述　周世棠　杨占春校
上海：新学会社，1912.12，102 页，25 开
上海：新学会社，1926.3，6 版，102 页，25 开
本书共 14 章：养蚕、养鱼、养鸡、养鸭、养猪、养羊、淀粉制造、制蓝、制漆、制蜡、果树栽培、造纸、麦秆细工、织布。
收藏单位：广东馆、国家馆、湖南馆、首都馆、浙江馆

01151
生产技术丛书 董志坚编著　崔俊夫校
上海：文业书局，1936.10，4 册，32 开
本书共 4 册，第 1 册为 1—2 编：工艺品制造大全、养蜂研究；第 2 册为 3—4 编：养鸡研究、养蚕研究；第 3 册为 5—6 编：畜牧常识、莳花新法；第 4 册为 7—8 编：果树种植常识、家庭烹饪指导。
收藏单位：国家馆、江西馆、山西馆

01152
业余生产法 陈化生编著
力行出版社，1943.8，202 页，32 开
本书共 10 部分：畜养和种植的常识、家庭两种副业生产法、饲养家畜的方法、饲养家禽的方法、养殖鱼介的方法、栽接果木的方法、管理花园的方法、管理菜蔬园的方法、关于科学小工业的生产法、关于化学小工业的生产方法。
收藏单位：重庆馆、南京馆

01153
业余生产法 葛士英编著
上海：博文书店，1941.7，163 页，32 开
本书共 10 部分：畜养和种植的常识、家庭两种副业生产法、饲养家畜的方法、饲养家禽的方法、养殖鱼介的方法、栽接果木的方法、管理花园的方法、管理菜蔬园的方法、关于科学小工业的生产法、关于化学小工业的生产方法。
收藏单位：广东馆、贵州馆、国家馆、天津馆

01154
业余生产法 葛士英编著
群学书店，1946，163 页，32 开
群学书店，1947.3，163 页，32 开
收藏单位：广东馆、国家馆、南京馆、上海馆、首都馆、浙江馆

植物保护

01155
植物之天然保护及生长繁殖之观察 陈封怀著
北平：中国植物学会，1937.3，3 页，16 开
本书载《中国植物学杂志》第 4 卷第 1 期。
收藏单位：浙江馆

植物检疫

01156
各国对于进出口植物之取缔及检疫 房华严著
天津：实验部天津商品检验局，1940，32 页，18 开（实验部天津商品检验局月刊 11）
本书内容包括：亚美利加合众国、英吉利、法国、德国、意大利、马来联邦、海峡殖民地及柔佛、英领印度、菲律宾、保加利亚等 22 个国家对于进出口植物之取缔及检疫的情况。
收藏单位：国家馆

01157
各国对于中国植物进口之检验手续及禁止种

类 张景欧著
上海：实业部上海商品检验局农作物检验组，1931.4，131 页，16 开
本书介绍美国、菲律宾、夏威夷、日本、澳洲、英国等 21 个国家和地区对中国植物艰苦的检验手续，以及禁止种类的条文。农字单行本第 12 号。
收藏单位：广东馆、国家馆、吉林馆、南京馆、上海馆

01158
英国农渔部禁止进口植物病虫害汇编 农商部农林司编
[北京]：农商部农林司，[1923.4]，34 页，16 开
本书收录《英国农渔部新行修正之禁止染有病虫害植物进口章程》《禁止进口之植物病虫害清单》《英国农渔部禁止进口植物病虫害汇编》。附防除病虫害药剂配制法。出版时间据书中叙言推断。
收藏单位：国家馆

气象灾害及其防御

01159
饥荒的中国 （美）马罗立（W. H. Mallory）原著 吴鹏飞译
上海：民智书局，1929.10，264 页，32 开
本书共 8 章：饥荒之经济原因、饥荒之天然原因、饥荒之政治原因、饥荒之社会原因、饥荒之经济救治、饥荒之自然救治、饥荒之政治救治、饥荒之社会救治。书前有芬力君序、原著者序、引言，书后有结论。
收藏单位：安徽馆、重庆馆、广东馆、广西馆、国家馆、湖南馆、吉林馆、近代史所、南京馆、上海馆、首都馆、天津馆、浙江馆、中科图

01160
民国二十三年江浙皖三省旱灾调查 实业部中央农业实验所编
南京：实业部中央农业实验所，1934，74—83 页，22×28cm
本书为《农情报告》第 2 年第 9 期抽印本。
收藏单位：南京馆

01161
农人防灾须知 中国国民党中央执行委员会民众运动指导委员会编
中国国民党中央执行委员会民众运动指导委员会，14 页，50 开
本书共 3 章：绪言、水旱灾发生的原因、防止水旱灾的办法。
收藏单位：国家馆

01162
四川预防旱灾办法 四川省政府编
成都：四川省政府，1940，32 页，32 开
本书内容包括：从农业方面预防旱灾办法、从水利方面预防旱灾办法、从合作方面预防旱灾办法、从粮食管理方面救济荒歉办法、第三五八次省务会议本案全案、四川省防旱实施计划纲要、四川省水利局对于预防本省旱灾救济粮食生产意见书等。
收藏单位：安徽馆、重庆馆

01163
太湖流域旱灾测验调查专刊
扬子江水利委员会，[1935.7]，42 页，16 开
本书共 7 章：气象、雨量、水位、灾情、各县旱灾志略、各县防旱方法、太湖流域根本防止旱潦之研究。书前有傅汝霖序，书中附苏州历年夏季各月气温比较图、雨量图、太湖流域旱灾灾情分布图、太湖流域水利初步整理计划一览表等。逐页题名：太湖流域民国二十三年旱灾测验调查专刊。出版时间据序言推断。
收藏单位：国家馆

01164
怎样战胜“天”灾 席凤洲编
[平山]：华北新华书店，1948.7，38 页，32 开（大众科学小丛书 7）

华北新华书店，1948.9，再版，38 页，32 开（大众科学小丛书 7）

本书共 7 章：庄稼的虫害、庄稼的病害、鸟害和兽害、旱灾、雹灾、霜灾、风灾。以科学理论总结群众经验，阐述了各类灾害的防治方法。

收藏单位：重庆馆、国家馆、辽宁馆、山西馆、天津馆

01165
怎样战胜“天”灾　席凤洲编
渤海新华书店，1948.9，36 页，32 开

本书版权页题名：怎样战胜“天灾”。

收藏单位：安徽馆、国家馆、山东馆

01166
怎样战胜“天”灾　席凤洲编
长春：东北书店，1949.4，36 页，32 开

收藏单位：南京馆

病虫害及其防治

01167
白翅浮尘子之猖獗因子　马骏超编著
永安：福建省农林处，1942.10，6 页，16 开（福建省农林处研究报告 11）

本书共 6 部分：食料、天敌、气候、密度、性比率、结论。书末附长汀之按月降雨量图、长汀之按月降雨日数图、长汀之按月雨量及平均温度图。

收藏单位：国家馆

01168
蓖麻诱杀金龟子之研究　邱式邦　徐玉芬著
出版者不详，15 页，16 开

本书为《广西农业》第 2 卷第 2 期抽印本。

01169
病虫害防治法　冀中农林厅编
[威县]：冀南书店，1947.7，29 页，32 开

收藏单位：国家馆、山东馆

01170
病害虫及其防除法
出版者不详，80 页，25 开

本书内容包括：害虫、害虫口部之构造与杀虫剂、杀虫剂之分类及重要杀虫剂之调制法等。

收藏单位：浙江馆

01171
病虫害情报的意义及其实施办法
广西省政府农业管理局，1 册，16 开

收藏单位：南京馆

01172
病害防治常识　中央陆军军官学校特别训练班编
中央陆军军官学校特别训练班，1936，36 页，32 开
中央陆军军官学校特别训练班，1937，36 页，32 开

本书内容包括：农作物致病之原因、病菌蔓延之方法、农作物病害之预防方法、预防病害之药剂等。

收藏单位：重庆馆

01173
病害学　陆旋编
上海：商务印书馆，1918.1，131 页，28 开
上海：商务印书馆，1918.12，再版，131 页，28 开
上海：商务印书馆，1920.2，3 版，131 页，25 开
上海：商务印书馆，1924.8，5 版，131 页，28 开

本书总结分析了农作物的病害、病源、病害的增加情况，概括了病害的传播途径，强调了农作物病医学的必要性。

收藏单位：安徽馆、广东馆、南京馆、首都馆、浙江馆

01174
捕蛾篇（治螟要览）　浙江昆虫局编
嘉兴：浙江昆虫局，1924，21 页，22 开（害

虫图说 4）

本书内容包括：蛾的发育过程、害处以及防治方法。

收藏单位：浙江馆

01175

菜虫防治指导手册　农林部中央农业实验所编

重庆：[农林部中央农业实验所]，1943.3，再版，1 册，32 开

本书介绍了蔬菜菜虫的病害以及防治方法。书末附工作旬历、各种表格、杀虫杀菌剂与喷雾器供应一览表等。逐页题名：蔬菜菜虫防治指导手册。

收藏单位：南京馆

01176

茶树害虫　胡浩川著

上海：实业部上海商品检验局农作物检验组，1934，12 页，16 开（农字单印本 8）

本书内容包括：茶毛虫、茶蚕、茶卷叶虫、蓑衣虫等。

收藏单位：重庆馆

01177

茶树害虫　江西省农业院编

江西省农业院，1938.1，8 页，32 开

江西省农业院，1939.12，再版，8 页，32 开（江西省农业院推广丛书 虫字 16）

本书介绍茶毛虫、茶枝尺蠖、茶避债虫、茶卷叶虫的形态、习性及防治方法。

收藏单位：重庆馆、江西馆、浙江馆

01178

赤实虫　叶元鼎著

东南大学农事试验场棉作改良委员会，1923，14 页，25 开（东南大学农事试验场棉作改良委员会浅说 8）

本书内容包括：赤实虫的传布、生活史、危害状况、驱除方法等。

收藏单位：重庆馆

01179

虫害报告的意义和方法　江西省农业院编

江西省农业院，[1934—1949]，16 页，25 开（江西省农业院昆虫浅说 6）

本书内容包括：虫害报告的意义、虫害报告的范围、虫害报告的方法等。

收藏单位：江西馆、南京馆、浙江馆

01180

虫害的防除法　[河北省公署宣传处编]

河北省公署宣传处，1942.3，10 页，32 开（协力大东亚战争丛书 5）

本书共 3 部分：河北省重要的农产物、虫害的重要性、河北省重要害虫的防除法。重点介绍了普通作物害虫、特用作物害虫、蔬菜害虫的防治方法。

收藏单位：国家馆

01181

虫害防治浅说　江苏省立教育学院研究实验部编

无锡：江苏省立教育学院，1931.6，14 页，25 开（注音农民小丛书）

收藏单位：江西馆

01182

虫害——沙塘大豆欠收之主因　邱式邦著

[中央农业实验所病虫害系]，7 页，16 开

本书为《广西农业》第 4 卷第 3 期抽印本。

01183

虫害学　谢申图编　刘大绅校

外文题名：A treatise on injurious insects

上海：商务印书馆，1920.2，156 页，27 开

上海：商务印书馆，1921，再版，156 页，27 开

上海：商务印书馆，1925.12，5 版，156 页，27 开

本书共 3 编：总论、分论、余论。总论介绍了昆虫的特征、身体结构、生活习性、危害及其防治；分论分门别类地介绍了稻、粟、蔬菜、果树及特用作物等不同农作物的各种病虫及其危害；余论介绍了昆虫的解剖、标本

制作及病虫分类。

收藏单位：重庆馆、江西馆、首都馆

01184

崇安茶树煤病之初步调查及鉴定 叶鸣高著

外文题名：Preliminary observation on the sooty molds of the tea bushes in Chung-An

崇安：财政部贸易委员会茶叶研究所，1943.4，9页，18开

本书内容包括：引言、研究方法及调查经过、茶树诸种煤病病原菌之分布概况等。

收藏单位：浙江馆

01185

除蝗浅说 江苏省立教育学院研究实验部编

无锡：江苏省立教育学院，1931.6，10页，25开（注音农民小丛书）

收藏单位：江西馆

01186

除蝗要览 安化县政府编订

安化县政府，1934.3，14页，32开，环筒页装

本书正文页题名题：安化县政府编订除蝗办法及说明。书口题名：除蝗办法及说明。

收藏单位：国家馆

01187

除螟浅说 江苏省立民众教育院 劳农学院研究部编

[南京]：江苏省立民众教育院研究部，10页，32开（注音农民小丛书）

本书共两部分：什么是螟、螟虫的生活。

收藏单位：国家馆

01188

除螟浅说

南京：江苏省昆虫局，1929.10，10页，22开（江苏省昆虫局通俗浅说9）

本书介绍了螟虫的害处和防治方法。

收藏单位：浙江馆

01189

除螟要略 张服真编

[昆明]：云南建设厅，1935.6，24页，32开（云南农业小丛书1）

本书内容包括：捕除螟蛾、采集卵块、捕杀幼虫、拔秧时、除去被害的茎叶秧苗等。附螟的生活习性、标准治螟日期表、民国二十三年昆明区春季除螟报告书、民国二十三年春季除螟报告书。

收藏单位：国家馆

01190

除螟摭言 陈瑞卿著

上海：旅沪全浙救灾会，1930.11，54页，23开

上海：旅沪全浙救灾会，1931.3，再版，54页，23开

本书共3部分：《除螟摭言》（陈瑞卿）、《实用螟虫防除法》（庄崧甫）、《除螟经验谈》（褚辅成）。书前附螟虫图、各季除螟图说16页、亲笔影印序11页。封面题名：除螟须知。再版封面责任者题：江苏省民政、农矿厅复印。

收藏单位：绍兴馆、浙江馆

01191

除治剃枝虫之经过 梁冠编

郁云共立喜泉农科职业学校农务部，1932，70页，32开

本书共19节，内容包括：校长布告、致学生家长函、致各乡区公所函、怎样除治剃枝虫、除禾虫歌、剃枝虫防治法、标语画报、到民间去须知、在连滩车站及张公庙前替农友除治剃枝虫情形纪实、学生下乡工作报告择录、请建设厅农林局指正（怎样除治剃枝虫）及派员协助函、请岭南中山大学农学院等指正（怎样除治剃枝虫）及派员协助函等。

收藏单位：广东馆

01192

川省重要棉虫初步研究报告 吴达璋编

四川省农林植物病虫害防治所省立棉作试验场，40页，16开

本书内容包括：棉蚜研究、卷叶虫研究、棉铃害虫研究、食叶象鼻虫研究等。附英文提要、遂宁（地区）气象图表及参考书报。

收藏单位：重庆馆

01193
春季灌水除螟试验 柳支英 马同伦著
杭州：浙江省昆虫局稻虫研究所，1933.7，[9]页，21开
本书为浙江省昆虫局《昆虫与植物》第1卷第21期抽印本。书末附英文摘要。

01194
春季治虫浅说 浙江省昆虫局编
杭州：浙江省昆虫局，1930.3，8页，36开
本书共8部分：处理稻草、清除杂草、提早翻耕草子（紫云英）田再灌水浸没、盐水选种、改良秧田播种、剔去坏秧、点诱蛾灯、保护有益动物。
收藏单位：国家馆、浙江馆

01195
大豆害虫 江西省农业院编
江西省农业院，1941.11，10页，25开（推广丛书 虫字14）
收藏单位：江西馆

01196
大麦条纹病抗病性试验 俞大绂 黄亮 蒋震同著
外文题名：Varietal resistance and susceptibility of barleys to stripe disease，helminthosporium gramineum Rabh
南京：金陵大学农学院，[1932]，686—690页，22开
本书为大麦条纹病抗病性试验报告，采用87种中国大麦经过3年试验，其中有3种抵抗病害力极强，占试验大麦全数3.45%，可知在大麦中选择能抵抗条纹病的品种机会极大。土壤温度与条纹病发生的关系十分密切，土温越低，则病害愈烈。所以凡作条纹病抗病试验，最好能在下种时先用低温处理种子，或在土温低的时候播种。为《昆虫与植物》第4卷第35期抽印本。著者还有：黄亮、蒋震同。
收藏单位：国家馆

01197
大麦条纹病之研究 俞大绂著
外文题名：Studies of stripe disease (helminthosporium gramineum Rabh) of barley
南京：金陵大学农学院，1936.5，77页，16开（金陵大学农学院丛刊42）
本书为《实业部中央农业实验所研究报告》第1卷第10号抽印本。
收藏单位：国家馆、首都馆、西南大学馆

01198
大麦条纹病之研究 俞大绂著
外文题名：Studies on stripe disease (helminthosporium gramineum Rabh) of barley
南京：实业部中央农业实验所，1936.1，[56]页，16开（实业部中央农业实验所研究报告第1卷10）
本书共17部分：导言、历史、分布、损失、病原菌、病征、病原菌之形态、病原菌之生理、病害与环境之关系、接种试验、受病大麦之解剖、病原菌之生活史、防除方法、讨论、撮要、英文摘要、引用参考书。
收藏单位：国家馆

01199
稻苞虫 刘调化著
柳州：广西农事试验场，1936.1，12页，23开（推广浅说1）
收藏单位：重庆馆、桂林馆、南京馆

01200
稻苞虫防治浅说
荣昌：农林部中央农业实验所，1941.5，16页，32开（农林部中央农业实验所浅说46）
本书共8部分：各地通俗名称、分布省份和损失谷量、为害情形、被害植物、稻苞虫的种类、稻苞虫的认识、稻苞虫的生活习性、稻苞虫的防治方法。
收藏单位：国家馆

01201
稻苞虫驱除浅说
广西省政府农业管理处，9页，32开（农林浅

说 9）

收藏单位：南京馆

01202

稻虫 江西省农业院编

[江西省农业院]，1941.11，8页，32开（推广丛书 15）

收藏单位：南京馆

01203

稻害虫书 李积新编译

上海：新学会社，1918.1，54页，23开

本书共5章：绪论、田中害虫、仓廪害虫、稻害虫名表、附论（论轮种为中国今日救虫害病菌之唯一法）。

01204

稻螟蛉之形性及治法 浙江昆虫局编

杭州：浙江昆虫局，1924，10页，22开（害虫图说 4）

本书介绍了螟虫的发育过程、害处以及防治方法。

收藏单位：浙江馆

01205

稻热病 浙江省立植物病虫害防治所编

杭州：浙江省立植物病虫害防治所，1931.9，12页，32开（浙江省立植物病虫害防治所浅说 6）

本书共3部分：稻热病发生之原因、稻热病之病状、稻热病之防治。附盐水选种法。

收藏单位：国家馆、浙江馆

01206

稻虱及其防治法 金维坚著

杭州：浙江省昆虫局，1930.6，18页，32开（害虫小丛书 1）

本书共4部分：稻虱之形态及生活史、稻虱之侵害状况、稻虱发生之预察、稻虱之防治法。

收藏单位：国家馆、浙江馆

01207

稻虱浅说 浙江省立植物病虫害防治所编

杭州：浙江省立植物病虫害防治所，1931.8，10页，32开（浙江省立植物病虫害防治所浅说 5）

本书共5部分：绪论、稻虱的形态、稻虱的习性和生活史、稻虱为害的情形、防治稻虱的方法。

收藏单位：国家馆

01208

稻之敌害铁甲虫 浙江省昆虫局编

浙江省昆虫局，1925.8，9页，23开（浙江省昆虫局害虫图说 14）

本书书口书名题：铁甲虫。

收藏单位：国家馆

01209

稻作病害 魏景超著

外文题名：Rice diseases

南京：金陵大学农学院，1934.4，38页，23开（金陵大学农学院丛刊 16 新号）

本书内容包括：胡麻斑病、稻瘟、纹枯病、白秆、黑条斑病、米稻、谷枯病、黑点病、菌类秆腐病、细菌白叶枯病、黑粉病、褐鞘病等。此研究受中华教育文化基金会补助。

收藏单位：国家馆

01210

稻作改良中之稻热病问题 鲍尚贤著

[浙江奉化武岭职业农业学校及江苏溧阳三农合作场]，1934.12，12页，16开

01211

稻作害虫 江西省农业院编

南昌：江西省农业院，1935.8，16页，25开（推广教本 4）

江西省农业院，1939.1，14页，32开（推广丛书 虫字 2）

本书内容包括：尾黑浮尘子、稻椿象、稻苞虫、稻蝗、负泥虫、稻象鼻、稻螟蛉等。

收藏单位：重庆馆、江西馆、南京馆、浙

江馆

01212
稻作害虫 浙江省昆虫局编
杭州：浙江省昆虫局，1929.3，56 页，22 开
本书内容包括：铁甲虫、黑椿象、稻螟蛉、稻椿象、稻苞虫、纵卷叶虫、稻虫等。为治虫讲习会讲义。
收藏单位：浙江馆

01213
稻作害虫学 张景欧著
上海：商务印书馆，1937.5，327 页，25 开（大学丛书 教本）
上海：商务印书馆，1937.8，322 页，23 开（大学丛书）
本书分总论和各论，共 14 章：害虫与益虫、稻作害虫之严重性、害虫之形态、害虫之发育及变态、害虫之经过、害虫之习性、害虫防治法、双翅目、鞘翅目、麟翅目、毛翅目、半翅目、总翅目、直翅目。书中有图 131 帧，书末附学名索引、害虫中名索引。
收藏单位：重庆馆、广西馆、贵州馆、国家馆、黑龙江馆、南京馆、内蒙古馆、上海馆、西南大学馆、浙江馆

01214
地蚕防治浅说 财政部四川烟叶示范场编
[成都]：财政部四川烟叶示范场，1939，1 册，32 开
本书内容包括：什么是地蚕、地蚕的生活史和习性、地蚕的防治方法等。
收藏单位：重庆馆

01215
地老虎 俞曜著
南京：全国经济委员会棉业统制委员会中央棉产改进所，1935.8，8 页，23 开（中央棉产改进所浅说 3）
本书内容包括：名称及害状、两种地老虎的识别、生活习性、防治法。
收藏单位：国家馆、上海馆

01216
地老虎防治浅说 四川省农业改进所编
[成都]：四川省农业改进所，1941，6 页，32 开（农林部中央农业实验所浅说 32）
[成都]：四川省农业改进所，1943.4，8 页，32 开（农林浅说）
本书讲述地老虎的名称、害状、形态、生活习性及防治方法。
收藏单位：重庆馆

01217
地老虎防治浅说
荣昌：农林部中央农业实验所，1941.3，再版，6 页，32 开（农林部中央农业实验所浅说 33）
本书共 3 部分：名称和害状、形态和生活习性、防治法（堆草诱杀、撒布毒饵、改良农作习惯）。
收藏单位：国家馆

01218
地老虎之研究 浙江省昆虫局棉虫股编
[杭州]：浙江省昆虫局，1926，46 页，23 开（浙江省昆虫局研究报告 7）

01219
冬季防治稻虫的方法 浙江省昆虫局编
杭州：浙江省昆虫局，1933.8，再版，7 页，32 开（浙江省昆虫局浅说 27）
本书介绍冬季防治稻虫的方法，共 6 条：冬耕杀虫、毁灭稻根、翻土种春花、灌水杀虫、清明前烧完稻草、清除杂草。
收藏单位：国家馆

01220
冬季防治螟虫法 四川省农业改进所编
成都：四川省农业改进所，1943，[4 页]，32 开（农林浅说）
本书介绍了灌注冬水、掘毁谷根、提早翻耕、收拾稻草等冬季防治螟虫法。
收藏单位：重庆馆

01221
冬季治虫的意义和方法　浙江省立植物病虫害防治所编
杭州：浙江省立植物病虫害防治所，1930.11，6页，25开（浙江省立植物病虫害防治所浅说1）
本书共6部分：灌水杀虫、冬耕杀虫、种植冬作、掘毁稻根、清除杂草、处理稻草。
收藏单位：国家馆

01222
冬季治虫宣传品
绍兴县治虫委员会，1932.11，22页，18开

01223
冬季治螟的意义和方法　江西省农业院编
江西省农业院，1938.11，8页，32开（推广丛书 虫子5）
江西省农业院，1939，7页，32开（推广丛书 虫子5）
本书内容包括：什么是螟虫、为什么要治螟、冬季治螟有什么益处、怎样治螟等。
收藏单位：重庆馆、江西馆、南京馆、上海馆、西南大学馆、浙江馆

01224
二化螟虫　邹钟琳著　张巨伯　吴福桢校
外文题名：The rice stem borer
南京：江苏省昆虫局，1929.9，60页，23开（江苏省昆虫局研究专门报告7）
本书共4章：总论、江南水稻生长概况、二化螟虫之地位及分布、二化螟虫之形态害状及生活习性。附术语解释、参考书。
收藏单位：贵州馆、国家馆、浙江馆

01225
番薯象鼻虫及其防治法　金维坚著
杭州：浙江省昆虫局，1930.6，8页，32开（害虫小丛书2）
本书内容包括：名称及所属、被害植物及其分布、形态及性质、生活史及防治法等。
收藏单位：浙江馆

01226
防除果树病虫害之药剂调制及使用方法　胶济铁路工务处产业课编
胶济铁路沿线农林改进委员会，28页，21开

01227
防除害虫　太行行署编
[太行行署]，1946.9，28页，64开
本书共6部分：关于防止害虫、几个防虫的经验、蔬菜害虫的防治法、柿树的病虫害和除法、杀虫药水和简单喷雾器、怎样消灭核桃虫。为农业技术文件第11号。
收藏单位：国家馆

01228
防除梨赤星病报告　青岛市农林事务所编
青岛：青岛市农林事务所，1934.7，[98]页，25开
本书共5章：绪言、梨赤星病之病原及病征、民国二十二年份工作概况、民国二十三年份工作概况、结论。
收藏单位：广东馆、国家馆、上海馆、浙江馆

01229
防蝗浅说　教育部通俗教育研究会编
教育部通俗教育研究会，12页，32开（北五省旱灾灾区讲演集9）
收藏单位：首都馆

01230
防御及驱除螟虫的简易法　广西实业院编
出版者不详，1928.1，石印本，8页，32开（实业浅说）（广西实业院印刷 第2种1）
收藏单位：国家馆

01231
防治谷实类黑穗病　甘肃省粮食增产委员会　甘肃省农业改进所编
[兰州]：甘肃省粮食增产委员会、甘肃省农业改进所，1941.12，石印本，[24]页，32开，环筒页装（农业推广丛刊2）
本书内容包括：谷实类黑穗病之病征及起

源、谷实类黑穗病防治方法说明、防治黑穗病推广办法等。

收藏单位：重庆馆

01232
防治螟虫的简便方法 李积新编
江苏省政府农矿厅，1928.8，6页，32开（江苏省政府农矿厅农矿浅说2）

收藏单位：上海馆

01233
防治农作物病虫害浅说 河北省农矿厅编
河北省农矿厅，1930.1，8页，32开

01234
飞蝗之研究 尤其伟述 张景欧鉴定
南京：江苏省昆虫局，[1925]，72页，23开（江苏省昆虫局研究报告1）

本书共6章：总论、飞蝗形态之略述、飞蝗之发育及习性、飞蝗之防治、飞蝗之用途、结论——解决我国蝗患之根本方法。书前附图26幅，书末附注21条及西名索引。责任者取自正文。

收藏单位：安徽馆、国家馆、南京馆、上海馆

01235
奉化县政府治螟特刊 奉化县政府编
奉化：奉化县政府，1930.6，68页，32开

01236
氟矽酸钠防治飞蝗试验 于菊生 朱祥玉著
农报社，35—39页，16开

本书为《农报》第12卷第2期抽印单行本。

收藏单位：重庆馆

01237
浮尘子 陈金璧编
广西农林局，1934.11，8叶，36开，环筒页装（广西农林局农林浅说6）

本书介绍了浮尘子的形态、生活习性、防治法。

收藏单位：桂林馆、国家馆

01238
浮尘子驱除浅说 广西省政府农业管理处编
广西省政府农业管理处，[1938—1949]，8页，32开（农林浅说10）

本书介绍了浮尘子的名称、种类、形状、被害状况、经过习性、驱除方法。

收藏单位：国家馆

01239
福建省稻作虫害述略 马骏超 邵锦缎著
[永安]：福建省农业改进处，1947.11，7页，16开

本书为《福建农业》第7卷单行本。书末附拉丁学名与中文各科属名对照表。

01240
福建省棉作害虫之一瞥 马骏超编著
永安：福建省农林处，1943.1，10页，16开（福建省农林处研究报告12）

本书介绍了福建省棉作害虫，包括：粉蚄、鳞蝆、金花虫、灰毛斑蝥、椎角斑蝥、鞭角斑蝥、叩头虫、出尾虫、小造桥虫、拟造桥虫、棉铃虫、绿纹金钢钻、大造桥虫、小灰蝶、粟螟、卷叶虫、谷蛾、红铃虫、粉介壳虫等。

收藏单位：国家馆、南京馆

01241
福建省蔬菜害虫调查研究报告 陈瀛编著
出版者不详，1947，[21]页，16开

收藏单位：广东馆

01242
福建省小麦病害问题 王清和著
福州：私立福建协和大学农报编辑委员会，1944，25—34页，18开

本书为《协大农报》第5卷第2期摘印本。

收藏单位：国家馆

01243
福建之茶树病害（一） 王清和著

[福州]：[私立福建协和大学农学院]，1945.1，59—68页，22开

本书为《协大农报》第6卷第1—2期摘印本。

收藏单位：国家馆

01244

甘蔗害虫防除法 广州区第一蔗糖营造场编

广州：广州区第一蔗糖营造场，1935.5，28页，32开

本书介绍白蚁、甘蔗绵蚜虫、甘蔗螟虫、甘蔗大螟虫、甘蔗苹蛾、甘蔗白螟虫、蝼蛄、浮尘子、金龟子、介壳虫等甘蔗害虫的防除法。

收藏单位：贵州馆、国家馆、上海馆、浙江馆

01245

甘蔗害虫粉虱之研究 陈金璧著

柳州：广西农事试验场，1935.11，48页，16开

本书共9部分：导言、粉虱在分类学上之位置及其分布、形态、生活史、习性、药剂防治、生物防治、各种药剂每亩每次喷射需用原料价值估计、结论。附饲养地点全年室内温湿度观察记录、参考书。

收藏单位：桂林馆、国家馆、南京馆

01246

柑橘恶性叶虫生态之研究 张进修著

外文题名：Notes on the biology of the citrus leaf-feeder, Clitea metallica Chen

永安：福建省农林处，1942.10，22页，16开（福建省农林处研究报告5）

本书内容包括：绪言、卵、幼虫、蛹、成虫、世代、天敌、防治法等。

收藏单位：福建馆、国家馆、南京馆

01247

柑橘腐败霉菌之分离检验及其灭菌方法之研究 金培松著

经济部中央工业试验所，1940，10页，16开（小工业研究指导丛刊）

本书内容包括：柑橘上霉菌之分离、霉菌之形态及培养性状、霉菌之发育温度试验、霉菌之杀灭试验等。

收藏单位：重庆馆

01248

柑橘害虫 江西省农业院编

[南昌]：江西省农业院，1936.5，再版，12页，32开（江西省农业院推广教本 虫字6）

[南昌]：江西省农业院，1940.4，3版，8页，32开（推广丛书 虫字9）

江西省农业院，1942.5，4版，10页，32开（推广丛书 虫字9）

本书主要介绍了江西省柑橘的几种害虫和杀虫捕虫的方法。

收藏单位：重庆馆、广东馆、南京馆、西南大学馆、浙江馆

01249

柑橘红蜡介壳虫（红虱子）的防治法 四川省农业改进所编

[成都]：四川省农业改进所，1940.1，8页，32开（农林浅说10）

本书共3部分：红蜡介壳虫是什么东西、红蜡介壳虫的生活情形、防治红蜡介壳虫的方法。

收藏单位：重庆馆、国家馆

01250

柑橘类凤蝶害虫防除法 广东建设厅农林局昆虫系编

广州：广东建设厅农林局推广课，1934，10页，32开（推广丛书39）

广州：广东建设厅农林局推广课，1935，再版，10页，32开（推广丛书39）

本书讲解了黄花及缟色两种凤蝶的分布、寄主形态、生活史、习性及防除办法。书中有多幅图片。

收藏单位：重庆馆

01251

柑蛆防治浅说 四川省农业改进所编

成都：四川省农业改进所，1947，4页，36开

本书内容包括：什么是柑蛆、柑蛆的生活史与习性、柑蛆防治法等。

收藏单位：重庆馆

01252
赣南十四县稻飞虱与浮尘子防治纪实 江西省农业院编
江西省农业院，1941.12，10页，18开（江西省农业院专刊9）

本书共7部分：绪言、害虫种类、为害情形、为害原因、损失估计、防治经过、结论。

收藏单位：国家馆

01253
高粱抵抗钻茎虫之初步研究 徐天锡著
外文题名：A preliminary study of the resistance of sorghums to stem borer
南京：金陵大学农学院，1935.3，30页，25开（金陵大学农学院丛刊34）

本书共9节，内容包括：导言、相似研究之参考、高粱钻茎虫生活史之研究、研究高粱抗虫之材料与方法、民国二十二年之观察结果、钻茎虫害与品系来源、高粱性状与钻茎虫之抵抗、总结等。

收藏单位：重庆馆、国家馆

01254
谷粉大斑螟蛾（Pyralis Farinales L.）生长受温湿度影响之实验 张仙芝 陆松侯 田恒生著
上海：实业部上海商品检验局，1936.6，24页，16开（实业部上海商品检验局研究报告3）

本书共8部分：绪言、谷粉大斑螟蛾形态与经过习性、实验方法、谷粉大斑螟蛾生活史对于温湿度之关系、谷粉大斑螟蛾产卵对于温湿度之关系、谷粉大斑螟蛾寿命对于温湿度之关系、图表说明汇录、参考文献。

收藏单位：国家馆

01255
谷类黑穗病的防治方法 江苏省立民众教育院 劳农学院研究部编
江苏省立民众教育院、江苏省立劳农学院研究部，[1931]，14页，25开（注音农民小丛书）

收藏单位：江西馆

01256
谷类黑穗病的预防法 赫铁振编
河北省立实验乡村民众教育馆，1932.11，4页，32开

本书共5部分：绪言、病状、病原、预防、结论。

收藏单位：国家馆、南京馆

01257
谷象产卵受温湿度影响之实验（中德文对照） 蔡邦华[编]
外文题名：Experimentelle untersuchungen über den einfluss der temperatur und luftfeuchtigkeit auf die eiablage der Calandra granaria
南京：实业部中央农业实验所，1934.1，34页，16开（实业部中央农业实验所研究报告第1卷1）

本书共9部分：绪言、生命最适度、材料及方法、产卵受温度之影响、产卵受湿度之影响、产卵受温湿度之共同影响、结论、参考文件、附录。

收藏单位：国家馆

01258
关于稻籾枯病之几种调查研究报告 朱学曾著
外文题名：Some notes on the investigation of Phoma glumarum
杭州：浙江省立植物病虫害防治所，1931.12，18页，16开（浙江省立植物病虫害防治所专门报告2）

本书共7部分：绪言、稻枯病之征候、病原菌之形态、稻枯病之被害率调查、罹病米粒物理性状之鉴定、损失率之计算、摘要。

收藏单位：广东馆、国家馆、江西馆、上海馆、浙江馆

01259
广东番禺县柑橘主要病虫害发生状况之调查

实业部广州商品检验局植物病虫害检验组编
实业部广州商品检验局植物病虫害检验组，1937，20 页，16 开（调查报告 1）
本书介绍了番禺县病虫害发生之主要原因、该县病虫发生概况、病害之病征及防治法、害虫之形态习性及防治法等。
收藏单位：重庆馆

01260
广东果树病害汇志（2） 何畏冷著
广州：岭南大学农学院农学会，1936.6，[70] 页，16 开
本书为《岭南农刊》第 2 卷第 1 期抽印本。
收藏单位：湖南馆

01261
广东省主要作物虫害防治法 广东省农林处编
[广州]：广东省农林处，1947.5，18 页，32 开
本书内容包括：稻作害虫防治法、仓库害虫防治法、果树害虫防治法等。
收藏单位：南京馆

01262
广西大豆害虫之研究（1 豆荚螟） 邱式邦著
出版者不详，[20] 页，16 开
本书为《广西农业》第 3 卷第 6 期抽印本。

01263
广西省 28 年防治剃枝虫实施办法
出版者不详，油印本，1 册，16 开
收藏单位：南京馆

01264
广西省各县 28 年度驱除蔬菜叶害虫黄条跳甲实施办法
出版者不详，油印本，1 册，16 开
收藏单位：南京馆

01265
广西之玉米螟 邱式邦著
[中央农业试验所病虫害系]，1941，18 页，16 开
本书为《广西农业》第 2 卷第 3 期抽印本。

01266
国立清华大学农业研究所虫害组病害组工作报告（民国二十三、二十四年度） 国立清华大学编
北平：国立清华大学，1936.4，28 页，16 开

01267
国立清华大学农业研究所虫害组病害组工作报告（民国二十四至二十五年度）
北平：国立清华大学，1937.7，68 页，16 开
本书分为两个报告：农业研究所虫害组工作报告（1935 年 9 月至 1936 年 8 月）、农业研究所病害组工作报告（1935 年 8 月至 1936 年 7 月）。第 1 份报告内容包括：虫害调查、主要害虫生活史及防除研究、国产杀虫药剂之研究、昆虫标本采集、考察欧美虫害事业等。第 2 份报告内容包括：植物病害调查、小米病害之研究、高粱病害之研究、小麦病害之研究等。
收藏单位：农大馆

01268
国内麦类黑穗病分布之初步调查报告（实业部中央农业实验所） 吴昌济编
外文题名：A preliminary report on the geographic distribution of cereal smuts in China
南京：实业部中央农业实验所，1934.10，22 页，16 开（实业部中央农业实验所特刊 6）
本书内容包括：麦类黑穗病之种类及其性状、调查方法、调查结果、结论。
收藏单位：国家馆、南京馆

01269
国内麦类黑穗病分布调查第二次报告（实业部中央农业实验所） 吴昌济编
外文题名：Second year's report on the geographic distribution of cereal smuts in China
南京：实业部中央农业实验所，1936.10，35 页，16 开（实业部中央农业实验所特刊 15）
本书共 6 部分：绪言、调查方法、调查经

过、调查结果、二年来调查结果之总计、结论。

收藏单位：国家馆

01270

国外重要果虫 张若蓍著

上海：实业部上海商品检验局，1935.11，54页，16开（实业部上海商品检验局特种报告2）

本书介绍中国尚未发现的数十种重要果树害虫的形态、分布、生活习性及防治方法等。

收藏单位：重庆馆、国家馆

01271

果树病虫害防除法 李佑元著

上海：中国农业书局，1937.4，212页，32开

本书内容包括：果树病害、病害防除法、果树虫害、害虫防除法等。

收藏单位：上海馆、首都馆

01272

果树蔬菜害虫 耿立德编

旅顺：农业进步社，1939.2，189页，32开

旅顺：农业进步社，1942.3，5版，189页，32开

旅顺：农业进步社，1943.2，8版，189页，32开

本书共3编：总论、果树害虫、蔬菜害虫。内容包括：绪言、害虫之形态、害虫之经过、害虫之习性、害虫防除法、苹果的害虫、梨的害虫、葡萄的害虫、桃的害虫、杏的害虫、李的害虫、十字科蔬菜害虫、牛蒡的害虫、葱类的害虫、瓜类的害虫、菠薐草的害虫、茄子的害虫、番茄的害虫、马铃薯的害虫。封面及书名刊：关东州植物检查所所长近藤铁马阅，农业进步社编辑局编。

收藏单位：国家馆

01273

害虫 陆仁寿著

上海：商务印书馆，1948.8，修订1版，18页，32开（幼童文库1自然类）（修订幼童文库初编）

本书以图文结合的方式介绍了各种害虫的坏处，包括害人、害家畜、害植物等各类害虫。

收藏单位：广东馆

01274

害虫防除法纲要 熊同和著

南京：国立中央大学农学院农业推广组，1934，6页，23开（农业浅说丛书70）

01275

害虫防治 楼人杰著

上海：新学会社，1930，92页，32开（农村改造小丛书2）

本书共两章：概论、各论。介绍什么叫做害虫、什么叫做益虫，以及各种害虫的形态生活史和防治法。

收藏单位：重庆馆、内蒙古馆、西南大学馆、浙江馆

01276

害虫防治法 楼人杰编著

上海：中国农业书局，1942，再版，增订本，173页，36开

本书共两章：概论、各论。内容包括：害虫和益虫的区别、农业防治、器械防治、药剂防治、天敌利用、稻的害虫、麦的害虫、果蔬害虫、森林害虫等。

收藏单位：上海馆

01277

害虫防治法 吴宏吉 陆瑜 徐新著

外文题名：The control measures for injurious insects

杭州：浙江省昆虫局，1934.11，38页，16开（浙江省昆虫局特刊第27号）

本书共5部分：总论、人工防治法、药剂防治法、撒布毒剂之器具及其配件、结论。另有浙江省昆虫局特刊19—27号合订本。

收藏单位：国家馆、黑龙江馆、吉林馆、南京馆、首都馆

01278

害虫防治法 浙江省衢县区保长训练班编

[衢县]：浙江省衢县区保长训练班，1936.1，10页，32开

01279
害虫防治学 任明道编
南昌：国立中正大学，1948，238 页，大 32 开
本书共 3 篇：害虫防治法原理、杀虫剂实地应用法、中国重要经济害虫防治法。内容包括：农业防治法、生物防治法、药剂治虫概说、胃毒杀虫剂、接触杀虫剂、熏蒸剂、最新综合化学杀虫剂及其他杂剂等。书末附主要参考书籍、名词索引及译文对照。为大学用书。
收藏单位：南京馆

01280
害虫歼除法纲要 王历农编
上海：商务印书馆，1929.11，234 页，22 开
上海：商务印书馆，1933.7，国难后 1 版，294 页，32 开（农学丛书）
上海：商务印书馆，1935.5，国难后 2 版，294 页，32 开（农学丛书）
长沙：商务印书馆，1938，4 版，12+294 页，32 开（农学丛书）
本书共 7 章：歼除害虫的沿革、歼除害虫必具的智识、农业的歼除法、人工的歼除法、药剂的歼除法、自然的歼除法、重要害虫歼除法一斑。附录美国农作物害虫的防除大要、度量衡对照表。
收藏单位：安徽馆、重庆馆、广东馆、贵州馆、国家馆、湖南馆、江西馆、南京馆、内蒙古馆、首都馆

01281
害虫驱除全书 胡朝阳编译
上海：新学会社，1912.11，3 版，324 页，22 开
上海：新学会社，1924，4 版，订正版，324 页，23 开
上海：新学会社，1929.8，5 版，增订版，324 页，22 开
本书共 5 章：农业驱除法、人工驱除法、药剂驱除法、自然驱除法、一般之驱除预防法。为初等农学校及实业补习学校教科书。
收藏单位：重庆馆、国家馆、湖南馆、南京馆、农大馆、首都馆、西南大学馆、浙江馆

01282
杭县临平稻虫防治实施区工作总报告 杭县县政府治虫委员会编
杭县县政府治虫委员会，1931.11，[220] 页，16 开
本书内容包括：论著、计划、报告、会议、规程、重要公牍、图表、经济、附载、补白等。
收藏单位：国家馆、浙江馆

01283
杭县上泗稻虫防治实施区工作总报告
杭县：出版者不详，1933，油印本，23 叶，16 开，环筒页装
收藏单位：国家馆

01284
禾稻害虫 国立中山大学农学院推广部编
广州：国立中山大学出版部，1928.7，11 页，24 开（农林浅说 病虫害类 4）
广州：国立中山大学出版部，1934.10，4 版，11 页，24 开（农林浅说 病虫害类 4）
本书共 4 部分：螟虫（俗名叫白翼仔）、蝗虫、铁甲虫（俗名铁甲仔）、浮尘子。
收藏单位：国家馆

01285
禾田里插烟骨能多收谷子 广西省政府农业管理处编
广西省政府农业管理处，[1930—1939]，3 页，32 开（农林浅说 12）
本书介绍烟茎防除螟法，方法如下：选烟骨、切烟骨、插烟骨。插烟骨的时期最好在螟蛾盛发前一二天。贮藏烟骨的方法为将茎皮完整、滋味辛辣的烟骨选择出来晒干，放置在干燥的地方，不要使它受湿霉烂。
收藏单位：国家馆

01286
河北定县棉蚜防治之初步研究 吴达璋著
南京：中央棉产改进所，[1937]，36 页，16 开

本书为《棉业月刊》第1卷第5—6期抽印本。

01287
河北栽培植物病害志略 周家炽著
中国植物学会，1936.7，1册，16开
本书内容包括：谷类病害、果树病害、特用作物病害等。为《中国植物学杂志》第3卷第2期抽印本。
收藏单位：浙江馆

01288
河南省三十三年度治蝗方案 河南省粮食增产总督导团编
河南省粮食增产总督导团，1944.2，16页，36开（河南省粮食增产总督导团粮增刊物13）
收藏单位：国家馆

01289
河南省三十五年度治蝗报告 河南省政府农林部 行总河南分署治蝗委员会编
河南省政府、农林部、行总河南分署治蝗委员会，[1946.9]，102页，16开（行政院善后救济总署河南分署专刊2）
本书卷端题名：河南省治蝗委员会三十五年度会务总报告。

01290
黑穗病的病原病状及其防治法 甘肃省立兰州农业职业学校编
[兰州]：甘肃省立兰州农业职业学校，1938.3，10页，36开

01291
红蜘蛛 吴振钟编
南京：全国经济委员会棉业统制委员会中央棉产改进所，1936.3，11页，23开（中央棉产改进所浅说9）
南京：全国经济委员会棉业统制委员会中央棉产改进所，1937.3，11页，23开（中央棉产改进所浅说14）
收藏单位：国家馆

01292
红蜘蛛的防治法
华北棉产改进会指导部，8页，27开（中央棉产改进所浅说3）

01293
红蜘蛛防治浅说 四川省农业改进所编
四川省农业改进所，1940.1，10页，32开（农林浅说50）
本书共4部分：引言、红蜘蛛的识别、红蜘蛛的生活习性及害状、防治方法。
收藏单位：重庆馆、国家馆

01294
花红苹果锈病及其防治法 戴芳澜著
上海：中国科学社，1929.6，[18]页，16开
本书为《科学》第13卷第11期单行本。
收藏单位：国家馆

01295
华北农地虫害防除设计 严英编
出版者不详，1941，手写本，1册，16开
收藏单位：国家馆

01296
坏蛋 （法）法布尔（Jean-Henri Fabre）撰 董纯才译
上海：文化生活出版社，1939.12，239页，32开（少年读物丛刊 乙辑2）
上海：文化生活出版社，1941.1，再版，239页，32开（少年读物丛刊 乙辑2）
本书以故事的形式讲述了昆虫的特点及特性。内容包括：毁坏了的紫丁香、蝴蝶、幼虫、本能、蛹、鞘翅目、榆髓虫、昆虫的来源、二硫化碳、麦蛾和谷蛾、蛾子蛀坏衣服、步行虫等。
收藏单位：广东馆、国家馆、宁夏馆、上海馆、首都馆、浙江馆

01297
蝗 薛德焴著
上海：新亚书店，1934.2，23页，32开（动物解剖丛书 卷6）

本书共 7 部分：预备知识、体躯的构造、头部的观察、胸部的观察、腹部的观察、内脏的观察、神经系的观察。

收藏单位：安徽馆、国家馆、天津馆、西南大学馆、浙江馆

01298

蝗　尤其伟著

南京：江苏省昆虫局，1928.7，24 页，23 开（江苏省昆虫局通俗浅说 3）

收藏单位：国家馆、南京馆、浙江馆

01299

蝗虫　江西省农业院编

江西省农业院，1935.7，16 页，25 开

江西省农业院，1935.12，[再版]，16 页，25 开（推广教本 1）

江西省农业院，1937.2，3 版，16 页，25 开（推广教本 1）

江西省农业院，1940.4，4 版，10 页，32 开（推广丛书虫字 3）

本书内容包括：蝗虫害处、蝗虫的变化、蝗虫的认识、遇有蝗虫应用人力防治而不应求神等。

收藏单位：重庆馆、江西馆、西南大学馆、浙江馆

01300

蝗虫　孙伯才著　周建人校

上海：商务印书馆，1933.10，39 页，32 开（小学生文库第 1 集 动物类）

上海：商务印书馆，1934.10，再版，39 页，32 开（小学生文库第 1 集 动物类）

本书内容包括：益虫和害虫、蝗虫的形态、蝗虫的习性、蝗虫的发育、驱除蝗虫的方法、驱除蝗卵和蝻的方法等。

收藏单位：首都馆

01301

蝗虫研究　步毓森著

上海：中华书局，1939.1，90 页，36 开（实业农业小丛书 5）

上海：中华书局，1949.1，再版，90 页，36 开（实用农业小丛书 5）

本书共 7 章：蝗虫之种类、蝗虫之外部形态、蝗虫之内部构造、蝗虫之生活、蝗虫预防法、蝗虫除治法、结论。

收藏单位：安徽馆、重庆馆、广东馆、国家馆、内蒙古馆、农大馆、上海馆、西南大学馆

01302

蝗虫之敌　曾鲁编　季子校

天津：华新印刷局，1928.5，14 页，32 开

天津：华新印刷局，1932.10，再版，14 页，32 开

本书介绍了捕蝗成法，内容包括：先事消弭者有四、既事捕治法有十、事后剪除法有五。附备蝗要法有二。

收藏单位：国家馆

01303

蝗之生活及防除　山东省立第一农事试验场病虫害部编

山东省立第一农事试验场病虫害部，[1911—1946]，18 页，32 开

本书内容包括：古之治蝗、蝗之形态、蝗之习性、飞蝗之为害、蝗之防除。附图有围击蝗蝻图、驱蝻入沟之示向、草上捕蝗网、捕蝗沟之横断面。

收藏单位：国家馆

01304

几种重要果树害虫的防治　广西省政府农业管理处编

广西省政府农业管理处，18 页，32 开（农林浅说）

本书介绍星天牛、吹棉介壳虫、玉带凤蝶、为害香蕉的弄蝶、龙眼椿象的形态、习性、幼虫，重点介绍了这 5 种果树害虫的防治方法。

收藏单位：国家馆

01305

几种主要病虫害防除要览　晋察冀边区财经办事处农林处编

晋察冀边区财经办事处农林处，[1948]，石印本，2 页，32 开

本书内容包括：各种药剂的配合量、制造方法、怎样使用、应注意事项等。附折图及折表。

收藏单位：国家馆

01306

几种庄稼、菜蔬病虫害防治法　冀中行政公署农林厅教育厅编审

[石家庄]：冀中新华书店，1947，21页，32开（农业技术推广材料1）

收藏单位：国家馆

01307

江南除螟撮要　邹钟琳著

南京：江苏省昆虫局，1927.7，18页，23开（江苏省昆虫局通俗浅说4）

本书共4部分：最近每年中江南螟害状况、江南螟虫之种类、螟虫在江南各县分布状况、除螟方法。书前有江湖除螟摘要。

收藏单位：国家馆、南京馆、浙江馆

01308

江苏省产稻各县治螟实施大纲　郑同善　朱善庆著

南京：江苏省昆虫局，1929，14页，22开（江苏省昆虫局通俗浅说8）

本书介绍了螟虫之形态、种类、发生的时间、过冬的情形、害稻的状况、除去方法。

收藏单位：浙江馆

01309

江苏省大麦之坚黑穗病　俞大绂　陈鸿逵著

中国科学社，1929.10，[30]页，16开

本书共10部分：导言、病害之分布及损失、病征、病原菌之历史、病原菌、生活史、病害与环境之关系、病害与播种期之关系、防除方法、结论。为《科学》第14卷第2期抽印本。

收藏单位：国家馆、南京馆

01310

江苏省昆虫局十七十八两年年刊　江苏省昆虫局编

南京：江苏省昆虫局，1930.6，246页，16开（江苏省昆虫局年刊第1号）

本书内容包括：本局史略、研究及工作报告等。内含多幅蝗虫分布图及其他照片。

收藏单位：国家馆、南京馆、浙江馆

01311

江苏省三化螟虫之研究　邹钟琳著

南京：江苏省昆虫局，[1924]，74页，23开（江苏省昆虫局研究报告2）

本书共12部分：三化螟虫在昆虫学上之地位、名称与历史、三化螟虫在世界上之分布、原产地之商榷、江苏省已往之损失及最近二年之受害状况、苏省农民对于螟虫之谬见、生活史、一年内三化螟虫生活史总说、螟虫分布方法、与三化螟虫相似之水稻害虫、驱除方法、寄生蜂问题。逐页题名：江苏省三化螟虫研究报告。

收藏单位：国家馆、南京馆、上海馆

01312

江苏省数种水稻生长期与三化螟为害之关系　邹钟琳著

南京：国立中央大学农学院，[1935]，23页，16开

本书为国立中央大学《农学丛刊》第4卷第1期抽印本。书末附英文提要。

01313

江苏实业厅螟虫考查报告书　江苏实业厅第二科编

江苏实业厅第一科，1919.3，112页，16开

本书介绍江苏实业厅螟虫考查团调查1917年受灾各县的螟虫发生情况、防治螟虫的方法与经过。目录前书名题：江苏实业厅螟虫考查团报告书。

收藏单位：南京馆、上海馆、首都馆

01314

姜弄蝶之形态习性　马骏超　林珪瑞编著

永安：福建省农林处，1942.10，4页，16开（福建省农林处研究报告9）

本书共3部分：引言、形态、习性。附福

建省姜之害虫调查。

收藏单位：国家馆

01315

角肩椿象之初步观察 马昂千编著

永安：福建省农林处，1943.1，6页，16开（福建省农林处研究报告14）

本书共6部分：引言、形态概述、各期习性、生活年史、防治方法、结论。

收藏单位：国家馆

01316

经济部中央农业实验所民国廿四及廿五两年度治虫工作报告 经济部中央农业实验所编

外文题名：Biennial report of insect control work conducted by the National Agricultural Research Bureau October 1935—June 1937

重庆：经济部中央农业实验所，1938.11，67页，16开（经济部中央农业实验所特刊20）

本书共2部分：第一年报告（1935年10月至1936年6月）、第二年报告（1936年7月至1937年6月），介绍了经济部中央农业实验所自1935年10月至1937年6月害虫防治情况。书中附图、表多张。全文为英文。

收藏单位：国家馆

01317

经济部中央农业实验所民国二十五年全国蝗患调查报告 吴福桢 陆培文著

外文题名：General investigation of the locust outbreaks in China during the year 1936 conducted by the National Agricultural Research Bureau

荣昌：经济部中央农业实验所，1939.11，34页，16开（经济部中央农业实验所特刊22）

本书共10部分：引言、飞蝗发生地点、飞蝗分布情形及发生时期、飞蝗发生地之环境、秋蝗产卵面积及地点、各县飞蝗为害情形、各县治蝗概况、湖南省之竹蝗、浙江省之稻蝗、本年蝗患与去年之比较。附英文提要。

收藏单位：重庆馆、广东馆、国家馆、南京馆

01318

经济昆虫学（上 害虫防治之原理） 邹钟琳编著

上海：国立编译馆，1947.9，655页，25开

上海：国立编译馆，1948.4，2版，655页，25开

本书共11章：害虫发生之诱因及其为害状况、昆虫之生活史、昆虫之趋性及其利用、昆虫繁殖与温度湿度之关系、昆虫之天然敌害、寄主之抗虫性、昆虫与植物疾病之关系、地形土壤农田耕作制与害虫发生之关系、杀虫剂、害虫防治上之行政与法规应用、经济昆虫学上之数量表示法。书前有引言，书末附度量衡及温度换算表。为部定大学用书。

收藏单位：重庆馆、东北师大馆、广东馆、国家馆、南京馆、内蒙古馆、上海馆、浙江馆

01319

橘潜蜂生活习性观察及防治试验初报 周明牂 郑炳宗编

出版者不详，1947，[24]页，16开

收藏单位：广东馆

01320

橘天牛之初步研究 陈方洁著

外文题名：A preliminary study on citrus cerambycid

四川省农业改进所农事实验总场，1941.12，36页，16开（病虫专刊1）

本书共14部分：前言、名称、分布、加害物植、形态略述、害状、生活经过、习性观察、天敌、防治试验、结论、英文摘要、主要参考文献、附图及说明。

收藏单位：重庆馆、国家馆、南京馆

01321

抗战以来中央农业实验所植物病虫害系工作概况 农林部中央农业实验所编

荣昌：农林部中央农业实验所，1940.6，22页，16开（农林部中央农业实验所杂刊7）

本书共7章：本系过去工作之回顾、主要农作物病虫防治方法之实验、杀虫杀菌药剂之研究与制造、病虫防治机械之研究与制造、西南西北各省重要植物病虫害之调查及标本之采集、抗战以来本系与行政院农产促进委

员会及各省合作防治重要农作物病虫害之成效、附录。

收藏单位：重庆馆、广东馆、国家馆

01322

抗战以来农林部中央农业实验所植物病虫害系工作概况（第2辑） 农林部中央农业实验所编

荣昌：农林部中央农业实验所，1942.1，38页，16开（农林部中央农业实验所杂刊14）

本书共7章：本系过去工作之回顾、主要农作物病虫防治方法之实验、杀虫杀菌药剂之研究与制造、病虫防治机械之研究与制造、西南西北各省重要植物病虫害之调查、抗战以来本系协导各省防治农作物病虫之经过与成效、附录。

收藏单位：重庆馆、广东馆、国家馆

01323

抗战以来农林部中央农业实验所植物病虫害系工作概况（第3辑） 农林部中央农业实验所编

荣昌：农林部中央农业实验所，1942.1，22页，16开

收藏单位：南京馆

01324

苦丁茶蛀虫之形态及习性的初步观察 黄修明著

上海：实业部上海商品检验局，1935.11，13页，16开（实业部上海商品检验局特种报告4）

本书共7部分：引言、昆虫分类学上之位置及同种异名、分布、各种形态概述、各期习性概述、几种重要防治法、参考文献。

收藏单位：重庆馆、国家馆

01325

兰溪稻作害虫第一期调查报告 楼人杰著

杭州：浙江省昆虫局，1930.9，26页，23开（浙江省昆虫局丛刊5）

本书共4部分：总说、兰溪稻虫种类调查、兰溪稻虫分布状况调查、兰溪稻虫发生状况调查。附兰溪治虫区域划分形势全图及英文提要。

收藏单位：国家馆、湖南馆、上海馆、浙江馆

01326

兰溪重要蔬菜害虫防除浅说 兰溪实验县县政府著

兰溪实验县县政府，1934.4，14页，32开（兰溪实验县县政府出版物4）

本书介绍8种兰溪重要蔬菜害虫防除方法，包括：菜白蝶、夜盗虫、乌壳虫、黄条蚤、蚜虫、二十八星瓢虫、十星瓢虫、守瓜。附杀虫药剂。

收藏单位：国家馆

01327

梨树赤星病的防除法 青岛农林事务所冬期农事讲演会编

青岛农林事务所冬期农事讲演会，1932.12，4页，25开

本书共3部分：病象、病原、防除法。

收藏单位：国家馆

01328

梨树害虫 江西省农业院编

江西省农业院，1938.11，16页，25开（推广丛书 虫字10）

江西省农业院，1939.10，14页，25开（推广丛书 虫字10）

江西省农业院，1941，12页，25开（推广丛书 虫字10）

本书内容包括：梨虎、梨星毛虫、梨军配虫、梨蚜等害虫的特点及其防治。

收藏单位：广东馆、江西馆、浙江馆

01329

梨锈病及其防治法 戴芳澜著

南京：金陵大学农学院，1933.5，8页，24开（金陵大学农学院丛刊7）

本书为《金陵学报》第3卷第1期抽印本。

收藏单位：南京馆

01330
荔枝椿象防除设计 陈梦士编著
广州：广东建设厅农林局，1933.1，18 页，32 开（推广丛书 24）
广州：广东建设厅农林局，1933 夏，再版，18 页，32 开
广州：广东建设厅农林局，1933 冬，3 版，18 页，32 开
广州：广东建设厅农林局，1934 春，4 版，18 页，32 开
广州：广东建设厅农林局，1935 春，5 版，20 页，32 开（推广丛书 24）

本书略述荔枝椿象的特征、生活史、习性、为害情形、生物防除法、人工防除法、药剂防除法等。书末附荔枝椿象寄生蜂图。

收藏单位：重庆馆、国家馆

01331
荔枝椿象及防除法 福州基督教学校莆仙同学会编辑
[福州]：福建省农林改良总场，1935，12 页，32 开

收藏单位：福建馆

01332
荔枝椿象之研究 陈梦士著
广州：广东建设厅农林局，1934.2，111 页，16 开（广东建设厅农林局研究丛书 1）

本书共 6 章：总论、荔枝椿象之特征、变态、一般生活史、防除方法、结论。书末附各龄若虫经过日期记载表、各龄若虫经过天数记载表。

01333
栗夜盗虫（俗名黏虫）浅说及简单防治法 善后救济总署冀热平津分署农村改进事业保定区中心站编
保定：善后救济总署冀热平津分署，1946，4 页（农村改进小丛书）

收藏单位：南京馆

01334
临平稻虫防治实施区白穗调查及螟害损失量之统计 汪仲毅编
外文题名：An estimation of damages caused by schoenobius incertellus wlk. and chilo simplex butl. at Lin-ping, Chekiang
杭州：浙江省立植物病虫害防治所，1931.12，55 页，16 开（浙江省立植物病虫害防治所专门报告 1）

本书共 6 部分：绪言、调查白穗之初步计划及改进之经过、本报告所采用之调查方法、本调查之结果、结论、参考资料。书中有插图 7 幅。

收藏单位：广东馆、国家馆、江西馆、上海馆、浙江馆

01335
柳州稻苞虫之研究 刘调化著
外文题名：Studies of the rice hesperiids (parnara guttata bremer) in Liuchow
柳州：广西农事试验场，1935.10，60 页，16 开（广西农事试验场专刊 3）

收藏单位：桂林馆、国家馆

01336
蝼蛄防治浅说 财政部四川烟叶示范场编
财政部四川烟叶示范场，1939，油印本，1 册，32 开（农林科普丛书）

本书内容包括：什么是蝼蛄、蝼蛄的生活史和习性及蝼蛄的防治方法等。

收藏单位：重庆馆

01337
绿豆象虫生长与温湿度之关系 张仙芝 陆松侯 刘金赓编著
上海：实业部上海商品检验局，1935.10，24 页，16 开（实业部上海商品检验局研究报告 1）

本书共 10 部分：导言、绿豆象虫形态之概述、研究设备与方法、绿豆象虫生活史（自产卵日起至羽化日止）与温湿度之关系、成虫虫体长阔度与温湿度之关系、成虫寿命与温湿度之关系、绿豆象虫产卵与温度之关系、绿豆象虫产卵与湿度之关系、绿豆象虫产卵与温湿度共同之关系、结论。

收藏单位：重庆馆、国家馆、上海馆

01338
麦类的黄疸 李象元编著
[北平]：中华平民教育促进会，1931.3，8页，50开（中华平民教育促进会农业教育部普及农业科学丛刊17）
本书共6部分：黄疸发生的时期、黄疸发生的小史、麦类黄疸的病状、病原菌的形态和生活史、黄疸发生与环境的关系、防除黄疸的方法。
收藏单位：国家馆、辽大馆

01339
麦类黑穗病 浙江省立植物病虫害防治所编
杭州：浙江省立植物病虫害防治所，1931.10，6页，32开（浙江省立植物病虫害防治所浅说8）
杭州：浙江省立植物病虫害防治所，1934.6，再版，8页（浙江省立植物病虫害防治所浅说8）
本书共5部分：小麦散黑穗病、小麦腥黑穗病、小麦秆黑穗病、大麦散黑穗病、大麦坚黑穗病。
收藏单位：川大馆、国家馆、上海馆、浙江馆

01340
麦子的病害防治法 姜燕康编著
太岳新华书店，[1948.8]，21页，32开
本书共7部分：防治病害的意义、防治病害的重要、麦子常有那些病害、麦子是怎样有病害的、对于病害原因别的说法、病害防治法、几点有关淘麦的事。
收藏单位：国家馆、山东馆

01341
麦子高粱黑穗病浅说 何畏冷编
[南京]：国立中央大学农学院农业推广组，1933，3版，8页，23开（国立中央大学农学院农业浅说丛书49）

01342
麦子黑穗病防治法 四川省农林植物病虫害防治所编
成都：四川省农林植物病虫害防治所，1938，4页，32开（农林浅说4）
收藏单位：重庆馆

01343
麦子黑穗病（火烟包）的防治法
行政院农产促进委员会、中央农业实验所、四川省农业改进所，[1939]，6页，32开
本书内容包括：什么叫黑穗病及黑穗病的种类、怎样防治黑穗病等。正文题名：麦子黑穗病的防治法。
收藏单位：重庆馆、国家馆

01344
麦作病害浅说 浙江省农业改良总场编
浙江省农业改良总场，1934.10，20页，32开
本书内容包括：病害及病害学之意义、释病原病征及诱因、可惊之病害损失、病害传播之路径等。
收藏单位：浙江馆

01345
米象产卵受温湿度影响之实验（中英文对照） 蔡邦华 张延年著
南京：实业部中央农业实验所，1935.5，175—181页，16开（实业部中央农业实验所研究报告 第1卷6）
收藏单位：广东馆、国家馆

01346
棉虫防治月历 江西省农业院编
[南昌]：[江西省农业院]，1947.4，13页，32开（农业推广丛书）
本书附防治棉虫药剂一览表。
收藏单位：南京馆

01347
棉虫为害率损失率及分布密度调查方法之商讨 傅胜发著 农林部棉产改进处编订
外文题名：The methods estimating the percentage of infestation, loss and population density
南京：中国棉业出版社，1948，97—101页，16开

本书论述了各种棉虫为害率、损失率及分布密度的调查方法，以及在调查各种棉虫为害率、损失率及分布密度过程中应注意的事项。为《中国棉业》单印本第 4 号。

收藏单位：重庆馆、国家馆

01348

棉大卷叶虫 四川省农业改进所编

四川省农业改进所，1940，6 页，32 开（农林浅说 14）

本书共 4 部分：防治棉大卷叶虫的重要、棉大卷叶虫的认识、棉大卷叶虫的生活习性及害状、防治法。

收藏单位：国家馆

01349

棉大卷叶虫 俞曜著

南京：全国经济委员会棉业统制委员会中央棉产改进所，1935.8，8 页，23 开（中央棉产改进所浅说 5）

本书共 4 部分：引言、棉大卷叶虫的认识、棉大卷叶虫的生活史习性和害状、防治方法。

收藏单位：国家馆、南京馆、上海馆

01350

棉大卷叶虫防治浅说

行政院农产促进委员会、农林部中央农业实验所、四川省农业改进所，1941.3，6 页，32 开

本书共 4 部分：防治棉大卷叶虫的重要、棉大卷叶虫的认识名称和形态、棉大卷叶虫的生活习性和害状、防治方法。

收藏单位：国家馆

01351

棉大卷叶虫之生活史及防治法 李凤荪著

外文题名：The life history and control measures of the cotton leaf-roller sylepta derogata fabricius

杭州：浙江省昆虫局，1933.10，[25] 页，16 开（浙江省昆虫局专门报告 12）

本书共 8 部分：引言、分布、特征、生活史、经济重要性、防治法、结论、附图及说明。为《新农村》第 1 卷第 3 期抽印本。

收藏单位：国家馆、湖南馆、江西馆、首都馆

01352

棉大造桥虫之生活史及防治法 李凤荪著

外文题名：The life history and control measures of the cotton geometrid (Boarmia SP.)

杭州：浙江省昆虫局，1933.10，[11] 页，16 开（浙江省昆虫局专门报告 13）

本书共 8 部分：引言、分布、特征、生活史、经济情形、防治方法、结论、附图及说明。为《新农村》第 1 卷第 3 期抽印本。

收藏单位：广东馆、国家馆、江西馆、首都馆

01353

棉的害虫 浙江省第四区区农场编

浙江省第四区区农场，1935.4，14 页，25 开（农业浅说 4）

本书内容包括：红铃虫、金刚钻、卷叶虫、切根虫、棉尺蠖等。

收藏单位：浙江馆

01354

棉的重要敌害 江苏省立民众教育院 劳农学院研究部编 冯肇传校

江苏省立民众教育院、江苏省立劳农学院研究部，[1931]，2 册（10+8 页），32 开（注音农民丛书）

本书介绍了常见的棉作病害的病因病状及防治方法。

收藏单位：国家馆、江西馆

01355

棉红铃虫 杨景潜编

南京：全国经济委员会棉业统治委员会中央棉产改进所，1935.9，4 页，23 开（中央棉产改进所浅说 6）

本书共 6 部分：红铃虫的名称、红铃虫在中国的重要性、红铃虫的认识、红铃虫的生活史与习性、红铃虫的害状、防除的方法。正文题名：红铃虫。

收藏单位：国家馆

01356
棉红铃虫防治浅说 经济部中央农业实验所编
[荣昌]：经济部中央农业实验所，1940.4，6页，32开（经济部中央农业实验所浅说32）
本书共4部分：名称、害状和损失、形态和生活习性、防治方法。
收藏单位：国家馆

01357
棉红铃虫防治浅说 农林部中央农业实验所编
荣昌：农林部中央农业实验所，1941，再版，6页，32开（农林部中央农业实验所浅说32）
收藏单位：重庆馆

01358
棉红蜘蛛防治浅说
行政院农产促进委员会、农林部中央农业实验所、四川省农业改进所，1941.3，6页，32开
本书共3部分：名称和害状、红蜘蛛的认识和生活习性、防治方法。
收藏单位：国家馆

01359
棉花病害防治法 四川省农业改进所编
成都：四川省农业改进所，1939，4页，32开（农业浅说11）
成都：四川省农业改进所，1940.1，2页，32开（农林浅说11）
成都：四川省农业改进所，1943，再版，3页，32开
本书介绍了棉花病害防治法。内容包括：选种、烫种、喷波尔多液、清洁棉地。
收藏单位：重庆馆、国家馆

01360
棉花害虫 江西省农业院编
南昌：江西省农业院，1935.8，12页，25开（推广教本5）
南昌：江西省农业院，1936.7，再版，12页，32开（江西省农业院推广教本 虫字5）
南昌：江西省农业院，1940.4，3版，8页，32开（江西省农业院推广丛书 虫字13）
本书内容包括：红铃虫、金刚钻、卷叶虫、切根虫、棉尺蠖等。
收藏单位：江西馆、南京馆、西南大学馆、浙江馆

01361
棉铃金钢钻虫 全国经济委员会棉业统制委员会中央棉产改进所编
南京：全国经济委员会棉业统制委员会中央棉产改进所，1935.5，10页，23开（中央棉产改进所浅说2）
本书共4部分：引言、金钢钻的认识、金钢钻的生活史习性和害状、防治方法。
收藏单位：国家馆、南京馆、上海馆

01362
棉铃金钢钻虫防治浅说
行政院农产促进委员会、农林部中央农业实验所、四川省农业改进所，1941.3，6页，32开
荣昌：农林部中央农业实验所，1941.3，再版，6页，32开（农林部中央农业实验所浅说31）
本书共4部分：名称和害状、金钢钻虫的认识、金钢钻虫的生活史及习性、防治方法。
收藏单位：国家馆

01363
棉炭疽病 余聿编 农林部棉产改进处编订
外文题名：Cotton anthracnose
南京：中国棉业出版社，1948.1，1册，16开（中国棉业单印本5）
收藏单位：重庆馆、国家馆

01364
棉小造桥虫之研究 吴达璋 向承亨著
外文题名：Studies on the cotton measuring-worm anomis flava fabricius (Leqidoptera)
[成都]：四川省农业改进所，1941.1，24页，21开（四川省农业改进所农林专刊1）
本书共13部分：提要、前言、名称及分

布、为害情形、饲育方法、形态概述、生活习性、生活年史、天敌、防治方法、英文结论、参考书、版图说明。

收藏单位：国家馆

01365

棉蚜 曾省 陶家驹著

济南：国立山东大学农学院，1935.2，12页，16开（国立山东大学院丛刊6）

济南：国立山东大学农学院，1935.3，23页，16开（国立山东大学院丛刊7）

济南：国立山东大学农学院，1935.5，21页，16开（国立山东大学院丛刊8）

本书内容包括：棉蚜在昆虫学上之地位、形态、习性、其他寄主及棉蚜之迁移、棉蚜的天敌、助虐——蚂蚁、防治方法等。

收藏单位：国家馆、武大馆、浙江馆

01366

棉蚜 吴振钟编

南京：全国经济委员会棉业统制委员会中央棉产改进所，1935.8，6页，23开（中央棉产改进所浅说4）

本书共4部分：形状、生活、害状、防治法。内容包括：农业防治法、药剂驱除法、自然界的制裁等。

收藏单位：国家馆、上海馆、武大馆

01367

棉蚜防治浅说 行政院农产促进委员会等编

四川省农业改进所，1941，9页，32开

本书内容包括：棉蚜的名称及害状、棉蚜的习性、棉蚜的防治方法等。

收藏单位：重庆馆

01368

棉蚜防治浅说 四川省农业改进所编

四川省农业改进所，1940.1，10页，32开（农林浅说13）

四川省农业改进所，1943，8页，32开（农林浅说13）

本书共3部分：棉蚜的名称和害状、棉蚜的生活情形、棉蚜的防治方法。

收藏单位：重庆馆、国家馆

01369

棉蚜防治浅说

行政院农产促进委员会、经济部中央农业实验所、四川省农业改进所，1940.4，9页，32开

本书共3部分：棉蚜的名称和害状、棉蚜的形态和生活习性、棉蚜的防治方法。

收藏单位：国家馆

01370

棉蚜防治须知 广西省政府农业管理处编

广西省政府农业管理处，6页，32开（农林浅说3）

本书介绍了棉蚜的名称、分布、害状、形状、生活史、防治法以及调制法。

收藏单位：国家馆

01371

棉蚜和他的防治法 吴振钟著

南京：全国经济委员会棉业统制委员会中央棉产改进所，1936.12，12页，22开（中央棉产改进所浅说12）

本书介绍了棉蚜的分布及为害情形、形状、生活史、防治法。

收藏单位：国家馆

01372

棉作病虫害简单防除法 贵州省政府建设厅编

贵州省政府建设厅，1937.9，71页，23开

本书内容包括：棉作重要病害之检查、棉作一般病害防除法、棉作病害表、棉作虫害防除法等。

收藏单位：重庆馆、贵州馆、南京馆

01373

棉作病虫害学 叶元鼎编译

上海：商务印书馆，1936.11，[382+95]页，23开，精装

本书共7章：导言、棉作病害防除法概论、棉作病原之分类、棉作病害各论、棉作害虫防除法概论、棉作害虫之分类、棉作害

虫各论。附录棉作病原菌学名索引、虫类引起及生理疾病之索引、棉作害虫学名索引、非昆虫类学名索引、棉作病虫英名及科属名索引、棉作病虫名词术语索引。

收藏单位：安徽馆、重庆馆、贵州馆、国家馆、湖南馆、江西馆、南京馆、内蒙古馆、绍兴馆、首都馆、浙江馆

01374
棉作之害虫 叶元鼎编
上海：大文印刷所，1933.7，41 页，16 开（农字单行本 3）

收藏单位：上海馆

01375
棉作之疾病 叶元鼎著
上海：实业部上海商品检验局农作物检验组，1933.11，28 页，16 开（实业部上海商品检验局农字单行本 5）

收藏单位：国家馆

01376
灭蝗手册
出版者不详，1930.9，[100] 页，25 开（中国华洋义赈救灾总会丛刊 乙种 43）

本书内容包括：灭蝗与合作、给各合作社的一封信、蝗虫就要来了、蝗祸与除蝗运动、蝗虫浅说、海州的灭蝗运动、蝗、秋蝗防治法、除螟浅说。书末附 14 张图。

收藏单位：重庆馆、首都馆

01377
民国二十二年浙江省虫害之发生及防治概况 张巨伯著
外文题名：Outbreak of the insect pests and their control in Chekiang,1933
杭州：浙江省昆虫局，1933.11，18 页，24 开（浙江省昆虫局特刊 18）

本书记述了 1933 年浙江省常见虫害的发生地、防治情况。正文共 15 部分：螟虫、稻苞虫、铁甲虫、飞蝗、桑蟥、桑虱、红铃虫、金钢钻、松毛虫、竹象鼻虫、榅毛虫、吹绵介壳虫、梨星毛虫、茶毛虫、其他。正文页书名题：本年浙江省害虫之发生及防治概况。另有浙江省昆虫局特刊 19—27 号合订本。

收藏单位：国家馆、南京馆

01378
民国二十三年前浙江省昆虫局刊物号数更正表 浙江省昆虫局编
外文题名：A corrected list on the series and number of the previous publications before 1934 of the bureau of entomology, Hangchow
杭州：浙江省昆虫局，[1933.10]，[14] 页，16 开（浙江省昆虫局杂刊 26）

本书共 7 部分：年刊、旬刊、专门报告、特刊、浅说、图说、杂刊。为《新农村》第 1 卷第 3 期抽印本。

收藏单位：国家馆、南京馆、首都馆

01379
民国二十四年浙江省各县之植物病虫害 王启虞 江诗钧著
外文题名：Outbreak of the insect pests and plant diseases in Chekiang Province in 1935
杭州：[浙江省昆虫局]，1936，10 页，16 开

本书记录 1935 年浙江省一年来各县植物的病虫害之情形。为复刊《浙江省昆虫局中华民国二十四年年刊》。

收藏单位：浙江馆

01380
民国二十一年浙江省红铃虫为害调查 浙江省昆虫局编
外文题名：A survey on the damage caused by pectinophora gossypiella in Chekiang in 1932
杭州：浙江省昆虫局，1933.10，[6] 页，16 开（浙江省昆虫局特刊 24）

本书介绍了红铃虫的为害，包括：分布、损失、棉籽损失、过冬死亡率、每亩播下之越冬活红铃虫。为《新农村》第 1 卷第 3 期抽印本。另有浙江省昆虫局特刊 19—27 号合订本。

收藏单位：国家馆

01381
民国三十年川北五县棉病虫防治及研究工作

报告 傅胜发编
[农林部中央农业实验所]，[1941]，油印本，19叶，16开，环筒页装

本书记录了川北五县棉病虫防治情况，内容包括：推广防治棉病虫经过、棉虫方面、棉病虫防治试验研究与调查、其他病虫防治与调查等。

收藏单位：重庆馆

01382
民国三十一年川北六县棉病虫防治及研究工作报告 傅胜发编
[农林部中央农业实验所]，[1942]，油印本，27叶，16开，环筒页装

本书记录了川北六县棉病虫防治情况，内容包括：推广防治棉病虫经过、棉虫方面、棉病虫防治试验研究与调查、其他病虫防治与调查等。

收藏单位：重庆馆

01383
民国十八年份浙江省虫灾损失统计及浙江省昆虫局十七年六月至十八年十月工作概况 邹树文报告
[杭州]：[浙江省昆虫局]，[1929.10]，46页，18开

本书收录浙江省昆虫局1929年的虫灾损失统计资料与1928—1929年治虫概况及成果等。

收藏单位：广东馆、国家馆、湖南馆、南京馆、上海馆、天津馆、浙江馆

01384
螟虫 江苏实业厅编
江苏实业厅，1918.7，26页，23开

收藏单位：国家馆、首都馆

01385
螟虫 江西省农业院编
江西省农业院，1937.8，4版，改订本，18页，32开（江西省农业院推广教本 虫字2）

本书共6部分：螟虫的种类、螟虫的形态、螟虫的生活史、螟虫的为害状况、怎样除螟、怎样才能使除螟工作顺利进行。

收藏单位：国家馆、浙江馆

01386
螟虫 孙伯才著 周建人校
上海：商务印书馆，1933.10，32页，32开（小学生文库 第1集 动物类）
上海：商务印书馆，1935.2，再版，32页，32开（小学生文库 第1集 动物类）

本书内容包括：害稻的昆虫、螟虫、别一种螟虫、螟虫的发育和习性、驱除螟虫的方法等。

收藏单位：重庆馆、东北师大馆、湖南馆、宁夏馆、上海馆、首都馆

01387
螟虫 吴和叔编
杭州：浙江大学农学院推广部，1929.4，2版，12页，32开（国立浙江大学农学院农业浅说1）

01388
螟虫 曾省编著
长沙：商务印书馆，1939.8，183页，32开
长沙：商务印书馆，1940.5，再版，183页，32开
上海：商务印书馆，1946.9，3版，183页，32开
上海：商务印书馆，1947.10，4版，183页，32开

本书共3编：三化螟虫、二化螟虫、大螟虫。介绍了螟虫产地、螟害损失及计算法、形态、生活史、习性、天敌、为害状况、被害植物、螟虫与气候、防治方法等。为职业学校教科书。

收藏单位：安徽馆、重庆馆、广西馆、国家馆、南京馆、上海馆、浙江馆

01389
螟虫 浙江省昆虫局编
浙江省昆虫局，1929.3，74页，23开（浙江省昆虫局害虫图说24）

本书共4章：三化螟虫、二化螟虫、与螟

虫相似之水稻害虫、防除方法。

收藏单位：国家馆、武大馆、浙江馆

01390

螟虫防治浅说 四川省农林植物病虫害防治所编

四川省农林植物病虫害防治所，1937，8页，18开（农林浅说1）

本书讲述螟虫的危害、一生的情形及防治方法等。

收藏单位：重庆馆

01391

螟虫防治浅说 四川省农业改进所编

成都：四川省农业改进所，1940，18页，32开（农林浅说8）

收藏单位：重庆馆

01392

螟虫防治浅说

行政院农产促进委员会、经济部中央农业实验所、四川省农业改进所，1937.10，14页，32开

行政院农产促进委员会、经济部中央农业实验所、四川省农业改进所，1938.5，再版，14页，32开

行政院农产促进委员会、经济部中央农业实验所、四川省农业改进所，1939.5，3版，14页，32开（农林浅说3—4）

本书共3部分：螟虫是最凶狠的害虫、螟虫一生的情形、防治螟虫的方法。

收藏单位：重庆馆、国家馆

01393

螟害防除浅说 浙江省地方农事试验场编

杭州：浙江省地方农事试验场，1918.1，34页，25开

本书讲述了螟虫的成虫过程以及防治方法。中华民国六年临时增刊。

收藏单位：浙江馆

01394

南通学院农科棉虫研究室过去研究结果现时工作状况及将来计划 南通学院农科棉虫研究室编

南通：南通学院农科棉虫研究室，1936.6，[6]页，32开，环筒页装

01395

农产物病害防除知识 （日）三浦密成著 满洲行政学会编译

实业部农务司农产科，1937.3，62+12页，32开

本书共4章：总论、农作物病害之预防及驱除、主要农作物之病害、结论。书末附对于高粱谷子及小麦黑穗病之预防、农产物病虫害预防驱除奖励规则。

收藏单位：国家馆

01396

农家防除农作物病害每月间应注意之事项 河北省昆虫局编

天津：河北省昆虫局，1932.1，28页，23开（河北省昆虫局病害丛刊1）

本书介绍了一年内每月各种农作物病害防除注意事项以及预防方法。书末附药剂名词解释。

收藏单位：国家馆

01397

农林部三十五年度治蝗报告 农林部农业推广委员会编

农林部农业推广委员会，1947.1，8页，16开

本书共8部分：引言、中国蝗虫分布及抗战期间发生情形、蝗虫之发生期、事前之准备、氟矽酸钠治蝗试验、防治概况、防治效果、结论。

收藏单位：广东馆、国家馆

01398

农林部三十六年度治蝗报告 农林部农业推广委员会编

南京：农林部农业推广委员会，1947.12，12页，16开

本书共6部分：引言、事前准备、氟矽酸钠及六氯化苯杀蝗比较试验、防治概况、防

治效果、结论。

收藏单位：广东馆、国家馆、湖南馆、上海馆、浙江馆

01399

农林部中央农业实验所民国三十五年全国蝗患调查报告 陆培文 吴福桢著

外文题名：A general investigation of the locust outbreaks in China during the year 1946

南京：农林部中央农业实验所，1947.10，16页，16开（农林部中央农业实验所特刊31）

本书共8部分：引言、飞蝗发生之地点、飞蝗分布情形及发生时期、飞蝗发生地之环境、秋蝗产卵面积及地点、各县飞蝗为害情形、各省治蝗工作概况、四川湖南江西之竹蝠事前之准备。书末附英文提要、表格14张及民国三十五年全国蝗虫分布图。

收藏单位：国家馆

01400

农人除害须知 中国国民党中央执行委员会民众运动指导委员会编

中国国民党中央执行委员会民众运动指导委员会，30页，32开

本书共6章：病害及虫害、病虫害给予农人的损失、病害发生之原因和传播、病害之防除方法、害虫的生活和习性、害虫的防治方法。

收藏单位：国家馆、南京馆

01401

农业病虫害防治法 邹钟琳著

上海：商务印书馆，1930，73页，32开（万有文库 第1集603）（农学小丛书）

上海：商务印书馆，1933.2，73页，32开（农学小丛书）

上海：商务印书馆，1934.1，再版，73页，32开（农学小丛书）

上海：商务印书馆，1934.6，3版，73页，32开（农学小丛书）

上海：商务印书馆，1934.7，再版，73页，32开（万有文库 第1集603）（农学小丛书）

上海：商务印书馆，1935.3，4版，73页，32开（农学小丛书）

上海：商务印书馆，1939.9，8版，73页，32开（农学小丛书）

上海：商务印书馆，1939.12，73页，25开（万有文库 第1—2集简编243）（农学小丛书）

本书分上、下两篇。上篇病害部共5章：农作致病之原因、病菌蔓延之方法、农作物病害之预防方法、预防病害之药剂、农作物病害之灭除方法；下篇虫害部共5章：防除虫害须注意之事项、应用农业方法防治害虫、人工器械防治方法、自然界之驱除、药剂驱除法。

收藏单位：安徽馆、重庆馆、东北师大馆、福建馆、广西馆、贵州馆、国家馆、河南馆、黑龙江馆、湖南馆、江西馆、辽大馆、辽师大馆、南京馆、内蒙古馆、宁夏馆、上海馆、绍兴馆、天津馆、西南大学馆、浙江馆

01402

农业害虫便览 易希陶编

南昌：江西省农业院，1934.12，104页，24开（江西省农业院实用丛刊1）

南昌：江西省农业院，1939.10，104页，22开（江西省农业院专刊5）

本书共6篇：稻作害虫、一般作物害虫、蔬菜害虫、果树虫害、森林害虫、贮谷害虫。附虫名索引。

收藏单位：国家馆、江西馆、南京馆、农大馆

01403

农业细菌学 陆海望著

杭州：浙江省立甲种农业学校，1919.3，3版，350页，22开

本书共18章，内容包括：细菌学进步之历史、细菌之分布、细菌在植物学上之位置等。

收藏单位：浙江馆

01404

农作物病害学 陆旋编 龚厥民增订

上海：商务印书馆，1926.6，152页，32开

上海：商务印书馆，1929.4，再版，152页，25

开
上海：商务印书馆，1929.10，3版，152页，32开
上海：商务印书馆，1932.10，国难后1版，152页，25开
上海：商务印书馆，1934.1，国难后2版，152页，25开
上海：商务印书馆，1934，国难后3版，152页，32开
上海：商务印书馆，1935.1，国难后4版，152页，32开
上海：商务印书馆，1935，国难后5版，152页，32开
长沙：商务印书馆，1938.11，国难后9版，152页，32开

本书分前后两编。前编为总论，共3章：绪论、病害预防驱除之方法及用品、病菌研究法摘要；后编为分论，共4章：谷类之病害、蔬菜类之病害、特用作物之病害、果树类之病害。为新学制初级农业学校教科书。

收藏单位：重庆馆、国家馆、湖南馆、江西馆、辽宁馆、内蒙古馆、首都馆、浙江馆

01405
农作物病学教科书　（日）堀正太郎原著　周世荣译述
上海：新学会社，1913，92页，22开

本书为中等农业学校用书。

收藏单位：首都馆

01406
农作物害虫学　谢申图编　刘大绅　龚厥民增订
上海：商务印书馆，1926.7，152页，32开
上海：商务印书馆，1928.10，再版，152页，25开
上海：商务印书馆，1935，国难后4版，152页，32开
上海：商务印书馆，1947.3，12版，152页，36开
上海：商务印书馆，1948，13版，152页，36开
上海：商务印书馆，1948.8，14版，152页，36开
上海：商务印书馆，270页，32开

本书分总论、分论两编。总论介绍了农作物虫害的意义，昆虫的特征、身体结构、生活习性、危害及其防治；分论介绍了稻、粟、蔬菜、果树及特用作物等不同农作物的各种病虫及其危害。为初级农业学校教科书。

收藏单位：重庆馆、国家馆、湖南馆、江西馆、辽宁馆、南京馆、内蒙古馆、首都馆、西南大学馆

01407
青虫防治浅说　财政部四川烟叶示范场编
财政部四川烟叶示范场，1939，油印本，1册，32开

本书为农业病虫害常识读物。

收藏单位：重庆馆

01408
清明虫防除法　广东建设厅农林局昆虫系编
广州：广东建设厅农林局推广课，1934，12页，36开
广州：广东建设厅农林局推广课，1935，再版，12页，36开（推广丛书38）

本书介绍清明虫的特征、习性以及防除方法。

收藏单位：重庆馆

01409
秋蝗防治法　江苏省昆虫局编
南京：江苏省昆虫局，1928.8，8页，25开（江苏省昆虫局通俗浅说7）
南京：江苏省昆虫局，1929.7，再版，8页，25开（江苏省昆虫局通俗浅说7）

收藏单位：国家馆、南京馆

01410
衢县县政府治虫委员会工作报告　衢县县政府治虫委员会编
衢县县政府治虫委员会，1931.1，[154]页，16开
衢县县政府治虫委员会，1932.2，[154]页，16开

本书共 7 部分：章则、工作报告、纪录、公牍、经费、表格、宣传品。书前题名为吴伯匡题字，书内含衢县县政府治虫委员会委员暨工作人员摄影。

收藏单位：国家馆、浙江馆

01411

全国蝗患调查报告 吴福桢 郑同善著

外文题名：A general investigation of the locust outbreaks in China

南京：实业部中央农业实验所，1936.9，20 页，16 开（实业部中央农业实验所特刊 14）

本报告主要论述全国蝗患发生的时间与地点、分布与为害，以及各县治蝗概况等。书末附英文提要及图表。

收藏单位：国家馆

01412

三化螟猖獗实验 蔡邦华著

外文题名：Epidemiological experiments with the paddy borer

南京：实业部中央农业实验所，1935.12，46 页，16 开（实业部中央农业实验所研究报告第 1 卷 9）

本书共 8 部分：绪言、研究史略、猖獗学研究概况、材料及方法、产卵受温湿度影响之实验、孵化受温湿度影响之实验、结论、参考文献。

收藏单位：广东馆、国家馆

01413

三化螟虫之研究 周拾禄编

[南京]：东南大学农事试验场，1923.12，22 页，23 开（东南大学农事试验场农作物部成绩报告 第 5 册）

本书共 4 部分：绪言、形态、生活史及习性、防治法，介绍了三化螟虫方面的研究。书前有 20 帧图。

收藏单位：国家馆、上海馆

01414

三化螟螟卵与蚁螟之药剂毒杀研究预报 杨行良著

永安：福建省农林处，1943.1，5 页，18 开（福建省农林处研究报告 13）

本书共 3 部分：螟卵毒杀、蚁螟毒杀试验、结论。试验采用了各种药剂，对螟卵与蚁螟进行毒杀研究。

收藏单位：国家馆

01415

三年来之棉病防治 四川省农业改进所编

[成都]：四川省农业改进所，1942.5，12 页，16 开（病虫害防治报告 1）

本书共 7 部分：绪言、棉病防治方法之探讨、三年来棉病防治实施经过、三年来防治面积、防治表证区结果之分析、防治费用之分析、三年来棉病防治之增产总计。

收藏单位：国家馆

01416

山东省果树害虫之初步观察 吴逊三著

农林部中央农业实验所、湖南省农业改进所，46 页，16 开

本书附英文摘要及剪贴的插图。

01417

山东甜菜害虫之初步调查与防治 吴逊三 崔伯泉著

外文题名：Une observation sur les insectes nuisible aux betteraves à sucre dans la province du Shan-Tong

南京：实业部中央农业实验所，1937.4，44 页，16 开（实业部中央农业实验所特刊 17）

本书共 20 部分，包括：引言、白带螟蛾、二星夜蛾、白带夜蛾、白边芫菁、黑色芫菁、大猿叶虫、小猿叶虫、大浮尘子、灰褐椿象、大臭椿象、黄褐椿象等。

收藏单位：国家馆

01418

绍兴县稻虫防治实施区工作报告 绍兴县政府建设科编

绍兴县政府建设科，1934.2，14 页，16 开

本书附该县稻虫防治实施区办法大纲。

01419
施用石灰草木灰人粪尿影响番茄细菌性立枯病与卷叶病之初步研究　王清和　蒋美玉著
福州：协大农学院，1944，117—122 页，18 开
收藏单位：国家馆

01420
十九年度病虫害防治事业进行计划　吴福桢　涂治拟
杭州：浙江省立植物病虫害防治所，1930，20 页，22 开（浙江省立植物病虫害防治所杂刊 1）
本书共 3 部分：研究与试验、推广、植物病虫害防治所内部组织。内容包括：各分所分工研究以图病虫问题之根本解决、添设桑虫研究所、调查并试验中国防治病虫药剂、防治机械之改良与制造、添置专门书籍、螟虫寄生蜂之保护问题、征集中国各地及世界各国病虫害标本、检定昆虫及病菌名词等。逐页题名：十九年度病虫害防治事业进行计划书。
收藏单位：国家馆、湖南馆、浙江馆

01421
十字花科蔬菜黄条跳甲之防治研究（1 胶箱粘杀）　柳支英　严家显著
[柳州]：广西农事试验场，1941.6，[16] 页，16 开
本书内容包括：防治黄条跳甲的方法、胶箱粘杀的研究经过和防治效力等。为《广西农业》第 2 卷第 3 期抽印本。
收藏单位：上海馆

01422
实业部中央农业实验所民国二十二年全国蝗患调查报告　吴福桢　郑同善著
外文题名：A general investigation of the locust (locusta migratoria L.) outbreaks in China during the year 1933
南京：实业部中央农业实验所，1934.9，42 页，16 开（实业部中央农业实验所特刊 5）
本书共 8 部分：引言、蝗患调查表填报情形及全国蝗患县份与地点、二十二年全国蝗虫之分布、二十二年各地蝗虫发现之时期、二十二年各地飞蝗之迁移方向、二十二年各省蝗虫为害概况、二十二年各省治蝗概况、二十二年各地蝗虫之天敌。附英文提要。
收藏单位：广东馆、国家馆、西南大学馆

01423
实业部中央农业实验所民国二十三年全国蝗患调查报告　吴福桢　郑同善著
外文题名：A general investigation of the locust outbreaks in China during the year 1934
南京：实业部中央农业实验所，1935.7，32 页，16 开（实业部中央农业实验所特刊 10）
本书共 9 部分：引言、飞蝗发生地点、飞蝗分布情形及发生时期、飞蝗发生地之环境、秋蝗产卵面积及地点、各县飞蝗为害情形、各县治蝗概况、湖南省之竹蝗、本年蝗患与去年之比较。附全国蝗患调查办法大纲等。本报告主要论述全国蝗患发生的时间与地点、分布与为害，以及各县治蝗概况等。书末附英文提要及图表。
收藏单位：广东馆、国家馆

01424
实用螟虫防除法　庄崧甫编著
上海：新学会社，1929.2，16 页，32 开
本书封面责任者题：求我山人编辑。
收藏单位：上海馆、浙江馆

01425
实用农作物害虫防御法　李明良著
成都：华英书局，1931.9，64 页，36 开
成都：华英书局，1934，再版，64 页，36 开
本书共 8 章：总论、昆虫变态及口部的构造、防御害虫必具的观念、农业的害虫除灭法、人工的除灭法、药剂的除灭法、驱除害虫的普通用具、重要害虫防御法的一般。
收藏单位：国家馆

01426
守瓜防治浅说
荣昌：农林部中央农业实验所，1940.4，6 页，32 开（农林部中央农业实验所浅说 35）
荣昌：农林部中央农业实验所，1941.3，再

版，6 页，32 开（农林部中央农业实验所浅说 35）

本书共 4 部分：名称和害状、形态、生活史及习性、防治方法。

收藏单位：国家馆

01427

蔬菜害虫 江西省农业院编

[南昌]：江西省农业院，1935.8，16 页，32 开

[南昌]：江西省农业院，1936.2，再版，16 页，32 开

[南昌]：江西省农业院，1937.3，3 版，16 页，32 开

[南昌]：江西省农业院，1940.2，4 版，16 页，32 开（推广丛书 虫字 12）

本书内容包括：猿叶虫、菜白蝶、黄筋跳蚤、灰斑野螟蛾、切根虫等常见蔬菜害虫的习性及防治方法。

收藏单位：重庆馆、浙江馆

01428

蔬菜害虫防治

行政院农产促进委员会，1940.3，10 页，32 开（农业推广浅说 1）

本书共 3 部分：引言、害虫的认识和害状、防治方法。内容包括：蔬菜在民食上的重要性、四川省的蔬菜及其虫害、主要的蔬菜害虫、应用药剂介绍、猿叶虫、青虫、蚜虫、药剂防治法、人工防治法、农业防治法等。

收藏单位：国家馆

01429

蔬菜害虫防治法 四川省农业改进所编

[成都]：四川省农业改进所，1946，12 页，36 开（农林浅说）

本书介绍几种主要菜虫的生活史及其形态，并说明防治方法。

收藏单位：重庆馆

01430

蔬菜害虫粉蝶防除法 广东建设厅农林局昆虫系编

广州：广东建设厅农林局推广课，1934，8 页，32 开（推广丛书 41）

收藏单位：广西馆

01431

蔬菜害虫守瓜防除法 广东建设厅农林局昆虫系编

广州：广东建设厅农林局推广课，1934 春，8 页，32 开（推广丛书 28）

广州：广东建设厅农林局推广课，1935 春，5 版，8 页，32 开（推广丛书 28）

本书简略介绍了不同类型的蔬菜瓜类害虫，以作农家防除的途径。

收藏单位：重庆馆

01432

水稻害虫剃枝虫除治法 国立中山大学农学院推广部编

广州：国立中山大学出版部，1932.11，10 页，24 开（农林浅说 病虫害类 5）

广州：国立中山大学出版部，1934.10，再版，10 页，24 开（农林浅说 病虫害类 5）

本书共两部分：剃枝虫之形态及生活概况、剃枝虫之除治。

收藏单位：国家馆

01433

水稻螟虫防治浅说 广西省政府农业管理处编

广西省政府农业管理处，14 页，32 开（农林浅说 新 13 号）

本书共 6 部分：名称、种类、形状、被害状况、生活习性、防治方法。

收藏单位：桂林馆、国家馆

01434

水稻螟虫防治浅说 行政院农产促进委员会编

行政院农产促进委员会，1940.3，18 页，32 开（农业推广浅说 8）

本书共 6 部分：螟虫是我国水稻最大的敌害、螟虫在各地的称呼、螟虫的认识、螟虫的生活和吃稻的情形、防治的方法、防治成

功的秘诀。

收藏单位：国家馆

01435

水稻主要病虫害防除法 东北行政委员会农业部资料室编

[沈阳]：东北新华书店，1949，33页，36开（农业丛书3）

收藏单位：山东馆、天津馆

01436

四川省农业改进所病虫防治督导团三十一年年报 四川省农业改进所病虫防治督导团编

[成都]：四川省农业改进所，1943，24页，16开（四川省农业改进所报告1）

本书概述了四川省1942年病虫害发生情况，并介绍了水稻螟虫、棉作病虫、麦作病虫、柑橘病虫的防治方法。

收藏单位：重庆馆

01437

四川省农业改进所病虫防治督导团三十二年年报 四川省农业改进所编

[成都]：四川省农业改进所，1944.3，22页，16开（四川省农业改进所报告2）

本书共9部分：提要、本年病虫害发生概述、水稻螟虫防治、麦作病虫防治、棉作病虫防治、柑橘害虫防治、除虫菊栽培、总结、工作之讨论。

收藏单位：重庆馆、国家馆、南京馆

01438

四川省农业改进所病虫防治组二十七年度工作报告 四川省农业改进所病虫防治组[编]

四川省农业改进所，1938，油印本，1册，18开，环筒页装

本书记述了四川省农业改进所病虫防治组1938年度工作概况。共8部分：稻病、麦病、棉病、烟病、稻虫、棉虫、园艺虫、桑虫。

收藏单位：国家馆

01439

四川省预防旱灾办法 四川省政府编

四川省政府，1940，32页，32开

本书内容包括：从农业方面预防旱灾办法、从水利方面预防旱灾办法、从合作方面预防旱灾办法、从粮食管理方面救济荒歉办法、第三五八次省务会议本案全案。附图4帧。封面题名：四川预防旱灾办法。

01440

粟粒黑粉病种子消毒试验 俞大绂 陈鸿逵 黄亮著

外文题名：Seed treatment experiments for controlling kernel smut of millet

南京：金陵大学农学院，1934.4，18页，23开（金陵大学农学院丛刊14）

本书共3部分：粟品种与粒黑粉病抵抗性试验、种子消毒试验、结果撮要。为《中华农学会报》第112期第1—18页抽印本。

收藏单位：国家馆

01441

台湾烟草之病害 （日）松本巍著

外文题名：Tobacco diseases in Formosa

台北：国立台湾大学农学院，1946.12，26+11页，16开（国立台湾大学农学院研究报告 第1卷 第1号）

本书正文为英文。

收藏单位：国家馆

01442

桃之缩叶病 国立中央大学农学院推广部编

南京：国立中央大学农学院推广部，4页，24开（农业浅说丛书48）

01443

特用作物害虫 江西省农业院编

南昌：江西省农业院，1935.8，16页，25开（推广教本7）

南昌：江西省农业院，1936，再版，16页，25开（江西省农业院推广教本 虫字7）

江西省农业院，1941.1，10页，25开（推广丛书 虫字7）

本书内容包括：大豆害虫、茶树害虫、甘蔗害虫、烟草害虫、苎麻害虫等。

收藏单位：江西馆、西南大学馆、浙江馆

01444
提倡三耕来杀灭稻虫的方案
出版者不详，[1946—1949]，11 页，25 开
收藏单位：江西馆

01445
铁甲虫 浙江省立植物病虫害防治所编
杭州：浙江省立植物病虫害防治所，1931.8，6 页，32 开（浙江省立植物病虫害防治所浅说 4）
本书介绍了铁甲虫的成虫、卵、幼虫、蛹以及铁甲虫的防治法。
收藏单位：国家馆

01446
铁甲虫的防治法 四川省农林改进所编
成都：四川省农林改进所，1944，4 页，36 开（农林浅说）
本书介绍了铁甲虫的形状、铁甲虫的生活习性及危害状况和铁甲虫的防治法。
收藏单位：重庆馆

01447
铁甲虫、浮尘子、稻飞虱、丝椿象防治浅说 浙江省农业改进所编
松阳：浙江省农业改进所，1939.6，16 页，32 开（农业浅说 16）
松阳：浙江省农业改进所，1941.2，再版，16 页，32 开（农业浅说 16）

01448
铁甲虫研究报告 任明道著
杭州：浙江省昆虫局，1930.8，72 页，23 开（浙江省昆虫局丛刊 3）
本书书口及目录页书名题：铁甲虫初步研究报告。附铁甲虫在浙省分布图及英文提要。
收藏单位：湖南馆、南京馆、上海馆、浙江馆

01449
为冬季治虫告农友书 安吉县政府编
安吉：安吉县政府，1936.11，18 页，32 开
本书内容包括：冬耕、种植冬作、齐泥割稻、拾毁稻根、长期灌水烂根等。
收藏单位：浙江馆

01450
温汤处理法对于麦类黑穗病之防治效果 朱凤美 吴昌济著
外文题名：Experiments on the control of cereal smuts by the hot-water treatment
南京：实业部中央农业实验所，1935.6，49 页，16 开（实业部中央农业实验所研究报告 第 1 卷 7）
本书共 9 部分：绪言、研究史略、试验方法、病害防治效果、麦种发芽试验、结论、引据书目、图版及说明、英文摘要。节选自《实业部中央农业实验所研究报告》第 1 卷第 7 号 189—238 页。
收藏单位：广东馆、国家馆

01451
我家的救星（农业常识） 李劭青编著
北平：中华平民教育促进会，1930.11，14 页，50 开
北平：中华平民教育促进会，1932.11，再版，14 页，50 开（平民读物 90）
本书介绍了治疗小米白发病的两个办法、三个防治办法，以及消灭小米黑穗病的四个办法。
收藏单位：国家馆

01452
五年来之柑橘害虫防治工作 陈方洁著
[成都]：四川省农业改进所，1942.12，16 页，16 开
本书共 3 部分：前言、柑橘红蜡介壳虫之防治推广、柑蛆之防治推广。
收藏单位：国家馆、南京馆

01453
消灭害虫 边区政府建设厅编
[延安]：边区政府建设厅，1946，47 页，32 开（陕甘宁边区生产运动丛书）

本书共两部分：消灭害虫的几个基本问题、边区几种主要的害虫。

收藏单位：国家馆

01454

小麦杆黑粉病之防除试验 陈鸿逵 黄亮 俞大绂著

外文题名：Experiments in controlling flag smut of wheat

南京：金陵大学农学院，1933.3，14 页，22 开（金陵大学农学院丛刊 2）

本书内容包括：小麦杆黑粉病的病状、历史、病原、生活史、防除试验、种子抵抗性试验、土壤传染之关系、结论。书末附英文总结、引用参考书以及两张小麦杆黑粉病受病图。

收藏单位：国家馆

01455

小麦散黑粉病菌之侵染利用注射法试验 王清和著

外文题名：Injection as a method of inoculation of loose smut wheat

永安：福建省立农学院，1943.12，140—141 页，18 开

本书为《新农季刊》Ⅲ（3—4）抽印本。为专刊第 21 号。

收藏单位：国家馆

01456

小麦散黑粉病人工授病之研究 王清和著

外文题名：Experiments on the artificial inoculation of loose smut of wheat

永安：福建省农业改进处，1941，6—22 页，18 开

本书前有引言、前人研究之结果，书末附英文摘要、参考文献等。为《福建农业》第 2 卷第 8—9 期合刊 6—22 页抽印本。

收藏单位：国家馆

01457

小麦线虫病的损害和治法 夏禹甸编述

农产促进委员会、粮食增产督导团、中央农业实验所、贵州省农业改进所，[1940—1949]，7 页，25 开

本书介绍小麦线虫病的为害和损失情形、防治线虫病最好的方法、线虫选除机的构造、选除机的使用法、使用选除机防治线虫病的效果。逐页题名：小麦线虫病（铁灰包）的损害和治法。

收藏单位：国家馆

01458

小麦腥黑粉病 吴友三著

南京：实业部中央农业实验所，1937.7，58 页，16 开（实业部中央农业实验所特刊 20）

本书共 9 部分：分布与损失、病征、病原菌、致病性、环境与病害、越冬、防治、英文摘要、文献。

收藏单位：国家馆

01459

小麦之病害 蛰庵著

上海：实业部上海商品检验局农作物检验组，1934.1，21 页，16 开（农字单印本 9）

01460

小米白发病接种方法试验 王清和著

永安：福建省农业改进所，[1943—1945]，5 页，18 开

收藏单位：国家馆

01461

行军虫防除设计 陈梦士编著

广州：广东建设厅农林局，1932.12，12 页，32 开（推广丛书 23）

广州：广东建设厅农林局，1933 夏，再版，12 页，32 开（推广丛书 23）

广州：广东建设厅农林局，1933 冬，3 版，12 页，32 开（推广丛书 23）

广州：广东建设厅农林局，1934 春，4 版，12 页，32 开（推广丛书 23）

行军虫通称椰菜虫。

01462

蚜虫防治法 善后救济总署冀热平津分署农村改进事业保定中心站编

保定：善后救济总署冀热平津分署农村改进事业保定中心站，1947.6，1 册，32 开（农村改进小丛书 4）

收藏单位：南京馆

01463

蚜虫和防除的方法 博德著 俞大绂译

南京：金陵大学农学院，1930，再版，7 页，50 开（农林浅说 15）

本书介绍蚜虫的形状、生活以及危害和防除法。

收藏单位：重庆馆

01464

秧田期治虫的意义和方法 浙江省立植物病虫害防治所编

杭州：浙江省立植物病虫害防治所，1931.3，8 页，32 开（浙江省立植物病虫害防治所浅说 2）

本书介绍了秧田期治虫的意义和方法。治虫的意义是杀绝今年害虫的种子。治虫方法包括：春耕灌水、早翻草子、处理稻草、改作合式秧田、采卵、保护寄生蜂等。

收藏单位：国家馆

01465

鄞慈镇奉四县联合治虫讲习会会刊

出版者不详，[1934.6]，[194] 页，16 开

本书收录防治害虫问题的报告、讲词、演说等。

收藏单位：浙江馆

01466

鄞县治虫委员会十八年工作年报

鄞县治虫委员会，1929，1 册，16 开

本书内容包括：浙江省各县治虫委员会章程、鄞县治虫委员会办事细则、鄞县治虫委员会巡回防治员服务规则等。封面题名：鄞县治虫年报。

收藏单位：浙江馆

01467

油菜重要病害浅说 浙江省昆虫局编

杭州：浙江省昆虫局，1935.10，9 页，25 开（浙江省昆虫局浅说 36）

01468

油桐尺蠖之研究 周明牂 柳支英 马同伦著

杭州：浙大农学季刊，1937.6，1 册，16 开（浙江大学农学院昆虫组研究报告 6）

本书介绍了油桐尺蠖的发育过程、危害状况以及防治方法。浙江大学农学院、兰溪实验县政府合作研究。为《浙大农学季刊》1（2）：137—205 页抽印本。

收藏单位：浙江馆

01469

诱蛾灯高度光度试验初步报告 汪仲毅编

杭州：浙江省昆虫局，1933，1 册，16 开

本书介绍了诱蛾灯各种光度的作用效果比较。为《浙江省昆虫局年刊》第 2 号第 251—260 页。

收藏单位：浙江馆

01470

诱蛾灯试验报告（第 1 号） 王启虞著

杭州：浙江省昆虫局，1930.8，28 页，23 开（浙江省昆虫局丛刊 4）

本书共 4 部分：插图、诱蛾灯试验报告、英文结论、英文序。试验报告分 7 节：诱蛾灯制作情形、诱蛾灯四周之环境、诱蛾灯下所得各种昆虫之记载、等量试验及记载、全夜分时诱蛾之试验、螟蛾发生多寡与时期关系之测验、结论。书末附该局 7 年中测验二化螟蛾及三化螟蛾发生多寡与月份的比较表。

收藏单位：贵州馆、国家馆、湖南馆、南京馆、上海馆、浙江馆

01471

余姚治虫年报 [余姚县政府治虫委员会编]

[余姚]：余姚县政府治虫委员会，[1930]，[100] 页，16 开

本书正文书名题：余姚县政府治虫委员会十八年度工作年报。

01472
玉米播种时期与玉米螟灾害轻重之关系 邱式邦著
出版者不详，1940.12，373—384 页，16 开
本书为《广西农业》第 1 卷第 6 期抽印本。
收藏单位：南京馆

01473
玉蜀黍茎蛀虫之研究（燕京大学研究院理科研究所生物学部硕士毕业论文） 潘承彬著
出版者不详，1941.6，60 页，14 开
本书作者经多次试验观察玉蜀黍受害情况，发现玉蜀黍茎蛀虫的天敌有两类：啄木鸟和寄生虫。经试用各种防治方法，得出结论：石碾压杀法最适用，生物防治法如利用寄生虫及寄生菌类也极有希望。《燕京大学研究院同学会会刊》记录题名为：玉蜀黍茎虫之研究。
收藏单位：上海馆

01474
园艺害虫防治法 （日）高桥奖著 钟德华译
上海：中华书局，1941.4，22+384 页，32 开（农业丛书）
上海：中华书局，1949.2，再版，22+384 页，32 开（农业丛书）
本书共 4 编：总说、蔬菜之害虫、果树之害虫、庭园植物之害虫。内容包括：害虫之形态、害虫之经过、害虫之习性、害虫之驱除法、害虫之预防法、莱菔及其他菜类之害虫、胡萝卜之害虫、牛蒡之害虫、薯蓣之害虫、甘薯之害虫等。
收藏单位：东北师大馆、贵州馆、国家馆、黑龙江馆、辽宁馆、内蒙古馆、山西馆、天津馆、西南大学馆

01475
早春治螟须知 浙江省昆虫局编
浙江省昆虫局，1925.1，10 页，23 开（浙江省昆虫局出版物 14）
收藏单位：上海馆

01476
怎样防治蔬菜害虫 谢传维著
上海：生活·读书·新知上海联合发行所，1949.6，73 页，36 开（新中国百科小丛书）
本书共 3 部分：概说、蔬菜害虫的认识与防治法、除虫药店配制应用。附录有本书蔬菜害虫学名录、本书药剂中西的名词对照表、国产杀虫植物学名录。
收藏单位：重庆馆、国家馆、辽宁馆、内蒙古馆、宁夏馆、天津馆

01477
浙江省颁各项治虫章则 浙江省昆虫局编
杭州：浙江省昆虫局，[1930.7]，62 页，18 开
本书内收《浙江省各县治虫委员会章则》《浙江省各县治螟办法》《浙江省昆虫局治虫讲习会章程》《各县治虫经费征支办法》等章则，另附《呈为陈明对于全省除虫进行办法请鉴核文》等呈文报告 6 则。
收藏单位：广东馆、贵州馆、国家馆、南京馆、上海馆、天津馆、浙江馆

01478
浙江省各县设置螟蛾预测灯办法 浙江省立植物病虫害防治所编
杭州：浙江省立植物病虫害防治所，1931.3，6 页，27 开（浙江省立植物病虫害防治所杂刊 20）
本书收录浙江省各县设置螟蛾预测灯办法 11 条，内容包括：每县设置螟蛾预测灯一处或数处、设置螟蛾预测灯的地点应适合的条件、设灯时期、设灯的高度、架灯的装置等。
收藏单位：国家馆、浙江馆

01479
浙江省昆虫局材料供给室售品目录 浙江省昆虫局编
杭州：浙江省昆虫局，1934.6，18 页，24 开（浙江省昆虫局杂刊 25）
本书介绍该局所供有关植物病虫害方面的标本、药品、器械、模型、书刊的名称与价目。

收藏单位：广东馆、国家馆、南京馆、浙江馆

01480
浙江省昆虫局出发各县第一期治虫工作报告（民国十八年冬季）　浙江省昆虫局编
［杭州］：浙江省昆虫局，1930.3，126 页，16 开

本书内收杭县、富阳县、余杭县、临安县等 70 余县的 68 篇治虫工作报告。目录页书名：浙江省昆虫局第一期指导治虫工作报告（民国十八年冬季）。序言页书名题：第一期治虫工作报告。正文页书名题：浙江省昆虫局民国十八年冬季派员出发各县指导第一期治虫工作报告。

收藏单位：国家馆、黑龙江馆、湖南馆、南京馆、浙江馆

01481
浙江省昆虫局出发各县第二期治虫工作报告（民国十九年春季）　浙江省昆虫局编
［杭州］：浙江省昆虫局，1930.8，136 页，16 开

本书卷端题名：浙江省昆虫局民国十九年春季派员出发各县指导第二期治虫工作报告。书口书名题：浙江省昆虫局指导治虫工作报告。

收藏单位：广东馆

01482
浙江省昆虫局概况
外文题名：The general sketch of the bureau of entomology, Hangchou, China
杭州：浙江省昆虫局，1935.6，12 页，16 开（浙江省昆虫局特刊 28）

本书内容包括：沿革、组织、设备、职员、常年经费、工作概况、出版物、将来计划、成绩一斑。

收藏单位：浙江馆

01483
浙江省昆虫局概要　邹树文著
外文题名：The organization and its work of the bureau of entomology of Chekiang Province
［杭州］：［浙江省昆虫局］，[1930]，56 页，23 开（浙江省昆虫局丛刊 1）

本书收录浙江省昆虫局概要、昆虫局应办事项、浙江省昆虫局拟收之功效等。书前附照片，书末附浙江省昆虫局职员一览表、英文摘要。

收藏单位：国家馆、湖南馆、南京馆、上海馆、浙江馆

01484
浙江省昆虫局概要·桑螟研究报告·铁甲虫研究报告　邹树文著·朱珍著·任明道著
［杭州］：［浙江省昆虫局］，1930，1 册，22 开（浙江省昆虫局丛刊 1—7）

本书与《诱蛾灯试验报告（第 1 号）》（王启虞著）、《兰溪稻作害虫第一期调查报告》（楼人杰著）、《浙江省稻作栽培概况》（邹树文著）、《松毛虫初步研究报告》（楼人杰著）合订。

收藏单位：国家馆

01485
浙江省昆虫局十年大事记　浙江省昆虫局编
外文题名：The important events of the bureau from 1924-1934
杭州：浙江省昆虫局，1934.6，10 页，22 开（浙江省昆虫局杂刊 27）

本书记述浙江省昆虫局 1924—1934 年间的大事，分为胚胎时期、前浙江昆虫局时期、浙江省昆虫局时期、前浙江省立植物病虫害防治所时期、浙江省昆虫局恢复名称时期。

收藏单位：国家馆、南京馆

01486
浙江省昆虫局特刊（第 19—27 号）　张巨伯等著
杭州：浙江省昆虫局，1933.10—1934.11，9 册，16 开

本书为特刊 19—27 号合订本：《浙江省之几种重要棉作害虫》《野外熏蒸法》《植物病害标本采集制作保存邮递法》《几种重要仓库害虫》《民国二十一年浙江省桑螟为害调查》

《民国二十一年浙江省红铃虫为害调查》《植物病虫问题解答汇录（二）》《浙江省治虫法规》《害虫防治法》。其中各号均有单印本，因内容不同，仍分别著录，各入其类。

01487
浙江省立植物病虫害防治所民国二十年年刊 吴福桢等编著
杭州：浙江省立植物病虫害防治所，1932.3，232 页，16 开（浙江省立植物病虫害防治所年刊 1）

本书共 10 部分：本所史略、本所组织、报告、本所设备、章则及规程、本所二十年度工作计划大纲、费耕雨文库成立记、本所大事记、业余活动、附录。

收藏单位：国家馆、湖南馆、江西馆、浙江馆

01488
浙江省县志虫害记载之整理与推论 徐国栋编
外文题名：Compilation and deduction of the insect pests recorded in the history of all the districts at Chekiang
浙江省昆虫局，1933.8，31 页，16 开

本书内容包括：英文提要、县志害虫记载之推论、整理后之害虫记载等。为《浙江省昆虫局年刊》第 2 号第 332—363 页。

收藏单位：浙江馆

01489
浙江省之几种重要棉作害虫 张巨伯著
外文题名：A few important cotton insects in Chekiang
杭州：浙江省昆虫局，1933.10，6 页，16 开（浙江省昆虫局特刊 第 19 号）

本书介绍浙江省几种重要棉作害虫，包括：红铃虫、金钢钻、造桥虫、卷叶虫、切根虫共 5 种，书中论及其形态、习性、防治法等。为《新农村》第 1 卷第 3 期抽印本。另有浙江省昆虫局特刊 19—27 号合订本。

收藏单位：国家馆

01490
浙江省植物病虫丛刊（第 3—8 号） 浙江省立植物病虫害防治所编
杭州：浙江省立植物病虫害防治所，1932，1 册，16 开（浙江省立植物病虫害防治所丛刊）

本书为合订本，收录《乡村小学治虫参考教材》《浙江省植物病虫害防治章则及省防治所规程汇编》《植物病虫问题解答汇录》《浙江省植物病虫之几种调查报告》《世界昆虫学家传略第一集》《中文昆虫学著述汇录》，各单册各入其卷。

收藏单位：国家馆

01491
浙江省植物病虫防治讲习会会刊 浙江省立植物病虫害防治所编
杭州：浙江省立植物病虫害防治所，1932.1，[224] 页，16 开（浙江省立植物病虫害防治所丛刊 2）

本书收录吴福桢等讲词 17 篇，梁希等演讲 10 篇，以及纪要、法规等。书口书名题：浙江省植物病虫讲习会刊。

收藏单位：国家馆

01492
浙江省植物病虫害防治所浅说 浙江省植物病虫害防治所编
[杭州]：出版者不详，1 册，32 开

收藏单位：南京馆

01493
浙江省植物病虫害防治章则及省防治所规程汇编 浙江省立植物病虫害防治所编
杭州：浙江省立植物病虫害防治所，1932.1，40+38 页，16 开（浙江省立植物病虫害防治所丛刊 4）

本书分两部分，第 1 部分收录浙江省植物病虫害防治章则 21 条，内容包括：浙江省各县十九年冬季防治虫害工作实施大纲等。第 2 部分收录浙江省立植物病虫害防治所规程汇编 21 条，内容包括：浙江省立植物病虫害防治所章程等。

收藏单位：国家馆、湖南馆、江西馆、内

蒙古馆、上海馆、浙江馆

01494
浙江省植物病虫之几种调查报告 浙江省立植物病虫害防治所编
杭州：浙江省立植物病虫害防治所，1932.2，91页，16开（浙江省立植物病虫害防治所丛刊6）

本书收录调查报告13篇，内容包括：《浙江省各县稻热病发生及被害状况》《东阳县稻热病调查报告》《绍兴稻曲病调查报告》《杭州麦类黑穗病被害调查报告》《浙江省余姚上虞绍兴棉虫调查纪要》等。书末附浙江省立植物病虫害防治所各种表格。

收藏单位：国家馆、湖南馆、江西馆、上海馆、浙江馆

01495
浙江省治虫法规 浙江省昆虫局编
外文题名：Laws and legislations on controlling insect pests and plant diseases in Chekiang
杭州：浙江省昆虫局，1933.10，[30]页，16开（浙江省昆虫局特刊第26号）

本书内容包括：浙江省昆虫局规程、修正浙江省治虫人员养成所章程、浙江省县政府建设委员会规程、修正浙江省县政府治虫人员任用办法、修正浙江省县政府治虫人员服务规则等。为《新农村》第1卷第3期抽印本。另有浙江省昆虫局特刊19—27号合订本。

收藏单位：国家馆、南京馆、首都馆、浙江馆

01496
浙省几种重要蔬菜害虫 浙江省农业改进所编
松阳：浙江省农业改进所，1943.5，17页，32开（农业浅说33）

本书内容包括：猿叶虫、猿叶虫之形态、猿叶虫之习性、猿叶虫之防治法等。

收藏单位：浙江馆

01497
蔗螟（Argyria sp.）生活史及其为害损失之研究 严家显编
外文题名：Studies on the life history of the sugar-dane borer, Argyria sp., with special reference to the damage caused by the borer to the cane
永安：福建省立农业院，[1941—1947]，97—111页，18开

本书为《新农季刊》Ⅲ（3—4）抽印本。

收藏单位：上海馆

01498
植病丛谈 崔伯棠编 王启虞校
上海：中国科学图书仪器公司，1936.5，104页，18开（中国科学社科学画报丛书）（昆虫丛谈2）
上海：中国科学图书仪器公司，1939.12，2版，104页，18开（中国科学社科学画报丛书）（昆虫丛谈2）
上海：中国科学图书仪器公司，1947.3，3版，104页，18开（中国科学社科学画报丛书）（昆虫丛谈2）

本书共11章：引言、植物病害之意义、植物病害之重要、植物病害之征候、植物病害之原因、细菌类寄生之病害、黏菌类寄生之病害、真菌类寄生之病害、高等植物寄生之病害、线虫类寄生之病害、植物之毒素病。版权页责任者题：张巨伯、崔伯棠编辑。

收藏单位：东北师大馆、广东馆、桂林馆、国家馆、辽宁馆、南京馆、上海馆、西南大学馆、浙江馆

01499
植物病虫害材料供给室出品一览 浙江省立植物病虫防治所编
杭州：浙江省立植物病虫防治所，1931.9，12页，32开（浙江省立植物病虫害防治所杂刊4）

本书内容包括：浙江省立植物病虫害防治所推广部植物病虫害材料供给室办事及购买规则16条、植物病虫害材料供给室出品一览。

收藏单位：国家馆、江西馆、上海馆、浙江馆

01500
植物病虫害及其防除法 杨著诚编述

杭州：浙江省地方自治专修学校，1930，174 页，22 开

本书内容包括：植物疾病之意义及其分类、植物疾病之原因等。为浙江省地方自治专修学校讲义。

收藏单位：浙江馆

01501

植物病虫问题解答汇录 浙江省立植物病虫害防治所编

杭州：浙江省立植物病虫害防治所，1932.2，42 页，16 开（浙江省立植物病虫害防治所丛刊 5）

本书汇录植物病虫问题及解答共 34 组，包括：松毛虫防治法、柑橘介壳虫及赤蜘蛛之防治法、叶跳虫介壳虫蚜虫及梨赤星病之防治法、蚂蟥（水蛭）之防治法、地老虎防治法、蝼蛄等。每个问答都记录了问题、时间及解答者。书末附浙江省立植物病虫害防治所通讯询问须知。

收藏单位：国家馆、湖南馆、江西馆、上海馆、浙江馆

01502

植物病虫问题解答汇录（二） 浙江省昆虫局编

外文题名：Replies on the questions relating to insect pests and plant diseases. Ⅱ

杭州：浙江省昆虫局，1933.10，[26] 页，16 开（浙江省昆虫局特刊 第 25 号）

本书汇录植物病虫问题及解答共 27 组，包括：防治果虫之机械及药剂、松树皮层甲虫、两种葡萄虫、杂项询问、尺蠖及叶蚤、吹沫虫、稻纵卷叶虫、梅象鼻虫、蔬菜害虫、白蜡虫等。每个问答都记录了问题、时间及解答者。为《新农村》第 1 卷第 3 期抽印本。另有浙江省昆虫局特刊 19—27 号合订本。

收藏单位：国家馆、江西馆、南京馆、首都馆

01503

植物病害标本采集制作保存邮递法 朱学曾著

外文题名：Methods for collecting, preparing, preserving and mailing plant diseased specimens

杭州：浙江省昆虫局，1933.10，[18] 页，16 开（浙江省昆虫局特刊 第 21 号）

本书共 4 部分：标本之采集、标本之制作、标本之保存、标本之寄递。为《新农村》第 1 卷第 3 期抽印本。另有浙江省昆虫局特刊 19—27 号合订本。

收藏单位：国家馆、南京馆、首都馆

01504

植物病害防治 吴友三著

[北碚]：出版者不详，[1946.6]，186 页，25 开

本书共 13 章，内容包括：绪论、植物病害检验、田间卫生、药剂使用法、树木外科治疗及木材防腐等。书中专门名词、术语及补充读物均用外文，另有附表 4 种。

01505

植物病理 孙钺著

上海：中华书局，1937.4，252 页，32 开（农业丛书）

香港：中华书局，1938.8，再版，252 页，36 开（农业丛书）

昆明：中华书局，1941.4，4 版，252 页，36 开（农业丛书）

上海：中华书局，1948.10，4 版，252 页，36 开（农业丛书）

本书分总论和各论两编，共 10 章：释义与略史、植物病理学研究法、植物疾病之原因、寄生菌、预防法、谷类病害、蔬菜类病害、果树病害、特用作物病害、由寄生动物所起之病害。书末附有术语略解、麦类黑穗病之种类检索表，另附中、西文名词索引。

收藏单位：重庆馆、广西馆、贵州馆、桂林馆、国家馆、河南馆、黑龙江馆、湖南馆、江西馆、辽宁馆、南京馆、山西馆、上海馆、首都馆、西南大学馆

01506

植物病理新编 赖昌编辑

上海：科学书局，1913，152 页，22 开

本书内容包括：作物病理讲究之必要、植物疾病之定义、植物病理学之定义、植物疾病之原因等。为中等农学校用书。

收藏单位：首都馆、浙江馆

01507
植物病理学　夏诒彬　许心芸编
上海：商务印书馆，1933.5，218页，32开
上海：商务印书馆，1933.11，再版，218页，32开
上海：商务印书馆，1934.9，3版，218页，32开
长沙：商务印书馆，1939.1，5版，218页，32开
本书共5编24章，内容包括：植物病学与植物病理学之区别、植物之死与疾病、关于植物疾病之原因说及防除法之历史的考察、植物疾病之原因、植物疾病之潜伏期及持续期间等。为高级农业学校教科书。书中内容大部分取材于日本逸见武雄著《植物治病学泛论》一书。
收藏单位：安徽馆、重庆馆、广东馆、广西馆、桂林馆、国家馆、黑龙江馆、湖南馆、南京馆、上海馆

01508
植物病理学的基本知识　孙少轩编
上海：中华书局，1947.12，76页，32开（中华文库 初中第1集）
本书共8章：绪论，植病之定义、症候及种类，生理病，寄生病，植病之传染，植物之抗病与免疫，植病之防除，植物病理标本之采集与制作。
收藏单位：重庆馆、东北师大馆、广东馆、广西馆、桂林馆、国家馆、黑龙江馆、湖南馆、江西馆、辽大馆、南京馆、内蒙古馆、上海馆、绍兴馆

01509
植物病理学及防治法　颜纶泽译著
上海：新学会社，1921.5，132页，23开
本书介绍了植物的病状、病原，以及寄生菌的侵入、植物病害预防和治疗法，并具体分析了禾谷、麦、蔬菜等植物的病害。
收藏单位：安徽馆、内蒙古馆

01510
植物病理原论　（日）草野俊助著　陈铭石译
上海：商务印书馆，1936.3，60页，32开（万有文库 第2集326）（自然科学小丛书）
上海：商务印书馆，1936.11，60页，32开（自然科学小丛书）
本书共6章：总论、病与遗传及外界、病菌之营养与病、病菌之分化、卫生问题、防除策。
收藏单位：安徽馆、重庆馆、大理馆、大连馆、东北师大馆、广东馆、国家馆、黑龙江馆、湖南馆、江西馆、辽师大馆、南京馆、内蒙古馆、宁夏馆、上海馆、天津馆、西南大学馆、浙江馆

01511
植物病原菌学　段永嘉著
上海：商务印书馆，1948，209页，25开
本书共7章：植物病原菌学之意义、植物病原菌类之形态、植物病原菌类之生理、病原菌类之分类、植物病原细菌、植物病原菌之研究法、植物病原菌之防除法。书末附细菌培养性质之记载法、图版及其说明。
收藏单位：重庆馆、东北师大馆、国家馆、辽宁馆

01512
植物之病虫害预防法　祁家治著
南京：金陵大学农学院，1921.4，18页，24开（金陵大学农林科农林丛刊4）
南京：金陵大学农学院，1930.4，再版，22页，23开（金陵大学农学院丛刊10）

01513
治虫法　国立中山大学农学院推广部编
广州：国立中山大学出版部，1928.6，14页，24开（农林浅说 病虫害类3）
广州：国立中山大学出版部，1934.10，6版，14页，24开（农林浅说 病虫害类3）
本书共两部分：通用的治虫法、专用的治虫法。通用的治虫法包括：耕种时顺便治虫的法子、用人工治虫的法子、用药剂治虫的法子；专用的治虫法包括：螟虫、铁甲虫、蝼

蛄、黄色瓜虫、菜叶蛆等。
收藏单位：国家馆

01514
治虫会刊（第2期） 嘉善县治虫会编
嘉善县治虫会，1930.2，15页，32开
本书内容包括：防治害虫问题的报告、问答、消息等。
收藏单位：浙江馆

01515
治虫须知 云南建设厅编
[昆明]：云南建设厅，1936.3，22页，36开（农林常识1）
本书介绍了害虫的种类、防止消除害虫的方法、用药品毒杀害虫的方法。附重要益虫一览表、重要害虫一览表。
收藏单位：国家馆

01516
治蝗办法暨蝗虫防除法 山西实业厅编
山西实业厅，1933.7，5页，32开
本书收录治蝗办法7条、蝗虫预防法3条、蝗虫驱除法6条。
收藏单位：国家馆

01517
治蝗工作概况 善后救济总署安徽分署编
善后救济总署安徽分署，[1946]，18页，32开（善后救济总署安徽分署业务报告丛刊3）
收藏单位：安徽馆、国家馆

01518
治蝗辑要 章祖纯 徐中藩编著
农商部，[1914.11]，72页，24开
本书内容包括：释蝻蝗、蝗虫种类、蝻蝗肆害状况、预防法等。书前有蝗虫种类图2幅及蝗虫发育顺序图。封面题名：治蝗要言。
收藏单位：国家馆、天津馆、浙江馆

01519
治蝗浅说 江苏省昆虫局编
南京：江苏省昆虫局，1929.4，12页，25开（通俗浅说10）
本书共5部分：蝗虫的害处、蝗虫的变化、蝗虫的认识、蝗虫应当设法防治而不应当祈祷求恳、防治的方法。

01520
治蝗浅说 实业部中央农业实验所植物病虫害系编
南京：实业部中央农业实验所，1934.7，18页，23开（实业部中央农业实验所浅说2）
收藏单位：国家馆、河南馆、上海馆

01521
治蝗浅说 浙江省昆虫局编
杭州：浙江省昆虫局，1934.12，12页，25开（浙江省昆虫局浅说28）
本书共5部分：治蝗概言、蝗虫的形态、蝗虫的生活史、蝗虫的习性、蝗虫的防治法。
收藏单位：国家馆、浙江馆

01522
治蝗要诀 冯翔凤编
开封：河南大学农业推广部，1930.12，42页，32开（河南大学农业推广部农业丛书26）
本书内容包括：蝗虫与非蝗虫的分别、蝗虫采食的植物、治蝗方法表、蝗虫的敌害表、蝗虫的利用方法、乡村治蝗会组织简章等。
收藏单位：国家馆、南京馆

01523
治蝗指南 善后救济总署冀热平津分署天津分署农村改进事业保定区中心站编
保定：善后救济总署冀热平津分署天津分署，1946.10，20页，32开（农村改进小丛书2）
收藏单位：南京馆

01524
治螟虫法 广东建设厅农林局推广课编
广州：广东建设厅农林局推广课，1930.7，22页，25开（推广丛书8）
广州：广东建设厅农林局推广课，1930.8，再版，22页，25开（农业浅说 病虫害类1）

广州：广东建设厅农林局推广课，1932.7，3版，22页，25开（推广丛书8）

本书共5部分：螟虫之种类及形态、螟虫发生之时期、螟虫过冬之情形、螟虫害稻之状况、防除螟虫之方法。再版版权页责任者题：廖迪雍编著。

收藏单位：国家馆、浙江馆

01525

治螟方法的补遗 庄崧甫著

上海：新学会社，1929.10，22页，50开

本书内容包括：螟虫的系列、诱蛾灯法的补充、用药物去除虫等。

收藏单位：浙江馆

01526

治螟方法与农民通力合作的关系 赵以诰著

江西省立农艺专科学校，1933.11，18页，25开（农林丛刊2）

收藏单位：江西馆

01527

治螟浅说 黎国焘编

南宁：广西农林局，1934.11，24页，32开，环筒页装（农林浅说12）

南宁：广西农林局，1934，32页，36开，环筒页装（农林浅说12）

本书共5部分：治螟概说、螟虫的形态、螟虫的生活史、螟虫为害的状况、治螟的方法。

收藏单位：桂林馆、国家馆

01528

治螟浅说 浙江省立植物病虫害防治所编

杭州：浙江省立植物病虫害防治所，1931.3，18页，32开（浙江省立植物病虫害防治所浅说3）

本书共5节：治螟概言、螟虫的形态、螟虫的生活史、螟虫的害状、螟虫的防治法。

收藏单位：国家馆、黑龙江馆、上海馆、浙江馆

01529

治螟设计 广东建设厅农林局编

[广州]：广东建设厅农林局，1933，26页，32开（推广丛书18）

本书共6节：概言、螟虫的形态、螟虫的生活史、螟虫的为害状况、螟虫的防治法、结论。

收藏单位：国家馆

01530

治螟新法 王历农编 费谷祥校订

上海：商务印书馆，1931.4，257页，32开（实用农艺丛书）

上海：商务印书馆，1934.8，国难后1版，245页，32开（农学丛书）

上海：商务印书馆，1935.5，国难后2版，245页，32开（农学丛书）

本书共6编：螟虫总说、二化螟虫、三化螟虫、大螟虫、螟虫的害敌、稻螟虫的治法。内容包括：野螟蛾亚科、水螟蛾亚科、锦螟蛾亚科、斑螟蛾亚科、大螟蛾亚科、包螟蛾亚科、蜂蜜蛾亚科、昆虫学上的位置、成虫、卵子、幼虫、蛹等。

收藏单位：重庆馆、广东馆、贵州馆、国家馆、湖南馆、江西馆、南京馆、西南大学馆、浙江馆

01531

治螟指导手册 农林部粮食增产委员会编

农林部粮食增产委员会，1941，120页，32开

本书内分治螟指导手册、水稻螟虫防治浅说、治螟教材三种。另附（彩色石印）治螟图说。

收藏单位：重庆馆

01532

治螟指导手册 [农林部中央农业实验所编]

荣昌：[农林部中央农业实验所]，1941，[118]页，32开（农林部中央农业实验所杂刊12）

本书共3部分：治螟指导手册、水稻螟虫防治浅说、治螟教材。内容包括：四川省各县近年来螟害损失表、民国三十年四川省治螟实施办法大纲、民国三十年四川省治螟指导分期推进办法、四川省治螟工作旬历等。另附（彩色石印）治螟图说。

01533
中国北部常见的植物病害及其防除方法（上册） 李象元著
北平：中华平民教育促进会，1930.5，51 页，16 开（中华平民教育促进会总会生计教育科农业丛书 1）
本书共 3 章：藻菌类所惹起的植物病害、子囊菌类所惹起的植物病害、担子菌类所惹起的植物病害。
收藏单位：国家馆

01534
中国飞蝗之分布与气候地理之关系及其发生地之环境 邹钟琳著
外文题名：The distribution of the migratory locust and ecological study of its breeding ground in China
实业部中央农业实验所，1935.7，[34] 页，16 开（实业部中央农业实验所研究报告第 1 卷 8）
本书共 4 部分：中国飞蝗之分布与地形、中国飞蝗之分布与气候、飞蝗之生活史、总结。附英文提要、参考书报及图版。
收藏单位：广东馆、国家馆

01535
中国害虫问题及其解决之我见 尤其伟著
[南京]：国立中央大学农学院，1929，73 页，24 开（国立中央大学农学院丛刊 11）
收藏单位：重庆馆、贵州馆、湖南馆

01536
中国介壳虫名录 张景欧著
外文题名：A preliminary list of the coccidae of China
[南京]：国立中央大学农学院，1929.3，24 页，24 开（国立中央大学农学院丛刊 16）
本书收录了中国已发现的介壳虫种类，名录涉及每一种介壳虫的英文名称、被害植物、分布区域等。
收藏单位：重庆馆

01537
中国菌病见闻录（其二） 邹钟琳著
[上海]：中国科学社，1920.4，[12] 页，16 开
本书介绍油菜、小麦等植物病菌的形态及病状。

01538
中国棉病调查报告（民国二十三至二十五年） 沈其益 周咏曾著
外文题名：A preliminary survey on cotton diseases in China during 1934-6
南京：全国经济委员会棉业统制委员会中央棉产改进所，1937.3，128 页，23 开
本书共 8 部分：提要、引言、调查区域及方法、重要病害、其他次要病害、参考材料、图版说明、英文摘要。附棉作病害分布图。
收藏单位：贵州馆、国家馆、河南馆

01539
中国棉虫研究趋势 李凤荪 周绍模著
外文题名：Bibliographical introduction to the study of Chinese cotton insects
南京：全国经济委员会棉业统制委员会、中央棉产改进所，1937.6，94 页，23 开（中央棉产改进所丛刊 3）
本书共 10 部分：凡例、序论、刊载年期、著述人名、登载刊物、文献索引、重要棉虫之分布记载、英文摘要、引用杂志等首字笔数索引、图表。
收藏单位：贵州馆、国家馆

01540
中国棉虫之分布及民国二十三年发生情形 吴福桢著
外文题名：Survey of the distribution and prevalence of cotton insects in China during the year 1934
南京：实业部中央农业实验所，1935.9，34 页，16 开（实业部中央农业实验所特刊 12）
本书共 11 部分：提要、绪论、地老虎、棉蚜、红蜘蛛、造桥虫、大卷叶虫、棉铃虫、金钢钻、红铃虫、其他害虫。附参考材料、英文摘要、分布图。
收藏单位：国家馆

01541
中国棉虫之研究与防治 傅胜发 万长寿著

外文题名：The research and control of cotton insects in China
南京：农林部棉产改进所，1948.12，190 页，23 开

本书共 5 部分：总论、研究、防治、中文摘要、英文摘要。书前有胡竟良序，书末附全国棉虫分布概况图（一至十）、我国棉虫重要文献索引。

收藏单位：广东馆、贵州馆、国家馆

01542
中国棉作病害 沈其益著
外文题名：Cotton diseases in China
全国经济委员会棉业统制委员会中央棉产改进所，1936.5，88 页，21 开

本书共 17 部分：引言、棉作病害检查表、炭疽病、角斑病、立枯病、枯萎病、缩叶病、叶切病、叶斑病、叶纹斑病、白斑病、黑果病、红腐病、茎腐病、猝倒病、黄叶枯病、红叶枯病。

收藏单位：国家馆、南京馆

01543
中国棉作害虫 李凤荪 马骏超著
上海：中华书局，1936.5，[22]+192+[74] 页，32 开（农业丛书）
上海：中华书局，1936，3 版，[22]+192+[74] 页，32 开（农业丛书）
上海：中华书局，1939.8，再版，[22]+192+[74] 页，32 开（农业丛书）
上海：中华书局，1941，264 页，25 开
上海：中华书局，1941.1，4 版，1 册，32 开（农业丛书）
上海：中华书局，1948.3，3 版，[22]+192+[74] 页，32 开（农业丛书）

本书共两编：概论、分论。概论讲述了中国棉作害虫问题的严重性，棉作害虫的种类、分布、生活习性及防治办法；分论介绍了棉蚜、小地老虎、大地老虎、八字切根虫、蝼蛄等 70 种棉作害虫的特征与危害。书前有彩图 9 帧。附录中国棉作害虫一览表、中国棉作害虫之寄生及肉食昆虫一览表、世界棉作害虫名录、参考书及中西文名词索引。

收藏单位：安徽馆、重庆馆、广东馆、广西馆、贵州馆、国家馆、河南馆、江西馆、辽宁馆、南京馆、内蒙古馆、宁夏馆、山西馆、上海馆、首都馆、天津馆、西南大学馆、浙江馆

01544
中国螟虫研究与防治之现状 蔡邦华著
外文题名：Recent trend in the study and control of rice borers in China
南京：实业部中央农业实验所，1936.10，95 页，16 开（实业部中央农业实验所特刊 16）

本书共 4 编 15 章：名称、损失、分布、形态、生活史及习性、猖獗因子之分析、猖獗条件之理论、螟灾预测、冬季治螟、春季治螟、夏秋季治螟、抗螟育种、治螟与农作制度、螟虫调查方法、螟灾损失统计。附录中英文摘要及参考文献。

收藏单位：广东馆、国家馆

01545
中国农业害虫 黄震编著
［重庆］：教育部民众读物编审委员会，68 页，50 开（民众文库）

本书共 8 部分：什么是农业害虫、怎样防除农业害虫、稻作害虫、棉作害虫、园艺害虫、蚕桑害虫、仓库害虫、除虫药剂和机械。

收藏单位：重庆馆、国家馆、浙江馆

01546
中国农业害虫之防治及研究情况 吴福桢 徐硕俊著
外文题名：A review of the study and control of agricultural insect pests in China
南京：实业部中央农业实验所，1935.8，50 页，16 开（实业部中央农业实验所特刊 11）

本书共 5 部分：提要、史略、政府对于昆虫事业之设施及重要害虫之防治、研究概要、附录。

收藏单位：国家馆、浙江馆

01547
中国迁移蝗之变型现象及其在国内之分布区域 邹钟琳著

［南京］：国立中央大学，1944.4[20] 页，16 开

本书为国立中央大学《科学》季刊第 1 卷第 1 期抽印本。

01548

中国园艺害虫 黄其林 郑建南编著

南京：京城印书馆，1937.6，210 页，12 页，6 页

重庆：商务印书馆，1943.10，203 页，32 开

重庆：商务印书馆，1944.12，再版，201 页，36 开

重庆：商务印书馆，1945，3 版，201 页，36 开

本书共 3 编：总论、蔬菜害虫各论、果树害虫各论。内容包括：昆虫之外部形态、昆虫之发育与习性、园艺害虫防治法、菜类之害虫、豆类之害虫、瓜之害虫、茄之害虫、萝卜之害虫、梨之害虫、桃之害虫、苹果之害虫等。附录有参考书、学名索引。1937 年版著者题：郑建楠。

收藏单位：安徽馆、重庆馆、广东馆、国家馆、南京馆、内蒙古馆、宁夏馆

01549

中国之小麦散黑粉病菌生理小种（1） 王清和著

外文题名：Physiologic forms of ustilago tritici in China. I

福州：私立福建协和大学农学院，1946.7，91—96 页，18 开

本书为《协大农报》第 7 卷第 2 期抽印本。为植病专刊。

收藏单位：国家馆

01550

重要植物病原菌之分类与检索 郑曼倩编译

上海：新农企业股份有限公司，1949.4，102 页，22 开

本书内容包括：凡例、绪言、黏菌类、细菌类、真菌类。书后附录包括：重要植物病原菌分类系统表、学名索引、术语索引。分类系根据 F.L.Stevens 所著 *The fungi which cause plant disease* 一书。

收藏单位：广东馆、国家馆、辽宁馆

01551

诸暨县治虫特约合作小学讲义 诸暨县政府编

诸暨县政府，1937，42 页，16 开

本书内容包括：什么是昆虫、害虫和益虫、昆虫的变态、昆虫的行为等。

收藏单位：浙江馆

01552

庄稼生虫和生病的防治法 晋绥边区行政公署建设处编

晋绥边区行政公署建设处，1945，1 册，32 开（生产建设丛书 6）

本书内容包括：庄稼生虫和生病的防治法、几种重要虫害和病害的研究、几种驱除药剂和方法。附《怎样选种》。

收藏单位：国家馆、山西馆

01553

作物病虫害教科书 日本农业教育协会著 新学会社编译

上海：新学会社，1912.8，68 页，25 开

上海：新学会社，1913.7，再版，72 页，25 开

上海：新学会社，1916.5，3 版，72 页，22 开

上海：新学会社，1922，6 版，72 页，25 开

本书分病害、害虫两编，内容包括：细菌及霉菌、稻之病害、麦之病害、蔬菜之病害、果树之病害、葡萄之败脱病、林树之病害等。版权页题名：初等作物病虫害教科书。为初等农学校用及乙种农学校用书。

收藏单位：重庆馆、湖南馆、首都馆、浙江馆

01554

作物病理学 胡朝阳纂译

上海：新学会社，1912，120 页，22 开

上海：新学会社，1927.8，4 版，120 页，22 开

本书内容包括：作物之病、病之原因、菌类概说、病菌之性状、病菌与植物、预防及驱除、杀菌剂及其使用法、稻病、麦类之黑穗病、驱除预防法、麦类锈病、麦类诸病、粟黍蜀黍等之病、马铃薯与茄病、胡瓜葱豆类之病、萝卜芜菁等之病、葡萄之病、苹果及他种果树之病、桑树病、花卉与树木病、

水分不足之病、水分养分之过多病、由伤而起之病、酸素不足之害、温度不足之害、前述以外之诸害等。为中等农学校用书。

收藏单位：重庆馆、国家馆、南京馆、首都馆

01555

作物病理学 王历农编著

长沙：商务印书馆，1939.4，11+327 页，32 开，精装

上海：商务印书馆，1946.7，再版，11+327 页，32 开

上海：商务印书馆，1947.2，3 版，11+327 页，32 开

上海：商务印书馆，1948.8，4 版，11+327 页，32 开

本书分通论、各论两编。通论共 4 章：作物疾病概说、病原微生物概说、杀菌剂的原料和实际应用、杀菌剂的配制和土壤种子消毒法；各论共 10 章，内容包括：稻的病害、麦类的病害、燕麦及其他杂谷类的病害、大豆和小豆的病害、桑和茶的病害、烟草芸苔落花生姜和棉的病害、梨苹果桃柿和李的病害等。为职业学校教科书。

收藏单位：安徽馆、重庆馆、东北师大馆、广东馆、国家馆、湖南馆、南京馆、首都馆

01556

作物虫害防除的一般常识 松江省政府建设厅编

哈尔滨：东北书店，1949.2，19 页，50 开（生产丛书 9）

本书介绍了松江各地区可能成为灾害的虫害 13 种，包括：黑金龟子、粟夜盗虫、蝼蛄、蚜虫、叩头虫、麦蚤叶虫、拟黄条蚤叶虫、二条姬叶虫、姬天鹅绒金龟子、白下夜盗、大豆心喰蛾、稻泥负虫、稻泥苞虫。

收藏单位：国家馆、黑龙江馆、辽宁馆

01557

作物害虫学 王历农编著

长沙：商务印书馆，1940.4，228 页，32 开

长沙：商务印书馆，1940.10，再版，228 页，32 开

[重庆]：商务印书馆，1943，3 版，228 页，32 开

上海：商务印书馆，1946.6，4 版，228 页，32 开

上海：商务印书馆，1946.10，5 版，228 页，32 开

上海：商务印书馆，1947.10，6 版，228 页，32 开

本书分通论、各论两编。通论共 4 章：第 1 章论述作物害虫学之意义，及昆虫之构造、发育；第 2 章简述昆虫之分类；第 3 章论述害虫之一般的防治法；第 4 章论述药剂和天敌的应用。各论共 10 章：第 1—2 章，专论普通作物害虫及仓库害虫；第 3—4 章，专论特用作物害虫；第 5—7 章，专论蔬菜害虫；第 8—10 章，专论果树害虫。为职业学校教科书。

收藏单位：安徽馆、重庆馆、广东馆、贵州馆、国家馆、湖北馆、江西馆、南京馆、西南大学馆

有害植物及其清除

01558

杭州附近所产菟丝子之形态类属及其寄生之种类 崔伯棠著

外文题名：On the morphology and host plants of cuscuta japonica choisy in the vicinity of Hang-chow

杭州：浙江省立植物病虫害防治所，1932.1，12 页，16 开（浙江省立植物病虫害防治所专门报告 4）

本书共 6 部分：导言、概说、记载、形态、分类、寄主。

收藏单位：广东馆、国家馆、上海馆

01559

去稗草 浙江省立农业改良场编

杭州：浙江省立农业改良场，1931.9，4 页，21 开（农民浅说 1）

本书共 3 部分：那有收谷的希望、把十八万

担稗草换做稻子、方法是很简单的。

收藏单位：国家馆

01560

野草和芝草 季君勉编著

上海：中华书局，1948.6，82 页，32 开（农业小丛书）

本书共 3 篇。第 1 篇引论；第 2 篇野草共 15 章，内容包括：野草的界说、野草的生长、繁殖、野草的类别、野草之识别和标本之制作法、野草的用途等；第 3 篇芝草共 5 章：芝草的种类、芝草的配合、芝草的栽培、移栽、余话。书末附江苏省棉麦田杂草、昆山稻田杂草。

收藏单位：重庆馆、广东馆、国家馆、江西馆、辽宁馆、南京馆、内蒙古馆、上海馆、西南大学馆

各种防治方法

01561

氯化苦熏蒸法须知 农林部中央农业实验所编

重庆：农林部中央农业实验所，1942，22 页，32 开（农林部中央农业实验所浅说）

本书介绍用该种农药消灭粮食害虫应注意的事项。

收藏单位：重庆馆

01562

野外熏蒸法 过立先著

外文题名：Field fumigation

杭州：浙江省昆虫局，1933.10，[24] 页，16 开（浙江省昆虫局特刊 第 20 号）

本书共 9 部分：导言、天幕之构造及其种类、天幕之使用及毒气发生之方法、关于天幕熏蒸之几种计算、重要熏蒸药剂之配方、天幕熏蒸之注意事项、结论、天幕熏蒸内容积及药品用量检查表、本文参考文献。为《新农村》第 1 卷第 3 期抽印本。另有浙江省昆虫局特刊 19—27 号合订本。

收藏单位：国家馆、江西馆、南京馆、首都馆

农药防治（化学防治）

01563

DDT 乳剂溶调法

外文题名：Mixing of DDT emulsion

出版者不详，7 页，16 开

本书为美国新闻处幻灯片说明。

收藏单位：上海馆

01564

除虫菊 江西省农业院编

江西省农业院，1939，14 页，32 开（推广丛书 园字 7）

[南昌]：江西省农业院，1946.6，14 页，32 开（农业推广丛书）

本书内容包括：种植除虫菊应选择的气候、土质和品种、栽培的方法等。

收藏单位：重庆馆、南京馆、西南大学馆

01565

除虫菊 刘柏庆编著

上海：商务印书馆，1934.4，43 页，32 开（农学小丛书）

上海：商务印书馆，1934.7，再版，43 页，32 开（农学小丛书）

上海：商务印书馆，1935.4，3 版，44 页，25 开（农学小丛书）

长沙：商务印书馆，1939.8，5 版，44 页，25 开（农学小丛书）

本书共 3 章：概说、栽培法、应用。内容包括：除虫菊需要、除虫菊性状及产地、除虫菊品种比较、除虫菊杀虫成分、气候及土质、繁殖、定植、施肥及中耕、除虫菊粉制法、臭虫药粉制法等。

收藏单位：重庆馆、贵州馆、国家馆、湖南馆、江西馆、南京馆、农大馆、上海馆、天津馆、浙江馆

01566

除虫菊 萧苇编著

上海：中国农业书局，1936.7，98 页，32 开，精装（农村副业丛书 1 1）

上海：中国农业书局，1940.9，增订再版，96页，36开，精装（农村副业丛书1）
上海：中国农业书局，1946.9，增订3版，96页，32开（农村副业丛书）

本书共12章：性状及来历、栽培法、管理、施肥、病害、轮作、收获、生产物之处理、品质鉴定法、除虫菊之制造、除虫菊之用途、除虫菊之杀虫有效成分。

收藏单位：广东馆、国家馆、黑龙江馆、辽宁馆、南京馆、内蒙古馆、上海馆、首都馆

01567
除虫菊 郑止善编著
重庆：正中书局，1944.3，201页，25开
上海：正中书局，1947.3，沪1版，201页，25开
上海：正中书局，1947.10，沪3版，201页，25开

本书共16章，内容包括：除虫菊概说、商业上除虫菊之来源、除虫菊之栽培法、除虫菊之有效成分、化学方法估值除虫菊、生物方法估值除虫菊、化学分析与生物试验之相关关系、商业上除虫菊分级之相对值、粉末及碾磨之除虫菊、除虫菊抽取液之制造等。

收藏单位：安徽馆、重庆馆、东北师大馆、国家馆、湖南馆、辽宁馆、南京馆、上海馆

01568
除虫菊事业 史公山著
上海：世界书局，1936.5，204页，32开

本书共7章：总论、除虫菊栽培程序及其方法、收获的手续及其处理法、繁殖方法、除虫菊粉之制造秘诀、蚊香制造工业、农用及室内用除虫菊粉。附录阴阳历节气对照表。

收藏单位：国家馆、湖南馆、南京馆、山西馆、浙江馆

01569
除虫菊与薄荷 杨志复编
上海：新亚书店，1933.10，54页，36开（科学知识普及丛书）

本书共9章：绪论、栽培除虫菊和薄荷应有的知识、除虫菊与薄荷的繁殖和播种、定植以后的管理、收获和干燥、除虫菊和薄荷怎样制造、除虫菊与薄荷的特别成分及用途、栽培除虫菊和薄荷是最有利的经营、附录——除虫菊的利用法。

收藏单位：重庆馆、广东馆、国家馆、辽宁馆、南京馆、内蒙古馆、首都馆、浙江馆

01570
除虫菊之昆虫学观 柳支英著
[柳州]：广西农事试验场，1941，49—158页，16开

本书为《广西农业》第2卷第1—2期抽印本。

收藏单位：广东馆

01571
除虫菊之昆虫学观 柳支英著
杭州：国立浙江大学，1937.6，22页，16开（国立浙江大学季刊第1卷第1期）

本书内容包括：除虫菊的除虫历史、生产与消耗、种类、有效成分、与其他植物性杀虫剂的比较、使用方法等。

01572
毒鱼藤的蕃殖和利用
广西省政府建设厅农业管理处，[1926—1949]，7页，32开（农业浅说9农艺类4）

收藏单位：南京馆

01573
害虫控制
外文题名：Controlling insect pests
出版者不详，手抄本，10页，16开

收藏单位：上海馆

01574
几种急待普遍应用的杀虫药剂和它们的施用方法 吴福桢编
上海：商务印书馆，1937，36页，32开

收藏单位：南京馆、山西馆

01575
几种土产杀虫药剂之研究及其有效之作物蔬

菜果树害虫防治 陈金璧著 马君武 尤其伟校
[柳州]：广西农事试验场，1935，76页，22开
本书内载各种虫害图。
收藏单位：桂林馆

01576
两种重要杀菌药剂 浙江省立植物病虫害防治所编
杭州：浙江省立植物病虫害防治所，1931.9，10页，32开（浙江省立植物病虫害防治所浅说7）
本书介绍波尔多液和铜皂液两种农业杀菌剂的调制与使用方法。
收藏单位：国家馆

01577
农药调制撒布必携 苍德玉编
旅顺：农业进步社，1938，9版，132页，32开
旅顺：农业进步社，1942.12，增订再版，136+16页，32开
本书共10章：药剂撒布之前提、药剂之大别、杀菌剂、杀虫剂（毒剂）、杀虫剂（接触剂）、杀菌杀虫兼用剂、消毒剂、熏蒸剂、涂布剂、砒酸石灰。书前有渡边柳藏序文，书末附关东州苹果病虫害防除历、药剂调制计算法、药剂配合分量表。
收藏单位：国家馆

01578
农艺杀虫剂 （日）桑名伊之吉著 郭寿铎译
重庆：正中书局，1945.6，83页，32开
上海：正中书局，1947.12，沪1版，83页，32开
本书共17章：绪论、害虫口部构造与杀虫剂、杀虫剂的撒布时期、杀虫剂的分类、砷剂、海勒波、粉剂、石灰硫黄溶液及其他硫剂、石油撒布剂、肥皂剂、波尔多混剂、烟草与烟碱剂、苗木熏蒸法、苗木浸渍法、重要杀虫杀菌剂安全混合法、美国防除农作物害虫概况、防除作物病虫害的要项。附录包括中外重要度量衡单位表、索引。
收藏单位：重庆馆、国家馆、辽宁馆、南京馆、首都馆

01579
农用杀虫杀菌药剂 曹自晏编
上海：黎明书局，1936.10，116页，32开（黎明农业丛书）
本书共5篇：概论、外用杀虫剂、内服杀虫剂、杀菌剂、杀虫杀菌合剂。内容包括：杀虫杀菌剂之意义及其范围、各种药剂之原料性质及制造法、液体杀虫剂、固体杀虫剂、气体杀虫剂、液体毒杀药剂、固体毒杀药剂、液体杀菌剂、固体杀菌剂、杀菌剂与接触杀虫剂合用、杀菌剂与中毒杀虫剂合用、接触剂及中毒剂合用、杂类。
收藏单位：国家馆、江西馆、南京馆、农大馆、浙江馆

01580
农用杀虫杀菌药剂学 顾玄著
上海：商务印书馆，1936.12，279页，32开（农学丛书）
本书共4编：总论、杀虫剂、杀菌剂、农用药剂用具。内容包括：农用杀虫杀菌剂之意义、农用杀虫杀菌剂之作用、农用杀虫杀菌剂与植物之关系、药剂效能减低与生物免疫性、农用杀虫杀菌剂之历史及其趋势、农用杀虫杀菌剂之分类、重要原料品之制造及选择法、胃毒剂、接触杀虫剂、熏蒸剂、含铜杀菌剂、含硫杀菌剂、苯衍生物杀菌剂、蚕病消毒剂、土壤消毒剂等。附录包括：中外度量衡简便折合表、参考文献表、英汉名词索引。
收藏单位：安徽馆、重庆馆、广东馆、贵州馆、国家馆、江西馆、辽宁馆、南京馆、宁夏馆、首都馆

01581
杀虫药剂浅说 浙江省立植物病虫害防治所编
杭州：浙江省立植物病虫害防治所，1931.12，12页，25开（浙江省立植物病虫害防治所浅说9）

本书介绍火油乳剂、石灰硫黄合剂、砒酸铅、烟草剂、肥皂液等重要杀虫剂的调制和用法。书末附度量衡对照表。封面题名：杀虫药剂。

收藏单位：国家馆、上海馆、浙江馆

01582

杀菌大王硫酸铜石灰液之研究　刘柏庆编译

上海：新学会社，1920.11，28页，32开

上海：新学会社，1932.7，2版，28页，32开

本书共12章：绪论、硫酸铜石灰液之液历史、硫酸铜石灰液之特长、硫酸铜石灰液之配合、硫酸铜石灰液之制法、硫酸铜石灰液调制上之注意、硫酸铜石灰液良否之鉴定法、硫酸铜石灰液之化学的性质、硫酸铜石灰液施用上之注意、硫酸铜石灰液之主治、硫酸铜石灰液之价格、附录。封面题名：杀菌大王。

收藏单位：重庆馆、国家馆、南京馆、上海馆

01583

石灰硫黄液　杨惟义编

江西省农业院，1939.10，28页，大32开（江西省农业院专刊4）

收藏单位：南京馆

01584

实际农药解说　张权著

出版者不详，[1941.4]，23页，32开

收藏单位：安徽馆、重庆馆

01585

实用重要杀菌驱虫剂　陈鹏编著

上海：新学会社，1933.1，再版，52页，32开

本书共两部分：重要杀菌剂、重要驱虫剂。内容包括：波尔多液、砂糖波尔多液、曹达波尔多液、安母尼亚波尔多液、石灰硫黄合剂、石灰乳、石灰窒素等。封面题名：重要杀菌驱虫剂。

收藏单位：重庆馆、南京馆、内蒙古馆、上海馆

01586

烟草碱水茶油茶麸杀灭粉虱之研究　陈金璧著　广西农林局编

广西农林局，1934.10，18页，32开

本书共6部分：导言、粉虱在昆虫学上之位置、形态、生活史、习性、烟草尼可丁含量之分析及其杀灭粉虱之试验。

收藏单位：桂林馆、国家馆、南京馆、首都馆

01587

治植物病圣药（波尔多液、铜皂液、巴豆乳剂）　河北省农事第一试验场编

天津：河北省农事第一试验场，1933.12，16页，28开（河北省农事第一试验场农林浅说病虫害1）

本书共3部分，分别介绍了波尔多液、铜皂液、巴豆乳剂的原料、配合量、调制法、使用法。

收藏单位：国家馆

植物保护机械

01588

单管囫（喷雾器符号）使用法

荣昌：农林部中央农业实验所，1941.4，10页，32开（农林部中央农业实验所浅说47）

本书共7部分：引言、构造、装置法、使用前之准备、使用法、用后之处理、病障与修理。

收藏单位：国家馆

01589

国产喷雾器使用法　全国经济委员会棉业统制委员会中央棉产改进所编

南京：全国经济委员会棉业统制委员会中央棉产改进所，1936.3，8页，25开（中央棉产改进所浅说8）

本书共5部分：引言、双管喷雾器、自动喷雾器、配件施用法、病障与修理。

收藏单位：国家馆、上海馆

01590

喷雾器射程之经验式　万鹤群编

重庆：农林部病虫药械制造实验厂，1944.8，5页，16开

收藏单位：南京馆

农作物

01591

春粟与夏粟之比较研究 李先闻 孟及人著

出版者不详，1936.9，11页，16开

本书内容包括：材料及方法、成熟期之早晚、产量问题、总结、参考资料。书中附表9张。载《理科季刊》第6卷第1期。

收藏单位：浙江馆

01592

福建今后农艺作物改进方针之商榷 李治著

[永安]：福建省农业改进处，1947.4，5页，16开

本书系《福建农业》第7卷单行本。

01593

贵州省农作物之改进

[贵阳]：[贵州省农业改进所]，1947.11，16页，22开

本书内容包括：总论、粮食作物、特用作物、本省改良品种等。

收藏单位：贵州馆

01594

几种主要的农作物 姚家栋 许剑庵合编

上海：正中书局，1947，沪1版，18页，32开（儿童劳作小丛书）

本书主要介绍了稻麦、杂粮、棉和麻、桑、茶等。

收藏单位：北师大馆、国家馆

01595

闽侯农产共进会参观人便览 闽侯农产共进会协赞会编

闽侯农产共进会协赞会，1917，1册，22开

收藏单位：福建馆

01596

农家增产秘诀 苍德玉编 满洲帝国协和会中央本部监修

旅顺：农业进步社，1940.8，80页，22开

旅顺：农业进步社，1942.3，80页，22开

本书共9编：我国过去的农业、土壤、肥料、农作增产的方法、主要病虫害的防除法、普通作物的栽培、特用作物的栽培、家畜的饲养与管理、结论。可作为农民读本。为东北沦陷区出版物。

收藏单位：国家馆、南京馆、上海馆

01597

农艺致富新书（上册） 潘衍著

上海：中华新教育社，1924.8，2册，32开

上海：中华新教育社，1928.8，4版，2册，32开

本书内容包括：谷类学、桑棉学、森林学、畜产学、养鱼学、蜂蚕学。版权页责任者题：潘衍、郭则沄、李宗愬、朱曦芝编纂。

收藏单位：农大馆、浙江馆

01598

农作物浅说 曹之彦著

[山西]：晋新书社，1925印，66页，32开

收藏单位：山西馆

01599

农作物怎样增收 苍德玉编

旅顺：农业进步社，1937.8，216页，32开

旅顺：农业进步社，1942.12，11版，216页，32开

旅顺：农业进步社，1944.12，15版，218页，32开

本书内容包括：翻天地、采粪养鸡、包米选种法、奉天省梨树县土壤的研究、怎样农作物可以增收、满洲的农业与自给肥料、扎扎堆肥制造笔记、种子怎样消毒、满洲的作物、水稻增收栽培法、陆稻增收栽培法、小麦增收栽培法、包米增收栽培法等。为东北沦陷区出版物。

收藏单位：国家馆

01600
三十六年度粮食作物推广实施计划 农林部农业推广委员会编
[南京]：农林部农业推广委员会，1947，24页，16开
本书共5节：总则、良种推广、病虫防治、肥料推广、蔬菜推广。书中附12张表格。
收藏单位：重庆馆、国家馆

01601
食用作物各论讲义 许调履著
出版者不详，1937，397页，16开
收藏单位：江西馆

01602
食用作物栽培要说 石澄清 朱树农编
上海：新学会社，1911，再版，348页，22开
本书共10章：根菜类、瓜果类、豆菽、叶茎菜类、香辛料、嗜好药用料、果树类、禾谷类、各作物之病患、栽植要件。逐页题名：栽培要说。
收藏单位：首都馆

01603
田苗茂盛 耕耘写
[淮阴]：华中新华书店，1949.4，52页，48开（大众读物 农业知识类）
本书内容包括：庄稼的大害——螟虫、除螟的办法等。
收藏单位：国家馆、山东馆

01604
中国稻作栽培期间之调查·麦粒物理的性态之研究·中棉棉子种皮之脉纹 周拾禄 莫定森等著
南京：国立第四中山大学农学院，1928.1，40页，16开（国立第四中山大学农学院作物研究报告 第2册）
本书收录3篇作物研究报告：《中国稻作栽培期间之调查》（周拾禄）、《南京赤谷及武进无芒麦粒物理性态研究报告》（莫定森、周凤鸣）、《中棉棉子种皮之脉纹》（冯肇传）。
收藏单位：国家馆

01605
中国稻作栽培期间之调查·麦粒物理的性态之研究·中棉棉子种皮之脉纹 周拾禄 莫定森等著
南京：国立中央大学农学院，1929.6，再版，42页，25开（国立中央大学农学院作物研究报告 第1册）
收藏单位：重庆馆、贵州馆

01606
中国米品质之研究（其一）·小麦开花时间之观察·小麦自然杂交之研究·中棉胚胎性状之一斑 顾复等著
南京：国立中央大学农学院，1929.3，[37]页，25开（国立中央大学农学院作物研究报告 第3册）
本书收录4篇作物研究报告：《中国米品质之研究（其一）》（顾复）、《小麦开花时间之观察》（莫定森）、《小麦自然杂交之研究》、《中棉胚胎性状之一斑》（冯肇传）。
收藏单位：重庆馆、国家馆、上海馆

01607
中国食用作物 孙醒东著
上海：中华书局，1937，2册（392+338页），32开（农业丛书）
昆明：中华书局，1941，2版增订，2册（362+342页），32开（农业丛书）
本书共4编：禾谷作物、豆类作物、根茎作物、饲用作物。论述了31种重要食用作物和37种主要饲用作物的来源、产地、形态、分类、品种、气候、土宜、种植方法、用途、病虫害等。附中文名词索引、西文名词索引。书前有于右任题签、薛培元序、钱天鹤序、陆费执序、赵连芳序、邹树文序。
收藏单位：重庆馆、广东馆、国家馆、黑龙江馆、江西馆、辽宁馆、南京馆、上海馆

01608
中国食用作物（上册） 孙醒东著

上海：中华书局，1939，再版，392 页，32 开（农业丛书）
昆明：中华书局，1941.1，4 版，392 页（农业丛书）
上海：中华书局，1947.2，增订再版，362 页，32 开（农业丛书）

本书为上册，介绍了禾谷作物的名称、来源及产地、植物形态、分类、气候土宜、种植法、病虫害、育种、遗传等，涉及稻、小麦、大麦、燕麦、黑麦、玉米等作物。书前有钱天鹤、陆费执、赵连芳、邹树文序。书末附中文名称索引、西文名称索引。

收藏单位：重庆馆、国家馆、江西馆、山西馆

01609
中国食用作物（下册） 孙醒东著
上海：中华书局，1941，再版，342 页（农业丛书）
昆明：中华书局，1941.6，增订再版，342 页，32 开（农业丛书）
上海：中华书局，1948.7，增订 3 版，342 页，32 开（农业丛书）

本书为下册，介绍了豆类作物、根茎作物、饲用作物的名称、来源及产地、植物形态、分类、气候土宜、种植法、病虫害、育种、遗传等，涉及大豆、花生、绿豆、豌豆、蚕豆、菜豆、小豆、龙爪豆、豇豆等作物类型。书末附中文名称索引、西文名称索引。

收藏单位：重庆馆、广东馆、贵州馆、黑龙江馆、江西馆、内蒙古馆、山西馆、首都馆、天津馆、浙江馆

01610
中西实业新书 奚楚明编辑
出版者不详，[1925]，171 页，25 开

本书共 3 编：养畜类、种植类、工艺类。内容包括：养牛新法、牛之种类、牛之繁殖及育成法、牛之饲养及管理法、牛乳榨取法、牛病诊疗法、养猪新法、猪之种类等。

收藏单位：河南馆

01611
中央苏区十二个月的农事历 中央农业学校编
中央农业学校，1934.6，油印本，10 叶，32 开

本书介绍了中央苏区一年 12 个月农宜表，表中分列农作物下种、移栽、插枝、收获等事项。

收藏单位：国家馆

01612
庄稼俗语 李俊注解
[左权]：华北书店，1943，26 页，32 开

本书共 7 部分：各种庄稼不一样、耕种方法也不同、种地要了解粪土、能治病去虫才能多打粮食、按着节令种地、谈天说地、这个那个。

收藏单位：国家馆

01613
作物栽培简法 刘柏庆编纂
[福州]：福建省立农林中学推广部，1932，60 页，32 开

收藏单位：福建馆

禾谷类作物

01614
北方实用稻作法 邓宗岱著 河北省农事第一试验场编
河北省农事第一试验场，[1932.1]，28 页，18 开

本书内容包括：稻之性状、稻生育中所需之养分、稻之用途、稻之品种、气候、土宜、采种、选种、浸种、播种、秧田整地、秧田施肥、秧田灌溉、秧田管理、稻田整地、稻田施肥、稻田灌溉等。

收藏单位：国家馆

01615
补救高粱缺株之研究 徐天锡著
南京：金陵大学农学院，1934，26 页，25 开（金陵大学农学院丛刊 24）

本书共 9 节：导言、播种量试验、移植试验、播种时期与蝼蛄患害、高粱自交之技术、灌溉试验、整地、缺株对于产量之影响、总结。

收藏单位：重庆馆、西南大学馆

01616

不费财不费时的增加米量并改良米质法（一名，长期总动员救国之第一法） 陈宗孟著

陈宗孟 [出版者]，[1933.2]，增订再版，14 页，18 开

本书介绍了增加米量并改进米质的方法。卷端题名：不费财不费时的增加米量并改良米质法——长期总动员救国之第一着。出版年、月为著者写“再版引言”的时间。

收藏单位：国家馆

01617

糙米浸出液对甲烷青液所呈褪色反应之地域及品种间差异 汤文通　黄正华著

台北：台湾省农业试验所，1947.12，19 页，16 开（台湾省农业试验所专报 5）

01618

长乐县第一区水稻栽培惯例调查 陈振铎编

出版者不详，[1936.3]，148 页，23 开

本书封面残缺，书名不详。现书名据卷首第 1 种著录，其他 4 种书名为:《水稻用水量查定试验》《水稻丰凶考照试验》《水稻施肥标准量查定试验》《水稻育种试验》。

收藏单位：上海馆

01619

川福麦 四川省农业改进所编

成都：四川省农业改进所，1942.10，30 页，16 开（稻麦改良场丛刊 2）（农业丛刊 35）

收藏单位：南京馆

01620

川西平原之稻作 柯象寅　杨立炯著

外文题名：Rice in Chengtu Plain

成都：农林部四川省推广繁殖站，1942.10，38 页，18 开（推广丛刊 1）

本书共 6 部分：稻作环境及栽培、稻作品种、稻作改进问题、结论、致谢、参考文献。

收藏单位：重庆馆、广东馆、国家馆、南京馆、上海馆

01621

大麦之遗传 王绶著

外文题名：Inheritance in barley

[南京]：金陵大学农学院，1936.1，16 页，23 开（丛刊第 43 号 新号）

本书内容包括：门得尔之单性遗传、门得尔双性独立遗传、结论。书末附英文总结。

收藏单位：国家馆、南京馆、西南大学馆

01622

氮磷钾三要素对小麦油菜农艺性状之影响 农林部编

农林部，9 页，16 开（农林部粮食增产专门报告 3）

本书内容包括：施肥与性状之调查、三要素对小麦农艺性状之影响、三要素对油菜农艺性状之影响等。

收藏单位：重庆馆、南京馆

01623

稻 胡钟瑞著　赵景源校

上海：商务印书馆，1933.10，54 页，32 开（小学生文库第 1 集 植物类）

上海：商务印书馆，1934.10，再版，54 页，32 开（小学生文库第 1 集 植物类）

本书内容包括：稻的形态、稻的种类、稻的栽培、稻的病害和虫害、稻的用途、米、米的构造和成分、世界稻产概况。

收藏单位：东北师大馆、广西馆、湖南馆、宁夏馆、上海馆、首都馆

01624

稻 孙绳武著

上海：商务印书馆，1926.1，121 页，36 开（百科小丛书第 97 种）

本书共 8 章：绪论、世界稻产概况、稻之形态与生理、稻之分类、气候及土壤、稻之

栽培法、稻之育种法、稻之病虫害。

收藏单位：重庆馆、广西馆、国家馆、湖南馆、江西馆、辽宁馆、南京馆、内蒙古馆、上海馆、天津馆、西南大学馆、浙江馆

01625

稻　王遵武等编辑

上海：新亚书店，[1930—1949]，2 册（17+20 页），32 开（儿童基本科学丛书）

本书内容包括：稻需要怎样的气候、怎样的土壤、怎样栽培、怎样收获等。

收藏单位：贵州馆、国家馆、首都馆

01626

稻麦改进与均输　曹裕民著

上海：民族杂志社，1935.12，23 页，16 开

本书介绍了稻麦品种改良的必要性和方法。为《民族》第 3 卷第 12 期摘印本。

收藏单位：浙江馆

01627

稻麦选种法　江西省农业院编

南昌：江西省农业院，1935.8，26 页，25 开（江西省农业院推广教本 农字 2）

江西省农业院，1940，18 页，32 开（推广丛书 7）

江西省农业院，1940.7，再版，18 页，32 开（江西省农业院推广丛书 作字 6）

本书共 5 章：优良稻麦品种的重要、怎样产生优良稻麦品种、怎样才是优良稻麦品种、怎样选种、各种选种法的比较。书末附秧田改良法。

收藏单位：重庆馆、广东馆、国家馆、江西馆、南京馆

01628

稻麦育种之方法　潘简良著

杭州：浙江省农业改良总场稻麦场，1932，40 页，25 开（农业丛刊 2）

杭州：浙江省农业改良总场稻麦场，1932.12，再版，40 页，25 开（农业丛刊 2）

本书共 8 部分：引言、单穗行试验、二杆行试验、五杆行试验、十杆行试验、高级试验、繁殖试验、地方试验。

收藏单位：广东馆、国家馆

01629

稻属细胞遗传学之研究及其应用　管相桓　涂敦鑫著

外文题名：Cytogenetical study and its application in the genus oryza

[四川省农业改进所稻麦改良场]，1946，176—199 页，18 开

本书论述了稻属细胞遗传学的概要，对稻作育种、遗传、分类及演化进行了探讨。内容包括：稻属之染色体数、种间杂交、同质倍数体等。为《华西边疆研究学会杂志》第 16 卷乙组（自然科学）第 176—199 页抽印本。

收藏单位：国家馆

01630

稻之遗传与育种　（日）长尾正人著　彭先泽译

上海：商务印书馆，1937.5，261 页，22 开

本书共 14 部分：畚花之构造、稻之开花习性、稻花粉之发芽、杂交、稻之细胞学的及发生学的研究、稻品种之分类及特性、稻之遗传学的研究、稻之细胞遗传学的研究、稻之光的周期律与育种、稻兜之截断与出穗期延迟、圃场收量试验之方式、育种植物之调查、异常环境下之生理的特性与其育种的意义、日本稻作育种事业概况。

收藏单位：贵州馆、国家馆、黑龙江馆、湖南馆、南京馆、西南大学馆

01631

稻种改良法　方悌著

杭州：浙江省农会，1924.8，70 页，23 开

杭州：浙江省农会，1925.5，再版，70 页，23 开

本书共两编：浙江稻种之研究、稻种育成法。内容包括：稻种搜集、下种时期及生育期间、播种量及收获量、各品种谷粒特性、各品种米粒特性、品种审查、新种育成法、谷种交换、谷种之检选、谷种贮藏法。

收藏单位：浙江馆

01632
稻作　徐正铿著
上海：中华书局，1937.1，414页，32开（农业丛书）
昆明：中华书局，1939.8，再版，424页，32开（农业丛书）
昆明：中华书局，1941.6，4版，414页，32开（农业丛书）
上海：中华书局，1949.4，4版，424页，32开（农业丛书）

本书共13章：总论、世界稻产之概况、稻之状态及其生理、气候土壤与轮栽、稻之肥料、稻之灌溉与排水、稻之品种、稻之播种与移植、稻之管理、收获调制、陆稻之栽培、稻种之改良、稻之病虫害。为农业科普读物。

收藏单位：重庆馆、广东馆、贵州馆、国家馆、湖南馆、江西馆、内蒙古馆、宁夏馆、西南大学馆、浙江馆

01633
稻作改良法　广东建设厅农林局农艺系编著
广州：广东建设厅农林局推广课，1933，10页，32开
广州：广东建设厅农林局推广课，1933，再版，10页，32开
广州：广东建设厅农林局推广课，1933，3版，10页，32开
广州：广东建设厅农林局推广课，1935，4版，10页，32开（推广丛书29）

本书共3节：农家自行选种法、杂劣种子的不良点、选种的方法。

收藏单位：重庆馆

01634
稻作"区田""圳田"栽培　高维魏　童雪天著　许蟠云主编
永康：决胜书店，1939.11，77页，32开
永康：决胜书店，1940.1，再版，77页，32开

本书内容包括：浙江省动员委员会委托区种实验报告、稻作区种法、区种等。版权页书名题：稻作区田圳田栽培。

收藏单位：重庆馆、浙江馆

01635
稻作圳田区田栽培　许蟠云　高维魏　童雪天著
永康：决胜书店，1941，改订版，78页，32开

本书收录论文两篇：《区田圳田再度实验成功解决浙省食米不足问题之拟议》《稻作区田圳田栽培法》。书末附实验报告。

收藏单位：重庆馆

01636
稻作圳田区田栽培报告　浙江省动员委员会编
永康：决胜印刷所，1942，33+28页，32开

本报告内容包括：二十九年浙江省各地区种试验成果概况表、三十年浙江各地圳田试验成果概况表、浙江省动员委员会民国三十年圳田试验报告书、松阳县农林圳田试验报告等。

收藏单位：重庆馆、贵州馆、南京馆

01637
稻作试验　徐陟　郭承恩著
苍梧：广西大学农学院作物室，1936.6，40页，22开（广西大学农学院丛刊1）

本书讲述了稻的栽培方法。

收藏单位：桂林馆、浙江馆

01638
稻作试验场概况（民国十六年二月至廿三年底）　国立中山大学农学院稻作试验场编
广州：国立中山大学农学院稻作试验场，[1935]，48页，23开（国立中山大学农学院丛刊第1类）

本书共4章：总分场史略、总分场组织、各场办理经过、推广概况。书前有照片8帧。目录页及正文书名：国立中山大学农学院稻作试验场概况。

收藏单位：国家馆、南京馆、上海馆

01639
稻作试验成绩报告（民国二十至二十一年度）

上海市立农事试验场编
上海市立农事试验场，1933.2，26 页，24 开

01640
稻作相关性状之研究及其应用　（日）矶永吉著
台北：台湾省农业试验所，1946.6，47 页，16 开（台湾省农业试验所汇报 1）

01641
稻作学　彭先泽著
上海：商务印书馆，1936.3，581 页，22 开，精装（大学丛书教本）
上海：商务印书馆，1936.4，2 册（581 页），22 开（大学丛书教本）
上海：商务印书馆，1936.6，再版，581 页，22 开，精装（大学丛书 教本）
长沙：商务印书馆，1938，2 册（581 页），23 开（大学丛书 教本）
长沙：商务印书馆，1938，再版，2 册（581 页），23 开（大学丛书 教本）
长沙：商务印书馆，1939，581 页，23 开，精、平装（大学丛书 教本）
长沙：商务印书馆，1939.7，再版，581 页，18 开（大学丛书 教本）

本书共 6 编：总论、栽培论、育种论、灾害论、陆稻论、附论。内容包括：稻之史地、稻之统计、稻之形态、稻之生理、稻之分类、稻之气象、稻之土壤、稻之肥料等。

收藏单位：重庆馆、广东馆、广西馆、贵州馆、国家馆、湖南馆、辽师大馆、南京馆、内蒙古馆、山西馆、上海馆、首都馆、西南大学馆、浙江馆

01642
稻作学　彭先泽编著
上海：商务印书馆，1937.2，153 页，32 开
长沙：商务印书馆，1938，再版，153 页，32 开，精装
上海：商务印书馆，1939，3 版，153 页，32 开
上海：商务印书馆，1941，4 版，153 页，32 开
上海：商务印书馆，1947.1，5 版，153 页，32 开
上海：商务印书馆，1948.8，6 版，153 页，32 开

本书共 8 章：稻之史地、稻之形态、稻之分类、稻之栽培、稻之形质考察、稻之育种、稻之病害、稻之虫灾。为职业学校教科书。

收藏单位：安徽馆、广东馆、国家馆、黑龙江馆、吉林馆、辽大馆、山西馆、上海馆

01643
稻作学　汤惠荪编　龚厥民增订
上海：商务印书馆，1926.3，89 页，32 开
上海：商务印书馆，1932.10，国难后 1 版，92 页，32 开

本书共 10 章：绪论、稻之来历及其栽培之起源、稻之分布区域及世界上著名之稻作地、米之供给及需要之状况、稻之性状、稻之分类、稻之栽培、米之成分品质及贮藏、稻种改良法、稻之病虫害。为新学制初级农业学校教科书。

收藏单位：重庆馆、国家馆、河南馆、湖南馆、辽大馆、浙江馆

01644
稻作学　唐志才编
苏州：文怡书局，1934.2，158 页，22 开

本书共 9 章：绪言、稻作学之定义及内容、稻之形态、稻之分类、稻之栽培法、米之品分及贮藏、稻种改良法、稻种鉴定法、稻之病虫害。

收藏单位：重庆馆、国家馆

01645
稻作增收法　盛莘夫编
上海：新学会社，1929.1，29+201 页，32 开
上海：新学会社，1935.3，再版，修订本，29+201 页，32 开

本书共 6 部分：总说、稻作与气候的关系、稻作与土质的关系、稻作与肥料的关系、稻作与品种的关系、稻作增收的栽培法。书前有浙江大学童玉民先生序。

收藏单位：重庆馆、广东馆、国家馆、辽宁馆、内蒙古馆、农大馆

01646
抵抗散黑粉病之小麦品种　王清和著

外文题名：Wheat varieties in China resistant to loose smut
福州：私立福建协和大学农学院农报编辑委员会，1945，129—136 页，18 开
本书介绍了小麦散黑粉病品种抗病试验，记录了抗病品种之选育经过及其抗病情形。为《协大农报》第 6 卷第 3—4 期合刊抽印本。
收藏单位：国家馆

01647
东三省水稻及其耕作法 徐大宣著
东北新建设杂志社，1930.11，52 页，16 开（东北新建设丛书 4）
本书附东三省水稻地分布略图。
收藏单位：河南馆、上海馆、浙江馆

01648
二十四年度稻作试验报告 江西省农业院农艺部农作物组编
江西省农业院农艺部农作物组，[1935]，108 页，16 开（江西省农业院专刊 3）
本书共 3 部分：试验范围及种类、试验方法及结果、结论。内容包括：纯系育种试验、品种视察、栽培试验、合作地方试验等。
收藏单位：国家馆

01649
二十五年度稻作试验报告 江西省农业院农艺部农作物组编
[南昌]：江西省农业院农艺部农作物组，[1936]，172 页，16 开（江西省农业院专刊 6）
收藏单位：江西馆

01650
放水田种小麦宣传书 刘选青拟
合川县民教馆，1938.6，12 页，32 开
本书共 7 部分：引言、种小麦的好处、种小麦的要诀、解答问题、效果估计、水稻干田直播法、尾子。
收藏单位：国家馆

01651
福建省三十年度水稻地方品种检定报告 福建省农业改进处农事试验场编
永安：福建省农业改进处，1942.5，28 页，16 开（福建省农业改进处研究报告 4）
本书内容包括：农情概述、水稻品种、水稻栽培方法、轮作制度、农具、肥料、病虫灾害等。
收藏单位：国家馆

01652
福建省水稻地方品种检定初步报告 福建省农业改进处农事试验场 [编]
永安：福建省农业改进处，1941.8，49 页，16 开（福建省农业改进处研究报告 2）
本书共 5 部分：工作概述、各县水稻栽培概况、各县品种检定概况、材料决选与试验设计、摘要。附福建省十六县水稻品种特性调查表。
收藏单位：国家馆

01653
福建省之稻作 缪进三编
[永安茅坪农事试验场]，[1945]，75 页，16 开
本书共 11 章：概言、稻作环境、稻田种类、稻作区域、水稻栽培方法、稻田杂草、稻作病虫害、稻田肥料、稻谷之收获储藏及调制、水稻优良品种、稻作改进意见。书前有福建气候要素与稻作制度相关图、稻作播种季节差异图、稻作土壤分布图、稻作区域图等。书末附各县水稻地方品种特性一览表。
收藏单位：国家馆

01654
福建省之稻作 石昭月等编
[永安]：福建省农业改进处，1945，75 页，16 开（福建省农业改进处农艺研究丛刊 2）
收藏单位：广东馆

01655
改良稻种赣早籼一号 许传桢著
江西省农业院，1939.10，16 页，22 开（江西省农业院专刊）
本书共 7 部分：绪论、赣早籼一号育成经过、本省各县历年区域试验之结果、外省试

验结果、二十七年之推广、二十八年之推广、赣县稻场种推广计划。

收藏单位：国家馆、南京馆

01656

改良稻种“南特号”试验及推广成绩报告　经济部中央农业实验所稻作系编

[重庆]：经济部中央农业实验所，1939.12，35页，18开（经济部中央农业试验所特刊23）

本书共6部分：前言、试验成绩、示范及推广情形、米质考查、推广上应注意事项、摘要。

收藏单位：国家馆、南京馆

01657

改良谷“金大燕京811”　沈寿铨编著

外文题名：“Nanking-Yenching 811” an improved variety of grain millet

[南京]：金陵大学燕京作物改良试验场，1937.5，10页，22开

本书共7部分：绪言、改良之过程、金大燕京811植物性状、金大燕京811之优点、推广、摘要、英文摘要。为《金陵学报》第7卷第1期第13—22页抽印本。

收藏单位：国家馆

01658

改良江苏稻作刍议　顾复著

江苏省立稻作试验场，1930.6，26页，23开

01659

高粱品系之天然杂交　孙仲逸著

外文题名：Natural cross-pollination in kaoliang strains

[南京]：金陵大学农学院，1935.8，6页，22开（丛刊第37号新号）

本书共两部分：试验之材料与方法、结论。试验利用已经五年自交之品系，选具红色幼苗性状者五品系，具绿色幼苗者八品系，将红绿二类配并十一组，每种红绿苗种邻行交互种植，以寻求不同品系所受之天然杂交程度。系《金陵学报》第5卷第1期抽印本。

收藏单位：国家馆

01660

高粱天然杂交之研究　徐天锡著

外文题名：Study of natural crossing in kaoliang

南京：金陵大学农学院，1934.12，15页，23开（丛刊第25号新号）

本书附英文节要。

01661

各省小麦改良种推广近况　农林部编

重庆：农林部，1941，8页，16开（农林部粮食增产专门报告2）

本书共5部分：前言、各省推广种之名称性状及其在三十年度之推广概况、各省改良麦种之育成经过、各省改良麦种历年来之推广经过、结论。

收藏单位：南京馆

01662

耕种小麦须知　浙江省农业改良总场稻麦场编

杭州：浙江省农业改良总场稻麦场，1934，8页，25开（农民浅说6）

收藏单位：广东馆

01663

谷的故事　宗亮晨编

上海：大众出版社，[1946]，16页，36开（儿童知识文库）

本书图文并茂地介绍了关于谷子的知识。

收藏单位：国家馆

01664

谷类化学　罗登义著

上海：中华书局，1947.10，75页，32开（农业生物化学丛书）

本书共7章，分析了稻米、小麦、玉蜀黍、莜麦、粟黍稷、大麦、荞麦这七种谷类的营养成分、化学组成和营养性质等。每章附参考资料。

收藏单位：重庆馆、东北师大馆、广东馆、贵州馆、国家馆、河南馆、江西馆、南京馆、上海馆、浙江馆

01665

谷类检定须知

荣昌：农林部中央农业实验所，1940.11，26页，32开（农林部中央农业实验所浅说41）

本书共3部分：谷类检定史略及利益、谷类普通鉴别法、谷类检定之标准及步骤。

收藏单位：国家馆

01666

谷棉栽培法　冀南行署农业处编

[威县]：冀南新华书店，1949.4，19页，32开（农林丛书2）

本书附选种技术。

收藏单位：国家馆、山东馆

01667

谷种的选择　（美）克立鹄著　郑庆端译

福州：私立福建协和大学理科学院生物学系，1930，8页，36开

收藏单位：福建馆

01668

广东野生稻不实现象之观察　林亮东　丁颖著

外文题名：The sterile flower of wild rice of Kwangtung

广州：广州市稻作试验场，1934.3，53页，16开（国立中山大学农学院农林研究委员会丛刊第3类）（农艺专刊4）

本书共7部分：绪言、野生稻与栽培稻之颖花比较观察、花粉形态及其内容物之比较观察、授精机能与受粉关系之观察、花粉发芽试验、稻花之各部开阖时间及其受粉结实情形之观察、总括。附英文提要、野生稻与栽培稻之颖花各部大小比较、各种稻之花粉长度比较、各种稻之花粉幅度比较等。

收藏单位：国家馆、西南大学馆

01669

广西各县水稻品种调查须知

出版者不详，油印本，1册，16开

收藏单位：南京馆

01670

广西省二十八二十九两年举办积谷技术管理指导人员训练班经过纪要　广西省积谷技术管理指导人员训练班编

[广西省积谷技术管理指导人员训练班]，1941，154页，16开

收藏单位：广东馆、南京馆

01671

广西省二十八年度水稻推动工作

出版者不详，油印本，1册，16开

收藏单位：南京馆

01672

广西省三十一年度水稻良种推广实施办法

广西省政府农业管理处编

广西省政府农业管理处，[1942—1949]，46页，32开

本书共9部分：推广材料及区域、宣传与登记、贷放稻种、指导留种及换种、技术指导与推广成绩调查、收购推广稻种、收回贷种、良种之繁殖与保持、良种试种。

收藏单位：桂林馆、国家馆

01673

贵州之小麦　沈骊英　张宪秋　庄巧生著

外文题名：Wheat in Kweichow

荣昌：经济部中央农业实验所，1940.6，30页，18开（经济部中央农业实验所特刊24）

本书共7部分：绪言、小麦概述、贵州麦作不发达之症结、小麦之种类及栽培现况、小麦之试验分析、贵州之磨坊业、结论。

收藏单位：国家馆、南京馆、上海馆

01674

国立中山大学农林科南路稻作育种场报告（第2号 民国十七年度）　南路稻作育种场编

广州：中大农科推广部，1928，32页，16开

本书共4部分：本年育种成绩、水稻灌溉水调查成绩、气候观测成绩、场务报告。逐页题名：南路稻作育种场报告。版权页题名：国立中山大学农科南路稻作育种场报告。

收藏单位：广西馆、国家馆

01675

国立中山大学农林科南路稻作育种场报告

（第 3 号 民国十八年度） 南路稻作育种场编
广州：中大农科推广部，1929，40 页，16 开

01676
国立中山大学农学院南路稻作育种场报告（第 4 号 民国十九年度） 南路稻作育种场编
广州：中大农学院推广部，1930，96 页，16 开
本书共 5 部分：本年育种成绩、育成种委托试验及推广成绩、水稻灌溉水调查成绩、气候观测成绩、场务报告。逐页题名：南路稻作育种场报告。
收藏单位：国家馆

01677
国立中山大学农学院南路稻作育种场报告（第 5 号 民国二十年度） 南路稻作育种场编
广州：国立中山大学出版部，1931，34+12 页，16 开
本书大部分为表格。附录赠种通告、竹粘一号耕种指南。
收藏单位：国家馆

01678
国立中央大学农学院中华民国十七年秋推广麦种报告 国立中央大学农学院推广部编
南京：国立中央大学农学院，1928 冬，20 页，24 开

01679
旱年栽稻法纲要 杨守仁著
成都：农林部粮食增产委员会，1942，8 页，16 开
本书内容包括：育秧以前之方法、育秧至栽积期间之方法、栽秧以后之方法等。
收藏单位：重庆馆、南京馆

01680
行政院全国稻麦改进监理委员会纪要 行政院全国稻麦改进监理委员会编
行政院全国稻麦改进监理委员会，1937.3，10 页，16 开
本书共 5 部分：全国稻麦改进监理委员会成立缘起、全国稻麦改进监理委员会组织规程、全国稻麦改进所暂行组织规程、全国稻麦改进监理委员会委员名单、全国稻麦改进监理委员会职员名单。附件为全国稻麦改进所工作之述略。
收藏单位：广东馆、国家馆、南京馆、上海馆

01681
黄金谷 黎锦晖 王人路编绘
上海：世界书局，1935.10，48 页，36 开（世界儿童丛书 第 1 集 自然文艺 3）
本书共 32 部分，内容包括：黄金谷、秋天的田野、稻子熟了、金黄的田畴、这是什么、吃饭不容易、立春、害虫等。
收藏单位：国家馆

01682
几种重要的粮食 褚黎照编 周建人校
上海：商务印书馆，1935.11，再版，75 页，32 开（小学生文库）
收藏单位：重庆馆

01683
检查小麦须知
广西省政府农业管理处，10 页，32 开
收藏单位：南京馆

01684
江苏省立稻作试验场计划
[徐州]：江苏省立稻作试验场，1930.2，14 页，16 开
收藏单位：上海馆

01685
江苏省立麦作试验场高粱改进经过及现况 尹聘三 方伯谦等著
出版者不详，[1936.1]，8 页，23 开

01686
江苏省立麦作试验场麦作改进经过及现况 尹聘三等著
出版者不详，1936.1，16 页，23 开

01687
江苏省立麦作试验场民国十九年份事业报告书　江苏省立麦作试验场编
徐州：江苏省立麦作试验场，[1930]，183 页，18 开
本书内容系该场麦、棉、大豆等作物在各年份的育种、栽培、试验、推广及病害调查等工作的概况。附本场规测所十九年份规测概况、本场十九年份大事记。
收藏单位：国家馆

01688
江苏省立麦作试验场民国二十年份事业报告书　江苏省立麦作试验场编
徐州：江苏省立麦作试验场，[1931.2]，162 页，16 开
本书共 5 部分：麦作、棉作、蜀黍（即高粱）、大豆、其他。内容系该场麦、棉、大豆等作物在 1931 年的育种、栽培、试验、推广及病害调查等概况。
收藏单位：国家馆

01689
江苏省立麦作试验场民国二十一年份事业报告书　江苏省立麦作试验场编
徐州：江苏省立麦作试验场，1934.6，246 页，16 开
本书共两部分：本场总场、本场淮阴分场。内容系两所试验场的麦作、棉作、蜀黍等作物在 1932 年的育种试验、栽培试验、研究试验、普通栽培、推广等概况。
收藏单位：国家馆

01690
江苏省立麦作试验场民国二十二年份事业报告书　江苏省立麦作试验场编
徐州：江苏省立麦作试验场，1935.6，290 页，16 开
本书记述了江苏省立麦作试验场的麦、棉、大豆等作物在 1933 年的育种、栽培、试验、推广及病害调查等概况。
收藏单位：国家馆

01691
江苏省立麦作试验场民国廿二年份事业进行计划书　[江苏省立麦作试验场编]
徐州：[江苏省立麦作试验场]，[1933]，38 页，16 开
本书共 4 章：事业纲要、育种试验、栽培试验、研究试验。目录页题名：江苏省立麦作试验场民国二十二年份事业进行计划书。
收藏单位：广东馆、上海馆

01692
江苏省立麦作试验场灾后误期种麦补救之试验　刘伯谦　刘介然著
出版者不详，[1936.1]，16 页，23 开

01693
介绍两个小麦良种——川福麦和中大矮立多　四川省农业改进所编
成都：四川省农业改进所，1944.1，4 页，32 开（农林浅说）
收藏单位：重庆馆

01694
金皇后玉茭与留种地　太行行署编
出版者不详，1946.9，12 页，大 64 开
本书介绍了选种、整地、上底粪、播种、出苗、上追肥、防除病虫害、怎样种留种地等。为农业技术文件第 5 号。
收藏单位：国家馆

01695
金陵大学之改良小麦　郝钦铭著
出版者不详，1928.7，24 页，23 开（金陵大学农林科农林丛刊 46）
本书讲改良品种的重要性和品种改良的过程。
收藏单位：浙江馆

01696
抗稻热病种“光复一号”试验初报　杨守仁著
台北：台湾省农业试验所，1947.11，12 页，16 开（台湾省农业试验所汇报 5）

本书附台南县最近三十年来气象统计。

收藏单位：上海馆

01697

乐昌县水稻品种检定报告书 广东建设厅农林局稻作改进所编

广东建设厅农林局稻作改进所，1941.3，120页，13开（品检专刊1）

本书共两编：全县报告、各区报告。书末附乐昌县稻田种类及分布略图。逐页题名：水稻品种检定报告书。

收藏单位：浙江馆

01698

麦 顾复著

上海：商务印书馆，1926.1，55页，48开（百科小丛书98）

本书共5章：小麦、大麦及裸麦、黑麦、燕麦、荞麦。书中介绍了各种麦的品种、风土、性状、采种、播种、肥料、管理、病虫害等知识。

收藏单位：重庆馆、广东馆、广西馆、贵州馆、国家馆、湖南馆、江西馆、辽宁馆、南京馆、上海馆、天津馆、武大馆、西南大学馆、浙江馆

01699

麦 王遵武等编辑

上海：新亚书店，[1930—1949]，24页，32开（儿童基本科学丛书）

本书共10部分，介绍了麦的种类、小麦的性状、功用、栽培，以及大麦和裸麦的性状、功用、栽培与收获等。

收藏单位：贵州馆、国家馆

01700

麦 韦息予著

上海：商务印书馆，1933.10，36页，32开（小学生文库 第1集 植物类）

上海：商务印书馆，1934，再版，36页，32开

上海：商务印书馆，1934.5，3版，36页，32开

上海：商务印书馆，1935.6，4版，36页，32开（小学生文库 第1集 植物类）

本书内容包括：麦的种类、麦的形态、麦的用途、麦的栽培方法、麦的病害、麦的虫害、麦的加工方法、我国的麦作问题、我国的面粉业和草帽缏业。

收藏单位：广东馆、湖南馆、上海馆、首都馆

01701

麦 韦息予主编

上海：中华书局，1936.3，41页，32开（小学生分年补充读本）

收藏单位：重庆馆

01702

麦的防病选种简便法 张幼鸣编

[开封]：河南中山大学农业推广部，1930.4，6页，32开（河南中山大学农业推广部农业丛书9）

本书介绍了小麦选种和防病的方法，分株选、穗选、粒选等选种方法以及黄锈病预防法、黑穗病及斑叶病预防法、线虫病预防法等。

收藏单位：国家馆

01703

麦的栽培浅说 褚藜照编

上海：中华书局，1930.10，22页，36开（民众农业丛书2）

上海：中华书局，1932.9，再版，22页，36开（民众农业丛书2）

收藏单位：重庆馆、黑龙江馆、湖南馆、江西馆、内蒙古馆、上海馆、天津馆

01704

麦作畦幅之大小与其产量关系之研究 管相桓著

出版者不详，[1935]，8页，16开

收藏单位：国家馆

01705

麦作试验成绩报告（民国十九年度民国二十年度） 上海市立农事试验场编

上海市立农事试验场，1933.4，45页，23开

本报告分为民国十九年度和民国二十年度。民国十九年度分为7部分：品种观察试验、品种比较试验、播种期试验、播种法试验、各株性质遗传试验、轮栽试验、肥料种类试验；民国二十年度分为7部分：品种观察试验、品种比较试验、播种期试验、播种法试验、轮栽试验、浸种试验、肥料种类试验。

收藏单位：上海馆

01706
米谷贮藏法之研究 薛志陶编著
国立师范学院附设民众教育馆，1940.6，39页，32开

01707
米谷贮藏之理论与实际 （日）近藤万太郎原著 忻介六译述
上海：商务印书馆，1937.5，[17]+320页，32开（农学丛书）

本书共10章：米谷之贮藏及仓库之历史、米谷贮藏之习惯、米谷之贮藏法、贮藏期中米质之变化、密封贮藏、稻谷与糙米之比较、米谷仓库、米谷之容器、米谷及仓库之干燥、米谷害虫及霉类之驱除预防法。卷首有著者及译者序。附录注释69条。

收藏单位：重庆馆、广东馆、贵州馆、国家馆、湖南馆、辽宁馆、南京馆、宁夏馆、人大馆、山西馆、上海馆、首都馆、西南大学馆、浙江馆

01708
米与麦 余既滋编著
上海：新生命书局，1933.11，66页，32开（新生命大众文库 重要物产11）

本书介绍米麦的培植，内容包括：天下无如吃饭难、我们为什么吃米和麦、稻的一生、中国的第一大问题、两件要事、麦的一族等。

收藏单位：重庆馆、江西馆、辽师大馆、浙江馆

01709
闽东四县稻米之特性 黄志秋编著
出版者不详，1册，16开

本书内容包括：品种检定步骤与方法、调查及检定之品种数、各种性状之分析、闽东四县稻种改进初步计划等。为《福建农报》抽印本。

收藏单位：国家馆

01710
明尼苏达大学麦作育种法 涂治著
[开封]：[河南大学农学院]，1935.6，32页，大32开

收藏单位：南京馆

01711
明尼苏达大学麦作育种试验法 涂治著
[开封]：[河南大学农学院]，1933.11，32页，大32开（河南大学农学院丛刊1）

本书介绍了美国明尼苏达大学麦作育种试验法，内容包括：记载方法、引进新品种、纯系选择、杂交、收获与脱粒、试验结果之分析、试验或差之应用等。

收藏单位：南京馆

01712
耐旱籽种一年来的经过 敖远桥主编
中国华洋义赈救济总会，1931.7，16页，25开（中国华洋义赈救灾总会丛刊 乙种48）

本书汇集该会所采集的玉米、高粱等耐旱种子在甘肃、山东、山西等地试种的成绩及工作情况。

收藏单位：国家馆

01713
农林部中央农业实验所稻作系三年来之工作概况 潘简良著
农林部中央农业实验所，1941，8页，16开

本书内容包括：育种试验、栽培试验、特殊研究、推广示范等。

收藏单位：重庆馆

01714
农林部中央农业实验所麦作杂粮系三年来之工作概况 沈骊英著
农林部中央农业实验所，1941.3，14页，16

开

本书共 3 部分：关于继续本系原有小试验者、关于调整省农业机构及协助推进以树立农业改良之基础者、关于增加小麦及工业物之生产以应战时需要。

收藏单位：国家馆、南京馆、首都馆

01715

农事试验场报告（水稻 第一年第二册） 吴峡等编

浙江农事试验场，1912.12，98 页，23 开

本报告分通常、特别两种，记载一年中试验成绩及其他调查事项。于每年秋季发刊之属通常者，记载特别试验或临时发生事项，临时发刊之属特别者，本报告为第一年通常报告时增刊不在其例。水稻之部，共分早稻和中稻两部分。

收藏单位：国家馆

01716

全国稻麦改进所二十六年六月份工作报告

出版者不详，1937，1 册，16 开

收藏单位：南京馆

01717

全国稻麦改进所工作概况（民国二十四年十二月至二十五年八月） [全国稻麦改进所编]

[全国稻麦改进所]，[1936]，8 页，16 开

本书共 3 部分：引言、稻作改进工作、麦作改进工作。内容包括：稻作改进之计划、稻作改进之实施、栽培试验、病虫害防治、肥料试验等。

收藏单位：南京馆

01718

人工自交对粟作之影响 郝钦铭著

外文题名：The effect of artificial selfing on foxtail millet

南京：金陵大学农学院，1937.1，18 页，18 开（南京金陵大学农学院农艺系研究报告 1）

本书共 5 部分：绪言、试验材料及方法、试验结果、讨论、总结。书末附英文讨论及英文总结。

收藏单位：国家馆

01719

如何才能增加粮食生产 松江省政府建设厅编

佳木斯：东北书店，1948.4，9 页（生产丛书 1）

收藏单位：南京馆

01720

如何栽“两季谷” 杨守仁著

[重庆]：[中央农业实验所]、[四川省农业改进所]，1941.7，12 页，32 开（农业推广浅说）

收藏单位：重庆馆

01721

乳源县水稻品种检定报告书 广东建设厅农林局稻作改进所编

广东建设厅农林局稻作改进所，1941.2，65 页，16 开（品检专刊 1）

本书分上、下两编。上编为全县报告，下编为各区报告。内容包括：本县位置面积人口耕地面积农作概况稻田面积及谷米需给情形、本县地势土质水旱及稻田分布情形等。附乳源县稻田种类及分布略图。逐页题名：水稻品种检定报告书。

收藏单位：国家馆、浙江馆

01722

山禾种植法 第九集团军总司令部秘书处编

第九集团军总司令部秘书处，1939，21 页，32 开

收藏单位：广东馆

01723

陕西大荔农场之四强麦 霍家驹 张霆著

西安：陕西省农业改进所，[1938—1945]，8 页，16 开

本书共 6 部分：绪言、育成经过、形态概述、产量试验结果、主要农艺性状、区域试验及示范。

收藏单位：国家馆

01724
陕西小麦　李国桢主编
西安：陕西省农业改进所，1948.5，142 页，16 开
　　本书共 10 章：自然环境、产销及加工利用、栽培概况、陕西中部各县农家小麦品种之特性与分布、品种改良、栽培试验、研究、良种推广、麦价与征粮、总结。
　　收藏单位：重庆馆、国家馆、南京馆、浙江馆

01725
十七年粟育种试验之回顾　沈寿铨著
北京：国立北京大学，1942.12，68 页，18 开（北京大学论文集）
　　本书共 9 部分：绪言、育种方法、育种材料、田间技术、育种成绩、总结、摘要、参考、目录。
　　收藏单位：国家馆、农大馆、首都馆

01726
实验稻作栽培新编　严传棨编
上海：科学书局，1915.8，100 页，22 开（农学丛书）
　　本书共 22 章，内容包括：形态要说、由来、产地、品种、气候、土质等。为中等农学校用书。
　　收藏单位：浙江馆

01727
实验杂粮栽培法（救荒必备）　汤治我　邵霖生编著　顾复校
上海：中国农业书局，1942.4，144 页，32 开
　　本书共 7 章：绪论、禾谷类、菽谷类、根茎类、果菜类、病虫害药剂调制法、附录救荒植物。书口书名题：杂粮栽培法。
　　收藏单位：国家馆、辽宁馆、农大馆、上海馆

01728
实业部中央农业实验所促短小麦生长试验第一年结果报告　沈骊英著
外文题名：Preliminary report on a wheat vernalization experiment
南京：实业部中央农业实验所，1934.8，12 页，16 开（实业部中央农业实验所特刊 4）
　　本书共 3 部分：试验方法、试验结果、结论。书后附促短小麦生长试验结果报告图表。
　　收藏单位：国家馆

01729
实业部中央农业实验所暨全国稻麦改进所民国二十五年一月至十二月工作报告　实业部中央农业实验所编
[南京]：实业部中央农业实验所，[1936.12]，272 页，16 开
　　本书内容包括：史略、组织、人事概况、建筑及设备、农场概况、实验工作撮要、各省合作实验、全国农业人才之训练、实验工作详细报告等。逐页题名：实业部中央农业实验所全国稻麦改进所民国二十五年工作总报告。
　　收藏单位：国家馆

01730
实业部中央农业实验所小麦区域试验第一年结果报告（中英文合编）（美）洛夫（H. H. Love）　张汝俭著
外文题名：A regional test of wheat report of the first year's results
南京：实业部中央农业实验所，1934，38 页，16 开（实业部中央农业实验所特刊 2）
　　收藏单位：国家馆

01731
实用小麦论　金善宝著
上海：商务印书馆，1934.12，282 页，22 开，精装（大学丛书 教本）
上海：商务印书馆，1935，再版，282 页，22 开，精装（大学丛书 教本）
上海：商务印书馆，1937.4，3 版，282 页，22 开，精装（大学丛书 教本）
　　本书共 18 章，内容包括：小麦之性状、小麦之分类、小麦之轮种、小麦之选种、小麦之遗传、小麦之交配、小麦之气候、小麦之土壤、小麦之整地、小麦之播种、小麦之肥料、小麦之害虫、小麦之收藏等。

收藏单位：重庆馆、广东馆、广西馆、贵州馆、国家馆、黑龙江馆、湖南馆、江西馆、南京馆、内蒙古馆、农大馆、上海馆、首都馆、西南大学馆、浙江馆

01732
食用作物　顾华孙编著
上海：新农企业股份有限公司，1947.4，128页，32开
本书共7编：稻、麦、杂谷、豆、薯、根菜、牧草。书中介绍了7大类食用作物的品种、特征、产额、栽培、收获、贮藏等知识。
收藏单位：广东馆、农大馆

01733
适宜于长江中下游之改良稻种　农林部中央农业实验所稻作系编
[南京]：出版者不详，1947.3，10页，32开
收藏单位：南京馆

01734
水稻二期不混作栽培法　福州电气公司农村电化部编
福州电气公司农村电化部，1935.8，75页，16开
本书介绍了水稻二期不混作栽培法、农村电化部水稻事业改良概况、农村电化部改良早稻晚稻之性质及其淘汰之经过、科贡乡水稻事业增收之经过等内容。附水稻改良及试验研究经过等。
收藏单位：浙江馆

01735
水稻肥料三要素配合试验初报　黄希素著
浙江省土壤研究所，1937.7，28页，16开（浙江省土壤研究所丛刊第3类2）
本书共6部分：实验的目的、材料及方法、产量、经济价值、产量及经济效果之分析比较、结论。书中附13张表格。
收藏单位：上海馆、浙江馆

01736
水稻肥料试验报告　丁颖等编著
外文题名：Preliminary report on the fertilizer experiments of rice
[广州]：国立中山大学农学院，1932.7，167页，16开（国立中山大学农学院专刊2）
本书共3部分：稻田地力试验、肥料三要素适量试验、水稻吸收肥料三要素时期试验。
收藏单位：国家馆、湖南馆

01737
水稻分蘖之研究（第1报）　杨开渠著
成都：国立四川大学农学院，1941.12，72页，16开（稻作报告11）
本书共9部分：绪言、品种间分蘖增加情形之比较、品种间分蘖发生之位置及分蘖节数之比较及与其他性状之关系、品种间各分蘖节上分蘖分布情形之比较、品种间各次分蘖数及分蘖率之比较、品种间各伸长节间之长度与分蘖各性状之关系、结论、摘要、附录。
收藏单位：国家馆

01738
水稻改良试验及其他研究报告书　福州电气公司农村电化部编
外文题名：Report on experiments for improving rice cultivation and other studies
福州电气公司农村电化部，1932，1册，16开（福州电气公司农村电化部报告第2卷第1号）
本书共两部分：本品种之改良、栽培法改良试验。
收藏单位：福建馆、广东馆、湖南馆、浙江馆

01739
水稻灌溉水调查报告　丁颖等编著
外文题名：Report on the study of the irrigation water of rice
广州：国立中山大学农科学院，1929.7，28页，16开（国立中山大学农科学院专刊1）
本书共16部分：调查目的、调查器及调查法、调查田之地势土质及耕种法、调查成绩、叶面蒸发量、科间蒸发量、渗漏量、全灌溉水量、稻田蒸发与普通蒸发之关系、稻

田用水量与地土之关系、收获量与用水量之关系、雨水对于稻田灌溉之有效分量、人工灌溉量、整田用水及同期雨量、稻作用水与每年雨量供给及防涝关系、调查成绩提要。

收藏单位：国家馆

01740

水稻良种及蔗之良种　国立中山大学农林科推广部编

广州：国立中山大学农林科推广部，1921.9，8页，25开

广州：国立中山大学农林科推广部，1921.12，再版，8页，25开

广州：国立中山大学农林科推广部，1928.12，3版，8页，25开（农林浅说 作物类1）

01741

水稻留种浅说

广西省政府农业管理处，4页，32开（农林浅说14）

收藏单位：广东馆

01742

水稻苗露地越冬之初步研究　杨开渠著

成都：国立四川大学农学院，1940.9，油印本，16叶，22开，环筒页装

本书共7部分：绪言、材料及方法、稻苗在越冬期之现象、稻苗在越冬后之现象、越冬苗之开花期及植科改善、讨论、摘要。为稻作报告第7种。

收藏单位：重庆馆、国家馆

01743

水稻品种间杂交结实率之研究　涂敦鑫　管相桓著

外文题名：Studies on the fertility of rice hybrids in varietal crosses

四川省农业改进所稻麦改良场，[1943]，12页，22开

本书共6部分，主要从水稻品种间杂交F1结实率、水稻品种间杂交F1之完全花粉率、水稻杂交后裔结实率之大小等方面进行研究。为《中华农学会报》第185期抽印本。

收藏单位：国家馆

01744

水稻品种间杂交着粒率之研究　管相桓　冯天铭　涂敦鑫著

外文题名：Studies on the percentage of seed setting varietal crosses in rice

四川省农业改进所稻麦改良场，1945，[8]页，25开

本书讲述了杂交试验的材料及方法、试验结果及其分析。为《中华农学会报》第181期第23—30页抽印本。

收藏单位：国家馆

01745

水稻试验成绩表

华北农业试验场军粮城支场，1940，油印本，3叶，16开

本书共收录两个表格：水稻品种选拔预备试验成绩表、栽植密度试验成绩表。

收藏单位：国家馆

01746

水稻试验之统计分析　沈骊英著

外文题名：Statistical analysis of a blank test of rice with suggestions for field technique

南京：实业部中央农业实验所，1934.7，[44]页，16开（实业部中央农业实验所研究报告第1卷4）

本书用英文写作，附中文摘要。

收藏单位：广东馆、国家馆、内蒙古馆

01747

水稻无性繁殖研究（第1报 第1 扦插繁殖Ⅰ）　杨开渠著

成都：国立四川大学农学院，1940.12，油印本，27页，22开（稻作报告9）

本书共7部分：绪言、扦插时期及扦插部分与植科性状，扦插深度与植科性状、插穗长度与植科性状、每穴插穗与植科性状、讨论、摘要。

收藏单位：重庆馆、国家馆

01748
水稻育种试区布置及其结果之统计分析 汪厥明 陈兰田著
外文题名：The plot arrangements of rice breeding and the statistical analysis of the results
北平：国立北平大学，1936.7，25 页，16 开
收藏单位：浙江馆

01749
水稻栽培法 苍德玉编
旅顺：农业进步社，1939.11，188 页，32 开
旅顺：农业进步社，1942.11，7 版，188 页，32 开
本书从自然要素、品种、选种、浸种与消毒、水田整理、施肥、播种方法、插秧法、灌溉与除草、收获与贮藏、灾害及对策、水稻病虫害及防治、耕种改善、育苗增产等方面介绍了水稻栽培法。书末附满洲水稻之栽培与改善、满洲水稻栽培管理历。版权页题：最新增订水稻栽培法。
收藏单位：国家馆

01750
水稻栽培法 江西省农业院编
[南昌]：[江西省农业院]，1946.6，16 页，2 开（农业推广丛书）
收藏单位：南京馆

01751
水稻直播移植比较试验成绩报告 沈学年编著
杭州：浙江省立农业改良场，1932.8，8 页，18 开（浙江省立农业改良场专门报告 4）
本书收录水稻直播移植试验成绩，本次直播移植比较试验，计分三类，即早稻、中稻、晚稻，每类分四组，直播三组，移植一组。直播者各组播种期相隔十天，每组各有五品种，各类各组之结果颇相似。
收藏单位：国家馆

01752
四川两季谷之试验研究与示范推广 中央农业试验所 四川省农业改进所稻麦改良场编
四川省农业改进所稻麦改良场，1943，70 页，16 开（四川省农业改进所专刊 第 3 号 稻麦改良场专刊 2）
本书共 7 章：引言、自然及生物环境、试验研究经过、试验研究之方法与结果、示范推广之经过与结果、讨论、摘要。
收藏单位：重庆馆、南京馆

01753
四川农业改进所三十年度稻种示范推广工作纲要说明
[农业改进所]，[1942]，7 页，32 开
收藏单位：南京馆

01754
四川省农业改进所食粮作物组二十七年工作报告 四川省农业改进所食粮作物组[编]
四川省农业改进所，1938，油印本，1 册，18 开，环筒页装
收藏单位：国家馆

01755
四川省水稻品种检定调查初步报告（上编）
四川省农业改进所 中央农业实验所四川工作站编
四川省农业改进所、中央农业实验所四川工作站，1940，214 页，16 开（农林丛刊 12）
本报告共分 20 个县，每县设全县概况、稻种情形、品种比较、稻米调制、稻米运销与储藏、地质地租之概况、水稻改进之意见等内容。
收藏单位：重庆馆、广东馆、国家馆

01756
四川省水稻品种检定调查初步报告（中编）
四川省农业改进所 中央农业实验所四川工作站编
四川省农业改进所、中央农业实验所四川工作站，1940.6，[216—406] 页，16 开（农林丛刊 16）
本报告共分 17 个县，每县设全县概况、稻种情形、品种比较、稻米调制、稻米运销与储藏、地质地租之概况、水稻改进之意见

等内容。

收藏单位：重庆馆、国家馆

01757

四川省水稻品种检定调查初步报告（下编）

四川省农业改进所　中央农业实验所四川工作站编

四川省农业改进所、中央农业实验所四川工作站，1942，407—580 页，16 开（农林丛刊 33）

本报告共分 16 个县，每县设全县概况、稻种情形、品种比较、稻米调制、稻米运销与储藏、地质地租之概况、水稻改进之意见等内容。

收藏单位：重庆馆

01758

四川食粮作物的改进与增产　四川省政府建设厅秘书编审股主编

四川省政府建设厅秘书编审股，1943，22 页，16 开

本书共两部分：四川省食粮作物之改进、四川省粮食的增产。内容包括：五年来之川农所稻麦改良场、推行两季谷制度以增加生产、迟栽晚稻以防春旱、介绍示范推广之七个优良水稻品种、介绍两个小麦良种“川福麦”与“中大矮立多”、介绍甘薯良种——南瑞苕、督导机构、增产工作、增产经费、增产成效。

收藏单位：重庆馆、国家馆

01759

四川小麦之调查试验与研究　蔡旭主编

成都：四川省农业改进所，1942.10，171 页，18 开（稻麦改良场专刊第 1 号）

本书共 4 篇：概况调查、试验研究、良种推广、今后改进工作之设施与瞻望。内容包括：自然环境、产销概况、栽培概况、小麦种之类及其分布、加工与制造、四川气候与小麦生育之关系、品种易地种植之影响、育种试验之经过及结果等。书后附摘要和参考文献。为专刊第 2 号。

收藏单位：重庆馆、国家馆

01760

粟属之演化　李先闻　鲍文奎著

成都：四川省农业改进所、农林部四川省推广繁殖站，1943.6，17 页，16 开（农业丛刊 36）（稻麦改良场丛刊 3）

本书封面题名：粟类之演化。

01761

粟作育种法之研究　李先闻编著

[开封]：河南大学农学院，1934.2，22 页，23 开（河南大学农学院丛刊 2）

本书内容包括：粟作开花时间及其程序、粟作天然杂交情形、田间技术、总结等。

收藏单位：国家馆、农大馆

01762

台湾省之米谷与肥料　善后救济总署台湾分署经济技正室编

善后救济总署台湾分署经济技正室，1946.8，46 页，横 10 开

本书记述台湾所需肥料之概况。共 9 部分，内容包括：稻米甘蔗生产与肥料消费之关系、贩卖肥料消费量、氨磷钾肥每公顷之适当施肥量等。

收藏单位：安徽馆、广东馆、贵州馆、国家馆、湖南馆、江西馆、南京馆、上海馆、浙江馆

01763

特种稻作学　汪呈因著

重庆：中华书局，1944.7，162 页，32 开（农业丛书）

重庆、上海：中华书局，1946.10，再版，162 页，32 开（农业丛书）

本书共 14 章：双季稻通论、双季稻栽培、双季稻病虫害、双季稻之改进、夹根稻栽培、两熟稻通论、两熟稻栽培、热带水稻栽培法、再生稻、陆稻通论、陆稻栽培、陆稻灾害、陆稻轮作间作、机械化稻作。

收藏单位：安徽馆、重庆馆、广东馆、国家馆、辽宁馆、南京馆、内蒙古馆、上海馆、天津馆、浙江馆

01764
为什么要栽双季稻 浙江省建设厅农业管理委员会编
杭州：浙江省建设厅农业管理委员会，1935，6页，22开（稻麦浅说1）
本书介绍了栽双季稻的必要和方法。
收藏单位：浙江馆

01765
我国今后稻作改进理论与实际之商榷 管相桓著
外文题名：A discussion on the principle and practice of rice improvement in China
[四川省农业改进所稻麦改良场]，1946，22—36页，18开
本书共9部分：绪言、我国稻作区域之自然环境、我国籼粳稻自然分布概况及其原因、籼粳稻形状之优劣点比较、稻作改进之经过及效果、今后稻作改进之新途径与步骤及方法、推行育成近粳型籼稻与粳稻新品种期中可能发生之困难及其补救之方策、结论、主要参考文献。为《川农所简报》第7卷第22—36页抽印本。
收藏单位：国家馆

01766
五谷浅说 马鸣琴 俞斯健编
行政院营养改进运动，1941.9，38页，32开（行政院营养改进运动刊物13）
本书共5部分：水稻栽培法、小麦浅说、大麦浅说、燕麦浅说（附黑麦）、种粟浅说。书中介绍水稻、小麦、大麦、燕麦、粟的栽培方法。
收藏单位：重庆馆、广东馆、国家馆、江西馆、南京馆、西南大学馆、浙江馆

01767
西南各省稻作两熟栽培制度试验研究 柯象寅 汤玉庚著
农报社，[1937—1949]，17页，16开
本书共7部分：引言、前人之研究、材料及方法、试验经过及结果、讨论、提要、参考资料。为《农报》第12卷第6期抽印本。
收藏单位：国家馆、南京馆

01768
籼粳糯稻之比较研究 周长信著
福建省研究院，1946，24页，16开（福建省研究院农林研究所研究专报2）
收藏单位：广东馆

01769
小麦 杨国藩编
上海：中华书局，1934.4，108页，36开（自然丛书）
本书分上下两篇：小麦总论、小麦改良法。上篇共14章：科属、性状、来历、产地及产额、分类、品种、成分、用途、气候、土壤、肥料、栽培法、病虫害、耕作制度；下篇共5章：绪言、选种、纯系育种法、杂交育种法、突变选出法。
收藏单位：国家馆、黑龙江馆、湖南馆、江西馆、辽宁馆、南京馆、内蒙古馆、上海馆、首都馆

01770
小麦
冀东新华书店，19页，32开
本书为农业生产指南。
收藏单位：国家馆

01771
小麦脊畦高畦栽培法比较试验 王清和 朱涵著
福州：私立福建协和大学农学院，1945，37—40页，18开
本书所涉试验自民国三十二年秋开始，地点在邵武本校农艺试验场，在同一区域继续试验两年，所用品种为光泽福麦。为《协大农报》第7卷第1期。
收藏单位：国家馆

01772
小麦开花时期之研究 金善宝著
[杭州]：国立浙江大学农学院，1930.2，24页，23开（国立浙江大学农学院作物研究报

告第 1 册）

本书内容包括：小麦开花时的一般现象、开花之时间、各时期开花之比例、一穗开花之日期、一穗开花之进行状况、开花之次序等。

收藏单位：国家馆、浙江馆

01773

小麦品种对于永安散黑粉病菌之抗病试验 王清和著

外文题名：Resistance and susceptibility of certain wheat varieties to loose smut from Yung'an

永安：苏建省立农学院，1943.12，135—139 页，18 开

本书为《新农季刊》Ⅲ（3—4）抽印本。为专刊第 20 号。

收藏单位：国家馆

01774

小麦品种杆黑粉病抵抗性之试验——其二・外国大麦品种坚黑粉病抵抗性之试验——其一・黄瓜之猝倒病 俞大绂等著

南京：实业部中央农业实验所，1934.3，106 页，16 开（实业部中央农业实验所研究报告第 1 卷 3）

收藏单位：广东馆、国家馆

01775

小麦品种锈病抗病性初步试验在福建 王清和著

外文题名：Varietal resistance and susceptibility of wheat to yellow, brown and black rust in Fukien

永安：福建省立农学院，1942，458—462 页，18 开

本书内容包括：引言、材料、方法、结果等。为《新农季刊》II（3—4）抽印本。为专刊第 12 号。

收藏单位：国家馆

01776

小麦升汞水消毒对于发芽之影响研究 罗清泽 林声和编著

[永安]：福建省农业改进处，1947.12，18 页，16 开

本书为《福建农业》第 7 卷单行本。

01777

小麦试验

东南大学农事试验场，1923.4，32 页，23 开（东南大学农事试验场《上海机器面粉公司公会资助》成绩报告 4）

收藏单位：江西馆、上海馆

01778

小麦杂交育种法 沈骊英著

南京：实业部中央农业实验所，1937.5，31 页，16 开（实业部中央农业实验所特刊 19）

01779

小麦栽培法 梁逸飞编

广西农林局，1934.10，20 页，36 开（农林浅说 5）

广西农林局，1934.11，再版，18 页，36 开（农林浅说 5）

收藏单位：桂林馆、国家馆

01780

小麦栽培浅说 江苏省立民众教育院 劳农学院研究部编 莫定森校

[南京]：江苏省立民众教育院研究部，9 页，32 开（注音农民小丛书）

本书共 9 部分：整地、播种、施肥、管理、轮栽、收获、贮藏、选种、病害。

收藏单位：国家馆

01781

小麦栽培浅说 金善宝编

杭州：国立浙江大学劳农学院，1928.10，24 页，36 开（国立浙江大学劳农学院农业浅说 2）

收藏单位：上海馆

01782

小麦栽培上的注意 青岛市农林事务所冬期农事讲演会编

[青岛市农林事务所冬期农事讲演会]，1932，

6 面

收藏单位：南京馆

01783

新育成之二季早稻品种（赣农 5636 与赣农 3425）

江西省农学院，1947.11，5—9 页，大 32 开

收藏单位：南京馆

01784

烟田麻田稻作栽培及品种适应之研究　杨立炯　刘闻兑著

重庆：农林部中央农业实验所，1944.12，369—382 页，16 开

本书共 3 部分：引言、试验经过与结果、讨论及结语。为《农报》第 9 卷第 31—36 合期抽印本。

收藏单位：国家馆

01785

印度型及日本型稻在磷酸钠液中发芽现象之差异　汤文通　黄正华著

台北：台湾省农业试验所，1947.9，22 页，16 开（台湾省农业试验所专报 3）

收藏单位：南京馆、上海馆

01786

玉蜀黍初步的研究　张子维著

平民教育促进会江津实验区，1938.1，10 页，32 开（生计教育丛书 1）

收藏单位：南京馆

01787

玉蜀黍栽培浅说　江苏省立教育学院研究实验部编辑

无锡：江苏省立教育学院，1931.6，14 页，25 开（注音农民小丛书）

收藏单位：江西馆

01788

杂粮　马广文著　周建人校

上海：商务印书馆，1933.12，62 页，32 开（小学生文库第 1 集 农业类）

上海：商务印书馆，1934.10，再版，62 页，32 开（小学生文库第 1 集 农业类）

本书共 13 部分：什么叫做杂粮、各处欢迎的玉蜀黍、北方盛栽的高粱、多须的大麦、穗形像狗尾的粱和粟、栽培很古的黍稷、似珠的薏苡、可利用的杂草、荞麦、花形似蝶的豌豆、可爱的甘薯、绿缨红尾的胡萝卜、结论。

收藏单位：重庆馆、湖南馆、宁夏馆、首都馆

01789

杂粮　（清）杨景仁著

振务委员会筹振处，[1941.9] 重印，22 页，32 开

本书是常熟杨景仁先生辑录的古今荒政名言筹济篇第 31 卷备杂粮，辑述古籍中记载杂粮的济荒、医疗等作用。

收藏单位：国家馆、南京馆

01790

杂粮浅说　马鸣琴编著

行政院营养改进运动，1941.8，26 页，36 开（行政院营养改进运动刊物 12）

本书介绍了大豆、玉米、高粱的分布区域与生产状况、栽培法、病虫害的防治法。

收藏单位：重庆馆、国家馆、南京馆、浙江馆

01791

杂粮栽培法　南京特别市政府农林专员室编

南京：南京特别市政府宣传处，1942.4，12 页，64 开（市民小丛书 1）

本书附录病虫害防除法。

收藏单位：南京馆

01792

栽培纯种稻的利益和几件常识　浙江省建设厅农业管理委员会编

杭州：浙江省建设厅农业管理委员会，1935，4 页，22 开（稻麦浅说 2）

本书介绍了栽纯种稻的必要和方法。

收藏单位：浙江馆

01793
栽培稻多颖性变异之观察 管相桓 张月辉 涂敦鑫[著]
外文题名：Observations on the variation of poly-husks in cultivated rice
[四川省农业改进所稻麦改良场]，1945，[22]页，25开
本书共4部分：引言、试验材料方法及结果、讨论、摘要。为《中华农学会报》第181期第1—22页抽印本。
收藏单位：国家馆

01794
栽培稻芒之连系遗传 管相桓 涂敦鑫 张月辉著
[四川省农业改进所稻麦改良场]，1946，第58—64页，25开
本书为《中华农学会报》第183期第58—64页抽印本。
收藏单位：国家馆

01795
栽种双季稻的利益 浙江省立农业改良场编
杭州：浙江省立农业改良场，1932.8，8页，22开（农民浅说3）
本书共5部分：什么叫做双季稻、双季稻活跃的情形、双季稻是农家的大补汤、可是要请你注意、决定试他一下子。
收藏单位：国家馆

01796
再生稻研究（第1辑 二十七年至二十八年） 杨开渠等著
成都：国立四川大学农学院，1939，石印本，115页，18开，环筒页装（稻作报告1）
收藏单位：重庆馆、南京馆

01797
再生稻研究初步报告 杨开渠著 王善佺校
成都：国立四川大学农学院，1937.12，54页，16开，环筒页装（国立四川大学农学院报告1）
本书内容包括：水稻分蘖与再生孽力之考察、再生孽在水田中发生状况之调查、品种间再生孽发生状况之比较等。
收藏单位：重庆馆、广东馆

01798
再生稻之研究（第6 再生蘖穗之分化过程） 杨开渠 姜齐兴著
成都：国立四川大学农学院，1941.11，14页，16开（国立四川大学农学院稻作报告8）
本书主要研究第一期稻穗的分化过程和再生稻穗的分化过程。首页页眉下题：再生稻研究。
收藏单位：国家馆

01799
早中晚稻开花习性之研究 林成耀著
外文题名：Studies on the blooming habits of early mid and late varieties of rice
福州：福建协和大学农学院农艺系，1941，28页，25开
本书共6章：引言、研究材料及方法、研究结果与讨论、结论、参考文献、英文摘要。
收藏单位：福建馆

01800
怎样种稻 范晓六编
上海：民众教育研究社，1933.2，68页，42开（注音符号民众万有丛书 农业类）
收藏单位：重庆馆、江西馆、首都馆

01801
怎样种高粱（五大作物之一） 郭连三编
[菏泽]：冀鲁豫新华书店，1949.5，15页，32开
本书共8节：性质、品种、怎样种高粱、怎样修锄、栽苗和间作、田间选种、怎样防止病害、如何消灭虫害。
收藏单位：国家馆、山东馆

01802
怎样种谷子（五大作物之一） 郭连三编 冀鲁豫行署农业处校正
[菏泽]：冀鲁豫新华书店，1949.5，20页，

32 开
收藏单位：国家馆、山东馆

01803
怎样种好棒子 秦杰著
华东新华书店渤海分店，1949.3，9 页，32 开
收藏单位：南京馆、山东馆

01804
怎样种好高粱 李明著
华东新华书店渤海分店，1949.3，18 页，32 开
收藏单位：南京馆

01805
怎样种好谷子 李明著
华东新华书店渤海分店，1949.3，24 页，32 开
收藏单位：南京馆、山东馆

01806
怎样种好小麦 秦杰著
渤海新华书店，1948.9，19 页，32 开
本书为农业生产指南。
收藏单位：南京馆、山东馆

01807
浙江稻种之研究 方悌著
出版者不详，1921，82 页，22 开
本书介绍了稻子下种时期及生产育期、播种量及收获量等。
收藏单位：浙江馆

01808
浙江农事试验场稻作试验成绩报告（第 3 册） 李德祥等编 张保寅等校勘 叶芸鉴定
出版者不详，1913.12，160 页，16 开
收藏单位：江西馆

01809
浙江农事试验场稻作试验成绩报告（第 4 册） 李德祥等编 张保寅等校勘 叶芸鉴定
出版者不详，1913.12，100 页，16 开
收藏单位：江西馆

01810
浙江农事试验场稻作试验成绩报告（第 5 册） 李德祥等编 张保寅等校勘 叶芸鉴定
出版者不详，1913.12，156 页，16 开
收藏单位：江西馆

01811
浙江省稻麦改良场试验成绩报告 浙江省稻麦改良场编
外文题名：A report on the experimental results of the Chekiang provincial rice and wheat improvement station for 1934
杭州：浙江省稻麦改良场，1935.6，[220] 页，16 开
本书共两部分：试验成绩报告、研究报告。内容包括：水稻育种、小麦育种、水稻栽培试验、小麦栽培试验等。目录页书名题：浙江省稻麦改良场二十三年度试验成绩报告。
收藏单位：安徽馆、国家馆、浙江馆

01812
浙江省稻作栽培概况 邹树文等编
外文题名：Some data on rice culture of the Chekiang Province
杭州：浙江省昆虫局，1930.9，44 页，25 开（浙江省昆虫局丛刊 6）
本书共 9 部分：总论、浙江省早稻栽培区域图、浙江省中稻栽培区域图、浙江省晚稻栽培区域图、浙江省各县稻作种植收获期表、浙江省早稻栽培调查表、浙江省中稻栽培调查表、浙江省晚稻栽培调查表、浙江省各县稻作栽培面积及其生产量表。书末附英文摘要和前言。
收藏单位：国家馆、南京馆、宁夏馆、上海馆、浙江馆

01813
浙江省第二区区农场二十三年度水稻试验成绩报告 葛敬铭著 浙江省第二区区农场编
杭州：浙江省稻麦改良场，1935.1，26 页，16 开

01814
浙江省农业改进所二十九年水稻圳田区田栽培试验报告　浙江省农业改进所编
浙江省农业改进所，1940.10，16 页，16 开
本书共 7 部分：试验方法、施肥方法、作业经过、田间生育状况、产量计算、工作时间比较、结论。
收藏单位：重庆馆、广东馆、国家馆、南京馆、浙江馆

01815
浙江省农业改良总场稻麦场事业进行计划　莫定森编
杭州：浙江省农业改良总场，1933，40 页，16 开
本书共 5 部分：引言、关于栽培试验事项、关于室内研究事项、关于推广事项、关于园艺区举办事项。
收藏单位：国家馆、浙江馆

01816
浙江省农业改良总场稻麦场试验成绩报告　浙江省农业改良总场稻麦场编
外文题名：On the experimental results of the rice and wheat station of Chekiang provincial experiment station of agriculture for 1933
杭州：浙江省农业改良总场稻麦场，1934.6，[118] 页，16 开
本书共 5 部分：试验材料、试验方法、栽培及管理之经过、试验结果、结论。目录页书名题：浙江省农业改良总场稻麦场二十二年度试验成绩报告。
收藏单位：国家馆、上海馆、浙江馆

01817
中等稻作学　周汝沆著
上海：中华书局，1925.5，86 页，32 开
上海：中华书局，1925.9，再版，78 页，32 开
上海：中华书局，1930.12，3 版，86 页，27 开
上海：中华书局，1937.6，6 版，86 页，32 开
本书共 9 章：来历及状态、分类及品种、区域及产额、气候及土壤、种子、栽培、收获及调制、米之贮藏、病虫害。为新学制农业教科书。
收藏单位：重庆馆、国家馆、湖南馆、江西馆、南京馆、浙江馆

01818
中国各省小麦之适应区域（中英文对照）　沈宗瀚　万德昭等著
南京：实业部中央农业实验所，1937.5，76 页，16 开（实业部中央农业实验所特刊 18）
本书内容包括：小麦适应区域的地理条件、试验方法、试验成绩、试验结果记录、试验结果检讨、试验结果应用等。

01819
中国蜀黍论　蔡迩宾著
蔡迩宾 [出版者]，1936.9，109+16 页，32 开（农学丛书）
本书共 14 章：蜀黍之科属及名称、蜀黍之来源与分布、蜀黍之性状、蜀黍之分类、蜀黍之品种、蜀黍之成分、蜀黍之用途、蜀黍之适宜气候与土壤、蜀黍之栽培法、蜀黍之病害、蜀黍之虫害、蜀黍之经济概况、蜀黍育种之基本知识、蜀黍之育种法。书前有孙醒东序、谌克终序、梁树坊序，书内有多页图片，书后附表 6 张。
收藏单位：国家馆、南京馆、首都馆

01820
中国水稻气候之初步研究　方正三著
出版者不详，手抄本，58 叶，25 开，环筒页装
本书共 4 章：引言、我国水稻之地理分布、较重要之气候因子、我国稻作之丰凶。
收藏单位：重庆馆

01821
中国水稻育种法　（美）洛夫（H. H. Love）著　沈骊英译
外文题名：Directions for rice improvement in China
浙江省农业改良总场稻麦场，1933，76 页，16 开
本书内容包括：选种、种籽之措置、种植计划书、播种（直播与移植）、第一年田间试

验方法、第二年试验法等。逐页题名：中国水稻改良法。

收藏单位：国家馆、吉林馆、浙江馆

01822
中国小麦分类之初步　金善宝著
[南京]：[国立第四中山大学农学院]，1928.5，64页，23开（国立第四中山大学农学院作物研究报告 第2册）

本书共3篇：绪论、小麦之性状、小麦分类法。内容包括：分类之重要、材料之搜集、分类试验区之布置、品种之命名、植科之性状、秆科之性状、叶之性状、穗之性状、外壳之性状等。

收藏单位：国家馆

01823
中国小麦分类之初步　金善宝著
[南京]：[国立中央大学农学院]，1929.5，再版，56页，25开（国立中央大学农学院作物研究报告 第2册）

收藏单位：重庆馆、浙江馆

01824
中国小麦区域　金善宝　吴董成著
[重庆]：国立中央大学农学院，[1937—1945]，19页，22开（国立中央大学农学院报告 渝字第7册）

本书共3部分：材料与方法、结果与讨论、结论。研究材料从全国各省市县征集所得，共计样品2834种。为《中华农学会报》第170期抽印本。

收藏单位：国家馆

01825
中国小麦栽培状况调查报告　莫定森　周凤鸣著
[南京]：[国立中央大学农学院]，1932.1，46页，25开（国立中央大学农学院作物研究报告 第5册）

本报告调查时间为1928年春。

01826
中国之稻作与气象之关系（汇报 第一辑）　行政院文物保管委员会　天文气象专门委员会编
行政院文物保管委员会、天文气象专门委员会，1944.11，1册，18开，环筒页装

本书共7部分：绪言、资料、相关系数之算出方法、稻作收量与气温之相关、稻作收量与降水量之关系、华中的稻作收量之预想式、结论。书末附各省稻作单位面积之收量、华中各省稻作收量与月平均气温之相关系数等。

收藏单位：国家馆、湖南馆、南京馆

01827
中农廿八小麦之改良经过　沈骊英著
外文题名：Breeding of the national research 28 wheat
荣昌：经济部中央农业实验所，1939.10，9页，16开（经济部中央农业实验所特刊21）

本书内容包括：来源及名称、中农廿八小麦之形录、历年试验记录（南京三年试验成绩、长江流域及西南各省试验成绩、成都三年试验成绩）、结论等。

收藏单位：国家馆、南京馆、首都馆

01828
中央大学改良稻种帽子头
[南京]：国立中央大学农学院，1936.11，15页，16开（农学院专篇15）

收藏单位：南京馆

01829
中央大学五种改良小麦品种　国立中央大学农学院编
外文题名：Five improved wheat-varieties of the National Central University
[国立中央大学农学院]，1937.3，18页，16开（国立中央大学农学院专篇16）

本书共4部分：前言、育种史略、改良品种说述（中大南京赤谷、中大武进无芒、中大江东门、中大南宿州、中大美国玉皮）、推广成绩。书中附插图2幅。

01830
中央农业实验所及全国稻麦改进所概况　国

民经济建设运动委员会总会编
南京：国民经济建设运动委员会总会，1937.4，58 页，23 开（国民经济建设运动委员会乙种丛刊 2）

本书共两部分。实业部中央农业实验所收录了史略、组织、人事、建筑、设备、农场、各科系之实验工作等内容；全国稻麦改进所收录了史略、组织、人事、设备、稻作组之改进工作等内容。

收藏单位：重庆馆、广东馆、国家馆、南京馆、山西馆、上海馆、浙江馆

01831
种稻 方与严编 陶行知校
上海：儿童书局，1931.10—1932.3，3 册（23+26+34 页），32 开（自然学园 儿童科学丛书）
上海：儿童书局，1933，3 版，3 册（23+26+34 页），32 开（自然学园 儿童科学丛书）

本书以叙事的方式记录了书中主人公在成长过程中的一段种稻经历。其中讲述了种稻的时节、工具、土壤及灌溉条件、除草与除虫、收割与脱粒等内容。校者原题：陶知行。

收藏单位：广西馆、国家馆、江西馆、首都馆

01832
种稻（上） 方与严编 陶行知校
上海：儿童书局，1932.6，再版，23 页，32 开（自然学园 儿童科学丛书）

收藏单位：国家馆、江西馆

01833
种稻法 孙绳武著
上海：商务印书馆，1930.4，104 页，32 开（万有文库第 1 集 606）（农学小丛书）
上海：商务印书馆，1933.3，国难后 1 版，104 页，32 开（农学小丛书）
上海：商务印书馆，1934，再版，104 页，32 开（万有文库第 1 集 606）（农学小丛书）
上海：商务印书馆，1934.6，国难后 2 版，104 页，32 开（农学小丛书）
上海：商务印书馆，1935.5，国难后 3 版，104 页，32 开（农学小丛书）
商务印书馆，1940.10，国难后 5 版，104 页，32 开（农学小丛书）

本书共 9 章：绪论、世界稻产概况、稻之形态与生理、稻之分类、气候及土壤、稻之栽培法、稻之育种法、稻之病虫害、我国之稻作问题。附录重要参考书籍表。

收藏单位：安徽馆、重庆馆、大连馆、东北师大馆、广东馆、广西馆、贵州馆、国家馆、河南馆、黑龙江馆、湖南馆、江西馆、辽大馆、辽师大馆、内蒙古馆、宁夏馆、上海馆、天津馆、西南大学馆、浙江馆

01834
种稻浅说 褚藜照编
上海：中华书局，1930.10，22 页，36 开（民众农业丛书 1）
上海：中华书局，1932.9，再版，22 页，36 开（民众农业丛书 1）
上海：中华书局，1935.7，3 版，22 页，36 开（民众农业丛书 1）

收藏单位：重庆馆、黑龙江馆、湖南馆、江西馆、首都馆

01835
种稻须知 江苏省立民众教育院 劳农学院研究部编 汤文通 周拾禄校
江苏省立民众教育院研究部、江苏省立劳农学院研究部，[1931]，8 页，32 开（注音农民小丛书）

本书内容包括：选种（盐水选种法）、肥料（人粪尿、绿肥、骨粉、草木灰等）、防除害虫等。

收藏单位：福建馆、广西馆、国家馆、湖北馆、江西馆、辽宁馆、四川馆、浙江馆

01836
种稻·种麦 褚藜照编
上海：中华书局，1948.5，30 页，36 开（中华文库 民众教育 1）

本书共两部分：种稻、种麦。内容包括：稻的概说、稻的性状、稻的分类和品种、气候和土壤、选种和浸种、秧田和本田的处理

方法、稻的肥料、播种和插秧、灌溉和排水、中耕和除草、收获和贮藏等。

收藏单位：上海馆

01837

种麦 方与严撰述 陶行知校

上海：儿童书局，1931.11，24页，32开（儿童科学丛书）

上海：儿童书局，1932.6，再版，24页，32开

上海：儿童书局，1933.2，3版，24页，32开（儿童科学丛书）

本书校者原题：陶知行。

收藏单位：广西馆、江西馆、首都馆

01838

种麦 国立中山大学农学院推广部编

广州：国立中山大学农学院推广部，1924.11，6页，25开

广州：国立中山大学农学院推广部，1928.12，再版，6页，25开

广州：国立中山大学农学院推广部，1934.10，6版，6页，25开（农林浅说 作物类 第2号）

本书共两部分：冬耕种麦之利益及方法、预防麦黑穗病。

收藏单位：国家馆

01839

种麦法 顾复著

上海：商务印书馆，1926.1，49页，32开（农学小丛书）

上海：商务印书馆，1929.10，49页，32开（万有文库 第1集605）（农学小丛书）

上海：商务印书馆，1933.2，国难后1版，49页，32开（农学小丛书）

上海：商务印书馆，1934.6，国难后2版，49页，32开（农学小丛书）

上海：商务印书馆，1934.7，再版，49页，32开（万有文库 第1集605）（农学小丛书）

上海：商务印书馆，1935.5，国难后3版，49页，32开（农学小丛书）

本书共5章，介绍了小麦、大麦及裸麦、黑麦、燕麦、荞麦的种植方法。为农业科普常识读物。

收藏单位：安徽馆、重庆馆、大理馆、大连馆、东北师大馆、广东馆、广西馆、贵州馆、国家馆、黑龙江馆、湖南馆、江西馆、辽大馆、辽宁馆、辽师大馆、内蒙古馆、宁夏馆、上海馆、绍兴馆、天津馆、西南大学馆、浙江馆

01840

种麦救旱浅说 黄伯易编

重庆：巴县建设局农业推广处，8页，25开（巴县建设局农业推广处出版品17）（农业指导材料2）

收藏单位：重庆馆

豆类作物

01841

豆类之用途 中东路局地亩处编著

中东路局地亩处，1930春，45页，32开（中东路局地亩处出版品2）

本书介绍了欧洲各国对于豆类之各种用途、采用豆类作为食品之各种用途，以及在医学、实业、颜料、燃油等方面的用途。

收藏单位：国家馆

01842

应用豆科植物概论 步毓森编

上海：商务印书馆，1934.4，14+114页，32开

上海：商务印书馆，1935，再版，14+114页，32开

本书共4章：豆科植物的特征、豆科植物的种类、豆食品的制造法、我国豆科植物的概况。

收藏单位：安徽馆、重庆馆、广东馆、贵州馆、国家馆、河南馆、湖南馆、江西馆、南京馆、农大馆、上海馆、首都馆、西南大学馆、浙江馆

01843

种豆法 黄绍绪著

上海：商务印书馆，1930.4，75页，36开（万有文库 第1集607）（农学小丛书）

上海：商务印书馆，1933.2，75页，36开（农学小丛书）

上海：商务印书馆，1934.2，再版，75 页，36 开（农学小丛书）
上海：商务印书馆，1934.7，再版，75 页，36 开（万有文库 第 1 集 607）（农学小丛书）
上海：商务印书馆，1934.7，3 版，75 页，36 开（农学小丛书）
上海：商务印书馆，1935，4 版，75 页，36 开（农学小丛书）

本书共 14 章：总论、大豆、小豆、蚕豆、豌豆、花生、豇豆、菜豆、龙爪豆、红花菜豆、扁豆、刀豆、苜蓿、车轴草。

收藏单位：安徽馆、重庆馆、大连馆、东北师大馆、广东馆、广西馆、贵州馆、国家馆、黑龙江馆、湖南馆、江西馆、辽大馆、辽师大馆、南京馆、内蒙古馆、宁夏馆、上海馆、绍兴馆、首都馆、天津馆、西南大学馆、浙江馆

01844

种豆浅说 褚藜照编

上海：中华书局，1930.10，24 页，36 开（民众农业丛书 3）
上海：中华书局，1932.9，再版，24 页，36 开（民众农业丛书 3）
上海：中华书局，1936.3，3 版，24 页，36 开（民众农业丛书 3）

收藏单位：重庆馆、黑龙江馆、湖南馆、江西馆、山西馆、上海馆、首都馆

薯类作物

01845

备荒刍议 娄鲁青撰

出版者不详，1930.9，32 页，32 开

本书内容包括：总说、土壤专家所提议之备荒方案、马铃薯之新工作、马铃薯、节译贝黎氏著卫生学及应用化学、劝内地农民多种马铃薯说、马铃薯之栽培收获病虫害等。

收藏单位：国家馆

01846

甘薯栽培法 善后救济总署冀热平津分署农村改进事业保定区中心站编

保定：善后救济总署，1947.6，8 页，32 开（农村改进小丛书 5）

收藏单位：南京馆

01847

甘薯贮藏法 杨鸿祖著

上海园艺事业改进协会出版委员会，1947.7，10 页，32 开（上海园艺事业改进协会丛刊 14）

收藏单位：吉林馆、首都馆、浙江馆

01848

干田栽培苕子浅说 四川省农业改进所编

四川省农业改进所，1939.5，2 页，32 开（农林浅说 5—3）

本书介绍了栽培苕子的问题，内容包括：川东川南的土一样可以栽苕子、冬水田多干土少、苕子种来有何用处等。

收藏单位：重庆馆、国家馆

01849

华北国际救济委员会滦榆区分会三十六年度甘薯增产第二次报告 华北国际救济委员会滦榆区分会编

[昌黎]：华北国际救济委员会滦榆区分会，1947.9，12 页，32 开

本书共 6 节：引言、育苗、品种特征及栽培要点、收获及利益、收支概况、结论。

收藏单位：国家馆

01850

介绍甘薯良种（南瑞苕） 四川省农业改进所编

成都：四川省农业改进所，1943.7，4 页，32 开（农林浅说）

收藏单位：重庆馆

01851

抗战后我国马铃薯栽培之展望 管家骥 姜诚贯著

出版者不详，1942.7，6 页，18 开

本书共 5 部分：马铃薯之经济价值、改进之方针、将来之栽培区域、马铃薯推广之特质、结论。为农产促进委员会农业推广通讯

第4卷第7期。“抗战胜利后的农业建设”专号抽印单行本。

收藏单位：国家馆

01852

马铃薯 江西省农业院编

[南昌]：[江西省农业院]，1946.6，16页，32开（农业推广丛书）

收藏单位：南京馆

01853

马铃薯栽培浅说 管家骥编著

行政院营养改进运动，1941.3，8页，32开（行政院营养改进运动刊物6）

本书共6部分：引言、栽培法、收获、贮藏、病虫害、食用方法。附录营养食物之选择。

收藏单位：重庆馆、国家馆、南京馆、浙江馆

01854

马铃薯在贵阳之开花及结果 姜诚贯著

农报社，[1947]，[3]页，16开

本书共3部分：引言、结果及讨论、结论。讨论结果为马铃薯在自然状况下开花及结果受自然影响较大，种薯之生理变化亦为左右下季开花及结果之重要因子。品种对于外界环境反映殊异，同时因其成熟期休眠期等之各别，影响种薯之生理变化，间接影响下季之开花及结果。为《农报》第12卷第1期抽印本。

收藏单位：国家馆

01855

木薯栽培法 福建省立科学馆编

[福州]：福建省建设厅，1938.2，8页，32开（农林推广丛书4）

本书共5部分：绪言、木薯的性状、木薯的用途、木薯的栽培法、木薯淀粉的制法。

收藏单位：福建馆

01856

木薯栽培法 江西省粮食增产总督导团编

江西省粮食增产总督导团，1943.12，6页，32开

本书共6节：栽培木薯的重要、木薯的来历、木薯的种类、木薯的性状、木薯的种法、木薯的用途。

收藏单位：国家馆

01857

秋洋芋的栽培法 四川省农业改进所编

[成都]：四川省农业改进所，1943，4页，32开（农林浅说）

收藏单位：重庆馆

01858

我国马铃薯之改进 管家骥著

出版者不详，1941.8，[14]页，16开

本书介绍了我国马铃薯改进的方针、改进程序等。为《广西农业》第2卷第4期抽印本。

收藏单位：重庆馆、国家馆

01859

洋芋干的制造法 四川省农业改进所编

[成都]：四川省农业改进所，1943，4页，32开（农林浅说）

本书内容包括：为什么要制造洋芋干、洋芋干怎样制造等。

收藏单位：重庆馆

01860

怎样窖红苕 四川省农业改进所编

[成都]：四川省农业改进所，1939，再版，9页，32开（农林浅说11）

[成都]：四川省农业改进所，1946，3版，6页，32开（农林浅说11）

本书介绍了窖红苕的方法、条件、怎样修窖等内容。

收藏单位：重庆馆

01861

怎样种好地瓜 郭英忱著

华东新华书店渤海分店，1949.3，10页，32开

本书内容包括：地瓜的种类、秧地瓜法、病虫害的防除法。为农业生产指南。

收藏单位：南京馆、山东馆

01862
怎样种洋芋　四川省农业改进所编
[成都]：四川省农业改进所，1943，再版，6页，32开（农林浅说）

收藏单位：重庆馆

饲料作物、牧草

01863
牧草各论　陆军兽医学校编
陆军兽医学校，1945，56页，18开

收藏单位：广东馆

01864
牧草图谱　[日]陆军经理学校编纂
东京：个人刊，1911，1册，25开，精装

本书首先介绍了马之天性与其食物之关系、营养率与饲料投喂方法、割草时期等，然后图文并茂地介绍了牧草中的佳良草、不要草和有害草。

收藏单位：广东馆、国家馆

01865
饲用作物　焦龙华著
西昌：国立西康技艺专科学校，1946.4，52页，16开

收藏单位：南京馆

01866
紫云英栽培法　江西省粮食增产总督导团编
[江西省粮食增产总督导团]，1942.8，6页，32开

收藏单位：南京馆

绿肥作物

01867
春季豆科绿肥生态学之研究　林景亮编
[永安]：福建省农业改进处，1947.6，19页，16开

本书为《福建农业》第7卷单行本。

01868
几种夏期绿肥作物在永安之适应力比较及其对于土壤理化性质与后作产量之影响　林家棻编著
[永安]：福建省农业改进处，1947.7，22页，16开

本书为《福建农业》第7卷单行本。

01869
绿肥作物　徐方干编
上海：中华书局，1948.3，178页，32开（农业丛书）

本书共3编：通论、豆科植物之通性、非豆科植物之通性。内容包括：栽培及施用注意事项、绿肥之利益、栽培之急务、紫云英、苜蓿、绿肥大豆、豌豆、蚕豆等。

收藏单位：重庆馆、广西馆、贵州馆、国家馆、黑龙江馆、湖北馆、内蒙古馆、农大馆、上海馆

经济作物

01870
爱字棉驯化育种报告　过探先　周凤鸣著
上海：中国科学社，1925.6，[4]页，16开

本书为《科学》第10卷第3期抽印本。

01871
百万棉　浙江省农业改良场编
浙江省农业改良场，1932.12，14页，18开

本书介绍我国改进棉业的起源、百万棉品种育成经过、推广情况、栽培注意事项，以及百万棉的特征与优点、在纺织工程中的

地位等。封面题：浙江农民最信仰的、沪杭纱厂最欢迎的百万棉。

收藏单位：国家馆

01872

蓖麻　浙江省农业改进所编

松阳：浙江省农业改进所，1940.8，4 页，32 开（农业浅说 23）

本书内容包括：蓖麻的性状与种类、栽培法等。

收藏单位：浙江馆

01873

蓖麻

出版者不详，[1927—1949]，17 页，22 开

收藏单位：江西馆

01874

蓖麻试验报告（第 1 号）　邝嵩龄　李良韬著

[广州]：[国立中山大学农林科农学系推广部]，1928.5，17 页，22 开

本书共 9 部分：蓖麻的科属形态及其历史、目的、品种、试验地点及栽培法、油量、生育状况、种蓖麻之特别利益、用途、荒地与蓖麻。封面题名：国立中山大学农林科农学系蓖麻试验报告第一号。

收藏单位：国家馆

01875

蓖麻栽培浅说　吴仲瑛编

广西省政府农林局，[1936]，8 页，32 开（农林浅说 14）

收藏单位：国家馆

01876

薄荷　周承源著

嘉定：思同田舍，1935.3，89 页，32 开（思同丛书 1）

本书共 16 章：绪言、薄荷之种类、各国产况、我国之产地及产况、薄荷之含有物、薄荷之繁殖、薄荷之种植法、薄荷之病害、薄荷之割取法、薄荷之收获、薄荷油提制法、精制薄荷油、薄荷脑之制法、薄荷油薄荷脑掺假检查、薄荷之医药用途、薄荷之工业用途。

收藏单位：国家馆、浙江馆

01877

薄荷　周承源著

上海：中国农业书局，1940.6，再版，89 页，32 开（农村副业丛书 2）

收藏单位：国家馆、湖南馆、南京馆

01878

财政部贸易委员会外销物资增产推销委员会茶叶研究所两年来工作概述（中华民国三十一年至三十二年）

崇安：[财政部贸易委员会外销物资增产推销委员会茶叶所]，1944.2，53 页，16 开

本书共 4 部分：栽培方面、制造方面、化验方面、推广方面。内容包括：育种试验、繁殖试验、生理试验、修剪试验、病虫害试验研究、品种比较试验、制造方法试验、红茶分级及碎切试验、包装贮藏试验等。

收藏单位：重庆馆、广东馆、国家馆

01879

财政部四川烟叶示范场技术股二十九年度工作报告　刘维藻等编

四川烟叶示范场技术股，1941.4，1 册，16 开

收藏单位：南京馆

01880

茶　戴龙孙编著

金华：正中书局，1941.12，50 页，32 开（特教丛刊 16）

重庆：正中书局，1944.2，3 版，50 页，32 开（特教丛刊 16）

上海：正中书局，1946.2，沪 1 版，50 页，32 开（特教丛刊 16）

上海：正中书局，1947.12，沪 3 版，50 页，36 开（特教丛刊 16）

本书共 5 部分：茶的概说、茶的生产、茶的焙制、茶的运销、参考资料。

收藏单位：安徽馆、重庆馆、东北师大馆、国家馆、黑龙江馆、湖南馆、辽大馆、

辽宁馆、南京馆、山西馆、浙江馆

01881
茶 赵保康著
立煌：皖报社，1941.6，40页，32开（皖报社丛书2）
本书介绍安徽、江西、福建、湖南、浙江、四川、云南七省茶叶的品种、性质及来源、生长气候及土质、栽培方法和制茶方法。附录汉口茶砖厂小史。
收藏单位：重庆馆

01882
茶树和茶叶 韦息予著 孙伯才编 周建人校
上海：商务印书馆，1934.2，36页，32开（小学生文库 第1集 植物类）
收藏单位：湖南馆、宁夏馆、上海馆、首都馆

01883
茶树品种调查研究法 谢循贯编著
浙江省油茶棉丝管理处茶叶部，[1940—1949]，166页，32开（茶叶丛刊 第2种）
本书共6章：改良茶树品种之重要性、产茶各国关于茶之科学研究、茶树之分类、植物学的试验观察及调查方法、调查成绩表之类例、茶业研究院组织纲要。
收藏单位：国家馆、宁夏馆、首都馆、浙江馆

01884
茶树施肥试验 福建省政府建设厅茶业管理局编
福州：福建省政府建设厅茶业管理局，1939.12，14+4页，25开（福建茶业丛书1）
本书为茶树施肥做试验的报告。
收藏单位：浙江馆

01885
茶树育种法 吕允福著
浙江省农业改进所，[1941.2]，[16]页，16开
本书共6部分：绪论、茶树品种特性观察、茶树繁殖方法研究、茶树选择育种法、茶树杂交育种法、我国茶树品种改良计划。
收藏单位：安徽馆、国家馆、南京馆、浙江馆

01886
茶树栽培法 [湖南茶事试验场编]
湖南茶事试验场，[1935.1]，[26]页，32开（湖南茶事试验场刊物2）

01887
茶树栽培法
出版者不详，66页，32开

01888
茶树栽培学 陈椽著
上海：新农企业股份有限公司，1948.7，2册（464页），22开（新农丛书）
本书分上、下两册，共7篇，上册为1—2篇：总论、茶树环境论；下册为3—7篇：茶园垦殖论、茶园管理、茶树育种论、灾害论、采摘。
收藏单位：广东馆、农大馆、西南大学馆、浙江馆

01889
茶树怎样栽培 财政部贸易委员会编
财政部贸易委员会，1939.2，18页，32开（茶农指导丛刊）
本书共5部分：茶树的特性、茶园的垦辟、茶树的选种、茶树的种植、茶园的管理。
收藏单位：贵州馆、国家馆、南京馆、上海馆、浙江馆

01890
茶业技术讨论会汇编 全国经济委员会农业处编
南京：全国经济委员会，1936.6，12+132页，16开（全国经济委员会农业处农业专刊6）
本书共3编：会议之经过、审查报告及原议案、附录。第1编介绍了讨论会的会议纪要、简章、议事日程等；第2编记录了第1—3组审查报告、特组审查报告以及临时动议；第3编附录有重要文电撮录、会员席次图、

职员一览。

收藏单位：广东馆、国家馆、南京馆、上海馆

01891
茶叶全书 （美）威廉·乌克斯（W. H. Ukers）原著 中国茶叶研究社社员集体翻译
外文题名：All about tea
上海：中国茶叶研究社，1945.5，2册，16开（中国茶叶研究社丛书）
上海：中国茶叶研究社，1949.5，2册（317+215页），16开（中国茶业研究社丛书）

本书共6篇，从历史方面、技术方面、科学方面、商业方面、社会方面、艺术方面介绍了茶的栽培、养护、加工、销售以及茶文化等知识。附茶叶年表。

收藏单位：安徽馆、重庆馆、广东馆、广西馆、国家馆、黑龙江馆、湖南馆、近代史所、南京馆、山西馆、上海馆、天津馆、浙江馆

01892
茶园垦植法的改良 林家齐著
福州：福建省政府建设厅茶业管理局，1939.12，20页，25开（福建茶业丛书5）

本书内容包括：旧式茶园之改良、新垦茶园之设计、阶段式茶园之开设法、茶树播植法之改善等。

收藏单位：浙江馆

01893
茶之栽培及制造法 徐显文 许厚密著
［南京］：江苏省教育林，[1916—1949]，4页，22开（江苏省教育林刊物15）

本书共3部分：风土、栽培法、制造法。

收藏单位：国家馆

01894
茶作学（上编） 张天福著
出版者不详，1945，油印本，104叶，16开，环筒页装

本书共12章：茶之起源、茶树之分布、茶树形态及用途、茶树之种类、茶树与自然环境、茶树繁殖、茶园之垦植、茶园管理、茶树施肥、茶树修剪、茶树病虫害及其防治、茶树育种。

收藏单位：国家馆

01895
常阴沙棉育种报告 过探先 周凤鸣著
上海：中国科学社，1925.7，[19]页，16开

本书为《科学》第10卷第4期抽印本。

01896
重庆附近之药用植物及其繁殖法 于达准 席与增著
军政部军医署药苗种植场，26页，16开，环筒页装

本书介绍二三年生草本、多年生草本、木本植物等三百五十余种药用植物的产地、药效及繁殖法。

收藏单位：国家馆、南京馆

01897
除虫菊实验 中国化学工业社编 孙子彦纂述
上海：中国化学工业社总公司，1919，42页，32开

01898
除虫菊栽培法 顾鸣盛编辑
上海：科学书局，1915，32页，22开

收藏单位：首都馆

01899
除虫菊栽培法 天虚我生著
上海：三民公司，1925.12，10页，22开

本书封面题名：除虫菊之栽培法。

收藏单位：江西馆

01900
除虫菊栽培法 无锡种植场编
无锡：［无锡种植场］，22页，32开（无锡杂志 增刊15）

收藏单位：南京馆

01901
除虫菊栽培法 云南建设厅第三科编

昆明：云南建设厅，1938.6，20 页，32 开（云南农业小丛书 7）

本书共 8 章：栽培法、繁殖法、施肥及耕耘、收获、处理、种子、效用、利益。

收藏单位：国家馆

01902

除虫菊栽培法 中国化学工业社编

上海：中国化学工业社总公司，1919.8，42 页，32 开

上海：中国化学工业社总公司，1928.8，再版，1 册，32 开

上海：中国化学工业社总公司，1933.4，修正 3 版，42 页，32 开

上海：中国化学工业社总公司，1933.8，增订 4 版，42 页，32 开

上海：中国化学工业社总公司，1935.5，增订 5 版，68 页，32 开

本书内容包括：概论、除虫菊的栽培方法、更替栽植及轮栽、施肥及耕耘、收获、处理、种子、病虫害、效用、结论等。书末附收支预算表、除虫菊栽培方法索引图解。

收藏单位：安徽馆、国家馆、湖南馆、江西馆、内蒙古馆、上海馆

01903

除虫菊栽培和应用 四川省农业改进所编

[成都]：四川省农业改进所，1940.1，5 页，32 开（农林浅说 15）

[成都]：四川省农业改进所，1943.4，8 页，32 开（农林浅说）

本书共 6 部分：引言、气候和土壤、栽培方法、管理、采收和干燥、用途和调制法。

收藏单位：重庆馆、国家馆

01904

大豆 江西省农业院编

江西省农业院，1935，10 页，32 开

江西省农业院，1936，再版，10 页，32 开

江西省农业院，1940.1，3 版，10 页，32 开（推广丛书作字6）

本书可作为农技科普读物。

收藏单位：重庆馆

01905

大豆 李石曾著

北平：国立北平研究院出版部，1930 夏，订正再版，34 页，16 开

本书介绍了大豆的名称与种类、产地及其历史、在植物中的位置、成分元素、特性、大豆作为食品的功用以及在工艺和农业中的价值等。附南洋劝业会农业馆陈列各种大豆一览等。著者在前言中提到：曾在二十余年前出过中文、法文两版，并有英、德、意等文种节本。

收藏单位：广东馆、国家馆、南京馆

01906

大豆 東云逵著 赵景源编

上海：商务印书馆，1933.10，47 页，25 开（小学生文库第 1 集 植物类）

上海：商务印书馆，1934.10，再版，47 页，32 开（小学生文库第 1 集 植物类）

本书内容包括：大豆的形态、大豆的种类、大豆的功用、大豆的种植法、大豆的产地、大豆和其他农作物的轮种。

收藏单位：湖南馆、宁夏馆、上海馆、首都馆

01907

大豆的栽培及改良 杨国藩编著

上海：商务印书馆，1934.10，114 页，32 开（农学小丛书）

上海：商务印书馆，1935.2，再版，114 页，32 开（农学小丛书）

本书共两编：大豆总论、大豆改良法。上编通论大豆的分类、品种、成分、用途、栽培及病虫害等；下编专述大豆纯系育种、杂交育种、突变选种等改良法。书末附大豆试验产量的改算法、大豆育种区的选择与处理应行注意的事项。

收藏单位：安徽馆、重庆馆、广东馆、贵州馆、国家馆、江西馆、南京馆、宁夏馆、山西馆、上海馆、首都馆、西南大学馆、浙江馆

01908

大豆、玉米、高粱浅说

出版者不详，26 页，25 开

本书内容包括：大豆浅说、玉米浅说、高粱浅说。

收藏单位：江西馆

01909

大豆栽培浅说 江苏省立教育学院研究实验部编

无锡：江苏省立教育学院，1931.6，12 页，25 开（注音农民小丛书）

收藏单位：江西馆

01910

大豆之重要及农民改良大豆的方法 王绶著

南京：金陵大学农学院推广部，1935.4，14 页，23 开（金陵大学农学院推广丛刊 3）

01911

大麻

冀东新华书店，21 页，32 开

本书可作为农业生产指南。

收藏单位：国家馆

01912

德字棉之试验结果及其推广成绩 胡竟良著

外文题名：Ten years results of experiments and extension of delfos cotton in China

重庆：农林部中央农业实验所，1944.4，23 页，16 开（农林部中央农业实验所特刊 30）

本书共 4 部分：前言、德字棉之试验结果、德字棉之推广成绩、德字棉之经济性状及特点。

收藏单位：国家馆

01913

东南茶树品种初步调查 庄晚芳编

东南茶叶改良总场，[1941—1949]，油印本，9 页，32 开（万川通讯 附刊 4）

本书调查了祁门、婺源、平水和福建（闽北、闽东、闽南）的茶树品种。

收藏单位：国家馆

01914

二十八年度工作报告 四川省农业改进所甘蔗试验场编

[四川省农业改进所甘蔗试验场]，1940，48 页，16 开

收藏单位：南京馆

01915

冯泽芳先生棉业论文选集 农林部棉产改进处编

南京：中国棉业出版社，1948.1，148 页，22 开（棉业论丛）

本书内收论文 13 篇：《中棉之形态及其分类》《中棉之孟德尔性初次报告》《亚洲棉与美洲棉杂种之遗传学及细胞学的研究》《适于中国栽培之美棉新品种》《再论斯字棉与德字棉》《斯字棉之试验成绩与繁殖推广之现状》《陕西省斯字棉推广之经过》《关于云南木棉之几种研究（提要）》《一年来云南省木棉推广事业》《中国棉产之分布及其与气候地理之关系（摘要）》《中国之三个棉花适应区域（简报）》《我国棉工业区域的合理分布》《中国之棉区与棉种》。书末附吴中道撰《冯泽芳先生著述言论编目》。

收藏单位：重庆馆、国家馆、山西馆、上海馆、浙江馆

01916

福建省茶叶统计（茶号 贷款 收购 鉴定 囤运 其他） 中国茶叶公司福建分公司编

中国茶叶公司福建分公司，1941，油印本，1 册，16 开

本书收录多张福建省茶叶统计表，包括：福建省登记合格茶厂家数统计、福建省外销箱茶贷款数量统计表、福建省箱茶收购价格统计表等。

收藏单位：福建馆

01917

福建省农林公司茶叶部推销茶叶办法·福建省农林公司茶叶部受托购制茶叶办法 [福建省农林公司茶叶部编]

[永安]：[福建省农林公司茶叶部]，1945.5，

6 页，25 开

本书收录推销茶叶办法包括：零售、批发、委托代售、特约经售等，收录福建省农林公司茶叶部受托购制茶叶办法 16 条。

收藏单位：福建馆

01918

福建省之棉产 于绍杰著 福建省农业改进处编辑

永安：福建省农业改进处，1944.10，50 页，18 开（农艺研究丛刊 1）

收藏单位：南京馆、上海馆

01919

改进棉产之重点 孙恩麟著

南京：中国棉业出版社，1948，9 页，16 开（中国棉业单印本 1）

本书共 7 篇：国棉增产之重要、恢复民国二十六年棉田面积、增加棉田单位面积产量、建设棉场、倡导动力轧花及改良棉花贸易、实物贷放及建设性贷款、培育棉业人才。

收藏单位：重庆馆

01920

改良鸡脚棉 江苏省立棉作试验场编

南通：江苏省立棉作试验场，1930.4，10 页，32 开（江苏省立棉作试验场浅说 第 1 号）

01921

改良种棉浅说 山西省农矿厅编

山西省农矿厅，1930.2，20 页，32 开

本书内容包括：棉种、选地、整地、施肥、浸种、播种、间苗、中耕、灌溉、整枝、选种、收花、防治病虫害。书末附铺砂种花法。

收藏单位：国家馆

01922

甘蔗品种比较试验 彭绍光 彭时兴著

出版者不详，[1940—1949]，21—27 页，16 开

本书内容包括：引言、试验材料与方法、试验结果、讨论、结论、参考文献。

收藏单位：国家馆

01923

甘蔗品种对抗螟蚜为害之试验 张进修著

外文题名：Resistance of sugar cane varieties to the moth borer and the woolly aphis

永安：福建省农林处，1942.10，6 页，16 开（福建省农林处研究报告 7）

本书共 5 部分：引言、试验方法、试验结果、讨论、参考书。

收藏单位：国家馆、南京馆

01924

甘蔗种植浅说 广州区第一蔗糖营造场编

广州区第一蔗糖营造场，1935.5，64 页，32 开

广州区第一蔗糖营造场，1936.4，修正版，44 页，32 开（植蔗丛书 第 1 号）

本书书口书名题：种甘蔗浅说。修正版编者题：广东省蔗糖营造场。

收藏单位：内蒙古馆、上海馆

01925

庚申植棉试验录 整理棉业筹备处编

天津：整理棉业筹备处棉业传习所，1921.6，230 页，18 开

本书收录了天津、邢台、宁晋、冀县、衡水、浚县、新汲延三县、豊滦两县、天津县东兴里、江西南昌县、山西省、直立农业专门学校植棉公会共计 12 份棉作试验场成绩报告。书前有本处筹备植棉试验场之计划。

收藏单位：国家馆、湖南馆、农大馆、浙江馆

01926

工艺作物 顾华孙编著

上海：新农企业股份有限公司，1947.6，油印本，375 页，32 开

本书共 7 章：纤维类、油蜡料及树液料类、嗜好料类、药用料类、制粉及糊料类、糖料类、染料类。

收藏单位：广东馆、农大馆

01927

工艺作物概要 湖南省地方行政干部训练团

编
湖南省地方行政干部训练团，1942.4，56 页，32 开（农业组专业训练讲义 1）

本书共 8 章：作物之概说、工艺作物概论、纤维料类、油脂料类、嗜好品类、糖料类、染料类、药材类。

收藏单位：重庆馆、国家馆

01928
广西良种糖蔗品质比较及成熟期之测定　黄瑞纶　李酉开著
柳州：广西农事试验场，1940，22 页，16 开（研究专刊 14）

收藏单位：桂林馆

01929
广西桐油考察报告　贺闿 [编著]
[中国工程师学会]，[1935]，13 页，16 开（中国工程师学会广西考察团报告 5）

本书内容包括：桐树种植、桐油提炼、产量、榨厂计划、桐油成本及售价、桐油运输和对外贸易等。1935 年 7 月中国工程师学会应广西省政府邀请组织“广西考察团”对广西省电力、电讯、机械、化工、桐油、水利、矿冶、公路桥梁、市政工程、土地测量等十方面进行调查考察，此为考察报告之一种。

收藏单位：贵州馆、国家馆

01930
广州三角洲之甘蔗栽培　广州区第一蔗糖营造场编
广州区第一蔗糖营造场，1935.11，130 页，18 开（植蔗丛书 4）

本书共 15 章：绪论、气候、土壤——对于甘蔗栽培有利之土壤及其面积、甘蔗品种、甘蔗之生长、整地、甘蔗之农事作业、甘蔗施肥、收获、宿根（旧头）之处理、蔗与糖之产量、害虫防除、鼠之防除、蔗场管理、供给甘蔗之农业政策。

收藏单位：国家馆、上海馆

01931
贵州气候与植棉　李良骐著
出版者不详，1939.8，16 页，32 开

本书共 5 章：概说、贵州的地势对于气候与植棉的关系、贵州的天气和气候、贵州的气候及棉作、结论。

收藏单位：国家馆

01932
国立东南大学农科棉作研究室报告（十二年度）　王善佺等编
[南京]：国立东南大学农科，1924.7，106 页，22 开

本书收入研究报告 5 篇：《棉作畸形病之研究》《主要棉种纤维品质之研究》《中美棉耐碱性之研究》《中美棉茎之生长之研究》《中棉形态及分类之研究》。

收藏单位：国家馆、黑龙江馆、上海馆

01933
国立东南大学农科与中国棉业　国立东南大学农科编
南京：国立东南大学农科，1923.11，62 页，23 开

本书收入有关棉花研究文章 7 篇：《国立东南大学农科改良推广全国棉作计划述要》《东大农科改良中棉之成绩》《东大农科种植美棉之成绩》《东大农科推广棉业之成绩》《东大农科改良棉用农具之成绩》《东大农科研究棉虫之成绩》《东大农科办理棉作统计及江苏棉作收获预报之办法》。

01934
国立中央大学、棉业统制会植棉训练班毕业纪念册
出版者不详，[1935.3]，108 页，16 开

本书内容包括：国内农业教育机关一览、棉业改进机关一览、农业改良场一览、农业学术机关一览。大部分为照片。

01935
国立中央大学农学院二十六年份棉作事业简报
重庆：国立中央大学农学院，1939.2，30 页，大 32 开

本书为国立中央大学农学院报告（渝字 1 号）。

收藏单位：南京馆

01936
国立中央大学农学院二十七年份棉作事业简报 国立中央大学农学院编
[重庆]：国立中央大学农学院，1939，9 页，22 开

收藏单位：广东馆

01937
国立中央大学农学院之良改棉种 俞启葆著 冯泽芳校
重庆：国立中央大学农学院，1939.4，44 页，22 开

本书共 7 部分：引言、爱字棉、脱字棉、江阴白籽棉、孝感长绒棉、结论、参考文献。逐页题名：中央大学农学院之良改棉种。为国立中央大学农学院报告（渝字 4 号）。

收藏单位：广东馆、国家馆、南京馆

01938
国药黄常山之重要与农艺栽植计划 孙醒东著
[重庆]：京华印书馆，1946，12 页，16 开（研究专刊 1）

本书内容包括：绪言、名称与分布、土宜与金佛山药圃、常山在中国国药中之新地位、植物形态等。

收藏单位：重庆馆

01939
旱地植棉浅说
[桂林]：广西省政府农业管理处，12 页，32 开（农林浅说 新 15 号）

收藏单位：南京馆

01940
河北棉产之改进与斯字棉之将来 陈燕山 [著]
外文题名：Hopei cotton improvement and the future of the stoneville No.4
北京：国立北京大学农学院，1939.6，77 页，16 开

本书共 6 章：河北省之棉区产量及品质、河北省棉产发展之主要条件、河北省改进会之工作概况、我国美棉之推广及斯字棉之由来、斯字棉之繁殖与推广、斯字棉之劣点及其补救方法。书前有绪言，书末有结论及参考文献。为国立北京大学农学院《农学》第 1 卷抽印本。

收藏单位：国家馆

01941
河北省棉产改进会办事细则 河北省棉产改进会编
河北省棉产改进会，[3] 页，20 开，环筒页装

01942
河北省棉产改进会简章
[河北省棉产改进会]，2 页，18 开

收藏单位：上海馆

01943
河北省棉产改进会理事会章程 河北省棉产改进会理事会编
河北省棉产改进会理事会，1936.3，3 页，21 开（河北省棉产改进会理事会单行册 4）

01944
河南省棉产改进所二十四年份工作报告 河南省棉产改进所编
河南省棉产改进所，[1936]，96 页，16 开

本书共 11 部分：事业之区划、开办棉作育种场、育种、栽培试验、研究、繁殖及推广、植棉、合作指导、协办事业、棉产调查、二十五年份事业计划大纲。逐页题名：河南省棉产改进所二十四年份工作总报告。

收藏单位：广东馆、国家馆、河南馆、西南大学馆、浙江馆

01945
河南省棉产改进所二十五年份工作总报告
[河南省棉产改进所编]
[河南省棉产改进所]，[1936]，172 页，16 开（全国经济委员会棉业统制委员会河南省棉产改进所刊物 第 2 类 1）

本书内容包括：建设、育种、栽培试验、研究、推广、轧花运销、凿井防旱、棉业调查、编辑及出版、图表及标准、协助事业、总结。书前附图 40 幅。封面题：河南省棉产改进所工作总报告。

收藏单位：国家馆、南京馆

01946

河南省棉产改进所工作总报告（中华民国二十六年份） [河南省棉产改进所编]

[河南省棉产改进所]，[1937.12]，158 页，16 开（实业部棉业统制委员会河南省棉产改进所刊物 第 2 类 2）

收藏单位：国家馆

01947

河南省棉产改进所概览 河南省棉产改进所编

河南省棉产改进所，1937.4，86 页，16 开（河南省棉产改进所特刊 第 1 种）

本书介绍了河南省棉产改进所的沿革、组织与人员、经费、改进区划、设施和工作。书前有图 10 幅，书末附河南省棉产改进所办事细则、河南省棉产改进所职员请假规则等。

收藏单位：国家馆、南京馆

01948

河南省棉产改进所四年改进计划 河南省棉产改进所编

河南省棉产改进所，1937.1，28 页，23 开（河南省棉产改进所计划书 1）

本书附二十六年份进行计划书。

01949

胡竟良先生棉业论文选集 农林部棉产改进处编

南京：中国棉业出版社，1948.6，346 页，22 开（棉业论丛）

本书内收论文 34 篇，包括：《关于棉业的史料》《我国古代植棉考略》《新近输入我国三种美棉考略》《埃及之棉业》《世界棉产与中国棉产》《抗战前后的中国棉业》《中国棉产之前途》《从世界棉花产销情形看中国》《四川植棉的新希望》《棉花分级》等。书末附吴中道所撰《胡竟良先生棉业论文编目》。

收藏单位：东北师大馆、广东馆、国家馆、近代史所、辽大馆、山西馆、上海馆、首都馆、浙江馆

01950

湖南棉业试验场二十年份报告书 [湖南棉业试验场编]

[湖南棉业试验场]，1932.3，116 页，18 开（湖南棉业试验场刊物 第 2 类 4）

本书内容包括：插图、概况、计划摘要、育种、栽培、研究、推广、调查。上海图书馆藏与《湖南棉业试验场民国二十二年份事业进行计划》合订一册。

收藏单位：湖南馆、浙江馆

01951

湖南棉业试验场二十一年份报告书 [湖南棉业试验场编]

[湖南棉业试验场]，[1933]，148 页，18 开（湖南棉业试验场刊物 第 2 类 9）

收藏单位：湖南馆

01952

湖南棉业试验场二十二年份技术工作报告 [湖南棉业试验场编]

[湖南棉业试验场]，1934，98 页，16 开（湖南棉业试验场刊物 第 2 类 13）

01953

湖南棉业试验场民国二十二年份事业进行计划 [湖南棉业试验场编]

[湖南棉业试验场]，1933.4，96 页，16 开（湖南棉业试验场刊物 第 1 类 4）

本书共 8 部分：建设、育种、栽培试验、研究、普通栽培作物之支配、推广、气象观测、发行专刊。逐页题名：湖南棉业试验场二十二年份事业进行计划。上海图书馆藏本与《湖南棉业试验场民国二十年份报告书》合订一册。

收藏单位：国家馆、湖南馆

01954
湖南棉业试验场民国二十三年份事业进行计划 [湖南棉业试验场编]
[湖南棉业试验场]，1934.4，102页，16开（湖南棉业试验场刊物 第1类5）
收藏单位：湖南馆

01955
湖南棉业试验场合作场报告 [湖南棉业试验场合作场编]
[湖南棉业试验场合作场]，1932.9，[112]页，16开
本书上海图书馆藏为第1至3次报告（3册）合订本，第3册封面刊有“湖南棉业试验场刊物第二类第十种”字样。
收藏单位：上海馆

01956
湖南棉业试验场合作场第一次报告 谭常恺编
长沙：湖南棉业试验场，1932.10，30页，18开（湖南棉业试验场刊物 第2类5）
本书共5部分，介绍湖南棉业试验场合作场开办的动机、计划、经费的筹备、场务工作等。书中附县区合作场协助部简章、湖南棉业试验场轧花厂组织章程、货款发放收回应注意的事项等。
收藏单位：国家馆、湖南馆

01957
湖南棉业试验场合作场第二次报告书（民国二十一年至二十二年二月） 湖南棉业试验场编
湖南棉业试验场，1933.8，[36]页，18开
本书共9部分：合作区域之一般情形、合作场之棉作栽培、合作场之棉作生长、合作场之棉作收获、合作场之棉作灾害、合作场贷款之放出与收回、运销合作之办理及结果、合作场经营之效益、结论。
收藏单位：国家馆、湖南馆、上海馆

01958
湖南棉业试验场合作场第三次报告书 湖南棉业试验场合作场编
湖南棉业试验场合作场，[1934.8]，46页，18开（湖南棉业试验场刊物 第2类10）
本书介绍1933年3月至1934年5月合作场概况、成立经过、棉作栽培、灾害、产量、合作经营概况等。
收藏单位：国家馆、湖南馆、南京馆

01959
华北棉产改进会业务概要 华北棉产改进会调查科编
北平：华北棉产改进会调查科，1939.12，74页，25开
北平：华北棉产改进会调查科，1940.12，改订本，154页，25开
本书共6章：华北棉产改进会之目的及事业、华北棉产改进会成立之经过、华北棉产改进会成立后机构之补充、华北棉产改进会之章程及组织、棉花增产计划及实绩、华北棉产概况。附录华北棉产改进会章程、组织规则等共10种。
收藏单位：国家馆、上海馆

01960
华豆花不孕情形之新发现 孙醒东著
出版者不详，1935.3，28页，14开
本书为河北农林学刊创刊号单册。著者称大豆为华豆，以表示它是中国特产。附英文概要。

01961
华棉改良之研究 （日）驹井德三著 整理棉业筹备处棉业传习所编译
天津：整理棉业筹备处棉业传习所，1921.2，134页，23开（整理棉业筹备处出版书2）
本书内容包括：华棉改良之意义、世界产棉之状况、中国产棉之状况、中国需给棉花之情形等。
收藏单位：安徽馆、国家馆、江西馆、天津馆、浙江馆

01962
华中棉产改进会民国三十二年度岁入出预算

书
华中棉产改进会，23 页，16 开
收藏单位：南京馆

01963
化学肥料（硫酸铵）棉田示范试验 杨守珍 朱海帆著 农林部棉产改进处编订
外文题名：Demonstration experiments of ammonium sulphate on the cotton field
南京：中国棉业出版社，1948，32—42 页，16 开
本书为《中国棉业》单印本第 3 号。
收藏单位：重庆馆、国家馆

01964
黄常山播种繁殖法之研究（初步报告） 孙醒东 刘式乔著
外文题名：Studies on seed-germination test of Yellow Chang-Shan (Dicbroa febrifuga, lour.) (Preliminary report)
南京：农林部中央林业实验所出版委员会，1948.4，8 页，16 开（农林部中央林业实验所研究专刊 1）
本书共 7 部分：引言、试验设计、试验经过、统计分析（发芽率、生长优势、成长株数、平均高度）、讨论、结论、英文摘要。
收藏单位：国家馆

01965
拣选棉种要诀 整理棉业筹备处编
整理棉业筹备处，1920.8，10 页，25 开
本书介绍了拣选棉种的要诀，包括：纯粹、整齐、标准、部位、标记、采摘、收藏、精选、浸渍、复试等 10 个方面。
收藏单位：国家馆

01966
简要中药作物学 黄劳逸著
苏州国医书社，1936.10，59 页，32 开（苏州国医学校国药试植场丛刊）
本书介绍了 42 种中药作物的生长气候、土质、肥料、栽培、管理、收获。
收藏单位：浙江馆

01967
江苏省立棉作试验场成绩汇报 江苏省立棉作试验场编
南通：江苏省立棉作试验场，1935.4，36 页，16 开（江苏省立棉作试验场刊物 17）
本书共 6 章：育种、栽培试验、研究、推广、棉作虫害之探讨、结论。书末附本场现任职员一览表。封面题名：成绩汇报。
收藏单位：国家馆、上海馆

01968
江苏省立棉作试验场盐垦分场十九年份工作总报告书 ［江苏省立棉作试验场盐垦分场编］
南通：［江苏省立棉作试验场盐垦分场］，1931.1，18 页，18 开
本书介绍了江苏省立棉作试验场盐垦分场栽培概况、育种事业、栽培试验、推广工作及其他工作。

01969
江苏省立棉作试验场一览 江苏省立棉作试验场编
南通：江苏省立棉作试验场，1930.7，36 页，16 开
本书介绍了江苏省棉产情形与本场之设施计划、南通总场概况、南通分场概况、盐垦分场概况。书后有本场组织系统、总场办事细则等 7 个附录。
收藏单位：上海馆

01970
江苏省立棉作试验总场十九年份工作成绩报告书 ［江苏省立棉作试验总场编］
南通：江苏省立棉作试验总场，1931.1，98 页，18 开（江苏省立棉作试验总场工作报告 第 2 号）

01971
江西省农业院永修棉场两周年纪念刊
出版者不详，1937.1，106 页，16 开
本书收录该场照片及江西省各县棉田面积比较图等。
收藏单位：重庆馆、西南大学馆

01972
江西苎麻及其利用法之调查　谢光蘧著
塘沽：黄海化学工业研究社，1935.11，34页，16开（黄海化学工业研究社研究调查报告18）
上海：黄海化学工业研究社，1949重印，34页，18开（黄海化学工业研究社研究调查报告18）
本书共11部分：绪论、江西苎麻及夏布产地实况、苎麻种类、苎麻栽培法、苎麻收获法、苎麻纤维制造、纺织、苎麻纤维的理化性质、苎麻与发酵、总概要、附录主要参考文献。
收藏单位：广东馆、国家馆、湖南馆、上海馆

01973
江阴白籽棉　王善佺　袁辉编著
国立东南大学农科棉作改良推广委员会，1926.10，12页，23开（江苏省立棉作试验场浅说 第17册）
本书介绍了白籽棉改良经过及栽培法。卷端题名：改良江阴白籽棉。

01974
金鸡纳树皮之化学分析　鲁昭祎　戴广耀编
外文题名：The chemical analysis of the bark of Peruvian trees (Cinchona spp.)
台北：台湾省林业试验所，1947.5，18页，16开（台湾省林业试验所报告4）
本书共7部分：绪论、试验材料、分析方法（水分定量、灰分定量等）、分析结果、Total alkaloid及Quinine sulfate含有总量、研讨、结论。
收藏单位：广东馆、国家馆、黑龙江馆、上海馆

01975
金鸡纳树在菲律宾栽培概况　广东省政府建设厅农业管理处编
[广州]：广东省政府建设厅农业管理处，1941.7，石印本，14页，32开，环筒页装
本书内容包括：金鸡纳树之种植法，金鸡纳场设置费用、教育费用、收获费用，本岛第一次种植金鸡纳树之成功经验，金鸡纳树在菲律宾生长良好之处等。
收藏单位：国家馆

01976
金鸡纳树之栽培与用途　梁光商编著
重庆：正中书局，1942.12，99页，22开（农学丛书）
上海：正中书局，1946.5，沪1版，99页，25开（农学丛书）
本书共14章：绪言、历史、品种、育种、气候、土壤、栽培方法、病虫害、收获方法、成分及药效、生产及制造、云南金鸡纳树栽培概况、中国金鸡纳树栽培展望、结论。
收藏单位：安徽馆、重庆馆、东北师大馆、国家馆、湖南馆、江西馆、辽宁馆、南京馆、内蒙古馆、宁夏馆、上海馆、浙江馆

01977
金陵大学棉作改良部报告　郭仁风著
[南京]：金陵大学棉作改良部，1921，1922重印，16页，22开
本书内容包括：绪言、民国八年之调查、引种美棉、改良华棉、棉业改良与农村组合、棉业人才问题、轧花问题、种植方法、虫害及病害、本科之宣传事业等。正文书名题：民国十一年金陵大学棉作改良部报告。
收藏单位：国家馆、江西馆、上海馆

01978
金陵大学农学院改良大豆之成绩　王绶著
外文题名：Report of soybean improvement work of the department of agronomy, University of Nanking
南京：金陵大学农学院，1934.5，16页，22开（丛刊第18号新号）
本书共6部分：引言、金陵大学改良大豆史略、大豆植株反应之观察、大豆改良已得之结果、金大三三二改良大豆在各处试种之结果、结论。
收藏单位：国家馆

01979
经济药用植物学　刘宝善　周太炎编著
重庆：正中书局，1940.3，76页，32开（特教丛刊11）

重庆：正中书局，1943.3，5 版，76 页，32 开（特教丛刊 11）
上海：正中书局，1945.11，沪 1 版，76 页，32 开（特教丛刊 11）
上海：正中书局，1947.12，沪 2 版，76 页，32 开（特教丛刊 11）

本书介绍了薏苡、麦门冬、贝母、山药、附子、苦参、蓖麻、防风、白芷、藿香、丹参、薄荷、紫苏、烟草、元参、地黄、沙参、苍术、白术、除虫菊共 20 种经济药用植物的栽培技术及方法。题名页丛书名为：特种教育丛刊，参考有关书目丛书名为：特教丛刊。

收藏单位：重庆馆、国家馆、黑龙江馆、湖北馆、南京馆、内蒙古馆、上海馆

01980
军医署药苗种植场药用植物目录
外文题名：List of drug plants in army pharmaceutical plantation
重庆：[军医署药苗种植场]，11 叶，18 开

本书以中英文对照的形式展示了军医署药苗种植场药用植物目录。

收藏单位：国家馆、上海馆

01981
咖啡业论 胡愿深编译 江起鲲校订
上海：新学会社，1917，118 页，25 开（商业丛书 5）

本书内容包括：绪言、论咖啡树、论咖啡之种植、制造及预备出售、主要出产地、论亚拉伯亚伯西尼及荷兰东印度之咖啡等。

收藏单位：湖南馆、首都馆、浙江馆

01982
烤烟栽培及加工 张洪业编
[贵阳]：郑培泽[发行者]，1947.9，22 页，32 开（省立贵阳高农小丛书）

本书共 4 章：序言、烤烟之栽培、烤烟之熏烤、烤烟的加工。

收藏单位：贵州馆

01983
雷州特产蒲草之栽培 邵尧年著
广州：私立岭南大学出版委员会，1928.11，10 页，24 开（岭南大学农科学院丛书 1）

本书讲述雷州特产蒲草栽培的沿革历史，介绍了蒲草在植物学上的位置、品种特征、前后作物、选种、育苗等栽培技术。书口书名题：蒲草之栽培。

收藏单位：上海馆

01984
绿子美棉之遗传及其数种经济性状相关之研究 马寿桃 王玉成著
[南京]：[中央农业实验所]，[1946]，95—106 页，16 开

本书共 10 部分，内容包括：材料与方法、绿子之遗传、绿子与绒长之关系、绿子与铃重之关系等。为《中国棉业》单印本。

收藏单位：国家馆

01985
麻 徐亚生著 赵景源校
上海：商务印书馆，1933.12，45 页，32 开（小学生文库 第 1 集 植物类）

本书内容包括：麻的种植、麻的产地、麻的功用、苎麻、大麻等。

收藏单位：湖南馆、上海馆、首都馆

01986
满洲烟草栽培指南 （日）松岛鉴编
大连：南满洲铁道株式会社兴业部农务课，1928.7，62 页，32 开

本书共 5 章：满洲土产之黄烟、满洲之制造烟草、有望之美国种黄烟、美国种黄烟之栽培法、干燥及调理法。

收藏单位：东北师大馆、国家馆

01987
毛地黄之性状与栽培（著名强心剂原料） 席与增著
重庆：商务印书馆，1945.9，70 页，32 开

本书共 24 节，内容包括：毛地黄的名称、历史、性状、形态、用途、特点、效力、品种、设备及农具、肥料、疾病与昆虫、轮作与间作、繁殖方法、中耕与除草、干燥贮藏等。

收藏单位：重庆馆、国家馆

01988
美国棉业改进之新途径 胡竟良著
农林部中央农业实验所，[1940—1949]，9 页，16 开
本书共 13 部分：引言、棉业之重要性、美国及世界棉花之生产与消费、棉种及育种办法、考查棉花纤维性质之新方法、纺纱试验、地方纯种制、棉作生产方法、棉作生产机械化、棉籽工业、棉花贸易、南方区域研究所、建议。系《农报》第 11 卷第 28—36 期抽印本。
收藏单位：国家馆

01989
美棉 赫铁振编辑
河北省立实验乡村民众教育馆，1932.11，6 页，25 开（农民读物 1）
本书共 10 部分：绪言、美棉和中棉的比较、适于中国水土的美棉、气候和土壤、耕地和下肥、下种时期、除草和拔苗、整枝和打尖、摘花、选种。
收藏单位：国家馆

01990
美棉的栽培 实业部汉口商品检验局编
汉口：实业部汉口商品检验局，1933.6，13 页，32 开（实业部汉口商品检验局宣传小册 3）
收藏单位：国家馆

01991
美棉品种试验成绩 东南大学农事试验场棉作改良委员会编
东南大学农事试验场棉作改良委员会，1925.2，5 页，23 开（东南大学农事试验场棉作改良委员会成绩报告 第 7 册）
本书内容包括：绪言、土壤与气候、栽培概况、比较、结语等。
收藏单位：国家馆、上海馆

01992
美棉浅说 郭仁风著 邵德馨译
南京：金陵大学农林科，1929，4 版，12 页，50 开（农林浅说 2）
本书内容包括：美国棉花和中国棉花的比较、美国棉花的种类等。其他题名：种植美国棉花浅说。
收藏单位：重庆馆

01993
美棉去劣去伪 江西省农业院编
[南昌]：江西省农业院，1939.4，12 页，32 开（推广丛书 作字 5）
本书内容包括：什么叫做去劣去伪、为什么要去劣去伪、去劣去伪的步骤等。
收藏单位：重庆馆、江西馆、南京馆

01994
美棉育种报告（十二年 十三年） 东南大学农事试验场棉作改良委员会编
东南大学农事试验场棉作改良委员会，1925.6，20 页，23 开（东南大学农事试验场棉作改良委员会成绩报告 第 9 册）
本书收录两份报告，1923 年报告内容包括：脱字棉去劣选种、脱字棉择良选种、脱字棉纯系选种、快车棉去劣择良、试栽其它有希望之美棉等。1924 年报告内容包括：去劣择良、单本选种、初次遗传试验、二次遗传试验、三次遗传试验等。
收藏单位：国家馆、上海馆、西南大学馆

01995
美棉栽培法、耐旱高粱栽培法 河北省农事第一试验场编
河北省农事第一试验场，1935.1，[14] 页，32 开（河北省第一农事试验场农林浅说 作物类 1）
收藏单位：国家馆

01996
美棉之栽培 赖为屏编辑
[北平]：河北省农事第四试验场，1935.1，22 页，23 开（河北省农事第四试验场农事丛刊 1）

01997
美烟之栽培及烘烤 胡礽同编著
[贵阳]:[贵州省农业改进所],1947.10,10页,32开(推广浅说2)
[贵阳]:[贵州省农业改进所],1947.11,再版,10页,32开(推广浅说2)
[贵阳]:[贵州省农业改进所],1947.12,3版,10页,32开(推广浅说2)
本书介绍了美烟的栽培及烘烤,内容包括:气候、土宜、种籽、肥料、育苗、本田整地、移植、施肥、壅土及中耕除草、摘心去蘖、采收、病害、害虫、烤房之建筑、熏烤方法、烟叶返潮、储藏发酵、分级、包装等。编著者信息取自正文。
收藏单位:贵州馆

01998
美种烟草栽培须知 褚守庄著
昆明:云南烟草改进所,1947.5,48页,32开
本书共16部分:引言、史的演进、性状、气候土宜、育苗、移植、中耕施肥、摘心去蘖、采收、熏烤工作、返潮、分级出售、烟草的病虫害、如何提高品质、留种、结论。附云南省政府奖励种植美棉烟草告农民书、云南烟草推广委员会组织规程。
收藏单位:重庆馆、国家馆

01999
美种烟叶栽培浅说 财政部四川烟叶示范场编
财政部四川烟叶示范场,1939,1册,32开
收藏单位:重庆馆、贵州馆

02000
棉 过探先著
外文题名:Cotton
上海:商务印书馆,1923.1,92页,32开(百科小丛书8)
上海:商务印书馆,1923.10,再版,92页,36开(百科小丛书8)
上海:商务印书馆,1926.8,3版,92页,窄32开(百科小丛书8)
本书共7章:棉之重要、世界棉产概况、棉之植物学观、棉之栽培方法、棉之选种方法、棉之病虫害防治、我国之棉产问题。附重要参考书籍。
收藏单位:重庆馆、复旦馆、广东馆、广西馆、国家馆、河南馆、湖南馆、江西馆、南京馆、上海馆、首都馆、天津馆、西南大学馆、浙江馆

02001
棉 徐应昶编纂
上海:商务印书馆,1926.8,16页,32开(儿童理科丛书第32册)
上海:商务印书馆,1933.10,19页,32开(小学生文库第1集植物类)
上海:商务印书馆,1933.11,国难后1版,19页,32开(儿童理科丛书)
本书主要介绍了棉的用途、种类,棉花的处理,我国产棉的地方,以及怎样种棉和棉的病等。
收藏单位:广东馆、国家馆、湖南馆、宁夏馆、上海馆、首都馆

02002
棉 张伯康编
上海:商务印书馆,1924,16页,50开(平民小丛书22实业类)
上海:商务印书馆,1935.9,28页,42开(民众基本丛书第1集实业类)
上海:商务印书馆,1935.10,再版,28页,50开(民众基本丛书第1集实业类)
上海:商务印书馆,1935.11,3版,28页,42开(民众基本丛书第1集实业类)
本书介绍棉花的来源、功用与栽培方法等。有注音字母。
收藏单位:安徽馆、重庆馆、广东馆、国家馆、宁夏馆、山西馆、首都馆

02003
棉的用途 浙江省建设厅编
浙江省建设厅,1932.12,6页,32开(浙江省建设厅农产品展览会宣传品8)
本书从民生方面、工艺方面、民族自卫方面、国家经济方面,介绍了棉花的用途。

收藏单位：国家馆

02004
棉和麻 顾元亮编著
金华：正中书局，1941.8，50页，32开（特教丛刊10）
重庆：正中书局，1943，4版，49页，32开（特教丛刊10）
上海：正中书局，1946.2，沪1版，50页，32开（特教丛刊10）
本书共3部分：棉麻通论、棉、麻。分别介绍了棉花的用途、世界产地、我国产棉情形、在植物学上的地位和形态、栽培方法、改良，麻的种类和比较、大麻和苎麻、贩卖、麻业的改良等。
收藏单位：重庆馆、东北师大馆、国家馆、黑龙江馆、江西馆、辽大馆、辽宁馆、南京馆、宁夏馆、山西馆、上海馆、西南大学馆

02005
棉衡 黄艺锡著
上海：[新中国建设学会出版科]，1936.12，85页，23开
本书介绍棉花种类、栽培方法、病虫害、世界用棉数量及中国的棉业等。
收藏单位：国家馆、上海馆

02006
棉花概念（原棉训练班讲义） 天津中国纺织建设公司编
天津：中国纺织建设公司，1948.12，124页，23开
天津：中国纺织建设公司，1949.6，再版，124页，23开
本书共8章：棉花总论、中国棉产概况、外国棉产概况、籽棉之检验与轧花、棉花之分级与检验、原棉之纺织价值及其处理、原棉之试验及有关计算、棉纺工程之概念。附棉纺织厂实际情况图、常用度量衡换算表、世界及中国棉产分布图（6帧）。
收藏单位：广东馆、国家馆

02007
棉花栽培法 广西农林局编
广西农林局，1934.11，18页，25开，环筒页装（农林浅说9）
本书共11部分：棉花之品种、土地之选择与整理、肥料之施用、播种之适期与方法、间拔、中耕与除草、摘头、收花及处置、轧花及装包、留种、病虫害防治法。书前有绪言。
收藏单位：桂林馆、国家馆

02008
棉花栽培管理技术手册 通县专署编
通县专署，[1949]，28页，32开
本书共4部分：种什么样的棉花好、怎样种斯字棉、怎样除治棉虫、华北棉花丰产旗帜曲耀离种棉经验介绍。
收藏单位：国家馆

02009
棉稼去劣选择法 郭仁风著
[南京]：金陵大学农林科，1922.5重印，7页，22开（金陵大学农林科棉业丛刊4）
收藏单位：国家馆

02010
棉稼实地选择法
出版者不详，1921.7，再版，22页，25开（金陵大学农林科棉业丛刊3）
收藏单位：江西馆

02011
棉属及其亲近各属花粉大小之研究 楼春吾著
杭州：浙江省棉业改良场，1937.5，14页，16开
本书内容包括：引言、前人研究之结果、研究之目标、研究之材料、测量花粉大小方法之探讨等。
收藏单位：浙江馆

02012
棉树栽培新法 （美）德嘉著 刘靖夫 刘靖

邦译
上海：商务印书馆，1914，172 页，23 开
收藏单位：湖南馆、南京馆、上海馆、首都馆

02013
棉之不孕籽研究 王培祺编著
外文题名：The study of motes in cotton
重庆：农林部中央农业实验所，1943.3，16 页，16 开（农林部中央农业实验所特刊 28）
本书共 9 部分：引言、前人研究之结果、材料、方法、结果、讨论、结论、参考文献以及英文摘要。
收藏单位：国家馆

02014
棉作 季君勉编
昆明：中华书局，1941.3，128 页，32 开（农业丛书）
本书共 20 章：总论、棉之用途、中国棉产概况、中国棉区之天然环境、中国植棉史、中国棉业改进史、棉之形态、棉之植物学、棉之纤维、棉之估价、棉之栽培、育种、美国著名之棉种、中国之优良棉种、棉之病害、棉之虫害、轧花、打包、棉花之检验、棉之纺织。书后附中西文名词索引。
收藏单位：国家馆、辽宁馆、南京馆、内蒙古馆、农大馆、上海馆、浙江馆

02015
棉作纯系选种 王善佺著
南京：国立中央大学农学院，1929，64 页，26 开（国立中央大学农学院丛书 8）
本书论述了棉作纯系选种的原理、纯系选和之计划、纯系选种之实施、纯系选种之经过等。书前有绪言，书后附育种用表格 9 个。
收藏单位：重庆馆、南京馆

02016
棉作果部化学之研究 叶元鼎著
出版者不详，[1925—1949]，27 页，24 开

02017
棉作害虫学·农具学·土壤及肥料 杨宝茹 张德馨编
[北京]：[北京大学农学院]，[1943.6]，[532] 页，16 开
本书收录了棉作害虫、农具、土壤及肥料学科知识，内容包括：害虫之形态、昆虫内部之组织、昆虫之知觉、昆虫之变态、昆虫色彩、害虫之经过、害虫之增减、害虫之分布、标本制作及贮藏法等。
收藏单位：国家馆

02018
棉作品种试验 叶元鼎著
[南京]：[国立中央大学农学院]，1929，75 页，25 开（国立中央大学农学院丛书 5）
本书共 9 章：概论、棉作之品种、棉作品种试验之原理、棉作品种试验之宗旨、品种试验之困难及补救方法、品种试验分区之计划、品种试验之实施、品种试验之经过、结论。附录参考书、东大农科关于棉作品种试验用表、美国育成优良棉种考略、中棉分类表。
收藏单位：重庆馆、黑龙江馆、南京馆、西南大学馆

02019
棉作施肥浅说 朱海帆著
南京：全国经济委员会棉业统制委员会中央棉产改进所，1936.2，14 页，22 开（中央棉产改进所浅说 7）
收藏单位：国家馆

02020
棉作试验及事业 东南大学农事试验场棉作改良委员会编
南京：东南大学农事试验场，1922.2，82 页，23 开（东南大学农事试验场棉作改良委员会成绩报告 第 2 册）
本书内容包括：各场概况、中棉栽培试验、中棉育种、美棉育种、各场区棉作之收成、第五分场杨思区棉作之收成、第七分场长乐定安两区棉作之收成、棉作改良委员会之事业、十一年度计划之进行、十一年度各

场区棉作试验计划、十一年度各场区棉作推广计划等。

收藏单位：重庆馆、农大馆、上海馆

02021

棉作试验及事业 东南大学农事试验场棉作改良委员会编

南京：东南大学农事试验场，1923—1924，2册（46+28页），23开（东南大学农事试验场棉作改良委员会成绩报告 第3册）

本书为上、下册，上册于1923年4月出版，下册于1924年5月出版。

收藏单位：上海馆

02022

棉作试验取样之研究 程侃声等著

柳州：广西农事试验场，1935，40页，16开

收藏单位：广东馆、广西馆、桂林馆、南京馆

02023

棉作学 冯奎义编著

上海：黎明书局，1937.6，236页，32开（黎明农业丛书）

本书共9章：绪论、棉之分类、棉之形态、棉作之生理、棉之纤维、棉作之改良、棉之栽培法、棉之品级、棉之病虫害。

收藏单位：重庆馆、广东馆、贵州馆、国家馆、湖南馆、南京馆、西南大学馆、浙江馆

02024

棉作学 顾思九著

上海：新学会社，1927，39页，22开

本书共34章，记述了关于棉作之形态、功用、改良、试验及病虫害之防除、土壤气候肥料等，主旨在于研究棉业技术。

收藏单位：重庆馆、南京馆

02025

棉作学 郝钦铭著

长沙：商务印书馆，1940.7，2册（602页），25开（大学丛书 教本）

上海：商务印书馆，1946.10，再版，2册（602页），25开（大学丛书 教本）

上海：商务印书馆，1948.6，3版，2册（602页），25开（大学丛书 教本）

本书共23章，内容包括：棉作之历史、棉株之形态、棉之分类、棉作之生理及环境、棉作化学、中国棉作之生产、棉作之土宜及肥料、棉纤维之细胞及其品质、棉作之栽培、棉作之虫害、棉作病害、棉作之变异及遗传、棉作之种间杂交及短促生长期、棉作之天然杂交及人工自交等。书后附名词索引。

收藏单位：重庆馆、广东馆、贵州馆、国家馆、江西馆、南京馆、山西馆

02026

棉作学 马广文编著 叶元鼎校

上海：商务印书馆，1933.7，161页，32开

上海：商务印书馆，1935.3，3版，161页，32开

上海：商务印书馆，1935，4版，161页，32开

长沙：商务印书馆，1938.6，5版，161页，32开，精装

长沙：商务印书馆，1939.1，7版，161页，32开，精装

重庆：商务印书馆，1943.2，渝1版，99页，32开

上海：商务印书馆，1947.2，10版，99页，32开

本书共13章：绪论、世界之棉业概况、我国棉业近况、棉之外部形态、棉之种类、棉之气候及土宜、棉之肥料、棉之栽培制度、棉之栽培法、棉之选种、棉花品级、棉花之品质、棉之病虫害。为职业学校教科书。

收藏单位：安徽馆、重庆馆、广东馆、贵州馆、国家馆、湖南馆、南京馆、山西馆

02027

棉作学 杨宝茹编著

出版者不详，[1937]，240页，23开

本书正文页题名：棉作学讲义。编著者署陈燕山。

收藏单位：国家馆

02028

棉作学 孙逢吉编著

上海：国立编译馆，1948，2 册（547+439+17 页），25 开

本书共 17 章：世界之棉业、棉之形态、棉之生理、棉之纤维、棉之分类与品种、棉之遗传性与相关性、棉作育种、棉之气候与土壤、棉作化学与施肥、棉作栽培、中国棉作病害、中国棉作害虫、轧花打包及运销、棉花检验、棉花分级、棉之副产及棉子油、各种原棉之用途与纺纱品质。为部定大学用书。上册于 1948 年 3 月出版，下册于 1948 年 7 月出版。

收藏单位：安徽馆、重庆馆、国家馆、辽大馆、南京馆、内蒙古馆、上海馆、西南大学馆、浙江馆

02029
棉作学讲义
出版者不详，[1935]，[397] 页，16 开

本书介绍了棉的名称、历史、概况、种类、形态、气候及土宜、肥料、栽培法等棉作知识。

收藏单位：国家馆

02030
棉作育种学 武藻著
临汾：山西省棉业试验场，1933.3，88 页，32 开（棉作丛书 1）

本书共 4 编：总论、棉作育种法、推广、研究实录。内容包括：棉之分类、杂交育种、纯系育种、混合育种、推广前之预备、地方纯种化、种栽技术化等。

收藏单位：国家馆

02031
民国三十年度华北棉产改进会业务报告 华北棉产改进会调查科编
北平：华北棉产改进会调查科，1941，油印本，1 册，16 开

本书共 15 章：召开第四次理事会议、调鉴机构、接收鲁东棉产改进委员会、结束农振贷款收回处、繁殖优良棉种、推广棉田及办理棉农教育、组织棉花生产运销合作社、办理春耕资金贷款、办理棉花运销、举办植棉指导暨棉花分级检验讲习会、办理棉产调查、办理棉田水利、开办技术员养成所、迁移会舍。封面题名：棉产改进业务报告（民国三十年度）。目次页题名：华北棉产改进会三十年度业务报告。

收藏单位：国家馆

02032
民国三十年度华北棉产改进会业务概要 华北棉产改进会调查科编
北平：华北棉产改进会调查科，1942.4，1 册，25 开

本书为 1940 年 12 月改订出版《华北棉产改进会业务概要》的续编。共 5 章：工作目标暨机构概略、事业概要及成绩、合作社之指导并金融运销之斡旋、棉作技术员之养成暨棉农之训练、民国三十年度华北棉产概况。附录华北棉花增产改良机构概略等。

收藏单位：国家馆、辽宁馆、山西馆、中科图

02033
耐旱种棉新法说明书 蔺香山编
太原：太原经济建设委员会，1935.8，16 页，32 开

本书介绍干旱地区铺沙植棉技术。

02034
南通农校棉作试验报告
南通农校，1 册，大 32 开

收藏单位：南京馆

02035
南通私立甲种农业学校农场棉作试验成绩报告（民国三年） [南通私立甲种农业学校编]
出版者不详，[102] 页，18 开

收藏单位：首都馆

02036
南通学院农科棉作化学室过去研究结果现时工作状况及将来计划 南通学院农科棉作化学室编
南通学院农科棉作化学室，1936.6，7 页，32 开

本书中有 4 页为环筒页装。

02037
拟改良徽州茶业意见书 俞燮著
南通：翰墨林书局，1914，24 页，22 开
本书收徽州改良茶业的意见书的概况。
收藏单位：浙江馆

02038
廿三年棉作试验概要 程侃声著
出版者不详，1935.7，12 页，16 开
收藏单位：桂林馆、南京馆

02039
农林部江西农村服务区管理处麻业实验经过 农林部江西农村服务区管理处编
农林部江西农村服务区管理处，1942.5，10 页，25 开
本书共 8 部分：改良麻业概况、苎麻之产地与品质、改良麻业之目的、苎麻实验之经过、黄麻产地与品质、黄麻实验之经过、实验麻袋产销概况、困难与心得。
收藏单位：国家馆、南京馆

02040
女贞之放蜡及育种试验 陈德铨著
国立四川大学农学院森林学系，1938，18 页，32 开（国立四川大学农学院林学丛刊 4）
本书共 11 部分：绪言、女贞在植物学上之位置及性状、女贞之繁殖法、白蜡虫之形态及生活史、供试材料之收集、放蜡方法、蜡虫泌蜡情形、白蜡之制造、各种产量之比较、关于育种之试验、结论。目次页题名：女贞之放蜡及育试验。
收藏单位：重庆馆

02041
祁门茶业改良场廿三、四年度业务报告 祁门茶业改良场编
祁门茶业改良场，1937.3，250 页，16 开
本书共 5 部分：导言、扩充业务、试验业务、推广业务、经常业务，涉及栽培试验、合作推广、茶园管理、经济制茶、气象观察等。书前附照相铜版图 8 帧。
收藏单位：广东馆、江西馆、上海馆、浙江馆

02042
青茎鸡脚棉育种报告 江苏省立棉作试验场编
外文题名：Methods now in use in breeding chicken-foot cotton in Kiangsu provincial cotton
南通：江苏省立棉作试验场，1931.6，98 页，横 18 开（江苏省立棉作试验场成绩报告 第 3 册）
收藏单位：国家馆

02043
青年植棉竞进团之成绩 叶元鼎著
出版者不详，1925.4，8 页，24 开（东南大学农事试验场棉作改良委员会成绩报告 第 8 册）
本书报告该团 1923—1925 年间的工作成绩。
收藏单位：上海馆

02044
劝植美棉浅说 房山县农业推广所编
北平：房山县农业推广所，1934，油印本，4 页，18 开
本书共 3 部分：绪言、美棉栽培十八要点、美棉栽培四忌。内容包括：气候、土质、品种、整地、施肥、浸种、播种、距离等。
收藏单位：国家馆

02045
人参栽培法 邵惕公编
武昌：湖北农学会，1933.8，74 页，32 开
本书共 10 章：中国古书中人参概说、植物学、人参之成分与应用、世界人参产地概况、土壤与气候、栽培法总览、栽培法之实例、参类鉴别、人参制法及其副产物、简易药剂使用法。附录最近各种参价之调查。
收藏单位：重庆馆、国家馆、浙江馆

02046
人参栽培法 邵惕公编
上海：中华书局，1936.10，88 页，36 开（实用农业小丛书 4）
上海：中华书局，1939.9，再版，88 页，36 开（实用农业小丛书 4）

本书共 10 章：中国古书中人参概说、人参在植物学上之位置、人参之成分与应用、世界人参产地之概况、土壤与气候、栽培法总览、栽培法之实例、参类鉴别、人参制法及其副产物、简易药剂使用法。附录商店出售参类名称之调查、最近各种参价之调查。

收藏单位：广东馆、贵州馆、国家馆、湖南馆、江西馆、辽宁馆、南京馆、内蒙古馆、宁夏馆、上海馆

02047

日本除虫菊调查 俞诚如编著

上海：中国化学工业社股份有限公司，1937.7，142 页，32 开

本书内容包括：日本除虫菊栽培史略及近年生产状况、实地栽培与经营、病虫害、有效成分制出及定量法、粉末的检查、关于除虫菊肥料的研究等。

收藏单位：黑龙江馆、内蒙古馆、上海馆

02048

荣县农家植棉法・奉节植棉与贸易概况 赵季骏著・奉节棉场编

荣县：赵季骏 [出版者]，[1930—1939]，[12] 页，18 开

本书为合订本，前者内容包括：荣县地势与土壤、荣县农家的棉种、荣县棉之前作物的种类、冬作行间种棉、多作物收获后种棉、棉花间作物、荣县棉作整地、荣县棉作播种、荣县棉作施肥、间拔、摘心等。后者共 4 部分：引言、植棉概况、棉产初步估计、棉区植棉问题。

收藏单位：国家馆

02049

山东省立第二棉业试验场成绩报告（第 2 期民国十八年） 山东省立第二棉业试验场编

齐东：山东省立第二棉业试验场，[1930.12]，104 页，18 开

本报告共 4 部分：耕作概要、栽培试验、育种、测候。书末附本年各月气温与最高温及最低温之变迁图、各月温度之变迁及降水量一览图。书眉题名：山东省立第二棉业试验场民国十八年成绩报告书。

收藏单位：国家馆

02050

山东省立第二棉业试验场试验报告（第 3 期民国十九年） 山东省立第二棉业试验场编

齐东：山东省立第二棉业试验场，1930，124 页，18 开

本报告共 4 部分：耕作概要、栽培试验、育种试验、测候。目次页题名：山东省立第二棉业试验场民国十九年试验报告书。书眉题名：山东省立第二棉业试验场第三期试验报告书。

收藏单位：国家馆

02051

山东省立第二棉业试验场试验报告（第 4 期民国二十年） 山东省立第二棉业试验场编

齐东：山东省立第二棉业试验场，1932，134 页，18 开

本报告内容包括：耕作概要、栽培试验、育种试验、测候等。书前有图 2 帧，书末附本年各月气温与最高温及最低温之变迁图、本年各月湿度之变迁图等。书眉题名：山东省立第二棉业试验场民国二十年试验报告书；逐页题名：山东省立第二棉业试验场第五期报告书。

收藏单位：国家馆

02052

山东省立第二棉业试验场试验报告（第 5 期民国二十一年） 山东省立第二棉业试验场编

齐东：山东省立第二棉业试验场，1933，142 页，18 开

本报告共 5 部分：试验纲要、耕作概要、栽培试验、育种试验、测候。书前有图 3 帧，书末附本年各月气温与最高温及最低温之变迁图、本年各月湿度之变迁图等。书眉题名：山东省立第二棉业试验场民国二十一年试验报告。逐页题名：山东省立第二棉业试验场第五期报告书。

收藏单位：国家馆

02053

山东省立第二棉业试验场推广报告（第 1 期民国二十一年） 山东省立第二棉业试验场编

齐东：山东省立第二棉业试验场，1933，66页，18开

本报告共9部分：推广纯良棉种、领种农户种植成绩、领种农户贷款、集中轧花、合作运销、收集脱里司纯良棉种、宣传及联络、经济棉场之经营、棉作调查。书眉题名：山东省立第二棉业试验场民国二十一年推广报告。

收藏单位：国家馆

02054

山西棉业试验场民国十二年成绩报告书　山西棉业试验场编

山西棉业试验场，1925.4，114页，16开

本报告共两部分：本年内部试验经过情形、调查河东道属各县棉业情形。书后附录河东道属各县棉商作伪情形之调查、整顿棉商应行设施棉业团体之计划、第一美棉育种场棉作次序表等。

收藏单位：国家馆

02055

陕西棉产改进所民国二十四年份工作总报告　陕西棉产改进所编

陕西棉产改进所，[1936]，38页，16开

本报告共两部分：棉作育种及研究报告、推行合作。内容包括：概况、试验情形、研究工作、推广工作、二十四年份棉花生长概况等。书末附民国二十五年度事业计划书。

收藏单位：国家馆、南京馆、上海馆

02056

陕西棉产改进所民国二十五年份工作总报告　陕西棉产改进所编

陕西棉产改进所，[1937]，[39]页，16开

本报告共两部分：植棉推广、推广合作。内容包括：育种试验、栽培试验、推广工作、社务指导工作、业务辅导工作。书前有导言，书末有结论、陕西棉产改进所二十六年度事业计划书。

收藏单位：上海馆、浙江馆

02057

陕西棉产改进所植棉工作概况（民国二十三年至民国二十五年九月）　陕西棉产改进所编

陕西棉产改进所，[1936]，10页，16开

02058

陕西植棉土壤概述　陆发熹著

经济部中央地质调查所，1946.10，[5]页，16开（《土壤季刊》单行本83）

本书共4部分：陕西植棉土壤地理环境、土壤与棉作之分布、各土类棉产比较、结论及提要。为《土壤季刊》第5卷第4期摘印本。

收藏单位：国家馆

02059

十八年份工作总报告书　江苏省立棉作试验场编

外文题名：Annual report of 1929 cotton experiment station of Kiangsu Province

南通：江苏省立棉作试验场，1930.1，36页，23开（江苏省立棉作试验场工作报告 第1号）

本书收录《江苏省立棉作试验场中华民国十八年份工作总报告书》《江苏省立棉作试验场南汇分场中华民国十八年份工作总报告书》。报告介绍了江苏省立棉作试验场1929年实施概况，依作物生长之习性，工作以春季为开始，冬季为结束。逐页题名：江苏省立棉作试验场十八年份工作报告书。

收藏单位：国家馆、上海馆

02060

十九年份工作总报告书　江苏省立棉作试验场编

外文题名：Annual report of 1930 cotton experiment station of Kiangsu Province

南通：江苏省立棉作试验场，1931.1，[140]页，18开（江苏省立棉作试验场工作报告 第3号）

本书收录《江苏省立棉作试验场十九年份工作总报告》《江苏省立棉作试验场南汇分场十九年份工作总报告书》《江苏省立棉作试验场盐垦分场十九年份工作总报告》。报告介绍该省试验场及分场的普通作物栽培、选种

概况，棉作育种、栽培试验与推广等。附录民国十九年六月一日至九月三十日军山气象台之气温表等。逐页题名：江苏省立棉作试验场十九年份工作总报告。

收藏单位：国家馆

02061

实验除虫菊栽培法 顾鸣盛编

上海：科学书局，1915.2，32页，22开

本书内容包括：除虫菊之种类及沿革、气候及土质、繁殖之方法、时实之繁殖法、植苗之繁殖法、分根之繁殖法、施肥中耕及管理等。

收藏单位：浙江馆

02062

实验除虫菊栽培法 朱启绥著

上海：仙乐种植园总办事处，1923.5，4版，28页，32开

本书内容包括：除虫菊种类、气候及土质、繁殖方法、开花及收获、除虫菊粉之效力及用途等。

收藏单位：浙江馆

02063

实验除虫菊栽培法

出版者不详，[1940—1949]，18页，25开

收藏单位：江西馆

02064

实验的植棉学 陈安国著

夹江（四川）：廿四军戍区棉业试验场，1933，36页，32开

本书共10章，内容包括：绪言、棉的形态生长和种类、棉的气候和土壤、整地和播种、棉的肥料、棉的管理等。

收藏单位：重庆馆

02065

实验棉业学丛书汇译新编 李茂新编

上海：科学书局，1915.3，[284]页，23开（农学丛书20）

本书介绍了美国北部、中部、南部棉地气候测验各种要素表及棉业改良新法。书眉书名题：棉业学丛书汇译新编。为中等农学校用书。

收藏单位：安徽馆、上海馆、首都馆、浙江馆

02066

实验种烟法 王显恩著

上海：中国农业书局，1936.9，32页，32开

本书共12部分：绪论、选种、育苗、整地、施肥、移植、管理、育种、收获、炕房、烤焙、销售。书口题名：种烟法。

收藏单位：广东馆、国家馆、内蒙古馆

02067

实业部正定棉业试验场津南农村生产建设实验场民国廿四年份联合推广棉业报告书 实业部正定棉业试验场津南农村生产建设实验场编

[天津]：实业部正定棉业试验场津南农村生产建设实验场，[1936.1]，64页，16开

本书内容包括：推广计划之确定、推广中心区之位置与交通、推广中心区之农民耕作概况、推广中心区之第一年试办经过、本年推广成绩之经过等。封面题名：民国廿四年分联合推广棉业报告书。

收藏单位：南京馆

02068

实业部正定棉业试验场民国二十四年份试验报告 实业部正定棉业试验场编

[正定]：实业部正定棉业试验场，[1936]，116页，16开

本书内容包括：棉作栽培试验、研究事项、推广事项、气象记载等。

收藏单位：国家馆、南京馆

02069

实业部中央农业实验所棉花区域试验第一年结果报告（中英文合编）（美）洛夫（H. H. Love） 陈燕山著

外文题名：A regional test of cotton report of the first year's results

南京：实业部中央农业实验所，1934.7，26 页，16 开（实业部中央农业实验所特刊 3）

收藏单位：国家馆

02070

实用茶作学 黄炳玉编著

上海：中国农业书局，1948.4，284 页，32 开

本书共 19 章：茶之沿革、茶树之原产地及其分布、茶树之性质、茶树之种类、气候、土壤、茶树之品质改良、茶树之繁殖、栽植、耕耘、肥料、修剪法、茶园间作、采摘、茶树病虫害、茶树调查之方法、茶叶制造、茶厂管理、茶叶检验。书末附修正财政部管理全国茶叶出口贸易办法大纲等。

收藏单位：国家馆、内蒙古馆

02071

实用选棉种法 胡竟良著

国立东南大学农科棉作改良推广委员会，1926.7，[12] 页，24 开（江苏省立棉作试验场浅说 第 16 册）

本书共 7 部分，内容包括：什么叫选种、为什么要选种、怎样识别棉种、选种附带的几件事等。逐页题名：实用的选棉种法。

02072

实用烟草学 胡礽同著

贵州省农业改进所，1948，52 页，32 开

本书共 6 章：总论、性状及分布、栽培、调制、育种、病虫害。

收藏单位：重庆馆

02073

四川附子之初步观察 谭炳杰著

[灌县]：出版者不详，[1945]，[6] 页，18 开

02074

四川甘蔗之种植 经济部中央工业试验所 [编]

经济部中央工业试验所，[1938—1945]，油印本，11 叶，22 开，环筒页装

本书共 11 部分：蔗种、蔗农对蔗种之选择、种植、收获、藏种、宿根、轮种、病害、土质对甘蔗之影响、气候对甘蔗之影响、植蔗生产成本。

收藏单位：国家馆

02075

四川棉业之希望 四川省建设厅秘书室编审股主编

四川省建设厅秘书室编审股，1943.6，20 页，18 开

本书共 3 部分："德"字棉来历及其优点、栽培与管理之改进、结论。

收藏单位：重庆馆、广东馆、国家馆

02076

四川省甘蔗试验场廿六年度工作报告 四川省甘蔗试验场编

内江：四川省甘蔗试验场，1938.8，132 页，21 开

本书内容包括：农业股工作报告、糖业股工作报告、推广股工作报告、事务股工作报告、下年度工作纲要等。书末附筹设四川糖厂计划书。目次页题名：四川省甘蔗试验场二十六年度工作报告。

收藏单位：重庆馆、国家馆、近代史所、南京馆

02077

四川省甘蔗试验场二十七年工作报告 四川省甘蔗试验场编

四川省甘蔗试验场编，1939.7，36 页，16 开

收藏单位：南京馆

02078

四川省立棉作试验场二十四年度（即二十五年二月至二十五年六月）已举办事项 [四川省立棉作试验场编]

[四川省立棉作试验场]，[1936]，5 页，16 开

本书封面题名：二十四年度（即二十五年二月至二十五年六月）已举办工作报告。

02079

四川省农业改进所二十八年度四川棉作推广报告 四川省农业改进所 中农所四川工作站编

四川省农业改进所、中农所四川工作站，1940.6，34页，18开（农林丛刊14）

本书共6部分：绪言、棉作推广之设计、推广之实施、棉作推广之事迹、中美棉推广之结果、结论。

收藏单位：重庆馆、国家馆

02080

四川省农业改进所甘蔗试验场浅说（1） 四川省农业改进所编

四川省农业改进所，9页，32开

本书内收文章两篇：《春植爪哇蔗2878》《秋植印度蔗290》。

收藏单位：重庆馆

02081

四川植棉浅说 经济部中央农业实验所编

荣昌：经济部中央农业实验所，1939.4，7页，16开（经济部中央农业实验所浅说24）

本书共13部分：弁言、棉种、择地、整地、播种、间苗、施肥、中耕除草、作垅、间作、整枝、防除病虫害、收获。

收藏单位：国家馆

02082

四川植棉浅说 四川省农业改进所棉作试验场编

四川省农业改进所棉作试验场，1940.3，12页，24开，环筒页装

四川省农业改进所棉作试验场，1943，再版，16页，24开（农林浅说）

本书为农林科普常识读物。

收藏单位：重庆馆、广东馆

02083

孙恩麟先生棉业论文选集 农林部棉产改进处编

南京：中国棉业出版社，1949.1，116页，22开（棉业论丛）

本书收录13篇论文：《南高农科暑期植棉讲习会之棉业教育》《棉业人才之培育问题》《中美棉作栽培试验报告》《盐垦区之植棉法》《改良棉种应取之方针》《输入美棉之研究》《改良推广全国棉作计划书》《改良江北棉产计划书》《推广改良棉种如何保全纯良》《全国原棉改进设施纲要》《改进棉产之重点》《农林部棉产改进处一年来工作之回顾》《我国棉作改良之演进》。书末附孙恩麟先生著述目录。

收藏单位：重庆馆、国家馆、南京馆、山西馆、浙江馆

02084

台湾省政府农林处茶业传习所三十六年度业务报告 台湾省政府农林处茶业传习所编

台北：台湾省政府农林处茶业传习所，1947.10，59页，23开

02085

台湾蔗作之栽培 台湾省政府农林处农业推广委员会编

台北：颐园印刷局，1947.7，66页，25开（农业推广丛刊3）

本书共5部分：引言、台湾蔗作与自然条件、台湾甘蔗栽培状况、台湾蔗作研究事绩、结论。书名页责任者题：何家泌著。原稿于1947年2月。

收藏单位：广东馆、国家馆、南京馆、上海馆

02086

特用作物 舒联莹编述

出版者不详，1935，[450]页，18开

本书分述药材、棉花、烟草等特种经济作物，系内部讲义。

02087

特用作物教科书 日本农业教育协会著 赖昌编译 杨占春校订

上海：新学会社，1912，62页，22开，精装

上海：新学会社，1913，再版，62页，22开，精装

上海：新学会社，1917.8，修正3版，62页，22开

本书共32章，内容包括：绪论、茶树、烟草、甘蔗、甜菜、蓼蓝、草棉、大麻、楮、三桠等。其他题名：初等特用作物教科书。为

初等农学校用书。

收藏单位：首都馆、浙江馆

02088

特用作物学 莫定森编

上海：黎明书局，1934.2，274 页，32 开（黎明农业丛书）

本书介绍纤维料、编织料、油料、树液料、刺戟料、糖料、染料、药材料等各类特用作物的性状、用途、风土、栽培管理、收获与调制等。书前有蔡元培题字：作物之光。

收藏单位：重庆馆、国家馆、湖南馆、吉林馆、南京馆、绍兴馆、首都馆、天津馆、浙江馆

02089

甜菜栽培 克劳耶尔著 蒋叔贤译

出版者不详，[1937.8]，494+26 页，23 开

收藏单位：国家馆、黑龙江馆

02090

统一棉种 冯肇传编

南京：国立中央大学农学院推广部，8 页，22 开（农业浅说丛书 1）

本书介绍了统一种棉的方法和好处。

收藏单位：浙江馆

02091

温江大麻 陈镇华等编

成都：中央军学图书馆，1937，14 页，32 开（四川省第一区农林实验学校农林丛书 1）

本书内容包括：温江大麻的性状、来历、产地、产额、用途等。

收藏单位：重庆馆

02092

五光十色的豆 王遵武等编辑

上海：新亚书店，[1930—1949]，2 册（11+9 页），32 开（儿童基本科学丛书）

本书内容包括：大豆的一生是怎样的，豆腐的制法、酱油的制法、榨油的方法、蚕豆和豌豆是怎样的、制造索粉的方法、制造粉皮的方法、表解、测验题等。

收藏单位：国家馆、首都馆

02093

武夷茶岩土壤 王泽农著

崇安：财政部贸易委员会外销物资增产推销委员会茶叶研究所，1944.9，46 页，16 开（财政部贸易委员会外销物资增产推销委员会茶叶研究所丛刊 7）

本书共 5 章：调查经过、土壤环境、土壤形态、土壤特性、土壤管理。附武夷茶岩土壤（折叠）详图。

收藏单位：国家馆

02094

武夷山茶树品种之初步调查 郑兆松著

安化：郑兆松 [发行者]，1943.1，油印本，1 册，13 开

本书共 4 部分：引言、武夷之茶树品种、武夷茶树品种之分系、今后研究之途径。

收藏单位：国家馆

02095

西北鸦片之产销状况及其禁绝办法 沈宗瀚 雷男 任承宪编

资源委员会农垦组，1937，油印本，23 叶，13 开

本书共 6 章：罂粟生产、种植罂粟与其他作物利益之比较、西北五省罂粟用途及其运销概况、罂粟对于西北政治经济及民族之影响、历来禁烟历史及其失败原因、禁绝西北罂粟之办法。书前有导言，书中附图 8 幅、表 13 张，书后有提要。为西北罂粟调查报告。

收藏单位：国家馆

02096

西药原料中四种药用植物的栽培法 席与增著

上海园艺事业改进协会出版委员会，1947.8，9 页，32 开（上海园艺事业改进协会丛刊 19）

本书介绍了四种重要西药原料的栽培方法。

收藏单位：南京馆、浙江馆

02097
现代药用植物与疾病治疗　嵇联晋编
[南京]：金陵学社，1935，144页，22开
本书共3编：药用植物、生药之分类、疾病治疗。
收藏单位：湖南馆、浙江馆

02098
新都烟草改良场报告（第1期）　曾省等著
国立四川大学农学院，1938，98页，22开
收藏单位：广东馆、中科图

02099
熏烟栽培法　李甲烜著
临淄：山东建设厅烟草改良场，1936.6，19页，32开
本书内容包括：总论、风土、栽培、制作方法、分级等。
收藏单位：浙江馆

02100
驯化美棉种植法　江西省农业院编
[南昌]：江西省农业院，1939.4，12页，32开（推广丛书 作字4）
本书内容包括：什么叫做驯化美棉、种植美棉的利益、择地等。
收藏单位：重庆馆、江西馆

02101
亚洲棉与美洲棉杂种之遗传学及细胞学的研究　冯泽芳著　曹诚英译
外文题名：A genetic and cytological study of species hybrids of Asiatic and American cottons
出版者不详，[1935.3]，31页，16开
本书系中华教育文化基金会科学研究论文，共9部分：引言、前人研究之结果、材料及方法、亚美杂种棉株、第一代杂种之不孕性、亲本之染色体数目、杂种之染色体行动、总述、参考文献。书末附图说明。原刊于美国芝加哥大学1935年3月《植物学报》第96期。
收藏单位：国家馆

02102
烟草　汪琇编
上海：新生命书局，1935.8，50页，32开（新生命大众文库 重要物产10）
本书共8部分：烟草的经历、烟草的形状、烟草的用处、烟的出产——从世界说到中国、栽培烟草的方法、从采叶到制烟、改良烟草的简便方法、烟草的敌人。卷首有插图4帧。
收藏单位：重庆馆、国家馆、辽师大馆

02103
烟草栽培法　程侃声编
广西农林局，1934.11，26页，36开，环筒页装（广西农林局农林浅说8）
本书共14部分：本省烟草品种、土宜、轮作、苗床、播种、苗床管理、移植、施肥和中耕、摘心和摘芽、收获、调制、病虫害、留种、收量和利益。
收藏单位：桂林馆、国家馆、南京馆

02104
烟草之栽培及其烤法　盛莘夫译述
上海：新学会社，[1930—1949]，72页，32开
本书共7章，内容包括：总论、风土、栽培法、收获及调制、烟叶的烤法等。封面书名题：烟草栽培及烤法。
收藏单位：贵州馆、国家馆、浙江馆

02105
洋红爪哇甘蔗栽培浅说　四川农林改进所编
四川农林改进所，1946，3版，5页，36开（农林浅说）
本书介绍爪哇蔗和洋红甘蔗的栽培方法。
收藏单位：重庆馆

02106
药物试植报告（民国二十四年 第1期）　江苏省立医政学院药物试植场编
镇江：江苏省立医政学院出版组，1936.4，162页，24开
本书共5部分：插图、报告、特载、统计、附录。内容包括：本场成立经过及研究目标、一年来工作概述、本场药用植物一览、

一年来药物试植报告、目前进行计划、研究国产药物之急要及其途径、药物试植要义、本场各种统计图等。

收藏单位：国家馆、上海馆

02107

药用藏红花栽培法　张伯衡译著

北京：兴农园，1920.4，10 页，32 开

本书介绍了药用藏红花的性状、效用、气候、土宜、植期、施肥、采蕊、攫取种球贮藏法、卖药等。

收藏单位：国家馆

02108

药用植物及其他　乐文等译著

上海：商务印书馆，1936.6，140 页，32 开（中学生自然研究丛书）

上海：商务印书馆，1936.8，再版，140 页，32 开（中学生自然研究丛书）

上海：商务印书馆，1937.3，3 版，140 页，32 开（中学生自然研究丛书）

本书分为上、下两篇，上篇为药用植物，下篇为其他有用植物。主要药用植物分管精有胚植物部、无管有胚植物部、真菌植物部、红藻植物部；其他有用植物介绍了中国产的天然染料、漆树栽培法及制漆等。

收藏单位：重庆馆、东北师大馆、贵州馆、国家馆、湖南馆、江西馆、南京馆、内蒙古馆、上海馆、首都馆、西南大学馆、浙江馆

02109

药用植物实验栽培法　周太炎著

重庆：商务印书馆，1945.10，152 页，32 开

上海：商务印书馆，1947.8，152 页，32 开

本书介绍了 50 种药用植物实验栽培法，其中包含：木槿、茶、小茴香、女贞、薄荷、枸杞、党参等。

收藏单位：重庆馆、东北师大馆、广东馆、国家馆、辽宁馆、南京馆

02110

药用植物栽培法　史公山编

上海：商务印书馆，1936.12，219 页，32 开（农学小丛书）

上海：商务印书馆，1939，219 页，32 开（农学小丛书）

本书介绍了 28 种药用植物的学名、别名、性状、药效、品种、气候、土质、产地、栽培法、生药调制法以及其副业的经济价值等。书末附主要国产药草之采集及其价值，分为全草类、种子类、叶类、隐花植物及其他等 10 类。

收藏单位：重庆馆、广东馆、贵州馆、国家馆、河南馆、黑龙江馆、湖南馆、江西馆、南京馆、上海馆、首都馆、西南大学馆、浙江馆

02111

药用作物学　方尧章著

上海：新学会社，1913，66 页，22 开

上海：新学会社，1927.8，4 版，66 页，25 开

本书分总论、各论两编，第 1 编共 3 章：药用作物之定名、药用作物之效用、药用作物之希望；第 2 编共 17 章：贝母、元参、地黄、黄连、洎夫兰、人参、藿香、立麝香、防风、山嵛莱菔、薄荷、苍术、白术、紫苏、荆芥、百合、决明。

收藏单位：安徽馆、广东馆、国家馆、首都馆

02112

银耳培育法　褚孟胜著

上海：中国农业书局，1937.4，50 页，32 开

本书共 9 章：耳树之种类、耳树之栽培、耳树之伐期、耳地之选择、种耳之时期、耳地之管理、银耳之采法、银耳之焙法、银耳之功用。

收藏单位：贵州馆、国家馆、南京馆、上海馆

02113

银耳香菇繁殖律　李师颐著

奉化：奉化小小工厂，[1940]，82 页，32 开

奉化：奉化小小工厂，1941.1，2 版，82 页，32 开

本书介绍了银耳香菇的相关知识与技术。

收藏单位：广东馆、浙江馆

02114
银耳、竹荪及蘑菇之研究（豫报） 周建侯　刘伯文　赵安云著
[北平]：国立北平大学农学院，1937.3，4页，16开
本书分引言和实验两部分，书末附参考文献。为国立北平大学农学院农产制造学应用菌学研究室研究报告。
收藏单位：国家馆

02115
引种美棉法 孙博庵著
出版者不详，34页，18开
本书共两部分：提倡植棉与引种美棉之缘起、栽培法。内容包括：棉之重要、中国棉种之由来、今日棉种必须改良之原因、改良华棉不如引进美棉之便利、从来引种美棉失败之原理等。封面为卓君庸题字。正文责任者题：孙葆琦著。
收藏单位：农大馆、首都馆

02116
壅土在棉作栽培上之价值 冯肇传　施珍著
出版者不详，1938.6，8页，16开（湖北棉业改良委员会试验场丛刊3）
本书系棉花栽培方法实验报告。

02117
油菜与菜子油之研究 焦启源著
上海：中国科学社，1939.11，[12]页，18开
本书内容包括：菜籽油之品质，菜籽之榨油与菜籽油之用途，油菜之栽培、生长习性、生产力等。摘自《科学》单行本XXIII卷（1939）664—675页。
收藏单位：国家馆

02118
油类作物全书 江少怀编述
上海：中国农业书局，1936.8，292页，22开，精装
本书介绍30余种油类作物的性状、来历、土宜、气候、品种、栽培、管理等。书末附防除病虫害之主要药剂配合法。封面责任者题：江少怀著。
收藏单位：安徽馆、重庆馆、国家馆、南京馆、上海馆、浙江馆

02119
油料作物栽培法 褚乙然编
上海：商务印书馆，1933.12，125页，32开（万有文库第1集608）（农学小丛书）
上海：商务印书馆，1934.1，125页，32开（农学小丛书）
上海：商务印书馆，1934.7，再版，125页，32开（农学小丛书）（万有文库 第1集608）
上海：商务印书馆，1935，3版，125页，32开（农学小丛书）
长沙：商务印书馆，1939.8，4版，125页，32开（农学小丛书）
本书共15章，介绍了大豆、芸苔、落花生、胡麻、蓖麻、油桐、柏、亚麻、向日葵、荏、阿列布树、油椰子类、茶、棉共14类油料作物的栽培方法。书前有绪论。
收藏单位：安徽馆、重庆馆、大理馆、大连馆、东北师大馆、广东馆、广西馆、贵州馆、国家馆、黑龙江馆、湖南馆、江西馆、辽大馆、辽师大馆、南京馆、内蒙古馆、宁夏馆、上海馆、绍兴馆、天津馆、浙江馆

02120
有利作物栽培法 苍德玉编
旅顺：农业进步社，1944.10，15版，190页，32开
[旅顺]：农业进步社，190页，32开
本书共15部分：甘薯育苗秘诀、马铃著增收栽培法、落花生栽培之要项、陆地棉栽培法、洋麻的栽培、苜蓿草栽培法、黄蜀葵之栽培、除虫菊之栽培、药用人参栽培、国产甘草之一斑、甜菜的栽培、亚麻的栽培、蓖麻（大麻子）的栽培、向日葵的栽培、野苜蓿（三叶草）的栽培法。
收藏单位：东北师大馆、国家馆

02121
原棉研究录 杨书恩编著

出版者不详，[1948.8]，[129] 页，16 开

02122
云南木棉研究报告　奚元龄等著
外文题名：Studies on perennial cotton in Yunnan
南京：农林部中央农业实验所，1948.1，22 页，16 开
本书共收录 3 篇研究报告：《木棉生长习性产量及品质之研究》（奚元龄、陈仁）、《木棉成铃之研究》（奚元龄）、《木棉之整枝及更新》（奚元龄）。每篇报告后附英文总结。
收藏单位：国家馆

02123
云南木棉之初步调查报告　云南省棉业处编
昆明：云南省棉业处，1937.3，22 页，32 开（云南农业小丛书 5）
本书共 10 部分：引言、来源、性状、种类及品质、生育状况、气候及土壤、栽培方法、病虫害、木棉之改良、结论。
收藏单位：重庆馆、国家馆

02124
云南之木棉　张天放编　云南经济农场协会木棉推广委员会编辑
[昆明]：云南经济农场协会木棉推广委员会，1943，58 页，16 开
本书内容包括：云南棉业之现状及其展望、木棉的研究、云南多年生木棉、云南木棉推广的初步成效等。
收藏单位：重庆馆

02125
栽培除虫菊须知　于达准　席与增编
军政部军医署药苗种植场，4 页，16 开
本书共 3 部分：引言、除虫菊的性状、栽培除虫菊的方法。
收藏单位：国家馆

02126
赞棉歌　实业部汉口商品检验局编
汉口：实业部汉口商品检验局，1933.6，7 页，32 开（实业部汉口商品检验局宣传小册 1）
本书赞颂棉花、棉籽、棉秆都是宝，劝农多种棉以抵制洋货等。
收藏单位：国家馆

02127
怎样采茶　财政部贸易委员会编
财政部贸易委员会，1939.2，16 页，32 开（茶农指导丛刊）
本书共 6 部分：前言、茶芽的伸育、摘采的时期、摘采的标准、摘采方法、摘要。
收藏单位：安徽馆、贵州馆、国家馆、上海馆、浙江馆

02128
怎样推广植棉和改良棉种　饶华棣编著
赣县：新赣南出版社，1942.5，12 页，48 开（乡镇建设小丛书 1）
本书内容包括：植棉的重要、赣南各县过去推广植棉情形的检讨、推广植棉和改良棉种的方法、区乡行政人员对于推广植棉的任务等。
收藏单位：重庆馆、国家馆

02129
怎样在水田里种棉花　广西省政府农业管理处编
广西省政府农业管理处，8 页，32 开（农林浅说 15）
本书内容包括：棉田的选择、棉田的准备、播种、间苗、中耕除草、摘心、施肥、收絮和其它。
收藏单位：国家馆

02130
怎样种蓝　晋绥边区行政公署建设处编
[兴县]：晋绥边区行政公署建设处，1945，14 页，32 开（生产建设丛书 2）
本书共两部分：种植、打靛。内容包括：蓝的性质、选蓝地、蓝和其他作物的配合种植、播种和培苗、移栽、移栽后的经营、用设备较完备的蓝池汇蓝打靛、用简单的蓝池汇蓝打靛、打靛的原理和经验等。
收藏单位：国家馆、山西馆

02131
怎样种棉 晋绥边区行政公署建设厅编
[兴县]：晋绥边区行政公署建设厅，1945.1，7页，32开（生产建设丛书1）
收藏单位：国家馆

02132
怎样种棉花 边区政府建设厅编
[延安]：边区政府建设厅，1944，24页，36开（陕甘宁边区生产运动丛书25）
本书共3部分：边区植棉发展概况及今后推广方向、怎样种棉花、附种棉有利。
收藏单位：重庆馆、南京馆、山西馆

02133
怎样种棉花 高自立等著
山东新华书店，[1944.2]，26页，32开（生产运动丛书25）
收藏单位：国家馆、山东馆

02134
怎样种棉花 席凤洲编
新华书店，[1945.7]，21页，36开（群众大生产知识小丛书）
本书共14部分，内容包括：棉花怕天冷、种棉用什么土地、整理棉花地、准备棉花种子、棉田上粪、棉花下种、补种棉花、锄棉花、去顶芽、治油旱虫、治棉花卷叶病等。
收藏单位：国家馆、山东馆

02135
浙江棉业改良推广计划书 方君强著
浙江省立棉业改良场，26页，16开（浙江省立棉业改良场刊物1）
本书内容包括：浙江棉业的改良种植方法的推广区域等。
收藏单位：广东馆、浙江馆

02136
浙江省立棉业改良场场务概要 浙江省立棉业改良场编
余姚：浙江省立棉业改良场，36页，32开（浙江省立棉业改良场刊物12）
本书内容包括：沿革、规程汇编、储藏细则、试验计划等。封面题名：场务概要。
收藏单位：浙江馆

02137
浙江省立棉业改良场民国十七年度棉业改良推广计划大纲 方君强著
出版者不详，[1928—1949]，12页，32开（浙江省立棉业改良场刊物2）

02138
浙江省立棉业改良场民国十七年试验报告
浙江省立棉业改良场编
余姚：浙江省立棉业，1928，16页，32开（浙江省立棉业改良场刊物4）
本书内容包括：品种试验、播种期试验、株行间距离试验、每穴棉株留数试验等。封面题名：试验报告。
收藏单位：浙江馆

02139
浙江省立棉种试验场试验成绩报告（中华民国十二年份）
浙江省立棉种试验场，[1923]，1册，18开
本书内容包括：插图、表格、试验成绩报告、青径棉和红径棉的对比研究。
收藏单位：浙江馆

02140
浙江省立棉种试验场试验成绩报告（中华民国十四年份）
浙江省立棉种试验场，1925，1册，18开
本书共6部分：插图、表格、试验成绩报告、植棉选种、棉作选种、棉之病虫害防除法摘要。
收藏单位：浙江馆

02141
浙江省棉业推广指导员训练班演讲录 浙江省棉业推广指导员训练班编
[杭州]：浙江省棉业推广指导员训练班，1935.10，116+10页，16开
本书内收演讲词20篇，辑录有《棉作繁

殖管理的技术》（冯肇传）、《农业推广问题》（张天翼）、《农村合作指导问题》（钟夏生）、《农村贷款问题》（邵培荣）、《棉产调查统计方法之检讨》（刘渭清）等。

收藏单位：国家馆、浙江馆

02142

浙江省之植物油料　游毅编著

上海：中国植物油料厂，1938.8，148+118页，22开

本书介绍了浙江植物油概况和旧式榨制桐油方法等。书前有浙江油产运销图、浙江桐油产量及其流动之方位图、引言。

收藏单位：重庆馆、广东馆、广西馆、贵州馆、国家馆、黑龙江馆、吉林馆、浙江馆

02143

植棉　福建省农业改进处编

[永安]：福建省农业改进处，1940，14页，32开（农林推广浅说 作物类7）

收藏单位：重庆馆

02144

植棉改良浅说　穆藕初著

上海：中华书局，1915.1，90页，23开

上海：中华书局，1917.8，3版，46页，23开

上海：中华书局，1919.3，4版，88页，23开

上海：中华书局，1921.12，6版，90页，23开

本书内容包括：概论、棉种、气候、土质、治田、播种、选种概论、选种方法、肥料、上海穆氏植棉试验场报告等。附上海穆氏植棉试验场历年报告、棉花进口表、全国纱厂表。封面刊：穆湘玥著。

收藏单位：重庆馆

02145

植棉经验　鲁中区行政公署编

鲁中区行政公署，石印本，18页，32开（鲁中二届劳模大会材料1）

收藏单位：国家馆、山东馆

02146

植棉浅说　黄廷理编　万良材校阅

江西省立湖口农业试验场，1928.12，16页，25开

收藏单位：江西馆

02147

植棉浅说　江西省农业院编

江西省农业院，[1934—1949]，14页，25开（推广浅说5）

收藏单位：江西馆

02148

植棉浅说　实业部汉口商品检验局编

汉口：实业部汉口商品检验局，1933.6，16页，32开（实业部汉口商品检验局宣传小册4）

收藏单位：国家馆

02149

植棉浅说　孙逢吉编

杭州：国立浙江大学农学院推广部，1930，24页，32开（农业浅说9）

本书内容包括：什么田地可以种棉花、种棉花要下什么肥料、耕棉花地、下种的准备、怎么样下种等。

收藏单位：重庆馆

02150

植棉浅说　陶桓棻编

[浙江省立棉业改进场]，10页，32开（浙江省立棉业改进场刊物2）

本书共11部分：择种、整地、播种、间苗、中耕除草、施肥、灌溉与排水、摘心、留种、收花、病虫害。

收藏单位：国家馆

02151

植棉浅说　整理全国棉业处编

整理全国棉业处，1920.1，28页，25开

整理全国棉业处，1921.2，再版，28页，25开

本书共12部分：土质、整地、施肥、播种、匀苗、中耕、灌溉、摘心、除害、收获、选种、藏种。

收藏单位：国家馆

02152
植棉浅说　周惟诚编
上海：中华书局，1930.10，22页，36开（民众丛书4）
上海：中华书局，1932.9，再版，22页，36开（民众丛书4）
上海：中华书局，1936.8，3版，22页，36开（民众丛书4）
收藏单位：安徽馆、重庆馆、黑龙江馆、湖南馆、江西馆、上海馆、首都馆、天津馆

02153
植棉手册　农林部棉产改进处编
外文题名：Handbook of cotton culture in China
南京：农林部棉产咨询委员会，1947.2，100页，22开
本书共7章：我国之棉区与棉产、增进棉产之方法、良种推广、良种繁殖与保纯、虫害的防治、病害防治、调查统计。附1936—1946年全国棉田面积表、皮棉产额表、平均亩产皮棉收量表、1946年节气表等。
收藏单位：安徽馆、重庆馆、国家馆、南京馆、上海馆、浙江馆

02154
植棉须知　许罗云编
杭州：国立浙江大学农学院推广部，1929.5，1册，32开（农业浅说4）

02155
植棉学　陆协邦编
外文题名：Cotton and how to cultivate it
上海：商务印书馆，1926.2，89页，32开
上海：商务印书馆，1928.8，再版，89页，32开（农业小丛书）
本书共14章：棉之总论、绵毛、棉之形态、棉之生理、棉之品种、中国棉之产地及其品质、棉种改良法及评点法、棉之组成、棉之肥料及轮种、土壤及气候、耕种方法、棉之收获及出售、棉之主害虫、棉之病害。再版书名题：最新植棉学。书口书名题：植棉学。
收藏单位：重庆馆、国家馆、湖南馆、江西馆、南京馆

02156
植棉学　章之汶著
外文题名：Cotton
上海：商务印书馆，1926.3，221页，22开（中国科学社丛书2）
上海：商务印书馆，1931，再版，221页，22开（中国科学社丛书2）
本书共5编：通论、棉之种植法、棉之病虫害、棉之育种法、棉之推广法。书末附南京太平门金大植棉场屈里斯棉连续选株记录表等。
收藏单位：安徽馆、重庆馆、广东馆、国家馆、河南馆、湖南馆、南京馆、宁夏馆、首都馆

02157
植棉·养蚕　周惟诚　陈醉云编
上海：中华书局，1948.5，28页，40开（中华文库 民众教育1）
本书介绍了棉的功用、性状、种类、棉的气候和土壤、棉田的整理和播种，还介绍了养蚕好处、选好蚕种、蚕室的布置等。
收藏单位：重庆馆、辽大馆、上海馆

02158
植烟学　张宗成　叶元鼎编译　李积新等校订
上海：民智书局，1928.11，106页，32开
本书共14章：土壤与气候、施肥及轮作制、苗床之管理、移植摘心及整枝、收获之方法、分类及销售、烟之病虫害、美国各种烟草之用途、植物学、育种、烟之烤制法及烤室之建筑法、中国烟产之概况、化学、药草之副产及其成分。
收藏单位：重庆馆、国家馆、湖南馆、浙江馆

02159
植蔗须知
出版者不详，14页，32开
收藏单位：广东馆

02160
中等棉作学 冯泽芳编 孙恩麐校
上海：中华书局，1925.8，80页，27开
上海：中华书局，1926.1，再版，80页，27开
上海：中华书局，1926.4，3版，80页，27开
上海：中华书局，1937，6版，80页，27开
上海：中华书局，80页，32开

本书共11章：绪论、棉之性状、棉之种类、棉之选种、棉之气候及土壤、棉之肥料、棉之栽培制度、整理及播种、管理、收获销售及生产费、棉之病害及虫害。为新学制农业教科书。

收藏单位：重庆馆、广东馆、国家馆、江西馆、南京馆、宁夏馆、山西馆、上海馆、浙江馆

02161
中国棉花改良法 （美）洛夫（H. H. Love）著 陈燕山译
外文题名：Directions for cotton improvement in China
南京：实业部中央农业实验所，1934.12，96页，16开（实业部中央农业实验所特刊7）

收藏单位：国家馆、浙江馆

02162
中国原棉研究学会论文集 中国原棉研究学会编
上海：中国原棉研究学会，1948.10，240页，18开

本书收录22篇论文：《原棉泛论》《原棉分级在棉业经济上之地位》《纤维素》《美国棉纤维品质鉴定方法及其标准》《混棉经济论》《原棉研究与中国纺织前途》《世界之棉产》《国棉之特性及其利用》《棉纤维之试验》等。

收藏单位：安徽馆、广东馆、国家馆、近代史所、上海馆、中科图

02163
中美棉纯系育种程序 陈燕山著
中国科学社，1933.10，[14]页，16开

本书为《科学》杂志第17卷第10期抽印本。

02164
中棉育种初次报告 东南大学农事试验场棉作改良委员会编
东南大学农事试验场棉作改良委员会，1924.9，12页，23开（东南大学农事试验场棉作改良委员会成绩报告 第6册）

本书内容包括：改良青茎黄花鸡脚棉、改良青茎小白花棉、改良白籽棉、常阴沙（白籽）棉、改良江阴白籽棉、孝感光籽长绒棉等。

收藏单位：国家馆、上海馆

02165
中棉栽培法 江西省农业院编
南昌：江西省农业院，1939，5页，32开（推广丛书3）

本书介绍了棉花的栽培方法。

收藏单位：浙江馆

02166
中农德字棉两新品系之育成·珂字棉——又一适于我国栽培之美棉品种 胡竟良著
农林部中央实验所，1943.12，7页，16开

本书记述中农德字棉的来历、成果和珂字棉的试验成果。为《农报》第8卷第31—36期抽印本。

收藏单位：国家馆

02167
种茶法 程天绶著
外文题名：The cultivating method of tea
上海：商务印书馆，1931.4，122页，32开（万有文库第1集614）（农学小丛书）
上海：商务印书馆，1933.5，122页，32开（农学小丛书）
上海：商务印书馆，1934.1，再版，122页，32开（农学小丛书）
上海：商务印书馆，1935，3版，122页，32开（农学小丛书）
长沙：商务印书馆，1939.7，4版，122页，32开（农学小丛书）

本书共15章：绪论、一般农家之普通植茶概况、茶之性态及品种、茶树之繁殖、茶之

气候与土壤、茶之肥料、管理、茶树之病虫害及防治法、茶之育种、茶叶之采摘、茶之品质、茶之制造、茶之生产与贸易、印度锡兰茶业概况及其与华茶之竞争、茶叶之改良。

收藏单位：安徽馆、重庆馆、大理馆、大连馆、东北师大馆、广东馆、广西馆、贵州馆、国家馆、河南馆、黑龙江馆、湖南馆、江西馆、辽大馆、辽宁馆、辽师大馆、南京馆、内蒙古馆、宁夏馆、上海馆、绍兴馆、天津馆、西南大学馆、浙江馆

02168

种茶法　浙江省农业改进所编

松阳：浙江省农业改进所，1940.1，12页，32开（农业浅说17）

本书内容包括：种茶的准备、茶树怎样繁殖、茶园怎样管理、茶叶怎样采摘等。

收藏单位：安徽馆、浙江馆

02169

种茶法、种竹法、种蓝法　江志伊编　孙锵　庄崧甫校

上海：新学会社，1915.7，[66]页，22开（农艺辑要5）

上海：新学会社，1915.10，再版，[66]页，22开（农艺辑要5）

本书讲述了茶、竹、蓝的种类、作用以及栽培方法。版权页题：种茶法、种竹法、种蓝法合编。校者原题：庄景仲。

收藏单位：国家馆、湖南馆、首都馆、浙江馆

02170

种甘蔗法　许祖植著

上海：商务印书馆，1930.10，74页，32开（万有文库第1集612）（农学小丛书）

上海：商务印书馆，1934.3，国难后1版，74页，32开（农学小丛书）

上海：商务印书馆，1934.7，再版，74页，32开（万有文库 第1集612）（农学小丛书）

上海：商务印书馆，1935.3，国难后3版，74页，32开（农学小丛书）

本书共10章：绪言、性状、品种、甘蔗与风土之关系、栽培、肥料、管理、收获、病害、虫害。书末附制糖法。

收藏单位：安徽馆、重庆馆、大理馆、大连馆、东北师大馆、广东馆、广西馆、贵州馆、国家馆、黑龙江馆、湖南馆、江西馆、辽大馆、辽宁馆、辽师大馆、南京馆、内蒙古馆、宁夏馆、上海馆、天津馆、西南大学馆、浙江馆

02171

种美棉浅说　张幼鸣编

开封：河南中山大学农业推广部，[1927—1930]，12页，32开（农业浅说丛书3）

本书介绍美棉的栽培方法。

收藏单位：南京馆、浙江馆

02172

种棉法　过探先编著

上海：商务印书馆，1923.1，85页，32开（农学小丛书）

上海：商务印书馆，1926.8，3版，85页，32开（农学小丛书）

上海：商务印书馆，1929.10，79页，32开（万有文库第1集610）（农学小丛书）

上海：商务印书馆，1933.6，国难后1版，85页，32开（农学小丛书）

上海：商务印书馆，1934，国难后2版，85页，32开（农学小丛书）

上海：商务印书馆，1934.7，再版，85页，32开（万有文库 第1集610）（农学小丛书）

上海：商务印书馆，1934.7，国难后3版，85页，25开（农学小丛书）

上海：商务印书馆，1937.4，国难后5版，85页，32开（农学小丛书）

上海：商务印书馆，1939.4，国难后6版，85页，32开（农学小丛书）

本书共7章：棉之重要、世界棉产概况、棉之植物学观、棉之栽培方法、棉之选种方法、棉之病虫害、我国之棉产问题。

收藏单位：安徽馆、重庆馆、大理馆、大连馆、大庆馆、东北师大馆、广东馆、广西馆、贵州馆、国家馆、黑龙江馆、湖南馆、江西馆、辽大馆、辽师大馆、内蒙古馆、宁

夏馆、上海馆、首都馆、天津馆、西南大学馆、浙江馆

02173
种棉法　江志伊编著
上海：新学会社，1915.7，66页，25开（农艺辑要1）
上海：新学会社，1915.10，再版，66页，25开（农艺辑要1）
上海：新学会社，1921.10，3版，66页，25开（农艺辑要1）
上海：新学会社，1926.11，4版，66页，25开（农艺辑要1）
收藏单位：安徽馆、贵州馆、江西馆、首都馆、浙江馆

02174
种棉法　李世材著
成都：四川省棉作试验场，1938.2，36页，23开，环筒页装（四川省棉作试验场丛刊1）
收藏单位：重庆馆

02175
种棉浅说　国民革命军第二十一军部编
国民革命军第二十一军部，1929，石印本，16页，40开
本书内容包括：四川种棉的意义、种棉的方法等。
收藏单位：重庆馆

02176
种棉浅说　河南棉产改进所编
郑州：河南棉产改进所，1936.2，15页，42开（浅说第1号）
本书共13部分：适宜棉花生长的气候、选地、择种、施肥、整地、下种、间苗、中耕除草、灌溉与排水、摘心、收花、留种、病虫害。
收藏单位：国家馆

02177
种棉浅说　楼荃著
南京：全国经济委员会棉业统制委员会中央棉产改进所，1935.4，10页，23开（浅说第1号）
收藏单位：国家馆

02178
种棉浅说　许震宙著
南京：江苏省立第一农业学校，1926，8页，23开

02179
种棉浅说　云南省棉业处编
云南省棉业处，1937.3，19页，32开（云南农业小丛书4）
本书共14部分：适宜棉花生长的气候、选地、择种、施肥、整地、下种、灌溉、间苗和去伪、中耕除草、摘心、排水、收花、留种、虫害和病害。附木棉栽培法。
收藏单位：国家馆

02180
种棉问题　晋绥边区生产委员会编
[兴县]：晋绥边区生产委员会，1946，5页，36开（晋绥边区生产会议材料4）
收藏单位：重庆馆、国家馆

02181
种棉须知　任国梁著
冀东建设厅，1938.1，48页，32开
本书共4部分：种棉要诀、种棉方法、美国棉与中国棉的比较、种棉防灾方法。附美棉栽培法问答。
收藏单位：国家馆

02182
种甜菜法　叶声钟著
上海：商务印书馆，1931.4，51页，32开（万有文库第1集613）（农学小丛书）
上海：商务印书馆，1933.5，51页，32开（农学小丛书）
上海：商务印书馆，1934.4，再版，51页，32开（农学小丛书）
上海：商务印书馆，1940.6，3版，51页，32开（农学小丛书）

本书共5章：绪言、甜菜之性状及种类、甜菜之风土、甜菜之栽培、甜菜之制糖。

收藏单位：安徽馆、重庆馆、大理馆、大连馆、东北师大馆、广东馆、广西馆、贵州馆、国家馆、黑龙江馆、湖南馆、江西馆、辽大馆、辽宁馆、辽师大馆、南京馆、内蒙古馆、宁夏馆、上海馆、绍兴馆、天津馆、西南大学馆、浙江馆

02183

种烟常识　山西实业厅编

山西实业厅，1933.3，12页，32开

收藏单位：国家馆

02184

种烟法　陈让卿著

上海：商务印书馆，1930.10，85页，32开（万有文库第1集615）（农学小丛书）

上海：商务印书馆，1933.11，85页，32开（农学小丛书）

上海：商务印书馆，1934.1，再版，85页，32开（农学小丛书）

上海：商务印书馆，1935.5，3版，85页，32开（农学小丛书）

本书共10章：绪言、烟之性状及来历、烟之用途、烟之气候及土宜、烟之肥料、烟之种类及改良、烟之育苗、烟之栽培、烟之调制、烟之敌害。

收藏单位：安徽馆、重庆馆、大理馆、东北师大馆、广东馆、广西馆、贵州馆、国家馆、河南馆、黑龙江馆、湖南馆、吉林馆、江西馆、辽大馆、辽师大馆、南京馆、内蒙古馆、宁夏馆、上海馆、绍兴馆、首都馆、西南大学馆、浙江馆

02185

种烟浅说　经济部中央农业实验所麦作杂粮系　贵州省农业改进所农艺系编

经济部中央农业实验所麦作杂粮系、贵州省农业改进所农艺系，[1940.1]，14页，36开（推广浅说2）

本书共14部分：选择好的土、得到好的秧、耕耙于土、栽秧、下肥和松土除草、摘芽去叉、留好种子、除去病害、除去虫害、合理的收烟方法、合理的绑烟方法、新式烘烤方法、管理烤好的烟叶、烤房的建筑。

收藏单位：国家馆

02186

种植薄荷指导　甘纯权　张万纬编

上海职业指导所，1934.5，18页，32开（生产丛书）

本书附种植水蜜桃计划。

收藏单位：国家馆

02187

种植美棉的方法　江苏省立民众教育院　劳农学院研究部编　冯肇传校阅

江苏省立民众教育院、江苏省立劳农学院研究部，[1931]，2册（6+6页），25开（注音农民小丛书）

收藏单位：江西馆

02188

种植美棉浅说　刘德元著　直隶省农事试验场选种科编

天津：直隶省农事试验场选种科，1921.3，12页，22开

本书共4部分：美棉之利益、美棉之种植、种植美棉应注意之事项、美棉品种考。附本场历年发出美棉种统计表。

收藏单位：国家馆

02189

种植美棉浅说

华北棉产改进会指导部，1939.5，9页，27开

02190

种植中棉的方法　江苏省立民众教育院　劳农学院研究部编　冯肇传校

[南京]：江苏省立民众教育院研究部，[1931]，12页，32开（注音农民小丛书）

本书共8部分：选地、播种、施肥、整地、下种、间苗、中耕、收花。

收藏单位：国家馆、江西馆

02191
种苎法、种烟法、种蔗法 江志伊编 孙锵庄崧甫校
上海：新学会社，1915.7，[68] 页，22 开（农艺辑要 2）
上海：新学会社，1915.10，再版，68 页，22 开（农艺辑要 2）
上海：新学会社，1928.4，4 版，[68] 页，22 开（农艺辑要 2）
本书讲述了苎、烟、蔗的种类、作用以及栽培方法。校者原题：庄景仲。
收藏单位：湖南馆、江西馆、南京馆、首都馆、浙江馆

02192
种苎麻法 张勖著
上海：商务印书馆，1930.10，108 页，32 开（万有文库第 1 集 611）（农学小丛书）
上海：商务印书馆，1933.12，108 页，32 开（农学小丛书）
上海：商务印书馆，1934.2，再版，108 页，32 开（农学小丛书）
上海：商务印书馆，1934.7，3 版，108 页，32 开（农学小丛书）
长沙：商务印书馆，1939.5，4 版，108 页，32 开（农学小丛书）
本书共 10 章：绪论、苎麻的种类、栽培法、病虫害、制麻法、世界苎麻之需给状况、世界制苎工业状况、贸易论、纤维论、余论。
收藏单位：安徽馆、重庆馆、大理馆、大连馆、东北师大馆、广东馆、广西馆、贵州馆、国家馆、黑龙江馆、湖南馆、江西馆、辽大馆、辽师大馆、南京馆、内蒙古馆、宁夏馆、上海馆、天津馆、西南大学馆、浙江馆

02193
苎麻栽培法 广西农林局编
广西农林局，1934.11，20 页，36 开，环筒页装（农林浅说 10）
本书共 8 部分：栽培沿革、风土之选择、肥料、繁殖法、整地及栽植、管理、收获、制麻法。
收藏单位：桂林馆、国家馆、南京馆

02194
最新种除虫菊法 曹芝清编
上海：南星书店，1934.6，53 页，50 开（生产教育小丛书 第 1 集 4）
本书共 16 部分：除虫菊的用途、除虫菊的种类、除虫菊的适地、除虫菊的播种、除虫菊的移植、除虫菊的定植、除虫菊的轮作、除虫菊的施肥、除虫菊的管理、除虫菊的采收、除虫菊的干燥法、除虫菊的制粉法、除虫菊种子的采收、除虫菊种子的处置、除虫菊的除虫功用、除虫菊的利益。
收藏单位：广东馆、湖南馆

02195
最新种大豆法 顾笃周编
上海：南星书店，1934.6，51 页，50 开（生产教育小丛书 第 2 集 种植 3）
本书共 13 部分：大豆的褫说、大豆的性状、大豆的功用、大豆的品种、大豆的气候和土质、大豆的选种、大豆的整地、大豆的播种、大豆的管理、大豆的施肥、大豆的收获、大豆的病害、大豆的虫害。

02196
最新种甘蔗法 许祖植编
上海：商务印书馆，1928.6，87 页，32 开（农业小丛书）
本书共 13 章：绪言、性状、品种、甘蔗与风土之关系、栽培、肥料、管理、间作、收获、宿根、轮作、病害、虫害。
收藏单位：重庆馆、广东馆、贵州馆、国家馆、湖南馆、辽宁馆、南京馆、山西馆、首都馆、浙江馆

02197
最新种落花生法 施国璋编
上海：南星书店，1934.6，49 页，50 开（生产教育小丛书 第 2 集 7）
本书共 15 章：落花生的概述、落花生的功用、落花生的性状、落花生的品种、落花生的气候和土质、落花生的采种、落花生的选种、落花生的浸种、落花生的整地、落花生的播种、落花生的管理、落花生的施肥、

落花生的病害、落花生的虫害、落花生的收获。

收藏单位：广东馆

热带、亚热带作物

02198

台湾产植物单宁之研究（1） 秦自新　汪应南著

台北：台湾省林业试验所，1947.7，10 页，16 开（台湾省林业试验所报告 9）

本书系 14 种植物单宁的实验报告。

收藏单位：广东馆

02199

中国热带作物（第 1 编） 黄晃著

长沙：商务印书馆，1940.11，238 页，32 开

本书介绍椰树、槟榔树、樟树、龙舌兰（菠萝麻）等热带作物的性状、种植、管理、病害、收获及产销情形等。书中附杀虫药剂波尔多液制造法，附录详细介绍了茶树的栽植、管理、病害、采茶与收量，讲述云南普思沿边茶业概况，提出了改良普思沿边茶业的意见。

收藏单位：重庆馆、广东馆、贵州馆、国家馆、江西馆、辽宁馆、南京馆、内蒙古馆、上海馆

园艺

02200

观赏园艺学

杭州：浙江农业大学园艺系，油印本，1 册，16 开

本书内容包括：观赏树木、观赏树木的繁殖、城市和居民区的绿化等。

收藏单位：浙江馆

02201

国立中央大学农学院农业推广组园艺产品目录（民国二十五年度） 国立中央大学农学院农业推广组编

南京：国立中央大学农学院农业推广组，[1936]，68 页，25 开

02202

普通园艺学　吴耕民编

出版者不详，326+24 页，22 开

本书内容包括：总论、栽培要论、果树栽培、蔬菜栽培。

收藏单位：浙江馆

02203

山东省立第一农事试验场园艺部试验成绩报告（二十二年份） 山东省立第一农事试验场园艺部编

济南：山东省立第一农事试验场，[1934]，[120] 页，16 开

本书内容包括：关于果树试验事项、桃磷酸肥料用量试验、桃摘果试验、葡萄磷酸肥料用量试验、葡萄结果习性之研究等。附二十二年份气象观测报告。

收藏单位：国家馆

02204

山东园艺改进刍议　吴耕民著

济南：国立山东大学农学院，1934.11，18 页，16 开

本书共 6 部分：中国园艺现状、山东省在中国园艺发展上所处地位、山东园艺现状、山东园艺不振之原因、山东园艺改进之途径、结论。

收藏单位：重庆馆、国家馆、上海馆

02205

上海市市立园林场概况　上海市市立园林场编

上海市市立园林场，1930.10，22 页，21 开

02206

上海市市立园林场近况　上海市市立园林场

编
上海市市立园林场，1932.10，30页，23开
本书内容包括：上海市立园林略历、本场之使命、近年之扩充、苗木繁殖之计划及实施现状等。
收藏单位：重庆馆

02207
上海市市立园林场最近二年间进行概要　上海市市立园林场编
上海市市立园林场，1934.10，70页，23开
本书共10部分：面积之扩充、建筑之增加、设备之添置、场地之改进、花木品种之征集、培养树苗之进行情形、本场风景园辟划之经过、对外之提倡、本场第二分场树艺标本区设计纲要、上海市龙华虬江吴淞三段风景林实施计划书。
收藏单位：南京馆、浙江馆

02208
上海特别市市立园林场　上海特别市政府社会局市立园林场编
上海特别市政府社会局市立园林场，1928.12，26页，16开
本书介绍该场现状和业务。内容包括：本场的使命、本场过去与最近的工作、本场的环境与其交通、本场最近贡献于市民等。附出售花木价目表。
收藏单位：国家馆

02209
生产教育实施法　江西省地方行政干部训练团编
南昌：江西省地方行政干部训练团，1940.9，66页，32开（分组训练教材41）
本书共6部分：柑橘、梨树栽培法、四川榨菜栽培法、甘蓝菜、除虫菊、番茄栽培法。
收藏单位：重庆馆、国家馆

02210
实际家庭园艺　汤冶我　邵霖生编著
上海：中国农业书局，1942.6，12+307页，32开，精装
本书共5篇：果树园艺、蔬菜园艺、花卉园艺、造庭园艺、病虫害之防除法。内容包括：果树园艺总论、仁果类、核果类、浆果类、壳果类、蔬菜园艺总论、根菜类、茎菜类、叶菜类、花菜类、果菜类、荚菜类、杂菜类、花卉园艺总论、球根花类栽培、草木花类栽培等。
收藏单位：国家馆、浙江馆

02211
实验园林经营全书　吴景澄编辑
上海：园林新报社，1935.6，135页，16开
本书共9编：经营园林场之计划及预算表、经营方法、设施方法、果树种植法、森林种植法、蔬菜种植法、花卉种植法、种苗繁殖法、病虫害防除法。
收藏单位：国家馆、南京馆、内蒙古馆、上海馆、浙江馆

02212
实业总署园艺试验场概况　实业总署园艺试验场编
[北平]：实业总署园艺试验场，1943.2，6页，16开
本书为日伪机关出版物。
收藏单位：国家馆

02213
实业总署园艺试验场一览　实业总署园艺试验场编
[北平]：实业总署园艺试验场，1941.9，68页，16开
本书共7部分：本场概况、果树、蔬菜、花卉及庭园、农作物、动物园、推广工作。内容包括：本场沿革、宗旨、气候及土质、土地区划及面积、组织章程、办事细则、建筑物一览、职员一览、经费一览、场内现有果树一览等。为日伪机关出版物。
收藏单位：国家馆、南京馆

02214
实用家庭园艺　童雪天编
上海：世界书局，1939.4，84页，32开

上海：世界书局，1943.9，再版，84 页，32 开
[南昌]：世界书局，1944.6，赣 1 版，84 页，32 开
上海：世界书局，1947.9，3 版，84 页，32 开

本书共 8 章：总论、果树园艺、各种果树的栽种法、蔬菜园艺、各种蔬菜的栽种法、花卉园艺、各种花卉的栽种法、特用作物栽培。附录二十亩地园艺场的计划及概算表。

收藏单位：庆馆、广东馆、贵州馆、国家馆、江西馆、南京馆、内蒙古馆、首都馆、浙江馆

02215
实用园艺术 吴锦森 吴建时编译
南京：正中书局，1936.5，130 页，32 开
金华：正中书局，1942，3 版，130 页，32 开
重庆：正中书局，1942.12，5 版，130 页，32 开
上海：正中书局，1947.2，沪 1 版，130 页，32 开
上海：正中书局，1947.12，沪 3 版，130 页，32 开

本书共 8 卷，以我国长江一带，及长江以北之气候与土性为标准讲述花卉和乔木灌木、温室中的花卉、蔬菜的栽培方法及技术。根据 H. H. Thomas *1000 gardening hints* 编译。

收藏单位：重庆馆、广东馆、国家馆、湖南馆、江西馆、南京馆、内蒙古馆、宁夏馆、浙江馆

02216
实用园艺学 孙云蔚著
孙云蔚 [出版者]，1939.9，774+104 页，22 开，精装

本书分前后两编，前编包括：园艺之定义与范围、栽培知识、虫害知识与防除法、农具知识与使用法、选果及包装知识、贮藏及加工知识等。后编包括：果树园艺、蔬菜园艺、花卉园艺、造庭园艺等。书末附青岛农林事务所植物名汇。

收藏单位：国家馆、南京馆

02217
树艺浅说 [王佐良著]
出版者不详，[1917]，96 页，22 开

收藏单位：江西馆、南京馆

02218
树艺浅说（续编） [王佐良著]
出版者不详，[1917—1919]，110 页，22 开

本书分初集和续集，介绍了槐、楝、檀、椿、桐、楸、橡、柞、杨、柳、柏、榆、蜡条、马尾桦等树种的栽植方法，结合江苏省赣榆县的物候土质举出实例并加以分析，对树的楂接法还采用图解法叙述。

收藏单位：江西馆

02219
四川中心农事试验场园艺部事业计划大纲
四川中心农事试验场园艺部编
四川中心农事试验场园艺部，[1933]，14 页，16 开

本书共 4 章：引言、事业、特要工作、结论。书前冠篇首辞，书末附中心农事试验场职员表。

收藏单位：重庆馆

02220
四川中心农事试验场园艺科事业计划大纲
四川中心农事试验场园艺科编
成都：美利利印刷公司，[1932]，[20] 页，18 开，环筒页装

本书正文页题名：园艺科事业计划大纲。

收藏单位：重庆馆、国家馆、南京馆

02221
台湾省农业试验所士林园艺试验支所接收三周年工作报告 台湾省农业试验所士林园艺试验支所编
台湾省农业试验所士林园艺试验支所，1949.3，42 页，24 开

本书共 6 部分：沿革、位置范围及设备、光复前之工作概况、接收后之重要设施、近两年来研究工作概况、附录。

02222
小朋友园艺 朱凝如著
上海：北新书局，1932，2 册（78+78 页），32

开（小朋友丛书 9）

本书介绍园艺的种类、管理、繁殖等知识。

收藏单位：重庆馆

02223

小园艺家　褚黎照著　周建人校

上海：商务印书馆，1933.12，44 页，32 开（小学生文库第 1 集农业类）

本书共 10 章：英儿的家庭、把园地划分为三部、怎样着手进行呢、肥料的准备、果园的布置、在菜园里、可怕的虫害、小小的花园、瓜果等的储藏、冬天的工作。

收藏单位：东北师大馆、湖南馆、首都馆

02224

艺园概要　园地出版社编

成都：自力园场，1943.7，146 页，18 开（园地丛书 第 1 号）

本书共 5 部分：人与园艺、漫谈花卉、谈观赏树、种菜要旨、艺果大略。内容包括：种草花法、宿根概说、家园之珍——谈球根、绿草如茵、种树志要等。

收藏单位：重庆馆、浙江馆

02225

艺园概要（自力园场花卉蔬菜种子目录）　华西后坝自力园场编

成都：华西后坝自力园场，1942.1，32 页，23 开（园地丛书 第 1 号）

收藏单位：国家馆

02226

园艺常识　中央陆军军官学校特别训练班编

中央陆军军官学校特别训练班，1937，104 页，32 开

本书共 5 编：总论、蔬菜园艺、果树园艺、花卉园艺、造庭园艺。

收藏单位：重庆馆

02227

园艺常识（第 1 集）　孙灌园主编

奉化：园艺生产合作社，1936，再版，86 页，32 开

收藏单位：国家馆

02228

园艺常识（第 2 集）　孙灌园主编

奉化：园艺生产合作社，1936，62 页，32 开

收藏单位：国家馆

02229

园艺教科书　刘大绅编

上海：商务印书馆，1915.2，149 页，25 开

上海：商务印书馆，1915.8，再版，149 页，25 开

上海，商务印书馆，1918.12，4 版，149 页，25 开

上海：商务印书馆，1924.7，7 版，149 页，25 开

本书共 10 章：总论、园艺通论、选种法及藏种法、下种法、强熟法变种法、各种繁殖法、栽培法、庭园通论、点缀法、庭园结构实例。为女子中学校、师范学校用书。

收藏单位：湖南馆、辽宁馆、首都馆、天津馆、浙江馆

02230

园艺教科书

上海：商务印书馆，1912，47 页，22 开

上海：商务印书馆，1915，4 版，47 页，22 开

本书为初等农学校用书。

收藏单位：首都馆

02231

园艺历　秦翊编

上海：中华书局，1934.7，26 页，32 开（民众农业丛书 18）

本书讲全年 12 个月中花卉园、果树园、蔬菜园的作业。

收藏单位：贵州馆、黑龙江馆、江西馆、南京馆、内蒙古馆、山西馆、上海馆

02232

园艺历　邹盛文编　严楹书校

上海：新学会社，1926.2，128+22 页，32 开

本书记述一年中蔬菜园、果树园、花卉园作业。内容包括：蔬菜与温度、蔬菜与水分、蔬菜培肥之标准、花坛式样、花坛栽植、箱室、盆景布置法等。

收藏单位：国家馆、天津馆、浙江馆

02233

园艺浅说 周汉慕著

出版者不详，42 页，50 开

本书共两部分：绪言、园艺的分类（蔬菜园艺、果树园艺、花卉园艺）。内容包括：蔬菜的种类、蔬菜的苗床、施肥和栽培、速熟法和收藏法、果树的分类、果树的繁殖、果树的修整、花卉的需要、花卉的分类、花卉的繁殖和栽培、园庭的设置等。

收藏单位：重庆馆、贵州馆、国家馆

02234

园艺实验录 傅开松编

[奉化]：大利园艺场推广场，1931.8，54 页，32 开

[奉化]：大利园艺场推广场，1935.8，2 版，54 页，32 开

收藏单位：上海馆

02235

园艺试验报告书 福州电气公司农村电化部编

福州电气公司农村电化部，1936.1，油印本，1 册，18 开

本书内容包括：蔬菜、果树、造林，后附录石仓柑橘试验园概况及作业计划。

收藏单位：浙江馆

02236

园艺试验场工作年报（中华民国三十年度）

实业总署园艺试验场编

北京：实业总署园艺试验场，1942.7，146 页，16 开

本书共 3 部分：总务股、技术股、推广股。内容包括：修改章则、各项统计、修筑工程、动物园管理、本场一览之编著、本场气象报告等。为日伪机关出版物。

收藏单位：国家馆、南京馆

02237

园艺学 刘大绅编

外文题名：Textbook of gardening

上海：商务印书馆，1917.9，112 页，32 开

上海：商务印书馆，1919，再版，117 页，32 开

上海：商务印书馆，1921.8，4 版，112 页，32 开

上海：商务印书馆，1926.3，112 页，25 开

上海：商务印书馆，1926.12，再版，112 页，32 开

上海：商务印书馆，1929.3，再版，98 页，36 开

上海：商务印书馆，1930.10，4 版，112 页，32 开

上海：商务印书馆，1932.8，国难后 1 版，112 页，32 开

上海：商务印书馆，1932.10，国难后 2 版，112 页，32 开

上海：商务印书馆，1933，国难后 3 版，112 页，32 开

上海：商务印书馆，1934.7，国难后 6 版，112 页，32 开

上海：商务印书馆，1934.12，国难后 7 版，112 页，32 开

上海：商务印书馆，1935.5，国难后 9 版，112 页，32 开

重庆：商务印书馆，1941，渝 14 版，112 页，32 开

上海：商务印书馆，1943，国难后 14 版，112 页，32 开

上海：商务印书馆，1946.10，16 版，98 页，36 开

上海：商务印书馆，1947.9，17 版，98 页，36 开

上海：商务印书馆，1947，18 版，98 页，36 开

上海：商务印书馆，1948.5，19 版，112 页，32 开

上海：商务印书馆，1948.8，20 版，98 页，32 开

本书共 4 编：绪论、蔬菜栽培法、果树栽培法、花卉栽培法。内容包括：蔬菜、苗床、

叶菜类、根菜类、果菜类、果树繁殖理治法、仁果类、核果类、浆果类、果树采收贮藏法等。书末附主要花卉种子下种时期的概要表等。为新学制初级农业学校教科书、初级农业职业学校教科书。

收藏单位：重庆馆、东北师大馆、国家馆、湖南馆、江西馆、南京馆、上海馆、天津馆、浙江馆

02238

园艺学辞典 熊同和编著

外文题名：Dictionary of horticultural terms

上海：新农企业股份有限公司，1948.4，石印本，211页，32开

本书以西文字母顺序排列，总共收2280条。书末收录中文索引（以笔画多少为序）。

收藏单位：重庆馆、国家馆、辽宁馆、浙江馆

02239

园艺学・害虫学 夏树人著

北京：学术讲演会，8+24页，25开

本书内容包括：园艺之意义及其解释、园艺学之地位、园艺之范围及其进步之顺序、园艺之经营等。为学术讲演录。

收藏单位：浙江馆

02240

园艺学通论 熊同和著

上海：新农企业股份有限公司，1948.6，18+128+36页，25开

收藏单位：重庆馆、广东馆、西南大学馆

02241

园艺要览 管生农场总场编

上海：管生农场总场，1937，37页，16开

本书内容包括：造园树木的常绿针叶树类及落叶阔叶树类、行道树及日阴树类、仙人掌及多肉植物类等。

收藏单位：重庆馆

02242

中等园艺学 陆费执编

上海：中华书局，1926.4，127页，25开，精装

上海：中华书局，1930.1，6版，127页，32开

上海：中华书局，1931.4，9版，127页，32开

上海：中华书局，1931.9，11版，127页，32开

上海：中华书局，1932.4，12版，127页，25开

上海：中华书局，1934，16版，127页，32开

上海：中华书局，1934，17版，127页，32开

上海：中华书局，1939.5，20版，127，32开

上海：中华书局，1941.6，21版，127页，32开

上海：中华书局，1947.2，23版，127页，32开

上海：中华书局，1948.8，26版，127页，32开

本书共3编：总论、美术园艺或庭园学或风致园艺、花卉园艺。第1编共5章：绪言、生产、繁殖法、害物、用具；第2编共3章：总论、设计及施工、庭园所用植物；第3编共6章：花卉园艺之意义及其种类、培土、盆栽、花坛、苗床与温室、花卉分类。书末附园艺植物繁殖法。为新学制农业学校教科书。

收藏单位：安徽馆、重庆馆、国家馆、湖南馆、江西馆、辽大馆、南京馆、山西馆、首都馆、西南大学馆、浙江馆

02243

中华南部及南洋园艺视察谈 （日）樱井芳次郎著 林奄方译

上海：国立暨南大学南洋及美洲文化事业部，1930.4，60页，32开（南洋丛书12）

上海：国立暨南大学南洋及美洲文化事业部，1934.4，60页，32开（南洋丛书12）

本书收录80余篇文章:《日人南进危害及天产上闽粤籍华侨立脚地》《知行合一便能令阅者译者之心血成结晶物》《为选购凤梨苗一路物色水果王园艺特刊由兹开篇》《汕头滥造粗制之罐头出品年达二百万元……倘精制将如何?》《几十万株荔枝王争荣竞立于珠江沿岸》等。

收藏单位：广东馆、国家馆、吉林馆、上海馆、浙江馆

02244

最新园艺法 孟昭升编

上海：文明书局，1923.8，[104]页，32开

上海：文明书局，1924.3，再版，[104]页，32开

上海：文明书局，1925.7，3 版，[104] 页，32 开
上海：文明书局，1928，4 版，[104] 页，32 开
上海：文明书局，1929，5 版，42 页，32 开

本书共 3 章：根菜类、叶菜类、果菜类，介绍各种蔬菜的特性、作用及种植法。

收藏单位：重庆馆、江西馆、山西馆、上海馆、天津馆

一般性问题

播种、栽植、育苗

02245
江西省农业院果蔬种苗目录 [江西省农业院编]
江西省农业院，1940.1，26 页，32 开

收藏单位：江西馆

02246
无二种植法浅说 俞诚如 陈怀圃著述
上海：中国化学工业社，1941.9，44 页，32 开

本书共 7 部分：总论、无土种植法之优点、用具与设备、植物营养剂、无土种植与天气湿度温度阳光、种植方法、附录。

收藏单位：内蒙古馆、上海馆

02247
园产制造实验法 蔡致谟 熊同和编
浙江大学园艺学会，1944.1，52 页，16 开

收藏单位：南京馆

02248
园产制造实验法 熊同和 蔡致谟编著
南京：国立中央大学园艺系，1942.1，46 页，16 开
南京：国立中央大学园艺系，1946.12，再版，46 页，16 开

本书共 3 部分：实验准备、实验法、附录，介绍了果冻、果泥、蜜饯、蜜枣、花生糖、番茄泥、果酒、果醋等 50 种制法。

收藏单位：南京馆

02249
园艺作物与土壤 陈恩凤著
上海园艺事业改进协会出版委员会，1947.4，14 页，32 开（上海园艺事业改进协会丛刊 7）

本书内容包括：园艺作物栽培对于土壤的影响、土壤肥力对于园艺作物的影响、无土栽培对于园艺事业的可能应用等。封面题名：园艺作物和土壤。

收藏单位：国家馆、上海馆、浙江馆

苗圃学

02250
奉化茂森农场果树种苗价目录 杨昌德编
[奉化]：茂森农场，[90] 页，32 开

本书内容包括：绪论、总则、函购办法、预约办法、赔苗办法、栗之栽培法、除虫菊栽培法等。

02251
果苗目录 青岛果产股份有限公司编
[青岛]：青岛果产股份有限公司，1939 冬，14 页，23 开

02252
接木法 国立中央大学农学院推广部编
南京：国立中央大学农学院推广部，30 页，24 开（农业浅说丛书 45）

本书介绍果树花木的嫁接法。

收藏单位：上海馆

02253
接木方法（下） 江苏省立民众教育院 劳农学院研究部编
江苏省立民众教育院研究部，12 页，32 开（注音农民小丛书）

本书介绍了普通嫁接法和芽接嫁接法。

收藏单位：国家馆

02254
苗圃经营概要　李琨编
江西省立农艺专科学校，1933.2，24页，22开（农林丛刊1）
收藏单位：江西馆

02255
巧夺天工（农业常识）　李劭青著
北平：中华平民教育促进会，1930.11，18页，50开（平民读物64）
北平：中华平民教育促进会，1932.10，再版，18页，50开（平民读物64）
本书介绍了农业嫁接的一些常识。
收藏单位：国家馆

02256
山林园艺种苗时报　逢茂拓殖公司农林部编
香港：逢茂拓殖公司农林部，[1921]，38页，16开
本书为逢茂拓殖公司经售园艺种苗的目录广告。内容包括：南阳正种爪哇菠萝栽种法、山林种苗之部、有加利造林法、林业种子类等。
收藏单位：国家馆

02257
上海市市立园林场树苗花卉目录　上海市市立园林场编
上海市市立园林场，33页，23开
收藏单位：南京馆

蔬菜园艺

02258
菜园经营法　吴耕民著
外文题名：Vegetable gardening
上海：商务印书馆，1930.4，117页，32开（万有文库第1集630）（农学小丛书）
上海：商务印书馆，1932.12，117页，32开（农学小丛书）
上海：商务印书馆，1933.6，2版，117页，32开（农学小丛书）
上海：商务印书馆，1934.7，再版，117页，32开（万有文库第1集630）（农学小丛书）
上海：商务印书馆，1934，3版，117页，32开（农学小丛书）
上海：商务印书馆，1935.6，4版，117页，32开（农学小丛书）
上海：商务印书馆，1939.12，简编本，117页，32开（万有文库第1集630）（农学小丛书）
本书共8章：总说、经营菜园之六大栽培要素、蔬菜种类及品种之选择、苗床、轮作连作及间作、采收及贩卖、贮藏及制造、中国菜园经营上应改进诸点。
收藏单位：安徽馆、重庆馆、东北师大馆、广东馆、广西馆、贵州馆、国家馆、河南馆、黑龙江馆、湖南馆、江西馆、辽大馆、辽师大馆、南京馆、内蒙古馆、宁夏馆、上海馆、天津馆、浙江馆

02259
菜园手册　中直劳动英雄座谈会辑
北京：新华书店，[1940—1949]，24页，32开（生产丛书）
收藏单位：国家馆

02260
蚕豆遗传之初步研究报告　华兴鼐著
外文题名：Genetical study of vicia faba-a preliminary report
重庆：农林部中央农业实验所，1943.4，16页，16开（农林部中央农业实验所特刊29）
本书共5部分：引言、材料描述、结果及讨论（花色遗传、花形遗传、株形及叶色遗传、种子皮色遗传、连续遗传之分析）、结论、致谢。
收藏单位：国家馆

02261
草菇实验栽培法　何孔昭编著
桂林：种植草菇试验场，1938.10，48页，32开
收藏单位：重庆馆、桂林馆

02262
草菇栽培法 国立中山大学农学院推广部编
广州：国立中山大学出版部，1928.7，6页，25开（农林浅说 园艺类4）
广州：国立中山大学出版部，1934.10，4版，6页，25开（农林浅说 园艺类4）
本书共11部分：草菇性状、选地、整地、选草、堆秆、下种、灌溉、收采、焙制、留种、利益。
收藏单位：国家馆

02263
草蕈栽培术（一名，稻草种兰花菇法） 余小铁编
杭州：余小铁种蕈园，1935.8，10页，32开
本书共11部分：绪言、草蕈之状况、事前之准备、基料与害虫、堆积之方式、菌种之移植、温湿之注意、发生与采摘、鲜售及制干、制种之手续、成本及余利。书前有图5幅。
收藏单位：国家馆

02264
番南瓜与南瓜之杂交及其染色体之研究（中英文合编） 李先闻著
外文题名：Cyto-genetical studies of the cross between the squash (Cucurbita maxima Duch.) and pumpkin (C. pepo L.)
南京：实业部中央农业实验所，1935.1，[24]页，16开（实验部中央农业实验所研究报告第1卷第5号）
收藏单位：广东馆、国家馆

02265
番茄草莓栽培法 孙云蔚编
上海：中华书局，1936.6，146页，22开（初中学生文库）
上海：中华书局，1936.12，再版，146页，22开
昆明：中华书局，1941.1，4版，146页，32开（初中学生文库）
本书分上、下两编，上编番茄，下编草莓。内容注重于实地栽培之应用，涉及性状及来历、用途及效能、分类及品种、风土及前后作物、栽培、管理、病虫害等方面。
收藏单位：重庆馆、广东馆、湖南馆、江西馆、南京馆、内蒙古馆、山西馆、上海馆

02266
番茄的食用价值及栽培方法 四川省农业改进所编
四川省农业改进所，1940，5页，32开（农林浅说51）
收藏单位：国家馆

02267
番茄研究 李俊著 李庆丰校
北平：燕京农园，1934.8，54页，32开（实业丛书 番茄研究6）
本书介绍了番茄的概况、性质、种植过程、作物管理、病害以及番茄制品和番茄食谱。
收藏单位：国家馆

02268
番茄栽培法 江西省农业院编
[泰和]：江西省农业院，1940.6，14页，32开
[泰和]：江西省农业院，1940，再版，14页，32开（推广丛书 园字5）
本书共10部分：总说、植物性状、种类、风土、栽培、收获与贮藏、采种、加工、病虫害、实习指导。
收藏单位：重庆馆

02269
番茄栽培及加工法 （日）久野正明撰 朱建霞译
上海：商务印书馆，1949.5，57页，32开（农学小丛书）
本书共3章：概论、栽培法、加工法。内容包括：性状、品种、风土、采种、育苗、定植、定植后的管理、病虫害、收获、工场及加工用具、加工程序等。
收藏单位：东北师大馆、国家馆、黑龙江馆、内蒙古馆

02270
番茄栽培浅说 管家骥编著
行政院营养改进运动，1941.3，12 页，32 开（行政院营养改进运动刊物 8）
本书介绍了番茄的栽培方法。
收藏单位：南京馆、浙江馆

02271
福州蔬菜栽培之时间表 河为廉等著
外文题名：A time-table for planting vegetables in Foochow
福州：私立福建协和大学农学院农报编辑委员会，1949，155—162 页，18 开
本书为《协大农报》第 10 卷第 3—4 期抽印本。
收藏单位：福建馆

02272
改良段木种菇术 李师颐著
上海：中国农业书局，1939.4，148 页，42 开
本书介绍在砍倒的树材上种植香菇的方法。封面、书脊、书名页副书名题：菇农秘传。
收藏单位：上海馆、首都馆

02273
甘蓝菜 江西省农业院编
[泰和]：江西省农业院，1939.11，8 页，32 开（推广丛书 园字 6）
[泰和]：江西省农业院，1940，再版，8 页，32 开（推广丛书 园字 6）
收藏单位：重庆馆

02274
甘蓝留种试验报告 郭枢 林斯德等编著
[永安]：福建省农业改进所，1947.9，14 页，16 开
本书为《福建农业》第 7 卷单行本。

02275
甘蓝栽培法 孙云蔚著
上海：中华书局，1936.2，136 页，32 开（初中学生文库）
上海：中华书局，1936.12，再版，136 页，32 开（初中学生文库）
昆明：中华书局，1941.1，4 版，136 页，32 开（初中学生文库）
本书介绍甘蓝的原产地及来历、地位及形态、用途及效能、分类及品种、风土及其前后作物等内容。
收藏单位：安徽馆、重庆馆、大庆馆、广东馆、广西馆、贵州馆、黑龙江馆、江西馆、辽大馆、辽宁馆、内蒙古馆、浙江馆

02276
葛之养苗实际及葛之重要性 工务总署水利局计划科编
工务总署水利局计划科，1944，油印本，7 页，16 开
收藏单位：国家馆

02277
瓜和豆 陈俊愉编著
金华：正中书局，1941.10，52 页，32 开（特教丛刊 12）
重庆：正中书局，1944.2，4 版，51 页，32 开（特种教育丛刊 12）
上海：正中书局，1947.12，沪 1 版，52 页，32 开（特种教育丛刊 12）
本书共 20 章，讲述胡瓜、南瓜、西瓜、冬瓜、越瓜、丝瓜、甜瓜八类瓜种和大豆、豌豆、豇豆、四季豆等豆类植物的栽培原理和利用的办法。
收藏单位：重庆馆、国家馆、南京馆、内蒙古馆

02278
黄平之白木耳 张圣轩调查 张宗弼审查
国民经济研究所，[1930]，油印本，7 叶，12 开，环筒页装
本书为国民经济研究所调查报告。
收藏单位：重庆馆

02279
江北地方蔬菜栽培参考 江北兴业公司农务部编

江北兴业公司农务部，1925.5，5 页，16 开
收藏单位：南京馆

02280
茭白之解剖 毛宗良著
出版者不详，[1930—1941]，11 页，16 开
本书主要介绍茭白与野生之蒋儿菜的区别，研究茭白叶鞘赖以维持的厚膜组织，分析茭白茎部膨大原因。
收藏单位：国家馆、南京馆

02281
科学的种菇法 冯焕文 肖苇编
上海：中国农业书局，1941.11，368 页，36 开，精装
本书共 16 章：菇的经济价值、菇的生殖、发育要素、养菇场、菌床材料、菌床材料之处理、菇种、培养法、病虫害及其驱除预防法、包装及运输、制干贮藏、菌种制造法、菇类生长之习性、菇的收藏、有毒菇的鉴别及救治法、烹饪。卷端题名：科学种菇。编者“冯焕文”原题：翰章。
收藏单位：国家馆、上海馆

02282
理论实用蔬菜园艺学 徐绍华编著
上海：新农企业股份有限公司，1949.2，328 页，22 开（新农丛书）
本书共两编：通论、各论。通论内容包括：蔬菜园艺之意义及种类、蔬菜之滋养价值及效能、蔬菜之分类、蔬菜之土壤与肥料、蔬菜之种子等；各论内容包括：多年生蔬菜类、叶菜类、生食菜类、甘蓝类、根菜类、鳞茎类、马铃薯等。目录页及正文书名题：蔬菜园艺学。为大学教本。
收藏单位：广东馆、河南馆

02283
萝卜白菜栽培法 孙云蔚编
上海：中华书局，1936.2，126 页，32 开（初中学生文库）
上海：中华书局，1936.10，再版，126 页，32 开（初中学生文库）
昆明：中华书局，1941，4 版，126 页，32 开（初中学生文库）
本书分上下两编：萝卜、白菜。上编共 12 章：原产地及现况、形态及地位、用途及效能、分类及品种、栽培法、肥料、收获包装及贮藏、采种、病虫害、加工制造及煮食法、栽培之利益计算；下编共 13 章：原产地及现况、形态及地位、用途及效能、分类及品种、风土及前后作物、结球白菜栽培法、直立种及塌地种栽培法、肥料、收获及贮藏、采种法、病虫害、烹煮及加工制法、栽培之利益计算。书末附萝卜白菜品种调查表等。
收藏单位：安徽馆、重庆馆、大庆馆、广西馆、贵州馆、黑龙江馆、江西馆、南京馆、内蒙古馆、天津馆

02284
满洲蔬菜提要 （日）柏仓真一著
大连：满洲书籍株式会社，1944.6，235 页，22 开
本书共 15 章：蔬菜、满洲之蔬菜园艺的特征、气候和蔬菜、土质和蔬菜、种子、肥料、农具、药剂、苗床、木框温床、温室、播种和温床管理、促成栽培、连作和轮作、蔬菜的贮藏。为东北沦陷区出版物。
收藏单位：国家馆

02285
人工种蕈法（一名，蕈之栽培） 吴竟良编著
上海：中国农业书局，1941，2 版，69 页，36 开
上海：中国农业书局，1942.1，3 版，69 页，36 开
本书共 4 章：蕈之观察、蕈之栽培、菌丝砖、蕈之病虫害。
收藏单位：南京馆、上海馆

02286
日本原产之葛在华北分布、栽培，及生育状况 工务总署水利局计划科编
工务总署水利局计划科，1944.7，油印本，9 页，16 开
本书内容包括：日本原产之葛在华北增殖之经纬、工务总署对于日本产葛增殖之沿革、

日本产葛种分配各地之状况、各地葛之栽培及生育状况、葛在华北之自生分布状况等。

收藏单位：国家馆

02287

山东胶菜四川榨菜栽培法 庄逸林编著

上海：中国农业书局，1936.9，38 页，32 开

收藏单位：国家馆、南京馆、首都馆

02288

石刁柏栽培法 山逸农场编辑部编

定海：山逸农场事务所，5 页，32 开

本书介绍石刁柏的栽培方法。

收藏单位：浙江馆

02289

食用菌栽培法 史公山编著

上海：商务印书馆，1935.6，162 页，32 开（农学小丛书）

长沙：商务印书馆，1939.6，3 版，162 页，32 开（农学小丛书）

本书共 8 章：绪说、菌之生理及其成分、中国段木栽培法、西洋马粪栽培法、科学的锯屑瓶栽法、菌之敌害、菌之干制及贮藏法、银耳栽培法。

收藏单位：安徽馆、重庆馆、广东馆、贵州馆、国家馆、江西馆、南京馆、内蒙古馆、首都馆、天津馆、西南大学馆

02290

实验甘蓝栽培法 厉慕鹗编

杭州：萃芳园营业部，1922.9，14 页，32 开

本书封面、书口题名：甘蓝种植法。

02291

实验人工种菌百答 潘志农著

福州：三山农艺社种菌部，1934.8，再版，52 页，32 开

收藏单位：国家馆

02292

实验人工种菌百答 三山农艺社种菌部著

福州：三山农艺社种菌部，1932，56 页，32 开

本书系由历年学员研究问答并参以实验汇编而成，专供实地经营菌业者参考之用。

收藏单位：重庆馆

02293

实验蔬菜园艺学新编 顾鸣盛编辑

上海：科学书局，1914，230 页，22 开（农业丛书）

收藏单位：首都馆

02294

实用蔬菜园艺 伊钦恒著

上海：世界书局，1947.7，338 页，36 开

本书共两编：绪论、各论。75 章，绪论介绍蔬菜园艺研究的对象、蔬菜对于人生的关系、蔬菜的分类、蔬菜栽培的要素、蔬菜园的作业、蔬菜的病害等；各论分述各种蔬菜的性状、来历、风土、分类、品种、栽培、管理等。有插图 70 帧。为高级农业职业学校教材，农业经营参考适用。

收藏单位：重庆馆、东北师大馆

02295

实用蔬菜园艺学 何铎著

益智书店，1943.7，246 页，36 开

本书分通论、各论两部分。内容包括：蔬菜之起源及其范围、蔬菜栽培之状况、蔬菜之分类、蔬菜栽培之要素、蔬菜园之设施、苗床、种子、蔬菜耕种之主要事项等。

收藏单位：国家馆

02296

实用蔬菜园艺学 周清 赵仰夫编著

上海：新学会社，1929.2，12+126+256 页，22 开，精装

上海：新学会社，1932.9，12+126+256 页，大 32 开

上海：新学会社，1932，2 版，12+126+256 页，22 开

上海：新学会社，1934.9，增订 3 版，12+126+256 页，22 开

上海：新学会社，1935.3，增订 4 版，12+126+256 页，22 开

本书分前后两编，前编共11章：蔬菜栽培之起源及范围、蔬菜栽培之状况、蔬菜之分类、蔬菜栽培之要素、蔬菜园之设施、苗床、种子、蔬菜耕种之主要事项、管理、促成栽培及软化法、收获贩卖及贮藏法；后编共8章：果菜类、荚菜类、根菜类、叶菜类、花菜类、香辛类、芽菜类、水菜类。

收藏单位：国家馆、南京馆、山西馆、首都馆

02297

实用蔬菜园艺学　周清　赵仰夫编著

上海：中国农业书局，1949.9，5版，12+126+256页，23开

收藏单位：江西馆

02298

蔬菜大全　颜纶泽著

上海：商务印书馆，1936.8，642页，22开，精装（大学丛书 教本）

长沙：商务印书馆，1938.5，再版，23+642页，22开，精装（大学丛书 教本）

长沙：商务印书馆，1938.6，2册，22开（大学丛书 教本）

长沙：商务印书馆，1938.6，6版，2册，23开，精装（大学丛书 教本）

上海：商务印书馆，1941，4版，2册（23+642页），25开（大学丛书 教本）

上海：商务印书馆，1947，2册（23+642+10页），25开（大学丛书 教本）

上海：商务印书馆，1947，4版，2册（23+642+10页），25开（大学丛书 教本）

上海：商务印书馆，1948.1，5版，2册，23开（大学丛书 教本）

上海：商务印书馆，1949.9，6版，2册，23开（大学丛书 教本）

本书分上、下两卷。上卷总论共12章：蔬菜及蔬菜园艺之释义、蔬菜园艺之利益、蔬菜性质、蔬菜栽培状况、蔬菜分类、蔬菜栽培之要素、蔬菜栽培之作业次序、蔬菜之增长法、蔬菜促成栽法、蔬菜轮栽法连栽法间栽法、蔬菜园之设计、我国蔬菜产况；下卷各论共7章：根菜类、茎菜类、叶菜类、花菜类、果菜类、杂项、防除蔬菜病虫害主要药剂配合法。

收藏单位：重庆馆、广东馆、贵州馆、国家馆、湖南馆、江西馆、辽大馆、南京馆、山西馆、首都馆、浙江馆

02299

蔬菜的制造贮藏　太行行署编

[涉县]：[太行行署]，1946，16页，64开

本书共4部分：贮藏农产品的原则、蔬菜贮藏法、蔬菜的制造、做西红柿酱。为农业技术文件第14号。

收藏单位：国家馆

02300

蔬菜的种法　蒋鸿泽编纂

上海：商务印书馆，1936.5，38页，42开（民众基本丛书 第1集 实业类）

本书介绍种了蔬菜种植的时节、种植的方法、肥料的使用、蔬菜的耕作等知识。

收藏单位：江西馆

02301

蔬菜·果树　邹盛文　褚藜照编

上海：中华书局，1948.6，30页，32开（中华文库 民众教育1）

本书分蔬菜和果树两卷，蔬菜卷共7节：总说、菜的种类、菜的种法、菜园的布置、轮种、菜类的贮藏、结论；果树卷共8节：果树的分类、果树的繁殖法、果园的预备、苗木的培养和移植、果树的肥料、果树的修枝和整枝、果实的采收和贮藏、果实的包装与运输。

收藏单位：东北师大馆、贵州馆、上海馆

02302

蔬菜教科书　（日）佐佐木祐太郎著　赖昌译

上海：新学会社，1913，168页，22开

本书内容包括：蔬菜、蔬菜的气候土质、蔬菜的蕃殖、叶菜类总论等。为中等农学校用书。

收藏单位：首都馆

02303
蔬菜一年种到头　方与严编
上海：儿童书局，1931，3 册（28+31+31 页），32 开（自然学园 儿童科学丛书）
上海：儿童书局，1932—1933，3 版，3 册（28+31+ 31 页），32 开（自然学园 儿童科学丛书）
本书分为上、中、下 3 册，以对话的形式简要介绍了种植蔬菜的基本知识，内容涉及播种、中耕、病虫害等。
收藏单位：广西馆、贵州馆、国家馆、江西馆、绍兴馆、首都馆

02304
蔬菜一年种到头（下）　方与严编
上海：儿童书局，1932.6，再版，31 页，32 开（自然学园 儿童科学丛书）
收藏单位：国家馆、江西馆

02305
蔬菜园经营简要　许调履著
泰和：文化服务部，1944.5，40 页，32 开（实用丛书）
本书从家庭蔬菜园的经营必要、地点及面积、土地及种子、育苗方法和栽培及管理方面讲述蔬菜园经营的要义。
收藏单位：重庆馆、江西馆、南京馆

02306
蔬菜园艺　龚厥民编
上海：商务印书馆，1929.3，163 页，32 开
上海：商务印书馆，1930.5，再版，163 页，32 开
上海：商务印书馆，1933.2，国难后 1 版，163 页，32 开
上海：商务印书馆，1934.3，国难后 2 版，163 页，32 开
上海：商务印书馆，1934.9，国难后 3 版，163 页，32 开
上海：商务印书馆，1935.5，国难后 4 版，163 页，32 开（农学丛书）
本书分前后两编，前编共 6 章：概说、蔬菜之栽培、蔬菜之管理、蔬菜之收获、蔬菜改良法、特种栽培法；后编共 6 章：果菜类、根菜类、茎菜类、叶菜类、豆类、蕈类。
收藏单位：重庆馆、广东馆、国家馆、湖南馆、江西馆、南京馆、首都馆、西南大学馆、浙江馆

02307
蔬菜园艺　陆费执　顾华孙编
昆明：中华书局，1939.11，230 页，32 开（农业丛书）
昆明：中华书局，1941.1，再版，230 页，32 开（农业丛书）
昆明：中华书局，1947.2，4 版，230 页，32 开（农业丛书）
本书共 3 编：总论、通论、各论。总论及通论共 9 章：绪论、定名及分类、菜园、苗床、农具、栽培通则、促成栽培、软化栽培、收获及贮藏；各论共 7 章：叶菜类、根菜类、果菜类、荚菜类、香辛类、芽菜类、花菜类。书末附中文名词索引、西文名词索引。
收藏单位：重庆馆、广西馆、国家馆、河南馆、黑龙江馆、江西馆、上海馆

02308
蔬菜园艺教科书　周清编述
浙江农业学校，1915，380 页，22 开
收藏单位：首都馆

02309
蔬菜园艺学　黄绍绪编
上海：商务印书馆，1933.2，256 页，25 开
上海：商务印书馆，1933.9，再版，256 页，25 开
上海：商务印书馆，1934，3 版，256 页，32 开
上海：商务印书馆，1935，4 版，256 页，32 开
上海：商务印书馆，1935.5，订正 5 版，239 页，32 开
上海：商务印书馆，1936.3，订正 6 版，239 页，32 开
长沙：商务印书馆，1938.10，订正 8 版，239 页，32 开
长沙：商务印书馆，1941.6，订正 9 版，238 页，32 开
上海：商务印书馆，1949.8，订正 10 版，238 页，

32 开

本书共两卷：通论、各论。通论内容包括：土壤及位置、影响蔬菜品质之要素、种子、养料、水分、气候、冷床温床及温室、土地之预备、播种、移植、栽种制度等；各论共5编：根菜类、茎菜类、叶菜类、花菜类、果菜类。为新学制高级农业学校教科书、职业学校教科书。

收藏单位：重庆馆、东北师大馆、广东馆、国家馆、湖南馆、辽宁馆、南京馆、内蒙古馆、上海馆、绍兴馆、天津馆、浙江馆

02310

蔬菜园艺学　吴耕民著

上海：中国农业书社，1936.5，766 页，23 开，精装

上海：中国农业书社，1946.10，2 版，766 页，23 开

本书分总论、各论两编。总论介绍了蔬菜园艺的意义、范围，蔬菜对人类生活上之价值，蔬菜园艺经营法等；各论分述各种蔬菜的性状、品种、栽培管理等。

收藏单位：重庆馆、国家馆、黑龙江馆、湖南馆、南京馆、山西馆

02311

蔬菜栽培各论　熊同和编

上海：商务印书馆，1935.10，369 页，32 开

上海：商务印书馆，1936.11，再版，369 页，32 开

上海：商务印书馆，1938.11，3 版，369 页，32 开

本书共 12 章：蔬菜之分类、多年生菜类、煮食菜类、生食菜类、甘蓝类、根菜类、鳞茎类、地下茎类、豆类、茄果类、瓜类、杂类。每类下设性状及用途、品种、气候及土壤、繁殖法、栽培法、收获、病虫害等栏目。为高级农业学校教科书、高级农业职业学校教科书。

收藏单位：安徽馆、国家馆、辽宁馆、南京馆、内蒙古馆

02312

蔬菜栽培篇　（日）今村猛雄著　叶与仁译

上海：新学会社，1912.9，44 页，22 开

上海：新学会社，1914.5，3 版，44 页，23 开

上海：新学会社，1917.10，修正 3 版，44 页，25 开

本书共 5 章：总论、叶菜类、根菜类、瓜果类、香辛类。为农业教本。

收藏单位：江西馆、辽宁馆、南京馆、首都馆、浙江馆

02313

蔬菜栽培浅说　华北农事试验场编

华北农事试验场，1944.2，16 页，25 开

本书共 9 篇：蔬菜园之位置、蔬菜种类品种之选择及种植设计、种及苗、水、肥料、栽培管理、农具、贮藏、附表。

收藏单位：首都馆

02314

蔬菜栽培浅说（第 1 集）　管家骥等编

行政院营养改进运动，1942.8，44 页，32 开（行政院营养改进运动刊物 11）

收藏单位：重庆馆、国家馆、南京馆

02315

蔬菜栽培浅说（1）　浙江省农业改进所编

松阳：浙江省农业改进所，1943，再版，21 页，32 开（农业浅说 18）

本书介绍了 8 种蔬菜的栽培方法。

收藏单位：浙江馆

02316

蔬菜栽培全书　（日）福羽逸人著　林壬译

上海：中华新教育社，1928.3，1 册，25 开

本书共 6 篇 5 类：总论、根菜类、叶茎菜类、蔬果类、菌类、香辛料类。总论介绍蔬菜栽培的气候、土质、肥料、耕耘等栽培知识，分论各述根菜、叶茎、蔬果、菌、香辛料共 5 类蔬菜的栽培技能。

收藏单位：广东馆

02317

蔬菜栽培新法　吴峄著　庄崧甫校

上海：新学会社，1913，3 版，65 页，22 开

上海：新学会社，1913，4版，65页，22开
上海：新学会社，1924.9，订正5版，65页，23开
上海：新学会社，1927.9，订正6版，65页，23开
上海：新学会社，1928.9，订正7版，65页，23开

本书共17章：绪论、气候、土质、采种、苗床、播种、移植、肥料、施肥、当植、摘真法、收获法、轮栽法、促成栽培法、软化栽培法、病害并预防驱除法、虫害并预防驱除法。封面责任者题：吴球。校者原题：庄景仲。为学理应用。

收藏单位：国家馆、江西馆、首都馆

02318
四川榨菜 傅益永著
[重庆]：教育部民众读物编审委员会，17页，50开（民众文库）

收藏单位：重庆馆、首都馆

02319
四季的蔬菜 许剑庵 姚家栋编
正中书局，1937，18页，32开（儿童劳作小丛书7）

本书共8章：说在前面、春季下种的蔬菜、夏季下种的蔬菜、秋季下种的蔬菜、冬季下种的蔬菜、种植蔬菜的设备、一张简单的蔬菜种植历、尾语。

收藏单位：北师大馆、广东馆、贵州馆

02320
四季栽培人工种菇大全 潘志农著
福州：三山农艺社，1933.10，112页，22开
福州：三山农艺社，1936.5，再版，增订本，126页，25开
福州：三山农艺社，1947.7，3版，增订本，80页，22开
福州：三山农艺社，1948.6，4版，80页，22开

本书共8章：西洋松菇之概况、西洋松菇之人工种植、西洋松菇之病虫害、椴菇之栽培、椴菇之人造椴木栽培法、草菇之露地栽培法、草菇之室内栽培法、各菌类之制种法。3版及4版增为9章，即第9章为：银耳科学培育与制种法。目录页题名：人工种菇大全。封面题名由萧梦馥题写。

收藏单位：广东馆、国家馆、南京馆

02321
外国蔬菜的种法 熊卿云编
上海：商务印书馆，1926，15页，50开
上海：商务印书馆，1929，再版，15页，50开（平民小丛书49实业类）

收藏单位：首都馆

02322
我们吃秋天的蔬菜 儿童书局编辑部编
上海：儿童书局，1936，16页，32开
上海：儿童书局，1946，新10版，16页，32开（低级儿童百科丛书）

收藏单位：广西馆

02323
西洋菌栽培法 孙云蔚编
上海：中华书局，1935.10，98页，32开（初中学生文库）
上海：中华书局，1936.10，再版，98页，32开（初中学生文库）
昆明：中华书局，1941.1，4版，98页，32开（初中学生文库）
昆明：中华书局，1941.7，4版，98页，32开（初中学生文库）

本书共10章：概说、西洋菌之形态及品种、栽培场之设备、培养材料、培养材料之发酵、培养法、包装贮藏罐诘、病虫害、西洋菌之种菌制造法、经济计算。书末附西洋菌之家庭栽培法、西洋菌之栽培日记、西洋菌之烹煮法、湿度检查一览表。

收藏单位：重庆馆、广东馆、广西馆、贵州馆、国家馆、黑龙江馆、江西馆、辽大馆、辽宁馆、南京馆、内蒙古馆、上海馆、首都馆、天津馆、浙江馆

02324
萧山红萝卜之研究 许植方著
浙江省农矿调查所，1929，16页，16开

本书共8部分：名称及形态、研究之动机、植物色素之研究、研究色素之实验手续与结果、发酵对于色素之影响、萝卜之分析、萧山萝卜与甘蔗及甜菜之比较、萧山萝卜之功用。

收藏单位：国家馆、上海馆、浙江馆

02325

蕈之栽培 胡竟良编著

上海：新学会社，1933.1，再版，70页，25开

本书共4章：蕈之观察、蕈之栽培、菌丝砖、蕈之病虫害。书前有绪言，书末有结论。

收藏单位：广东馆

02326

怎样种菜 段伦第编著

上海：正中书局，1936，48页

重庆：正中书局，1940.12，48页，32开（特教丛刊14）

重庆：正中书局，1943.3，5版，48页，32开（特教丛刊14）

上海：正中书局，1946.2，沪1版，48页，32开（特教丛刊14）

上海：正中书局，1947，沪4版，48页，32开（特教丛刊14）

本书共4章：绪言、蔬菜之重要、四十种主要蔬菜栽培法、各种蔬菜所含成分表。附录皮尔多液及石油乳剂配制法、参考材料。责任者又题：段抡第。

收藏单位：重庆馆、东北师大馆、广东馆、国家馆、江西馆、辽宁馆、南京馆、上海馆、浙江馆

02327

中等蔬菜园艺学 顾华孙编

上海：中华书局，1926.11，115页，32开

上海：中华书局，1931.9，4版，115页，32开

上海：中华书局，1932.11，6版，115页，32开

上海：中华书局，1933，8版，115页，28开

上海：中华书局，1941.1，15版，115页，28开

上海：中华书局，1948.8，18版，115页，32开

香港：中华书局，1948.8，19版，115页，32开

本书分总论、各论两篇。总论叙述关于蔬圃预备、管理、作业等；各论分为叶菜、根菜、果菜、荚菜、香辛等7类，叙述其性状、品种、栽培法等。为新学制农业教科书。

收藏单位：重庆馆、黑龙江馆、湖南馆、江西馆、南京馆、内蒙古馆、上海馆、浙江馆

02328

中国蔬菜种植期 吴光达著

上海园艺事业改进协会出版委员会，1948.9，44页，32开（上海园艺事业改进协会丛刊25）

本书内容包括：蔬菜作物之分类、秋季种植期之确定等，重点记录了各种蔬菜详细的种植日期。封面题名：中国蔬菜播种期。

收藏单位：南京馆、首都馆

02329

种菜常识

新华书店，1944，85页，32开（生产丛书）

本书共3部分：一般问题、十三种菜蔬的栽培方法、蔬菜保藏。书末附梨树、桃树、葡萄、枣树共四种果树的栽培方法。

收藏单位：南京馆、山东馆

02330

种菜的方法 邹盛文著

上海：中华书局，1925.5，22页，36开

上海：中华书局，1930.3，4版，22页，36开（科学小丛书）

上海：中华书局，1932.12，6版，22页，36开

上海：中华书局，1934.8，7版，22页，36开（科学小丛书）

本书共7部分：总说、菜的种类、菜的种法、菜园的布置、轮种、菜类的贮藏、结论。

收藏单位：重庆馆、广西馆、江西馆、天津馆

02331

种菜法 黄绍绪著

外文题名：Vegetable growing

上海：商务印书馆，1929.10，76页，32开（万有文库第1集631）（农学小丛书）

上海：商务印书馆，1932.12，76页，32开（农学小丛书）

上海：商务印书馆，1934.4，再版，60 页，36 开（农学小丛书）
上海：商务印书馆，1934.7，再版，76 页，32 开（万有文库 第 1 集 631）（农学小丛书）
上海：商务印书馆，1935，3 版，76 页，32 开（农学小丛书）
重庆：商务印书馆，1943.4，渝 1 版，60 页，32 开（农学小丛书）
重庆：商务印书馆，1944.6，渝 2 版，60 页，36 开

本书共 14 章：绪论、影响蔬菜品质之要素、蔬菜之分类、成熟速之寒季蔬菜、在炎夏前成熟之移植蔬菜、秋季寒期生长之蔬菜、能耐夏季炎热之寒季蔬菜、葱类、地下茎类、多年生菜类、水生菜类、热季豆荚类、热季青菜类、热季须行移植之菜类。

收藏单位：安徽馆、重庆馆、大连馆、东北师大馆、广东馆、广西馆、贵州馆、国家馆、黑龙江馆、湖南馆、江西馆、辽宁馆、辽师大馆、内蒙古馆、宁夏馆、山西馆、上海馆、绍兴馆、天津馆、西南大学馆、浙江馆

02332
种菜浅说　刘选青编
[重庆]：巴县建设局农业推广处教育组，[1930]，14 页，36 开（巴县建设局农业推广处出版品 13）

本书为巴县建设局农业推广处教育组第 4 期教材。

收藏单位：重庆馆

02333
种菜浅说　秦翌著
上海：中华书局，1935.6，79 页，32 开（常识丛书 45）

本书共 6 部分：菜之功用、菜之种类、蔬菜之栽培要素、促成栽培法、菜之分说、菜之病虫害。

收藏单位：国家馆、黑龙江馆、湖南馆、江西馆、南京馆、内蒙古馆、浙江馆

02334
种菇新法　农业学会社编
上海：农业学会社，1918.1，60 页，32 开

收藏单位：南京馆

02335
种瓜法　胡竟良著
外文题名：Melon culture
上海：商务印书馆，1930，97 页，32 开（万有文库 第 1 集 632）（农学小丛书）
上海：商务印书馆，1931.12，97 页，32 开（万有文库 第 1 集 632）（农学小丛书）
上海：商务印书馆，1934.7，97 页，32 开（农学小丛书）
上海：商务印书馆，1934.8，再版，97 页，32 开（农学小丛书）
上海：商务印书馆，1935.7，3 版，97 页，32 开（农学小丛书）
上海：商务印书馆，1947.7，4 版，97 页，32 开（农学小丛书）

本书介绍了西瓜、甜瓜、胡瓜、南瓜、冬瓜、丝瓜等瓜类的种植方法。

收藏单位：安徽馆、重庆馆、大连馆、东北师大馆、广西馆、贵州馆、国家馆、河南馆、黑龙江馆、湖南馆、江西馆、辽大馆、辽师大馆、南京馆、内蒙古馆、宁夏馆、山西馆、上海馆、绍兴馆、天津馆、西南大学馆、浙江馆

02336
种蕈实验谈　余小铁编
杭州：余小铁种蕈园，1933.10，78 页，32 开

本书共 3 编：马粪种蕈法、锯屑种蕈法、其他种蕈法及菌种制造。收录图版 92 幅。书名页及版权页一名：科学种菇术。

收藏单位：国家馆

02337
种椰菜　国立中山大学农学院推广部编
广州：国立中山大学出版部，1928.5，5 页，22 开（农林浅说 园艺类 5）
广州：国立中山大学出版部，1934.10，6 版，5 页，22 开（农林浅说 园艺类 5）

本书共 9 部分：椰菜之历史、椰菜之种类、椰菜之用途、椰菜之气候、椰菜之土质与肥料、椰菜之栽培、椰菜之病害、椰菜之

虫害、椰菜之收获。

收藏单位：国家馆

02338

竹与笋 萧林编

上海：中国农业书局，1937.3，192 页，36 开，精装（农村副业丛书 1）

本书共两篇：栽培概说、鞭根式竹笋栽培法。第 1 篇共 2 章：竹笋之栽培、鞭根；第 2 篇共 13 章：土地、母竹栽植法、根株栽植及鞭根诱导法、母竹养成法、亲竹、采伐、笋园之更新期、埋根、笋园之管理、竹园之肥料、竹之收获、笋之促成栽培法、笋之栽培用具。附插图 18 幅。

收藏单位：广东馆、贵州馆、辽宁馆

02339

最新实验人工种菇问答 潘志农著

福州：三山农艺社种菇部，1932.10，1 册，23 开

福州：三山农艺社种菇部，1934.8，再版，1 册，23 开

福州：三山农艺社种菇部，1937.7，3 版，110 页，23 开

福州：三山农艺社种菇部，1947.9，4 版，66 页，23 开

本书共 4 篇：西洋松菇、榎菇、草菇、杂题。逐页题名：人工种菇问答。系由历年学员研究问答并参以实验汇编而成，专供实地经营菌业者参考之用。

收藏单位：重庆馆

02340

最新实益蔬菜园艺 农业进步社编辑局园艺系著

旅顺：农业进步社，1938.5，11+322+24 页，32 开

本书共两编：蔬菜总论、蔬菜栽培各论。第 1 编共 15 章，内容包括：蔬菜、蔬菜之分类、蔬菜园、蔬菜之种子、满洲之风土与蔬菜之种类、南满洲的蔬菜园、蔬菜栽培的秘诀、早熟栽培的要点等；第 2 编共 7 章：果菜类、荚菜类、根菜类、叶菜类、鳞茎菜类、嫩茎菜类、花菜类。书末附满洲主要蔬菜之优良品种等。正文页书名题：蔬菜园艺。

收藏单位：首都馆

02341

最新香蕈冬菇及白木耳之栽培 魏新农编

上海：大通图书社，1923，113 页，32 开

上海：大通图书社，1934.8，113 页，32 开

本书共 20 章，内容包括：香蕈之需要与生产、宜于栽培蕈类之地、蕈类发生之理、栽培香蕈之原木、砍取原木之时节、砍取原木后之处理法等。正文页书名题：最新香蕈冬菇及白木耳之栽培法，版权页书名：香蕈冬菇及白木耳之栽培法。为农业科普读物。

收藏单位：重庆馆、国家馆、山西馆

瓜果园艺

02342

德县西瓜调查报告 吴耕民等著

济南：国立山东大学农学院，1934，16 页，16 开（丛刊 第 1 号）

本书介绍德县西瓜栽培历史、现状、地势、土质、品种、栽培法、瓜子瓜栽培法。正文页书名题：德县（即德州）西瓜调查报告。

收藏单位：国家馆、浙江馆

02343

兰州之醉瓜 沈隽著

农林部中央农业实验所，[1944]，[3] 页，16 开

本书为农林部中央农业实验所《农报》第 10 卷第 10—18 期抽印本。

收藏单位：国家馆

02344

西瓜百合栽培法 孙云蔚编

上海：中华书局，1934.6，141 页，32 开（初中学生文库）

上海：中华书局，1936.6，141 页，25 开（初中学生文库）

上海：中华书局，1936.12，再版，141 页，25 开（初中学生文库）
昆明：中华书局，1941.1，4 版，141 页，32 开（初中学生文库）

本书分上、下两编，上编为西瓜，下编为百合。介绍了西瓜百合的原产地及来历、在植物学上的形态、用途及效能等内容。

收藏单位：安徽馆、重庆馆、广东馆、广西馆、贵州馆、江西馆、南京馆、内蒙古馆、上海馆、浙江馆

02345
西瓜栽培法　江西省农业院编
江西省农业院，1939.12，22 页，32 开（推广丛书 5）
江西省农业院，1941.3，2 版，22 页，32 开（推广丛书5）

本书正文页题名：栽培西瓜方法。

收藏单位：重庆馆、江西馆、南京馆、西南大学馆

02346
西瓜栽培法　张博和　邓文俊著
中国西部科学院农林研究所，1937.3，38 页，32 开（中国西部科学院农林研究所农业丛书）
中国西部科学院农林研究所，1947，38 页，32 开（中国西部科学院农林研究所农业丛书）

本书共 25 部分，介绍西瓜的栽培方法，内容包括：性状、品种、气候及土壤、整土、浸种、播种、间拔、移植、灌溉、排水、施肥、中耕、整蔓、压蔓、选瓜、翻瓜、收获、运输、香瓜栽培法、贮藏等。

收藏单位：重庆馆、国家馆

02347
益都甜瓜调查报告（附济南附近甜瓜品种）
吴耕民等著
济南：国立山东大学农学院，1934.1，34 页，16 开（丛刊 第 3 号）

本书介绍益都西瓜栽培历史及现状、气候、地势及土质等。正文页书名题：益都（即青州）甜瓜调查报告。

收藏单位：国家馆、浙江馆

02348
最新西瓜百合栽培法　孙云蔚编
上海：中华书局，1934.6，110 页，32 开（实用园艺丛书）

本书分上、下两编，上编为西瓜，下编为百合。介绍了西瓜百合的原产地及来历、在植物学上的形态、用途及效能等内容。书末附南京西瓜栽培法、南京百合栽培法、百合栽培法调查表等。

收藏单位：安徽馆、重庆馆、贵州馆、国家馆、河南馆、江西馆、辽大馆、辽宁馆、南京馆、内蒙古馆、山西馆、上海馆、首都馆、浙江馆

果树园艺

02349
草莓　江西省农业院编
江西省农业院，1936，12 页，32 开
江西省农业院，1940.4，再版，12 页，32 开（推广丛书 3）

本书内容包括：草莓的性状及功用、栽培草莓的气候及土质、繁殖法、肥料、管理、采收等。

收藏单位：重庆馆、江西馆、南京馆

02350
长安金柑调查报告　宋本荣编著
柳州：广西农事试验场，1936.3，10 页，16 开

本书共 12 章：种类、性状、地理、位置与地势、土质、肥料、栽培距离、剪定、繁殖、结论、提要、参考文献。

收藏单位：桂林馆、国家馆、南京馆

02351
肥城桃调查报告　吴耕民　管超　张励新 [编著]
济南：国立山东大学农学院，1934.12，20 页，16 开（丛刊 第 5 号）

本书共 14 部分：绪言、肥城栽培之历史、肥城桃栽培区域及树数产量统计、气候、地

势与土质、品种、栽培法、结果年龄及采收、病虫害、包装及运输、贩卖及价格、租园、结论及改进意见、肥城桃易地栽培之商榷。

收藏单位：国家馆、浙江馆

02352

福建之柑橘　胡昌炽著

福州：福建省农林改良总场，1936，34页，16开（农林调查报告1）

本书共8部分：福建柑橘生产事业之重要、福建柑橘栽培之历史与分布、福建气候土质与柑橘栽培、福建野生与栽培之柑橘种类、福建柑橘类之栽培法、福建柑橘类之采收贮藏包装运输方法、福建柑橘类病虫害、福建柑橘生产事业应有之改良。

收藏单位：国家馆、上海馆

02353

柑橘　胡昌炽著

上海：商务印书馆，1934.3，123页，32开（百科小丛书）

上海：商务印书馆，1935.4，再版，123页，32开（百科小丛书）

本书共两部分：温州福州潮州漳州新会柑橘概述、温州黄岩塘栖柑橘调查。内容包括：关于学术方面者、关于栽培方面者、关于经济方面者、栽培方法、销路与贩卖方法。书末附柑橘的变异及改良、柑橘类及介壳虫和它的敌虫。

收藏单位：重庆馆、广东馆、国家馆、江西馆、辽大馆、南京馆、宁夏馆、山西馆、上海馆、浙江馆

02354

柑橘　江西省农业院编

江西省农业院，1938.11，26页，25开（推广丛书1）

江西省农业院，1941.3，3版，16页，32开（推广丛书1）

收藏单位：江西馆、南京馆

02355

柑橘类果树剪枝法　广东建设厅农林局园艺系编

广州：广东建设厅农林局推广课，1933秋，8页，32开

广州：广东建设厅农林局推广课，1933冬，再版，8页，32开

广州：广东建设厅农林局推广课，1933冬，3版，8页，32开

广州：广东建设厅农林局推广课，1935春，4版，8页，32开（推广丛书2）

本书内容包括：柑橘类果树剪枝的意义、剪枝的利益、种类及方法等。

收藏单位：重庆馆

02356

柑橘类果树剪枝法　广东省建设厅农林局园艺系编

[广州]：广东省建设厅农林局推广课，1932.3，10页，32开（农业推广丛书2）

收藏单位：国家馆

02357

柑橘类栽培改良法　温文光著

广州：中山大学农学院推广部，1932.9，294页，22开，精装

本书共14章：绪言、柑橘对于风土之关系、柑橘之性状、柑橘之品种、柑橘之繁殖、柑橘之栽植、柑橘之施肥、柑橘结果之习性、柑橘之剪定与整枝、柑橘之病虫害及防除法、中耕除草及间作、柑橘之灌溉、防寒、柑橘之采收贮藏贩卖及包装。

收藏单位：国家馆

02358

柑橘事业的一个借镜　钟俊麟著

上海园艺事业改进协会出版委员会，1947.6，46页，32开（上海园艺事业改进协会丛刊13）

本书内容包括：前言、加利福尼亚州柑橘事业简史、加州的柑橘运销事业等。

收藏单位：重庆馆、桂林馆、国家馆、南京馆、上海馆、浙江馆

02359

柑橘洗果贮藏硼砂待用品试验报告（1）　王

清和　黄启章 [著]
福州：私立福建协和大学农学院，1944，123—127 页，18 开
收藏单位：国家馆

02360
柑橘栽培浅说　李锦厚著
江津：四川省园艺试验场，1938，22 页，32 开（四川省园艺试验场丛刊 第 3 种 2）
本书主要介绍了选择园地、整地、繁殖、栽植等柑橘栽培知识。
收藏单位：重庆馆

02361
柑橘栽培浅说　四川省农业改进所编
成都：四川省农业改进所，1946，再版，22 页，36 开（农林浅说）
收藏单位：重庆馆

02362
柑橘贮藏试验（1）　陈锡鑫著
外文题名：Storage of citrus fruits. I
南京：金陵大学农学院，1934.12，27 页，22 开
本书内容包括：材料及试验方法、贮藏库、贮藏中腐烂状况、贮藏中主要成分之变化、贮藏中重量之减轻、结论等。
收藏单位：国家馆

02363
高等果树园艺学　王陵南著
北平：王陵南书店，1933.12，244 页，32 开
本书共总论和各论两篇，涉及果树园艺学的意义及果品分析、养育果树之四大要点、果园之地点与天气、防风林、果园的加工灌溉等基本理论知识，以及各种果树的特性、种植方法等内容。
收藏单位：国家馆、首都馆

02364
广东柑橘繁殖选择砧木之比较试验　温文光著
广州：广东建设厅农林局，1935.5，19 页，23 开（研究丛书 3）
本书共 4 部分：绪论、砧木之种类其及育成、苗木体积之不同与其生长之关系、结论。

02365
广东省柑橘类调查　温文光著
外文题名：Citrus survey in Kwangtung Province
广州：国立中山大学出版部，1935.5，48 页，16 开（国立中山大学农学院农林研究委员会丛刊 第 1 类）（园艺专刊 1）
本书共 13 部分：绪言、调查地之栽培区域、调查地之风土、调查地之种类及品种、调查地之优良品种说明、繁殖法、栽培管理法、调查地之重要病虫害、调查地之生产统计、销路及贩卖情形、柑橘业之衰落情形及其主要原因、柑橘业之挽救办法、结论。书末附图 15 帧。
收藏单位：浙江馆

02366
广柑窖藏的利益及方法　四川省农业改进所编
四川省农业改进所，1940.1，7 页，32 开（农林浅说 34）
本书内容包括：窖之构造、果实之采收搬运及贮藏等。
收藏单位：重庆馆、国家馆

02367
果的故事　宗亮晨编
上海：大众书局，[1946]，16 页，36 开（儿童知识文库）
收藏单位：国家馆

02368
果木栽培新法　黄毅著
上海：新学会社，1912.12，3 版，66 页，22 开
上海：新学会社，1925.12，8 版，66 页，23 开
上海：新学会社，1929.5，10 版，66 页，23 开
本书共 18 章：绪论、土质、肥料、气候、器具、种子、培秧、接换、扦插、压条、整圃、移栽、剪枝、管理、收获、贮藏、病毒、害虫。书末附果木适宜土质表、果木成分分析表、果木适宜肥料成分表等。为学理应用。

收藏单位：安徽馆、江西馆、首都馆、浙江馆

02369
果实简论 钟俊麟编著
上海园艺事业改进协会出版委员会，1948.1，56页，32开（上海园艺事业改进协会丛刊23）
本书内容包括：什么叫果实、果实是怎样发育的、果实的结构、果实的分类、果实有可吃部分及其营养价值等。
收藏单位：国家馆、南京馆

02370
果实贮藏法 （日）榎树园主著 繁钦译述 陈廉甫校订
宁波：新学会社，1912.12，22页，25开
收藏单位：江西馆、首都馆

02371
果树 （日）田中长三郎著 贾祖璋译
上海：商务印书馆，1934.4，75页，32开（百科小丛书）
上海：商务印书馆，1935，再版，75页，32开（百科小丛书）
本书共3章：单子叶果树、双子叶离瓣果树、双子叶合瓣果树。
收藏单位：重庆馆、大庆馆、广东馆、贵州馆、国家馆、黑龙江馆、江西馆、南京馆、内蒙古馆、宁夏馆、山西馆、上海馆、西南大学馆、浙江馆

02372
果树繁殖法 广东建设厅农林局园艺系编
广州：广东建设厅农林局推广课，1933，24页，32开（推广丛书35）
广州：广东建设厅农林局推广课，1935，再版，24页，32开（推广丛书35）
收藏单位：重庆馆

02373
果树繁殖法 孙云蔚著
上海：三通书局，1939.10，100页，50开（三通小丛书）
收藏单位：广东馆、南京馆

02374
果树繁殖法 孙云蔚编著
上海：商务印书馆，1935.11，188页，32开（农学小丛书）
上海：商务印书馆，1937.3，再版，199页，32开（农学小丛书）
上海：商务印书馆，1939.5，3版，199页，32开（农学小丛书）
本书分总论和各论，总论专述繁殖之重要学理及各种繁殖方法，各论叙述各种果树之砧木性及接木法等。附录果树繁殖历。
收藏单位：重庆馆、广东馆、贵州馆、国家馆、湖南馆、江西馆、辽宁馆、南京馆、宁夏馆、山西馆、首都馆、浙江馆

02375
果树嫁接法 张幼鸣编
[开封]：河南中山大学农业推广部，1930.6，12页，32开（河南中山大学农业推广部农业丛书16）
本书共5部分：台木选择、接穗选择及处理、嫁接时期、嫁接手术、嫁接注意之事。
收藏单位：国家馆、南京馆

02376
果树剪定法 谌克终编著
上海：商务印书馆，1934.3，171页，32开（农学丛书）
上海：商务印书馆，1934，再版，171页，32开（农学丛书）
上海：商务印书馆，1935.4，3版，171页，32开（农学丛书）
上海：商务印书馆，1937.6，4版，171页，32开（农学丛书）
上海：商务印书馆，1941.1，6版，171页，32开（农学丛书）
本书共24章，内容包括：剪定之重要性及其目的、剪定之利益、剪定之种类、剪定之时期、结果习性概说、各果树依花芽之位置及其构造之分类、葡萄之剪定、桃之剪定、

苹果之剪定、梨之剪定等。为农业科普读物。

收藏单位：安徽馆、重庆馆、广东馆、国家馆、湖南馆、辽宁馆、南京馆、内蒙古馆、上海馆、绍兴馆、浙江馆

02377

果树剪枝法 国立中山大学农学院推广部编

广州：国立中山大学出版部，1928.6，16 页，25 开

广州：国立中山大学出版部，1929.10，再版，16 页，25 开（农林浅说 园艺类 1）

广州：国立中山大学出版部，1933.4，5 版，16 页，25 开（农林浅说 园艺类 1）

本书再版版权页责任者题：温文光著，国立中山大学农科学院推广部发行。

02378

果树教科书 （日）佐佐木祐太郎著 赖昌译

上海：新学会社，1913.4，110 页，23 开

上海：新学会社，1917.5，3 版，110 页，23 开

本书为中等农学校用和甲种农学校用。

收藏单位：河南馆、首都馆

02379

果树接木法 （日）守屋贯雅著 温守诚译

中外语文学会，1935.7，50 页，32 开（园艺丛书 1）

收藏单位：国家馆

02380

果树修剪整枝法 吴耕民著

[中华农业图书社]，1937.7，284 页，32 开

本书共 31 章，内容包括：修剪之目的与利益、修剪上应知之茎枝及芽之类别、冬夏季修剪上应用之诸技术、自然形整枝法、人工形整枝法总说、人工形自由整枝法、人工形束缚整枝法总说、束缚枝整之各种树形造成法、剪枝法总说、梨之结果习性及剪枝法、苹果之结果习性及剪枝法等。

收藏单位：内蒙古馆、浙江馆

02381

果树学泛论 胡昌炽编著

上海：中华书局，1946.5，254 页，22 开（中华农学会丛书）

上海：中华书局，1948.6，再版，增订本，270+10 页，22 开（中华农学会丛书）

本书初版共 12 章：果树学之定义及解说、中国及世界果树生产业状况、果树繁殖及品种改良、果树栽植法、果树整枝及修剪、果树营养论、果树土壤论、果树气候论、果树结实作用、果树之摘果及罩袋、果树病虫驱除预防法、果实采收包装贮藏与加工品。再版共 14 章，较初版增订 2 章：生理落果、隔年结果。为大学用书。

收藏单位：重庆馆、广东馆、贵州馆、国家馆、湖南馆、江西馆、辽宁馆、南京馆、宁夏馆、农大馆、上海馆、西南大学馆

02382

果树园经营法 王太乙著

外文题名：Fruit growing

上海：商务印书馆，1930.4，104 页，32 开（万有文库 第 1 集 616）（农学小丛书）

上海：商务印书馆，1932.12，104 页，32 开（农学小丛书）

上海：商务印书馆，1933.6，再版，104 页，32 开（农学小丛书）

上海：商务印书馆，1934.6，4 版，104 页，36 开（农学小丛书）

上海：商务印书馆，1934.7，再版，104 页，32 开（万有文库 第 1 集 616）（农学小丛书）

上海：商务印书馆，1935.4，4 版，104 页，32 开（农学小丛书）

上海：商务印书馆，1935.7，6 版，104 页，32 开（农学小丛书）

长沙：商务印书馆，1939.12，104 页，32 开（万有文库 第 1—2 集简编 245）（农学小丛书）

本书共 13 章：绪论、果园经营性质、果树与风土、果树园之规划、果树品种之选择、苗木、栽种、修剪及整枝、果树之授粉、果园之管理、果树之病虫害、果实之保护、果实之采收及贮藏。

收藏单位：安徽馆、重庆馆、大理馆、大连馆、东北师大馆、福建馆、广东馆、广西馆、贵州馆、国家馆、河南馆、黑龙江馆、

湖南馆、江西馆、辽大馆、辽师大馆、南京馆、内蒙古馆、宁夏馆、上海馆、首都馆、天津馆、西南大学馆、浙江馆

02383
果树园经营法 严竹书 赵仰夫编译
上海：新学会社，1931.5，372页，22开
上海：新学会社，1935.5，增修再版，372页，22开

本书共7章：绪论、历来果树园经营者之失败原因、专业的经营果树园之场合、副业的经营果树园之场合、今后关于果树栽培之奖励施设方针、果树园经营之实例、世界各国果树栽培之现况。

收藏单位：重庆馆、广东馆、国家馆、黑龙江馆、南京馆

02384
果树园年中行事 农隐编
绍兴：天趣农艺社，1930.11，16页，32开

本书记述1—12月份果树各项工作。

收藏单位：浙江馆

02385
果树园艺 龚厥民编
上海：商务印书馆，1930.7，209页，32开（实用农艺丛书）
上海：商务印书馆，1933.7，国难后2版，209页，32开（实用农艺丛书）
上海：商务印书馆，1935.3，国难后4版，209页，32开（农学丛书）
长沙：商务印书馆，1938，国难后8版，165页，32开，精装（实用农艺丛书）
[长沙]：商务印书馆，1939，国难后9版，165页，32开（实用农艺丛书）
商务印书馆，1941.4，国难后11版，165页，32开

本书内分前后两编，前编介绍果树繁殖法、果树栽培、管理、采收，以及果树改良；后编分类介绍，有梨果类、柑果类、核果类、浆果类、坚果类等。后附菱、荸荠、波罗蜜、莓、莲、西瓜、甜瓜等杂类。国难后8版、9版、11版题：职业学校教科书。

收藏单位：安徽馆、重庆馆、广东馆、贵州馆、国家馆、湖南馆、南京馆、山西馆、绍兴馆、首都馆、西南大学馆、浙江馆

02386
果树园艺 周文镐著
旅顺：农业进步社，1942.9，355页，32开
旅顺：农业进步社，1943.7，再版，355页，32开

本书共3编：总论、各论、北满果树。总论主要介绍果树的栽培方法及出售贮藏，各论介绍苹果、梨、葡萄、桃、杏、樱桃、李子等几种果树的栽培方法，第3编介绍北满果树园艺概况及栽培法。

收藏单位：东北师大馆、国家馆、农大馆、首都馆

02387
果树园艺各论 顾华孙编
上海：中华书局，1939.8，22+270+[10]页，32开（农业丛书）
上海：中华书局，1940.11，再版，22+270+[10]页，32开（农业丛书）
上海：中华书局，1948.3，3版，22+270+[10]页，32开（农业丛书）

本书共4编：仁果类、核果类、浆果类、壳果类，介绍了20种果树品种、栽植、整枝及剪定等内容。仁果类共7种：梨、苹果、柑橘、柿、石榴、枇杷、榅桲；核果类共5种：桃、李、杏、梅、枣；浆果类共6种：葡萄、草莓、须具利、树莓、无花果、樱桃；壳果类共2种：栗、胡桃。书末附荔枝栽培法、中文名词索引、西文名词索引。

收藏单位：安徽馆、重庆馆、广东馆、贵州馆、国家馆、黑龙江馆、湖南馆、江西馆、辽宁馆、南京馆、内蒙古馆、山西馆、上海馆、天津馆、西南大学馆、浙江馆

02388
果树园艺通论 孙云蔚著
上海：中华书局，1937.4，404+[26]页，32开（农业丛书）
上海：中华书局，1941.1，4版，404+[26]页，32开（农业丛书）

上海：中华书局，1948.3，3 版，404+[26] 页，32 开（农业丛书）

本书共 18 章：园艺与果树园艺之解说、果树栽培之目的及利益、果树之名称及原产地一览、果树之形态及机能、果树之分类、果树之风土、各种果树之重要品种一览、果树之繁殖、果树之栽植、果树之整枝、果树之修剪、管理工作、肥料、采收及包装、果实之贮藏、病虫害及防除法、重要果树之药剂撒布历、附录。书末附果实之成分一览表等。

收藏单位：重庆馆、贵州馆、国家馆、黑龙江馆、湖南馆、江西馆、辽宁馆、山西馆、上海馆、首都馆、西南大学馆

02389

果树园艺学 谌克终著

上海：商务印书馆，1936.2，422 页，22 开，精装（大学丛书 教本）

上海：商务印书馆，1936.5，再版，422 页，23 开（大学丛书 教本）

上海：商务印书馆，1937.6，3 版，422 页，22 开，精装（大学丛书 教本）

本书分总论和各论，总论讲述果树园艺的意义及重要性、果树栽培的目的、经营果园的要素、果树和果实的概况等；各论介绍梨、苹果、桃、葡萄等 24 种果树及果实的一般知识。

收藏单位：重庆馆、广东馆、广西馆、贵州馆、国家馆、黑龙江馆、湖南馆、南京馆、内蒙古馆、宁夏馆、上海馆、首都馆、西南大学馆

02390

果树园艺学 吴耕民编

上海：商务印书馆，1934.9，378 页，32 开

上海：商务印书馆，1935.5，5 版，378 页，32 开

长沙：商务印书馆，1938，6 版，378 页，32 开，精装

上海：商务印书馆，1938.9，6 版，378 页，32 开

上海：商务印书馆，1938.11，7 版，378 页，32 开

上海：商务印书馆，1939.5，8 版，378 页，32 开

长沙：商务印书馆，1941，9 版，378 页，32 开

上海：商务印书馆，1941.3，9 版，378 页，32 开

上海：商务印书馆，1947，12 版，378 页，32 开

上海：商务印书馆，1948.5，13 版，378 页，32 开

上海：商务印书馆，1949.7，14 版，378 页，32 开

本书分总论和各论，总论讲述果树栽培目的、果园经营应注意的重要事项、果树繁殖、果树修剪及整枝、病虫害防治等；各论介绍苹果、梨、枇杷、石榴、桃、李、杏、梅、樱桃、柑橘等 22 种果树及果实的一般知识。为职业学校教科书。

收藏单位：安徽馆、重庆馆、东北师大馆、广东馆、贵州馆、国家馆、黑龙江馆、湖北馆、湖南馆、江西馆、南京馆、上海馆、首都馆、西南大学馆、浙江馆

02391

果树园艺学（第 2 篇 各论） 郑坡著

上海：大华农场农书出版部，1936.8，516 页，32 开

本书附果实标本保存法。

收藏单位：国家馆、黑龙江馆

02392

果树园艺学讲义 杨锦波编著

通县：潞河乡村服务部，1941.7，164 页，32 开

本书共两部分：总论、分论。总论内容包括：果树园艺之意义及重要，果树栽培之重要事项，果树之繁殖，果树之栽植、施肥、剪定。各论内容包括：苹果、梨、桃、李及杏、葡萄、柿、栗、胡桃、已栽果树之改良法。

收藏单位：国家馆

02393

果树园艺学通论 吴耕民著

杭州：当代出版社，1947.9，238 页，32 开

本书共 18 章：绪言、果树之种类及类别、果树栽培与国计民生之关系、果树之形态及生理、果树之繁殖、苗圃、整枝与修剪、果园地之选定及整地、果树品种之选择、苗木之定植、树间空地之管理、施肥、果树诸患害之管理、果树之病虫害防除及其药剂、疏果法、果实之采收、包装及贮藏、果实品种学。

收藏单位：浙江馆

02394
果树栽培法 萧苇编
上海：中国农学社，1935.10，144页，32开
本书共15章：绪言、气候、土质、肥料、器具、繁殖法、种苗鉴别法、栽种、剪定、树姿形成法、不结果及隔年结果之预防、品种改良法、果树之管理、除害、收获。
收藏单位：重庆馆、国家馆、黑龙江馆、浙江馆

02395
果树栽培法 萧苇编
上海：中国农业书局，1942.9，再版，143页，32开
收藏单位：辽宁馆、浙江馆

02396
果树栽培基础知识 宋香远著
旅顺：农业进步社，1936.1，143页，32开
本书共28章，内容包括：关于果树栽培上一段极重要的谈话、果树剪枝与生理上之关系、整个的果树解剖、根干枝叶互相之关系、花芽分化之学说、剪枝之好处、整枝法、树形之由来、盃状形整枝法、圆锥形整枝法、半圆形整枝法等。
收藏单位：国家馆、农大馆、首都馆

02397
果树栽培篇 （日）今村猛雄原著 叶与仁译
上海：新学会社，1912.12，48页，22开
上海：新学会社，1914.5，4版，48页，22开
上海：新学会社，1917.8，50页，22开
本书共7章：总论、果树繁殖法、剪定及整枝、仁果类、核果类、浆果类、谷果类。为农业教本。
收藏单位：首都馆、浙江馆

02398
果树栽培浅说 褚藜照编
上海：中华书局，1930.10，23页，36开（民众农业丛书5）
上海：中华书局，1932.9，再版，23页，36开（民众农业丛书5）
上海：中华书局，1934.3，3版，23页，36开（民众农业丛书5）
上海：中华书局，1936.8，4版，23页，36开（民众农业丛书5）
收藏单位：江西馆、内蒙古馆、上海馆、首都馆、天津馆

02399
果树栽培浅说 中国禾丰农林场种苗部编
平湖：中国禾丰农林场种苗部，[1933.9]，20页，32开
收藏单位：上海馆

02400
果树栽培全书 （法）削路拔尔德 （日）福羽逸人著 沈纮译 潘衎校
上海：中华新教育社，[1926.9]，[144]页，25开
上海：中华新教育社，1933.1，再版，[144]页，25开
本书共5编：总论、仁果类、核果类、浆果类、壳果类，内容包括：果树类别、土壤类别、果树繁殖、剪定及整枝、果树肥料、梨、苹果、柑橘等。
收藏单位：重庆馆、广东馆、国家馆、浙江馆

02401
果树种植常识 曹秀英编著
上海：大中华书局，1935.5，90页，32开
本书内容包括：果树一般常识、栽植常识、栽培常识、结果常识。

02402
果树种植常识 曹秀英编著
上海：文业书局，1937.6，90页，32开
收藏单位：安徽馆、浙江馆

02403
杭州古荡柿类之调查 金维坚编
中国植物学会，1937.3，1册，16开

本书内容包括：柿位置及区域、气候及土质、品种及分布、繁殖及管理等。载《中国植物学杂志》第4卷第1期。

收藏单位：浙江馆

02404
合江荔枝调查报告　王国瑞著
江津：[四川省农业改进所园艺试验场]，1940.7，16页，32开（四川省农业改进所园艺试验场丛刊第2种3）

本书共10部分：引言、栽培历史、分布区域、栽培近况、品种种类、产销概况、加工、病虫害情形、与普通作物经济利益比较、结语。

收藏单位：国家馆、南京馆

02405
合江桃树调查报告　王国瑞著
江津：四川省农业改进所园艺试验场，1940.7，8页，32开（四川省农业改进所园艺试验场丛刊第2种4）

收藏单位：南京馆

02406
华北桃之品种调查（第1报）　孙云蔚著
北平：实业总署园艺试验场，1942.4，14页，16开

收藏单位：南京馆

02407
华北之果树园艺　孙云蔚著
北平：实业总署园艺试验场，1941.1，90页，16开

本书共两部分：华北果树园艺概要及改进问题、华北果产区域调查报告。第1部分共6节：华北果树园艺之重要性、华北之风土与果树栽培、华北固有之果树种类及优良品种、外国输入之果树种类及品种、华北果树栽培之现状、今后之改进问题；第2部分收录了宣化、昌黎、青岛、烟台、威海、辉县、北京的调查报告。书末附华北及日本气候比较表等。

收藏单位：广东馆、国家馆、南京馆

02408
化州之柑橘　欧文炎[著]
[化县]：农林部广东柑橘试验场，1943，油印本，86页，18开（农业部广东柑橘试验场报告丛刊1）

本书共14部分：绪言、化州柑橘栽培之历史及其分布、化州柑橘栽培之自然环境、化州柑橘种类及品种、化州柑橘品种之概略记载、化州柑橘栽培法、化州柑橘之病虫害、化州柑橘之采收与处理、化州柑橘之产额与价值之估计、化州柑橘贩卖与铺路、农家经济利益举例、摘要、改进意见、结论。

收藏单位：国家馆

02409
黄岩柑橘调查报告　谢成珂著
黄岩：浙江省园艺改良场，1937.6，36页，16开

本书有插图51帧。

02410
几种重要的果树　褚黎照　秦翊著　周建人校
上海：商务印书馆，1933.12，45页，32开
上海：商务印书馆，1934.10，再版，45页，32开
上海：商务印书馆，1935，4版，45页，32开（小学生文库第1集农业类）

本书共10部分：果树与人生有什么关系、栽培梅树、苹果树的芽接法、怎样种樱桃树、桃树枝的考察、梨树整枝法、谈谈葡萄、香蕉树看到过吗、关于无花果的话、怎样采收果子和贮藏果子。

收藏单位：重庆馆、贵州馆、河南馆、首都馆

02411
江安南溪两县李树调查报告
出版者不详，6页，32开

本书共6部分：引言、江安李、南溪李、病虫害情形、与普通作物经济利益比较、尾语。

收藏单位：国家馆、南京馆

02412

江津之柑橘 郭益进著

[江津]：津江址场，1938.4，22+[16]页，16开（四川省园艺试验场丛刊第2种1）

本书共9章：引言、江津柑橘栽培的历史与分布、气候及土质、栽培方法、品种、病虫害、采收及贮藏、管理及运销、改进柑橘事业意见。

收藏单位：重庆馆、贵州馆、国家馆、南京馆

02413

江西柑橘 孙文郁等[著]

成都：金陵大学农业经济系，1938.10，23页，16开，环筒页装（豫鄂皖赣四省农村经济调查报告第17号）

本书共两部分：南丰蜜橘、三湖橘，讲述其产橘区域、产橘数额、橘树栽培、蜜橘运销状况等。著者还有：刘润涛、郑槐、孙祖荫。

收藏单位：国家馆、首都馆

02414

胶济铁路沿线重要果树之栽培及管理法 张炳权编

胶济铁路沿线农林改进委员会，50页，21开

本书目录页题名：胶济铁路沿线主要果树之栽培及管理法。

02415

经营果树园须知 江苏省立民众教育院 劳农学院研究部编

[南京]：江苏省立民众教育院研究部，[1931—1949]，10页，32开（注音农民小丛书）

本书介绍了果树品种的选择、离市场的远近，以及果树接木的理由等基本知识。

收藏单位：国家馆

02416

可口的果子 姚家栋 许剑庵合编

南京：正中书局，1937.2，19页，32开（儿童劳作小丛书）

上海：正中书局，1947.1，沪1版，19页，32开（儿童劳作小丛书）

本书共8部分：说在前面、栽种果树的一般方法、四种果树、葡萄、甜蜜的西瓜、落花生、一种奇怪的果子、尾语。

收藏单位：北师大馆、重庆馆、国家馆

02417

莱阳梨调查报告 吴耕民 管超著

济南：国立山东大学农学院，1935.5，24页，16开（丛刊第9号）

本书内容包括：绪言、莱阳梨栽培之梗概、栽培区域及树数产量统计、土质及地势等。书前有铜版图13张。

收藏单位：浙江馆

02418

梨树栽培法 江西省农业院编

江西省农业院，1938.11，12页，32开

江西省农业院，1939.10，16页，32开（推广丛书 园字第4号）

江西省农业院，1941.1，12页，32开（推广丛书 园字第4号）

收藏单位：重庆馆、江西馆

02419

梨之不结实性（2） 胡昌炽著

[南京]：金陵大学农学院，1935.4，1册，16开（金陵大学农学院园艺系特刊1）

本书为梨之不结实性的试验报告。系金陵大学《农林学报》第12年第22期抽印单行本。

02420

良乡栗子 刘之常编

镇江：江苏省立镇江民众教育馆编辑部，1931.1，30页，48开（民众小丛书 甲种4）

本书内容包括：栗子的由来、栗树的形态、栗子的种类、栗的炒法、栗的成分等。

收藏单位：安徽馆、南京馆

02421

柳州沙田柚个性调查之预报 宋本荣编著

柳州：广西农事试验场，1936.3，13页，16

开

本书共 5 部分：绪言、材料、调查方法、拔选标准、成绩概要。

收藏单位：桂林馆、国家馆

02422
龙华桃　上海特别市社会局编
上海：上海特别市社会局，1929.7，16 页，16 开

本书共 15 部分：沿革、风土、品种、繁殖、栽植、整枝、修剪、培肥、管理、采摘、包装、贩卖、病虫害、收支、结论。书前有铜版图照 10 余幅。

收藏单位：国家馆、南京馆、浙江馆

02423
罗甸甜橙考察报告　管家骥　徐开元编
管家骥 [发行者]、徐开元 [发行者]，1939.2，油印本，13 叶，18 开，环筒页装

本书共 10 部分：绪言、罗甸县概况、罗甸甜橙主要产区、调查目的、调查村寨、调查方法、罗甸甜橙产销情形、罗甸甜橙品系、增加罗甸甜橙生产之意见、对于定番柑橘之生产。

收藏单位：国家馆

02424
美国柑橘区域考察记　郑天熙著
岭南大学农学院柑橘研究所，1944.3，43 页，16 开（岭南大学农学院柑橘研究丛刊 5）

收藏单位：国家馆、上海馆

02425
南丰桔开花结果习性之观察　王清和　黄启章 [著]
外文题名：Observation on the habits of flowering and fruiting of citrus reticulata var. Nanfung chu
福州：私立福建协和大学农学院农报编辑委员会，1947.6，39—41 页，22 开

收藏单位：国家馆

02426
农业大意果树园艺篇（第 5 届后期）　杨开渠编
出版者不详，88+16 页，22 开

本书介绍了仁果类、核果类、浆果类、壳果类等五类果树的气候土质及繁殖等内容。

收藏单位：浙江馆

02427
枇杷栽培法　章恢志编
杭州：国立浙江大学农学院园艺学会，1932.7，164 页，25 开（园艺丛书 1）

本书共 13 章，内容包括：总论、生态、品种、开园及栽植、肥料、整枝、修剪等。

收藏单位：重庆馆、浙江馆

02428
苹果授粉试验初步结果报告　翁心桐著
[北平]：农报社 [印]，[1947]，10—13 页，16 开

本书为《农报》第 12 卷第 2 期抽印单行本。

收藏单位：国家馆

02429
苹果园艺学　吴英华编著
上海：新学会社，1931.5，142 页，32 开
上海：新学会社，1933.7，再版，142 页，32 开
上海：新学会社，1934.7，3 版，142 页，32 开

本书共 12 章：果树园艺经营之目的、果树园艺上苹果之位置、苹果之栽植史、苹果之各部的观察、苹果之分类及品种、苹果适宜之风土及地势、苹果之繁殖、苹果之栽植、苹果之管理、苹果之病虫害、苹果之采收贮藏包装、苹果之制造。书末附生育调查表、收量调查表。

收藏单位：重庆馆、广东馆、国家馆、南京馆、西南大学馆

02430
苹果栽培法　蒋毓隆编著
成都：金陵大学农学院农业教育学会，1945.5，32 页，32 开（园艺单元作业教材丛书 1）

02431
苹果栽培浅说　乔礼卿　郭宗邦编

邹平：乡村书店，1936，46页，32开（农林丛刊）

本书共9章：绪言、品种、繁殖、栽植、施肥、管理、病虫害、采收、贮藏。

收藏单位：重庆馆、西南大学馆

02432

苹果栽培学 孙云蔚编著

重庆：正中书局，1941.11，渝初版，259页，25开（农学丛书）

重庆：正中书局，1944.2，3版，259页，25开（农学丛书）

本书共16章：概说、苹果之形态、苹果栽培与风土、苹果之品种、苹果之繁殖、苹果之定植、整枝与修剪、摘果及套袋、中耕除草及间栽物、苹果之肥料、苹果之采收、选果及包装法、贮藏法、苹果病虫害及防除法、苹果栽培之经济计算、苹果栽培历。书末附日本关于苹果之各种试验项目、青岛市外新式苹果园调查一览表等。

收藏单位：重庆馆、国家馆、南京馆、西南大学馆

02433

葡萄栽培法 苍德玉编

旅顺：农业进步社，1943.11，238页，32开

本书内容包括：满洲葡萄栽培之今昔、华北葡萄栽培之近况、赤峰的葡萄栽培、品种及种类等。目次页题名：实际本位葡萄栽培法。

02434

葡萄栽培法 江苏省立民众教育院 江苏省立劳农学院研究部编

江苏省立教育学院，[1931]，12页，25开（注音农民小丛书）

收藏单位：江西馆

02435

葡萄栽培法 庄国熙编

南京：国立中央大学农学院农业推广组，1933，再版，20页，23开（农业浅说丛书50）

02436

青岛果树园艺调查报告 吴耕民编

青岛：青岛市农林事务所，1934.7，89页，25开

本书共两部分：总论、各论。总论共4章：绪言、气候、果树分布状况及栽培数量、地势土质；各论共10章，分述梨、苹果、葡萄、柿、桃、杏、樱桃、枣、山楂、胡桃共10种水果的品种、繁殖、栽植、修剪、肥培、采收等方面的知识。

收藏单位：国家馆、南京馆、上海馆

02437

青岛梨之贮藏试验 刘萃杰编

国立中央大学农学院，[1937]，[32]页，16开

本书共16部分：绪言、计划、虫害、采果、风晾、消毒、包装、仓库、入库、温度及湿度之检查、化学分析、本试验分析之程序、分析手续、重量及体积之增减、病菌之研究、结论。为《园艺》第10—12期抽印本。

收藏单位：国家馆

02438

热带果树栽培法 黄绍绪编

上海：商务印书馆，1933.1，116页，32开（农学小丛书）

上海：商务印书馆，1933.12，116页，32开（万有文库第1集619）（农学小丛书）

上海：商务印书馆，1934.2，再版，116页，32开（农学小丛书）

本书共15章，介绍了荔枝、龙眼、凤梨、番瓜、倒捻子、芒果、面包果、菠萝蜜、椰子、枣椰子、榴莲、香蕉、番荔枝、鳄梨共14种热带果树栽培的方法。

收藏单位：安徽馆、重庆馆、大理馆、大连馆、东北师大馆、广东馆、广西馆、贵州馆、国家馆、河南馆、黑龙江馆、湖南馆、江西馆、辽大馆、辽师大馆、南京馆、内蒙古馆、宁夏馆、上海馆、天津馆、浙江馆

02439

山东烟台青岛威海卫果树园艺调查报告 唐

荃生著
北京：东亚文化协议会，1940.1，70页，18开
本书共6部分：烟台调查报告、青岛调查报告、威海卫调查报告、介绍果树优良品种、附录、结论。分别调研了风土实况与果树生育及果实品质之关系、栽培概况、今昨两年生产之丰歉及原因、调查摘要及改进管见。为沦陷区出版物。
收藏单位：国家馆、山西馆

02440
实验葡萄栽培法　（日）内田郁太著　新学会社编辑部编译
上海：新学会社，1926.5，226页，25开
上海：新学会社，1928.9，再版，226页，25开
上海：新学会社，1931.9，3版，226页，23开
上海：新学会社，1935.5，4版，增订版，226页，25开
本书共两编：室外栽培、玻璃室栽培。第1编共17章：形态、种类、气候、土地、繁殖、栽植、剪枝、整枝、肥培、花穗之处理、管理、病害、害虫、采果、选果及包装、贮藏、收支实例；第2编共4章：玻璃室栽培之利益、玻璃室之装置、栽植、管理。附葡萄酒制造法。
收藏单位：重庆馆、广东馆、国家馆、黑龙江馆、南京馆、上海馆、绍兴馆、天津馆、西南大学馆、浙江馆

02441
实验新法传粉改良果品学　温文光　李良韬编著
北京：世界书局，1926.10，162页，22开
本书封面题名：实验新法传粉改良果品学全。
收藏单位：国家馆、首都馆

02442
实用柑橘栽培学　章文才编
上海：商务印书馆，1935.4，295页，32开（农学丛书）
本书共15章：绪论、柑橘之原产地及其在植物学上的地位、柑橘植物之性态、我国栽培之主要柑橘品种分类、柑橘种苗之购买及品种之选择、繁殖及育苗、柑橘园之设计及栽植、柑橘之施肥、柑橘园之中耕间作问题、冻害及防寒之设施、整枝及剪定、我国柑橘主要病虫害及其驱防法、采收贮藏及果实人工着色法、包装及贩卖、我国柑橘事业重要改良问题。书末附日本静冈县庵原郡柑橘同业组合章程。
收藏单位：安徽馆、重庆馆、甘肃馆、广东馆、贵州馆、国家馆、南京馆、首都馆、西南大学馆、浙江馆

02443
实用果树园艺　伊钦恒编
上海：世界书局，1939.4，228页，32开
上海：世界书局，1943.9，再版，228页，32开
南昌：世界书局，1944，赣1版，228+11页，32开
上海：世界书局，1948.7，3版，修订本，245页，32开
本书共3编：绪论、通论、各论，介绍了梨、苹果、木瓜、枇杷、桃、梅等24种果树的性状、风土、品种繁殖和栽种与管理等。修订3版刊有：高级农业职业学校教材，农业经营参考适用。
收藏单位：重庆馆、广东馆、贵州馆、国家馆、江西馆、南京馆、内蒙古馆

02444
实用果树园艺学　孔宪乾著
广州：南华耕作同志社，1929.10，304页，32开（南华耕作同志社丛书1）

02445
实用果树园艺学　张赓韶　潘继文编著
上海：新学会社，1916.6，2册（182+178页），22开
上海：新学会社，1922.11，改正再版，2册（182+178页），22开
上海：新学会社，1928.4，改正5版，2册（182+178页），23开
济南：新学会社，1931.9，7版，2册（182+178页），大32开
上海：新学会社，1935.5，增修8版，2册（182+

178 页），22 开
上海：新学会社，1937.7，9 版，2 册（182+178 页），22 开

本书分上、下两册。上册为总论，讲述果树的品种选择、种类改良等一般知识；下册为各论，讲述苹果、梨、柑橘、柿等各种果树的品质及种类、气候及土质、繁殖法。初版著者为：潘继文。

收藏单位：重庆馆、黑龙江馆、湖南馆、辽宁馆、南京馆、内蒙古馆、山西馆、首都馆、天津馆、西南大学馆、浙江馆

02446
实用果树园艺学新编 严传桑编辑
上海：科学书局，1914，148 页，22 开

本书为中等农学校用书。

收藏单位：河南馆、首都馆

02447
实用果树栽培法 孙云蔚编
上海：中华书局，1936.6，78 页，32 开（初中学生文库）
上海：中华书局，1936.10，再版，78 页，32 开（初中学生文库）
昆明：中华书局，1941.1，4 版，78 页，32 开（初中学生文库）

本书共 10 章：绪言、果树栽培之目的、果树与风土、果树之繁殖、果树之栽植、果树之管理、果实之采收及贮藏、果树之分类、重要果树栽培法摘要、附录果树名称及原产地一览表。

收藏单位：重庆馆、国家馆、黑龙江馆、吉林馆、江西馆、南京馆、内蒙古馆、上海馆、首都馆、天津馆、浙江馆

02448
实用农业课本（第 2 册 柑橘） 钱淦庭编
南京：金陵大学农学院，1941.2，54 页，32 开

本书内容包括：柑橘的选种及购苗、繁殖、栽植、施肥、管理、整枝和剪定等。

收藏单位：浙江馆

02449
柿果脱涩试验 陈锡鑫编著
［南京］：金陵大学农学院，1936.7，25 页，23 开（金陵大学农学院园艺系研究报告 10）

本书内容包括：现有各种脱涩方法及其研究、试验方法及材料、试验成绩、讨论等。

收藏单位：国家馆

02450
四川柑橘调查 四川省政府建设厅编
成都：四川省政府建设厅，1938.6，50 页，16 开

本书共 3 部分：巴县合川南充莲溪四县调查、简阳资阳内江江津长寿垫江梁山万县奉节金堂广汉十一县调查、改进意见。

收藏单位：重庆馆、国家馆、南京馆

02451
四川简阳苍溪与西康汉源之梨 房仲篪编著
江津：四川省农业改进所园艺试验场，1940.8，42 页，48 开（四川省农业改进所园艺试验场丛刊 第 2 种 6）

本书共 10 部分：绪言、栽培历史与分布、气候及土质、产量估计、栽培方法、品种、灾害、采收及贮藏、管理及运销、改进意见。

收藏单位：国家馆、南京馆

02452
四川省柑橘之品质（1 果实在成熟时期中品质上之变化） 章文才 张训舜著
成都：金陵大学，165—181 页，18 开

本书为《金陵学报》第 9 卷第 1—2 期抽印单行本。

收藏单位：首都馆

02453
四川省农业改进所园艺试验场二十七年度工作报告 四川省农业改进所园艺试验场［编］
四川省农业改进所，1938，油印本，[7] 页，18 开，环筒页装

本书共两部分：政务工作、事业工作。前者涉及静候改组时期中之政务工作、增收场地、增建房屋、农具、增置家具等方面，后者涉及栽培试验、果木品种、品种检定、苗木培养等方面。

收藏单位：国家馆

02454
四川省之柑橘 章久才著
[南京]：金陵大学农学院，1939.4，油印本，25页，16开（蓉字报告6）
本书内容包括：绪论、四川省柑橘种植之现状、四川省柑橘土质之测定、果实处理贮藏之效果、四川省柑橘事业改进之程序等。
收藏单位：重庆馆、国家馆

02455
塘栖枇杷调查报告 国立浙江大学农学院园艺系编
杭州：国立浙江大学农学院推广部，1930.5，28页，18开
本书内容包括：引言、风土、栽培区域、品种、繁殖等。封面题名：浙江塘栖枇杷调查报告。
收藏单位：浙江馆

02456
桃果枝环状剥皮之生理现象及其促进果实早熟之效果 管超著
外文题名：The effect of ringing to the growth of shoots and ripeness of fruits of peach branches
永安：福建省农林处，1943.4，13页，16开（福建省农林处研究报告16）
本书为试验报告，共6部分：绪言、试验方法及材料、试验之结果、讨论、结论、摘要。书末附英文摘要。
收藏单位：国家馆

02457
桃果枝之生长及其若干形质与花芽生成之研究 管超著
外文题名：The studies of the growth of peach branches and the relation of some properties to the formation of flower buds
永安：福建省农林处，1943，12页，16开（福建省农林处研究报告17）
本研究报告共3部分：绪言、调查之材料及方法、研究之结果。附英文摘要。
收藏单位：国家馆

02458
桃树 江西省农业院编
南昌：江西省农业院，1936.5，再版，24页，25开（推广丛书2）
江西省农业院，1939.12，再版，16页，32开（推广丛书2）
本书内容包括：桃园之设立、整枝及修剪、品种、施肥、管理等。
收藏单位：重庆馆、江西馆

02459
桃树剪枝法 温文光编著
广州：广东建设厅农林局推广课，1932.4，8页，32开（推广丛书4）
广州：广东建设厅农林局推广课，1933，再版，8页，32开
广州：广东建设厅农林局推广课，1933秋，3版，8页，32开
广州：广东建设厅农林局推广课，1935，4版，8页，32开（推广丛书4）
本书共6部分：剪枝之意义、剪枝之利益、结果之习性、夏季修剪法、冬季修剪法、老树更新法。
收藏单位：重庆馆、国家馆

02460
桃树园艺 童玉民著
上海：新学会社，1925.4，85页，23开
上海：新学会社，1926.3，85页，23开
上海：新学会社，1929.12，再版，81页，23开
上海：新学会社，1933.10，4版，81页，23开
本书共24章：释桃、起原、分类、特色、风土、品种、繁殖、栽植、结实、整枝、剪定、摘果、施肥、促进、管理、套袋、病害、虫害、采收、包装、贮藏、收支、附录。
收藏单位：国家馆、南京馆、上海馆、绍兴馆、浙江馆

02461
桃树园艺栽培概要 永茂农场编 费善元校
苏州：文新印书馆，1935.11，22页，32开

本书内容包括：开园、植期、选苗、栽植、整枝、经营二十亩玉露桃计算书、本场启事、营业规则、售品目录等。附购货单。

收藏单位：国家馆

02462

桃树栽培浅说　童玉民著

[杭州]：国立浙江大学农学院推广部，1929.5，22页，32开（国立浙江大学农学院农业浅说5）

02463

特用树种——核桃、板栗　江西省农业院编

南昌：江西省农业院，1935.10，14页，32开

南昌：江西省农业院，1936.7，再版，14页，32开

江西省农业院，1940.2，3版，14页，32开（推广丛书5）

收藏单位：重庆馆、南京馆

02464

我们吃秋天的果子　陈伯吹等编

上海：儿童书局，1947，新11版，16页，32开（低级儿童百科丛书）

收藏单位：广东馆

02465

我们的水果　福建省农业改进处作物园艺股编

[福建省农业改进处作物园艺股]，1938.10，4页，25开

本书共9课：福建的水果、繁殖果树的方法、果树要修剪、果树栽种距离、摘果的好处、芽条变异、果树风灾、分级包装、推销水果的好办法。

收藏单位：福建馆

02466

无花果之栽培　伍献文编

上海：新学会社，1921.9，92页，25开

本书共11章：概论、名称及原产地、在植物及园艺果树分类上之位置、品种、风土、繁殖法、栽培法、病虫害、收获及装置、果实之保藏、附录。

收藏单位：重庆馆、浙江馆

02467

湘湖杨梅　李醒愚编著

杭州：浙江省立湘湖乡村师范学校，1935.2，38页，32开（湘湖丛刊）

本书内容包括：杨梅的性状及用途、品种、栽培管理、采收、贮藏制造等。

收藏单位：浙江馆

02468

研究荔枝之新发明　谭锡鸿编译

广州：岭南农科大学出版处，1924.7，18页，22开（岭南农科大学丛刊1）

本书译述美国植物学家哥华鲁等3人研究中国荔枝培育种植上的发现，收有《荔枝是症菌植物》《用高温度及高湿度令荔枝插枝发根法》等3篇论文。附插图多帧。

收藏单位：国家馆

02469

杨梅树皮 Myricetin 及 Myricitrin 含有量之测定及其分析法之比较　鲁昭祎　戴广耀著

台北：台湾省林业试验所，1947，11页，16开（台湾省林业试验所报告8）

02470

尧峰柑橘栽培　雷尧阶编

涪陵：新记新兴工业社，1937，再版，16页，32开

本书内容包括：果园的设计、气候及土质、柚苗繁殖法、栽植时期及距离等。

收藏单位：重庆馆

02471

幼龄花红树之生产力　焦启源[著]

南京：金陵大学农学院，1938.12，12页，18开

本书为幼龄花红树生产力的试验报告。为《中华农学会报》第166期抽印本。

收藏单位：国家馆

02472

余姚四门兄弟农场经济学栽培法　谢从政著

余姚：余姚四门乡兄弟农场，1925，再版，13页，18开

本书内容包括：兄弟农场之缘起、家庭、学校、个人、公司种桃利益、珍种水蜜桃栽培方法等。

收藏单位：浙江馆

02473
枣品种之研究　曲泽洲　哈贵增编著
北京：国立北京大学，1942.12，54页，16开（北京大学论文集）

本书共7部分：绪言、枣品种之沿革、记载方法、调查结果、结尾、摘要、参考文献。附北京近郊栽培枣品种之分类、北京近郊栽培枣品种之检索表。逐页题名：枣品种之研究（第1报）。

收藏单位：国家馆、辽宁馆

02474
漳州柑橘包装运输贮藏试验初报　金作栋　王清和著
外文题名：A preliminary report of the experiments on the packing, transportation and storage of citrus fruits from Changchow
永安：福建省立农学院，1943.6，21—28页，18开

本书为《新农季刊》第3卷第1—2期抽印本。

收藏单位：国家馆

02475
漳州之柑橘　管超　吴敏幼著
永安：福建省农业改进处，1941.9，42页，16开

收藏单位：南京馆

02476
浙东杨梅调查报告　李驹　章恢志编
杭州：浙江省立农业改良场，1932.8，28页，16开（专门报告3）

本书共10部分：绪言、调查区域及经过路程、调查地栽培区域、栽培地之历史、品种、栽培法、病虫及灾害、果实采收及贮藏、运输及贩卖、结论。

收藏单位：国家馆、浙江馆

02477
浙江黄岩橘之研究　许植方著
浙江省矿产调查所，1929，20页，18开

本书内容包括：历史、产橘区域、用途、气候、繁殖、筑墩、栽植时期及苗木之保护、施肥、开花及结果时期、成熟时期摘果及贮藏、收获量、病虫害、整枝、结果之年龄、品种、分析方法、黄岩橘中国各地出产橘与美国橘分析之结果、市价之调查、结论。

02478
浙江省永嘉瑞安平阳及黄岩柑橘调查报告　章恢志著
杭州：浙江省立农业改良场，1932.3，54页，16开（专门报告1）

本书共12部分：引言、调查经过路程、调查地之历史及沿革、调查地之栽培区域、调查地之风土、种类及品种、栽培法、病虫害、生产统计及品种分配、销路及贩卖情形、果实制造、结论。

收藏单位：重庆馆、近代史所、上海馆、浙江馆

02479
中国柑橘栽培之历史与分布　胡昌炽著
外文题名：The history and distribution of citrus fruit in China
南京：金陵大学农学院，1934.12，80页，22开

本书共6部分：柑橘之种类与原产地、中国古籍所记之柑橘栽培历史、中国栽培柑橘之种类与分布、中国栽培柑橘之历史分布与柑橘业发达之关系、结论、参考书。为《中华农学会报》第126—127期第1—80页抽印本。

收藏单位：国家馆、南京馆、浙江馆

02480
中国樱桃开花结果习性观察
出版者不详，1948.4，12页，16开

本书共6部分：绪言、研究材料、研究项目及方法、研究结果、摘要、参考文献。为贵州省第三区区农场研究报告第1号。

收藏单位：贵州馆

02481
中国栽培梨之品种与分布 胡昌炽著
外文题名：The variety and distribution of pears in China
南京：金陵大学农学院，1937.5，91页，22开（金陵大学农学院丛刊49）

本书共7部分：绪言、我国栽培梨之重要系统、中国栽培梨之分布区域、中国栽培梨品种之分类、中国栽培梨品种改良之希望、结论、参考书。书末附英文摘要、图21幅、图版13帧。

收藏单位：上海馆

02482
中国重要果树园艺 葛廷焜著
上海：中华书局，1937.2，102页，32开（实用园艺丛书）
昆明：中华书局，1939.5，再版，102页，32开（实用园艺丛书）
上海：中华书局，1949.2，3版，102页，32开（实用园艺丛书）

本书共22章，内容包括：果区地点之采择、果树种类之调查与选择、适当苗木之选择、实生苗木养成之方法、插条苗木养成之方法、压条苗木养成之方法、果树之嫁接、果树之定植、果树之施肥、果树结果之内因与外因、果树结果之习性、果树之剪定、大树移植与老木更新法、果树病虫害之防治、重要杀菌驱虫药液之调制等。卷首有作者序。

收藏单位：重庆馆、贵州馆、国家馆、湖南馆、江西馆、辽宁馆、内蒙古馆、上海馆、首都馆、浙江馆

02483
种柑橘法 曾勉编著
上海：商务印书馆，1931.4，79页，32开（万有文库 第1集623）
上海：商务印书馆，1933.12，79页，22开
上海：商务印书馆，1934.1，79页，32开（农学小丛书）
上海：商务印书馆，1935.2，3版，79页，32开（农学小丛书）
上海：商务印书馆，1935.5，4版，79页，32开（农学小丛书）
长沙：商务印书馆，1939.7，6版，79页，32开（农学小丛书）

本书共12章：绪论、性状、分类、风土、繁殖、整地、栽植、施肥、修剪、管理、采收、害物。

收藏单位：安徽馆、重庆馆、大理馆、大连馆、东北师大馆、广西馆、贵州馆、国家馆、黑龙江馆、湖南馆、江西馆、辽大馆、辽师大馆、南京馆、内蒙古馆、宁夏馆、上海馆、西南大学馆、浙江馆

02484
种梨法 许心芸编
上海：商务印书馆，1930.10，92页，32开（万有文库 第1集620）（农学小丛书）
上海：商务印书馆，1934.1，国难后1版，92页，32开（农学小丛书）
上海：商务印书馆，1934.7，再版，92页，32开（万有文库 第1集620）（农学小丛书）
上海：商务印书馆，1935.5，国难后4版，92页，32开（农学小丛书）

本书共9章：绪言、梨与风土之关系、品种、繁殖、栽种、肥料、管理、采收及贮藏、病虫害。

收藏单位：安徽馆、重庆馆、大理馆、大连馆、东北师大馆、广东馆、广西馆、贵州馆、国家馆、黑龙江馆、湖南馆、江西馆、辽大馆、辽师大馆、南京馆、内蒙古馆、宁夏馆、上海馆、绍兴馆、首都馆、天津馆、浙江馆

02485
种栗法 许心芸著
上海：商务印书馆，1930.10，77页，32开（万有文库 第1集625）（农学小丛书）
上海：商务印书馆，1933.12，77页，32开（农学小丛书）
上海：商务印书馆，1934，再版，77页，32开

（万有文库 第 1 集 625）（农学小丛书）
上海：商务印书馆，1934.7，3 版，77 页，32 开（农学小丛书）
上海：商务印书馆，1935.7，4 版，77 页，32 开（农学小丛书）

本书共 14 章：绪言、性状、栗与风土之关系、品种、繁殖、栽植、剪定、整枝、肥料、除草中耕与其它之作业、采收、贮藏、病害、虫害。

收藏单位：安徽馆、重庆馆、大理馆、大连馆、东北师大馆、广东馆、广西馆、贵州馆、国家馆、黑龙江馆、湖南馆、江西馆、辽大馆、辽宁馆、辽师大馆、南京馆、内蒙古馆、宁夏馆、上海馆、绍兴馆、首都馆、天津馆、西南大学馆、浙江馆

02486
种苹果法 王太乙著
外文题名：Apple growing
上海：商务印书馆，1930.10，168 页，32 开（万有文库第 1 集 621）（农学小丛书）
上海：商务印书馆，1934.3，168 页，32 开（农学小丛书）
上海：商务印书馆，1934.7，再版，168 页，32 开（农学小丛书）
上海：商务印书馆，1935，3 版，168 页，32 开（农学小丛书）
长沙：商务印书馆，1938.11，4 版，168 页，32 开（农学小丛书）

本书共 11 章：概论、形态及生理、风土、品种、繁殖、开园及栽种、修剪及整枝、果园之管理、苹果之授粉、病虫害、采收及包装。

收藏单位：安徽馆、重庆馆、大理馆、大连馆、东北师大馆、广东馆、广西馆、贵州馆、国家馆、黑龙江馆、湖南馆、江西馆、辽大馆、辽师大馆、南京馆、内蒙古馆、宁夏馆、上海馆、绍兴馆、天津馆、西南大学馆、浙江馆

02487
种葡萄法 夏诒彬著
上海：商务印书馆，1929.10，141 页，32 开（万有文库 第 1 集 626）（农学小丛书）
上海：商务印书馆，1933.1，140 页，32 开（农学小丛书）
上海：商务印书馆，1934.2，再版，141 页，32 开（万有文库 第 1 集 626）（农学小丛书）
上海：商务印书馆，1934.6，3 版，141 页，32 开（农学小丛书）
上海：商务印书馆，1935，4 版，140 页，32 开（农学小丛书）
上海：商务印书馆，1935.6，5 版，141 页，32 开（农学小丛书）

本书共 13 章：绪论、风土、性能、品种、苗木、开园、整枝、剪定、肥培、病害、害虫、管理、果实成熟后之处置。

收藏单位：安徽馆、重庆馆、大理馆、大连馆、东北师大馆、广东馆、广西馆、贵州馆、国家馆、黑龙江馆、湖南馆、江西馆、辽大馆、辽师大馆、南京馆、内蒙古馆、宁夏馆、绍兴馆、天津馆、浙江馆

02488
种柿法 许祖植著
上海：商务印书馆，1930.10，93 页，32 开（万有文库 第 1 集 624）（农学小丛书）
上海：商务印书馆，1934.3，93 页，32 开（农学小丛书）
上海：商务印书馆，1934.7，再版，93 页，32 开（农学小丛书）
上海：商务印书馆，1935.8，3 版，93 页，32 开（农学小丛书）

本书共 13 章：绪言、柿与风土之关系、品种、繁殖、栽植、肥料、管理、剪定、整枝、摘果及挂袋、采取及以后之处理、病害、虫害。

收藏单位：安徽馆、重庆馆、大理馆、大连馆、东北师大馆、广东馆、广西馆、贵州馆、国家馆、黑龙江馆、湖南馆、江西馆、辽大馆、辽宁馆、辽师大馆、南京馆、内蒙古馆、宁夏馆、上海馆、天津馆、西南大学馆、浙江馆

02489
种柿浅说 王培仁编

行都慈幼院，1939.1，16 页，32 开

收藏单位：重庆馆

02490

种桃 江苏省立民众教育院 劳农学院研究部编 唐志才校

[南京]：江苏省立民众教育院研究部，[1917—1949]，12 页，32 开（注音农民小丛书）

本书介绍了全国桃的种类、特性、种桃、苗木选择、剪枝、果实及病虫害等。

收藏单位：国家馆

02491

种桃法 许心芸著

上海：商务印书馆，1930.4，79 页，32 开（万有文库 第 1 集 622）（农学小丛书）

上海：商务印书馆，1933.3，国难后 1 版，78 页，32 开（农学小丛书）

上海：商务印书馆，1934.4，国难后 2 版，78 页，25 开（农学小丛书）

上海：商务印书馆，1934.7，再版，78 页，32 开（万有文库 第 1 集 622）（农学小丛书）

上海：商务印书馆，1935.3，国难后 3 版，78 页，32 开（农学小丛书）

上海：商务印书馆，1939，国难后 3 版，78 页，32 开（农学小丛书）

长沙：商务印书馆，1939.5，国难后 6 版，78 页，32 开（农学小丛书）

本书共 14 章：绪言、桃与风土之关系、品种、繁殖、栽植、肥料、管理、剪定、整枝、势力抑制法、摘果及挂袋、采收、病害、虫害。

收藏单位：安徽馆、重庆馆、大理馆、大连馆、东北师大馆、广东馆、广西馆、贵州馆、国家馆、黑龙江馆、湖南馆、江西馆、辽宁馆、辽师大馆、南京馆、内蒙古馆、宁夏馆、上海馆、绍兴馆、首都馆、天津馆、西南大学馆、浙江馆

02492

最新柑橘改良栽培法 夏诒彬译著

上海：新学会社，1929.4，120 页，32 开

上海：新学会社，1936.3，增订 3 版，119 页，32 开

本书共 15 章：绪论、气候、地势及土质、品种、开园、繁殖、肥培、剪定、病虫害及防除法、中耕及间作、敷草及防寒、采收及贮藏、装运及贩卖、收支核算、栽培历。

收藏单位：重庆馆、国家馆、黑龙江馆、内蒙古馆、浙江馆

02493

最新葡萄栽培法 孙云蔚编著

上海：中华书局，1939.3，126 页，32 开（实用园艺丛书）

本书共 8 章：总说、品种、繁殖法、栽植、管理、肥料、采收及贮藏、病虫害。附录葡萄栽培历、葡萄温室栽培法、葡萄品种记载笺及解说、山东省葡萄栽培地及生产量。

收藏单位：重庆馆、广东馆、国家馆、江西馆、辽宁馆、上海馆

02494

最新种梨法 许心芸编

外文题名：New methods for pear planting

上海：商务印书馆，1928.6，111 页，32 开（农业小丛书）

本书介绍了梨的品种，以及梨与风土之关系、繁殖、栽种、肥料、管理、采收及贮藏、病虫害等。

收藏单位：广东馆、国家馆、湖南馆、山西馆、浙江馆

02495

最新种桃法 吴乔如编

上海：南星书店，1934.6，55 页，64 开（生产教育小丛书 第 3 集 种植 1）

本书内容包括：桃树的利益、优良的本国桃子、适宜种桃的地方、桃树的繁殖法、桃树的栽植、桃树的整枝、桃树的剪定、桃子的套袋、桃树的害敌、桃子的采收等。

02496

最新种桃法 许心芸编

外文题名：New methods for peach planting

上海：商务印书馆，1928.8，90 页，32 开（农

业小丛书）
　　收藏单位：广东馆、国家馆、南京馆

观赏园艺（花卉和观赏树木）

02497
巴山蜀水记梅花　陈俊愉著
上海园艺事业改进协会出版委员会，1947.7，17 页，32 开（上海园艺事业改进协会丛刊 15）
　　本书介绍了 35 种梅花（如紫梅类、红梅类、粉红梅类等 6 大类）的特征、分布、繁殖、管理、病害、虫害等。
　　收藏单位：国家馆、南京馆、首都馆、浙江馆

02498
北京花事特刊　天津铁路局编
天津：天津铁路局，124 页，22 开（天津铁路局旅行丛刊 1）
　　本书内容包括：北京之观赏花、北京之掌故花、北京之园艺花、北京之堂花、北京之像生花、北京花事岁时志、花月令、课花简法等。
　　收藏单位：国家馆、吉林馆、上海馆

02499
北京之庭园树木　孙云蔚著
实业总署农事试验场，1940.6，24 页，25 开
　　本书共 3 部分：绪言、北京庭园树木之种类、数种珍异之庭园树木。
　　收藏单位：国家馆、南京馆

02500
曹州牡丹谱·文求堂书目　（日）田中庆太郎编辑
东京：田中庆太郎 [发行者]，1929.6，29+206 页，25 开，环筒
　　本书为《曹州牡丹谱》与《文求堂书目》合订本。前者收录花品 56 种，后有附记说明栽培方法，介绍了曹州牡丹的发展历史及栽培品种。后者按照经、史、子、集、丛及补遗的顺序罗列书目名称，并注明版本、价格等信息。
　　收藏单位：国家馆

02501
窗口花卉　金永熙著
上海园艺事业改进协会出版委员会，1947.9，24 页，32 开（上海园艺事业改进协会丛刊 20）
　　本书内容包括：窗口花卉所需要土壤性质、容器形状、种植材料的选择等。
　　收藏单位：国家馆、南京馆、浙江馆

02502
定海仙乐园种苗汇编　仙乐园编
定海：仙乐园，34 页，22 开
　　本书内容包括：牡丹芍药栽培法、四季蔷薇栽培法等。附栽培概要。
　　收藏单位：浙江馆

02503
东西洋花卉盆栽法　胡朝阳编
上海：新学会社，1917.7，10+226 页，22 开
上海：新学会社，1921.6，订正 3 版，10+226 页，22 开
上海：新学会社，1925.10，4 版，10+226 页，24 开
上海：新学会社，1926，5 版，10+226 页，24 开
上海：新学会社，1931.6，6 版，10+226 页，24 开
　　本书共 8 章：盆栽通则、观叶树本类、观实树木类、观花树木类各论、草花类、观叶草类各论、球根类各论、附录。书末附花历概略表、二十四气阴阳历对照表、花信风表。
　　收藏单位：重庆馆、广东馆、国家馆

02504
都门艺兰记　于照著
北京：晨报出版部，1928.5，46 页，32 开（晨报丛书 31）（北京丛刊 2）
北京：晨报出版部，1928.7，再版，46 页，32 开（晨报丛书 31）（北京丛刊 2）

本书介绍北京地区的栽兰经验，内容包括：兰花的类别，栽种兰花的忌避、制土、灌溉、施肥、调护、分盆以及除虫技巧等。

收藏单位：安徽馆、广东馆、国家馆

02505

杜鹃 黄岳渊著

上海园艺事业改进协会出版委员会，1947.4，14 页，32 开（上海园艺事业改进协会丛刊 4）

本书介绍杜鹃花的性状、品种、栽培、病虫害等知识。

收藏单位：国家馆、上海馆、首都馆、浙江馆

02506

二十年栽菊经验 黄德邻著

上海园艺事业改进协会出版委员会，1947.8，13 页，32 开（上海园艺事业改进协会丛刊 18）

本书内容包括：菊之由来、菊之性质、菊之形状等。

收藏单位：南京馆、浙江馆

02507

芳园芳草录 董春藩编

出版者不详，[1925]，326 页，22 开

本书内容包括：艺花诀、艺果诀、艺树诀、新颖蔬菜烹调法、奇木、香艳文墨等。

收藏单位：浙江馆

02508

芳园芳草录

出版者不详，352 页，22 开

收藏单位：广西馆

02509

风景树之修枝要诀 李寅恭著

[南京]：江苏省教育林，[1916—1949]，6 页，22 开（江苏省教育林刊物 3）

收藏单位：国家馆

02510

古今兰辨样本 杨鹿鸣撰

出版者不详，油印本，27 叶，16 开，精装

收藏单位：南京馆

02511

观赏树木 陈植著

外文题名：Ornamental tree

上海：商务印书馆，1928.4，96 页，36 开（百科小丛书 166）

上海：商务印书馆，1930.10，96 页，32 开（万有文库第 1 集 710）（百科小丛书）

上海：商务印书馆，1933，国难后 1 版，96 页，32 开（百科小丛书）

上海：商务印书馆，1935，国难后 2 版，96 页，32 开（百科小丛书）

上海：商务印书馆，1939.12，96 页，25 开（万有文库第 1—2 集简编 278）

本书共 8 章：树木与观赏、观赏树木之分类、重要观赏树木之特质、观赏树木的适应、观赏树木之育苗、观赏树木之栽植、观赏树木之管理、观赏树木之保护。

收藏单位：安徽馆、重庆馆、大理馆、大连馆、东北师大馆、广东馆、广西馆、贵州馆、国家馆、河南馆、黑龙江馆、湖南馆、江西馆、辽大馆、辽师大馆、南京馆、内蒙古馆、宁夏馆、上海馆、首都馆、浙江馆

02512

观赏植物图谱 沐绍良编译

上海：商务印书馆，1936.10，2 册（203 页），32 开（中学生自然研究丛书）

上海：商务印书馆，1937.4，再版，2 册（203 页），32 开（中学生自然研究丛书）

本书为上、下册，共收录 200 种观赏植物的介绍和图谱。

收藏单位：重庆馆、东北师大馆、国家馆、河南馆、湖南馆、江西馆、南京馆、上海馆、首都馆、西南大学馆、浙江馆

02513

果树盆栽法 吴瑜编

上海：中华书局，1924.2，92 页，32 开

上海：中华书局，1927.3，3 版，92 页，32 开

上海：中华书局，1928.3，4 版，92 页，32 开

上海：中华书局，1932，5 版，92 页，32 开

上海：中华书局，1933.5，6 版，92 页，32 开
上海：中华书局，1936.9，7 版，92 页，32 开

本书共 6 章：总论、各论、栽培室、冷室栽培一年内之诸作业、促成栽培、害虫病害之驱除预防。

收藏单位：重庆馆、国家馆、黑龙江馆、湖南馆、江西馆、南京馆、内蒙古馆、山西馆、上海馆、西南大学馆、浙江馆

02514
花草栽培 布衣等编
上海：小说世界社，1927，1 册，32 开

本书内容包括：说牡丹、月季花谱、月季花栽法、兰花栽培法、西洋草花谱等。题名自拟。

收藏单位：重庆馆

02515
花草竹木 杨荫深编著
上海：世界书局，1946.9，77 页，32 开（日常事物掌故丛书）

本书介绍牡丹、芍药、腊梅、水仙等 22 种花草竹木的典故及名称来源等。

收藏单位：重庆馆、复旦馆、广西馆、国家馆、南京馆、山东馆、上海馆

02516
花果种植法 新华书局编
上海：新华书局，1933.5，62 页，32 开

本书共 5 编：总论、果树类栽植法、材木树类栽植法、饮用树类栽植法、赏花树类栽植法。内容包括：植物与化学上之组织、土质、光线与温度、水与肥料之关系、肥料、选种法、苗木播种法、移植法、插木法、接木法、剪枝法、害虫驱除法等。逐页题名：实验花果种植法。

收藏单位：国家馆、浙江馆

02517
花果种植法（植学新书） 花好月圆人寿室主人编
上海：国华新记书局，1935.1，再版，36+86+24 页，32 开
上海：国华新记书局，1936.3，3 版，36+86+24 页，32 开
上海：国华新记书局，1937.3，4 版，36+86+24 页，32 开

本书分上、中、下 3 卷，上卷介绍种植方法，内容包括：贮土、备盆、剪枝盘干、露根、辨性、整顿、肥料、灌溉、接枝、压条、催花等；中卷选取一些能栽植盆中的花果如松、柏、梅、桃、牡丹等，分别介绍其种植方法；下卷介绍各种花的养护方法，如养花之器、择水、宜忌、滋养等。版权页责任者题：花好月圆人寿室主人译述。

收藏单位：广东馆、国家馆、天津馆

02518
花卉理论初步讲义 吴梅溪辑
苏州：美术专科学校，1933.6，40 页，32 开

收藏单位：南京馆

02519
花卉盆栽法 吴君瑜编
上海：中华书局，1926.10，106 页，32 开
上海：中华书局，1929.9，再版，106 页，32 开
上海：中华书局，1932.10，3 版，106 页，32 开
上海：中华书局，1934.5，4 版，106 页，32 开
上海：中华书局，1936.9，5 版，106 页，32 开

本书共 7 章：总论、草花类之盆栽、球根花卉之盆栽、观叶草之盆栽、花树之盆栽、观果树木之盆栽、观叶树木之盆栽。

收藏单位：重庆馆、贵州馆、国家馆、湖南馆、江西馆、南京馆、上海馆、绍兴馆、首都馆、天津馆、西南大学馆、浙江馆

02520
花卉盆栽法 夏诒彬著
外文题名：The culture of potted plants
上海：商务印书馆，1931.4，114 页，32 开（万有文库第 1 集 713）（农学小丛书）
上海：商务印书馆，1933.11，114 页，32 开（农学小丛书）
上海：商务印书馆，1934.2，再版，114 页，32 开（农学小丛书）
上海：商务印书馆，1934.7，3 版，114 页，32

开（农学小丛书）
上海 商务印书馆，1935.4，4 版，114 页，32 开（农学小丛书）
长沙 商务印书馆，1939.12，114 页，32 开（万有文库第 1—2 集简编 279）（农学小丛书）

本书共 8 章：总论、针叶树类、阔叶常绿树类、落叶阔叶树类、特殊树类、球根类、一二年生草花、宿根草花等。内容包括：盆栽之趣味、盆栽之沿革、盆栽之特性、繁殖法、定植法、培养土等。

收藏单位：安徽馆、重庆馆、大连馆、东北师大馆、广东馆、广西馆、贵州馆、国家馆、黑龙江馆、湖南馆、江西馆、辽大馆、辽宁馆、辽师大馆、南京馆、内蒙古馆、宁夏馆、上海馆、绍兴馆、首都馆、天津馆、武大馆、西南大学馆、浙江馆

02521
花卉园艺 童玉民编著
上海：商务印书馆，1926.5，244 页，25 开
上海：商务印书馆，1927.6，再版，244 页，32 开
上海：商务印书馆，1930，3 版，[13]+244 页，32 开
上海：商务印书馆，1935.5，国难后 1 版，232 页，32 开（农学丛书）

本书分通论、各论两编。通论介绍园艺种类、花卉意义、种类、花卉与人生、花园构成，各论介绍各种花草花木性状栽培法等。为农业学校或高级中学及师范学校花卉园艺学教本。

收藏单位：重庆馆、广东馆、国家馆、黑龙江馆、湖南馆、江西馆、辽宁馆、首都馆、浙江馆

02522
花卉园艺 杨三恺编译
上海：大东书局，1933.12，172 页，32 开（家庭日用丛书 4）

本书共 3 篇：花卉栽培通论、花坛设备、栽培各论。内容包括：花卉园艺之意义、花卉之种类、培养土、盆栽、整枝、花坛、绿草地、温室、一二年草类等。

收藏单位：重庆馆、黑龙江馆、江西馆、南京馆、上海馆、首都馆、浙江馆

02523
花卉园艺各论 章君瑜著
武功：国立西北农学院园艺学会，1947.1，152 页，18 开（国立西北农学院园艺丛书 4）

本书版权页题：国立西北农学院园艺学会出版丛书。

02524
花卉园艺学 刘宝书编
出版者不详，242 页，22 开

本书内容包括：园艺、花卉之整地及培养土之调制、花卉之繁殖等。封面题名：花卉园艺。

收藏单位：浙江馆

02525
花卉园艺学 孙觉三 黄克才编
上海：大华农场农书出版部，1935.6，[114] 页，32 开

本书共两编：总论、各论。第 1 编共 8 章：花卉与文化、花卉之分类、花卉之繁殖、花卉之移掘、花卉之栽种、花卉之管理、花坛之布置、温室之构造；第 2 编共 6 章：观叶花木、观实花木、观花花木、观叶花草、观实花草、观花花草。书末附各种花草栽培概要表。

02526
花卉园艺学 章君瑜编
上海：商务印书馆，1933.2，281 页，32 开
上海：商务印书馆，1933.4，再版，281 页，32 开
上海：商务印书馆，1934.9，4 版，281 页，32 开
上海：商务印书馆，1935.4，5 版，281 页，32 开
上海：商务印书馆，1947.8，8 版，281 页，32 开
上海：商务印书馆，1947.12，9 版，281 页，32 开
上海：商务印书馆，1949.7，10 版，281 页，32

开

本书共5章：总论、球根花类栽培法、一二年草花类栽培法、宿根草花类栽培法、花木类栽培法。为职业学校教科书和高级农业学校教科书。

收藏单位：安徽馆、重庆馆、广东馆、广西馆、国家馆、湖南馆、江西馆、辽大馆、辽宁馆、南京馆、内蒙古馆、山西馆、上海馆、首都馆、西南大学馆、浙江馆

02527

花卉栽培法　罗适丹编

上海：新学会社，1919.10，58页，24开

上海：新学会社，1925.10，再版，58页，22开

上海：新学会社，1930.5，3版，58页，22开

上海：新学会社，1934.9，4版，58页，22开

本书共两篇：花卉栽培通论、花卉栽培各论。内容包括：花卉园艺之意义及其种类、培养土、盆栽、整枝、花台、一二年草类、宿根草类、球根类。

收藏单位：河南馆、江西馆、南京馆、浙江馆

02528

花卉栽培法　罗适丹编

上海：中国农业书局，1943.1，5版，增订版，72页，32开

收藏单位：上海馆

02529

花卉装饰术　顾君赞著

上海：中国农业书局，1942.3，146页，32开

本书共4篇：总论、应用装饰、室内装饰、室外装饰。第1篇介绍了装饰的特质、范围、要素以及花卉装饰的注意事项；第2篇共5章：花圈、花篮、花束、襟插、玩具；第3篇共3章：瓶饰、案供、会场布置；第4篇共2章：器物修饰、花坛。书末附引用花卉简要栽培表。

收藏单位：国家馆、上海馆、首都馆

02530

花经　黄岳渊著

上海：新纪元出版社，1949.4，568页，32开，精装（新纪元学术丛书）

本书介绍花木一般栽培法，分述各种花木栽培法。书前附铜版图90页。

收藏单位：安徽馆、国家馆、湖南馆、南京馆、内蒙古馆、宁夏馆、山西馆、首都馆、天津馆、西南大学馆

02531

花坛　夏诒彬著

外文题名：Flower bed

上海：商务印书馆，1933.12，120页，32开（万有文库第1集709）（百科小丛书）

上海：商务印书馆，1934.3，120页，32开（百科小丛书）

上海：商务印书馆，1935.4，再版，120页，32开（百科小丛书）

长沙：商务印书馆，1938.3，3版，120页，32开（百科小丛书）

本书共9章：花坛之整地、花坛之位置、花坛之分类、花坛之形式、花坛之边缘及道路、开花之时期、花坛之美观、花卉之繁殖、花卉之管理。

收藏单位：安徽馆、重庆馆、大理馆、大连馆、东北师大馆、广东馆、广西馆、贵州馆、国家馆、黑龙江馆、湖南馆、江西馆、辽大馆、辽师大馆、南京馆、内蒙古馆、宁夏馆、上海馆、绍兴馆、首都馆、天津馆、西交大馆、浙江馆

02532

花语　（法）拉鲁斯著　董世礼译注

北平：传信书局，1937.4，143页，32开

本书内容包括：455种花之象征、颜色、传情、学名、分类等。法汉对照。

收藏单位：国家馆、南京馆、首都馆

02533

花园管理法　黄绍绪著

外文题名：Garden management

上海：商务印书馆，1930.10，102页，32开（万有文库第1集717）（农学小丛书）

上海：商务印书馆，1934.2，102页，32开（农学小丛书）

上海：商务印书馆，1935，3 版，102 页，32 开（农学小丛书）
上海：商务印书馆，1935.5，4 版，102 页，32 开（农学小丛书）

本书共 12 章：叙论、园土、施肥、育苗、移植、钵植、花木生长期间之作业、花木之修整、温室温床之管理、草地之管理、花坛之管理、杂项。书末附花园管理月历。

收藏单位：安徽馆、重庆馆、大理馆、大连馆、东北师大馆、广东馆、广西馆、贵州馆、国家馆、黑龙江馆、湖南馆、江西馆、辽大馆、辽宁馆、辽师大馆、南京馆、内蒙古馆、宁夏馆、上海馆、天津馆、西南大学馆、浙江馆

02534
绘图百花栽培秘诀　陈淏子著
上海：中华新教育社，1922，石印本，4 册（60+68+46+90 页），25 开
上海：中华新教育社，1928，再版，4 册（60+68+46+90 页），25 开
上海：中华新教育社，1933，5 版，4 册（60+68+46+90 页），25 开
上海：中华新教育社，1935，8 版，4 册（60+68+46+90 页），25 开

本书共 6 卷，卷 1—2 为第 1 册：花历新栽、课花十八法；卷 3 为第 2 册：花木类考；卷 4 为第 3 册：藤蔓类考；卷 5—6 为第 4 册：花草类考、禽兽鳞虫类考。版权页题名：百花栽培秘诀。

收藏单位：广东馆、首都馆、天津馆

02535
姣艳的蔷薇　邹盛文著
上海：中华书局，1924.6，31 页，32 开（科学小丛书 6）
上海：中华书局，1926.9，再版，31 页，36 开（科学小丛书 6）
上海：中华书局，1928.10，3 版，31 页，36 开（科学小丛书 6）
上海：中华书局，1933.6，5 版，31 页，36 开（科学小丛书 6）
上海：中华书局，1936.11，30 页，25 开（小朋友文库）

本书介绍了蔷薇的栽培法以及病虫害的防治。

收藏单位：重庆馆、湖南馆、江西馆、首都馆

02536
菊花会特刊　成都市立通俗教育馆编
成都：成都市立通俗教育馆，1925.12，20 页，16 开

02537
菊花栽培法　徐允武编
仙居：浙江省立台州中学，1940，誊印本，8 页，13 开（浙江省立台州中学农艺科补充教材 1）

收藏单位：南京馆

02538
菊花栽培法　许公武著
上海：民智书局，1930.9，84 页，32 开

本书内容包括：菊之繁殖法、菊之培养法、菊之配料等。题名页题：崇灏著。

收藏单位：湖南馆、浙江馆

02539
菊鉴　黄艺锡著
北平：财政部印刷局，1932.1，156 页，18 开，精装

本书内容包括：释名、分布、种类、栽培法、种菊月令、各月行事表、旧种及新种一览表等。

收藏单位：重庆馆、国家馆、河南馆、湖南馆、江西馆、辽师大馆、山西馆、上海馆、浙江馆

02540
菊谱　卓宏谋编
北京：卓宏谋 [发行者]，1926.10，58 页，23 开
北平：卓宏谋 [发行者]，1936.10，2 版，58 页，23 开

本书共 8 部分：菊在植物学上的位置、菊科之性质、菊之进化、菊之栽培法、菊之病

害、菊之虫害、菊之效用、菊之种类。初版封面题：民国二十年六月。

收藏单位：广东馆、国家馆、浙江馆

02541
菊展特刊
出版者不详，[1947]，7 页，32 开

本书介绍上海市工务局主办 1947 年度菊花展览会情况。

02542
举办青阳港菊花展览会纪念刊 京沪沪杭甬铁路管理局总务处编辑
京沪沪杭甬铁路管理局总务处，1934.12，24 页，16 开

本书内容包括：举办青阳港菊花展览会的旨趣、青阳港菊花展览会应征菊品统计表、展览情形、青阳港菊花展览会逐日参观人数表等。

收藏单位：国家馆

02543
兰花培植法 清芬室主人著
上海：国华书局，1935.1，再版，76 页，32 开
上海：国华书局，1936.5，3 版，76 页，32 开

本书内容包括：兰花的选盆、浇灌、御寒、修饰、择泥、蔽阳、下剪等培植方法。

收藏单位：广东馆、国家馆、内蒙古馆、农大馆、绍兴馆、浙江馆

02544
梅花栽培法 刘振书编
南京：国立中央大学农学院农业推广组，1933，3 版，5 页，23 开（国立中央大学农学院农业浅说丛书 46）

02545
秘本兰蕙谱 兰蕙研究会编
上海：世界书局，1922.8，石印本，[44] 页，32 开，环筒页装
上海：世界书局，1924.2，再版，[44] 页，32 开
上海：世界书局，1924.8，3 版，[44] 页，32 开

本书共 4 部分：花之名称、花之各部、蕙兰要诀、四季种兰蕙法。

收藏单位：国家馆

02546
木本花卉栽培法 周宗璜 刘振书编著
外文题名：Culture of ornamental trees and shrubs
上海：商务印书馆，1930.10，151 页，32 开（万有文库第 1 集 716）（农学小丛书）
上海：商务印书馆，1934.3，151 页，32 开（农学小丛书）
上海：商务印书馆，1934.7，再版，151 页，32 开
上海：商务印书馆，1934.11，再版，151 页，32 开（农学小丛书）
上海：商务印书馆，1935.5，3 版，152 页，32 开（农学小丛书）
上海：商务印书馆，1939，151 页，32 开

本书共 6 章：总论、木本花卉之繁殖法、木本花卉之管理、木本花卉之盆栽法、冷床温床及温室、木本花卉栽培各论。附北京农事试验场木本花卉栽培一览表。

收藏单位：安徽馆、重庆馆、大连馆、东北师大馆、广东馆、广西馆、贵州馆、国家馆、黑龙江馆、湖南馆、江西馆、辽大馆、辽师大馆、南京馆、内蒙古馆、宁夏馆、山西馆、上海馆、绍兴馆、首都馆、天津馆、武大馆、浙江馆

02547
农林园艺植物用语辞典（中英对照） 吴耕民 储椒生编
杭州：西湖农园出版部，1948.11，531 页，64 开

本辞典共收入农林园艺植物用语专业词条 16355 个（组）。

收藏单位：国家馆、湖南馆、内蒙古馆、浙江馆

02548
盆景制造法 徐卓呆著
上海园艺事业改进协会出版委员会，1948.1，14 页，32 开（上海园艺事业改进协会丛刊

24）

本书以图文结合的形式介绍了盆景制作的方法。书末附《盆景之栽培与配置》（孔志清著）。

收藏单位：南京馆

02549

盆栽花木实验法 花好月圆人寿室著

上海：国华书局，1920.8，[160] 页，32 开

本书收录盆栽花木实验法 2 卷和瓶花养护实验法 1 卷，内容包括：贮土、备盆、取材及入手法、露根、配置得宜、宜于盆栽之花木、整顿、修剪、肥料、灌溉、保护、补救等。

收藏单位：上海馆、首都馆

02550

奇花异木志 忍公编著

上海：进化书局，1921.7，116 页，32 开

本书辑录中外古今有关花木之笔记二百余则。

收藏单位：吉林馆、首都馆、浙江馆

02551

球根花卉栽培法浅说 盛诚桂著

上海园艺事业改进协会出版委员会，1947.6，14 页，32 开（上海园艺事业改进协会丛刊 12）

本书内容包括：引言、栽培法要点、春季开花的球根栽培法——总论、春季开花的球根栽培法、夏季开花的球根栽培法。

收藏单位：南京馆、首都馆、浙江馆

02552

群芳花镜 陈淏子编

上海：大美书局，[1914]，[14+200] 页，32 开

上海：大美书局，1936.6，[14+200] 页，32 开

上海：大美书局，1937.6，再版，[14+200] 页，32 开

本书共 6 卷：花历新栽、课花十八法、花木类考、藤蔓类考、花草类考、附禽兽鳞虫考。第 1—5 卷讲述各种花卉、果树的栽培方法，第 6 卷介绍禽、鸟、虫、鱼等的养殖方法。封面书名题：群芳花镜全书。目录前及书口题：秘传花镜。陈淏子即陈扶摇。

02553

上海市第一届菊花展览会特刊 上海市菊花展览会筹备委员会编

上海：上海市市立园林场，1930，37 页，16 开

本书共 5 部分：绪言、筹备经过、开会情形、闭幕后之处理、审查奖励。并附上海市菊花展览会章程、栽菊术等。版权页题名：第一届菊花展览会特刊。

收藏单位：国家馆

02554

上海中山公园树木名录 徐炳声著

上海：徐炳声 [发行者]，1947.10，30 页，32 开

本书共两部分：树木检索表、树木名录。后者共 242 种，列拉丁文学名和中文名。

02555

实验花果种植法 张肇镇著

上海：交通图书馆，1918.7，62 页，32 开

上海：交通图书馆，1919.1，再版，62 页，32 开

上海：交通图书馆，1920，3 版，62 页，32 开

上海：交通图书馆，1926.5，4 版，62 页，32 开

本书共 5 编：总论、果树类栽植法、材木树类栽植法、饮用树类栽植法、赏花树类栽植法。内容包括：植物与化学上之组织、土质、光线与温度、水与肥料之关系、肥料、选种法、苗木播种法、移植法、插木法、接木法、剪枝法、害虫驱除法等。

收藏单位：重庆馆、国家馆、绍兴馆、首都馆

02556

实验应用中西花草栽培法 云麓山人编

出版者不详，[1923]，110 页，32 开

本书分栽培通论、栽培各论两编，内容包括：选种、藏种、苗圃、播种等。目录页题：中西花草栽培法。

收藏单位：首都馆、天津馆、浙江馆

02557
实验园艺花卉宝鉴 施士知编著
上海：世界书局，1933.2，107 页，32 开
本书共 4 部分：总论、各论、检索、图例。各论重点介绍了各种花的科属、别名、形态、花色、花期、栽培方法。逐页题名：花卉宝鉴。
收藏单位：重庆馆、广东馆、国家馆、内蒙古馆、首都馆、浙江馆

02558
莳花新法 周德芳编著
上海：大中华书局，[1934]，84 页，32 开
上海：大中华书局，1936.3，再版，84 页，32 开
本书共 4 章：常绿性花木栽培法、落叶性花木栽培法、一二年生花草栽培法、多年生花草栽培法。每章将各种花卉栽培法分别详论。
收藏单位：重庆馆、南京馆、首都馆

02559
莳花新法 周德芳编著
上海：文业书局，1937.5，2 版，83 页，25 开
收藏单位：江西馆

02560
室内盆栽植物 王馨编译
上海园艺事业改进协会出版委员会，1947.7，26 页，32 开（上海园艺事业改进协会丛刊 17）
上海园艺事业改进协会出版委员会，1948.7，26 页，32 开（上海园艺事业改进协会丛刊 17）
本书内容包括：盆栽植物的光线、温度、空气、植物的陈设、土壤等。
收藏单位：国家馆、南京馆、首都馆、浙江馆

02561
行道树 李寅恭编著 国立编译馆主编
上海：正中书局，1948.5，126 页，32 开
本书共 13 章：行道树之效用、市行道树、公路行道树、乡村行道树、行道树与环境、纪念植树、公坟植树、攀墙植树、草地敷设、移栽大树、修枝要诀、行道树种各论、行道树之管理。附英汉名次对照表。为高级农业职业学校课本。
收藏单位：安徽馆、国家馆、南京馆

02562
行道树 张福仁编
上海：商务印书馆，1928.5，101 页，32 开（市政丛书）
上海：商务印书馆，1931.6，再版，101 页，32 开
上海：商务印书馆，1935.3，国难后 1 版，101 页，32 开（市政丛书）
本书分街市行道树、地方行道树两编，第 1 编介绍街市行道树的效用、栽植、保护及管理等，第 2 编介绍地方行道树的效用、性质、树种、栽植及保护管理法。
收藏单位：重庆馆、广东馆、国家馆、河南馆、湖南馆、南京馆、内蒙古馆、山西馆、上海馆、首都馆、浙江馆

02563
野草之研究 祁家治著 施奎龄译
南京：金陵大学农林科，1922.7，22 页，22 开（金陵大学农林科农林丛刊 5）
本书内容包括：野草是什么、野草的用处、野草的害处等。
收藏单位：浙江馆

02564
艺菊丛谈 程世抚著
[上海]：上海市工务局园场管理处，1946.11，14 页，22 开
本书共 5 章：菊话、菊花分类、栽培浅说、菊历、评判标准。书前赵祖康题字：艺菊丛谭。目录页题：艺菊丛谈。
收藏单位：国家馆、上海馆

02565
艺兰秘诀 清芬室主人著
上海：国华书局，1920.9，76 页，32 开
上海：国华书局，1922.5，再版，76 页，32 开
上海：国华书局，1935.1，再版，76 页，32 开
本书内容包括：兰花的选盆、浇灌、位

置、护雨、御寒、修饰、种别、择泥、检视、蔽阳、花时调养、下剪等培植方法。

收藏单位：国家馆、南京馆、上海馆、天津馆

02566

园艺一斑 卢寿籛编

上海：中华书局，1917.5，56页，23开（女学丛书）

上海：中华书局，1919.4，再版，56页，22开（女学丛书）

上海：中华书局，1922.3，4版，56页，22开（女学丛书）

上海：中华书局，1926.6，6版，56页，22开（女学丛书）

上海：中华书局，1928，7版，56页，23开（女学丛书）

上海：中华书局，1930.4，8版，56页，22开（女学丛书1）

上海：中华书局，1936.9，10版，56页，23开（女学丛书）

本书分上、下两编：花卉园艺、盆栽园艺。内容包括：花园及花坛、花卉之繁殖法、人工媒助法、花卉之栽培管理法、盆栽之种类、盆栽与土壤等。

收藏单位：重庆馆、广东馆、国家馆、湖南馆、江西馆、辽宁馆、南京馆、上海馆、绍兴馆、首都馆、浙江馆

02567

栽花 童士恺编 陆费执校

上海：中华书局，1930.4，2册（56+110页），32开（家庭小丛书2）

上海：中华书局，1932.10，[再版]，2册（56+110页），32开

上海：中华书局，1933.6，3版，2册（56+110页），32开（家庭小丛书2）

本书共两卷：花卉之栽培、花卉之种类。上卷共10节：温室、土壤、肥料、培养土、苗床、播种、繁殖、盆栽花卉法、保护、去害；下卷分两部分：草花类、花木类，草花类收录了一二年生花草类、多年生花草类、球根植物类，花木类收录了观花树木类、观叶树木类、行道及遮阴树类。

收藏单位：重庆馆、广东馆、国家馆、河南馆、黑龙江馆、湖南馆、江西馆、辽宁馆、南京馆、内蒙古馆、上海馆、绍兴馆、首都馆、西南大学馆、浙江馆

02568

栽菊术 上海特别市市立园林场编

上海：上海特别市市立园林场，1929.11，28页，18开（市立园林场刊物 第2辑）

本书共两部分：解说、栽培。第1部分共6节：菊的名义、菊花的赏玩价值、菊花的史实、菊的性状、菊花的分类、菊的花期；第2部分共9节：繁殖、调土、肥料、定植、摘芽、护叶、芰蕾、浇灌、防害。

收藏单位：国家馆、上海馆

02569

栽菊术（上海市第三届菊花展览会大事记） 上海市市立园林场编

上海：上海市市立园林场，1933.4，64页，23开

收藏单位：南京馆、上海馆

02570

怎样配置和种植观赏树木 汪菊渊著

上海园艺事业改进协会出版委员会，1947，16页，32开（上海园艺事业改进协会丛刊3）

本书共两部分：观赏树木的配置、观赏树木的种植。内容包括：树木的对象、树木配置的原则、松柏配置的原则、灌木配置的原则、什么时候栽树、怎样掘起树木、怎样种植灌木等。

收藏单位：国家馆、南京馆、首都馆、浙江馆

02571

植物的篱垣 汪菊渊著

上海园艺事业改进协会出版委员会，1947.4，13页，32开（上海园艺事业改进协会丛刊6）

本书内容包括：植篱的式样、植篱的栽种、植篱的整形和修剪、植篱的更新、植篱植物的主要种类等。封面丛刊题：第8种。

收藏单位：国家馆、南京馆、上海馆、浙

江馆

02572
中国盆景及其栽培 崔友文编著 章君瑜校
上海：商务印书馆，1948.5，169 页，32 开（农学小丛书）

本书共 3 部分：通论、各论、附录。其中通论介绍盆栽之意趣，我国盆栽略史，盆栽植物之特点、姿态、配景，各论主要介绍花木类及花草类的栽培法，附录有中名索引、学名索引。

收藏单位：重庆馆、广东馆、国家馆、河南馆、江西馆、辽宁馆、宁夏馆、上海馆、首都馆、云南馆

02573
种草的方法 邹盛文编著
上海：中华书局，1924.5，31 页，36 开（科学小丛书）
上海：中华书局，1927.6，3 版，31 页，36 开
上海：中华书局，1928.3，4 版，31 页，36 开（科学小丛书）
上海：中华书局，1931.11，5 版，31 页，36 开
上海：中华书局，1932.12，6 版，31 页，36 开（科学小丛书）
上海：中华书局，1935.12，31 页，22 开（小朋友文库 第 1 辑 高级园艺类）

本书介绍了用种子与用草皮种草的两种方法。

收藏单位：重庆馆、广东馆、湖南馆、江西馆、南京馆、上海馆、首都馆、天津馆

02574
种草花法 刘振书著
外文题名：Herbaceous flower culture
上海：商务印书馆，1929.10，106 页，32 开（万有文库第 1 集 715）
上海：商务印书馆，1930.10，106 页，32 开（万有文库第 1 集 715）
上海：商务印书馆，1933.9，106 页，32 开（农学小丛书）
上海：商务印书馆，1934.7，再版，106 页，32 开（万有文库第 1 集 715）
上海：商务印书馆，1935.4，4 版，106 页，32 开（农学小丛书）
上海：商务印书馆，1935.5，5 版，106 页，32 开（农学小丛书）

本书共 8 章：绪论、栽培草花之准备、栽培草花之管理法、草花繁殖法、草花之分类、一二年生草花类、宿根草类、球根类。书末附重要草花栽培一览表。

收藏单位：安徽馆、重庆馆、大连馆、东北师大馆、广东馆、广西馆、贵州馆、国家馆、黑龙江馆、湖南馆、江西馆、辽大馆、辽师大馆、内蒙古馆、宁夏馆、绍兴馆、首都馆、天津馆、浙江馆

02575
种花草 方与严编 陶行知校
上海：儿童书局，1933，2 册（34+40 页），32 开（儿童科学丛书）

本书介绍了各类花草种植的方法。校者原题：陶知行。

收藏单位：广西馆、贵州馆、首都馆

02576
种花的方法 邹盛文编著
上海：中华书局，1925.11，32 页，36 开
上海：中华书局，1930.3，4 版，32 页，36 开（科学小丛书）
上海：中华书局，1931.11，5 版，32 页，36 开
上海：中华书局，1932.12，6 版，32 页，36 开
上海：中华书局，1934.8，7 版，32 页，36 开（科学小丛书）
上海：中华书局，1935.12，32 页，22 开（小朋友文库）

本书内容包括：花的种类、花的种法、种花的地方、种花的器具、种花的泥土和肥料、种花的时期、花的保护法等。

收藏单位：重庆馆、湖南馆、上海馆、天津馆

02577
种花浅说 秦翊著
上海：中华书局，1934.7，24 页，36 开（民众农业丛书 12）

上海：中华书局，1936.3，再版，24页，36开（民众农业丛书12）

本书共4章：栽培花卉之功用、花之种类、花卉之繁殖法、花之分类。

收藏单位：重庆馆、黑龙江馆、江西馆、南京馆、内蒙古馆、上海馆

02578

种菊法 夏诒彬著

外文题名：Chrysanthemum culture

上海：商务印书馆，1930.4，105页，32开（万有文库第1集712）（农学小丛书）

上海：商务印书馆，1934.2，105页，32开（农学小丛书）

上海：商务印书馆，1934.7，再版，105页，32开（农学小丛书）

上海：商务印书馆，1935.7，3版，105页，32开（农学小丛书）

上海：商务印书馆，1937.3，4版，105页，32开（农学小丛书）

本书共10章：绪论、菊之性状、菊花之园艺的分类、菊花之植物学上分类、繁殖法、栽培法、病虫害、管理法、余论、种菊历。

收藏单位：安徽馆、重庆馆、大连馆、东北师大馆、广东馆、广西馆、贵州馆、国家馆、黑龙江馆、湖南馆、江西馆、辽大馆、辽师大馆、内蒙古馆、宁夏馆、上海馆、首都馆、天津馆、西南大学馆、浙江馆

02579

种兰法 夏诒彬著

外文题名：Orchids culture

上海：商务印书馆，1930.10，119页，32开（万有文库第1集714）（农学小丛书）

上海：商务印书馆，1934.6，119页，32开（农学小丛书）

上海：商务印书馆，1934.7，再版，119页，32开（万有文库第1集714）（农学小丛书）

上海：商务印书馆，1934.7，再版，119页，32开（农学小丛书）

上海：商务印书馆，1935.6，3版，119页，32开（农学小丛书）

本书共10章：概述、形态、兰之检索法、兰之种属及栽培法、繁殖法、培养法、管理法、病虫害、观赏用以外之兰属、我国种兰法。

收藏单位：安徽馆、重庆馆、大连馆、东北师大馆、甘肃馆、广东馆、广西馆、贵州馆、国家馆、河南馆、黑龙江馆、湖南馆、江西馆、辽大馆、辽师大馆、南京馆、内蒙古馆、宁夏馆、上海馆、天津馆、西南大学馆、浙江馆

02580

种蔷薇法 许心芸著

外文题名：The cultivating method of rose

上海：商务印书馆，1931.4，120页，32开（万有文库第1集711）（农学小丛书）

上海：商务印书馆，1933.5，120页，32开（农学小丛书）

上海：商务印书馆，1934.1，再版，120页，32开（农学小丛书）

上海：商务印书馆，1935.6，3版，120页，32开（农学小丛书）

本书共10章：总论、种类、繁殖、栽培、花坛之经营、整枝、盆栽法、温室栽培、切花经营、病虫害。

收藏单位：安徽馆、重庆馆、大连馆、东北师大馆、广东馆、广西馆、贵州馆、国家馆、黑龙江馆、湖南馆、江西馆、辽大馆、辽师大馆、南京馆、内蒙古馆、宁夏馆、上海馆、绍兴馆、首都馆、天津馆、西南大学馆、浙江馆

02581

紫兰小谱 周瘦鹃编

上海：大东书局，1923.9，70页，64开（紫罗兰盦小丛书2）

上海：大东书局，1924.5，再版，70页，64开（紫罗兰盦小丛书2）

上海：大东书局，1928.10，4版，70页，64开（紫罗兰盦小丛书2）

本书辑录了紫罗兰的品种、种植方法及有关此花的诗词、逸事等。

收藏单位：广西馆、国家馆、山东馆

02582
最新实验花草栽培法 无锡园艺研究所编
无锡：江苏第一农林种苗场，1925.1，60 页，30 开
本书共 3 章：花草栽培各论、栽培各法、品种栽培。内容包括：园艺之意义、土壤、肥料、耕治、园艺用具、草花种类各论、下种法、催芽法、移植法、保护法、施肥法等。
收藏单位：广东馆、上海馆

02583
最新实验瓶花保养法 潘昌恒译著
上海：交通图书馆，1919.9，170 页，32 开
本书主要介绍花枝整理法、1—12 月花的保养方法以及四季之花的保养方法等。封面题名：实验瓶花保养法。
收藏单位：国家馆、首都馆、浙江馆

02584
最新中西花卉盆栽法 胡朝阳编译
上海：新学会社，1917.7，226 页，22 开
本书共 8 章：盆栽通则、观叶树木类、观实树木类、观花树木类各论、草花类、观叶草类各论、球根类各论、附录。书末附花历概略表、二十四节气阴阳历对照表。
收藏单位：绍兴馆、首都馆、浙江馆

林业

02585
纪美国林产研究所 唐耀主编 农产促进委员会经济部中央工业试验所木材试验室编
外文题名：The U.S. forest products laboratory
农产促进委员会经济部中央工业试验所木材试验室，1941.4，14 页，16 开（经济部中央工业试验所木材试验室特刊 16）
本书共 4 部分：概况、工作、简史、林产研究之经济价值。
收藏单位：国家馆

02586
经济部中央工业试验所木材试验馆五年来工作概况及成效（二十九年至三十三年） 唐燿著
经济部中央工业试验所，1945.1，64 页，16 开（经济部中央工业试验所木材试验馆工作报告 2）
本书分上、下两篇，内容包括：工作概况、论文择要。其中上篇包括成立经过、工作方案、工作实施、工作进度、工作检讨 5 部分内容；下篇包括论著、介绍、调查报告、研究报告 4 部分内容。附录大事纪要、经费及人员、工作计划纲目及进度表、推广工作择要、标本统计。书前有弁言，封底有英文题名。封面题名：五年来工作概况及成效（廿九年至卅三年）。
收藏单位：重庆馆、广东馆、国家馆、上海馆、中科图

02587
林学大意 江苏省立第二农学校编辑
上海：新学会社，1921，96 页
收藏单位：南京馆

02588
林学大意 林骙编
外文题名：Outlines of forestry
上海：商务印书馆，1924.5，90 页，36 开（百科小丛书 54）
上海：商务印书馆，1926.11，再版，90 页，36 开（百科小丛书 54）
本书共 11 部分：林学之意义、林学之体系、林学之预备学科、林学之基础学科、森林生产学、森林利用学、森林工学、森林经营学、森林经济学、森林艺术、林学之补助学科。附罗赖《林学全书》，中英文对照。
收藏单位：安徽馆、重庆馆、广西馆、国家馆、河南馆、湖南馆、江西馆、南京馆、上海馆、首都馆、天津馆、武大馆、西南大学馆、浙江馆

02589
林学大意 凌抚元编讲
北京：[国立北京大学农学院]，[1911—1919]，334 页，18 开

本书共 11 部分：森林要素、造林学、森林保护学、林产物采收法、林质学、森林利用学、林业经营学、林政学、理水及砂防工学、森林地理学、森林美学。为国立北京大学农学院林学大意讲义。

收藏单位：国家馆、黑龙江馆

02590

林学概论 郝景盛著

重庆：商务印书馆，1946.3，10+303 页，32 开

上海：商务印书馆，1946.8，10+303 页，32 开

本书共 6 篇：林学与林业、森林基础、森林生产、森林利用、森林经营、森林人事及行政。内容包括：林学、林业、森林立地学、森林植物学、森林动物学、造林学通论、造林学各论、造园学、森林保护学、木材解剖学、木材性质、森林主产利用学、木材保存学等。

收藏单位：重庆馆、东北师大馆、广东馆、国家馆、黑龙江馆、湖南馆、江西馆、辽大馆、山西馆、首都馆、西南大学馆、浙江馆

02591

林学通论 （日）本多静六著 沈化夔译述

上海：新学会社，1913.3，46 页，22 开（林学教科书 第 1 卷）

上海：新学会社，1916.9，3 版，46 页，22 开（林学教科书 第 1 卷）

上海：新学会社，1928，5 版，46 页，22 开（林学教科书 第 1 卷）

上海：新学会社，1930.8，6 版，46 页，22 开（林学教科书 第 1 卷）

本书共 6 章：森林及林业、林学、森林之效用、我国土与林业之关系、木材之需用、林业之收利。

收藏单位：安徽馆、重庆馆、国家馆、黑龙江馆、湖南馆、江西馆、南京馆、首都馆

02592

林业常识 中央陆军军官学校特别训练班编

中央陆军军官学校特别训练班，1937，100 页，32 开

本书共 3 编：造林概要、育苗概要、森林保护概要。内容包括：森林及林业和森林的利益、林木生长之天然要素、林木之种类等。

收藏单位：重庆馆

02593

林业纪历 农商部第一林业试验场编

［北京］：农商部第一林业试验场，1923，32 页，16 开

本书记载林业之时历以及各省经营森林之习惯、救灾防害之学说，内容涉及育苗、造林、保护、利用等。

收藏单位：国家馆

02594

林业教育刍议 姚传法著

南京：首都造林运动委员会，1930.3，8 页，32 开

本书内容包括：东西各国的林业教育概况、我国林业教育失败的原因及今后应采取的方针等。

收藏单位：国家馆、南京馆、天津馆

02595

林业试验报告 农商部天坛林场编

农商部天坛林场，1924，56 页，21 开

本书共 3 部分：育苗试验、干燥苗之移植试验、解析树干。内容包括：试验之范围、种子及苗木、施业法、保育法、气象、成绩之调查等。

收藏单位：国家馆

02596

满洲之森林 农矿部林政司编

农矿部林政司，1930，8 页，25 开（森林丛书 4）

本书内容包括：满洲森林的蓄积、种类、采伐事业现况等。

收藏单位：重庆馆、浙江馆

02597

木 周赞善著

上海：新中国书局，1933，45 页，50 开（常识小丛书 第 2 集 7）

收藏单位：广东馆

02598
农业生产四度观与树木农业说 [刘其昂著]
出版者不详，1930，[35] 页，25 开
收藏单位：首都馆

02599
欧美林业教育概观 陈植节译
上海：商务印书馆，1935.8，137 页，32 开
本书共两篇：欧洲各国林业教育、美国林业教育。译自日本三浦伊八郎著《欧美各国林业教育》一书。
收藏单位：重庆馆、东北师大馆、广东馆、贵州馆、国家馆、河南馆、黑龙江馆、湖南馆、吉林馆、南京馆、内蒙古馆、上海馆、浙江馆

02600
森林的利益 安事农 凌道扬著
南京：农矿部林政司，1929.10，32 页，22 开（森林丛刊 2）
本书共两部分：森林的直接利益、森林的间接利益。内容包括：森林之主产、森林之副产、森林与资本、森林之调和气候、森林与暴风飞沙之防备、森林与社会卫生之裨益等。
收藏单位：国家馆、浙江馆

02601
森林的利益 江西省农业院编
[南昌]：江西省农业院，1935.10，24 页，25 开（推广教本 1）
本书封面题名：森林的利益及保护。
收藏单位：江西馆

02602
森林的利益 青岛市农林事务所冬期农事演讲会编
青岛：青岛市农林事务所冬期农事演讲会，1932，10 页，25 开
收藏单位：南京馆、山西馆

02603
森林的利益 阮履泰编
成都：四川省农业改进所，1943，再版，8 页，32 开（农林浅说）
本书内容包括：木材及副产物、林产化学工业、森林与防灾、森林与新生活、森林与生物保护等。
收藏单位：重庆馆

02604
森林的利益及保护 江西省农业院编
[泰和]：江西省农业院，1940，3 版，14 页，32 开（推广丛书 林字 3）
南昌：江西省农业院，1946.6，15 页，32 开
收藏单位：重庆馆、江西馆、南京馆

02605
森林的效用
出版者不详，1928.9，再版，石印本，4 页，25 开（广西实业院印刷物 第 6 种 第 2 号）（实业浅说）
本书内容包括：森林可以消除水灾、森林可以消除旱灾、森林可以供给制造器具的材料、森林可以供给燃料、森林可以调和气候、森林能使人康健。
收藏单位：国家馆

02606
森林万能论 赫景盛编著
上海：正中书局，1947.2，190 页，32 开
本书共 18 章：森林何故万能、木材制糖工业、木材纤维工业、木材干馏工业、人造丝工业、林木所产之染料、松脂之采制、樟脑是怎样制造的、国产丹宁材料及其制造、橡皮液之采取及橡皮制造、被人忽视的木材产物、林中银耳之培植、鱼及林中有益动物之饲养、金鸡纳白枪干、油桐与桐油、治河的根本办法、中国森林之过去与现在、今后我国宜如何建设林业。曾分章发表在《文化先锋》杂志上。
收藏单位：重庆馆、东北师大馆、广东馆、贵州馆、国家馆、黑龙江馆、辽大馆、辽宁馆、南京馆、内蒙古馆、上海馆、浙江馆

02607
森林学大意 凌道扬编

外文题名：Principles of forestry
上海：商务印书馆，1916.10，129页，22开
上海：商务印书馆，1917.5，再版，129页，22开
上海：商务印书馆，1920，3版，129页，23开
上海：商务印书馆，1924.10，4版，129页，22开
上海：商务印书馆，1928，5版，129页，23开
上海：商务印书馆，1930.12，6版，89页，22开
上海：商务印书馆，1935.6，国难后1版，89页，22开
上海：商务印书馆，1935.9，国难后2版，89页，23开
上海：商务印书馆，1936.10，国难后4版，89页，32开
上海：商务印书馆，1948，7版，89页，32开
上海：商务印书馆，1948.8，8版，89页，32开

本书共8编：通论、森林之利益、各国森林之成绩、中国森林缺乏之状况、外国人对于中国森林缺乏之评论、中国森林在世界之位置、森林实施方法之建议、造林之节要。

收藏单位：重庆馆、广东馆、国家馆、黑龙江馆、湖南馆、辽大馆、南京馆、首都馆、天津馆、西交大馆、浙江馆

02608
森林与建设 张楚宝著
南京：首都造林运动委员会，1937.3，14页，16开

收藏单位：南京馆

02609
森林与社会 顾恒德编译
上海：新亚书店，1934.1，63页，32开（科学知识普及丛书）

本书共8章：绪论、森林与国民健康、森林与食粮问题、森林与动力问题、森林与失业问题、森林与木材建筑、森林国有的意义与价值、结论。

收藏单位：重庆馆、广东馆、国家馆、辽宁馆、南京馆、浙江馆

02610
山东林相变化与国运之消长 （日）本多静六著 谢申图译
实业部直辖山东模范林场，[1934.10]，12页，23开

收藏单位：广东馆

02611
实用森林新编 赖昌编辑
上海：科学书局，1913.6，176+12页，22开（农学丛书9）

本书内容包括：森林林业及林学、森林之面积及其配置、森林之效用等。为中等农学校用书。

收藏单位：河南馆、首都馆、浙江馆

02612
实用森林学 孙钺编
上海：新学会社，1913.6，再版，206页，23开
上海：新学会社，1926，5版，订正版，206页，23开
上海：新学会社，1933.3，6版，206页，23开

本书内容包括：林木之种类、森林之种类及其名称、林木之生活等。目录页题名：最新实用森林学。

收藏单位：安徽馆、重庆馆、广东馆、国家馆、江西馆、南京馆、首都馆、西南大学馆、浙江馆

02613
四川省农业改进所林业试验场二十七年度工作报告 四川省农业改进所林业试验场[编]
四川省农业改进所，1938，油印本，1册，18开，环筒页装

收藏单位：国家馆

02614
台湾省林业试验所概况 台湾省林业试验所出版委员会编
台北：台湾省林业试验所，1947.6，108页，25开

本书共9部分：沿革、组织、各种委员

会、章则、财产、过去成绩、接收前破坏情形、接收后整理实况、职员录。

收藏单位：广东馆、国家馆、内蒙古馆、宁夏馆、上海馆、浙江馆

02615

台湾省林业试验所简况 台湾省林业试验所编

台北：台湾省林业试验所，1948.10，17 页，32 开

02616

台湾省林业试验所专报（第 1 号） 鲁昭祎等著

外文题名：Memoirs of Taiwan Forest Research Institute. No.1

台北：台湾省林业试验所，1947.7，31 页，16 开（台湾省林业试验所报告 7—9）

本书共 3 部分：木材糖化制酒精之研究、杨梅树皮 Myricetin 及 Myricitrin 含有量之测定及其分析法之比较、台湾产植物单宁之研究。为报告第 7—9 号合订本。

收藏单位：国家馆、上海馆

02617

通俗造林浅说 河南中山大学农业推广部编辑股编辑

开封：中山大学农业推广部，1929，34 页，32 开（农业浅说丛书 4）

本书内容包括：造林的意义、造林的利益、林木种植法等。

收藏单位：浙江馆

02618

兴墅林业股份有限公司第二期报告书（民国十年一月起至十二月终止） 兴墅林业股份有限公司编

兴墅林业股份有限公司，1927，20 页，18 开

本书内容包括：股东姓名及股数款一览表、林场业务概况等。

收藏单位：浙江馆

02619

兴墅林业股份有限公司第三期报告书（民国十一年一月起至十二年二月止） 兴墅林业股份有限公司编

兴墅林业股份有限公司，1927，52 页，22 开

收藏单位：浙江馆

02620

兴墅林业股份有限公司第四期报告书（民国十二年三月起至十三年二月止） 兴墅林业股份有限公司编

兴墅林业股份有限公司，1927，40 页，22 开

收藏单位：浙江馆

02621

兴墅林业股份有限公司第五期报告书（民国十三年二月起至十四年二月止） 兴墅林业股份有限公司编

兴墅林业股份有限公司，1927，48 页，22 开

收藏单位：浙江馆

02622

兴墅林业股份有限公司第六期报告书（民国十四年三月起至十五年二月止） 兴墅林业股份有限公司编

兴墅林业股份有限公司，1927，44 页，22 开

收藏单位：浙江馆

02623

兴墅林业股份有限公司第七期报告书（民国十五年三月起至十六年二月止） 兴墅林业股份有限公司编

兴墅林业股份有限公司，1927，48 页，22 开

收藏单位：浙江馆

02624

兴墅林业股份有限公司第八期报告书（民国十六年三月起至十七年二月止） 兴墅林业股份有限公司编

兴墅林业股份有限公司，1928，44 页，22 开

收藏单位：浙江馆

02625

浙江省管理森林暂行规则

出版者不详，14 页，32 开

本书收录了浙江省管理森林暂行规则。

收藏单位：浙江馆

02626

浙江省立第三林场报告书 浙江省立第三林场编

浙江省立第三林场，1929—1930，2 册，18 开

本书内容包括：扩充造林面积、设立各县分场、添设管理所等。其他题名：浙江省立第三林场第二期报告书、浙江省现行森林法规及营林方案、浙江省现行森林法规暨营林方案。

收藏单位：浙江馆

02627

浙江省立甲种森林学校同学录 浙江省立甲种森林学校编

浙江省立甲种森林学校，28 页，22 开

本书内容包括：浙江省立甲种森林学校同学的姓名、字、年龄、职别等。

收藏单位：浙江馆

02628

中等林学大意 殷良弼编 梁希校

上海：中华书局，1925.3，112 页，32 开

上海：中华书局，1929.12，8 版，112 页，32 开

上海：中华书局，1931，12 版，112 页，32 开

上海：中华书局，1931.12，13 版，112 页，32 开

上海：中华书局，1932.6，14 版，112 页，32 开

上海：中华书局，1934.1，18 版，112 页，32 开

上海：中华书局，1934.10，19 版，112 页，32 开

上海：中华书局，1934，20 版，112 页，32 开

上海：中华书局，1940.6，23 版，112 页，32 开

上海：中华书局，1947.8，27 版，112 页，32 开

上海：中华书局，1947.8，28 版，112 页，32 开

本书共 4 编：绪论、造林、抚育及保护、森林作业法。内容包括：森林之变迁及林学之成立、林业之目的及林业之特征、森林之效用、造林之要素及目的、林木之种类及森林之名称、林木生活之原理、林木之性质、造林上树种与气候之关系、造林上立地之关系、树种对于国民经济上之效用、单纯林及混交林、森林带、造林法总论等。为新学制农业教科书。

收藏单位：重庆馆、广东馆、国家馆、湖南馆、吉林馆、江西馆、南京馆、首都馆、浙江馆

02629

中国森林史料 陈嵘编著

外文题名：Historical resources of Chinese forestry

南京：中华农学会，1934.12，248 页，大 32 开（中华农学会丛书）

本书共两编：历代森林史略、民国林政史料。

收藏单位：南京馆

02630

周年工作概况 孙醒东编

南川：农林部中央林业实验所常山种植实验场，1946.7，7 页，16 开（推广专刊 2）

本书共 7 部分：题词、弁言、一年来工作概述、试验与研究报告、合作事项、经费收支情形、结论。

收藏单位：国家馆

林业基础科学

02631

北江水源林调查报告书 陈时森等调查

广州：广东建设厅农林局，1931.5，60 页，21 开

本书概述此次调查的区域、气候、地质、农村概况、北江的主流及支流、森林主副物的利用等情况。书末附调查日程表。

收藏单位：国家馆

02632

成都六十种落叶树木之冬态 樊庆生著

南京：金陵大学森林系，1939.4，[25] 页，16 开（森林推广丛刊 2）

本书介绍了成都的洋槐、拓树、鹦哥红、皂角、梓树、蝴蝶树等 60 种落叶树木的树形、树皮、小枝、叶痕、芽、果实。

收藏单位：国家馆

02633
成都平原树木检索表　禹海涵编著　方文培校阅
四川省教育科学馆，1941.1，62 页，32 开
本书正文页题名：成都盆地树木分科检索表。
收藏单位：重庆馆、南京馆

02634
大渡河上游森林概况及其开发之刍议　朱惠方著
南京：金陵大学农学院森林系，1939.4，26 页，32 开（森林调查丛刊 8）
本书共 12 章：绪论、大渡河流域之大势、森林之分布与组合、大渡河森林破坏之概观及其林下地表之植生型、主要林木之特征、森林材积与林木之生长量、原有森林之整理与经营、木材之运输方法、森林管理之机构与木业公司之组织、建设费用之概算、运行程序、结论。
收藏单位：国家馆

02635
大树将军的恩惠　李劭青著
北平：中华平民教育促进会，1930.11，18 页，50 开
北平：中华平民教育促进会，1932.10，再版，18 页，50 开（平民读物 72）
本书以对话的形式介绍了树的作用，如种树可以防水灾、防旱灾、改变气候等。
收藏单位：国家馆

02636
东江水源林调查报告书
[广州]：广东建设厅农林局，1930.9，49 页，23 开
本书共 15 部分：绪言、调查区域、气候、地质、农民状况、本流与支流、降水量与水流量之关系、流水中含有固形物之成分、土砂之崩壤、沿江之森林及荒山、森林植物之分布、木竹材之伐采利用、保安林编入区域、林业上今后之设施、结论。版权页书名题：东江水源调查报告书。
收藏单位：天津馆

02637
韩江水源林调查报告书　李觉等调查
[广州]：广东建设厅农林局，1931.4，48 页，22 开
本书共 15 个部分：调查区域、气候、地质、森林植物之分布、沿江森林状况、荒山及崩山、本流及支流、江水含有固形物之成分、流水量、水旱灾情形、木材之利用及贩卖、农村状况、保安林编入区域、韩江水源林今后之设施、结论。书前附插图及韩江水源林位置图，书末附调查日程。
收藏单位：国家馆、近代史所、南京馆、天津馆

02638
河北习见树木图说　周汉藩著　胡先骕校
北平：北平静生生物调查所，1934.5，224 页，16 开
本书主要介绍银杏科、松科、柏科、棕榈科、杨柳科、胡桃科等树木的习性、分布等情况。
收藏单位：东北师大馆、国家馆、湖南馆、辽宁馆、南京馆、内蒙古馆、人大馆、天津馆、西南大学馆、浙江馆

02639
贺兰山森林调查报告　冯钟粒等调查
出版者不详，1941.1，油印本，48 页，32 开（建设丛书 宁夏森林调查 1）
本书共 9 部分：前沿、概况、森林之分布及林相变迁、森林植物之种类、主要林木生长之查定、森林蓄积量之估计、木材之利用及商况、水源之调查、附录。书末附芬茨尔著《贺兰山森林保存及经营办法》一文。
收藏单位：重庆馆、甘肃馆、国家馆、南京馆

02640
滑水山森林调查报告书
出版者不详，88 页，32 开（报告丛书 7）

02641
黄山森林视察记 李寅恭著
［南京］：国立中央大学农学院，1935.4，23页，22开（国立中央大学农学院丛刊27）
本书整理了黄山重要木本植物名录。为《中华农学会报》第135期抽印本。
收藏单位：国家馆、浙江馆

02642
江苏省森林之调查报告
出版者不详，油印本，161页，16开
收藏单位：南京馆

02643
林苗与林地生态关系之研究（附西文摘要） 程跻云著
重庆：中央林业实验所，1944.2，14页，18开（农林部中央林业实验所研究专刊第3号）
本书共3章：试验林苗所产生有机养料分配于根、枝干及叶之研究；受光度影响于针叶及阔叶形成之试验；试验有关立地鉴别之林地草本植物及苔藓等摄取矿物养分之研究。
收藏单位：国家馆、南京馆

02644
林木耐阴性之研究 贾成章著
北平：文化学社，1933.11，154页，18开
本书分总论、各论两编，内容包括：光线之科学原理、林学上历来测光之研究者、试验之经过等。书末附林中实况之测定与试验结果之比较。
收藏单位：重庆馆、东北师大馆、国家馆、山西馆、浙江馆、中科图

02645
南路水源林调查报告书 李觉等调查
［广州］：广东建设厅农林局，1931.6，95页，22开
本书介绍广东省南路区域的气候、地质、农民生活、交通、水流及支流、森林与荒山等情况。
收藏单位：国家馆、南京馆、天津馆

02646
奇的树 张伯康编
上海：商务印书馆，1925，15页，50开（平民小丛书40自然类）
上海：商务印书馆，1926，再版，16页，50开（平民小丛书40自然类）
本书介绍了哑树、牙刷树、馒头树、乳树、面包树、旅行树、橡皮树等奇异的树。
收藏单位：重庆馆、首都馆

02647
琼崖水源林调查报告书 李觉 陈时森调查
广州：广东建设厅农林局推广课，1932.12，104页，25开（报告丛书5）
本书共13部分：调查区域、地质、气候、汉黎生活状况、交通、本流及支流、土砂之崩壤、各江森林及荒山状况、森林植物分布概况、木材之伐采利用、保安林编入区域、林业今后之设施、结论。附录调查日程、琼崖各县土地表、琼崖各县人口表。
收藏单位：国家馆、近代史所、内蒙古馆、上海馆

02648
热河围场森林调查录 宋廷模著
出版者不详，[1917]，16页，21开

02649
日光与林木之关系 姚传法著
南京：姚传法［出版者］，1930.9，44页，23开（森林丛刊8）
本书共18章，内容包括：影响木材与森林的日光之分类、日光在林木之上下左右前后各方强度之比较、日光与林木生态之关系、日光与林木生理之关系、日光与林木体内原形质之关系、林木光合作用最低需光量之差殊、何谓林木之阴阳性、日光对林木之具体影响等。
收藏单位：国家馆、南京馆、天津馆

02650
三十种树木之研究 叶雅各著
上海：青年协会书局，1926，70页，32开（自

然科学丛刊 1）

本书介绍银杏、黄檀、枫香、马尾松、垂柳、桑、槐等 30 种树的科名、属名、树形、叶、花、果实等知识。

收藏单位：重庆馆、湖南馆

02651

森林地面覆被物影响地面流量土层渗透量及山坡冲刷之试验 W. C. Lowdermilk 著 黄瑞采编译

南京：金陵大学农学院推广部，1935.5，28 页，23 开（金陵大学农学院农林推广丛刊 6）

本书共 3 部分：前人研究之概述、在中国之研究、回美国加利福尼亚州之研究。

02652

森林何以能防治水旱灾 程复新著

成都：国立四川大学农学院，1938，7 页，25 开（国立四川大学农学院林学丛刊）

本书内容包括：森林能增加雨量、森林何以能增加雨量、森林何以能防治水灾等。

收藏单位：重庆馆

02653

森林昆虫学 王毓瓒编译

[北京]：国立北平大学农学院，1936，石印本，144 叶，16 开，环筒页装

收藏单位：国家馆

02654

森林昆虫学图版 昆虫学教室编

昆虫学教室，1 册，22 开

本书介绍森林昆虫学的概况。森林昆虫学是研究林木、苗木、竹木材害虫的发生规律及防治方法的一门科学，是昆虫学的一个分支学科。

收藏单位：浙江馆

02655

森林立地 白埰编译

[北京]：国立北京大学农学院，1938，230 页，16 开

本书内容包括：绪论、气候的因子、地质因子等。逐页题名：国立北京大学农学院森林立地学讲义。

收藏单位：国家馆、首都馆

02656

森林生态学大纲（上卷） 乐天愚著

百泉植物研究所，1933，58 页，18 开

收藏单位：广西馆

02657

森林数学 （日）本多静六著 徐承镕译

上海：新学会社，1927，6 版，198+28 页，25 开

上海：新学会社，1929，8 版，198+28 页，25 开

上海：新学会社，1935.4，增订 9 版，198+28 页，22 开

本书共 3 部分：测树学、林价算法、森林较利学。内容包括：伐采木之材积测定法、一立木之材积测定法、林木材积测定法、年龄及生长量之查定法、林地价、法正蓄积价、森林价、营业利益、收利率等。书末附赤松林货币收额表、杉木货币收额表等。

收藏单位：重庆馆、广东馆、国家馆、辽宁馆、山西馆、西南大学馆

02658

森林与水利 国立中央大学农学院农业推广组编

南京：国立中央大学农学院农业推广组，1934，7 页，22 开（农业浅说丛书 63）

本书内容包括：造林防水、森林与水利、他国水利。书末附堤防或低原造林树选之商榷。逐页题名：森林与水利浅说。

收藏单位：国家馆

02659

森林与水利 李寅恭著

[南京]：江苏省教育林，[1931.8]，8 页，22 开（江苏省教育林刊物 16）

本书为 1931 年 8 月在中国科学社第 16 次年会中的讲稿。

收藏单位：国家馆

02660
森林与治水问题 皮作琼著
南京：首都造林运动委员会，1930.3，22页，32开
本书内容包括：水灾的原因、中国治水的方法、疏河失败的原因、筑堤失败的原因、穿渠失败的原因等。
收藏单位：国家馆、南京馆

02661
森林与治水之关系 朱大猷著
成都：金陵大学农学院，1941，3页，16开
本书内容包括：森林对于防止洪水关系、森林能防止土砂之冲刷、森林之能调和与增加降雨量等。
收藏单位：重庆馆

02662
森林植物学表 白埰编译
[北京]：国立北京大学农学院，[1941.12]，138页，16开
本书为国立北京大学农学院森林植物学表讲义。
收藏单位：国家馆

02663
山林 [广东建设厅农林局编]
[广州]：广东建设厅农林局潮安林场，1931.1，1册，16开
本书共6部分：插图、论著、施业案、调查、报告、林讯等。书中有摄影图31帧，附该场气候表。
收藏单位：国家馆

02664
山西森林之滥伐与山坡土层之剥削 罗德民著 任承统译
南京：金陵大学，1927.10，12页，23开（金陵大学农林科农林丛刊35）

02665
树的自述
上海：大众书局，[1946]，16页，36开（儿童知识文库 中级之部）
本书以讲故事的形式，介绍了树的种植知识，每页附图。
收藏单位：国家馆

02666
树木学撷要 李寅恭编著
上海：正中书局，1947.1，70页，32开
本书共两部分：裸子植物、被子植物。内容包括：公孙目、松杉目、单子叶类、双子叶类。
收藏单位：重庆馆、东北师大馆、广东馆、广西馆、国家馆、河南馆、南京馆、上海馆、浙江馆

02667
水灾与种树（科学常识） 余必达编著
北平：中华平民教育促进会，1930.11，18页，50开（平民读物84）
北平：中华平民教育促进会，1932.11，再版，18页，50开（平民读物84）
本书共4部分：水灾、最好栽本地方的树、这里要栽什么树才好、栽树的要诀。
收藏单位：国家馆

02668
四川西南部二十种林木之生长研究 郑止善编
四川省农业改进所林业试验场，[1938—1949]，146页，16开（林业研究专刊3）
收藏单位：重庆馆、南京馆

02669
四川之森林 四川省政府建设厅编
成都：四川省政府建设厅，1938.9，[232]页，18开（四川资源调查报告）
本书共5卷：青衣江流域天全宝兴与森林调查报告、渠河上游万源及通南巴森林调查报告、大渡河上游森林调查报告、松理茂汶四县森林调查报告、峨边森林调查报告。书末附森林面积图。
收藏单位：重庆馆、广东馆、贵州馆、国家馆、南京馆、宁夏馆、西南大学馆

02670
台风与台湾植物分布之关系 斯炜著
台北：台湾省林业试验所，1947.6，14页，16开（台湾省林业试验所报告6）
本文论述台风对于林木的破坏力，兼论台风对于台湾植物分布的作用。用英文发表，附中文摘要。
收藏单位：国家馆、上海馆

02671
台湾重要森林植物名汇 滕咏延编
台北：台湾省林业试验所，1947.11，45页，16开（台湾省林业试验所报告17）
本书以台产重要树木为主，兼收经济植物831种，按科、属、种顺序排列。
收藏单位：国家馆、上海馆

02672
西康洪坝之森林 朱惠方著
[南京]：金陵大学农学院森林系，1941.5，142页，16开，环筒页装（中国森林资源丛著）
本书共7章：绪言、地理之背景、森林现状及其变迁、主要林木之特征、森林蓄积与其生长量、资源之增殖、资源之利用。
收藏单位：重庆馆、国家馆、南京馆、上海馆

02673
造林防旱 凌道扬编
南京：首都造林运动委员会，1930.3，12页，32开
南京：首都造林运动委员会，1931.3，12页，32开
本书共4部分：绪言、森林何以能调和气候、森林何以能增加雨量、造林何以能减免旱灾。
收藏单位：国家馆、南京馆

02674
造林防水 凌道扬著
南京：首都造林运动委员会，1930.3，12页，32开

02675
造林是防止水旱天灾的根本方法 葛天民著
江苏省政府农矿厅，1928.8，6页，32开（江苏省政府农矿厅农矿浅说1）
收藏单位：上海馆

02676
造林与治河 吕锦堂著
出版者不详，1939，石印本，64页，16开
本书为著者在天津工商学院所写的论文。

02677
造林与治水 葛晓东讲述
南京：导淮委员会，1935.7，16页，16开
本书为导淮讲习会讲义。

02678
中国的森林 周映昌 顾谦吉著
长沙：文史丛书编辑部，1941.1，113页，32开（文史丛书27）
本书共3篇，内容包括：我国之森林区域（针叶林、阔叶树林）、我国今日之木材市场及产销情况（长江下游、东南沿海区、西南区等）、材木工业及我国森林之将来（林木工业、我国木材及其化工品之输入、我国森林之治理问题）。
收藏单位：重庆馆、桂林馆、国家馆、南京馆

02679
中国木本植物目录 钟心煊著
外文题名：A catalogue of trees and shrubs of China
上海：中国科学社，1924，271页，32开（中国科学社研究丛刊第1卷1）
收藏单位：广西馆

02680
中国南部残余天然林之鸟瞰 曾济宽著
南京：农矿部林政司，1930.6，27页，16开（森林丛刊7）
本书共3部分：中国森林荒废之经过、中国南部天然林区域及主要树种之考察、中国

南部天然林之整理意见。

收藏单位：重庆馆、国家馆

02681

中国森林植物志（第 1 册） 钱崇澍主编 实业部林垦署 中国科学社生物研究所编

上海：中国科学图书仪器公司，1937.12，[100]页，16 开

本书收录银杏、红豆杉、杉木、马尾松、板栗、黄葛树、樟树、红楠、紫楠等 50 种植物。

收藏单位：东北师大馆、广东馆、国家馆、黑龙江馆、湖南馆、南京馆、内蒙古馆、山西馆、上海馆、浙江馆

02682

中国森林资源统计汇编 农林部编

农林部，1947.3，14 页，16 开（农林部刊物 林业类 7）

本书主要介绍中国森林分布、各林区主要树种、森林面积及储量。卷首有李顺卿作序。附录中国森林资源统计表、各省历年育苗造林统计表。

收藏单位：重庆馆、国家馆、南京馆

02683

中国树木分类学 陈嵘著

外文题名：Illustrated manual of Chinese trees and shrubs

南京：中华农学会，1937.9，[1575] 页，16 开，精装（中华农学会丛书）

本书内容包括：植物记忆法及分类方式、种子植物形态图说、中国树木分类学目录、中国树木分类学科检索表、中国树木分类学、中国树木分类学科属种数统计表、树名索引。书前有引用参考书目一览、引用各书图版一览，书后附植物形态术语英汉字汇、植物记载者姓名略字解。正文 1191 页。

收藏单位：国家馆、河南馆、吉林馆、辽宁馆、内蒙古馆、山西馆、上海馆、首都馆、浙江馆

02684

中国之森林 钱承绪著

上海：中国经济研究会，1941.9，172 页，16 开

本书论述战前战后中国森林的调查与开发以及中国林业建设问题。

造林学、林木育种及造林技术

02685

编定林地与推行造林 农林部编

[南京]：农林部，1948.3，15 页，16 开（农林部刊物 林业类 8）

本书共 10 章：编定林地可先土地清丈而举办、法规依据、何者应为森林用地、编定林地之次序、随编随造由近及远、如何执行代为造林、代行造林之后、推行领荒造林提高造林兴趣、如何办理承领、结论。附森林法、森林法施行细则、强制造林办法。

收藏单位：国家馆、南京馆、西交大馆

02686

采集树子要览 山西省实业厅编

山西省实业厅，1933.7，11 页，25 开

本书共 7 部分：树子之成熟期、母树之年龄、树子之遗传性、树子之采集法、树子之贮藏法、树子之检定法、重要树子案例一览表。

收藏单位：国家馆

02687

川西北造林运动纲要 国民革命军第二十九军驻区事务署编

国民革命军第二十九军驻区事务署，1932.9，52 页，36 开（国民革命军第二十九军驻区事务署建设丛刊 农林 1）

本书内容包括：推广植树造林常识、方法等。

收藏单位：重庆馆

02688

抵制外材与造林运动 高秉坊著

[南京]：首都造林运动委员会，1930.3，28

页，32 开

本书共 4 部分：造林运动之价值、造林为抵制外材之准备、抵制外材准备之方法、结论。

收藏单位：国家馆、天津馆

02689

第三届植树式纪念刊　上海特别市社会局编

上海：上海特别市植树式筹备委员会，1930.6，63 页，18 开

本书内容包括：造林宣传周中之学生、今日造林之重心、森林的直接利益谈、对于植树式和造林运动的意见、适合造林运动的重要树木。

收藏单位：安徽馆、国家馆

02690

第四届植树式纪念刊　上海市社会局编

上海：上海市植树式筹备委员会，1931.5，67 页，18 开

本书收录文章 15 篇，内容包括：《实业计划中的林业建设》（凌道扬）、《世界各国之林业问题》（姚传法）、《森林相辅学科之一束》（李寅恭）等。书后附上海市造林宣传周植树成绩表等。

收藏单位：国家馆、宁夏馆

02691

福建经济树木生长之研究（1）　林渭访　刘慎孝著

永安：福建省研究院，1945.10，150 页，16 开（福建省研究院农林研究所研究专报 1）

本书共 6 章，内容包括：供试木之种类及其立地概况、供试木之采取、各种生长查定之方法、各树种生长专论等。书末附参考文献及英文摘要。

收藏单位：国家馆

02692

福建省立教育团公有林农林品种与培育方法试验之成绩　李先才著

［福建省立教育团公有林］，1940，20 页，22 开

收藏单位：福建馆

02693

福建省政府三十年度推动造林计划大纲　福建省农业改进处编

［永安］：［福建省农业改进处］，1941.11，16 页，32 开

本书共 14 章：推动造林之对象及经营之性质、造林区域之划分及权利之设定、造林数量之规定、造林树种之选定、造林种苗之供应、造林劳工之征雇、造林及作业法之选定、森林之管理与保护、经费之筹措及分配、推动造林之分期与步骤、推动造林机构及工作人员、造林成绩之考核与奖惩、各县区造林计划之编制与实施、附表。

收藏单位：福建馆、南京馆

02694

福建省主要树种杉木、马尾松、桉树、相思树的造林方法　福建省林业厅编

［福州］：福建省林业厅，19 页，50 开

本书主要介绍杉木、马尾松、桉树、相思树的造林方法。

收藏单位：国家馆

02695

各省造林须知　农商部编

［北京］：农商部，1917.2，136 页，25 开

［北京］：农商部，1918.5，再版，增订版，116 页，16 开

本书共 3 部分：苗圃管理法、各省主木副木表、造林法。内容包括：种子、苗圃、苗床、播种、保护、移植、针叶树类、阔叶树类等。

收藏单位：广东馆、国家馆、辽宁馆

02696

工业树种植法　奚铭已著

外文题名：The culture of industrial trees

上海：商务印书馆，1933.12，81 页，32 开（万有文库第 1 集 618）（农学小丛书）

上海：商务印书馆，1934.1，81 页，32 开（农学小丛书）

上海：商务印书馆，1934.4，再版，81 页，32 开（农学小丛书）

上海：商务印书馆，1934.7，再版，81 页，32 开
上海：商务印书馆，1935.3，3 版，81 页，32 开（农学小丛书）
长沙：商务印书馆，1939.9，4 版，81 页，32 开（农学小丛书）

本书介绍油料树、漆树、樟树、蜡料树、纤维料树、单宁料树、松脂料树、火柴梗树、木栓树、橡皮树 10 类树的种植法。

收藏单位：安徽馆、重庆馆、大理馆、大连馆、东北师大馆、广东馆、广西馆、贵州馆、国家馆、黑龙江馆、湖南馆、江西馆、辽大馆、辽师大馆、南京馆、内蒙古馆、宁夏馆、上海馆、绍兴馆、首都馆、天津馆、浙江馆

02697
公路树栽植保护及管理法 林渭访编述
出版者不详，1941.1，42 页，32 开

本书共 7 部分：绪言、公路树之利益、公路树之种类、公路树苗木之培养及选择、公路植树、公路树之保护、公路树之管理。

收藏单位：国家馆

02698
公路植树须知 经济部编
经济部，1938，28 页，32 开

本书内容包括：公路植树之利益、公路树种之选择、公路树苗木之准备、公路树之栽植、公路树之抚育及保护等。

收藏单位：重庆馆

02699
广东领荒造林须知 广东建设厅农林局推广课编著
广州：广东建设厅农林局推广课，1932.3，16 页，25 开（推广丛书 3）
广州：广东建设厅农林局推广课，1932 冬，再版，16 页，32 开（推广丛书 3）
广州：广东建设厅农林局推广课，1933 夏，3 版，16 页，32 开（推广丛书 3）
广州：广东建设厅农林局推广课，1933 秋，4 版，16 页，32 开（推广丛书 3）
广州：广东建设厅农林局推广课，1933 冬，5 版，16 页，32 开（推广丛书 3）
广州：广东建设厅农林局推广课，1934 秋，6 版，16 页，32 开（推广丛书 3）

本书介绍荒地造林应办理的各种手续。

收藏单位：重庆馆、国家馆

02700
广东育苗指南 广东建设厅农林局林业系编著
广州：广东建设厅农林局推广课，1931，30 页，22 开（推广丛书 15）
广州：广东建设厅农林局推广课，1932，再版，48 页，32 开
广州：广东建设厅农林局推广课，1933，增订 3 版，48 页，32 开
广州：广东建设厅农林局推广课，1933 秋，4 版，48 页，32 开（推广丛书 15）
广州：广东建设厅农林局推广课，1934 春，5 版，30 页，22 开
广州：广东建设厅农林局推广课，1935，6 版，46 页，32 开（推广丛书 15）

本书共 12 部分：弁言、苗圃之选定、圃地之整理及肥料、苗圃之灌水及排水、采种及发芽促进法、播种法及播种量、苗圃之保护及管理、苗木之换床移植、苗木之采掘修剪及输运、育苗费用、苗圃全年工作概要、附录。书末附广东省县立苗圃规程、县苗圃办法大纲、县立苗圃育苗植树法概要。

收藏单位：重庆馆、国家馆、浙江馆

02701
广东造林指南 国立中山大学农科推广部编
广州：国立中山大学农科推广部，1930，50 页，32 开

本书内容包括：选择树种之注意、造林法、广东重要造林树种各论、造林工作要览等。

收藏单位：重庆馆

02702
河北省主要树木造林编 河北省保定区劝农模范场编

保定：河北省保定区劝农模范场，1944.1，21页，32开（劝农资料林业 第6号）

本书主要讲述了针叶树类和阔叶树类的造林方法。

收藏单位：国家馆

02703

河南造林局第一次报告书 河南造林局编

河南造林局，1929.8，[362] 页，18开

本书内容包括：照片、序言、图表、概述、法规、计划、报告、调查、造林纪实等。书末有附录、研究、职员录。

收藏单位：国家馆

02704

湖北省三十年度造林实施办法

湖北省政府秘书处，1940.12，[19] 页，32开

本书内容包括：造林、林地、保护、收益、奖励等。

收藏单位：重庆馆、国家馆、南京馆、西南大学馆

02705

华南出品要览

华南农场，[1930—1949]，66页，25开

本书内容包括：订购苗木办法、包种树木章程、行道树苗及荫木、布置庭园用常绿树、观赏花木、果树苗木类等。

收藏单位：国家馆

02706

淮河流域造林计划草案 导淮委员会拟订

南京：导淮委员会，1934.10，30页，16开

本书共6节：概论、淮河流域山林现状、营林计划、费用概算、进行程序、结论。

收藏单位：国家馆

02707

混牧林 李寅恭著

[南京]：江苏省教育林，[1916—1949]，8页，22开（江苏省教育林刊物 10）

收藏单位：国家馆

02708

混农林 李寅恭著

[南京]：江苏省教育林，[1916—1949]，4页，22开（江苏省教育林刊物 11）

收藏单位：国家馆

02709

江苏省十八年度造林运动状况 江苏省农矿厅编

镇江：江苏省农矿厅第四科，1931.3，120页，16开

本书共3章：重要文件、省会造林运动、各县造林运动。书中收录江苏省54个县的造林数目及造林计划等。

收藏单位：广东馆、国家馆、上海馆

02710

岭南大学农学院种苗价目表（民国廿一年）

岭南大学农学院编

广州：岭南大学农学院，[1933]，64页，16开

02711

马尾松造林法 朱允逑编

浙江省立第一林场，10页，32开（浙江省立第一林场刊物 3）

本书内容包括：马尾松之性质、造林法等。

收藏单位：浙江馆

02712

苗圃学 李驹编

上海：商务印书馆，1935.9，294页，25开

长沙：商务印书馆，1938.5，4版，294页，32开，精装

上海：商务印书馆，1947.5，5版，294页，32开

本书共4篇：绪论、苗圃的设计与设备、植物繁殖法、苗圃的管理。内容包括：苗圃学之意义及范围、自办苗圃之利益、苗圃之位置与方向、苗圃之整理、苗圃之设备、温室与温床、自然繁殖法、人工繁殖法、苗地之管理、栽植工作、幼苗育成法等。为职业学校教科书。

收藏单位：安徽馆、重庆馆、东北师大馆、贵州馆、国家馆、湖南馆、辽宁馆、内蒙古馆、山西馆、上海馆、绍兴馆、西南大学馆、浙江馆

02713
苗圃种子讲义　林业部干部训练班编
林业部干部训练班，[154] 页，25 开
本书内容包括：苗圃的概述、苗圃设立、苗圃之设备及用具、苗木繁殖、播种及移植、嫁接法等。
收藏单位：国家馆

02714
民众种树浅说　谷正伦编
[兰州]：甘肃省政府，1945.3，8 页，18 开
本书共 8 部分：为何种树、种多少树、树苗来源、何处种树、如何种树、如何护树、苗圃管理、采集树籽。
收藏单位：甘肃馆、国家馆、南京馆

02715
南洋种苗公司营业目录　南洋种苗公司编
南洋种苗公司，[1934]，40 页，16 开

02716
宁夏省分区扩大造林三年计划　宁夏省农林处第一科编
宁夏省农林处第一科，1943.7，1 册，16 开
收藏单位：南京馆

02717
农村树艺　广东建设厅农林局林业系编著
广州：广东建设厅农林局推广课，1932.4，16 页，32 开（推广丛书 6）
广州：广东建设厅农林局推广课，1933，再版，16 页，32 开
广州：广东建设厅农林局推广课，1933 秋，3 版，16 页，32 开
广州：广东建设厅农林局推广课，1933 冬，4 版，16 页，32 开
广州：广东建设厅农林局推广课，1934 夏，5 版，16 页，32 开
广州：广东建设厅农林局推广课，1935 夏，6 版，16 页，32 开（法规丛书 6）
本书内容包括：农村种树的利益、树种的选择、种树方法以及保护抚育及管理方法。
收藏单位：重庆馆、国家馆

02718
农商部林业试验场要览
出版者不详，54+36 页，18 开
本书内容包括：沿革、面积、西山地质略说、天坛苗圃土壤化学分析、天坛苗圃土壤洗涤分析、大招山林地土壤化学分析、本场暂行规则等。逐页题名为：农商部第一林业试验场要览。
收藏单位：首都馆

02719
秦岭天然林之育护及沿黄沿渭滩地林之培植　芬次尔拟　齐敬鑫编译
陕西省林务局，1936.2，28 页，16 开
本书内容包括：陕西省天然木材出产之区域及其森林之概况等。
收藏单位：南京馆、浙江馆

02720
青岛市农林事务所售品目录（树木种苗部）
出版者不详，1934.3，51 页，25 开

02721
全面造林　农林部编
[重庆]：农林部，1943.3，17 页，16 开（农林部刊物 林业类 3）
本书内容包括：引言、保育造林、人工造林、利用林产促进造林、推行办法、结论。
收藏单位：重庆馆、广东馆、国家馆、南京馆

02722
森林营造法　中国国民党中央宣传委员会编
中国国民党中央宣传委员会，[1933.3]，164 页，32 开（宣传丛刊）
本书介绍了人工造林法和天然造林法，内容包括：森林营造之意义及其目的、人工造

林法之种类、植树造林法、播种造林法、造林法之种类及其得失、天然造林法之分类等。

收藏单位：安徽馆、重庆馆、贵州馆、国家馆、黑龙江馆、湖南馆、江西馆、山西馆、浙江馆

02723
山东省育苗植树施工暂行标准　山东省公署建设厅编
济南：山东省公署建设厅，1939.4，16页，18开

收藏单位：南京馆

02724
山逸农场苗种价目汇编　山逸农场编
宁波：山逸农场，1925，24页，18开

02725
陕西省各县苗圃设置及直接造林之方案（附件三）　芬次尔拟　齐敬鑫编译
[西安]：陕西省林务局，[1930—1939]，10页，32开

收藏单位：国家馆、南京馆

02726
神州树苗种子有限公司汇编
南京：出版者不详，1926.1，48页，16开

本书介绍该公司各种苗木的价格与品种。

02727
实用造林法　安事农著
上海：华通书局，1933.8，285页，32开，精装
上海：华通书局，1934.9，2版，285页，大32开

收藏单位：安徽馆、重庆馆、广东馆、国家馆、湖南馆、江西馆、辽宁馆、南京馆、内蒙古馆、山西馆、浙江馆

02728
实用造林学　朱刚健著
吴川：世德职业学校，1933.1，254页，32开（世德学校农林丛书）

本书共6章：总论、天然更新法之实施、人工造林法、森林苗圃、森林抚育及其利益、林地之维护。书末附森林法。

收藏单位：浙江馆

02729
食粮增产与防风林之关系　（日）信冈贞雄编著
华北造林会，1944.6，30页，32开

本书内容包括：关于风力所及于植物上之妨害、关于造成防风林之方法、关于防风林之机能（即利益）、关于增强土地生产力之机能、关于防风林招来之农产增收等。书末附华北湿度比较表、华北平均风速比较表、华北各地风向表、华北雨量比较表等。

收藏单位：国家馆

02730
首都造林运动纪念特刊（中华民国三十一年总理逝世十七周年）　首都造林运动委员会编
南京：首都造林运动委员会，[1942]，60页，22开

本书内容包括：造林运动中的论文、法规、计划、记录、工作日记等。为日伪机关出版物。

收藏单位：国家馆、南京馆

02731
首都造林运动宣传周报告书　实业部农业司编
[南京]：实业部总务司编辑科，1931.6，100页，16开

本书共6部分，通过摄影、规程、记录、演说词、图表、公牍摘要介绍了首都造林运动。

收藏单位：广东馆、国家馆

02732
首都造林运动宣传周报告书　首都造林运动委员会编
[南京]：农矿部，1930.3，72页，16开

本书共5部分，主要收录首都造林运动的照片、规程、文牍、图表、记录。

收藏单位：广东馆、国家馆、南京馆、天津馆

02733
首都造林运动宣传周宣传纲要 首都造林运动委员会编
南京：首都造林运动委员会，1930.3，42 页，32 开
本书共 9 章：造林运动的意义、造林运动的历史、造林运动的方法、造林的利益、造林的常识、全国造林的计划、首都造林的方法、民众对于造林运动应有的认识、首都造林运动宣传周的标语。为日伪机关出版物。
收藏单位：国家馆、南京馆、天津馆

02734
树的功用和种树法 徐应昶编
上海：商务印书馆，1934.2，27 页，32 开（小学生文库 第 1 集 农业类）
本书内容包括：树的功用、树的选择、泥土、掘树法、种树的方法、怎样保护所种的树等。
收藏单位：东北师大馆、湖南馆、宁夏馆、上海馆、绍兴馆、首都馆

02735
绥远造林辑要
出版者不详，[1931.3]，58 页，32 开
收藏单位：国家馆

02736
推广苗木办法 中央模范林区管理局编订
南京：中央模范林区管理局，1931.2，4 页，32 开（中央模范林区管理局林务专刊 3）
收藏单位：国家馆

02737
为经营苗圃者告 张传经著
[南京]：江苏省教育林，[1916—1949]，12 页，22 开（江苏省教育林刊物 14）
本书为苗圃经营者提供以下建议：计划及管理、施业的预算、地点的择定、设施及布置。
收藏单位：国家馆

02738
为热心营林者进一解 陈植著
[南京]：江苏省教育林，[1916—1949]，4 页，22 开（江苏省教育林刊物 8）
本书介绍了洋槐树、玉树、黄金树、象牙树的植树造林方法。
收藏单位：国家馆

02739
为营造风景林者告 李寅恭著
[南京]：江苏省教育林，[1916—1949]，7 页，22 开（江苏省教育林刊物 7）
本书内容包括：一国园林、园林与气候、园林与卫生、园林与生活、关于森林树选等。
收藏单位：国家馆

02740
西北造林论 芬次尔著
[陕西省林务局]，102 页，25 开
本书共两编：西北造林之自然及社会情形、西北造林技术上之商榷。第 1 编共 2 章：中国造林问题、荒地造林之组织；第 2 编共 2 章：造林学上之基本原理、苗圃之经营与种植工作之实施。
收藏单位：国家馆

02741
现代苗圃学 熊同和编著
上海：正中书局，1948.5，219 页，32 开
本书共 12 章：绪论、苗圃之设置、繁殖设备、播种繁殖法、分割繁殖法、压条繁殖法、扦插繁殖法、接木繁殖法、苗木之栽植、苗圃之管理、苗木之贮藏、苗木之分级及包装。书末附植物之各种繁殖法摘要。
收藏单位：安徽馆、重庆馆、国家馆、辽宁馆、山西馆、上海馆、浙江馆

02742
新乡旱田灌溉地区砂防造林调查报告 马树林著
马树林[发行者]，1943，手抄本，4 页，16

开

收藏单位：国家馆

02743
薪炭林　农林部编
[重庆]：农林部，1942.3，10 页，16 开（农林部刊物 林业类 2）

本书共 4 章：导言、薪炭林过去及现在之概况、薪炭林之营造、提倡营造及推广薪炭林之方法。

收藏单位：国家馆、南京馆

02744
修正云南推广造林章程
出版者不详，1935，6 页，16 开

收藏单位：南京馆

02745
修正云南推广造林章程施行细则　云南省政府建设厅编
[昆明]：云南省政府建设厅，1935.10，5 页，16 开

收藏单位：南京馆

02746
学校苗圃概要　芮思娄著　康瀚译
出版者不详，1926.4，再版，18 页，22 开（金陵大学农林科农林丛刊 29）

本书共 31 个部分，内容包括：学校苗圃之目的、清明植树节、学校苗圃之价值、学校苗圃所需要、表中所栽种类之理由、苗圃周围之垣篱、苗圃地之区划图、本地树木之辨认、长江流域所适用之学校苗圃、半亩苗圃之计划、一亩苗圃之计划、中国北部所适用之学校苗圃等。

收藏单位：国家馆、浙江馆

02747
学校造林法纪要　黄遵庚编
出版者不详，1919.1，45 页，22 开

收藏单位：江西馆

02748
一九三四之大华种植必备　大华农场种植场编
上海：大华农场推广场，[1934]，206 页，32 开

本书内容包括：大华农场产品、苗木种植法、繁殖与管理等。

收藏单位：浙江馆

02749
育苗法　江西省农业院编
[南昌]：江西省农业院，1935.10，10 页，32 开（推广丛书 林字 1）
南昌：江西省农业院，1936.7，再版，10 页，32 开
南昌：江西省农业院，1940.1，修订版，10 页，32 开（推广丛书 林字 1）

收藏单位：重庆馆、广东馆、江西馆

02750
云南造林须知　云南省实业厅编
云南省实业厅，1932.10，40 页，32 开

本书共 3 部分：育苗、造林、主要树木造林法。内容包括：种子、种子的选择、种子的贮藏、种子的浸渍、苗圃的种类、苗圃的藩篱、苗床的整理等。

收藏单位：国家馆

02751
云南造林运动章程
出版者不详，8 页，32 开

收藏单位：南京馆

02752
栽树常识　山西省政府农矿厅编
[太原]：山西省政府农矿厅，1929.9，10 页，32 开

本书共 4 部分：树种之适地、栽树之季节、栽树之方法、培育保护法。

收藏单位：国家馆

02753
造林刍议（第 1 期）　许炎　张建编
杭州：杭州造林事务所，1916.6，[84] 页，23

开

本书内容包括：部颁森林法、森林利益表、林业与民生之关系、浙省造林刍议、开创办法及经过之状况、杭县林场植树节摄影图、苗圃泛言、杭县苗圃图、杭县苗圃经营法、浙江甲种农业学校学生实习摄影、浙江甲种农业学校林科学生一览表、安徽森林局金君仲藩之造林之利益、育苗浅说、种子获取法、种子检验法、种子贮藏法、选种及浸种法、苗圃地之选定、苗圃整地及肥料、苗圃之区划等。

收藏单位：国家馆

02754

造林法 龚厥民编

外文题名：Forestation

上海：商务印书馆，1933.1，57 页，32 开（农学小丛书）

上海：商务印书馆，1933.12，57 页，32 开（万有文库第 1 集 627）（农学小丛书）

上海：商务印书馆，1934.7，再版，57 页，32 开（万有文库 第 1 集 627）（农学小丛书）

上海：商务印书馆，1934，3 版，57 页，32 开（农学小丛书）

上海：商务印书馆，1935.4，4 版，57 页，32 开（农学小丛书）

本书共 4 章：总论、造林学、造林法、森林保护学。内容包括：森林之效用、林业、林学、森林之种类、林木之种类及名称、林木与气候之关系、林木与土地之关系、天然造林法等。书末附木材干溜。

收藏单位：安徽馆、重庆馆、大理馆、大连馆、东北师大馆、广东馆、广西馆、贵州馆、国家馆、河南馆、黑龙江馆、湖南馆、吉林馆、江西馆、辽大馆、辽师大馆、内蒙古馆、宁夏馆、上海馆、绍兴馆、首都馆、天津馆、西南大学馆、浙江馆

02755

造林法简编 河北省政府建设厅编

河北省政府建设厅，[1929]，8 页，32 开

本书封面题：总理逝世四周年纪念植树式。

收藏单位：国家馆

02756

造林简编 河北省政府农矿厅编

河北省政府农矿厅，1930.3，8 页，32 开

本书卷端题名：造林法简编。

02757

造林救国办法之商榷 姚传法著

南京：首都造林运动委员会，1930.3，8 页，32 开

本书内容包括：实行利用山荒提倡造林为救济金融解放民生唯一之途径、振兴林业必赖有适当之办法与相当之代价、全国林业行政分工合作具体计划之要点、林业经费筹划办法之大要、林业人才培养办法之大纲。

收藏单位：国家馆

02758

造林理论及其实施 朱刚建著 张述彭校 黎国焘绘图

[上海]：商务印书馆，[1934.4]，348 页，32 开（明德丛书）

本书共 8 章：总论、造林上之天然要素、天然更新法之实施、人工造林法之实施、森林苗圃、森林抚育及其利益、林地之维护、森林火灾之严重性及其防御有效之政策。书末附森林法。书前有于右任题字，邓植仪序。

收藏单位：国家馆、浙江馆

02759

造林浅说 湖南第一林务局编

湖南第一林务局，[1935]，46 页，25 开

本书共 3 章：总说、培苗、造林。附录森林害虫要览表、杀虫药剂要览表。

收藏单位：重庆馆、湖南馆

02760

造林浅说 宁夏省农林处编

宁夏省农林处，[1928—1949]，8 页，32 开（农林浅说 5）

收藏单位：南京馆

02761
造林浅说 中央模范林区管理局编订
南京：中央模范林区管理局，1931.3，12 页，32 开（中央模范林区管理局林务专刊 5）
收藏单位：国家馆

02762
造林实施法 （美）霍雷（R. C. Hawley）著 黄绍绪译
外文题名：The practice of silviculture
上海：商务印书馆，1947.2，275 页，32 开
上海：商务印书馆，1947.8，再版，275 页，32 开
上海：商务印书馆，1949.6，3 版，275 页，32 开
本书共 15 章，内容包括：总论、森林更新法、皆伐法、母树法、伞伐法、择伐法、矮林法、中林法、间伐、采伐管理之办法、废材之处理、森林之火灾、森林之敌害等。为职业学校教科书。
收藏单位：安徽馆、重庆馆、甘肃馆、贵州馆、国家馆、黑龙江馆、辽大馆、内蒙古馆、山西馆、上海馆、首都馆、西南大学馆

02763
造林实施方案
[南京]：实业部，[1937]，20 页，32 开
本书共 5 部分：引言、调查林地、林地规划、造林实施、抚育及保护。附实施设计举例。为行政院二十五年十二月二十五日公布。
收藏单位：国家馆

02764
造林手册 尹行信编
出版者不详，[1943]，182 页，大 64 开
收藏单位：江西馆

02765
造林树种宜如何选定 农矿部林政司编
南京：农矿部林政司，1929.10，20 页，22 开（森林丛刊 1）
收藏单位：国家馆、南京馆

02766
造林特刊 北平市市政府秘书处编
北平：北平市市政府秘书处，[1929.4]，1 册，18 开
本书共 5 部分：绪言、造林运动、公牍、实施计划、造林浅说。内容包括：造林运动之意义、造林之利益、造林之常识、实行造林政府应有之设施、民众应有之努力、造林运动宣传标语等。
收藏单位：国家馆、天津馆

02767
造林特刊 中国农村改进社编
[北平]：北平大学农学院、中国农村改进社，1931.3，22 页，32 开（中国农村改进社特刊 2）
本书共 4 部分：绪言、植树的时期、植树的方法、植树的树种。
收藏单位：国家馆

02768
造林须知 陈植著
南京：首都造林运动委员会，1931.3，14 页，32 开
本书共 3 部分：育苗法、植树法、保护法。内容包括：种子的采集及贮藏法、苗床及苗圃、播种、换床、运搬及假植、植树的注意事项、苗木的栽植等。著者取自正文。
收藏单位：国家馆、南京馆

02769
造林须知 贵州省政府建设厅编
贵州省政府建设厅，1937，48 页，32 开
本书共 6 部分：绪言、森林之利益、造林树种之选择、造林之方法、森林之保护、森林之抚育。
收藏单位：重庆馆、国家馆

02770
造林须知 河南省建设厅编
河南省建设厅，1929.11，88 页，32 开
本书共 3 章：选择树种、造林法、树木各论。内容包括：关于气候之选择、关于土质之

选择、关于利用之选择、植树造林法、播种造林法、插木造林法、天然下种造林法、萌芽更新造林法等。

收藏单位：国家馆

02771
造林须知　首都造林运动委员会编
南京：首都造林运动委员会，1935.3，92页，32开

本书共5部分：引言、森林的利益、造林树种的选择、造林的方法、森林的保护。

收藏单位：安徽馆、国家馆、湖南馆、上海馆、浙江馆

02772
造林须知　四川省农业改进所编
成都：四川省农业改进所，1943，16页，32开（农林浅说）

本书介绍了造林实施的方法，包括：育苗、植树及其它方法。

收藏单位：重庆馆

02773
造林须知　韦瑞星编拟
广西省政府建设厅，1933.1，28页，32开

本书内容包括：苗圃管理法、造林法、植树须知、广西森林保护防止火灾及牛只践踏办法。责任者取自正文。

收藏单位：桂林馆、国家馆

02774
造林须知　中国国民党中央执行委员会民众指导委员会编
中国国民党中央执行委员会民众指导委员会，16页，32开

收藏单位：南京馆

02775
造林须知　邹序儒　钟熙编　蒋涤旧校
重庆：商务印书馆，1944.12，22页，32开（内政丛书 地方自治业务参考丛刊12）

本书共8部分：引言、森林利益、造林主要树种、育苗、自然造林、人工造林、管理、保护。封面责任者题：内政部编纂。

收藏单位：重庆馆、贵州馆、国家馆、吉林馆、南京馆

02776
造林须知
[兰溪]：兰溪实验县造林运动大会，1937.3，56页，23开

本书内容包括：森林的利益、造林树种的选择、造林的方法等。书末附浙江省各县市督促造林办法、保护森林实施办法。

收藏单位：黑龙江馆、浙江馆

02777
造林须知
出版者不详，45页，32开

收藏单位：广东馆、国家馆、南京馆

02778
造林须知及本区实施办法　张笃伦编
江西省第八区行政督察专员公署，1935.1，14页，32开

本书共6部分：造林的重要性、林的种类、本区造林应取的途径、树种的选择、推行的方法、森林的利用。书末附江西省第八区行政督察区实施造林办法。

收藏单位：国家馆

02779
造林学　郝景盛著
重庆：商务印书馆，1944.7，370页，25开（中央大学丛书）
上海：商务印书馆，1946.8，沪1版，370页，25开（中央大学丛书）
上海：商务印书馆，1947.3，再版，370页，25开（中央大学丛书）

本书分生态、技术两编，共7章：泛论、森林生长因素、森林生长现象、林相种类、森林创立、森林抚育、森林作业。

收藏单位：安徽馆、重庆馆、东北师大馆、广东馆、国家馆、黑龙江馆、湖南馆、吉林馆、江西馆、辽大馆、辽宁馆、内蒙古馆、山西馆、首都馆、西南大学馆、浙江馆

02780
造林学 朱炳章编
西华印书馆，1937，133 页，32 开
收藏单位：广东馆

02781
造林学（第 3 编 竹类）
出版者不详，石印本，1 册，16 开
本书介绍了竹子的用途和栽培繁殖方法。
收藏单位：浙江馆

02782
造林学本论 （日）本多静六著 沈化夔译述
上海：新学会社，1913.4，222 页，22 开
上海：新学会社，1922，4 版，222 页，22 开
上海：新学会社，1930.3，4 版，222 页，24 开
上海：新学会社，1934.5，5 版，222 页，22 开
本书共 4 篇：造林之预备学（即森林之成立原料）、森林营造法即狭义之造林法、森林修理法或森林抚育法、森林作业法。为林学教科书第 2 卷。
收藏单位：安徽馆、贵州馆、国家馆、河南馆、江西馆、首都馆、西南大学馆

02783
造林学概要 陈嵘著
上海：商务印书馆，1933，252 页，23 开（中华农学会丛书）
上海：商务印书馆，1935，3 版，11+392+52 页，23 开（中华农学会丛书）
本书共 4 编：绪论、造林学通论、造林学各论、余论。内容包括：森林及林业、森林种类、森林学、森林之利益、林业与农村建设、林业与改造自然、林木生长之天然要素、森林树木等。书末附森林法、森林法施行规则等参考资料。
收藏单位：安徽馆、重庆馆、国家馆、湖南馆、辽宁馆

02784
造林学概要 陈嵘著
外文题名：Outlines of silviculture
南京：中华农学会，1933.2，252 页，23 开（中华农学会丛书）
南京：中华农学会，1935.12，3 版，11+392+52 页，23 开（中华农学会丛书）
收藏单位：重庆馆、湖南馆、内蒙古馆

02785
造林学各论 白埰改订 国立北京大学农学院编
[北京]：国立北京大学农学院，1938.5，改订再版，144 页，16 开
本书共两编：群落分布、区系分布。内容包括：群落、世界各处固有之群落、区系概论、世界现今之植物区系等。绪论题：民国二十七年五月白埰改订再版。
收藏单位：国家馆

02786
造林学各论 陈嵘著
外文题名：Silviculture of Chinese trees
南京：中华农学会，1933.9，656 页，22 开（中华农学会丛书）
本书共 4 篇：针叶树类、阔叶数类、竹类、椰子类。内容包括：杉木、柳木、马尾松、油松、云南松、普通阔叶树类、观赏阔叶树类、特用阔叶树类、热带阔叶树类等。
收藏单位：安徽馆、重庆馆、国家馆、湖南馆、辽宁馆、南京馆、上海馆、浙江馆

02787
造林学各论 李蓉编
上海：商务印书馆，1927.9，512 页，32 开
上海：商务印书馆，1932.6，国难后 1 版，512 页，32 开
上海：商务印书馆，1933，国难后 2 版，512 页，32 开
上海：商务印书馆，1935，国难后 3 版，512 页，32 开
长沙：商务印书馆，1938.3，5 版，512 页，32 开
上海：商务印书馆，1937—1949，512 页，32 开
本书共 4 篇，介绍了针叶树类、阔叶树类、竹类、椰子类各类树木的造林方法。为新学制高级农业学校教科书。

收藏单位：安徽馆、重庆馆、广东馆、国家馆、湖南馆、南京馆、首都馆

02788
造林学各论（样本） 陈嵘著
南京：中华农学会，[40] 页，22 开（中华农学会丛书）
本书共 4 篇，收录针叶树 36 种、阔叶树 217 种、竹类 20 种、椰子类 37 种，均系中国所产经济及园景树木，或外国产而在中国曾经试植，或未经试植，涉及形态生态及造林法。
收藏单位：国家馆

02789
造林学教科书 孙钺著
上海：新学会社，1912.1，370 页，22 开
上海：新学会社，1913.4，再版，370 页，22 开
本书内容包括：森林之效用、天然造林法、人工造林法、林木之种类及性质、种子之采集及贮藏、苗木育成法、植苗木法等。例言刊：从日本农业教育会所编之初等造林教科书译出。版权页题名：初等造林学教科书。为初等农学校用书。
收藏单位：首都馆、浙江馆

02790
造林学通论 高秉坊编
上海：商务印书馆，1934.7，236 页，32 开
上海：商务印书馆，1934.10，再版，236 页，32 开
上海：商务印书馆，1935.4，3 版，236 页，32 开
上海：商务印书馆，1935.5，5 版，236 页，32 开
长沙：商务印书馆，1938，5 版，236 页，32 开，精装
长沙：商务印书馆，1939，6 版，236 页，32 开，精装
长沙：商务印书馆，1940.10，7 版，236 页，32 开
长沙：商务印书馆，1941.4，8 版，236 页，32 开
本书共 4 编：绪论、造林学原论、造林学术论、森林抚育法及作业法。内容包括：森林、森林学、森林之利益、造林树种之选定、森林之组织、造林前应考虑之事项、天然造林法、人工造林法、苗圃、造林之实施等。为高级农业学校教科书、职业学校教科书。
收藏单位：安徽馆、重庆馆、广东馆、国家馆、湖南馆、南京馆、西南大学馆、浙江馆

02791
造林学通论 高秉坊编著
上海：新学会社，236 页，32 开
收藏单位：首都馆

02792
造林学原论 陈植编著
上海：国立编译馆，1949.3，410 页，25 开
本书共 5 编：总论、森林立地论、森林营成论、森林抚育论、森林作业论。内容包括：气候与林木之关系、位置与林木之关系、土壤与林木之关系、森林带、世界森林带、中国森林带、人工造林法、天然造林法、天然保育法、森林作业法等。书末附主要参考书目。为部定大学用书。
收藏单位：东北师大馆、黑龙江馆、辽宁馆、内蒙古馆、上海馆、天津馆、浙江馆

02793
造林要义 陈植著
外文题名：Principles on forestation
外文题名：Elements of forestation
上海：商务印书馆，1927.8，70 页，32 开（百科小丛书 141）
上海：商务印书馆，1930.10，60 页，32 开（万有文库第 1 集 629）
上海：商务印书馆，1933.11，国难后 1 版，60+[16] 页，32 开（百科小丛书 12）
上海：商务印书馆，1934.10，国难后 2 版，60+12 页，32 开（百科小丛书）
上海：商务印书馆，1935.4，国难后 3 版，60 页，32 开（百科小丛书）
上海：商务印书馆，1939.12，60 页，25 开（万有文库第 1—2 集简编 246）（百科小丛书 12）

本书共 7 部分：造林之利益、林木与立地之关系、森林树木之分布、森林营成法、森林抚育法、森林作业法、重要树种之造林。书末附重要树类学名表、造林参考书目。

收藏单位：安徽馆、重庆馆、大理馆、大连馆、大庆馆、东北师大馆、广东馆、广西馆、贵州馆、国家馆、黑龙江馆、湖南馆、江西馆、辽大馆、辽师大馆、南京馆、内蒙古馆、宁夏馆、上海馆、天津馆、西南大学馆、浙江馆

02794

造林与水土保持 傅蕴琦著

农林部西江水土保持实验区，1946.11，9 页，32 开

02795

造林运动特刊 华北森林学会 国立北平大学农学院编辑

北平：世界日报社，1930.3，36 页，16 开（北平大学农学院丛书 1）

本书内容包括：林业与民生之关系、植树须知、扩大造林运动之管见、植树时应注意的几点、造林浅说等。

收藏单位：国家馆

02796

造林运动特刊 中国国民党湖北省党部临时整理委员会宣传部编

中国国民党湖北省党部临时整理委员会宣传部，1931.3，86 页，32 开

本书分论文和特载两部分，第 1 部分收录 4 篇论文：《发展农林事业为发展农林科学之前驱》（戴季陶）、《中国农业改进与造林运动》（王芬）、《交通与森林的关系》（曙云）、《卫生与造林》（务农）；第 2 部分，内容包括：造林运动宣传纲要、实业部造林行政计划纲要、林业建设。

收藏单位：国家馆、南京馆

02797

造林运动宣传大纲

中国国民党中央执行委员会宣传部，1931，16 页，32 开

收藏单位：广东馆、南京馆

02798

造林运动宣传纲要 农矿部编订

南京：首都造林运动临时委员会，1941，20 页，32 开

收藏单位：南京馆

02799

造林运动宣传纲要 山西各界造林运动宣传周筹备会编

山西各界造林运动宣传周筹备会，1929.3，24 页，32 开

本书共 6 章：造林运动之意义、实行造林之利益、实行造林之常识、实行造林政府应有之设施、实行造林民众应有之劳力、造林运动宣传标语。

收藏单位：广东馆

02800

造林运动宣传纲要 中国国民党北平特别市党务指导河北省党务整理委员会编

北平：中国国民党北平特别市党务指导河北省党务整理委员会，1930.3，32 页，32 开

收藏单位：国家馆、浙江馆

02801

造林运动宣传纲要 中国国民党浙江省执行委员会宣传部编

中国国民党浙江省执行委员会宣传部，1930.4，32 页，32 开

收藏单位：广东馆

02802

造林运动宣传纲要 中国国民党中央执行委员会宣传部编

[南京]：中国国民党中央执行委员会宣传部，1929.3，32 页，32 开

收藏单位：安徽馆、重庆馆、国家馆、湖南馆、江西馆、南京馆

02803

造林运动宣传纲要

江苏省宣传委员会，1931.2，32 页，32 开

本书内容包括：造林运动之意义、实行造林之利益、实行造林之常识等。

收藏单位：安徽馆、广东馆、浙江馆

02804
造林运动宣传纲要
中国国民党广西省党务整理委员会宣传部，1931，30 页，32 开

收藏单位：广东馆

02805
造林运动宣传纲要
中国国民党山西省执行委员会宣传部，1929.7，32 页，32 开

本书共 6 章：造林运动之意义、实行造林之利益、实行造林之常识、实行造林政府应有之设施、实行造林民众应有之劳力、造林运动宣传标语。

收藏单位：广东馆

02806
怎样育苗　四川省农业改进所编
成都：四川省农业改进所，1947，19 页，36 开（农林浅说）

本书共 3 章：苗圃、育苗法、苗圃之保护。书末附本省重要树木种子粒数重量表、本省重要林木播种简要表。

收藏单位：重庆馆

02807
浙江省立第二苗圃第三次成绩报告（民国七年）　浙江省立第二苗圃编辑
兰溪：浙江省立第二苗圃，1919.1，88 页，22 开

本书内容包括：苗圃播种区、苗床、播种、施肥、保护等。

收藏单位：浙江馆

02808
浙江省立第三苗圃第一期成绩报告要览　浙江省立第三苗圃编辑
临海：浙江省立第三苗圃，1919.1，44 页，22 开

收藏单位：浙江馆

02809
浙江省立第三苗圃第三期成绩报告要览　浙江省立第三苗圃编辑
临海：浙江省立第三苗圃，1922.7，32 页，22 开

本书记载浙江省立第三苗圃 1921 年苗木播种经过状况及发育优劣情形等。

收藏单位：浙江馆

02810
浙江省立第三苗圃第五期成绩报告要览　浙江省立第三苗圃编辑
临海：浙江省立第三苗圃，1924.7，40 页，22 开

本书记载浙江省立第三苗圃 1924 年苗木播种经过状况及发育优劣情形等。

收藏单位：浙江馆

02811
浙江省立第四苗圃第四次成绩报告　浙江省立第四苗圃编辑
永嘉：浙江省立第四苗圃，1922.1，94 页，18 开

本书内容包括：播种区、移植区、标本区等。

收藏单位：浙江馆

02812
浙江省立第四苗圃第五次成绩报告　浙江省立第四苗圃编辑
永嘉：浙江省立第四苗圃，1923.6，82 页，18 开

收藏单位：浙江馆

02813
浙江省立第四苗圃第六次成绩报告　浙江省立第四苗圃编辑
永嘉：浙江省立第四苗圃，1924.3，64 页，18 开

收藏单位：浙江馆

02814
浙江省立第四林场事业概况（民国十八年十二月至十九年十二月） 浙江省立第四林场编
浙江省立第四林场，1930，28 页，16 开
本书内容包括：造林及保护、育苗及采种、调查事项等。
收藏单位：浙江馆

02815
浙江省现行森林法规及营林方案 浙江省政府建设厅编
浙江省政府建设厅，1929，40 页，18 开
本书内容包括：浙江省管理森林暂行规则、浙江省造林暂行规则等。其他题名：浙江省现行森林法规暨营林方案。
收藏单位：南京馆、浙江馆

02816
浙江省政府植树运动大会报告书（民国十七年四月） 杜时化　于鼎基编辑
浙江省政府植树运动大会，1928.4，80 页，16 开
本书内容包括：植树典礼会场全体照片、植树分区面积总图等。
收藏单位：浙江馆

02817
征工造林须知 福建省农业改进处编
福建省农业改进处，1939.2，12 页，25 开
本书共 8 部分：绪言、从事人员之组织与职务之分配、筹列必要造林护林经费、举行普遍森林宣传、避免造林技术错误、施工前之准备、实施时之指导监督、栽植后之管理保护。
收藏单位：福建馆

02818
直隶实业厅劝种树浅说 直隶实业厅编
直隶实业厅，1921.3，6 页，32 开
本书共 4 部分：树林能免旱灾、树林能免水灾、树林能防风沙、树木直接的利益。
收藏单位：国家馆

02819
植树法 江西省农业院编
江西省农业院，1935.10，18 页，32 开
江西省农业院，1936.7，再版，18 页，32 开
江西省农业院，1939.12，3 版，18 页，32 开（推广丛书）
江西省农业院，1941.3，4 版，20 页，32 开（推广丛书）
本书附《林木的抚育》。
收藏单位：重庆馆、广东馆、江西馆、南京馆

02820
植树节专刊 四川省政府建设厅秘书室编审股主编
成都：四川省政府建设厅询问处，1941.3，58 页，16 开
本书内容包括：四川省林业概况、三年来之四川林业、天然林管理问题、树立百年大计、森林与防灾等。版权页书名题：植树节特刊。
收藏单位：重庆馆、国家馆、南京馆

02821
植树经验谈 别廷芳著
别廷芳 [出版者]，1935，42 页，25 开
收藏单位：重庆馆、国家馆、河南馆、首都馆

02822
植树浅说 北平市政府社会局编
北平：北平市政府社会局，1947.3，28 页，32 开
收藏单位：国家馆

02823
植树浅说 别廷芳编述
出版者不详，1940.1，[42] 页，长 16 开，环筒页装（宛西自治丛书）
收藏单位：重庆馆

02824
植树浅说 广西农林试验场编
广西农林试验场，1934.3，石印本，26 页，32 开（农林浅说 4）

本书题名、责任者、出版者、出版时间均取自封面。

收藏单位：桂林馆

02825

植树浅说 华北造林会编

华北造林会，1944.4，14页，36开

本书内容包括：造林利益、造林之时期、造林之方法、树种之选择、栽植苗木方法、提倡栽植行道树、植树后之保护。

收藏单位：国家馆

02826

植树浅说 中国国民党浙江省执行委员会宣传部编

[杭州]：中国国民党浙江省执行委员会宣传部，1930.3，20页，32开

本书共4部分：弁言、植树的方法、植树的地方、植树的树种。书末附育苗法。

收藏单位：国家馆、上海馆

02827

植树式纪念刊 上海特别市社会局编

上海：上海特别市植树式筹备委员会，1929.7，96页，18开

本书内容包括：中山先生之植树政策、今日植树的意义、总理逝世三周年纪念与植树典礼、植树式与植树节等。

收藏单位：国家馆

02828

植树式特刊 广东全省造林运动大会[编]

广州：广东全省造林运动大会，1932，96页，25开

本书刊：总理逝世七周年纪念。

收藏单位：国家馆

02829

植树特刊 陈郁等著

南京：农矿部林政司，1929.3，51页，16开

本书共9部分：植树式与植树节、兵工植树计划、中山先生之森林政策、扩大造林运动计划刍议、筹设太湖造林场计划大纲草案、关于训政时期森林政策之意见、首都附近造林之重要树种、森林经营上预防火患之适当方法、总理逝世纪念植树式意义。

收藏单位：国家馆、南京馆

02830

植树须知 江西省政府建设厅编

江西省政府建设厅，[1936]，30页，42开

收藏单位：江西馆

02831

植树须知 李寅恭编

江苏大学农学院推广部，8页，22开（农业浅说丛书4）

收藏单位：广东馆

02832

植树须知 农林部编

农林部，1944.3，10页，18开（农林部刊物林业类4）

本书共6部分：导言、树木生长之条件、人工育成树苗之经过、植树技术详释、植树十忌六戒、结论。

收藏单位：国家馆、南京馆

02833

植树须知 杨靖孚编

杭州：国立浙江大学农学院推广部，1928.3，10页，32开

杭州：国立浙江大学农学院推广部，1929.9，再版，10页，32开（农业浅说6）

收藏单位：安徽馆

02834

植树与生产教育（总理逝世九周年纪念） 汕头市立女子中学编

汕头：汕头市女中校务辅助委员会出版组，1934.3，62页，22开（汕市女中丛书4）

本书内容包括：林业与中国、植树与其保护法等。

收藏单位：南京馆、浙江馆

02835
植树运动与广西农民 陈寂编
南宁：中国国民党广西省执行委员会农民部，1928，82页，32开（农运小丛书8）
收藏单位：国家馆

02836
植树造林 太行行署编
出版者不详，1946.9，20页，64开
本书内容包括：造林、植树造林、怎样才能栽活树、怎样培养树苗、怎样栽树、苗圃、南流村每人栽七棵树、平东县苗圃有人管。为农业技术文件第4号。
收藏单位：国家馆

02837
植树专刊 丰润县农业推广所编
丰润：丰润县农业推广所，1937.4，石印本，20页，18开
本书内容包括：造林之意义、林木的种类及名称、造林方法、洋槐栽植法、杨柳栽植法、黄金树种植法、虫害防治法、植树的利益等。
收藏单位：国家馆

02838
中国造林学
山东乡村建设研究院，[1912—1935]，68页，16开
本书共4篇：通论、前论、本论、各论。内容包括：森林、林业、森林之效用、林木之种类、林木之生理、森林植物带、森林与土地之关系、林木发育之关系、树种之关系、天然造林法、人工造林法、森木抚育法、森林作业法等。附养黄河鲤方法。
收藏单位：重庆馆、江西馆、南京馆、浙江馆

02839
中国造林运动之过去现在与将来 凌抚元编著
华北造林会，1945.1，44页，32开
本书共6章：绪论、中国造林运动史、民国以来之造林运动、现在之森林面积、现阶段下之华北造林运动、将来之造林运动。
收藏单位：国家馆

02840
种树 方与严编 陶行知校
上海：儿童书局，1932，3册（27+30+30页），32开（自然学园 儿童科学丛书）
本书内容包括：发端、怎样做苗圃、怎样播种、种树后怎样管理、三年以后有什么影响、五年以后有什么影响、十年以后有什么影响等。校者原题：陶知行。
收藏单位：广西馆、国家馆、首都馆

02841
种树（1） 方与严编 陶行知校
上海：儿童书局，1933，3版，27页，32开（儿童科学丛书）
本书共3部分：发端、怎样做苗圃、怎样播种。校者原题：陶知行。
收藏单位：广西馆、贵州馆、首都馆

02842
种树（2） 方与严编 陶行知校
上海：儿童书局，1933，再版，30页，32开（儿童科学丛书）
本书校者原题：陶知行。
收藏单位：广西馆、贵州馆、首都馆

02843
种树的方法 邹盛文编著
上海：中华书局，1924.4，31页，36开（科学小丛书3）
上海：中华书局，1925，2版，31页，36开（科学小丛书3）
上海：中华书局，1926，3版，31页，36开（科学小丛书3）
上海：中华书局，1930.5，5版，31页，32开（科学小丛书3）
上海：中华书局，1934.8，8版，31页，36开（科学小丛书3）
上海：中华书局，1936.4，31页，22开（小朋友文库第1集）

收藏单位：重庆馆、黑龙江馆、湖南馆、江西馆、上海馆、首都馆、天津馆

02844
种树法 陆费执编
上海：中华书局，1935.6，60页，32开（初中学生文库）
上海：中华书局，1941.1，3版，60页，32开（初中学生文库）
本书共8章：绪论、种树之利益、苗木育成、树木之选择、树木之掘起、树木之包装及搬运、树木之种植、树木种后之管理。
收藏单位：重庆馆、广东馆、广西馆、贵州馆、国家馆、黑龙江馆、湖南馆、江西馆、南京馆、内蒙古馆、上海馆、浙江馆

02845
种树法 邹盛文著
上海：商务印书馆，1927.1，58页，32开
上海：商务印书馆，1929.10，58页，32开（万有文库第1集617）（农学小丛书）
上海：商务印书馆，1931.4，再版，58页，32开
上海：商务印书馆，1933.7，国难后1版，58页，32开（农学小丛书）
上海：商务印书馆，1933.12，58页，22开（万有文库）
上海：商务印书馆，1934.1，国难后2版，58页，32开（农学小丛书）
上海：商务印书馆，1934.7，再版，58页，32开（万有文库 第1集617）（农学小丛书）
上海：商务印书馆，1935.6，国难后4版，58页，32开（农学小丛书）
本书共7章：总论、树的掘起方法、树的包装方法、树的搬运方法、树的种植方法、种树以后的保护方法、结论。书末附树苗的育成方法。
收藏单位：安徽馆、重庆馆、大理馆、大连馆、东北师大馆、广东馆、广西馆、贵州馆、国家馆、黑龙江馆、湖南馆、江西馆、辽大馆、辽师大馆、内蒙古馆、宁夏馆、上海馆、首都馆、天津馆、浙江馆

02846
种树概说 秦翊编
上海：中华书局，1934.7，19页，32开（民众农业丛书13）
上海：中华书局，1936.8，再版，19页，36开（民众农业丛书13）
本书共7部分：树的种类、树的用途、树的用处、树的繁殖、苗床的培养、种树的方法、修枝和整枝、树木的管理。
收藏单位：重庆馆、国家馆、黑龙江馆、江西馆、南京馆

02847
种树浅说 丁锡华编
上海：中华书局，1916.11，38页，32开（通俗教育丛书）
上海：中华书局，1920，4版，38页，32开（通俗教育丛书）
上海：中华书局，1925，7版，38页，32开（通俗教育丛书）
上海：中华书局，1926，8版，38页，32开（通俗教育丛书）
上海：中华书局，1928，9版，38页，32开（通俗教育丛书）
上海：中华书局，1931.1，11版，38页，32开（通俗教育丛书）
上海：中华书局，1934.8，12版，38页，32开（通俗教育丛书1）
本书共8章：总论、说种树利益、说树木种类性质、说种树方法、说修剪保护法、说木材采伐利用法、说各种树木栽植法、结论。
收藏单位：重庆馆、广东馆、国家馆、黑龙江馆、江西馆、首都馆、天津馆

02848
种树浅说 江苏省立民众教育院 劳农学院研究部编
［南京］：江苏省立民众教育院，10页，32开（注音农民小丛书）
本书内容包括：造成苗木的方法、种树方法、结论。
收藏单位：国家馆

02849
种树须知　徐宝山编
上海：商务印书馆，1925，15 页，50 开（平民小丛书 39 实业类）
上海：商务印书馆，1931，3 版，15 页，50 开（平民小丛书 39 实业类）
　　收藏单位：首都馆

02850
种树育苗法　冀南行署农业处编
[威县]：冀南新华书店，1948.11，14 页，32 开（农林丛书 1）
　　本书共两部分：苗圃育苗方法、植树造林。内容包括：播种育苗法、插枝育苗法、萌芽育苗法、防沙保安林、防洪护堤林等。
　　收藏单位：国家馆、山东馆

02851
种植必备　大华农场种植场编
上海：大华农场推广场，1933.8，再版，128 页，32 开
　　本书共 3 部分：营业条例、栽培概要、品名价目说明。第 2 部分介绍了植苗法、繁种法、管理法；第 3 部分品名价目说明共 7 类：苗木类、种子类、茎根类、藤缘法、图书类、器具类、药剂类。
　　收藏单位：上海馆

02852
种植必备　郑坡编辑
上海：大华农场，1947.8，76 页，32 开
上海：大华农场，1949.1，再版，76 页，32 开
　　本书内容包括：大华农场场史述略、营业简章、栽种概述、品类价格。书中重点介绍果用树苗、实用树苗、叶用树苗、材用树苗、庭园用树苗、行道用树苗、篱垣用树苗的价格。书末附果树原译名对照表、果园经营之提要。
　　收藏单位：浙江馆

02853
种植必备　郑坡编辑
上海：大华农场推广总场，1934.9，改正 4 版，206 页，25 开
　　本书介绍大华农场出品的果用树、叶用树、材用树等 7 类苗木的品种、价格、种植法等。书末附译名原名对照表。
　　收藏单位：上海馆

02854
总理陵园种苗目录　总理陵园编
南京：京华印书馆，1932，64 页，16 开
　　本书共 6 部分：蔬菜种子、花卉种苗、庭园树木及花木、果树苗木、森林苗木及行道树、森林种子。
　　收藏单位：国家馆、南京馆

02855
总理逝世六周纪念植树式特刊　广东建设厅农林局编
广州：广东建设厅农林局，1931，126 页，22 开
　　本书内容包括：造林标语、植树式之意义等。
　　收藏单位：浙江馆

02856
最新实用农林作业日志　刘启贤编著
农业进步社，136+16 页，32 开
　　本书内容包括：气象观测表、作物栽培设计实施表、接木记录表、树木调查表等各种表格。附录伪满洲主要林木名称一览表、伪满洲主要林木造林法一览表。封面题名：农林作业日志。
　　收藏单位：重庆馆、内蒙古馆

02857
最新艺树法　孟昭升编著
上海：文明书局，1925.4，262 页，32 开
　　本书共 14 章，内容包括：总论、土性、种栽、接木、护持、肥料、种类、浆果类、仁果类、材木类、养果之利、养松之利等。
　　收藏单位：重庆馆、黑龙江馆、湖南馆、南京馆、山西馆、上海馆、浙江馆

02858
最新种树法　邹盛文编
外文题名：New methods for tree planting

上海：商务印书馆，1927.1，67 页，32 开（农业小丛书）
上海：商务印书馆，1931.4，再版，67 页，32 开（农业小丛书）
收藏单位：重庆馆、国家馆、山西馆、绍兴馆

绿化建设

02859
道旁植树法　顾在埏编译
上海：商务印书馆，1947.11，105 页，32 开（农学小丛书）
本书共 4 章：树木之选择及种法、移植法、管理法、病虫害。内容包括：栽培法、灌溉及筑沟法、修树、道旁树之形态、灌溉、肥料、道旁树木补种法、四时管理摘要等。
收藏单位：安徽馆、重庆馆、东北师大馆、国家馆、辽宁馆、南京馆、清华馆、首都馆、浙江馆

02860
都市之造林运动　安事农著
南京：首都造林运动委员会，1930.3，32 页，32 开
南京：首都造林运动委员会，1931.3，32 页，32 开
本书共 7 部分：导言、都市与防烟林、都市与防火林、都市与宅旁林、都市与行道树、都市与庭园树木、结论。
收藏单位：重庆馆、国家馆

02861
广东路树须知　广东建设厅农林局林业系编著
广州：广东建设厅农林局，1930，16 页，32 开（推广丛书 13）
广州：广东建设厅农林局，1932，再版，16 页，32 开
广州：广东建设厅农林局，1933，3 版，16 页，32 开
广州：广东建设厅农林局，1933 冬，4 版，16 页，32 开
广州：广东建设厅农林局，1934 春，5 版，16 页，32 开（推广丛书 13）
广州：广东建设厅农林局，1935 夏，6 版，16 页，32 开（推广丛书 13）
本书内容包括：路树之效果、路树之养成、树种之选择等。
收藏单位：重庆馆、浙江馆

02862
今年的造林运动　四川省政府编
四川省政府，[1943]，[6] 页，32 开
本书内容包括：积极推广造林、切实栽种行道树、严格监督伐木。为《四川林业之动向》合订书一部分。
收藏单位：广东馆

02863
清明植树节说略　韩安编著
农商部林务处，1915.3，20 页，22 开
收藏单位：首都馆

02864
行道树栽培论　邱琨编
南昌：江西省农业院，1936.6，92 页，22 开（江西省农业院实用丛刊 2）
本书附庭园树。
收藏单位：南京馆

02865
造林　中国国民党浙江省执行委员会编
中国国民党浙江省执行委员会，1933.4，36 页，72 开
本书内容包括：造林的意义、造林法等。
收藏单位：广东馆、浙江馆

02866
造林的利益　中国国民党浙江省执行委员会宣传部编
中国国民党浙江省执行委员会宣传部，1931.3，46 页，72 开

02867
造林宣传特刊　甘肃省立兰州农业职业学校编
[兰州]：甘肃省立兰州农业职业学校，1938.3，72页，32开

02868
造林运动
北平：农村月刊社，1930.3，32页，32开（农村月刊社特刊1）

02869
造林运动丛刊（民国十九年四月）　中国国民党浙江省执行委员会宣传部编
中国国民党浙江省执行委员会宣传部，1930.4，300页，32开
本书内容包括：森林利益详表、世界林业之沿革及其趋势、关于中国林业问题的商榷、造林救国办法之商榷、林业教育刍议、都市之造林运动等。
收藏单位：安徽馆、黑龙江馆、浙江馆

02870
浙江省政府植树运动大会筹备处报告书　章祖纯　张祖华编
浙江省政府植树运动大会，1929.4，[96]页，16开
本书内容包括：植树运动宣言、振兴林业的根本条例等。
收藏单位：上海馆、浙江馆

02871
植树之利益　江苏省农矿厅编
[镇江]：江苏省农矿厅，1930.3，8页，32开（劝农浅说9）

森林经营学、森林计测学、森林经理学

02872
测树学　侯过著
出版者不详，244+26页，22开
本书内容包括：树木材积测定法、林木测定法、年龄查定法、生长查定法等。
收藏单位：广东馆、国家馆

02873
调查开封附近黄河沿岸森林状况报告书　（日）矢野虎著
出版者不详，油印本，4页，16开
收藏单位：国家馆

02874
公有林经营浅说　广西农林局编
广西农林局，1934.11，12页，32开，环筒页装（农林浅说11）
本书共10部分：公有林的意义、公有林的范围、林地的选择、林地的区划、树种的选定、造林的实施、育苗的准备、抚育及保护、采伐的预定、结论。
收藏单位：桂林馆、国家馆

02875
经营村有林的好处和办法　任承统著
南京：金陵大学农学院，1930.4，再版，16页，25开（金陵大学农学院农林丛刊34）
南京：金陵大学农学院，1935.4，3版，14页，23开（金陵大学农学院农林推广丛刊5）
本书介绍造林方法及其他问题。
收藏单位：安徽馆、南京馆、浙江馆

02876
林分调查之初步研究　谢汉光等著
外文题名：A preliminary study on the survey of standing crops
台北：台湾省林业试验所，1947.12，24页，16开（台湾省林业试验所报告16）
本书共9部分：绪言、材料及方法、林分构成状态研究、林分材积调查取样方法之比较、林地试验取样单位机误之研究、结论及节要、参考文献、英文摘要、附表。
收藏单位：国家馆、上海馆

02877
林业经营学 赵仰夫编译
上海：中国农学社，1935.7，11+241页，24开
上海：中国农学社，1937.1，2版，11+241页，24开

本书共12章：林地的性质、森林之所有与所有的保全、林业施业的方法、造林的方法、森林的改良、森林的保护、森林材积的算定、收益之计算、森林之采伐、木材之性质、木材识别法、木材之利用。书前有总论，书末附1张方柱材表算出法、2张圆积表、1张圆柱表。

收藏单位：广东馆、国家馆、南京馆、上海馆、浙江馆

02878
六位圆面积表 台湾省林业试验所森林施业科编
[台北]：台湾省林业试验所森林施业科，1947.6，34页，16开（台湾省林业试验所林学丛书）

本书为材积计算用表。

收藏单位：国家馆、南京馆

02879
秦岭中部林区勘查报告 农林部秦岭国有林区管理处编
农林部秦岭国有林区管理处，1942，82页，32开

本书共6章：地理环境、森林现状及其变迁程序、森林面积及材积测算、主要森林生长之查定、森林经济概况、整理意见。

收藏单位：重庆馆、南京馆

02880
青衣江流域之森林 朱惠方主编 吴中伦著
金陵大学农学院森林系，1941，25页，16开（森林资源丛著）

本书共5章，第1章叙述该地的地理地质、气象、居民及社会情形，第2章论述森林分布及各林型的代表，第3章介绍冷杉的生长研究，第4章记载主要林木的性状，第5章介绍伐木利用的现况。

收藏单位：重庆馆

02881
三十一年度勘查报告
农林部洮河流域国有林区管理处，1943.12，1册，16开（洮河林区丛著）

收藏单位：南京馆

02882
森林管理学 （日）川濑著 李英贤编译
上海：新学会社，1921.4，144页，23开
上海：新学会社，1935.10，3版，144页，22开

本书共两编：林业吏员之组织配置、业务施行之方法。第1编共3部分：国有林之管理、公有林之管理、私有林之管理；第2编共2部分：林业经营之基础、林业经营之常务。书末附一般会计法。封面刊：李英贤著，正文刊：李英贤译。

收藏单位：安徽馆、重庆馆、贵州馆、国家馆、湖南馆、辽宁馆、南京馆

02883
森林管理学 殷良弼编
[北平]：国立北平大学农学院，[1928—1949]，1册，16开

收藏单位：南京馆

02884
森林经理常识 张福延著
南京：首都造林运动委员会，1930.3，24页，32开

本书共两章：森林经营之原理、森林经理之实行。

收藏单位：重庆馆、国家馆、南京馆、天津馆

02885
森林经营学 张静甫编
上海：商务印书馆，1936.8，272页，32开
上海：商务印书馆，1937.2，再版，272页，32开
上海：商务印书馆，1947.3，4版，272页，32开
上海：商务印书馆，1948.8，5版，272页，32开

本书共4篇：测树学、林价算法、林业较利学、森林经理学。内容包括：伐采木之材积测定法、立木材积测定法、林木之测定法、树木及森林年龄测定法、树木及森林生长量查定法、营业利益、收利率等。书末附圆面积合计表和圆柱体积表、后价式系数表等。为高级农业职业学校教科书。

收藏单位：重庆馆、国家馆、黑龙江馆、江西馆、辽宁馆、内蒙古馆、西南大学馆、浙江馆

02886

山荒林野勘查办法 中央模范林区管理局编订

南京：中央模范林区管理局，1931.2，4页，32开（中央模范林区管理局林务专刊4）

收藏单位：国家馆

02887

树干解析法 邵均著

上海：商务印书馆，1946.5，188页，32开

重庆：商务印书馆，1946.5，188页，32开

本书共6部分：总说、外业、内业、制图、测算方法之比较、树干解析用表。内容包括：伐采木之选定、伐采前之处理、伐采之方法、圆板截取之方法、枝条之处理等。

收藏单位：重庆馆、东北师大馆、广东馆、国家馆、湖南馆、江西馆、辽宁馆、南京馆、内蒙古馆、首都馆

02888

天然林之抚育法 李寅恭著

[南京]：江苏省教育林，[1916—1949]，6页，22开（江苏省教育林刊物6）

本书内容包括：天然林的现状、天然林生长环境、天然林的经营、林木的补栽等。

收藏单位：国家馆

02889

乡村林之经营 广东建设厅农林局林业系编

广州：广东建设厅农林局推广课，1933夏，20页，32开

广州：广东建设厅农林局推广课，1933夏，再版，20页，32开

广州：广东建设厅农林局推广课，1933冬，3版，20页，32开（推广丛书30）

广州：广东建设厅农林局推广课，1934秋，增补4版，20页，32开

本书共6节：乡村林之源起、乡村林之利益、乡村林之施业原则、乡村林之抚育保护、乡村林之组织办法、乡村林之管理。书末附广东省各县乡村林营造办法。

02890

相关回归及曲线配合在林木生长研究上之应用 刘业经著

外文题名：The application of the correlation regression and curve fitting to the studies on increment of forest trees

台北：台湾省林业试验所，1947.5，25页，16开（台湾省林业试验所报告3）

本书是用相关回归法统计马尾松材、曲线配合法统计楠木生长的研究报告。附英文摘要。

收藏单位：广东馆、国家馆、黑龙江馆、上海馆

02891

学校林经营之实例 陈嵘著

南京：金陵大学农学院推广部，1935.5，20页，23开（金陵大学农学院农林推广丛刊2）

本书主要介绍浙江安吉县三社村小学校建设经营学校林的经验。

收藏单位：广东馆

02892

中国西南林区交通用材勘查总报告 唐燿著

外文题名：Survey on forest resources for railway sleepers in southwestern China

乐山：交通部林木勘查团、农林部林木勘查团，1943.12，44页，18开（经济部中央工业试验所合作事业专报）

本书共5部分：引言、勘查路程、勘查效果、结果及建议、附录。书末附专报、大事纪要及勘查图表。目次页及卷端书名题：吾国西南林区交通用材勘查总报告。

收藏单位：重庆馆、国家馆、上海馆、浙

江馆、中科图

森林保护学

02893
白蚁及其防治法 江西省农业院编
江西省农业院，1939.10，10页，32开（江西省农业院推广丛书 虫字 11）
江西省农业院，1940，10页，32开
本书共3部分：绪言、白蚁生态概述、防治方法。内容包括：白蚁为害实况、白蚁之形态、白蚁生活史及习性、预防法、驱除法等。
收藏单位：重庆馆、国家馆、西南大学馆、浙江馆

02894
防治蛀虫报告（十七年度） 江西省政府建设厅昆虫局筹备处编
江西省政府建设厅昆虫局筹备处，1929.4，10页，23开

02895
福建省森林害虫志略 马骏超编著
永安：福建省农林处，1942.10，3页，16开（福建省农林处研究报告 8）
本书记述了福建省森林害虫的种类，包括：大蟋蟀、黄脊竹蝗、青脊竹蝗、家白蚁、台湾白蚁、茶盾椿象、五倍子虫等54种森林害虫。
收藏单位：国家馆

02896
关于松毛虫及茶避债虫寄生率之考查 祝汝佐著
浙江省昆虫局，1933，[3]页，22开
收藏单位：广东馆

02897
纪念树保护法 国立中山大学农林科推广部编
广州：国立中山大学农林科推广部，1929.5，8页，28开（农林浅说 森林类 2）

02898
森林保护常识 林刚著
南京：首都造林运动委员会，1931.3，12页，32开

02899
森林保护须知·森林火灾与人民之利害关系 广东省建设厅农林局推广课编著
[广州]：广东省建设厅农林局推广课，1932.4，26页，32开
[广州]：广东省建设厅农林局推广课，1932.7，再版，26页，32开
[广州]：广东省建设厅农林局推广课，1933，4版，26页，32开（推广丛书 9）
[广州]：广东省建设厅农林局推广课，1935，5版，26页，32开（推广丛书 9）
本书内容包括：山林火灾、一般恶习之侵害等。
收藏单位：重庆馆

02900
森林保护学 李英贤编著
上海：新学会社，1921.11，16+234页，25开
上海：新学会社，1927，3版，234页，23开
上海：新学会社，1928.9，4版，16+234页，25开
上海：新学会社，1932.6，5版，16+234页，25开
上海：新学会社，1935.10，[6版]，16+234页，22开
本书共4编：对于天然的危害之保护、对于人为的危害之保护、对于动物之害之保护、对于植物之害之保护。内容包括：对于霜害之保护、对于热害之保护、对于风害之保护、对于强雨之保护、对于雹害之保护、对于雪害之保护、对于冰害之保护、对于落雷之保护、对于水害之保护等。书名页刊：李英贤编译。
收藏单位：重庆馆、贵州馆、国家馆、江西馆

02901
森林病虫害的防除 马雄飞编
太原：出版者不详，1936，42页

收藏单位：山西馆

02902
森林附近居民应尽的责任　青岛市农林事务所编
青岛：青岛市农林事务所，1933.4，10页，32开（林务刊物9）
本书从森林火灾、森林盗采、森林毁损、违反森林禁令4个方面，总结了森林常见的危害，以便引起附近居民的注意。
收藏单位：国家馆

02903
森林害虫要览　安事农著
上海：华通书局，1933.11，50页，22开
本书共7章：总说、鞘翅目、鳞翅目、膜翅目、双翅目、同翅目、直翅目。附主要杀虫剂一览表、重要杀虫菌剂混合表、各目昆虫检索表。
收藏单位：重庆馆、国家馆、湖南馆、浙江馆

02904
森林火灾与人民之利害关系·森林保护须知　广东省建设厅森林局编
广东省建设厅森林局，1929.12，[28]页，32开

02905
松栎锈病交互寄生之研究　李寅恭著
[南京]：国立中央大学农学院，1934.9，3页，23开（国立中央大学农学院丛刊25）
收藏单位：国家馆

02906
松毛虫　姜苏民著
南京：国立中央大学农学院，1929，16页，23开（国立中央大学农学院13）
本书介绍松毛虫的种类、分布、危害及防治。
收藏单位：重庆馆、湖南馆

02907
松毛虫初步研究报告　楼人杰著
杭州：浙江省昆虫局，1930.9，32页，22开（浙江省昆虫局丛刊7）
本书共7章：总说、松毛虫的形态、生活史、习性、侵害状况、天敌、防治法。书末附松毛虫生态图。
收藏单位：贵州馆、国家馆、湖南馆、上海馆、浙江馆

02908
竹蝗　江西省农业院编
江西省农业院，1938.11，10页，32开（推广丛书 虫字6）
江西省农业院，1939，14页，32开（推广丛书 虫字6）
江西省农业院，1940.2，再版，10页，32开（推广丛书 虫字6）
本书共5部分：竹蝗的害处、竹蝗和飞蝗的区别、竹蝗的生活情形、竹蝗的防治法、防治竹蝗的基本条件。
收藏单位：重庆馆、广东馆、国家馆、江西馆、南京馆、浙江馆

森林采运与利用

02909
常见树木利用志略　刘晓东编
重庆：商务印书馆，1943.7，178页，32开
重庆：商务印书馆，1944.4，赣县初版，178页，32开
重庆：商务印书馆，1945.5，再版，178页，32开
本书共27章，介绍了樟树、栎树、马尾松、油桐、漆树、女贞树、家桑、槐树、梧桐、杉木、棕榈等27种主要树木的名称、科属、特征、分布和用途。
收藏单位：安徽馆、重庆馆、广东馆、广西馆、国家馆、黑龙江馆、南京馆、内蒙古馆、上海馆、首都馆

02910
川产慈竹性质之研究 余仲奎 沈兰根著
成都：航空研究院，1946.1，28 页，18 开，环筒页装（航空委员会航空研究院研究报告 27）
本书共 6 部分：绪言、维管束之分布密度及其横断面面积、比重、含水量、扩张强度及弹性系数、讨论。书末附实验近似公式、慈竹与楠竹之比较。
收藏单位：广东馆、国家馆

02911
川产柳杉木之性质 余仲奎等著
外文题名：Properties of the wood of Leushan (cryptomeria japonica) grown in Szechuan
成都：航空研究院，1944.12，6 页，16 开，环筒页装（航空委员会航空研究院研究报告 14）
本书共 4 部分：前言、川产柳杉木的形态、川产柳杉木的物理性质及力学性质、结论。附 3 张图及 3 张表。著者还有：黄鹏章、陈启岭、罗裕英。
收藏单位：国家馆、辽宁馆、上海馆

02912
川产楠竹性质之研究 余仲奎 沈兰根著
成都：航空研究院，1944.5，40 页，16 开，环筒页装（航空委员会航空研究院研究报告 10）
本书共 14 部分：绪言、试材之部位及取材之方法、维管束之分布、比重、抗张强度、抗弯强度、抗压强度、抗剪强度、抗凹硬度、韧性、收缩、含水量与强度之关系、弦向分层与径向分层试验总结果之比较及其平均值、结果讨论。
收藏单位：重庆馆、东北师大馆、国家馆

02913
川产泡桐木之性质 余仲奎等著
成都：航空研究院，1944.6，6 页，16 开，环筒页装（航空委员会航空研究院研究报告 13）
本书共 4 部分：前言、形态、物理性质及力学性质、结论。附 3 张图 2 张表。著者还有：黄鹏章、陈启岭、罗裕英。
收藏单位：重庆馆、国家馆、上海馆

02914
川产云杉之性质 余仲奎 黄鹏章等著
成都：航空研究院，1942.3，25 页，16 开，环筒页装（航空委员会航空研究院研究报告 4）
本书共 4 部分：绪论、云杉之普通性质、云杉之强度及相关性质、结论。
收藏单位：广东馆、国家馆、上海馆

02915
福建之木材 翁礼馨编
永安：福建省政府秘书处统计室，1940.11，249 页，25 开（福建调查统计丛书 3）
本书共 8 章：简史、生产概况、造林与砍截、运输方法、木市组织、输出情形、价格与成本、税捐。书末附最近本省林政推行概况、近年来本省育苗造林统计表、本省造林护林管理森林主要办法。
收藏单位：重庆馆、福建馆、广东馆、贵州馆、桂林馆、国家馆、辽宁馆、南京馆、上海馆、首都馆、天津馆、中科图

02916
国产木材之利用 唐燿著
中国植物学会，1936.10，18 页，16 开
本书内容包括：总纲、实施之方针与步骤、国产木材之供给及利用等。载《中国植物学杂志》第 3 卷第 3 期。
收藏单位：浙江馆

02917
国产重要木材之基本比重及计算出之力学抗强 唐燿 屠鸿远著
经济部中央工业试验所木材试验室，1942，28 页，16 开（经济部中央工业试验所木材试验室特刊 3 卷 4 期）
本书内容包括：引言、试验记录、结果及讨论、参考文献、附录等。
收藏单位：重庆馆

02918
国防用材核桃木 齐敬鑫著
重庆：商务印书馆，1945.10，91 页，32 开
上海：商务印书馆，1946.9，91 页，32 开

本书共3篇：核桃木之研究、陕西省核桃木初期营林之三年计划、核桃木之经营概况。逐页题名：核桃木。

收藏单位：重庆馆、大庆馆、国家馆、南京馆、农大馆

02919

经济部中央工业试验所木材试验室报告（1） 经济部中央工业试验所木材试验室编

外文题名：The progress report of the forest products laboratory（Ⅰ）

[重庆]：经济部中央工业试验所木材试验室，1941.6，12页，18开

本书共8部分：木材试验之经济价值及本所初期之工作、木材试验室之前身、工作方针与实施之困难、如何可以充分利用中国之木材、计划中之研究工作、计划中之推广工作、工作进度、木材试验室之展望。书末附本所木材试验室著作品名单。

收藏单位：国家馆

02920

林产利用术语释义 唐燿编译

[重庆]：经济部中央工业试验所木材试验室、农产促进委员会，1940.12，20页，16开（经济部中央工业试验所木材试验室特刊12）

本书就木材及其他林产利用等方面的重要术语及释义，加以编译，共计200个术语，中英文对照，以中文释义，依英文名称之字母先后排列，供研究木材者参考。

收藏单位：国家馆

02921

木材 （英）菩罗克（W. Bullock）著 徐璞译

外文题名：Timber from the forest to its use in commerce

上海：商务印书馆，1928.3，152页，32开（商务丛书）

本书内容包括：关于英国木材历史、加拿大及西半球其他各国球果类树木、商业上桃花心木、普通应用欧洲强质木材种类等。

收藏单位：重庆馆、广东馆、国家馆、黑龙江馆、湖南馆、辽宁馆、南京馆、内蒙古馆、浙江馆

02922

木材技术丛编（1） 唐燿编

[重庆]：经济部中央工业试验所木材试验室，1941.1，20页，16开（经济部中央工业试验所木材试验室特刊13）

本书共15部分：中国重要之软材或松柏材、中国重要之硬材或阔叶材、中国重要之竹、树皮、髓、材色、木材之腐败、致害木材之菌类、木材之化学成分、木材含水量之测定、木材力学之标准试验、良好之人工干燥炉、木材之性质、木材之用途、木材之新用途。

收藏单位：国家馆

02923

木材力学抗强在纤维饱和度下调整之方法 中央工业试验所木材试验室编译

[重庆]：中央工业试验所木材试验室，1942.3，12页，18开（经济部中央工业试验所木材试验室特刊3卷1期）

02924

木材力学试验标准草案 航空委员会航空研究院编

成都：航空委员会航空研究院，1943.7，增订版，34+[14]页，18开，环筒页装（航空委员会航空研究院技术丛编4）

本书分试材、试验两部分，书末附购自市场之试材、含水量强度关系之试验、试验结果之整理与计算、各种记录表格式。

收藏单位：重庆馆、广东馆、国家馆、上海馆

02925

木材力学试验指导 唐燿编著

[重庆]：经济部中央工业试验所木材试验室、农产促进委员会，1940.10，17页，16开（经济部中央工业试验所木材试验室特刊9—10）

本书共5部分：试材之采集、试材之预备、试材之制作、木材试验之记载、试验记录之整理。

收藏单位：国家馆

02926
木材识别法 唐燿著
中国科学社，1933.7，[70] 页，16 开
本书为《科学》第 17 卷第 7—10 期抽印本。

02927
木材试验室概况 唐燿编著
外文题名：The progress report of the forest utilization laboratory of the National Bureau of Industrial Research
经济部中央工业试验所，1942.2，6 页，16 开（经济部中央工业试验所研究专报 117）
本书共 7 部分：木材试验之经济价值及本所初期之工作、木材试验室成立后之工作方针、中国木材利用之研究、计划中之研究工作、计划中之推广工作、以往工作之回顾、今后工作之展望。
收藏单位：重庆馆、国家馆、南京馆

02928
木材之力学试验 唐燿著
[重庆]：经济部中央工业试验所木材试验室、农产促进委员会，1940，18 页，16 开（经济部中央工业试验所木材试验室特刊 5—6）
本书共 4 部分：弁言、木材试验简史、木材试验方式之改进、中国重要木材力学试验应采取之方针。
收藏单位：国家馆

02929
木材之密度及比重·青杠比重之初步试验
经济部中央工业试验所木材试验室编
外文题名：Density and specific gravity of wood
[重庆]：中央工业试验所木材试验室，1941.10，24 页，16 开（经济部中央工业试验所木材试验室特刊 21—22）（中国木材物理性质试验报告 3）
本书为合订书，前者内容包括：引言、计算比重之方法、木材密度之差异性及等级问题、美国重要木材之比重等。后者介绍了同株锐叶青杠不同高度及宽度的变异性试验。
收藏单位：重庆馆、国家馆

02930
木材之收缩·青杠收缩之研究 唐燿编译
经济部中央工业试验所木材试验室编
外文题名：Shrinkage of wood
[重庆]：经济部中央工业试验所木材试验室，1941，38 页，16 开（经济部中央工业试验所木材试验室特刊 19—20）（中国木材物理性质试验报告 2）
本书为合订书，前者共两篇：收缩之解释及补救、收缩之理论及试验。后者共 5 部分：引言、目的及材料、设备及方法、记载及讨论、结论。
收藏单位：国家馆

02931
木材之水分·青杠含水量之分布 唐燿编译
中央工业试验所木材试验室编
外文题名：Moisture in wood
[重庆]：中央工业试验所木材试验室，1941.5，17 页，16 开（中央工业试验所木材试验室特刊 17—18）（中国木材物理性质试验报告 1）
本书共两部分：木材之水分、青杠含水量之分布。
收藏单位：国家馆

02932
评印度商用木材 唐燿著
中国植物学会，1934.3，[5] 页，16 开
本书内容包括：印度木材的供销、品质、木质结构、物理性能。为《中国植物学》杂志第 1 卷第 1 期抽印本。
收藏单位：上海馆

02933
黔产核桃木之性质 余仲奎 黄鹏章著
成都：航空研究院，1944.1，6 页，16 开，环筒页装（航空委员会航空研究院研究报告 12）
本书共 4 部分：前言、形态、物理性质及力学性质、结论。
收藏单位：国家馆、上海馆

02934
森林利用学 许少初编
上海：新学会社，1931.1，5 版，[315] 页，24 开
本书以日本上村森林利用学及大西鼎实用森林利用学为蓝本，内分林质学、伐木学两编，内容包括：造材、集材、伐采检查等。为中等农业学校森林科教本。
收藏单位：广东馆、南京馆、天津馆

02935
四川理番六种木材之性质 余仲奎等著
成都：航空委员会航空研究院，1943.7，22 页，16 开，环筒页装（航空委员会航空研究院研究报告 5）
本书介绍云杉、麦吊杉、法氏冷杉、铁杉、光皮桦及青皮白杨 6 种木材的形态、物理性质及力学性质。书内插图 10 帧。著者还有：黄鹏章、陈启岭、罗裕英。
收藏单位：重庆馆、国家馆、上海馆

02936
松脂试验 梁希 王相骥著
外文题名：Experimentation on resin
[南京]：中央大学农学院，1934.11，55 页，16 开
本书共 3 部分：采脂试验、松脂分析试验、松精油之氧化试验。为《中华农学会报》第 129—130 期合刊抽印本。
收藏单位：国家馆

02937
台湾产阔叶树材之烟油防腐受压力大小与时间影响对于吸收率及渗透率之关系初步研究（1） 萧青水编著
外文题名：A preliminary study on the effect of different pressures & pressure-periods on the rate of absorption & penetration of creosote to some Taiwan timbers of broad-leaved trees (Ⅰ)
台北：台湾省林业试验所，1947.6，27 页，16 开（台湾省林业试验所报告 11）
本书用英文写作，附中文摘要。
收藏单位：国家馆、上海馆

02938
台湾产松脂之研究（第 1 辑） 鲁昭祎编
台北：台湾省林业试验所，1947.4，12 页，16 开（台湾省林业试验所报告 2）
本书共 4 部分：新高赤松与法国海岸松产脂量之比较、割前叩击法与常法采脂之比较、新高赤松与法国海岸松全年产脂量之观测、结论。
收藏单位：国家馆、黑龙江馆、上海馆

02939
台湾产主要木材之强度试验 马子斌著
外文题名：Tests on strength of important wood in Taiwan
台北：台湾省林业试验所，1947.12，9 页，16 开（台湾省林业试验所报告 10）
收藏单位：国家馆、上海馆

02940
影响木材力学性质诸因子 唐燿编著
[重庆]：经济部中央工业试验所木材试验室、农产促进委员会，1940，22 页，16 开（经济部中央工业试验所木材试验室特刊 7—8）
本书共两部分：引言、影响木材力学性质诸因子。内容包括：关于树木之本身者、关于试材之处理与形状者、木材之缺点等。
收藏单位：国家馆

02941
云南建筑木材之力学性质 张英伯著
外文题名：Strength of structural woods in Yunnan
国立中央研究院工学研究院，1947.9，16 页，16 开（国立中央研究院工学研究所报告 3）（云南木材之研究 3）
本书内容包括：绪言、试材预备、试验方法、试验结果等。
收藏单位：国家馆、南京馆

02942
植物细胞壁之结构 克拉克（S. H. Clarke）著 中央工业试验所木材试验室译
[重庆]：中央工业试验所木材试验室，1942.3，10 页，18 开（经济部中央工业试验所木材试

验室特刊 3 卷 1 期）

02943
中国木材学 唐燿著 胡光骕校订 中华教育文化基金董事会编译委员会编
上海：商务印书馆，1936.12，40+680+75 页，16 开，精装

本书分总论、各论两篇，内容包括：木材形体之研究、木材材性上之研究、中国商用木材志略（附输入材之研究）、中国木材之系统的记述等。书末附木材形体学名词汇编、木材解剖术、有关木材研究之文献举隅、有关中国树木分类学之文献举隅、中国林木初选录、静生生物调查所已收集之中外木材名录。

收藏单位：重庆馆、国家馆、湖南馆、江西馆、辽大馆、宁夏馆、山西馆、上海馆

02944
中国木材用途之初步记载·木材之干燥（1） 唐燿著
外文题名：A preliminary survey on the uses of Chinese woods · Seasoning of timbers
[重庆]：经济部中央工业试验所木材试验室，1941.3，20 页，16 开（经济部中央工业试验所木材试验室特刊 14—15）

本书共两部分：中国木材用途之初步记载（中国木材工业之今夕论、中国常用木材之用途与材性等）、木材之干燥（为何要干燥、如何干燥等）。

收藏单位：国家馆

02945
中国木材之力学及其相关性质（1 西南木材一〇一种） 余仲奎等著
成都：航空委员会航空研究院，1946.2，27 页，16 开（航空委员会航空研究院研究报告 28）

本书共 7 部分：引言、试材之来源、试材采集之方法、试材之处理、力学性质及其试验方法、物理性质、影响木材力学性质之因子。逐页题名为：中国木材力学及其相关性质。

收藏单位：广东馆、国家馆、上海馆

02946
中国木材之平衡含水量 余仲奎 罗裕英著
外文题名：The equilibrium moisture content of wood in China
成都：航空研究院，1945.10，20 页，16 开，环筒页装（航空研究院研究报告 24）

本书共 5 部分：导言、木材平衡含水量之测定、各地木材平衡含水量之推算、木材平衡含水量在强度计算之标准、结论。书末附木材含水量与强度之关系、木材含水量与收缩、英美木材平衡含水量曲线之比较等。

收藏单位：重庆馆、国家馆、南京馆、上海馆

02947
中国木材之硬度研究 朱会芳著
[南京]：金陵大学农学院，1935.5，134 页，23 开（金陵大学农学院丛刊 36）

本书共 5 部分：总论、历来测定硬度之方法、试验之经过、试验之结果、结论。为《金陵学报》第 5 卷第 1 期抽印本。书中附德文提要、图表。

收藏单位：重庆馆、广西馆、国家馆、南京馆、上海馆、浙江馆

02948
中国十种重要树木之性质及造林法 陈嵘著
南京：首都造林运动委员会，1930.3，102 页，32 开

本书介绍杉木、马尾松、落叶松、栎树、白杨、核桃、榉树、樟树、漆树、油桐的性质及造林法。

收藏单位：国家馆、南京馆、西南大学馆

02949
中国中部木材之强度试验 朱会芳 陆鸿志著
外文题名：Mechanical strength of woods growing in central China
[南京]：国立中央大学出版组，1934.11，38 页，22 开（国立中央大学工学院专篇）

本书共 5 部分：绪论、供试材、试验之方法、试验之结果、结论。为《中华农学会报》

第129—130期抽印本。

收藏单位：重庆馆、国家馆、南京馆、上海馆、浙江馆

02950

竹材之物理性质及力学性质初步试验报告（附西文摘要） 梁希 周光荣等编著

重庆：中央工业实验所，1944.2，22页，18开（农业部中央林业实验所研究专刊1）

本书共3部分：绪论、竹材之物理性、竹材之力学性。

收藏单位：国家馆

森林树种

02951

桉树造林法 广东建设厅农林局林业系编

广州：广东建设厅农林局推广课，1931，10页，32开

广州：广东建设厅农林局推广课，1932，再版，10页，32开

广州：广东建设厅农林局推广课，1933春，3版，10页，32开

广州：广东建设厅农林局推广课，1933冬，4版，10页，32开（推广丛书12）

广州：广东建设厅农林局推广课，1934春，5版，10页，32开

广州：广东建设厅农林局推广课，1935，订正6版，8页，32开（推广丛书12）

本书内容包括：树的性质、效用以及采种、播种、移植等造林法。

收藏单位：重庆馆

02952

桉树造林法 广西农林局编

广西农林局，[1926—1949]，12页，36开，环筒页装（广西农林局农林浅说4）

本书共4部分：树性、育苗、造林、收支预算。内容包括：树的性状、土宜、诸害、效用、采种、播种、移植、植树造林法、插枝造林法等。

收藏单位：桂林馆、国家馆

02953

淡竹之造林法 陈光远著

[南京]：江苏省教育林，[1916—1949]，6页，22开（江苏省教育林刊物13）

本书共10部分：识别点、适地、种子及发芽、效用、栽植之时期、林地之整理、选择母竹、母竹之掘取、母竹之栽植、栽植后之培育。

收藏单位：国家馆

02954

放蜡浅说 方百源编辑

永康：永康县动员委员会，1940.4，14页，32开

本书内容包括：白蜡树及水蜡树种植法、白蜡树制造法、采集白蜡方法、浙江白蜡出产区域等。

收藏单位：浙江馆

02955

福建柏移植对于株行距肥料蔽荫法及苗龄与苗木生长之关系试验 林渭访 刘业经著

外文题名：Experiment on transplantation of Fukien cypress with relation of growth of seedling to the distance, fertilizers, method of shading and age of seedlings

台北：台湾省林业试验所，1947.10，23页，16开（台湾省林业试验所报告15）

本书共7部分：引言、试验设计及方法、试验结果、讨论、结论、文献、英文摘要。

收藏单位：国家馆、上海馆

02956

福建杉木形质生长与腾贵生长初步研究 薛承健著

出版者不详，1947.6，[28]页，16开

本书为《研究汇报》第2期抽印本。

收藏单位：广东馆

02957

覆土种类及播种深度对于马尾松福建柏种子

发芽之关系试验 林渭访 刘业经著
外文题名：Experiments on the relation of the kind of covering soils and depth of planting to the germination of seeds of Chinese pine and Fukien cypress
台北：台湾省林业试验所，1947.9，15页，16开（台湾省林业试验所报告 12）
本书共7部分：引言、试验设计及方法、试验结果、讨论、结论、文献、英文摘要。
收藏单位：广东馆、国家馆、上海馆

02958
光桐开花习性之观察 徐明编著
外文题名：An observation on the blossoming characteristics of aleurites fordii hemsl
财政部贸易委员会外销物资增产推销委员会桐油研究所，1944.7，8页，16开（桐油研究所专刊 2）
本书共4部分：引言、光桐观察经过、光桐观察结果、摘要。书中介绍了光桐的一般性状、开花时间、开花顺序、花性分配等。
收藏单位：国家馆

02959
广东与桉树 谭锡鸿著
[广州]：岭南农科大学出版处，1924.8，23页，22开（岭南农科大学丛刊 2）
本书内容包括：桉树之名称、桉树之原产地、桉树之输种于广东、桉树之特征、气候土宜、桉树之用途、繁殖、本农大栽培成效之桉树种类、桉树在广东之将来等。
收藏单位：国家馆

02960
广西各县植桐推广办法 广西省政府农林局编
[桂林]：广西省政府农林局，1935.10，20页，32开
[桂林]：广西省政府农林局，1937.1，[再版]，20页，32开
本书附油桐造林法。
收藏单位：桂林馆、国家馆、南京馆

02961
苦楝造林法 温文光编著
广州：广东建设厅农林局推广课，1932.4，8页，32开（推广丛书5）
广州：广东建设厅农林局推广课，1933，再版，8页，32开（推广丛书5）
广州：广东建设厅农林局推广课，1933夏，3版，8页，32开（推广丛书5）
广州：广东建设厅农林局推广课，1933冬，4版，8页，32开（推广丛书5）
广州：广东建设厅农林局推广课，1934夏，5版，6页，32开（推广丛书5）
广州：广东建设厅农林局推广课，1935，[6版]，6页，32开（推广丛书5）
本书封面书名误刊：苦栋造林法。
收藏单位：重庆馆、国家馆

02962
马尾松造林之一得 林伟民著
[南京]：江苏省教育林，[1916—1949]，6页，22开（江苏省教育林刊物 5）
本书共5部分：选种、育苗、栽植、保护、应用。
收藏单位：国家馆

02963
闽江流域杉木调查
[福州]：[福建省建设厅]，[1936.4]，[58]页，23开
本书共7部分：引言、闽江上游各县杉木之产地、杉木之种植方法、批山砍伐之运输、装排费用与装排习惯、杉木价格与成本、杉木正税与什耗。书末附莆田县果树概况及其改进意见。
收藏单位：北师大馆、福建馆、国家馆

02964
木业心得录 杨起燮著
[福州]：[福建省建设厅]，1933.8，56页，32开
本书内容包括：杉木种植法、木筒制造法、预先科合法、择人押运法、泊排地点与木业之关系、耗费与木业之关系、经验与木

业之关系等。

收藏单位：国家馆、南京馆、天津馆

02965
农林宝筏　仙乐种植园森林部编
定海：仙乐种植园，1920.5，20 页，24 开

本书介绍了黄金树、桉树等种植法及盈利问题。

02966
泡桐分根繁殖之研究　刘业经著
外文题名：A study on the propagation of fortune paulownia by cutting roots
台北：台湾省林业试验所，1947.9，18 页，16 开（台湾省林业试验所报告 13）

本书共 5 部分：引言、试验项目、结论、文献、英文摘要。

收藏单位：广东馆、国家馆、上海馆

02967
桤木之生长观察　张小留著
［成都］：国立四川大学农学院森林学系，1938，42 页，32 开（国立四川大学农学院林学丛刊）

本书论述了桤木在植物学上的位置及其性状、试材的选定、解析的结果等。

收藏单位：重庆馆

02968
漆树和桐油树　周建人著
上海：商务印书馆，1933.12，27 页，32 开（小学生文库 第 1 集 植物类）

本书共 10 部分：漆和桐油、漆树的形状和产地、漆树的栽培方法、采漆、桐油树的形状和产地、桐油树的栽培方法、桐子的采取、榨油的手续、榨油的方法、美国研究所得的结果。

收藏单位：吉林馆、上海馆、首都馆

02969
劝告农民种植油桐并组织合作社书　胡钦海著
永康：永康卉川桐油生产兼营合作社，1936.3，11 页，30 开

本书卷端题名：劝告农民多植桐树书。

02970
杉木造林法　广西农林局编
广西农林局，12 页，36 开，环筒页装（广西农林局农林浅说 1）

收藏单位：桂林馆、国家馆

02971
十种主要树木造林法　林刚著
［南京］：［金陵大学农林科］，1927.12，19 页，23 开（金陵大学农林科学农林丛刊 37）
［南京］：［金陵大学农学院］，1930.9，再版，19 页，23 开（金陵大学农学院农林丛刊 37）

本书介绍了松、杉、油桐等 10 种树木的性质、造林法和效用。

02972
实验特用树种营林法　浙江省农业改良总场丽水林场编
浙江省农业改良总场丽水林场，1932.5，7 页，22 开（浙江省立第三林场丛书）

本书介绍了油桐、油茶、板栗三种植物的造林方法。

收藏单位：国家馆

02973
四川桐树与桐油之研究　焦启源　四川省政府建设厅建设丛书编辑委员会著
成都：四川省政府建设厅，1941，4 页，16 开（建设丛书 44）

本书内容包括：三年桐苗之生长情况、桐楳与桐子等。

收藏单位：重庆馆

02974
四川油桐栽培之现状与改进　刘讽吾编著
江津：四川省园艺试验场，1938.8，24 页，16 开（四川省园艺试验场丛刊 第 2 种 2）

本书共 3 章：绪言、栽培现状、改进方针。书中介绍了栽培油桐的气候、土壤及地势、品种、桐林及改进方针等。

收藏单位：贵州馆、国家馆

02975
松柏类幼苗对于光之需要度试验 林渭访 刘业经著
外文题名：Experiments on requirements of light intensities to the coniferous seedlings
台北：台湾省林业试验所，1947.6，67 页，16 开（台湾省林业试验所报告 5）
本书共 8 章：引言、供试树种、试验设计及方法、试验结果、讨论、结论、文献、英文摘要。
收藏单位：广东馆、国家馆、上海馆

02976
松林保护的要点 青岛市农林事务所冬期讲演会编
[青岛]：青岛市农林事务所冬期讲演会，1932.12，16 页，32 开
本书从天然危害、人为的害、动物的害、植物的害等方面阐述松林保护的要点。
收藏单位：国家馆、南京馆

02977
松杉之生长 苏甲薰著
国立中央大学农学院森林系，1942.4，10 页，16 开（林学丛书 川字 4 号）
本书共 3 部分：前言、松杉之经营及其生长、生长之检讨。
收藏单位：国家馆

02978
松树造林法 广东建设厅农林局推广课编
广州：广东建设厅农林局推广课，1930.1，8 页，32 开
广州：广东建设厅农林局推广课，1931.4，再版，8 页，32 开（林业浅说 第 1 号）
广州：广东建设厅农林局推广课，1932，修正 3 版，8 页，32 开
广州：广东建设厅农林局推广课，1933，5 版，8 页，32 开（推广丛书 14）
广州：广东建设厅农林局推广课，1935，增补 6 版，12 页，32 开（推广丛书 14）
广州：广东建设厅农林局推广课，1947.7，改订版，12 页，32 开
本书共 5 部分：松树的树性、养苗、造林、抚育、收益。
收藏单位：重庆馆、国家馆

02979
松树造林法 广西农林局编
南宁：广西农林局，1931，20 页，22 开，环筒页装（林业浅说 3）
本书内容包括：松树的树性、适地、效用、育苗法、栽植法等。
收藏单位：桂林馆、国家馆

02980
特用树种——油桐、油茶、乌桕 江西省农业院编
南昌：江西省农业院，1935.10，28 页，25 开（推广教本 4）
南昌：江西省农业院，1936，再版，28 页，32 开（推广教本 4）
南昌：江西省农业院，1939.4，18 页，32 开（推广丛书4）
本书内容包括：油桐林业上的性质、油桐的造林法、油茶林业上的性质、油茶的造林法、乌桕林业上的性质、乌桕的造林法等。
收藏单位：重庆馆、广东馆、江西馆、南京馆

02981
桐树 张伯康编纂
上海：商务印书馆，1924，14 页，50 开（平民小丛书 23 实业类）
上海：商务印书馆，1926，再版，14 页，50 开（平民小丛书 23 实业类）
收藏单位：首都馆

02982
桐树与桐油 贺闿 刘瑚编
外文题名：Tung tree and Tung oil
汉口：实业部汉口商品检验局，1934.4，99 页，16 开（实业部汉口商品检验局专刊）
本书共 4 部分：导言、桐树、桐油、结

论。内容包括：桐树种类、栽培方法、病虫害及其预防、桐实的收获、国外植桐近况、桐油小史、桐油的来源、桐油的榨取法、改良培植与榨油方法等。书中插图 29 帧。

收藏单位：重庆馆、广东馆、广西馆、国家馆、黑龙江馆、吉林馆、首都馆、天津馆、浙江馆

02983

乌桕栽培法

出版者不详，24 页，32 开

本书与《桑树栽培法》等合订一册。

02984

相思树人工播种林间伐时林分构成状态之统计研究 黄溪旺著

外文题名：Studies by statistics on the seeding forest composition during the thinning of standing crops of Taiwan acacia

台北：台湾省林业试验所，1947.10，23 页，16 开（台湾省林业试验所报告 14）

本书共 8 部分：绪言、试验地及试验方法、林分各要素之现出状态、各要素的相关关系、林分各要素的相关曲线、结论、参考文献、英文摘要。

收藏单位：国家馆、上海馆

02985

橡胶植物与橡胶工业 焦启源著

外文题名：Rubber plants and rubber industry

成都：金陵大学农学院植物系，1943.10，96 页，18 开

本书共 14 部分，内容包括：橡胶工业、中亚产区、橡胶、胶类植物的解剖与生理习性、橡胶植物之分类、各科橡胶植物、橡皮草、人造橡胶、橡胶统制之橡胶工业等。书末附 15 帧图。

收藏单位：重庆馆、国家馆

02986

杨树简易育苗法 东北政委会农业部资料室编

沈阳：东北新华书店，1949.7，18 页，32 开（农业丛书 1）

收藏单位：国家馆、山东馆

02987

洋槐种法撮要 [直隶省农事试验场编]

天津：直隶省农事试验场，1918.9，6 页，22 开

本书介绍洋槐的名称、适地、种子及发芽、病害、效用等。

收藏单位：国家馆

02988

养松实验谈 尹福清著

遵化：福益农林场，1933，48 页，22 开

本书内容包括：养松收效速、养松资本轻、养松不估可耕之田、养松不与田工相抵触、养松可以保护山田不受山水冲刷、养松可以防旱灾、养松可以防水灾等。封面题名：养松实验谭。

收藏单位：首都馆

02989

艺竹丛谈 杨衔晋著

上海园艺事业改进协会出版委员会，1947.4，14 页，32 开（上海园艺事业改进协会丛刊 9）

本书共 4 部分：竹子的种类和性状、竹子的风土和栽植、竹子的管理、竹和园景。

收藏单位：国家馆、南京馆、上海馆、浙江馆

02990

油桐和乌桕 季君勉著

上海：世界书局，1940.8，54 页，32 开

上海：世界书局，1944.3，再版，54 页，32 开

本书分上、下两篇。上篇 15 章，介绍油桐的性状和种别、中国油桐分布、世界各国种油桐状况、油桐的栽培等；下篇 10 章，介绍乌桕的性状、用途、栽培法、育种等。书末附国内出版中文油桐及桐油文献录、国内出版中文乌桕文献录。

收藏单位：国家馆、南京馆、上海馆

02991

油桐树造林法 广西农林局 [编]

广西农林局，14 页，36 开，环筒页装（广西

农林局农林浅说2）

收藏单位：国家馆

02992

油桐、乌桕、白杨、麻栎造林浅说　四川省农业改进所编

成都：四川省农业改进所，1943，再版，12页，32开（农林浅说）

本书介绍了油桐、乌桕、白杨、麻栎等树木的性状、适宜的土壤、植树的方法等。

收藏单位：重庆馆

02993

油桐与漆树　王一桂编著

[重庆]：正中书局，1940.12，51页，32开（特教丛刊15）

重庆：正中书局，1943.3，5版，51页，32开（特教丛刊15）

上海：正中书局，1946.2，沪1版，51页，32开（特教丛刊15）

[重庆]：正中书局，1946.2，2版，51页，32开（特教丛刊15）

本书共3篇：绪言、油桐、漆树，油桐篇共12章，介绍了油桐的种类及植物性状、产地及分布、油桐风土上的品种、油桐的适应、油桐的造林法、桐实的收获、榨油的方法、桐油在工业上的地位、桐油的贸易市场；漆树篇共10篇，介绍了漆树植物性状、产地及分布、造林法、虫害、生产量、采集法等。

收藏单位：重庆馆、东北师大馆、国家馆、辽宁馆、南京馆、上海馆

02994

油桐栽培法　刘选青　黄伯易编

[重庆]：巴县建设局农业推广部，1930，再版，32页，32开（巴县建设局农业推广部8）

本书为巴县建设局农业推广部教育组第4期教材。

收藏单位：重庆馆

02995

油桐栽培法

出版者不详，32页，32开

本书与《桑树栽培法》等合订一册。

收藏单位：重庆馆

02996

油桐栽培浅说　四川省农业改进所编

[成都]：四川省农业改进所，1943.4，18页，32开（农林浅说）

收藏单位：重庆馆

02997

油桐栽培浅说　刘讽吾[著]

出版者不详，22页，32开

本书共10部分：如何认识桐树、植桐要慎之于始、气候、土壤及地势、选种、栽植、修剪、施肥、平时管理、收获之时期及方法。

02998

油桐造林法　广东建设厅农林局林业系编

广州：广东建设厅农林局推广课，1930.5，8页，32开（农业推广丛书1）

广州：广东建设厅农林局推广课，1932春，再版，8页，32开

广州：广东建设厅农林局推广课，1932冬，3版，8页，32开

广州：广东建设厅农林局推广课，1933春，4版，8页，32开

广州：广东建设厅农林局推广课，1933秋，5版，8页，32开

广州：广东建设厅农林局推广课，1934春，6版，8页，32开

收藏单位：国家馆

02999

油桐造林法　徐允武编

仙居：浙江省立台州中学，1940，誊印本，10页，13开，活页装

收藏单位：南京馆

03000

油桐之栽培及改良　徐明著

重庆：商务印书馆，1943.7，283页，32开

江西：商务印书馆，1944.2，赣初版，283页，32开

本书共14章：桐树释名、植桐史略、油桐之性状及品种、油桐之分布及风土、油桐栽培法、油桐之管理、油桐之灾害、油桐之收获、油桐生长之研究、油桐品种之改良、油桐之检定及分析、桐油之性质种类及其利用、桐油之榨制、桐油贸易。书前有章之汶序、李德毅序。

收藏单位：安徽馆、重庆馆、广东馆、国家馆、内蒙古馆、绍兴馆、西南大学馆

03001
油桐之栽培及榨油法（实业专刊） 广西实业院编
柳州：广西实业院，1928.5，石印本，16页，25开（广西实业院印刷物 第3种 第2号）

本书介绍了油桐的播种、种籽收集与贮藏、苗圃选择、圃地耕耘、肥料施用、播种与保护法、苗圃之管理、苗圃之灌溉等，还介绍了改良榨油法。

收藏单位：国家馆

03002
油桐种植及榨取之研究 胡钦海著
出版者不详，23页，32开

本书内容包括：油桐与气候土质之关系、桐种之选择与植地之关系、开垦山地之面积与劳费、油桐之种植与培养等。

收藏单位：浙江馆

03003
油桐种植新法 魏拯救编
吉安：树艺专门光华农场，1940，50页，32开

本书从油桐的品种、气候与土质、种植、管理、收获、榨油等方面介绍了油桐种植法。

收藏单位：重庆馆

03004
油桐棕榈栽培法 庄逸林编
上海：新学会社，1937，78页，32开

本书介绍了油桐、棕榈栽培法，内容包括：综说、品种、气候土质、栽培、管理、收获、榨油、经济概况等。书中附奖励桐油输出之商榷、植桐千株收支预算表、我国桐油出口手续、美国植桐问题。封面题名：油桐棕榈栽培法。

收藏单位：重庆馆、浙江馆

03005
油桐棕榈栽培法 庄逸林编
上海：中国农业书局，1937，78页，32开
上海：中国农业书局，1937.7，再版，77页，32开

收藏单位：广东馆、国家馆、南京馆、山西馆、上海馆

03006
有加利造林法 国立中山大学农学院推广部编
广州：国立中山大学出版部，1932.4，6页，25开（农林浅说 森林类）
广州：国立中山大学出版部，1934.10，3版，6页，25开（农林浅说 森林类）

本书共5部分：有加利木材之用途、种有加利之地方、种有加利之方法、种有加利之利益、造林与家庭经济之关系。

收藏单位：国家馆

03007
余之筱悬木插条经验 潘祖贻著
[南京]：江苏省教育林，[1916—1949]，4页，22开（江苏省教育林刊物 12）

本书共4部分：筱悬木的剪修及收藏、插条的整理、苗圃的准备、苗圃的管理。

收藏单位：国家馆

03008
玉桂树造林法 广东建设厅农林局林业系编
广州：广东建设厅农林局推广课，1933.2，10页，32开
广州：广东建设厅农林局推广课，1933夏，再版，10页，32开
广州：广东建设厅农林局推广课，1933秋，3版，10页，32开（推广丛书 25）
广州：广东建设厅农林局推广课，1934春，4版，10页，32开
广州：广东建设厅农林局推广课，1935夏，5

版，10 页，32 开（推广丛书 25）

03009
圆柏天然繁殖之观察 徐迁著
[南京]：江苏省教育林，[1916—1949]，4 页，22 开（江苏省教育林刊物 4）
本书介绍圆柏天然繁殖的阳光、湿度、地被物、母树年龄、种子的成熟期及发芽期。
收藏单位：国家馆

03010
栽植洋槐之试验 蔡鸿福著
[南京]：江苏省教育林，[1916—1949]，4 页，22 开（江苏省教育林刊物 1）
本书共 3 部分：地质地势之宜否、植法之良否、抚育之勤否。
收藏单位：国家馆

03011
造林与种桐 民团周刊社编
南宁：民团周刊社，1939.9，32 页，32 开（丙种丛刊 第 2 种）（基层建设丛刊 第 6 辑 10）
本书共 4 部分：怎样营造村街公有林、油桐造林法、广西各县厉行植桐办法、广西各县植桐推广办法。版权页责任者题：亢真化主编。
收藏单位：国家馆

03012
柞树栽培法 葛庭焜编著
长沙：商务印书馆，1941.3，120 页，25 开（农学小丛书）
收藏单位：贵州馆、江西馆、内蒙古馆、宁夏馆

03013
樟树造林法 广东建设厅农林局林业系编著
广州：广东建设厅农林局推广课，1930，12 页，32 开
广州：广东建设厅农林局推广课，1932，修正再版，12 页，32 开
广州：广东建设厅农林局推广课，1933 春，3 版，12 页，32 开
广州：广东建设厅农林局推广课，1933 秋，4 版，12 页，32 开（推广丛书 16）
广州：广东建设厅农林局推广课，1934 春，5 版，12 页，32 开
广州：广东建设厅农林局推广课，1935 春，修正 6 版，12 页，32 开（推广丛书 16）
本书介绍樟树的性质、效用以及植树、播种、插木等多种造林法。
收藏单位：重庆馆

03014
浙江省各县产桐子之调查及化验 许植方撰
中国科学社，1932，2 册，16 开
本书内容包括：油桐树产量、价格、栽培、植桐面积、榨取法、化验等。载《科学》第 16 卷第 8—9 期。
收藏单位：浙江馆

03015
植桐技术 汪秉全著
外文题名：Technique of Tung oil trees planting
坪石：农林出版社，1941.11，62 页，23 开
本书内容包括：林业上之性质、植桐技术、育种、管理、患害及防除、收获等。
收藏单位：重庆馆、南京馆

03016
植桐新法 朱复明编
[长沙]：湖南省政府，1934，24 页，32 开
收藏单位：广东馆、湖南馆

03017
植桐须知 江西省政府保安处总经理处编
南昌：江西省政府保安处总经理处，1936.11，18 页，32 开
收藏单位：广东馆、湖南馆

03018
植桐须知 江西省政府保安处总经理处编
实业部，1939，油印本，9 叶，32 开，环筒页装
本书内容包括：植桐之利益、植桐之适地、桐种之选择等。

收藏单位：重庆馆、南京馆

03019
植桐须知　四川省第十一区行政监督专员公署第四科编
四川省第十一区行政监督专员公署第四科，22 页，32 开
本书内容包括：植桐之利益、植桐之适地、油桐造林法、油桐之患害等。
收藏单位：重庆馆

03020
植桐须知
广东建设厅农业局，1937，20 页，32 开
收藏单位：广东馆

03021
植桐须知
[广州]：广东省农林处，1947.7，改订版，14 页，32 开
本书内容包括：引言、植桐之利益、油桐之抚育等。

03022
中国十四省油桐种子之分析　梁希　周慧明著
[重庆]：国立中央大学农学院，1939.8，24 页，16 开（国立中央大学农学院报告 渝字第 7 号）
收藏单位：南京馆

03023
中国松杉植物之分布　胡先骕著　俞德浚译
中国植物学会，1936.2，12 页，16 开
本书论述了松杉各属各种在各区的分布，篇末附分布表。载《中国植物学杂志》第 2 卷第 4 期。
收藏单位：浙江馆

03024
中国油桐与桐油　邹旭圃编著
重庆：中华书局，1944.2，198 页，32 开
上海：中华书局，1946.9，再版，198 页，32 开
本书共 17 章，内容包括：油桐史略、油桐之品种与性状、中国油桐生产概况、油桐品种之改进、油桐之栽培、管理工作、患害与防除、收获、油桐之作业法、实施造林与利益、制油、油桐含油量之研究、桐油的构成与理化性质等。书末附战时桐油增产工作概述。
收藏单位：重庆馆、东北师大馆、国家馆、湖南馆、江西馆、近代史所、辽宁馆、辽师大馆、南京馆、内蒙古馆、天津馆

03025
中国主要林木编
出版者不详，[1921—1949]，30 页，16 开（林务研究所丛刊 第 1 册）
收藏单位：首都馆

03026
中国主要树木造林法　陈嵘著
出版者不详，1930.1，166 页，23 开（金陵大学农林丛书）
本书介绍了针叶、阔叶树类在林业上的性质及造林法。内容包括：杉木、柳杉、二叶松类、白皮松、海松、落叶松、鱼鳞松、白木树等。

03027
种楮法、种雁皮法、种三椏法合编　江志伊编
上海：新学会社，1915.7，[90] 页，24 开（农艺辑要 4）
上海：新学会社，1915.10，再版，[90] 页，24 开（农艺辑要 4）
本书主要介绍了楮、雁皮、三椏的作用以及栽培方法。附日本造纸法。
收藏单位：湖南馆、江西馆、首都馆、浙江馆

03028
种油桐法　毕卓君编
上海：商务印书馆，1931.2，72 页，32 开（农学小丛书）
上海：商务印书馆，1934.3，国难后 1 版，72 页，32 开（农学小丛书）

上海：商务印书馆，1935，国难后2版，70页，32开（农学小丛书）
长沙：商务印书馆，1938.7，国难后7版，72页，32开（农学小丛书）
长沙：商务印书馆，1947.7，8版，72页，32开（农学小丛书）

本书共7章：通论、品种、种植、管理、收获、利益、商业状况。内容包括：农家副业与培植油桐、桐与油桐之区别、油料作物与油桐、种油桐与垦荒之关系、油桐的品种概说、各地油桐品种之特征、品种之变异等。

收藏单位：安徽馆、重庆馆、东北师大馆、广东馆、国家馆、湖南馆、江西馆、辽宁馆、南京馆、宁夏馆、上海馆、首都馆、浙江馆

03029
种樟法、种漆法、种柏法　江志伊编　孙锵　卮崧甫校
上海：新学会社，1915.7，[40]页，22开（农艺辑要3）
上海：新学会社，1915.10，再版，[40]页，22开（农艺辑要3）

本书介绍了樟、漆、柏的种类和作用以及栽培方法。校者原题：庄景仲。

收藏单位：河南馆、江西馆、首都馆、浙江馆

03030
竹类繁殖法　阮履泰编
[成都]：四川省农业改进所，1943，再版，6页，32开（农林浅说）

收藏单位：重庆馆

03031
竹类栽培与竹材造纸　王一桂编著
重庆：正中书局，1940.1，36页，32开（特教丛刊9）
重庆：正中书局，1942.12，5版，36页，32开（特教丛刊9）

本书共4篇：绪言、竹类栽培、竹材造纸、结论。第2篇共8章：竹的种类及植物性状、竹类的分布、竹类的一般生理性状、竹类作业法、竹类造林法、竹类的培育、竹类的保护、竹类的采伐与更新；第3篇共3章：竹材造纸的方法、竹材造纸的优劣、国产竹纸的种类。

收藏单位：重庆馆、东北师大馆、国家馆、湖南馆、南京馆、宁夏馆、浙江馆

03032
竹林培养法　（日）岛村继夫　（日）大岛甚三郎著　赵仰夫译
上海：新学会社，1931.4，11+156页，32开

本书共6编：总论、竹林栽种法、培养法（一名竹林改良法）、竹林生产收获法、竹林的保护法、笋的栽培法。

收藏单位：安徽馆、广东馆、国家馆、南京馆、内蒙古馆、上海馆

畜牧、动物医学、狩猎、蚕、蜂

03033
山西省立岱岳镇牧畜初级职业学校、山阴县牧畜场一览（民国二十四年）　岱岳镇牧畜初级职业学校　山阴县牧畜场编
山阴：岱岳镇牧畜初级职业学校、山阴县牧畜场，1936.4，[178]页，16开

本书共两部分：山西省立岱岳镇牧畜初级职业学校一览、山西省立山阴县牧畜场组织章程（附组织系统表）。第1部分，内容包括：校史概略、组织大纲、学则、课程纲要、教训合一实施方案、学生修养标准、规程章则、各种细则等，正文前附绪言、插图。第2部分，内容包括：牧场会议规程、技术会议规程、事务会议规程、牧场职员办公规则、技术股办公规则、事务股办事规则等。

收藏单位：重庆馆、国家馆、河南馆、山西馆

03034
山西省立岱岳镇牧畜初级职业学校、山阴县

牧畜场之最近实况　岱岳镇牧畜初级职业学校　山阴县牧畜场编
山阴：岱岳镇牧畜初级职业学校、山阴县牧畜场，1936.6，20页，32开
　　本书共两部分：学校最近实况、牧场最近实况。内容包括：校务方面、经费方面、毕业生之出路、今后的改进计划、牧场经费、牧地面积之大小及分配、饲养家畜之种类及头数、建筑房舍、机械方面、生产方面、人事方面等。
　　收藏单位：重庆馆、国家馆、山西馆

03035
畜产丛书　黄毅编辑
上海：新学会社，1911，订正4版，190页，22开
　　本书内容包括：养牛法、养马法、养羊法、养猪法、养鸡法、养鸭法、养蜂法和养鱼法。
　　收藏单位：安徽馆、首都馆

03036
畜产丛书　上海实业研究社编
上海：实业研究社，1921，140页，25开
　　收藏单位：广东馆

03037
畜产学总论　[陆军兽医学校编]
陆军兽医学校，1945，88页，18开
　　收藏单位：广东馆

03038
畜牧兽医经验　李炳卫编辑
北平：北平民社，1933，48页，32开

03039
畜牧须知
出版者不详，1册，32开
　　本书内容包括：改良牧种法、家畜饲养法、畜舍设置法、家畜疾病预防法、家畜疾病简易治疗法。
　　收藏单位：浙江馆

03040
最新畜产学各论　胡朝阳编纂
上海：新学会社，1928.4，4版，204页，25开
　　收藏单位：重庆馆、江西馆

普通畜牧学

03041
动物营养研究报告　陈宰均　陈朝玉著
北平：国立北平大学农学院，1931，48页，18开（国立北平大学农学院调查研究报告4）
　　收藏单位：国家馆

03042
孵化　立达学园农场种鸡场编
上海：立达学园农场，1932.12，104页，32开（立达学园农场养鸡丛书2）
上海：立达学园农场，1933，104页，32开（立达学园农场养鸡丛书2）
　　本书内容包括：天然孵化、人工孵化、蛋之形成与构造、蛋之选择与保藏等。
　　收藏单位：重庆馆、黑龙江馆、南京馆、绍兴馆、浙江馆

03043
孵化的原理　立达学园农场种鸡场编
上海：立达学园农场出版部，1933.1，104页，32开（立达学园农场养鸡丛书3）
　　本书附图17帧。
　　收藏单位：重庆馆、国家馆、黑龙江馆、南京馆、浙江馆

03044
孵化法之研究　王兆泰著
[北平]：国立清华大学，1929.5，44页，32开
　　收藏单位：国家馆

03045
缸孵法（中国人工孵卵法）　王传懿编著
通县：潞河乡村服务部，1940.1，106页，32

开

收藏单位：国家馆、黑龙江馆

03046
几种小动物的饲养法　姚家栋　许剑庵编
南京：正中书局，1937，20 页，32 开（儿童小丛书 8）
上海：正中书局，1947，沪 1 版，20 页，32 开（儿童劳作小丛书）

本书介绍了金鱼、小白兔、羊、鸡、鸭、鹅、鸽、蚕和蜜蜂等小动物的饲养方法。

收藏单位：北师大馆、重庆馆、国家馆

03047
家畜改良浅说　蒙藏委员会编译委员会编
南京：蒙藏委员会编译委员会，[1928—1931]，1 册，22 开

收藏单位：南京馆

03048
家畜管理法　叶鸿编著
外文题名：The management of domestic animals
上海：商务印书馆，1930.10，115 页，32 开（万有文库第 1 集 634）（农学小丛书）
上海：商务印书馆，1931.9，115 页，32 开（农学小丛书）
上海：商务印书馆，1933.9，115 页，32 开（农学小丛书）
上海：商务印书馆，1934.1，再版，115 页，32 开
上海：商务印书馆，1934.7，再版，115 页，32 开（万有文库第 1 集 634）（农学小丛书）
上海：商务印书馆，1934.6，3 版，115 页，32 开（农学小丛书）
上海：商务印书馆，1935.3，4 版，115 页，32 开（农学小丛书）
[长沙]：商务印书馆，1939.12，115 页，32 开（万有文库第 1—2 集简编）（农学小丛书）
长沙：商务印书馆，1940.12，6 版，115 页，32 开

本书共 11 章：绪论、繁殖的管理法、饲养的管理法、卫生的管理法、畜舍及舍内的设备、家畜的治疗和处理、牛的管理法、马的管理法、绵羊的管理法、山羊的管理法、猪的管理法。

收藏单位：安徽馆、重庆馆、东北师大馆、广东馆、广西馆、贵州馆、国家馆、黑龙江馆、湖南馆、江西馆、辽大馆、辽师大馆、南京馆、内蒙古馆、宁夏馆、山西馆、上海馆、天津馆、西南大学馆、浙江馆

03049
家畜机械输精　吕高辉　吕高超著
成都：华西大学农业研究所，1943.10，16 页，18 开（华西大学农业研究所畜牧组专刊 1）（研究专刊 1）

本书内容包括：绪言、历史、家畜机械输精配种法的优点、施行机械输精配种法应注意之点、家畜机械输精配种法之技术。

收藏单位：国家馆

03050
家畜饲养法　龚造时　陆费执编
上海：中华书局，1946.10，212 页，25 开（农业丛书）
上海：中华书局，1949.2，再版，212 页，32 开（农业丛书）

本书共 5 编：总论、家畜之生理、饲养标准及其应用、饲料、饲养法各论。内容包括：动植物成分、动植物成分之比较、消化及吸收、营养、消化率变更之原因、各种厩肥所含肥料成分之价值及数量、饲养标准、饲养标准与家畜老幼之关系等。

收藏单位：重庆馆、广东馆、国家馆、黑龙江馆、江西馆、辽宁馆、南京馆、内蒙古馆、上海馆、西南大学馆、浙江馆

03051
家畜饲养管理学　[陆军兽医学校编]
陆军兽医学校，1945，154 页，18 开

收藏单位：广东馆

03052
家畜饲养学　郑学稼著
上海：黎明书局，1933.3，367 页，22 开（黎明农业丛书）

上海：黎明书局，1935.5，再版，367页，23开（黎明农业丛书）
上海：黎明书局，1936.10，3版，367页，22开（黎明农业丛书）

本书共5章：饲养原理、饲养标准、饲养标准的应用、饲料种类及其性质、家畜饲养法。书末附饲料平均成分表、饲料平均消化力表、饲料平均消化滋养料及肥料成分表、饲料纯净能力价值表、每千磅饲料所含之矿物质表、饲料维他命成分表、本书所用人名及地名对照表。

收藏单位：重庆馆、广东馆、国家馆、湖南馆、南京馆、上海馆、首都馆、浙江馆

03053
家禽饲料学 （美）L. M. Klevay等著 陆思曼译
北平：中华畜牧学会，[1935]，92页，25开

本书共13章：新养鸡饲料和给饲方法、近年饲料的产物和方法、一位养鸡家对商品饲料作什么感想、直接日光需要给雏和产卵鸡、普通育雏给饲方针、全年全粉食定例饲料、产卵鸡的春季给饲、准备小母鸡成为全群高记录、适合产卵竞赛的小母鸡、箱肥育鸡、给饲时候如何应用光线、不用光线如何给饲、如何获得十二月里的鸡卵。

收藏单位：国家馆

03054
矿物质在动物营养中之功用 陈朝玉著
中国科学社，1932，[9]页，16开

本书为《科学》第16卷第1期抽印本。

收藏单位：国家馆

03055
蒙藏牧畜改良之要义 蒙藏委员会编译室编
蒙藏委员会编译室，1931，6+16页，32开

本书内容包括：牧畜改良的理由、要点、方法及设备等。为蒙汉文对照。

收藏单位：重庆馆

03056
牧场经营 李之干著
重庆：商务印书馆，1943.11，105页，32开
重庆：商务印书馆，1945.5，再版，105页，32开

本书共9章：经营牧场的先决条件、牧场选择和畜舍建筑、设备用具和药品的购置、经济饲料的来源、栽种饲料作物和牧草、饲料贮藏制造青贮干草、饲料的配合、牧场管理和卫生设施、正产品的贮藏和副产品的利用。

收藏单位：重庆馆、广东馆、国家馆、南京馆、内蒙古馆、上海馆

03057
牧场经营学讲义 [陆军兽医学校编]
陆军兽医学校，[1946]，118页，25开

收藏单位：广东馆

03058
牧畜报告书 东北科学技术学会编
东北科学技术学会，1945.9，油印本，154页，16开

收藏单位：广东馆、黑龙江馆

03059
牧畜改良事业报告书 陈振铎编
外文题名：Report on work in improving animal husbandry
福州电气公司农村电化部，1932，32页，16开（福州电气公司农村电化部报告第2卷第2号）

本书共两篇：事业报告、试验报告。第一篇记录本事业之经过及计划、改良家畜分给农家之统计等；第二篇收集改良家畜与本地种家畜之生育比较试验、家畜繁殖所需技术操作之实验等。

收藏单位：国家馆、湖南馆、江西馆、浙江馆

03060
农畜饲养学 （德）凯尔纳（O. Kellner）著 刘运筹 崔廷璜译
外文题名：The scientific feeding of animals
上海：商务印书馆，1935.9，278页，25开（学艺丛书）
长沙：商务印书馆，1939.4，再版，278页，25

开（学艺丛书）
重庆：商务印书馆，1940.4，3版，278页，25开（学艺丛书）

本书共3篇：饲料的成分消化及利用、饲料——论其性质贮藏调制及应用、实际情形下的家畜饲养。内容包括：饲料之组成、食物之消化、动物体内消化营养物之利用、新陈代谢作用、肌肉工作中食料与能力之利用等。据英国译本并参照德文原著翻译。题名页出版信息刊：中华学艺社出版。

收藏单位：安徽馆、重庆馆、国家馆、黑龙江馆、湖南馆、吉林馆、辽宁馆、南京馆、内蒙古馆、上海馆、绍兴馆、首都馆、浙江馆

03061
农畜育种学　（英）汉门（J. Hammond）著　汤逸人译
外文题名：Farm animals : their breeding, growth, and inheritance
上海：中华书局，1948.11，122页，22开

本书共两部分：家畜的繁殖力与生长、遗传学与家畜实际育种问题。内容包括：绪论、马、牛、绵羊、猪、鸡、通论、孟德尔遗传原理及应用、进化与选择、近亲育种与杂交育和、实际育种问题。

收藏单位：重庆馆、国家馆、黑龙江馆、江西馆、内蒙古馆、上海馆、首都馆

03062
农畜育种学图说　（英）汉门（J. Hammond）著　汤逸人译
上海：中华书局，1948.11，1册，22开

本书收录农畜育种图版94幅。

收藏单位：国家馆、江西馆、内蒙古馆、上海馆

03063
农业动物饲养法　吴剑心编
上海：商务印书馆，1924.7，67页，32开
上海：商务印书馆，1931.3，3版，67页，32开
上海：商务印书馆，1933.9，国难后1版，61页，32开（农学小丛书）
上海：商务印书馆，1934，国难后2版，61页，32开（农学小丛书）
上海：商务印书馆，1935.4，国难后3版，61页，32开（农学小丛书）

本书分总论、各论两篇。总论讲述的是农业动物之重要、农业动物饲养上之原理、饲料、农业动物之饲养法、农业动物之繁殖、农业动物之管理及疾病等内容，各论讲述的是牛、羊、猪、兔、鸡、鸭、蜂、鱼等常见家禽的饲养问题。

收藏单位：安徽馆、重庆馆、广东馆、国家馆、湖南馆、辽宁馆、南京馆、上海馆

03064
平民生财术　智航著　实业新报社编辑
上海：大东书局，1926.8，16+500页，21开

本书共4部分：养鸡术、养蚕术、养猪术、养鱼术。介绍了各种禽鸟、各种昆虫、各种牲畜、各种水族等农副业生财之道。卷首有何耀燮、陆韫仁、李志仁写序。

收藏单位：重庆馆、湖南馆、江西馆、浙江馆

03065
平民生财术　智航著　实业新报社编辑
上海：实业新报社，1921.10，16+500页，21开，精装

收藏单位：国家馆、首都馆、西交大馆、浙江馆

03066
普通畜牧学　吴信法编
上海：商务印书馆，1935.5，400+44页，32开，精装
长沙：商务印书馆，1939.4，4版，400+44页，32开
长沙：商务印书馆，1940.8，5版，400+44页，32开

本书共14章：绪论、家畜鉴别、家畜之遗传、家畜之孳生、家畜之育种、家畜之饲养、家畜之管理、牛、马、绵羊、山羊、猪、鸡、家畜疾病概论。附录摄氏表与华氏表温度之互算公式、度量衡之互算表。为高级农业学校教科书。

收藏单位：安徽馆、重庆馆、广东馆、国家馆、湖南馆、江西馆、辽宁馆、南京馆、西南大学馆

03067
巧夺天工
中国孵机公司，30 页，18 开
本书介绍该公司所制各种禽蛋孵化器的构造、用法说明等。

03068
青贮塔与青贮草 李秉权著
出版者不详，1933.6，30 页，32 开
本书内容包括：青贮塔与青贮草之沿革，青贮饲料的价值、化学变化以及青贮塔在建筑上的重要意义等。书末另附青贮塔（单面印刷）图 8 页。

03069
生物畜养指导 卢稼轩编
上海：南星书店，1931.5，12+194 页，32 开（生利指导丛书）
上海：南星书店，1932.9，再版，12+194 页，32 开（生利指导丛书）
上海：南星书店，1934.2，5 版，12+194 页，32 开（生利指导丛书）
上海：南星书店，1935.2，改订版，12+194 页，32 开（生利指导丛书）
上海：南星书店，1936.8，再版，12+194 页，32 开（生利指导丛书）
本书共 10 编：养蚕新法指导、养鱼新法指导、养鸡新法指导、养牛新法指导、养猪新法指导、养羊新法指导、养马新法指导、养蜂新法指导、养鸭新法指导、养鹅新法指导。
收藏单位：安徽馆、广东馆、湖南馆、江西馆、绍兴馆、天津馆、浙江馆

03070
牲口、鸡、猪的畜养和疗病法 沈洗涤著
十一专教育科审定
辛集：解放书店，1947.6，石印本，11 页，32 开
收藏单位：国家馆

03071
四川中心农事试验场畜产科事业计划大纲
四川中心农事试验场编
四川中心农事试验场，[1935]，[44] 页，18 开，环筒页装
本书共 4 编：引言、事业、研究计划、牲畜防疫工作计划。第 2 编介绍了猪、羊、鸭饲养法，第 3 编介绍改良荣昌猪计划、荣昌猪肥育方法比较试验计划、重庆土鸡育种计划等。
收藏单位：重庆馆、国家馆

03072
四川中心农事试验场畜牧部事业计划大纲
四川中心农事试验场编
四川中心农事试验场，[1933]，18 页，16 开
本书共 3 编：引言、事业、研究计划。内容包括：隆昌猪肥育方法比较试验计划、重庆土鸡育种计划等。附《开办血清所计划书》《中心农事试验场职员表》。
收藏单位：重庆馆

03073
饲料与饲养 （美）亨利（W. A. Henry）著 莫礼逊（F. B. Morrison）重著 陈宰均译
长沙：商务印书馆，1939.12，3 册（1308 页），32 开
本书共 3 编：植物生长与家畜营养、食料、家畜的饲养。内容包括：生长和肥育、工乳和羊毛的生产、饲养家畜的经济问题、主要谷实和他们的副产物、豆科植物用作饲料、饲料的肥粪值等。
收藏单位：国家馆、黑龙江馆、内蒙古馆、首都馆

03074
饲料之配制与喂饲 立达学园农场出版部编
上海：立达学园农场出版部，1933.7，102 页，32 开（立达学园农场养鸡丛书 7）
本书内容包括：平衡饲料与标准饲料、饲料之必需条件、喂饲之基本问题、饲料之实

际问题等。封面出版时间刊：1933 年 8 月。

收藏单位：重庆馆、上海馆、浙江馆

03075

饲养学

出版者不详，油印本，50 页，32 开

收藏单位：南京馆

03076

天然与人工孵卵学 黄中成编著

上海：德园家禽函授学校，1927.11，[140] 页，32 开（德园家禽函授学校讲义 第 3—4 科）

上海：德园家禽函授学校，1930.8，131 页，32 开（德园家禽函授学校讲义 第 3—4 科）

上海：德园家禽函授学校，1936.11，增订 6 版，[140] 页，32 开（德园家禽函授学校讲义 第 3—4 科）

上海：德园家禽函授学校，1937.11，增订 7 版，[140] 页，32 开（德园家禽函授学校讲义 第 3—4 科）

本书共两部分：天然孵卵学、人工孵卵学。内容包括：天然孵卵的利弊、选择巢鸡法、位置巢鸡法、孵卵巢的使用法、室内孵卵巢的制造法、户外孵卵巢的制造法等。

收藏单位：内蒙古馆、上海馆、首都馆

03077

天然与人工育雏学 黄中成编译

上海：德园家禽函授学校，1927.11，[118] 页，32 开（德园家禽函授学校讲义 第 5—6 科）

上海：德园家禽函授学校，1936，增订 4 版，[118] 页，32 开（德园家禽函授学校讲义 第 5—6 科）

收藏单位：首都馆、天津馆

03078

西康泰宁附近草地之初步研究 曲仲湘著

外文题名：A preliminary study of the grass-land of Taining Sikiang China

出版者不详，39 页，16 开

本书共 6 部分：引言、地理概况、气象纪要、土壤述略、草地实况、结论。书末附参考文献。

收藏单位：国家馆、南京馆

03079

行政院善后救济总署天津牲畜饲养站工作报告 行政院善后救济总署天津牲畜饲养站编

[天津]：行政院善后救济总署天津牲畜饲养站，1946.5，7 叶，16 开

本书共 11 部分：筹备经过、人员选用、洽拨及修建站址、接收进口牲口及草料、检验防疫、饲养概况、转埠料理、变价出售、训练技工、费用概况、尾述。

收藏单位：国家馆

03080

畜产概论

出版者不详，404 页，25 开

本书内容包括：畜产原理、畜牧各论、家禽学、养蜂学等。

收藏单位：浙江馆

03081

畜产概论讲义 辽宁省立农业专门学校编

沈阳：辽宁省立农业专门学校，1949.4，67 页，32 开

本书为辽宁省立农业专门学校速成班用。

收藏单位：国家馆

03082

畜产学 关鹏万编 刘大绅校

外文题名：Domestic animal breeding

上海：商务印书馆，1918.6，114 页，25 开

上海：商务印书馆，1921.8，4 版，114 页，25 开

上海：商务印书馆，1922，5 版，114 页，25 开

上海：商务印书馆，1925，6 版，114 页，25 开

上海：商务印书馆，1930.7，7 版，114 页，25 开

上海：商务印书馆，1934.6，国难后 1 版，90 页，32 开

上海：商务印书馆，1936.11，国难后 6 版，90 页，32 开

上海：商务印书馆，1946.9，9 版，90 页

上海：商务印书馆，1947，10 版，90 页，36 开

上海：商务印书馆，1948.8，12 版，90 页，32 开

本书共3编：总论、畜产各论、畜产泛论，介绍了马、牛、猪、羊、兔、鸡、鸭等动物的品种、育雏、繁殖、饲养以及管理方法。附录饲养标准表、食料分析表。为初级农业职业学校教科书。

收藏单位：重庆馆、广东馆、国家馆、河南馆、辽大馆、辽宁馆、南京馆、内蒙古馆、山西馆、绍兴馆、首都馆、浙江馆

03083
畜产学 缪炎生著
南京：正中书局，1936.12，285页，25开（应用科学丛书）
上海：正中书局，1947.9，沪1版，285页，25开（应用科学丛书）

本书共两篇：畜产学通论、畜产学各论。作者根据自身经验以及国内外相关材料，从家畜的概念、品种、遗传、育种、鉴别、营养、饲喂和管理、疾病，以及常见家畜的饲养和管理等几个方面，对畜产学相关专业知识进行解说。

收藏单位：安徽馆、重庆馆、广东馆、国家馆、江西馆、南京馆、山西馆、上海馆、浙江馆

03084
畜产学教科书泛论 （日）八锹仪七郎 （日）石崎芳吉著 赖昌译述
上海：新学会社，1913，198+10页，22开

本书为中等农学校用书。

收藏单位：首都馆

03085
畜产学教科书各论 （日）八锹仪七郎 （日）石崎芳吉著 赖昌译述
上海：新学会社，1913，206页，22开

本书为中等农学校用书。

收藏单位：首都馆

03086
畜产制造学 李正谊编
上海：商务印书馆，1931.10，198页，32开
上海：商务印书馆，1932.12，国难后1版，198页，32开
长沙：商务印书馆，1939.4，3版，198页，32开

本书共3篇：牛乳、肉制品、鸟卵制造法。内容包括：乳制品之历史、乳房之构造及其生理的作用、牛乳之生产法、牛乳之性质、异常乳、牛乳管理法、乳制品、猪之屠宰及解体法、火腿与熏肉之制造法等。为高级农业学校教科书。

收藏单位：安徽馆、重庆馆、广东馆、贵州馆、国家馆、黑龙江馆、江西馆、南京馆、宁夏馆、首都馆

03087
畜牧 王修著
外文题名：Domestic animals
上海：商务印书馆，1930.4，140页，32开（万有文库第1集633）（百科小丛书）
上海：商务印书馆，1931.8，140页，32开（百科小丛书）
上海：商务印书馆，1933.5，国难后1版，140页，32开（百科小丛书）
上海：商务印书馆，1934，国难后2版，140页，32开（百科小丛书）
上海：商务印书馆，1934.7，再版，140页，32开（万有文库第1集633）（百科小丛书）
上海：商务印书馆，1935.4，国难后3版，140页，25开（百科小丛书）

本书共12章：绪论、家畜之变迁、家畜之繁殖、家畜之饲养、家畜之审查、家畜之管理、牛、马、绵羊、山羊、猪、鸡。

收藏单位：安徽馆、重庆馆、大理馆、大连馆、大庆馆、东北师大馆、广西馆、贵州馆、国家馆、河南馆、黑龙江馆、湖南馆、江西馆、辽大馆、辽师大馆、南京馆、内蒙古馆、宁夏馆、上海馆、首都馆、天津馆、西南大学馆、浙江馆

03088
畜牧常识 董坚志编著
上海：大中华书局，1935，118页，32开

本书共4章：兽类、鸟类、鱼介类、昆虫类。

收藏单位：重庆馆

03089
畜牧常识　中央陆军军官学校特别训练班编
中央陆军军官学校特别训练班，1937，54页，32开
本书内容包括：牛、马、羊、猪、鸡、鸭6种家畜喂养的基本常识。
收藏单位：重庆馆

03090
畜牧概论　许祖康编著
中央训练委员会内政部，1942.1，90页，32开
本书共6章：绪论、各种家畜的品种、家畜的饲养与管理、各种家畜的繁殖及改进、各种家畜重要传染病、兽疫防治的实施。为县各级干部人员训练教材。
收藏单位：重庆馆、广东馆、贵州馆、国家馆、湖南馆、江西馆、南京馆、西南大学馆、浙江馆

03091
畜牧概言一束　汪德章作
汪德章[发行者]，[1921—1949]，126页，23开（东南大学江苏畜牧丛书1）
本书共5篇：畜牧学之性质、畜牧之地位、他国之牧业、中国之牧业、吾国振兴牧业之具体办法。

03092
畜牧经验汇编　李炳卫编辑
北平：北平民社，1933，48页，32开
收藏单位：国家馆

03093
畜牧浅说　赵英若编
上海：中华书局，1934.7，22页，34开（民众农业丛书14）
上海：中华书局，1936，再版，22页，34开（民众农业丛书14）
收藏单位：重庆馆、黑龙江馆、江西馆、南京馆、内蒙古馆、上海馆

03094
畜牧兽医　贵州省地方行政干部训练委员会编
[贵阳]：贵州省地方行政干部训练委员会，1941.6，48页，36开
收藏单位：重庆馆

03095
畜牧学　冯焕文编著
上海：中华书局，1948.10，40+760+13页，22开，精装
本书共4编：家畜营养的要素、饲料、大家畜的饲养与管理、小家畜的饲养与管理。内容包括：各类饲料之营养、消化与吸收作用、饲料功用之计算、关于饲料营养值之因素、家畜之维持饲养等。书前有蔡无忌序、张天才序、王企华序、陆里成序、蒋云生序，书末附中西名词对照表。
收藏单位：重庆馆、国家馆、辽宁馆、内蒙古馆、天津馆

03096
畜牧学　洪明佑编著
上海：商务印书馆，1935.1，210页，32开
上海：商务印书馆，1935.5，再版，210页，32开
长沙：商务印书馆，1938.12，6版，210页，32开，精装
长沙：商务印书馆，1939.6，7版，210页，32开
长沙：商务印书馆，1940.6，8版，210页，32开
上海：商务印书馆，1947.1，9版，210页，32开
上海：商务印书馆，1947.10，10版，210页，32开
上海：商务印书馆，1948.8，11版，210页，32开
本书共13章：叙论、家畜之育种、家畜之遗传、家畜之鉴别、家畜之饲养、饲料、家畜之管理、牛、绵羊、山羊、猪、鸡、鸭。为职业学校教科书、高级农业学校教科书。

收藏单位：安徽馆、重庆馆、东北师大馆、广东馆、国家馆、黑龙江馆、江西馆、辽大馆、南京馆、首都馆

03097
畜牧学要旨 西康省地方行政干部训练团编
西康省地方行政干部训练团，1941.5，142页，32开
收藏单位：重庆馆

03098
畜养丛书 魏权予编辑
上海：中西书局，1927.10，[458]页，32开
上海：中西书局，1931.4，5版，[458]页，32开
上海：中西书局，1933.2，6版，1册，32开，精装
本书共10编：养牛讲义、养猪讲义、养马讲义、养羊讲义、养兔讲义、养鸡讲义、养蜂讲义、养鸭讲义、养鹅讲义、养鱼讲义。书中介绍了十种动物的繁殖法、饲育法、管理法及治疗法等。版权页书名题：牛猪马羊兔鸡蜂鸭鹅鱼畜养丛书。
收藏单位：广东馆、国家馆、江西馆、天津馆、浙江馆

03099
蓄养全书（生利指南） 董坚志编
文富书庄，1921.9，112页，32开
本书介绍100种禽、兽、虫、鱼的饲养法。卷端、逐页题名为：畜养全书。
收藏单位：首都馆

03100
蓄养全书（生利指南） 董坚志编
上海：新华书局，1923.5，3版，112页，32开
上海：新华书局，1936.4，再版，112页，32开
收藏单位：上海馆

03101
畜养通论 金宸枢编
上海：黎明书局，1937.1，150页，32开（黎明畜养小丛书）
本书共8章：绪论、关于我国畜养业上当前的几个问题、繁殖原理、家畜的繁殖、家畜的审查、家畜的营养、家畜的喂饲、家畜的管理。
收藏单位：重庆馆、广西馆、国家馆、江西馆、辽大馆、南京馆、首都馆、浙江馆

03102
养畜教科书 日本农业教育协会著 叶与仁译
上海：新学会社，1912.12，53页，22开
上海：新学会社，1913.7，再版，53页，22开，精装
本书内容包括：家畜、家畜之种类、家畜之繁殖、家畜之营养、饲料之种类、家畜之饲养、放牧与舍饲、牛、羊、马、鸡、蜜蜂等。版权页题：初等养畜教科书。为初等农学校用。
收藏单位：首都馆

03103
养家畜 太行行署编
出版者不详，1946，32页，大64开
本书为农业技术文件第7号。
收藏单位：国家馆

03104
役用家畜饲养管理法浅说 实业部中央种畜场编
实业部中央种畜场，1936，油印本，7叶，大16开
本书共3部分：役用家畜的饲养法、役用家畜管理法、役用家畜疾病预防法。
收藏单位：国家馆

03105
营养与营养料 立达学园农场种鸡场编
上海：立达学园农场种鸡场，1933.6，90页，32开（立达学园农场养鸡丛书6）
本书共8部分：饲料的目的、营养料、消化作用、饲料的可消化成分、可消化成分的差异及其原因、营养比率、常用饲料、附录。附录有各种饲料的可消化成分表、饲料中维他命之含量。

收藏单位：国家馆、南京馆、浙江馆

03106
增卵学　黄中成编译
上海：德园家禽函授学校，1927.11，68页，32开
上海：德园家禽函授学校，1933.7，3版，68页，32开（德园家禽函授学校讲义 第13科）
上海：德园家禽函授学校，1938.5，7版，增修，68页，25开（德园家禽函授学校讲义 第13科）

本书内容包括：灯光增卵学、药物增卵学、繁殖增卵学等。

收藏单位：湖南馆、南京馆、上海馆、天津馆

03107
增卵学　黄中成编译
上海：德园家禽专科学校，1931.4，68页，32开（德园家禽专科学校讲义 第13科）

收藏单位：内蒙古馆

03108
中等畜产学　梁华编
上海：中华书局，1927.4，111页，25开
上海：中华书局，1929.10，再版，111页，25开

本书内容包括：畜产学之意义、家畜之历史、家畜之性、牝牡相异之性质、家畜形质之变迁、遗传等。为新学制农业教科书。

收藏单位：河南馆、山西馆

03109
中等畜牧学　梁华编
上海：中华书局，1927.4，111页，25开
上海：中华书局，1930.10，3版，139页，27开
上海：中华书局，1931，4版，139页，27开
上海：中华书局，1932.5，5版，139页，25开
上海：中华书局，1933.9，7版，139页，32开
上海：中华书局，1935.8，10版，139页，27开
上海：中华书局，1935，11版，139页，27开
上海：中华书局，1935.8，12版，139页，27开
上海：中华书局，1937.5，13版，139页，27开
昆明：中华书局，1939，[14版]，139页，32开

本书共两部分：通论、各论。通论共5编：畜牧原论、家畜之审查、家畜之饲养、家畜之饲料、家畜之管理；各论共5编：牛、马、羊、猪、鸡。为新学制农业教科书。

收藏单位：安徽馆、重庆馆、河南馆、江西馆、南京馆、内蒙古馆、上海馆、首都馆、浙江馆

03110
中国适用外种家畜图谱（中英文本）（美）费理朴（R. W. Phillips）　崔步青等编
中国畜牧兽医学会，1946，40页，16开

本书共4篇：改良中国马匹适用之外国品种、中国水牛及黄牛之改良、中国绵羊之改良、中国山羊之改良。各篇作者除费氏外，还有崔步青、沙凤苞、蔡无忌、吕高辉、汤逸人、许康祖。

收藏单位：广东馆、国家馆

03111
最新家畜饲养论　吴崃著
上海：新学会社，1911，再版，89页，24开
上海：新学会社，1913，3版，89页，24开
上海：新学会社，1927.8，4版，89页，24开
上海：新学会社，1931.4，5版，89页，24开

本书分家畜繁殖论、家畜饲养论两编，内容包括：家畜生理及形态之特征、家畜生理及性质之变化、繁殖法、家畜之组成、饲料、消化作用、吸收等。书末附主要饲料成分表。正文著者刊：吴球。

收藏单位：安徽馆、重庆馆、国家馆、江西馆、首都馆、浙江馆

03112
最新畜产学　方舜华编译
上海：新学会社，1932.3，278页，32开

本书共两卷：畜产通论、畜产各论。内容包括：总论、家畜之繁殖、育成、饲养、家畜之管理、马、牛、猪、绵羊、山羊、兔、鸡、鸭、鹅、蜜蜂等。

收藏单位：国家馆、辽宁馆、南京馆、内蒙古馆

家畜

03113
盘古拉毛用兔 冯焕文著
上海：中国农业书局，1936.3，160页，36开
上海：中国农业书局，1937.2，再版，160页，36开
上海：中国农业书局，1941.3，3版，160页，36开
本书内容包括：家兔之沿革、盘古拉、兔之体格、毛用种之标准评判、普通管理法、生产、遗传、养兔之设备、兔毛之功用等。
收藏单位：国家馆、辽师大馆、南京馆、内蒙古馆、首都馆

03114
参观崇德及吴兴两县羊种及羊毛展览报告书 交通大学研究所编
出版者不详，1册，16开
收藏单位：浙江馆

03115
长毛兔饲养法 四川省农业改进所编
四川省农业改进所，[1940]，8页，32开（农林浅说）
本书内容包括：繁殖上的注意点、饲喂上的注意点、管理上的注意点、兔毛的特殊管理、毛兔的重要疾病、毛兔推广办法等。
收藏单位：重庆馆、国家馆

03116
肥用猪的饲喂和管理法 四川省家畜保育所编
成都：四川省家畜保育所，1937.2，12页，32开（四川省家畜保育所畜牧浅说4）
本书内容包括：管理上应注意的几点、肥用猪的种类、肥育猪的饲料、普通肥育法等。
收藏单位：国家馆

03117
肥猪的饲喂和管理法 四川省农业改进所编
四川省农业改进所，1940.1，6页，32开（农林浅说38）
[成都]：四川省农业改进所，1943，再版，6页，32开（农林浅说）
本书内容包括：管理上应注意的几点、肥猪的种类、肥育猪的饲料、普通肥育法、幼猪的肥育法、老猪的肥育法、催肥的实际改良法等。
收藏单位：重庆馆、国家馆

03118
改进牛猪实施计划纲要 江西省农业院编
江西省农业院，1939.12，26页，32开（江西省农业院专刊8）
收藏单位：南京馆

03119
改良定县猪种 中华平民教育促进会总会华北试验区普及农业科学部推广股编
北平：中华平民教育促进会总会华北试验区普及农业科学部推广股，16页，50开（中华平民教育促进会总会华北试验区普及农业科学部丛刊）
本书共8部分：引言、养猪的利益、本地猪种、本地猪种的改良、本地猪种改良的结果、本地猪种改良后与增加农民生产的研究、本地猪种改良的表证方法、如何做猪种改良的表证农家。
收藏单位：国家馆、湖南馆、辽大馆

03120
改良广东猪种设计 广东建设厅农林局推广课编著
广州：广东建设厅农林局推广课，1933春，6页，32开（推广丛书26）
广州：广东建设厅农林局推广课，1933秋，再版，6页，32开（推广丛书26）
广州：广东建设厅农林局推广课，1933冬，3版，8页，32开（推广丛书26）
广州：广东建设厅农林局推广课，1934夏，4版，8页，32开（推广丛书26）
本书内容包括：广东猪种概说、改良目的等。
收藏单位：重庆馆

03121
改良牛种补充国防十年计划书 龚良著
[九江]：浔庐农场营业部等，1937.7，12页，32开（繁荣农村丛书1）
收藏单位：上海馆

03122
狗的故事 卢邵澥容编
上海：中国科学图书仪器公司，1949.5，37页，32开（儿童科学丛书）
本书内容包括：从原始人说起、历史的事实、爱司基摩人与印第安人的狗、狗的样子、狗的种类、义犬的故事、疯狗。
收藏单位：北师大馆、国家馆、云南馆

03123
家畜 梁华 刘崇佑编
上海：商务印书馆，1935.2，再版，84页，32开（初中学生文库）
本书分通论和各论两部分，通论共5编：家畜原论、家畜之审查、家畜之饲养、家畜之饲料、家畜之管理；各论分别介绍了牛、羊、猪的种类、饲养及管理。

03124
家畜 梁华 刘崇佑编
上海：中华书局，1936.2，83页，32开（初中学生文库）
上海：中华书局，1936.11，再版，83页，32开（初中学生文库）
上海：中华书局，1941.1，4版，83页，32开（初中学生文库）
收藏单位：重庆馆、广西馆、国家馆、黑龙江馆、湖南馆、江西馆、辽宁馆、南京馆、内蒙古馆、上海馆、浙江馆

03125
家畜 施白南著
上海：文通书局，1948.4，23页，32开（文通少年丛书）（少年自然丛刊）
本书介绍对马、骡、驴、牛、羊、猪、狗、猫、骆驼等家畜的研究和保护。
收藏单位：广东馆、国家馆

03126
家畜的故事 （法）法布尔（Jean-Henri Fabre）著 成绍宗译
上海：开明书店，1936.6，265页，32开（开明青年丛书）
上海：开明书店，1949.1，新1版，223页，32开（开明青年丛书）
本书讲述30余种家畜的故事，内容包括：雄鸡与牝鸡、沙囊、主要的几种鸡、鸡蛋、孵卵、小鸡、卜拉儿牝鸡、火鸡、珠鸡、蹼足鸟、鸭、野鹅、家鹅、鸽、豪狗、狗的种类、狗的用处、爱斯基摩人的狗、猫、羊等。
收藏单位：重庆馆、国家馆、南京馆、人大馆、上海馆、绍兴馆、天津馆、西南大学馆、浙江馆

03127
经验养猪法 裴小楚编
成都：经纬书局，1947，104页，36开（生产蓄植丛书）
本书共10章，内容包括：总论、猪的种类、猪的鉴别、猪的饲料、猪的饲养法等。封面题名：实验养猪法。
收藏单位：重庆馆

03128
军政部清镇种马牧场育种实验及统计报告
军政部[编]
军政部，[1934]，油印本，46叶，16开，环筒页装
本书共6部分：发情检查实施、交配实施、妊娠诊断及妊娠周期、分娩处理、流产之原因及预防、影响生殖之因素。书末附本场马匹生产报告、阿拉伯马入场后之变化。
收藏单位：国家馆

03129
马 卢家骏编
上海：商务印书馆，1948.9，修订1版，18页，32开（修订幼童文库初编）
本书以图文结合的形式介绍了马的相关知识。

收藏单位：广东馆

03130
马　王遵武等编
上海：新亚书店，22页，32开（儿童基本科学丛书）
本书内容包括：马的来历、马体的主要部分、马的步法、马有那几种、马有什么用、马国中的天才、马怎样豢养等。
收藏单位：国家馆、首都馆

03131
马　徐应昶编纂
上海：商务印书馆，1928，22页，32开（儿童理科丛书 第39册）
上海：商务印书馆，1933.11，28页，25开（儿童理科丛书）
上海：商务印书馆，1933，国难后1版，28页，32开（儿童理科丛书）
上海：商务印书馆，1935.1，3版，28页，32开（小学生文库 第1集 动物类）
本书内容包括：马是一种什么生物、马全体各部分的名称、马齿的脱换、马全体的主要部分、马足趾的变化、马的种类、马的用处、养马的方法、和马同类的动物。
收藏单位：重庆馆、东北师大馆、国家馆、湖南馆、宁夏馆、首都馆

03132
马籍暂行规则
出版者不详，1937，6页，22开
收藏单位：广东馆、南京馆、首都馆

03133
马厩勤务　[杨同椿著]
陆军特种兵联合分校，1943，54页，36开
本书共3篇：马的饲养、皮肤卫生、病马护理。内容包括：饲养要领、喂马实施、饲料、饮水、皮肤之生理机能、皮肤卫生之通则、刷马法、梳拭具之种类及其应用、水浴法、理毛及剔毛、马衣、健马与病马之区别、病马管理法、急性病马之救护法等。
收藏单位：重庆馆

03134
马厩勤务　杨同椿著
陆军辎重兵学校，1939.7，64页，36开
陆军辎重兵学校，1940.12，再版，88页，32开
收藏单位：重庆馆、广东馆、贵州馆、国家馆、内蒙古馆

03135
马牛羊　陈寿朋著
上海：现代书局，1933，57页，32开（现代儿童丛书）
本书内容包括：牛有什么用处、马做些什么事情、马何以要戴着遮眼罩、马的眼睛能放大吗、马缰绳有什么用处、马吃什么、牛也要吃草吗、水牛是怎样的、羊有什么功用等。
收藏单位：首都馆

03136
马匹处理者之参考　（日）内山雄次郎编　张龙文译述
[南京]：军用图书社，1933，125页，32开
[南京]：军用图书社，1935，125页，32开
本书介绍了马匹管理的常识。
收藏单位：重庆馆、广东馆、南京馆

03137
马匹强健法　（日）斋藤久辅著　徐梦成译
出版者不详，1914.6，102页，25开
本书共7章：军马强健法、竞走马强健法、马之持久力、马之速力、马之负担力、地形及季节与持久力速力之关系、结论。附录日本及欧洲晚近之实验。
收藏单位：国家馆

03138
马匹人工授精术　李秉权编
出版者不详，1926，9页
收藏单位：山西馆

03139
马匹喂养与保育　蓝郁文编
军委会后方勤务部，26页，36开

收藏单位：国家馆

03140
马事汇编
军事委员会军训部，1946.8，147 页，32 开
本书共两篇：马体之结构、相马。内容包括：马之外貌各部名称、马体各部之构造、体格、马体各部、毛色、特征、年龄、肢势、禀性、步法、体形及体尺、美格及失格、损征、马体检查法等。
收藏单位：广东馆、国家馆、内蒙古馆

03141
马事汇编
[中央陆军军官学校]，1930.7，212+36+16 页，32 开
中央陆军军官学校，1936，10+214+36+16 页，25 开
[中央陆军军官学校]，1939.3，10+214+36+16 页，25 开
本书共 12 篇：马体之结构、相马、疾病及损征、喂养法、马之处理法、整洁、马匹检查、作业、房屋及厩具、马具、马种、产马及军马之关系。附多帧马图。
收藏单位：安徽馆、重庆馆、广东馆、国家馆、湖南馆、江西馆、南京馆、内蒙古馆

03142
马事堂识须知　肖平波著
中央陆军军官学校，1945，12 页
收藏单位：广东馆

03143
马事指针　蒂密斯著　谢肇齐　胡序荃译　陆军骑兵学校编
[南京]：陆军骑兵学校，1935.3，114 页，32 开
本书共 7 章：导言，对马匹应有之认识，饲料及饲养法，作业、行军、宿营、输送、马病看护及废役上诸般之注意，马厩勤务、马衣、绷带、寝藁、剃毛、修鬃及马尾诸般注意，马厩建筑及卫生，应改善之残酷待遇。
收藏单位：国家馆

03144
马学概要
出版者不详，40 页，50 开
出版者不详，58 页，22 开
本书共 4 章：骑驭要领、水勒教练、大勒教练、肢损弱马。内容包括：骑坐及姿势、诸种之扶助、前进及停止与后退、马体之名称、马场内之整列、上下马法等。
收藏单位：广东馆、国家馆

03145
马学教程
出版者不详，60 页，大 32 开
收藏单位：湖南馆、南京馆

03146
马学教科书
四川官印局，1921，142 页，50 开
本书共 3 章，第 1 章论述各国产马状况，第 2 章论述马匹的主要器官及外貌学上之要项，第 3 章论述饲养管理等卫生情况。
收藏单位：重庆馆

03147
马之解剖图（筋部）　李耀芬编
出版者不详，1 册，8 开，精装
收藏单位：上海馆

03148
满洲养猪指南　南满洲铁道株式会社兴业部农务课编
大连：南满洲铁道株式会社兴业部农务课，1928.6，66+16 页，32 开
收藏单位：国家馆

03149
猫　卢家骏编
上海：商务印书馆，1948.8，修订 1 版，18 页，32 开（修订幼童文库初编）
本书以图文结合的形式，介绍了猫的相关知识。
收藏单位：广东馆

03150
猫 （英）詹宁（J. Jenning）著 蒋崇年编译
外文题名：Domestic and fancy cats
苏州：苏州出版社，1929.10，74页，36开（猫狗丛书）

本书内容包括：猫之历史及其特点、猫之分类及其比较点。附录有海外谈猫、芳菲菲室丛话一则等。著者通译：詹宁。

收藏单位：重庆馆、广东馆、贵州馆、桂林馆、国家馆、南京馆

03151
猫的故事 卢邵净容等编
上海：中国科学图书仪器公司，1949.9，43页，32开（儿童科学丛书）

本书讲述了猫的捕鼠行为、猫的生活行为、习性、历史故事以及野猫和家猫的区别，最后介绍了猫的饲养。

收藏单位：北师大馆、国家馆、南京馆、云南馆

03152
猫和它的家族 李宗法著 徐应昶校
上海：商务印书馆，1933.12，39页，32开（小学生文库 第1集 动物类）
上海：商务印书馆，1934.3，再版，39页，32开（小学生文库 第1集 动物类）
上海：商务印书馆，1935，3版，39页，32开（小学生文库 第1集 动物类）

收藏单位：重庆馆、宁夏馆、首都馆

03153
猫苑 （清）黄汉编
上海：广益书局，1920.8，62页，32开

本书分上、下两卷，集录古今有关猫的典故和材料，分种类、形象、毛色、灵异、名物、故事、品藻7门。

收藏单位：国家馆、湖南馆、上海馆、绍兴馆

03154
毛用兔饲养法摘要 廉建中编
[上海]：出版者不详，1941.7，40页，32开

收藏单位：南京馆

03155
美利奴羊 实业部渔牧司编
南京：实业部总务司编辑科，1931.9，16页，16开（畜牧浅说）

本书共3章：美利奴羊总说、美利奴羊饲养法、美利奴羊管理法。书名页编者刊：实业部编印。

收藏单位：国家馆

03156
美利奴羊畜养常识
实业部渔牧司，[26]页，32开

本书附畜贷与规则、美利奴羊山东推广区域计划纲要。

收藏单位：重庆馆

03157
绵羊 冯焕文著
上海：中国农业书局，1936.9，232页，32开，精装（农村副业丛书1）
上海：中国农业书局，1941.11，再版，232页，32开（农村副业丛书1）

本书共19章，内容包括：绪言、绵羊的用途、世界绵羊业状况、我国绵羊业状况、绵羊的生理、绵羊的品种、中国绵羊及其品种改良问题、绵羊的习性等。书内插图30帧，书末附英汉名词对照、农政全书所辑之养羊法等。另有农村副业丛书第1合订本版。

收藏单位：广东馆、国家馆、辽宁馆、上海馆、浙江馆

03158
绵羊管理法 （美）客来因哈因士（Frank Kleinheinz）著 冯焕文译
上海：商务印书馆，1931.2，115页，32开（农学小丛书）
上海：商务印书馆，1934.10，国难后1版，115页，32开（农学小丛书）

本书共11章：羊种分类、羊群之创设、羊群之管理法、冬季管理及饲养法、仔羊饲育法、剪毛及浸毛法、虫害之预防及驱除法、

夏季喂饲及管理法、肉用羊之喂饲、羊之评判法、评分法。书内有铜版图 60 帧。封面著者题：勿浪克著。

收藏单位：重庆馆、广东馆、贵州馆、湖南馆、江西馆、南京馆、山西馆、上海馆

03159

绵羊牧养法（美）客来因哈因士（Frank Kleinheinz）著　谢恩隆译　韩安　许之衡校

[北京]：农林部编译处，1913.7，11+120 页，23 开，精装

本书共 10 章：组织羊群、论羊群管理法、论冬时管理及饲养法、论稚羊、剪羊毛及浸水法、除治寄生物、夏季牧羊之事、肉用羊之饲养治理法、入博览会羊之预备法、阉羊赛会之预备。

收藏单位：安徽馆、国家馆、山西馆、绍兴馆、首都馆

03160

绵羊人工授精之技术及其实际应用　许康祖著

兰州：农林部西北羊毛改进处，1945.1，76 页，16 开

本书共 4 章：人工授精之简史及优点、人工授精之技术、绵羊人工授精之野外应用、农林部西北羊毛改进处实地施行绵羊授精之报告。

收藏单位：国家馆、南京馆

03161

绵羊学（上编）　宋涛编著

兰州：俊华印书馆，1942.4，114 页，18 开

本书共 20 部分，内容包括：世界各国绵羊之种类、世界各国生产毛量、我国全国绵羊之头数及其生产毛量、世界各国每人所消费之羊毛量、羊毛之组织与生理、世界各国优良绵羊毛之比较等。目次页题名：改良我国绵羊之根本方法与科学知识。

收藏单位：国家馆

03162

绵羊与羊毛学（后编）　张松荫编著

成都：中国畜牧兽医学会，1943.6，102 页，18 开

本书共 10 章：世界羊毛之贸易、中国羊毛之贸易、羊毛之构造与其理化性、特种羊毛纤维之性质及羊毛中之不纯物、影响羊毛品质与产量之因子、中国羊毛之性状、羊毛之分级包装贮藏及其虫害、洗毛干燥及除杂法、羊毛名词、羊毛实验纲要。

收藏单位：重庆馆、国家馆、吉林馆

03163

绵羊之饲养管理　华北绵羊改进会编

华北绵羊改进会，1941.12，18 页，16 开（华北绵羊刊物 2）

本书内容包括：绵羊舍、绵羊之饲料、配种、干草期间的喂法、分娩、仔绵羊之育成等。

收藏单位：国家馆

03164

缅羊饲育法（日）南满洲铁道株式会社农务课著　苍德玉编译

旅顺：农业进步社，1937.1，134 页，38 开

旅顺：农业进步社，1937.11，再版，134 页，38 开

旅顺：农业进步社，1940.8，6 版，134 页，38 开

旅顺：农业进步社，1942.6，增订 8 版，134 页，38 开

旅顺：农业进步社，1944.3，再版，134 页，38 开

本书共 4 章：绪论、饲养管理法、缅羊主要之疾病及其治疗法、农家副业之缅羊饲育。增订版及 1944 年版的版权页题名：增订缅羊饲育法。南满洲铁道株式会社农务课简称：满铁农务课。

收藏单位：国家馆

03165

牧马学讲义　谢成侠编

陆军兽医学校，1946，154 页，25 开

收藏单位：广东馆、南京馆

03166
牛 凌鸿瑶编 徐应昶校
外文题名：The ox
上海：商务印书馆，1925.6，19页，32开（儿童理科丛书 第25册）
本书通过故事形式介绍牛的身体、皮、毛和骨的各个部分，通俗易懂，并具有趣味性。
收藏单位：国家馆

03167
牛 凌鸿瑶著 周建人 徐应昶校
上海：商务印书馆，1934.2，26页，32开（小学生文库 第1集 动物类）
上海：商务印书馆，1935.1，4版，26页，32开（小学生文库 第1集 动物类）
本书内容包括：牛的种类、牛的用途、牛的构造、牛的生活和习性以及牛的近族。
收藏单位：重庆馆、大庆馆、东北师大馆、湖南馆、宁夏馆、上海馆、首都馆

03168
牛 孟浩生编
上海：商务印书馆，1948.8，修订1版，18页，32开（修订幼童文库初编）
本书以图文结合的形式介绍了牛的相关知识。
收藏单位：广东馆

03169
牛和皮革 储孝善编著
上海：中华书局，1936.1，39页，32开
收藏单位：重庆馆、内蒙古馆

03170
牛和羊 黎锦耀 许达年编著
上海：中华书局，1931，47页，32开（儿童常识丛书）
上海：中华书局，1935，1册，32开（小朋友文库 第1集 中级 自然类）
收藏单位：黑龙江馆、吉林馆、内蒙古馆、上海馆、首都馆

03171
牛马饲养管理法 苍德玉编
旅顺：农业进步社，1943.3，362页，32开
旅顺：农业进步社，1949.3，362页，32开
本书共两编，第1编为牛的饲养管理法，内容包括：牛的饲养、牛的种类、满洲牛及蒙古牛、种牛的选择、牛的繁殖、牛的饲育、役用牛饲育法、乳用牛的繁殖与育成、肉用牛的饲育法、牛的管理等；第2编为马的饲养管理法，内容包括：马的饲养、马的种类、我国的马种、马的鉴定、马之繁殖、病马看护法、马的疾病等。书末附国立公主岭农事试验场畜产部访问记等。
收藏单位：国家馆、辽大馆、浙江馆

03172
牛学讲义
陆军兽医学校，[1945]，164页，36开
收藏单位：广东馆

03173
农家副业
佳木斯：东北书店，1947.4，25页，大64开（生产小丛书2）
本书内容包括：防治牛瘟办法、医治瘟牛的经验、怎样养牛、如何养猪、猪病的治疗、怎样治狗拉稀病、怎样养鸡、怎样治鸡瘟等。
收藏单位：南京馆、山东馆

03174
皮用兔 冯焕文著
上海：中国农业书局，1937.4，126页，32开
上海：中国农业书局，1942.9，再版，126页，32开
本书共10章：兔种、设备、食料、管理、繁殖、病害的预防和治疗、动物皮、毛皮概说、皮的鞣制与染色、毛皮的保存。
收藏单位：国家馆、辽宁馆、南京馆、上海馆

03175
犬和它的家族 李宗法编
上海：商务印书馆，1934.2，47页，32开（小

学生文库 第 1 集 动物类）
上海：商务印书馆，1934.10，再版，47 页，32 开（小学生文库 第 1 集 动物类）

本书内容包括：犬的来历、犬的观察、养犬的方法、犬的病、几种著名的犬、犬的家族。

收藏单位：重庆馆、东北师大馆、广东馆、国家馆、宁夏馆、首都馆

03176
乳牛浅说　四川省农业改进所编
成都：四川省农业改进所，1944，11 页，32 开（农林浅说）

收藏单位：重庆馆

03177
乳牛饲养学　潘念之编
上海：中国农业书局，1936.9，446 页，32 开，精装

本书共 16 章：乳牛之主要品种、种牛之选择、繁殖法、饲养原理、饲料之选择、饲料之计算法、饲料之调理及给予法、一般饲养法、特种饲养法、一般管理法、特种管理法、榨乳法、泌乳量及乳汁之影响、能力检定法、牛乳之处理与细菌之关系、卫生。

收藏单位：重庆馆、广东馆、辽大馆、南京馆、上海馆、首都馆、浙江馆

03178
乳牛学　吴信法编著
长沙：商务印书馆，1939.1，147 页，32 开，精装
长沙：商务印书馆，1940.11，再版，147 页，32 开
上海：商务印书馆，1947.6，3 版，147 页，32 开

本书共 8 章：绪论、乳牛之品种及选择、繁殖、育种、饲养、管理、奶及其制品、乳牛之疾病。为职业学校教科书。

收藏单位：安徽馆、重庆馆、广东馆、贵州馆、国家馆、黑龙江馆、江西馆、南京馆、内蒙古馆、上海馆、首都馆、浙江馆

03179
乳羊　李俊著　吴小峰校
昆明：中华书局，1940.12，180 页，36 开（实用农业小丛书 8）
上海：中华书局，1949.2，再版，180 页，36 开（实用农业小丛书 8）

本书从羊种、性状、设备、管理、饲养、繁殖、妊娠、分娩、幼羊管理、乳产、产乳选择、榨乳、产品制造、病害、毒羊植物等方面介绍了乳羊饲养的相关知识。卷首有李俊序。

收藏单位：重庆馆、国家馆、河南馆、湖北馆、湖南馆、江西馆、南京馆、内蒙古馆、上海馆

03180
乳用山羊学　石大伟编著
重庆：正中书局，1944.8，183 页，25 开
上海：正中书局，1946.1，沪 1 版，183 页，25 开

本书共 11 章：绪论、山羊之演进及历史、山羊之形态与习性、乳用山羊之品种、乳羊繁殖及育种、饲料及饲养、管理、疾病、乳及乳制品、乳用山羊副产品、杂录。

收藏单位：安徽馆、重庆馆、广东馆、国家馆、河南馆、湖南馆、江西馆、南京馆、山西馆、上海馆

03181
乳用羊饲育法　冯焕文著
上海：中国农学社，1935.5，96 页，32 开

本书内容包括：导言、乳羊种之选择、选种的方法、遗传、喂饲、怀胎和生产、仔羊饲养法、羊群管理法、产乳、羊酪、设备等。

收藏单位：国家馆、南京馆、上海馆

03182
山羊喂养浅说　杨世杰编
汉口：实业部汉口商品检验局，1932.12，36 页，32 开

本书内容包括：山羊的种类、选择法、交尾、妊娠、分娩、哺乳和断乳、饲养、管理、喂养山羊的支出收入的概算、山羊的疾病及治疗法等。

收藏单位：国家馆、上海馆

03183
实地养兔法 苍德玉编著
旅顺：农业进步社，1937.11，82 页，32 开
旅顺：农业进步社，1939.3，4 版，82 页，32 开
旅顺：农业进步社，1939.8，5 版，82 页，32 开
旅顺：农业进步社，1939.10，9 版，82 页，32 开
收藏单位：国家馆

03184
实地养兔法 华汝成 薛明剑编
广州：中华书局，1938.10，130 页，32 开（大众副业丛书）
上海：中华书局，1941.2，再版，130 页，32 开
广州、上海：中华书局，1949.1，3 版，130 页，32 开（大众副业丛书）
本书共 10 章：兔的种类、兔的饲料、兔的饲育、兔的管理、兔的繁殖、兔的病害、去势肥育、兔的功用、兔的药用、养兔利益。
收藏单位：重庆馆、江西馆、辽宁馆、南京馆

03185
实地养兔法 薛明剑编
无锡：无锡杂志社，1932.1，36 页，22 开
无锡：无锡杂志社，1936.5，3 版，36 页，22 开
本书共 10 章：兔之种类、兔之饲料、兔之饲育、兔之管理、兔之繁殖、兔之病害、去势肥育、兔之功用、兔之药用、养兔杂录。
收藏单位：国家馆

03186
实利主义兔与蜂 汪圣逸编译
上海：新学会社，1928.9，88 页，32 开
上海：新学会社，1929，再版，88 页，32 开
上海：新学会社，1932，3 版，88 页，32 开
上海：新学会社，1933，4 版，88 页，32 开
本书分前、后两编，前编介绍兔的种类、繁殖及饲养，后编介绍蜜蜂的生活、蜂巢、养蜂场、养蜂器具、蜜蜂的种类、蜂王的养成及管理。封面及书口书名题：兔与蜂。
收藏单位：安徽馆、重庆馆、广东馆、广西馆、国家馆、黑龙江馆、内蒙古馆、浙江馆

03187
实验盎古拉兔养育法 冯焕文著
上海：中国惠农社，1941.3，138 页，32 开（惠农丛书）
本书内容包括：设备、优良种兔之检讨、普通管理法、兔之繁殖、营养、饲料、饲养、疾病、兔毛梳理与采取、兔毛之整理与包装、兔毛之出路、染色、养兔问答。
收藏单位：国家馆、上海馆

03188
实验活用养兔百余话 （日）千叶晚香著 李幻尘译
北平：京城印书局，1931.8，140 页，32 开
本书附实验养兔十二月。
收藏单位：国家馆、首都馆

03189
实验养牛问答 程宗颐编
上海：南星书店，1933.6，134 页，32 开（畜牧问答指导丛书 2）
上海：南星书店，1935.2，改订版，134 页，32 开（畜牧问答指导丛书 2）
上海：南星书店，1936，再版，134 页，32 开（畜牧问答指导丛书 2）
本书共 6 章：牛的种类、牛的繁殖、牛的饲养、牛的管理、酪业的经营、牛的疾病。
收藏单位：重庆馆、广东馆、湖南馆、浙江馆

03190
实验养牛学 齐鲁编
上海：科学书局，1913.10，364 页，32 开
本书内容包括：牧农经营法、畜牛之用途、畜牛改良之方针、畜牛外貌之名称、畜牛之种类、牧草之种类、饮料水、害虫驱除法等。为农业畜牧讲义。
收藏单位：浙江馆

03191
实验养兔法 廉建中编著

上海：世界书局，1943.5，96页，32开
上海：世界书局，1947.5，再版，96页，32开
本书共9章：养毛用兔之利益、毛用兔种之选择、养毛用兔应有之设备、养兔之饲料、给饵、养兔之管理法、兔之繁殖、兔毛、疾病。
收藏单位：重庆馆、广东馆、国家馆、内蒙古馆、上海馆

03192
实验养兔学　冯焕文著
上海：新学会社，1931，96页，32开（致富丛书）
收藏单位：南京馆、首都馆

03193
实验养羊问答　程宗颐编
上海：南星书店，1933.8，146页，32开（畜牧问答指导丛书4）
上海：南星书店，1935.2，改订版，146页，32开（畜牧问答指导丛书4）
上海：南星书店，1936.3，再版，146页，32开（畜牧问答指导丛书4）
上海：南星书店，1936.8，再版，146页，32开（畜牧问答指导丛书4）
本书共10编：总论、羊的品种、羊的繁殖、羊的鉴别、绵羊的饲养、山羊的饲养、羊的管理、羊的利用、羊的虫虱、羊的疾病。书中收录305个问题，采用问答形式，介绍了养羊必需的知识和方法。
收藏单位：重庆馆、广东馆、南京馆、浙江馆

03194
实验养羊学　张渭农编译
上海：科学书局，1914.3，152页，22开
本书介绍了羊的饲养方法。为农业畜牧讲义。
收藏单位：浙江馆

03195
实验养羊学遗录　林农著
上海：科学书局，40页，22开
本遗录系随《养羊学》附赠。
收藏单位：首都馆

03196
实验养猪法　廉建中编
昆明：中华书局，1941.11，64页，36开（实用农业小丛书9）
本书共14章：猪之种类、猪之用途、猪之审查法、猪之喂饲法、母猪孕育、雄猪传种、小猪出生及喂养、阉猪原因与时期、牧放与草场、亲窠与插窠、猪圈、猪窠、猪槽、猪病。
收藏单位：国家馆、河南馆、江西馆、内蒙古馆

03197
实验养猪问答　程宗颐著
上海：南星书店，1933.9，146页，32开（畜牧问答指导丛书5）
上海：南星书店，1936.5，再版，145页，32开（畜牧问答指导丛书5）
本书共8编，内容包括：总论、猪的品种、猪的繁殖、猪的鉴别、猪的饲养、猪的疾病等。丛书项刊：畜牧指导丛书第5种。
收藏单位：黑龙江馆、湖南馆、内蒙古馆、浙江馆

03198
实验养猪学　冯焕文著
上海：中国农业书局，1942.9，107页，36开
上海：中国农业书局，1948.1，再版，107页，36开
本书共8章：概论、猪种、繁殖、小猪、饲养、育种、疾病、火腿。
收藏单位：广东馆

03199
实验养猪学　李茂新编
上海：科学书局，1913.11，158+24页，23开
上海：科学书局，1918.5，3版，158+24页，23开
本书内容包括：猪之饲养与病理、猪类通称之名义、猪体之原质、猪舍之建造法、繁殖法、猪之种类、管理法与猪之性质、猪之形相学、美国猪之形相学秘诀、黑猪与白猪

之比较、猪之嫌忌物及有损害物、饲养方法、成猪之饲养法等。为农业畜牧讲义。

收藏单位：安徽馆、河南馆、湖南馆、首都馆、浙江馆

03200
实用养牛法 江蝶庐著
上海：新民书局，1933.2，146页，25开
上海：新民书局，1934.8，2版，146页，32开
上海：新民书局，1936.3，146页，32开

本书共11章：牛之种类、牛种选择、牛之繁殖、牛之管理、牛之手术、牛之宿舍、牛之饲养、牛之肥腴、牛之疾病、牛乳制作、牛皮制作。书末附吾国产牛调查表、外国牛优劣比较表。

收藏单位：国家馆、黑龙江馆、江西馆、南京馆、内蒙古馆、首都馆

03201
实用养牛全书 孙钺编译
上海：新学会社，1926，320页，23开
上海：新学会社，1929.8，3版，320页，23开
上海：新学会社，1933，4版，320页，23开
上海：新学会社，1935.5，5版，320页，23开

本书共7部分，除绪论外，从种类、繁殖论、管理、饲养论、酪农论、疾病论方面介绍养牛的理论。本书编辑以实用为主，除依据日本农学家永峰春树所著《畜产新论》外，也采用欧美最新之学说。书中所述我国畜牧状况采自农商部统计表及实业家调查记载。

收藏单位：安徽馆、重庆馆、国家馆、黑龙江馆、湖南馆、江西馆、辽宁馆、南京馆、浙江馆

03202
实用养豕全书 胡朝阳编著
上海：新学会社，1914.3，330页，22开
上海：新学会社，1915.9，再版，329页，22开
上海：新学会社，1919.10，3版，329页，22开
上海：新学会社，1924，4版，329页，22开
上海：新学会社，1931.6，6版，329页，22开
上海：新学会社，1934.1，7版，329页，22开

本书共14章：绪论、豕之渊源、豕之形性、豕之种类、豕之审查法、豕之繁殖法、豕之去势法、饲料、饲养法、管理法、豕之屠宰法、豕肉贮藏法、豕之疾病及其治疗法、结论。

收藏单位：重庆馆、国家馆、黑龙江馆、辽宁馆、南京馆、首都馆、浙江馆

03203
实用养兔学 樊志尊著
蜀南：资中新学堂，1931.3，56页，36开

本书封面题名：养兔学。

收藏单位：国家馆

03204
实用养羊法 江蝶庐编
上海：新民书局，1933.11，140页，32开
上海：新民书局，1936.3，140页，32开

本书共13章，内容包括：绵羊之种类、绵羊之管理、绵羊之用途、绵羊之羊毛、绵羊之疾病、山羊之种类、山羊之繁殖、山羊之管理、山羊之用途、山羊之饲料、山羊之榨乳、山羊之疾病等。

收藏单位：国家馆、河南馆、江西馆、上海馆、首都馆

03205
实用养羊全书 孙钺译
上海：新学会社，1920，320+117页，24开，精装
上海：新学会社，1933.3，5版，[138]页，24开

本书编辑以实用为主，除依据日本农学家小谷武治所著《山与羊》外，同时采用了欧美最新之学说。分绵羊、山羊两编，叙述了羊的饲养繁殖管理方法以及羊的常见疾病与防治等。

收藏单位：重庆馆、南京馆、首都馆

03206
实用养羊全书 孙钺编译
上海：中国农业书局，1927.8，3版，增订，320+117页，24开，精装
上海：中国农业书局，1931.3，5版，320+117

页，24 开
上海：中国农业书局，[1916—1936]，320+117 页，24 开
上海：中国农业书局，1937.3，6 版，320+117 页，24 开
上海：中国农业书局，1943.1，6 版，320+117 页，24 开，精装
　　收藏单位：江西馆、辽宁馆、南京馆、浙江馆

03207
实用养猪法　江蝶庐编
上海：广益书局，1939.6，再版，124 页，32 开
　　本书共 9 章：猪之种类、猪之审查、猪之繁殖、猪之去势、猪之饲料、猪之饲养、猪之用途、猪之管理、猪之疾病。
　　收藏单位：安徽馆、江西馆、山西馆、浙江馆

03208
实用养猪法　江蝶庐编
上海：新民书局，1934，124 页，32 开
上海：新民书局，1936.3，124 页，32 开
　　收藏单位：首都馆

03209
实月养猪学　李正谊著
太原：光华书社，1934.9，20+208 页，32 开
　　本书共 13 章：绪论、猪之历史、猪之分类、猪之种类、猪之审查、繁殖、繁殖类别、饲料、饲养、管理、猪舍建筑法、去势法、利用。

03210
豕　東云逵著　赵景源校
上海：商务印书馆，1933.12，46 页，32 开（小学生文库 第 1 集 动物类）
上海：商务印书馆，1934.3，再版，46 页，32 开（小学生文库 第 1 集 动物类）
　　本书内容包括：豕的种类、豕的审查、豕的生殖和年龄鉴别、养豕的方法、豕的功用等。
　　收藏单位：重庆馆、东北师大馆、湖南馆、吉林馆、上海馆、首都馆

03211
四川的猪　徐光昭编　杨华夫书写
成都：四川省立成都实验小学合作社，1939.3，石印本，20 页，32 开
　　本书内容包括：四川猪的利益怎样、四川猪是怎样的、四川猪的饲养情形怎样、四川猪容易害什么病、怎样改良四川猪的品种等。为四川地方性教材、民众及小学中高级常识读物。
　　收藏单位：国家馆

03212
饲马参考材料　东北民主联军总司令部编
东北军用图书社，1947.9，16 页，32 开
东北军用图书社，1947.10，再版，16 页，32 开
　　本书介绍了马匹的管理、刷洗、饲养、使用、疾病等一般常识。
　　收藏单位：重庆馆、宁夏馆、首都馆

03213
饲兔法全　张伯衡译
北平：兴农园，1930.2，60 页，32 开
　　本书附简易鞣皮法。

03214
提倡地方马匹生产蕃殖办法（民国廿六年一月七日军政部公布）
南京：军政部，1937.1，4 页，22 开
　　收藏单位：南京馆

03215
兔　徐应昶著
上海：商务印书馆，1928，11 页，32 开（儿童理科丛书 第 40 册）
上海：商务印书馆，1933.11，15 页，32 开（儿童理科丛书）
上海：商务印书馆，1935，3 版，15 页，32 开（小学生文库 第 1 集 动物类）
　　本书共 4 部分：兔的观察、家兔和野兔、兔的利益、怎样养兔。
　　收藏单位：国家馆、首都馆

03216
兔阴期变论　褚民谊著

外文题名：Le rythme vaginal chez la lapine
出版者不详，1924，26 页，21 开

本书为著者留法时的博士论文，研究兔类阴道随其卵巢发育循环而呈期变。内有蔡元培序和萧子升跋。中法文合刊，在法国印刷。

收藏单位：国家馆

03217
兔之饲料 庄逸林 江少怀著
上海：中国农业书局，1940.8，194 页，36 开

本书共两部分：综论、各论。综论共 6 章：养兔事业与饲料问题、饲料与营养、饲养之技术、饲料之种类及其性质、饲料之贮藏、饲料之调理；各论分 5 部分：野草类、禾谷类、蔬菜类、观赏花草类、木本类。书中附录共 5 个：主要饲料维他命含量表、喂饲要诀、有毒植物举要、饲料之栽培及采收时间表、普通饲料成分分析表。

收藏单位：南京馆、上海馆

03218
外洋猪种（勃克希哀种）饲育蕃殖方法·猪堆料之制造及施用方法 福州电气公司农村电化部编辑
福州电气公司农村电化部，1931.11，再版，24 页，32 开（农业杂说 1）

收藏单位：重庆馆、国家馆、湖南馆、首都馆、天津馆

03219
喂养牲畜的知识 若望编
[菏泽]：冀鲁豫书店，1948.7，78 页，32 开

收藏单位：国家馆

03220
相良马图说 李明宣著
李明宣[出版者]，1935.5，重版，42 页，50 开

收藏单位：国家馆

03221
相马学 梁展文编著
广州：国立中山大学农学院推广部，1943.10，90 页，32 开

本书共 10 章，前 7 章详论马体构造、外貌、姿态与动态，以定其良否，后 3 章说明马体检查、测定及选定。书前有崔步瀛、邓植仪序，书末插图 26 幅。

收藏单位：重庆馆

03222
相马学讲义 谢成侠编
陆军兽医学校，1946，146 页，25 开

收藏单位：广东馆

03223
相马学讲义 杨锦斋讲述 陆军兽医学校编
陆军兽医学校，1946，再版，188 页，25 开

本书共 15 章：总论、马体区分及各部名称、毛色及特征、马之口齿、驻立姿势、肢势、筋肉及杠杆作用、重心、马体之运动、运步之检查、对称、马之体型与作业能力之关系、品位禀性悍威习癖、马体各部之鉴定、马之选择与检查等。

收藏单位：重庆馆

03224
相马指要 沈厚龢译述
[广州]：岭南农科大学出版处，1925.11，36 页，22 开（岭南农科大学丛刊 3）

本书内容包括：概说、审察贵详、厩癖、马之概观、前部、胴部、后部、马之动作等。译自美国农部农民丛刊第 799 种，锐思原著。

收藏单位：国家馆

03225
畜牧方面二年来之猪育种记录（民国廿五年至廿七年八月） 四川省农业改进所编
成都：四川省农业改进所，1940.1，24 页，16 开（农业丛刊 9）

收藏单位：南京馆

03226
畜兔新法撮要 路润生编著

外文题名：Modern method of rabbit raising
北平：海甸华北畜兔场，1931.3，108 页，32 开（华北畜兔场丛书）

本书共 9 章：绪言、种类及选择方法、繁殖方法、兔格之种类及建造方法、饲养原理及方法、管理方法、疾病及治疗方法、产物、成功秘诀。

收藏单位：国家馆

03227
羊　孟浩生编
上海：商务印书馆，1948.9，修订 1 版，18 页，32 开（修订幼童文库初编）

本书以图文结合的形式，介绍了羊毛、羊骨、羊角、羊的繁殖等相关知识。

收藏单位：广东馆

03228
羊和呢绒　徐应昶著
上海：商务印书馆，1936.5，再版，31 页，32 开（小学生文库 第 1 集 动物类）

收藏单位：重庆馆

03229
羊和羊毛　徐应昶著
上海：商务印书馆，1933.10，31 页，32 开（小学生文库第 1 集动物类）
上海：商务印书馆，1933.11，31 页，32 开（儿童理科丛书）
上海：商务印书馆，1934.10，再版，31 页，32 开（小学生文库第 1 集 动物类）

本书内容包括：羊的形态、羊的种类、养羊的方法、羊的用途、羊毛、怎样织呢绒、羊毛的另几种用途、呢绒做衣料的价值等。

收藏单位：重庆馆、东北师大馆、国家馆、湖南馆、宁夏馆、首都馆

03230
羊毛改进计划草案　农林部编
农林部，1948.1，12 页，32 开

本书共 5 部分：绪言、改进方法、重要工作事项、预期成效、三十七年经费预算。

收藏单位：国家馆

03231
羊学讲义　杨锦斋编
[陆军兽医学校]，1944，2 版，186 页，16 开

本书共两篇，讲述绵羊、山羊的种类、繁殖、育成、饲养管理法、建筑物及器具等内容。

收藏单位：重庆馆、广东馆

03232
羊与羊毛　徐应昶编纂
上海：商务印书馆，1927，24 页，32 开（儿童理科丛书 第 34 册）

收藏单位：首都馆

03233
养安古拉兔法问答　景本白　包尹辅编著
北平：北平市养安古拉兔合作社，1936.5，30 页，27 开

收藏单位：国家馆、南京馆

03234
养狗法　江少怀编
上海：新学会社，1948.11，3 版，212 页，32 开

本书分上、下两篇，上篇为犬之饲养法，共 5 章：犬之种类及其用途、犬之生理、繁殖和育成、饲养和管理、疾病和治疗法；下篇为犬之训练法，介绍了狗的主要感觉、训练用语、训练用具、基本训练等。书末附狗的寿命、狗的鉴别法、养狗的副业收入等。

收藏单位：南京馆、内蒙古馆、上海馆、浙江馆

03235
养狗法　江少怀编
上海：中国农学社，1936.3，212 页，32 开

收藏单位：国家馆、江西馆、浙江馆

03236
养狗法　江少怀编
上海：中国农业书局，1940.3，再版，212 页，32 开

本书封面题名：养狗法——饲养与训练。

收藏单位：绍兴馆

03237
养马浅说 四川省农业改进所编
成都：四川省农业改进所，1944，4页，32开（农林浅说）
收藏单位：重庆馆

03238
养马学 郑学稼编
上海：世界书局，1931.9，116页，32开
上海：世界书局，1932.10，再版，116页，32开
上海：世界书局，1936，3版，116页，32开
上海：世界书局，1941.1，92页，32开
上海：世界书局，1946，再版，92页，32开
上海：世界书局，1948.5，重排新3版，92页，32开
本书共8章：马的进化史、马体的结构、马的种类、马的鉴别、马的育种、马的饲料、马的饲法、马的管理。
收藏单位：重庆馆、广东馆、国家馆、黑龙江馆、湖南馆、吉林馆、江西馆、辽大馆、南京馆、内蒙古馆、首都馆、浙江馆

03239
养马学提纲 北京机械化农业学院畜牧教研室编
北京：北京机械化农业学院畜牧教研室，[1949.7]，油印本，16页，16开
本书共8篇：苏联养马业的状况与任务、马的起源及马品种的分类系统、马的外形、马的品种、马繁殖的技术基础、群马牧养法、马匹繁殖的组织及新马育种事业的基础、马的利用。
收藏单位：国家馆

03240
养牛法 龚厥民编
外文题名：Cattle raising
上海：商务印书馆，1928.9，78页，32开（农学小丛书）
上海：商务印书馆，1929.10，76页，32开（万有文库第1集635）（农学小丛书）
上海：商务印书馆，1933.3，国难后1版，76页，32开（农学小丛书）
上海：商务印书馆，1934.2，国难后2版，76页，32开（农学小丛书）
上海：商务印书馆，1934.7，再版，79页，32开（万有文库 第1集635）（农学小丛书）
上海：商务印书馆，1934.7，国难后3版，79页，32开（农学小丛书）
上海：商务印书馆，1935.6，国难后4版，79页，32开（农学小丛书）
长沙：商务印书馆，1938.11，国难后6版，79页，32开（农学小丛书）
本书共8章：绪论、牛之种类及品种、牛之繁殖、牛之饲养、牛之管理、牛之疾病、牛肉、牛乳。
收藏单位：安徽馆、重庆馆、东北师大馆、广东馆、广西馆、贵州馆、国家馆、黑龙江馆、湖南馆、江西馆、辽大馆、辽师大馆、宁夏馆、上海馆、天津馆、西南大学馆、浙江馆

03241
养牛浅说 实业部上海商品检验局畜牧检验组著
上海：实业部上海商品检验局，1936.7，11页，16开（实业部上海商品检验局浅说丛刊1）
本书介绍牛的养育方法，内容包括：养牛的利益、养好牛、养牛的方法、牛的饲料、牛的管理、牛病的预防、牛的疾病、牛皮的剥法和做法等。
收藏单位：重庆馆、国家馆

03242
养牛学 郑学稼编
上海：世界书局，1931.10，148页，32开
上海：世界书局，1932.11，再版，148页，32开
上海：世界书局，1934，3版，148页，32开
上海：世界书局，1936，4版，148页，32开
上海：世界书局，1941.12，115页，32开
上海：世界书局，1944.11，3版，148页，32开
上海：世界书局，1946.2，再版，115页，32开
上海：世界书局，1947.9，新3版，重排版，115

页，32开

本书共9章：牛的品种、牛的鉴别法、牛的育种、饲养原理、饲养标准及应用、饲料的种类、饲养的方法、牛的管理、普通疾病。

收藏单位：重庆馆、广东馆、国家馆、黑龙江馆、江西馆、辽大馆、南京馆、上海馆、天津馆、浙江馆

03243

养山羊浅说　实业部上海商品检验局编

上海：实业部上海商品检验局，1936.8，10页，16开（实业部上海商品检验局浅说丛刊2）

本书共8部分：山羊的用途、山羊的种类、怎样选择好山羊、山羊的饲料、山羊的饲养、山羊的管理、山羊的疾病、山羊毛和皮。

收藏单位：国家馆

03244

养兔　董纯才编述　陶行知校

上海：儿童书局，1931.10，32页，32开（儿童科学丛书）

上海：儿童书局，1932.6，再版，32页，32开（儿童科学丛书）

上海：儿童书局，1933.2，3版，32页，32开（儿童科学丛书）

本书介绍兔子的饲养方法，内容包括：怎样做兔笼、养兔须知、兔喜欢吃什么、兔子的生育等。校者原题：陶知行。

收藏单位：广西馆、贵州馆、国家馆、江西馆、首都馆

03245

养兔法　齐雅堂编

上海：商务印书馆，1931.3，127页，32开

上海：商务印书馆，1933.4，国难后1版，127页，32开（农业小丛书）

上海：商务印书馆，1934.4，国难后2版，127页，32开

上海：商务印书馆，1935，国难后3版，127页，32开（农学小丛书）

长沙：商务印书馆，1938.12，国难后4版，127页，32开（农学小丛书）

本书共10章：兔之品种、兔之病害、兔之放饲法、兔之笼饲与栅饲、选种及繁殖、饲料、去势及肥育、屠杀及兔皮之保存、杂录、毛用种恒古拉兔之饲育法。

收藏单位：安徽馆、重庆馆、贵州馆、国家馆、湖南馆、南京馆、宁夏馆、首都馆

03246

养兔讲义　冯焕文著

上海：中国农业书局，1937.2，286页，25开，精装

本书版权页题名：养兔十二讲。封面题：上海新学会社印。封面刊：新学会社附设养兔蜂函授学校。

收藏单位：广东馆

03247

养兔浅说　四川省家畜保育所编

成都：四川省家畜保育所，8页，32开（四川省家畜保育所畜牧浅说6）

本书介绍养兔子的注意事项，内容包括：种兔的选择、繁殖上应注意的事项、饲养上应注意的事项、管理上应注意的事项等。

收藏单位：国家馆

03248

养兔浅说　四川省农业改进所编

[成都]：四川省农业改进所，1940.1，6页，32开（农林浅说39）

[成都]：四川省农业改进所，1943，6页，36开（农林浅说）

本书介绍养兔子的注意事项，内容包括：种兔的选择、繁殖上应注意的事项、饲养上应注意的事项、管理上应注意的事项等。

收藏单位：重庆馆、国家馆

03249

养兔十二讲　冯焕文著

上海：中国农业书局，1937.2，286页，32开，精装

本书为实验养兔讲义，内容包括：养兔设备、疾病及治疗、近亲交配法等。

收藏单位：上海馆

03250
养兔要诀 冯焕文著
上海：中国农业书局，1937.2，32 页，64 开
本书著者原题：翰章。
收藏单位：国家馆

03251
养兔要诀 许高人著
福州：中国家庭实业社，1942.11，25 页，32 开
本书内容包括：生产目标、兔种区别、繁殖原则、饲养与管理、病害及防治等。
收藏单位：浙江馆

03252
养兔要览 张岂凡著
新京（长春）：新京种兔厂，1940.4，76 页，32 开（养兔指导丛书）
本书内容包括：本场沿革、提倡养兔之八大理由、兔种之解说、家兔之用途、养兔成功秘诀、试验研究并爱玩用动物、家兔饲养概要。书末附关于兔种之购买手续并注意事项、家兔之饲育奖励等。
收藏单位：首都馆

03253
养兔指导 甘纯权编
上海：天生美术印刷公司，1933.8，7 页，32 开（职业指导小丛书）
本书内容包括：养兔之经历、兔之用途及选种之标准、兔舍、饲料、养兔要点等。
收藏单位：国家馆、黑龙江馆、内蒙古馆

03254
养兔指导续编 甘纯权编
上海：农村副业月刊社，1936.5，6 页，32 开

03255
养豚学
农业实授所，200 页，22 开
本书内容包括：总论、猪的品种、猪的繁殖、猪的鉴别、猪的饲养、猪的疾病等。
收藏单位：浙江馆

03256
养羊 凌鸿瑶编纂
外文题名：How to breed sheep
上海：商务印书馆，1924.6，14 页，50 开（平民小丛书 24 实业类）
上海：商务印书馆，1925，再版，14 页，50 开（平民小丛书 24 实业类）
上海：商务印书馆，1931，3 版，14 页，50 开（平民小丛书 24 实业类）
上海：商务印书馆，1935.9，22 页，50 开
上海：商务印书馆，1935，再版，22 页，50 开（民众基本丛书 第 1 集 实业类 14）
上海：商务印书馆，1935.11，3 版，22 页，50 开（民众基本丛书 第 1 集 实业类 14）
本书共 4 章：养羊的重要、羊的种类形状和习性、养羊的方法、羊的用处。
收藏单位：安徽馆、重庆馆、国家馆、首都馆

03257
养羊法 金重冶著
[涉县]：华北新华书店，1947.4，28 页，32 开，环筒页装（大众科学丛书 1）
本书共 4 章：繁殖、管理、饲养、羊病预防。
收藏单位：国家馆、山东馆

03258
养羊法 许心芸著
外文题名：Sheep breeding
上海：商务印书馆，1927.1，81 页，32 开（农学小丛书）
上海：商务印书馆，1931.4，再版，81 页，32 开（农学小丛书）
上海：商务印书馆，1931.4，81 页，32 开（万有文库 第 1 集 636）（农学小丛书）
上海：商务印书馆，1933.6，国难后 1 版，81 页，32 开（农学小丛书）
上海：商务印书馆，1934，国难后 2 版，81 页，32 开（农学小丛书）

上海：商务印书馆，1934.6，国难后3版，81页，32开（农学小丛书）
上海：商务印书馆，1935.5，国难后4版，81页，32开（农学小丛书）
重庆：商务印书馆，1941.2，6版，81页，32开（农学小丛书）
上海：商务印书馆，1947.7，7版，81页，32开（农学小丛书）

本书分绵羊、山羊两编，第1编共9章：性状、效用、品种、年龄之鉴定、饲养与管理、繁殖、断尾与去势法、剪毛法、绵羊之疾病；第2编共7章：性状、效用、品种、饲养与管理、繁殖、榨乳法、山羊之疾病。

收藏单位：安徽馆、重庆馆、大理馆、大连馆、东北师大馆、广东馆、广西馆、贵州馆、国家馆、黑龙江馆、湖南馆、江西馆、辽大馆、辽师大馆、南京馆、内蒙古馆、宁夏馆、上海馆、首都馆、天津馆、西南大学馆、浙江馆

03259
养羊浅说 四川省家畜保育所编
成都：四川省家畜保育所，1940.1，8页，32开（农林浅说35）
成都：四川省家畜保育所，6页，32开（畜牧浅说5）

本书介绍羊的饲养方法，内容包括：种用山羊的选择、饲养、管理上应注意的事项等。

收藏单位：重庆馆、国家馆

03260
养羊浅说 四川省农业改进所编
四川省农业改进所，1940.1，8页，32开（农林浅说35）

收藏单位：国家馆

03261
养羊学 郑学稼编
上海：世界书局，1931.9，136页，32开
上海：世界书局，1932.10，再版，136页，32开
上海：世界书局，1933.4，3版，136页，32开
上海：世界书局，1947.5，3版，102页，32开

本书共6章：为什么要养羊、羊的品种、绵羊的鉴别、羊的育种、羊的饲养、羊的管理。书末附饲料消化成分表及饲料化学成分表、反刍类饲料的纯净能力价值表。

收藏单位：重庆馆、贵州馆、国家馆、江西馆、辽大馆、南京馆、首都馆、浙江馆

03262
养猪 江西省农业院编
南昌：江西省农业院，1936.7，19页，32开（江西省农业院推广教本 畜字2）
南昌：江西省农业院，1940，13页，32开（推广丛书 畜字2）

本书内容包括：江西养猪的情形、猪舍的修建、饲喂、选种、第一代杂种猪等。

收藏单位：重庆馆、浙江馆

03263
养猪报告 许振英 董德风著
[开封]：河南大学农学院，1935.3，26页，21开（河南大学农学丛刊3）

收藏单位：国家馆

03264
养猪法 许心芸著
上海：商务印书馆，1930.4，72页，32开（万有文库 第1集637）（农学小丛书）
上海：商务印书馆，1934.3，国难后2版，72页，32开（农学小丛书）
上海：商务印书馆，1934.7，再版，72页，32开（万有文库 第1集637）（农学小丛书）
上海：商务印书馆，1934，国难后3版，72页，32开（农学小丛书）
上海：商务印书馆，1935.6，国难后4版，72页，32开（农学小丛书）
上海：商务印书馆，1938，国难后6版，72页，32开（农学小丛书）
上海：商务印书馆，1947.8，8版，72页，32开（农学小丛书）

本书共14章：绪言、品种、年龄之鉴定、幼猪选择法、饲料、饲养法、猪舍、去势法、繁殖、妊娠、分娩、卫生、疾病、寄生虫。

收藏单位：安徽馆、重庆馆、大连馆、东

北师大馆、福建馆、广东馆、广西馆、贵州馆、国家馆、黑龙江馆、湖南馆、江西馆、辽大馆、辽师大馆、南京馆、内蒙古馆、宁夏馆、上海馆、绍兴馆、首都馆、天津馆、西南大学馆、浙江馆

03265
养猪浅说 四川省家畜保育所编
成都：四川省家畜保育所，1936.6，8页，32开（四川省家畜保育所畜牧浅说1）
本书介绍了养猪的方法，内容包括：改良猪种、改善饲料、重视管理等。
收藏单位：重庆馆、国家馆

03266
养猪问题 江苏省立民众教育院 劳农学院研究部编
[江苏省立民众教育院]、[江苏省立劳农学院研究部]，6页，32开（注音农民小丛书）
本书共两部分：改良猪种、猪瘟，介绍了养什么样的猪赚钱，讲解了猪瘟的症状、预防、免疫法。
收藏单位：国家馆

03267
养猪新法 实业书社编
上海：实业研究社，1920.4，90页，25开
本书封面题名：实验养猪新法。
收藏单位：江西馆

03268
养猪学 粟显倬著
出版者不详，1932.12，80页，16开
收藏单位：南京馆

03269
养猪学 张金相编
上海：新农企业股份有限公司，1949.3，92页，23开
本书共12章：绪论、世界各国养猪概况、猪的种类、猪的鉴别、猪的繁殖法、猪的去势法、饲料及饲养标准、猪的饲养法、猪的管理、猪的利用、猪的卫生、猪瘟。
收藏单位：广东馆、国家馆

03270
养猪学 郑学稼编著
上海：世界书局，1931.12，112页，32开
上海：世界书局，1932.11，再版，112页，32开
上海：世界书局，1933.3，3版，112页，32开
上海：世界书局，1936.10，4版，112页，32开
上海：世界书局，1937.5，5版，112页，32开
上海：世界书局，1941.12，85页，32开
上海：世界书局，1944.3，再版，85页，32开
上海：世界书局，1947.5，3版，85页，32开
本书共6章：绪论、猪的种类、猪的鉴别、猪的育种、猪的饲养、猪的管理。
收藏单位：重庆馆、广东馆、国家馆、南京馆、内蒙古馆、山西馆、浙江馆

03271
养猪之秘诀 苍德玉著
新京（长春）：农业进步社，1935.12，137页，32开
新京（长春）：农业进步社，1939.7，18版，137页，32开
新京（长春）：农业进步社，1940.8，23版，137页，32开
新京（长春）：农业进步社，1942.7，26版，137页，32开
新京（长春）：农业进步社，1945.1，137页，32开
本书共19章：吃饭与养猪、猪的起源、猪的种类、猪种的解说、在来种与巴克夏种的比较、猪的鉴别、猪舍、在来猪舍的改良、猪的饲料、青贮饲料（埋草）的应用、猪的饲养法、猪饲槽的改善、猪的繁殖、仔猪之哺乳与母猪之饲养法、仔猪选择法、猪的去势与肥育、猪的卫生、猪的管理、冬夏两季打理的注意。
收藏单位：首都馆

03272
一年来之养猪研究报告（25—26年） 许振基 彭文和著
[中央大学农学院畜牧兽医系]，1938.5，66

页，20开，环筒页装

本书正文页题名：一年来之养猪研究报告（1936—1937）。书眉题名：一年之养猪研究报告。

收藏单位：国家馆、近代史所

03273

乙种养畜教科书　日本农业教育协会著　叶与仁译

上海：新学会社，1912，60页，22开

上海：新学会社，1917.4，修正3版，60页，22开

本书共24章，内容包括：家畜、家畜之种类、家畜之繁殖、家畜之营养、家畜之饲养等。乙种农学校用书。

收藏单位：浙江馆

03274

怎样去选择种用猪？　四川省家畜保育所编

成都：四川省家畜保育所，1936.7，6页，32开（四川省家畜保育所畜牧浅说3）

本书介绍了选择种用猪的几点注意事项，包括：父母优良、个别的选择等。

收藏单位：国家馆

03275

怎样养狗　蒋崇年著

上海：女子书店，1936，138页，50开

收藏单位：首都馆、浙江馆

03276

怎样养羊　中共西北中央局调查研究室编

出版者不详，1944，30页，32开（陕甘宁边区生产运动丛书）

收藏单位：国家馆、南京馆

03277

怎样养猪怎样治防猪病　金重冶编

太行群众书店，1948.2，25页，36开

收藏单位：国家馆

03278

中国耕牛问题　刘行骥编

句容：实业部中央种畜场，1935.5，82页，16开（实业部中央种畜场研究丛刊2）

本书共5部分：绪论、中国近代处置耕牛问题办法之沿革、各地方政府奉行中央保护耕牛办法对于人民之影响、关于禁令影响人民之决定、对于解决中国耕牛问题之建议。

收藏单位：重庆馆、贵州馆、国家馆、湖南馆、南京馆、上海馆、浙江馆、中科图

03279

中国马品种改良之原薮　崔步青等著

军政部句容种马牧场，1935，84页，22开（句容种马牧场特刊2）

收藏单位：广东馆

03280

中国马政史　成侠编撰

出版者不详，1943.10，228页，18开，环筒页装

本书内容包括：中国马政演进时代之划分、历史马政机关沿革、古代马产应有之回顾、秦汉马政、魏晋南北朝马政等。

收藏单位：浙江馆

03281

中国绵羊分娩期，出生重，羔羊生长率，成年体重，体重变迁与季节之影响　张松荫　张先梅著　农林部中央畜牧实验所主编

荣昌：农林部中央畜牧实验所，1945，13页，16开

本书为《中央畜牧兽医汇报》第3卷第2期抽印本。附英文摘要。

03282

种畜近亲交配法　穆莘农译

上海：中国农业书局，1937.2，110页，32开

本书译自日本市川种兔研究所编的《养兔全集》第2章《近亲交配法》原著为西爱霍司氏，内容包括：概说、成功要素、反对者的意见、优良素质保存法、血统与精力的纯洁、血统的作法、完全的精力、近亲交配的说明、近亲交配法等。

收藏单位：国家馆、黑龙江馆、辽宁馆、

南京馆、上海馆

03283
种用猪的饲喂和管理法　四川省家畜保育所编
成都：四川省家畜保育所，1936.6，6页，32开（四川省家畜保育所兽医浅说2）
本书内容包括：分开饲养、切不可早配、妊猪的饲喂、分娩时的管理、断奶时的注意点等。
收藏单位：国家馆

03284
种猪的饲喂和管理法　四川省农业改进所编
四川省农业改进所，1940，6页，32开（农林浅说36）
收藏单位：国家馆

03285
猪饲料的改良
青岛：青岛市农林事务所冬期农事讲演会，1932.12，8页，25开
收藏单位：南京馆

03286
猪之蕃殖秘诀　张权著
北京：北京新农园，1942，30页，32开
本书内容包括：蕃殖猪之目的及方法、种猪之选择、饲养管理等。
收藏单位：重庆馆

03287
最新马学教程　北京武学书局编
北平：武学书馆，1918，82页，32开
收藏单位：山西馆

03288
最新马学教程　军官教育团编
北平：武学书馆，1929，改订本，102页，32开
本书共3篇：马种、马之主要器官及外貌、卫生。内容包括：各国马的概况、马的主要器官、外貌、气候风土、皮肤卫生等。版权页题名：新编马学教程。
收藏单位：国家馆

03289
最新实验养兔法　张月如著
北平：协和印刷局，1931.4，32页，36开
本书共4部分：原兔、豢养、养殖、用具。内容包括：兔之形性、兔之用途、兔之食料、兔之饮料、兔之饲法、兔之养法、兔之敌害、兔之疾病、选种、交尾、分娩、仔兔、饲养用具、管理用具等。
收藏单位：国家馆、首都馆

03290
最新养兔法　冯焕文著
上海：中国农业书局，1935.5，120页，32开
上海：中国农业书局，1939.10，增订再版，119页，32开
上海：中国农业书局，1942.9，增订3版，119页，32开
本书内容包括：兔种、兔种的类别、养兔的设备、兔的繁殖、普通管理法、盎古拉兔及其饲养法、喂饲、家兔的病害、兔皮剥落法和保存法、硝皮法、染色法等。
收藏单位：安徽馆、广东馆、国家馆、内蒙古馆、浙江馆

03291
最新养兔法　冯焕文著
上海：中国农学会社，1935，增订再版，120页，32开
收藏单位：重庆馆

03292
最新养兔法　张德编
上海：南星书店，1934.6，50页，大64开（生产教育小丛书第4集8）
本书共10章：养兔的利益、兔的品种、种兔的选择、兔的交配、兔的分娩、分娩后的管理、兔的去势、兔的食料、兔的养法、兔的疾病。
收藏单位：河南馆、江西馆

03293
最新养羊法　许心芸编
上海：商务印书馆，1927.1，97 页，32 开（农业小丛书）
本书共两编，分别介绍绵羊与山羊的性状、效用、品种、饲养与管理、繁殖等。
收藏单位：重庆馆、湖南馆

03294
最新养猪法　许心芸编
外文题名：New methods for pig raising
上海：商务印书馆，1926.11，74 页，32 开（农业小丛书）
上海：商务印书馆，1928.4，再版，74 页，32 开（农业小丛书）
本书共 14 章：绪言、品种、年龄之鉴定、幼猪选择法、饲料、饲养法、猪舍、去势法、繁殖、妊娠、分娩、卫生、疾病、寄生虫。
收藏单位：重庆馆、湖南馆

家禽

03295
北京鸭　舒联莹　叶德备编著
上海：商务印书馆，1934.4，102 页，32 开（农学小丛书）
上海：商务印书馆，1935.4，再版，102 页，32 开（农学小丛书）
本书共 10 章：总论、种禽、种卵及孵卵、育雏、嫩鸭之饲养及其饲料、肥育、屠杀及制造、销路及贩卖、病害、设备。
收藏单位：重庆馆、贵州馆、国家馆、江西馆、南京馆

03296
雏鸡的研究　黄中成编著
上海：德园鸡场，1930.4，160 页，32 开（德园家禽丛书）
本书内容包括：孵化的秘诀、养鸡须养纯种者、选择雌鸡法、饲养父母鸡群法、发售的鸡雏法、受胎的程序等。书前有该场及编者照片 8 页。
收藏单位：首都馆、浙江馆

03297
雏鸡的研究　黄中成编著
上海：德园家禽函授学校，1927.11，158 页，32 开（德园家禽函授学校讲义 第 7 科）
上海：德园家禽函授学校，1937.5，革新 6 版，158 页，32 开（德园家禽函授学校讲义 第 7 科）
收藏单位：首都馆、天津馆

03298
传书鸽　华汝成编
上海：中华书局，1937.10，26 页，50 开
本书共 5 部分：传书鸽的来历、传书鸽的特性、传书鸽的用途、传书鸽的训练、传书鸽的品种。
收藏单位：国家馆、上海馆

03299
传书鸽　训练总监部军学编译处译
南京：军用图书社，1934.2，154 页，32 开
本书共 9 章：传书鸽之沿革、传书鸽之用途、传书鸽之性能、鸽舍及鸟笼、传书鸽之饲育、传书鸽之训练、传书鸽之繁殖、传书鸽之疾病及其疗法、审查。
收藏单位：东北师大馆、广东馆、国家馆、江西馆、南京馆

03300
蛋的总检讨　张慧瑛　邬惠定编
南京：家禽试验场，1940.5，22 页，32 开（金陵女大鸡场小丛书 1）
本书封面题名：蛋。
收藏单位：南京馆

03301
德园家禽专科学校章程　黄中成　黄中允合编
上海：德园家禽专科学校，1930，21 页，32 开
本书内容包括：前言、德园家禽专科学校简章、德园禽专养鸡科科目一览表等。书中

有国立暨南大学校长郑洪年、本校校长黄中成和黄中允等玉照。

收藏单位：广东馆

03302

都门豢鸽记 于照著

北京：晨报出版部，1928.5，244 页，32 开，精装（北京丛刊 3）（晨报丛书 32）

北京：晨报出版部，1928.7，再版，244 页，32 开（北京丛刊 3）（晨报丛书 32）

本书内容包括：原鸽、豢养、孵雏、训练、繁鸽之铃、范鸽之笼、弹鸽之弓、捕鸽之网、豢鸽附言。

收藏单位：国家馆、湖南馆、首都馆

03303

副业养鸡法 （日）仁部富之助 （日）千叶幸藏著 赵仰夫译

上海：新学会社，1930.4，再版，234 页，23 开

本书内容包括：绪言、鸡的种类和鸡种的选定、优良的体型、繁殖法等。目录页、正文页及版权页题名：实利主义副业养鸡法。

收藏单位：国家馆

03304

改良的柴鸡 王传懿编

通县：潞河乡村服务部，1940.1，26 页，32 开

本书内容包括：柴鸡在华北的地位、原种柴鸡的简述、原种柴鸡同纯种白色来航鸡的比较、原种柴鸡同杂交种鸡的比较、改良柴鸡的经过与结果等。

收藏单位：国家馆

03305

黄渡养鸡场与我国养鸡前途 滕仰支著

出版者不详，油印本，22 叶，16 开，环筒页装

本书概述了我国养鸡业情形，对专业养鸡进行了评价，介绍了黄渡养鸡场的成立、设备、事业。

收藏单位：重庆馆

03306

火鸡珠鸡饲养法 张金相编著

世界书局，1947.6，20 页，32 开

本书介绍了火鸡和珠鸡的饲养方法，内容包括：火鸡的形态、来历、种类、育种、产卵与孵化、饲养和饲育；珠鸡的形态、特征、繁殖、饲养和管理等。

收藏单位：国家馆、南京馆、内蒙古馆

03307

鸡产卵时究以何端先下 鲍鉴清著

北平：国立北平研究院出版课，1936，[11] 页

本书为国立北平研究院生理学研究所《中文报告汇刊》第 3 卷第 5 号抽印本。

收藏单位：国家馆

03308

鸡场管理学 黄中成编著

上海：德园家禽函授学校，1927.11，118 页，32 开

上海：德园家禽函授学校，1933.6，3 版，118 页，32 开（德园家禽函授学校讲义 第 19 科）

上海：德园家禽函授学校，1938.10，4 版，118 页，32 开（德园家禽函授学校讲义 第 19 科）

本书内容包括：养鸡是儿戏还是正当实业、租户与地主利益的分配、科学的管理、人的效能、养鸡人必要的条件、鸡场的性质、鸡场的建筑、养鸡的数目、鸡粪的出量和价值等。

收藏单位：湖南馆、上海馆、天津馆

03309

鸡舍的构造与位置（第 4 科） 中国养鸡学社编

上海：中国养鸡学社，1928，4 册，32 开

收藏单位：广东馆

03310

鸡具的制法及应用（第 5 科） 中国养鸡学社编

上海：中国养鸡学社，1929，3 册，32 开

本书第 1 册题：黄中允编译。

收藏单位：广东馆

03311
鸡舍的建造　立达学园农场种鸡场编
上海：立达学园农场，1933，78 页，32 开（立达学园农场养鸡丛书 4）
本书介绍了鸡舍须知、位置、内部的条件、容量、构造概况及内部设备等。
收藏单位：重庆馆、南京馆

03312
鸡之管理法　邬静怡　邬惠定编
南京：金陵女子大学禽试验场，1931.2，57 页，36 开（金陵女子大学鸡场小丛书 4）
收藏单位：南京馆

03313
鸡之育肥学　黄中成编著
上海：德园家禽函授学校，1927.11，52 页，32 开
上海：德园家禽函授学校，1930，52 页，32 开（德园家禽函授学校讲义 第 12 科）
上海：德园家禽函授学校，1933，2 版，52 页，32 开（德园家禽函授学校讲义 第 12 科）
上海：德园家禽函授学校，1938.4，增修 7 版，52 页，32 开（德园家禽函授学校讲义 第 12 科）
本书内容包括：育肥概论、囚笼育肥法、关于育肥的其他问题、包装的准备等。
收藏单位：广东馆、湖南馆、内蒙古馆、上海馆、天津馆

03314
鸡之育肥学　黄中成编著
上海：德园家禽专科学校，1931.4，52 页，32 开（德园家禽专科学校讲义 第 12 科）

03315
家禽蕃殖与配种学　黄中成编译
上海：德园家禽函授学校，1927.11，[90] 页，32 开
上海：德园家禽函授学校，1933.5，2 版，[90] 页，32 开（德园家禽函授学校讲义 第 14—15 科）
上海：德园家禽函授学校，1939.1，3 版，[90] 页，32 开（德园家禽函授学校讲义 第 14—15 科）
本书内容包括：曼代尔遗传率、曼代尔小史、家禽各项特点的显隐表、先世的潜势力可以影响后代的子孙论、性的遗传势力、雄性的遗传势力、雌性的遗传势力等。
收藏单位：广东馆、湖南馆、上海馆、天津馆

03316
家禽高产法　（法）布雷什曼（L. Brechemin）著　李含章译
北平：中华畜牧学会，[1914]，46 页，32 开
本书论述母鸡的管理及使其多产卵的方法。
收藏单位：国家馆

03317
家禽全书　郑学稼著
上海：生活书店，1936.7，369 页，24 开，精装
本书共 12 章：鸡的由来、鸡的形态及生理、鸡的种类及鉴别、鸡的鉴别、鸡的育种原理及其应用、鸡蛋、孵蛋、雏论、鸡的饲料及饲养、环境鸡舍与设备、鸡的卫生、鸭鹅及吐绶鸡。
收藏单位：重庆馆、国家馆、首都馆、西南大学馆

03318
家禽选种学　黄中成编译
上海：德园家禽函授学校，1927.11，96 页，32 开
上海：德园家禽函授学校，1933，3 版，96 页，32 开（德园家禽函授学校讲义 第 16 科）
上海：德园家禽函授学校，1939.8，4 版，96 页，32 开（德园家禽函授学校讲义 第 16 科）
本书内容包括：选种的目标、生活力、孵化力、多产力、寿命长、成熟早、体格好、何根选种法、选择多产鸡的步骤、腹量图解、体状图解、模型图解、头年产蛋期、何根选鸡标准表、优生遗传性、测量后脑大小图解等。
收藏单位：上海馆、天津馆

03319
家禽选种学 黄中成编译
上海：德园家禽专科学校，1930.11，96 页，32 开（德园家禽专科学校讲义 第 16 科）

03320
江西省信鸽事业 江西省政府建设厅编
江西省政府建设厅，1941.4，72 页，22 开
收藏单位：江西馆

03321
珂璧博士养鸡新法（原名，养母鸡十二只每年能获利五百元之法）（比）珂璧著 余秦杜译
上海：新学会社，1916.10，92 页，22 开
上海：新学会社，1917.5，再版，76 页，22 开
上海：新学会社，1924.4，7 版，91 页，23 开
上海：新学会社，1926.10，8 版，91 页，23 开
上海：新学会社，1928.9，9 版，91 页，23 开
上海：新学会社，1930，10 版，92 页，22 开
上海：新学会社，1931.11，12 版，91 页，23 开
上海：新学会社，1933.5，13 版，91 页，22 开
本书内容包括：珂璧博士小传、人工孵卵、考究与成功、鸡最好之种、助雏生长、鸡粪等。
收藏单位：重庆馆、广西馆、山西馆、浙江馆

03322
珂璧博士养鸡新法（原名，养母鸡十二只每年能获利五百元之法）（比）珂璧著 余秦杜译
上海：中国农业书局，1937.3，14 版，91 页，23 开
收藏单位：南京馆

03323
科学的饲鸡学 黄中成编著
上海：德园家禽函授学校，1927.11，[220] 页，32 开（德园家禽函授学校讲义 第 8 科）
上海：德园家禽函授学校，1933.5，5 版，[220] 页，32 开
上海：德园家禽函授学校，1937.10，7 版，226 页，32 开（德园家禽函授学校讲义 第 8 科）
本书内容包括：饲鸡的科学观、关于饲料以外之问题、繁殖与环境及饲料之关系、选种与饲料之重要、选种法、食料与身体之关系等。
收藏单位：南京馆、内蒙古馆、上海馆、首都馆、天津馆、浙江馆

03324
禽的研究 绿荷编
上海：广益书局，1933，48 页，36 开（儿童科学丛书）
本书将各种禽类的种类、形态、特性、生活、功用等作为分析和研究。为小学校自然科补充教材和课外读物。
收藏单位：重庆馆、河南馆

03325
实验养鸡问答 程宗颐编辑
上海：南星书店，1933.7，140 页，32 开
上海：南星书店，1935.3，再版，140 页，32 开（畜牧问答指导丛书 3）
上海：南星书店，1936.2，再版，140 页，32 开（畜牧问答指导丛书 3）
上海：南星书店，1936.5，3 版，140 页，32 开（畜牧问答指导丛书 3）
本书内容包括：鸡的品种、鸡的繁殖、鸡卵、孵卵法、雏鸡饲养法等。
收藏单位：安徽馆

03326
实验养鸡新法 刘宇清 李子干编 傅溪波 吴讷钦校
察省种鸡协进社，1934.6，44 页，32 开（新生活丛书 1）
本书共 9 章：养鸡的利益、鸡的形态、鸡的品种、鸡舍及用具、鸡的饲养、养鸡的月令、鸡的孵化法、育雏法、卵的构造。
收藏单位：国家馆

03327
实验养鸡学 冯焕文著
上海：新学会社，1930.8，268 页，32 开
上海：新学会社，1932.9，3 版，252 页，32 开

上海：新学会社，1934，4版，252页，32开

本书共15章：新式鸡舍、养鸡器具、鸡种、交配与选种、卫生、科学之喂饲、天然与人工孵化、育雏、养鸡管理、鸡之害敌及害虫、鸡病、产卵之管理、肥育法、阉鸡、吐绶鸡。

收藏单位：重庆馆、国家馆、河南馆、山西馆、绍兴馆、首都馆

03328
实验养鸡学　冯焕文著
上海：中国农业书局，1948.1，增订10版，196页，32开

本书共18章：新式鸡舍、养鸡器具、鸡种、形质之遗传、繁殖法、产卵之遗传、卫生、饲养、天然与人工孵化、育雏、养鸡管理、鸡之害敌及虫害、鸡病、产卵之管理、肥育法、阉鸡、吐绶鸡、药用品。

收藏单位：辽宁馆、首都馆、浙江馆

03329
实验养鸡学　顾鸣盛编译
上海：科学书局，1913.10，84+124页，16开
上海：科学书局，1915.2，再版，84+124页，16开
上海：科学书局，1916，3版，84+124页，16开

本书分上、下两卷。共12章：家鸡之原始、鸡之种类、鸡之形态、鸡体内部之构造、鸡之繁殖、鸡卵及其发育、孵化、雏之育成、鸡舍、鸡之饲养、鸡之利用、鸡之疾病及治疗。为农业畜牧讲义。

收藏单位：安徽馆、河南馆、首都馆、浙江馆

03330
实验养鸡学　张鼎治编译　畜养学社编译所校正
上海：畜养学社，1917.7，校正再版，188页，23开

本书共13章：养鸡之历史及改良、鸡卵、卵之孵化、雏之饲育、鸡体生理、鸡之饲养、鸡舍、鸡之管理、遗传淘汰及交配、鸡之种类、鸡之鉴别法、鸡之病理、手术。

03331
实验养鸭学　顾鸣盛编
上海：科学书局，1915.2，114页，23开

本书内容包括：鸭之生理、饲料及给与法、鸭舍及饲养场、种禽种卵、育雏法等。为农业畜牧讲义。

收藏单位：河南馆、首都馆、浙江馆

03332
实用家禽学（养鸡鸭新法）　忏庐编译
上海：中华科学研究会出版部，1920.1，[146]页，32开（平民生利丛书1）

收藏单位：国家馆

03333
实用养鸽法　江蝶庐编
上海：广益书局，1940.1，98页，32开
上海：广益书局，1949.4，新1版，98页，32开

本书共9章：鸽之种类、鸽之标准、鸽之体羽、鸽之繁殖、鸽之饲养、鸽之饲料、鸽之宿舍、鸽之传书、鸽之疾病。

收藏单位：安徽馆、广西馆

03334
实用养鸽法　江蝶庐编
上海：新民书局，1934.5，98页，32开
上海：新民书局，1936.3，98页，32开

收藏单位：国家馆、河南馆、江西馆、首都馆

03335
实用养鸡法　江蝶庐编
上海：广益书局，1939，再版，154页，25开
上海：广益书局，1941.7，再版，154页，25开
上海：广益书局，1947.4，新1版，154页，25开

本书共14章：鸡之选种、鸡之配偶、鸡之喂饲、鸡之孵化、鸡之育雏、鸡之宿舍、鸡之器具、鸡之管理、鸡之产卵、鸡之疾病、鸡之卫生、鸡之施肥、鸡之阉割、鸡之虫害。

收藏单位：广东馆、江西馆、首都馆

03336
实用养鸡法　江蝶庐编

上海：新民书局，1933.10，再版，154 页，25 开
上海：新民书局，1934.9，再版，154 页，25 开
上海：新民书局，1935.7，再版，154 页，25 开
上海：新民书局，1936.3，154 页，25 开
上海：新民书局，1939.6，再版，154 页，25 开
收藏单位：湖南馆、江西馆、南京馆、首都馆、浙江馆

03337
实用养鸡讲话 王兆泰著
广州：广东养鸡学会，1933，[338] 页，24 开
本书内容包括：鸡种之来源、中国古代的养鸡与近代的养鸡、中国养鸡与世界、养鸡利益、养鸡之推广、鸡种的分类等。
收藏单位：广东馆

03338
实用养鸡全书 胡朝阳纂
上海：新学会社，1912.2，再版，273 页，22 开
上海：新学会社，1913.6，4 版，273 页，22 开
上海：新学会社，1914.2，5 版，273 页，22 开
上海：新学会社，1916.11，6 版，274 页，23 开
上海：新学会社，1917.8，7 版，274 页，23 开
上海：新学会社，1919.1，8 版，274 页，23 开
上海：新学会社，1924，11 版，274 页，23 开
上海：新学会社，1925.12，12 版，274 页，23 开
上海：新学会社，1927.7，13 版，274 页，23 开
上海：新学会社，1928.6，14 版，274 页，23 开
上海：新学会社，1928.10，15 版，274 页，23 开
上海：新学会社，1930.2，15 版，274 页，23 开，精装
上海：新学会社，1931，16 版，274 页，23 开
上海：新学会社，284 页，32 开
本书内容包括：家鸡之来历、鸡之形性、鸡之种类、鸡体生理、鸡之繁殖、鸡之鉴识法、鸡卵、孵卵法、雏鸡饲育法、鸡之饲育法、鸡舍及运动场之建设、鸡之管理等。
收藏单位：广东馆、广西馆、国家馆、湖南馆、上海馆、首都馆、天津馆、浙江馆

03339
实用养鸡学 王兆泰著
外文题名：Practical poultry science
北平：华北种鸡学会，1931，410 页，25 开，精装
北平：华北种鸡学会，[1931.6]，443 页，21 开，精装
北平：华北种鸡学会，361 页，18 开，精装
北平：华北种鸡学会，464 页，25 开，精装
本书内容包括：概论、育种、选鸡、孵化法之研究、营养之研究、产卵鸡之研究、鸡病之研究等。
收藏单位：重庆馆、广东馆、广西馆、首都馆、西南大学馆

03340
实用养鸡要诀 郑怜生 胡尹民译
上海：新学会社，[1917.9]，176 页，23 开
上海：新学会社，1924.10，3 版，176 页，23 开
上海：新学会社，1928.9，4 版，176 页，23 开
上海：新学会社，1930，5 版，176 页，23 开
上海：新学会社，1931，6 版，176 页，23 开
上海：新学会社，1932.8，7 版，176 页，23 开
本书共 20 章：各国养鸡业状况及其发展、家鸡之来源及其种类、家鸡之形性及其生理、养鸡家之起手要诀、鸡舍建筑法、鸡舍内外布置法、食料之种类、饲食法、繁殖法、卵之组成及雏之变化、自然孵卵及自然育雏法、人工孵化法、人工育雏法、家鸡之饲理法、家鸡之去势及肥育屠宰法、鸡产之出售手续、养鸡业之簿记法及广告术、家鸡之陈列及审查法、家鸡之病理及疗治要诀、鸡业之遗利。
收藏单位：安徽馆、重庆馆、广西馆、江西馆、天津馆

03341
实用养鸭学 王兆泰著
外文题名：Practical duck farming
北平：华北种鸡学会，[1934]，361 页，长 21 开，精装

本书内容包括：鸭种之概况及其起源、普通野鸭、普通家鸭、改良鸭、肉用种、北京鸭、白英鸭、瑞典蓝鸭、莫斯科鸭、卵用种、种鸭产卵数之比较、鸭卵之大小等。

收藏单位：广东馆、国家馆

03342

世界标准鸡种谱（上册） 黄中成编著

上海：德园家禽函授学校，1933.12，182页，32开

上海：德园家禽函授学校，1937.9，增订3版，182页，32开

本书共2册，介绍世界著名鸡种一百余种，有插图125帧。为德园家禽函授学校讲义第17科。

03343

世界标准鸡种谱（下册） 黄中成编著

上海：德园家禽函授学校，1934.3，152页，32开

上海：德园家禽函授学校，1938.7，革新3版，152页，32开

03344

饲育雏鸡之新研究 （日）坪根藤次郎著 赵仰夫译

上海：新学会社，1928.2，56页，32开

上海：新学会社，1930.3，再版，56页，32开

上海：新学会社，1933.5，3版，56页，32开

本书内容包括：养鸡须先育雏、孵卵不若育雏鸡、母鸡育雏与人工育雏、母鸡育雏箱、母鸡育雏法、雏鸡之饲料与给饵之第一日、母鸡育雏饲料之配合标准等。封面及目录页书名题：实利主义饲育雏鸡之新研究。3版题：赵仰夫译著。

收藏单位：重庆馆、国家馆、江西馆、上海馆

03345

天然保姆与人工保姆（第3科） 中国养鸡学社编

上海：中国养鸡学社，1928，4册，32开

收藏单位：广东馆

03346

新译养鸡致富法 黄觉庐编译

上海：益文书局，1920.10，再版，142页，23开

上海：益文书局，1921，3版，142页，23开

本书论述了农村之困难、国家与农村及致富的要求、养鸡事业为农村之救济策等问题，介绍了养鸡的方法与管理等。版权页题名：养鸡致富法。

收藏单位：重庆馆、南京馆

03347

信鸽训练法 （日）岩田岩著 贺云编译

上海：中国农业书局，1936.11，162页，32开

本书共8章：信鸽之沿革、信鸽之用途、信鸽之性能、信鸽及鸽笼、信鸽之饲育、信鸽之训练、信鸽之繁殖、信鸽之疾病及其治疗法。

收藏单位：广东馆、国家馆、辽宁馆、南京馆、浙江馆

03348

选种的方法 立达学园农场种鸡场编

上海：立达学园农场，1933.10，82页，32开（立达学园农场养鸡丛书9）

本书共4部分：选种的原则、选择的标准、体质变化对于产蛋之关系、选择的手续。

收藏单位：国家馆、首都馆、浙江馆

03349

鸭鹅饲养法 张金相编著

世界书局，1947.6，55页，32开

本书共3编：鸭之饲养法、鹅之饲养法、鹅鸭普通之疾病。第1编共5章：鸭之形态及习性、鸭之种类、鸭之繁殖、鸭之饲养及管理、鸭舍；第2编共7章：鹅之由来及分布之大略情形、鹅之形态及习性、鹅之种类、鹅之繁殖及管理、鹅之饲养法、鹅舍、鹅之用途；第3编共6章：软脚病、眼病、痢疫、感冒、肺炎、结论。

收藏单位：广西馆、南京馆

03350
鸭和鹅 黎锦耀 许达年编著
上海：中华书局，1931，42 页，32 开（儿童常识丛书）
上海：中华书局，1935.9，48 页，32 开（小朋友文库）
收藏单位：重庆馆、贵州馆、黑龙江馆、湖南馆、吉林馆、内蒙古馆、上海馆、首都馆

03351
鸭和鹅 孟浩生著
上海：商务印书馆，1948.8，修订 1 版，18 页，32 开（修订幼童文库初编）
本书以图文结合的形式，介绍了鸭和鹅的相关知识。
收藏单位：广东馆

03352
阉鸡学 黄中成编译
上海：德园家禽函授学校，1931.6，38 页，32 开
上海：德园家禽函授学校，1933，2 版，38 页，32 开（德园家禽函授学校讲义 第 11 科）
上海：德园家禽函授学校，1941.1，3 版，38 页，32 开（德园家禽函授学校讲义 第 11 科）
本书内容包括：概论、气泡病、何谓阉鸡、雄鸡与雌鸡分辨法、阉割前之预备、阉生之鸡、阉割器、阉割之手续等。
收藏单位：湖南馆、上海馆、天津馆

03353
养成多产鸡之研究 赵仰夫编译
上海：新学会社，1928.7，56 页，32 开
上海：新学会社，1931.8，3 版，56 页，32 开
上海：新学会社，1934.6，4 版，56 页，32 开
本书共 14 章：多产鸡与寡产鸡之比较、多产与系统之关系、多产鸡鸡种之选择、一代交杂种之价值、原种之选择、三百卵鸡之发明与价值、多产鸡之习性、多产鸡之外观鉴定、多产鸡耻骨与腹部、肛门检查法、托拉普产卵箱之检查、产卵鸡之给饵、产卵鸡及强壮剂、卵之保存法。封面题名：实利主义养成多产鸡之研究。
收藏单位：重庆馆、国家馆、南京馆、上海馆

03354
养鹅法 赵仰夫编
上海：中国实业书店，1933.8，136 页，32 开
本书共 9 章：鹅之原种及其驯养的文献、各国的养鹅小史、养鹅的沿革、鹅种、饲养管理、繁殖孵化及育雏、鹅雏发育的状态及其肥育法、生产物及其处理法、疾病及治疗法。
收藏单位：广西馆、国家馆、黑龙江馆、南京馆、内蒙古馆、浙江馆

03355
养鹅讲座 黄中成编著
上海：德园家禽函授学校，1936.3，62 页，32 开（德园家禽函授学校附科讲义 2）
收藏单位：国家馆、上海馆

03356
养鸽 张伯康编
上海：商务印书馆，1925，19 页，50 开（平民小丛书 37 实业类）
上海：商务印书馆，1926，再版，19 页，50 开（平民小丛书 37 实业类）
上海：商务印书馆，1935.9，25 页，50 开（民众基本丛书 第 1 集 实业类 17）
上海：商务印书馆，1935.11，3 版，25 页，50 开（民众基本丛书 第 1 集 实业类 17）
本书内容包括：鸽的品种、种类、饲养法、生产状况等。
收藏单位：辽大馆、宁夏馆、首都馆

03357
养鸽法 冯焕文编著
上海：商务印书馆，1935.5，54 页，32 开（农学小丛书）
上海：商务印书馆，1935.7，再版，54 页，32 开（农学小丛书）
上海：商务印书馆，1938.11，4 版，54 页，32 开（农学小丛书）

上海：商务印书馆，1947.7，5 版，54 页，32 开（农学小丛书）

本书共 13 章：养鸽成功的经历、养鸽的要诀、贺姆传书鸽、理想的鸽房、食物、每日管理的程序、鸽性和年龄、卵受凉的损失、换羽、选择幼鸽、号带与记载、鸽的病害、杂录。

收藏单位：重庆馆、广东馆、广西馆、贵州馆、国家馆、江西馆、辽宁馆、南京馆、首都馆、浙江馆

03358

养鸽法　（日）武知彦荣著　周曜丞译

上海：新学会社，1926.10，137 页，32 开

上海：新学会社，1931.4，3 版，137 页，32 开

上海：新学会社，1933.5，4 版，137 页，32 开

上海：新学会社，1935.2，5 版，137 页，32 开

本书分总论、各论两篇。总论讲述了鸽体鸽羽的名称、鸽羽色泽的赏鉴、鸽子的习性与雌雄鉴别法等养鸽的基本概念，各论介绍了各种鸽子的饲养方法。

收藏单位：安徽馆、广西馆、内蒙古馆、首都馆、浙江馆

03359

养鸽法　（日）武知彦荣著　周曜丞译

上海：中国农业书局，1940.5，6 版，137 页，32 开

收藏单位：南京馆、上海馆

03360

养鸽法　周曜丞编著

上海：中国农业书局，1944.6，137 页，32 开

收藏单位：贵州馆、首都馆

03361

养鸡　黄朝仁编

[福州]：福建省立民众教育处，1936.11，46 页　32 开

本书共 10 部分：养鸡的利益、鸡的种类、鸡的形态、鸡种的选择、孵卵法、育雏法、鸡舍建筑法、饲养法、肥育法、鸡病治疗法。

收藏单位：福建馆

03362

养鸡　王琳编　陶行知校

上海：儿童书局，1933，2 册（28+32 页），32 开（儿童科学丛书）

本书内容包括：孵卵、验卵、喂食、饮食器、饲料、辨别雌雄、鸡怎样吃东西、鸡舍、管理、选鸡种等。校者原题：陶知行。

收藏单位：重庆馆、广西馆、贵州馆、首都馆

03363

养鸡　张宗元编著

上海：商务印书馆，1935.9，29 页，50 开

上海：商务印书馆，1935.11，3 版，29 页，50 开（民众基本丛书 第 1 集 实业类 15）

收藏单位：首都馆

03364

养鸡　章乃焕编

上海：黎明书局，1937.5，153 页，32 开（黎明畜养小丛书）

收藏单位：国家馆、河南馆、湖南馆、内蒙古馆、首都馆

03365

养鸡

出版者不详，[46] 页，32 开

03366

养鸡成败问题　黄中成编译

[上海]：[德园家禽函授学校]，1931.4，54 页，32 开（德园家禽学校讲义 第 20 科）

本书介绍了养鸡的基本专业知识，内容包括：养鸡所遇到的人力、物力、财力、技术、心理等问题。

收藏单位：湖南馆、内蒙古馆

03367

养鸡丛书　胡朝阳著

上海：新学会社，1929.11，14 版，284 页，32 开

本书内容包括：家鸡之来历、鸡之形性、鸡之种类、鸡体生理、鸡之繁殖、鸡之鉴识法、鸡卵、孵卵法、雏鸡饲育法、鸡之饲育

法、鸡舍及运动场之建设、鸡之管理等。
收藏单位：首都馆

03368
养鸡大意　福州电气公司农村电化部编
福州电气公司农村电化部，1931.11，再版，28 页，32 开（福州电气公司农村电化部农业杂税 1）
本书介绍鸡的饲养方法。目录页及正文页书名题：养鸡法。附本公司贷借种鸡规程。
收藏单位：国家馆、首都馆、天津馆、浙江馆

03369
养鸡法　青岛商品检验局编
[青岛]：青岛商品检验局，1931，56 页，32 开（检验丛刊 3）（畜产商品研究丛书 1）
收藏单位：国家馆、南京馆

03370
养鸡法　王言纶　刘大绅著
外文题名：Methods for poultry raising
上海：商务印书馆，1929.10，115 页，32 开（万有文库第 1 集 638）（农学小丛书）
上海：商务印书馆，1930.10，115 页，32 开（万有文库第 1 集）
上海：商务印书馆，1933.4，国难后 1 版，115 页，32 开（农学小丛书）
上海：商务印书馆，1933.9，国难后 2 版，115 页，32 开（农学小丛书）
上海：商务印书馆，1934.7，再版，115 页，32 开（万有文库第 1 集 638）（农学小丛书）
上海：商务印书馆，1935.2，国难后 4 版，115 页，32 开（农学小丛书）
上海：商务印书馆，1935.6，国难后 5 版，115 页，32 开（农学小丛书）
上海：商务印书馆，1935.6，国难后 6 版，115 页，32 开（农学小丛书）
上海：商务印书馆，1938，国难后 7 版，115 页，32 开（农学小丛书）
上海：商务印书馆，1940.5，国难后 9 版，115 页，32 开（农学小丛书）
上海：商务印书馆，1940.12，国难后 10 版，115 页，32 开（农学小丛书）
本书共 13 章：养鸡之利益、养鸡之入手、鸡体之形态、鸡之品种、造鸡舍法、鸡之饲养法、养鸡月令、去势术与肥育法、鸡卵之观察及贮藏法、择种卵法、孵卵法、育雏法、鸡病与害虫。
收藏单位：安徽馆、重庆馆、东北师大馆、广东馆、广西馆、贵州馆、国家馆、黑龙江馆、湖南馆、江西馆、辽大馆、辽师大馆、内蒙古馆、宁夏馆、上海馆、天津馆、西南大学馆、浙江馆

03371
养鸡法　张克威　金重冶著
华北新华书店，1947.10，18 页，32 开（大众科学小丛书 6）
收藏单位：国家馆

03372
养鸡历　新学会社编辑部编
上海：新学会社，1925.10，84 页，32 开
上海：新学会社，1928.10，再版，84 页，32 开
上海：新学会社，1931，3 版，84 页，32 开
本书介绍了每月养鸡应注意的事项以及在不同月份应怎样养鸡。附技巧养鸡术。
收藏单位：重庆馆、国家馆、江西馆、南京馆

03373
养鸡历　严岩编著
上海：中国农业书局，1943.1，4 版，83 页，32 开
收藏单位：国家馆、上海馆

03374
养鸡浅说　江苏省立教育学院研究实验部编
无锡：江苏省立教育院，1931.6，2 册（18+10 页），25 开（注音农民小丛书）
收藏单位：江西馆

03375
养鸡浅说　刘德元编
天津：直隶省农事试验场，1918.9，6 页，23 开

本书共 5 部分：种类、饲育之注意、管理之注意、对于病虫害之处理、孵化法。

收藏单位：国家馆

03376

养鸡浅说　卢寿篯编　沈颐　顾树森校

上海：商务印书馆，1935.6，20 版，38 页，32 开（初中学生文库）

本书共 10 章：总说、鸡之种类及形性、孵卵、育雏、鸡之繁殖法、鸡之饲育法、鸡之管理法、鸡之生理及病理、养鸡历、养鸡之余利。

03377

养鸡浅说　卢寿篯编　沈颐　顾树森校

上海：中华书局，1916.11，38 页，32 开（通俗教育丛书 1）

上海：中华书局，1922，8 版，38 页，32 开（通俗教育丛书 1）

上海：中华书局，1926.3，12 版，38 页，32 开

上海：中华书局，1927，13 版，38 页，32 开（通俗教育丛书 1）

上海：中华书局，1933.3，20 版，38 页，32 开（通俗教育丛书 1）

上海：中华书局，1935.6，56 页，32 开（初中学生文库）

上海：中华书局，1936.2，21 版，38 页，32 开（通俗教育丛书 1）

昆明：中华书局，1941.6，4 版，56 页，32 开（初中学生文库）

收藏单位：重庆馆、广西馆、国家馆、黑龙江馆、湖南馆、江西馆、内蒙古馆、首都馆、浙江馆

03378

养鸡浅说　濮成德编著

行政院营养改进运动，1941.2，18 页，36 开（行政院营养改进运动刊物 5）

本书共 8 节：养鸡的利益、鸡的选择方法、鸡的饲料、饲料调制方法、饲料给予方法、鸡的孵化方法、鸡舍的建筑、鸡的疾病。

收藏单位：重庆馆、国家馆、南京馆

03379

养鸡浅说　四川省家畜保育所编

成都：四川省家畜保育所，8 页，32 开（四川省家畜保育所畜牧浅说 7）

本书从选种、饲喂方法、管理等方面介绍鸡的饲养方法。

收藏单位：国家馆

03380

养鸡浅说　四川省农业改进所编

[成都]：四川省农业改进所，1943，再版，8 页，32 开（农林浅说）

收藏单位：重庆馆

03381

养鸡全集　汤穆编著　冯焕文校阅

上海：中国农业书局，1944.1，514 页，32 开

本书内容包括：养鸡之利益、养鸡之趋势、经营养鸡场之准备、养鸡成败之研究、鸡之祖先及其演进、鸡种之分类、鸡种之选择等。

收藏单位：内蒙古馆、浙江馆

03382

养鸡十二讲　冯焕文编著

上海：中国农业书局，1937.4，197 页，32 开

上海：中国农业书局，1940.10，再版，174 页，32 开

本书内容包括：养鸡之历史及鸡之进化、鸡种之分类、鸡种改良之要纲、繁殖与鸡之生理等。

收藏单位：重庆馆、广东馆

03383

养鸡拾零　黄中成编

上海：德园鸡场，1930.7，131 页，32 开（德园家禽丛书）

本书介绍鸡的饲养方法，内容包括：饲养雏鸡的三要素、解决许多育雏的难题法、预防雏鸡的盲肠病法、饲养雏鸡的常识、选择多产鸡、别母鸡的优劣法、恋巢鸡、换毛鸡、鸡的食量问题、养鸡的小常识等。

收藏单位：黑龙江馆、内蒙古馆

03384
养鸡图说 美国养鸡联合会著 徐松石编译
上海：新学会社，1920.6，78页，32开
上海：新学会社，1924.3，再版，78页，32开
上海：新学会社，1929.6，3版，78页，32开
上海：新学会社，1930.6，4版，78页，32开，精装
上海：新学会社，1932.8，4版，78页，32开

本书共20课：家鸡之由来与其历史、鸡之外部名称、鸡之特质、鸡之分类与小类、续前、续前、土耳其鸡及鹅鸭、判断、鸡舍、鸡舍内之设置、养鸡场之营造、鸡之食物及饲育法、饲雏法、配偶、孵化法、育雏法、鸡之害敌、鸡之疾病、养鸡工业管理法、家禽比赛。

收藏单位：国家馆、南京馆、内蒙古馆、浙江馆

03385
养鸡须知 国立中山大学农学院推广部编
广州：国立中山大学出版部，1925.4，8页，24开
广州：国立中山大学出版部，1934.10，5版，8页，24开（农林浅说 畜牧类1）

本书内容包括：鸡舍之构造、鸡之饲料、舍内之卫生、鸡病之观察、鸡之简便诊察法与治疗法等。

收藏单位：国家馆

03386
养鸡须知 山西省农矿厅编
[太原]：山西省农矿厅，1929.10，14页，32开

本书共6部分：孵卵之方法、鸡之自养法、鸡舍之设置、鸡之疾病、鸡卵储藏法、其他须知之要项。

收藏单位：国家馆

03387
养鸡学 金宸枢编著
上海：中华书局，1940.1，26+350页，32开（农业丛书）
上海：中华书局，1946.5，3版，26+350页，32开（农业丛书）

本书共12章：绪言、鸡的种类、鸡舍的知识、鸡的繁殖原理、进种与配种、孵化的知识、育雏、饲料的研究、鸡的饲养与饲料、成鸡的管理、鸡的病害、养鸡经营。书末附各种饲料的可消化成分表、各种饲料中维他命含量表。

收藏单位：国家馆、河南馆、黑龙江馆、上海馆、西南大学馆

03388
养鸡学 郑学稼编
上海：商务印书馆，1935.7，211页，32开
上海：商务印书馆，1935.9，再版，211页，32开
上海：商务印书馆，1936，3版，211页，32开
长沙：商务印书馆，1938，5版，211页，32开
长沙：商务印书馆，1939.6，6版，211页，32开
上海：商务印书馆，1947.12，8版，211页，32开

本书共7章：鸡蛋、孵化、育雏、鸡种及选择、饲料与饲养、鸡的环境与鸡舍、鸡的卫生。为高级农业学校教科书、职业学校教科书。

收藏单位：重庆馆、国家馆、湖南馆、江西馆、南京馆、西南大学馆

03389
养鸡学 郑学稼编著
上海：世界书局，1931.11，158页，32开
上海：世界书局，1933，4版，158页，32开
上海：世界书局，1934.10，5版，158页，32开
上海：世界书局，1935，6版，158页，32开
上海：世界书局，1937，7版，158页，32开
上海：世界书局，1946，新3版，114页，32开
上海：世界书局，1947.9，新4版，114页，32开

本书共8章：家禽的驯养及种别、鸡种的鉴别、家禽的育种、鸡的孵化、育雏、鸡舍及用具、鸡的饲养、鸡的管理。

收藏单位：安徽馆、重庆馆、贵州馆、国家馆、辽大馆、南京馆、内蒙古馆、山西馆、

首都馆、浙江馆

03390
养鸡研究 董坚志编著
上海：大中华书局，1934.8，98 页，32 开
本书共 4 章：一般常识、饲养常识、管理常识、保卫常识。内容包括：鸡的种类、鸡卵、孵卵法、鸡的繁殖、雏鸡饲养法、成鸡饲养法、鸡舍建设、管理方法、养鸡月令、鸡的疾病等。
收藏单位：首都馆

03391
养鸡与鸡病学 李仲连编
上海：新农企业股份有限公司，1949.6，106 页，32 开
本书共 10 部分：前言、以效用而分鸡的种类、鸡的外观与解剖、如何分别鸡的优劣、雏鸡的养育、鸡的饲养、鸡的管理、鸡的环境布置、鸡的育种、侵害鸡的疾病。
收藏单位：国家馆、西南大学馆、浙江馆

03392
养鸡与选种 立达学园农场种鸡场编
上海：立达学园农场出版部，1932.11，80 页，32 开（立达学园农场养鸡丛书 1）
收藏单位：重庆馆、国家馆、绍兴馆、浙江馆

03393
养鸡之学理与实际 齐凝之编著 薛德焴校
上海、南京：正中书局，1936.7，244 页，25 开（农学丛书）
上海：正中书局，1947.6，沪 1 版，244 页，25 开
本书共 12 章：家鸡之形态解剖及生理、家鸡之品种、病害、鸡卵之研究、孵卵术、雏之饲育、饲料、家鸡之选种、鸡舍及用具、产卵鸡之饲育及鸡卵之保存、肥育、去势及杂手术。
收藏单位：重庆馆、广西馆、国家馆、辽宁馆、首都馆、西南大学馆、浙江馆

03394
养鸡指导 甘纯权编
上海：中华职业教育社，1933.1，48 页，32 开（职业指导小丛书）
收藏单位：国家馆

03395
养鸭法 吴德铭著
外文题名：Feeding ducks
上海：商务印书馆，1930.10，74 页，32 开（万有文库第 1 集 639）（农学小丛书）
上海：商务印书馆，1933.4，74 页，32 开（农学小丛书）
上海：商务印书馆，1934.7，再版，74 页，32 开（万有文库 第 1 集 639）（农学小丛书）
上海：商务印书馆，1934.7，3 版，74 页，32 开（农学小丛书）
上海：商务印书馆，1935.1，4 版，74 页，32 开（农学小丛书）
本书共 12 章：叙论、鸭之品种、鸭之育种、鸭蛋之孵化、鸭雏之抚育、鸭舍及其清洁、滋养与养料、饲料、饲料之配合、饲鸭之方法及用具、鸭产品应市前之准备、鸭之病害。
收藏单位：安徽馆、重庆馆、大连馆、东北师大馆、广东馆、广西馆、贵州馆、国家馆、黑龙江馆、湖南馆、江西馆、辽大馆、辽师大馆、南京馆、内蒙古馆、宁夏馆、绍兴馆、天津馆、西南大学馆、浙江馆

03396
养鸭法 赵仰夫编
上海：中国实业书店，1933.8，314 页，32 开
本书共 12 章：驯致之文献及其经路、各国的饲育状况、鸭之品种上、鸭之品种下、繁殖和饲养管理、孵化、育雏、肉用鸭的生产、卵用种的能力及其管理法、生产物及其调制法、爱玩鸭、水禽之疾病及其恶癖。
收藏单位：广西馆、湖南馆、浙江馆

03397
养鸭之秘诀 刘长安编
旅顺：农业进步社，1938.11，99 页，32 开

旅顺：农业进步社，1939.8，3版，99页，32开
旅顺：农业进步社，1941，[6版]，99页，32开
旅顺：农业进步社，1942.11，7版，99页，32开

本书共17章：绪言、鸭之品种、繁殖法、鸭舍、鸭的饲料、鸭的孵化法、育雏、育雏时的注意、鸭的管理、鸭的饲养法、生产物及其调制法、鸭之疾病及其恶癖、北京雏鸭饲养法之体验、合理之饲养法、囤肥之研究、鸭场管理、种鸭管理及饲养。

收藏单位：首都馆

03398
养鸭指导 甘纯权编
上海：中华职业教育社，1933.11，27页，32开（职业指导小丛书）

本书封面题：民国二十二年十二月。

收藏单位：国家馆、黑龙江馆、内蒙古馆

03399
育雏 立达学园农场种鸡场编
上海：立达学园农场出版部，1933.3，104页，32开（立达学园农场养鸡丛书5）

本书介绍了育雏室、育雏的卫生问题等育雏方法。文中辅以多帧图片。

收藏单位：重庆馆、国家馆

03400
育种原理 立达学园农场种鸡场编
上海：立达学园农场，1933.9，104页，32开（立达学园农场养鸡丛书8）

本书研究鸡的育种，内容包括：什么是家禽育种、繁殖和进种在生理上的基础、繁殖和进种在遗传上的基础、遗传的法则等。

收藏单位：重庆馆、南京馆、山西馆、上海馆、首都馆、浙江馆

03401
怎样选下蛋多的鸡 王俭懿著
[成都]：中国农村复兴联合委员会铭贤学院畜牧兽医系，1949，14页，32开（农业浅说畜牧类）

收藏单位：重庆馆

03402
怎样养鸡 郑学稼著
上海：商务印书馆，1933.10，37页，32开（小学生文库第1集农业类）
上海：商务印书馆，1935.2，4版，37页，32开（小学生文库 第1集 农业类）

本书内容包括：鸡的来源、好的鸡蛋孵出好鸡、看母鸡孵蛋、检蛋、第十九天晚上、鸡果然是由鸡蛋孵化出来的、做小鸡的用具等。

收藏单位：东北师大馆、贵州馆、湖南馆、上海馆、首都馆

03403
中等家禽学 梁华编 陆费执校
上海：中华书局，1927.11，104页，32开
上海：中华书局，1929，再版，104页，32开
上海：中华书局，1930，3版，104页，32开
上海：中华书局，1932.1，4版，104页，32开
上海：中华书局，1936，[5版]，104页，32开
上海：中华书局，1937.5，[6版]，104页，32开
上海：中华书局，1940.6，7版，104页，32开

本书共3卷：通论、各论、其他家禽。上卷介绍了养鸡方法的区别及其利弊、鸡舍、运动场、鸡的饲养法、饲料的分类、鸡的管理法、鸡卵、鸡的孵化、雏鸡育成等；中卷介绍了鸡的形态、分类方法及种类等；下卷分别介绍了鸭和鹅的繁殖及育成。为新学制农业教科书。

收藏单位：重庆馆、国家馆、河南馆、湖南馆、江西馆、南京馆、浙江馆

03404
中国养鸡学社章程
出版者不详，1册，32开

本书收中国养鸡学社章程。

收藏单位：浙江馆

03405
最新鸡具制造学 黄中成编译
上海：德园家禽函授学校，1933.2，3版，76页，32开
上海：德园家禽函授学校，1936.8，订正4版，82页，32开（德园家禽函授学校讲义 第2科）

本书内容包括：户外双面饲料箱之自制法、户内干饵箱之自制法、户内挂壁干饵箱之自制法、德国鸡场室内干饵饲鸡槽之自制法等。

收藏单位：上海馆、天津馆

03406

最新鸡具制造学　黄中成编著

上海：德园家禽专科学校，1927.11，76 页，32 开

上海：德园家禽专科学校，1930.12，76 页，32 开（德园家禽专科学校讲义 第 2 科）

收藏单位：广东馆、内蒙古馆

03407

最新实验孵卵法　孙本忠编

上海：新学会社，1931，5 版，96 页，25 开

本书共两编：孵卵器通论、孵卵器各论。通论介绍卵之组成、孵卵器各部之构造等，各论介绍水蒸气供热之孵卵器、完全孵卵器、用热空气供热之孵卵器等。

收藏单位：重庆馆、广西馆、内蒙古馆、浙江馆

03408

最新养鸡法　王言纶　刘大纶编

外文题名：New methods for poultry raising

上海：商务印书馆，1918.12，126 页，32 开

上海：商务印书馆，1919.6，再版，126 页，32 开，精装

上海：商务印书馆，1923.9，7 版，126 页，32 开

上海：商务印书馆，1924.9，8 版，126 页，32 开

上海：商务印书馆，1926.10，9 版，126 页，32 开（农业小丛书）

上海：商务印书馆，1928.9，10 版，126 页，32 开（农业小丛书）

上海：商务印书馆，1931.5，11 版，126 页，32 开

本书共 14 章：养鸡之利益、养鸡之入手、鸡体之形态、鸡之品种、造鸡舍法、鸡之饲养法、养鸡月令、去势术与肥育法、鸡卵之观察及贮藏法、择种卵法、孵卵法、育雏法、鸡病与害虫、养鸡资本及利息之概算。逐页题名：养鸡法。

收藏单位：重庆馆、国家馆、河南馆、湖南馆、首都馆、浙江馆

03409

最新增订养鸡之秘诀　刘启贤著　苍德玉编辑

旅顺：农业进步社，1935.10，[18]+322 页，32 开

旅顺：农业进步社，1942.5，19 版，[18]+322 页，32 开

旅顺：农业进步社，1942.10，22 版，[18]+322 页，32 开

旅顺：农业进步社，1943.2，27 版，[18]+322 页，32 开

旅顺：农业进步社，1944.3，32 版，[18]+322 页，32 开

本书共 14 部分：养鸡之前题、鸡种之知识、这样繁殖、自然孵化及育雏、人工孵化法、人工育雏之实际、鸡舍的建筑、饲料之知识、鸡场管理、多产鸡的鉴别与寡产鸡的淘汰、去势与肥育、鸡的病虫害、生产物之处理、养鸡之经营。书末附育雏饲料配合表、成鸡饲料配合表、养鸡饲料之组成分及可消化养分等。其他题名：养鸡之秘诀。

收藏单位：重庆馆、国家馆、首都馆

动物医学（兽医学）

03410

病马看护学　郭璋山讲述　陆军兽医学校编

陆军兽医学校，1936，56 页，25 开

本书共 4 章：马之接近法及保定法、病马之管理法、病马之急救法、疾病。

收藏单位：重庆馆

03411

参观要览　四川省家畜保育所编

成都：四川省家畜保育所，1936.12，22 页，32

开

本书共 11 节：总述、畜牧兽医馆、血清制造室、免疫牛舍、免疫猪舍、血毒牛舍、血毒猪舍、诊疗院、隔离畜舍、畜牧场、进行中之各试验。

收藏单位：重庆馆、国家馆

03412

参观指南 农林部西南兽疫防治处编

[贵阳]：农林部西南兽疫防治处，[1948]，16 页，32 开

本书内容包括：农林部西南兽疫防治处址平面图、本处及各单位所在地图、本处组织系统图、总述、技术组组织及其详情及附录等。目录页题名：农林部西南兽疫防治处参观指南。

收藏单位：贵州馆

03413

除防瘟症的方法 四川省家畜保育所编

成都：四川省家畜保育所，1936.6，4 页，32 开（四川省家畜保畜所兽医浅说 2）

本书介绍了防除瘟症的方法，内容包括：食料忌残羹、虱子常常捉、夏天常洗身等。

收藏单位：国家馆

03414

畜舍卫生 四川省家畜保育所编

成都：四川省家畜保育所，1936.6，4 页，32 开（四川省家畜保育所兽医浅说 1）

本书以五字俗语的形式，介绍了畜舍保持卫生的必要性及清洁方法。

收藏单位：国家馆

03415

防除瘟症的原则 四川省农业改进所编

四川省农业改进所，1940，2 页，32 开（农林浅说 43）

成都：四川省农业改进所，1943，再版，2 页，32 开

本书正文前题名：防除瘟症的方法。

收藏单位：重庆馆、国家馆

03416

防治打火印“猪丹毒”的方法 四川省家畜保育所编

[成都]：四川省家畜保育所，[1936]，6 页，32 开（四川省家畜保育所兽医浅说 8）

四川省家畜保育所，1939，6 页，32 开

本书从打火印（猪丹毒）的起源、治疗打火印（猪丹毒）的方法、预防方法、消毒方法、隔离方法等方面介绍了如何防治打火印（猪丹毒）。逐页题名：防治打火印（猪丹毒）的方法。

收藏单位：重庆馆、国家馆

03417

防治烂舌癀（口蹄症）的方法 四川省农业改进所编

四川省农业改进所，1933，4 页，32 开（农林浅说 46）

四川省农业改进所，1940.1，4 页，32 开（农林浅说 46）

本书从概念、病源、症状、疗治、预防等方面介绍了防治烂舌癀（口蹄症）的方法。

收藏单位：重庆馆、国家馆

03418

防治牛急性癀，链铁癀（炭疽病）的方法 四川省农业改进所编

成都：四川省农业改进所，1940.1，5 页，32 开（农林浅说 48）

成都：四川省农业改进所，1943，再版，5 页，32 开（农林浅说 48）

本书从病源、症状、传染情形、死亡率、预防等方面介绍了防治牛急性癀链铁癀（炭疽病）的方法。

收藏单位：重庆馆、国家馆

03419

防治牛烂肠瘟（真性牛瘟）的方法 四川省农业改进所编

四川省农业改进所，1940.1，6 页，32 开（农林浅说 32）

本书介绍了牛烂肠瘟病源、病状、死亡率、传染方法、预防方法等。

收藏单位：重庆馆、国家馆

03420
防治兽疫之行政及设施 农林部编
[南京]：农林部，1946，16页，32开
本书共3章：总则、方法、结论。内容包括：何谓兽疫、兽疫种类、兽疫流行原因、政治防疫功效、家畜疫病能传染于人等。书末附兽疫预防条例。
收藏单位：国家馆、南京馆、浙江馆

03421
防治猪打火印（猪丹毒）方法 四川省农业改进所编
四川省农业改进所，1940.1，5页，32开（农林浅说31）
[成都]：四川省农业改进所，1946，再版，4页，36开（农林浅说31）
本书介绍了猪打火印（猪丹毒）概说、病况、传染情形、死亡率、预防、治疗方法。
收藏单位：重庆馆、国家馆

03422
防治猪烂肠症（猪霍乱）的方法 四川省农业改进所编
四川省农业改进所，1940.1，6页，32开（农林浅说47）
本书介绍了猪烂肠症的病原、传染情形、病状及预防方法。
收藏单位：重庆馆、国家馆

03423
防治猪锁喉疯（猪肺疫）的方法 四川省农业改进所编
成都：四川省农业改进所，1943，4页，36开（农林浅说）
本书共5节：概述、传染情形、症状、疗治、预防。
收藏单位：重庆馆

03424
广西家畜保育所最近职员录 [广西家畜保育所编]
广西家畜保育所，[1930—1939]，手写本，2叶，16开，环筒页装
收藏单位：国家馆

03425
鸡病 立达学园农场种鸡场编
上海：立达学园农场，1933.11，80页，32开（立达学园农场养鸡丛书10）

03426
鸡病宝典 农业进步社编
农业进步社，1943.6，281页，32开
农业进步社，1944.3，再版，281页，32开
本书分总论、各论两编，总论介绍了鸡病的类别、发病原因、气候与鸡病、罹病鸡结果是如何、鸡病的来源与制止、鸡病察看法、病鸡观察与淘汰、鸡病简易诊断表、病鸡解剖法等内容；各论介绍了传染病、寄生虫病、运动障害所发疾病、神经疾病、消化器疾病、腹腔疾病、呼吸器疾病、生殖器疾病等知识。版权页著者题：苍德玉编。
收藏单位：国家馆、首都馆

03427
鸡病学 冯焕文编
上海：新学会社，1932.10，24+268页，32开
上海：新学会社，1934.4，再版，增订本，24+268页，32开
本书共21章：鸡之解剖、鸡之生理、卫生、体外虫害、体内虫害、原生动物、鸡之消化器官病、细菌病、体质病、呼吸气管病、肝病、卵巢与输卵管病、普通病、瘤、神经系病、肠内之细菌、卵内之虫及细菌、畸形、外伤、有毒食物、家禽之药用品。
收藏单位：安徽馆、重庆馆、国家馆

03428
鸡病学 冯焕文著
上海：中国农业书局，1940.6，3版，24+268页，32开
收藏单位：广东馆、国家馆

03429
鸡病与鸡害之研究 黄中成编著
上海：德园家禽函授学校，1927.11，[222] 页，32 开（德园家禽函授学校讲义 第 9—10 科）
上海：德园家禽函授学校，1933.1，5 版，[222] 页，32 开（德园家禽函授学校讲义 第 9—10 科）
上海：德园家禽函授学校，1937.1，6 版，[222] 页，32 开（德园家禽函授学校讲义 第 9—10 科）
上海：德园家禽函授学校，1938.1，7 版，195 页，32 开（德园家禽函授学校讲义 第 9—10 科）
本书内容包括：健康之需要、皮肤病、腿部与足部之病、肺部之病、腺囊与肠部之病、腹部与产卵器管之病、不良之习惯等。
收藏单位：重庆馆、广东馆、上海馆、首都馆、天津馆

03430
鸡病与鸡害之研究 黄中成编译
上海：德园家禽专科学校，1930.9，195 页，32 开（德园家禽学校讲义 第 9—10 科）
收藏单位：内蒙古馆

03431
鸡病之研究 邬静怡 邬惠定编著
成都：金陵女大家禽试验场，1941.1，45 页，32 开
收藏单位：南京馆

03432
鸡的卫生 赫铁振编
河北省立实验乡村民众教育馆，1932.11，6 页，32 开（农民读物 1）
本书内容包括：绪言、鸡舍及运动场的卫生、疾病消毒与预防、普通的消毒法、结论。附歼除鸡虱的方法。
收藏单位：国家馆

03433
家畜病理学 治安总署陆军兽医训练班编
治安总署陆军兽医训练班，1942，油印本，65 页，16 开
收藏单位：国家馆

03434
家畜病理学总论 谢国贤 陶履祥编著
上海：商务印书馆，1948.6，11+331 页，25 开
本书共 3 篇：绪论、病例解剖学总论、病因论。第 1 篇介绍了病理学的定义、范围及病理学史等；第 2 篇共 5 章：循环障碍、退行性变化、进行性变化、炎症、肿疡；第 3 篇共 2 章：内因、外因。书末附索引。
收藏单位：重庆馆、东北师大馆、国家馆、辽宁馆、内蒙古馆、浙江馆

03435
家畜病医治法 陈滋著
上海：新学会社，1920.4，3 版，84 页，22 开
上海：新学会社，1924.5，5 版，84 页，22 开
上海：新学会社，1931，84 页，22 开
上海：新学会社，1934.6，6 版，84 页，22 开
本书共 7 章：家畜卫生法、兽疫预防法、传染病、内科、外科、蹄病、药性略释。
收藏单位：安徽馆、重庆馆、江西馆、南京馆、浙江馆

03436
家畜病医治法 陈滋著
上海：医学丛书社，1913，再版，84 页，22 开
收藏单位：首都馆、西南大学馆

03437
家畜病医治法 陈滋著 冯焕文增订
上海：中国农业书局，1943.1，增订 7 版，11+93 页，22 开

03438
家畜产科学讲义 [陆军兽医学校编]
陆军兽医学校，1946，146 页，18 开
收藏单位：广东馆

03439
家畜传染病识别防治手册 王石斋编

陆军兽医学校教育处，1946.1，9 叶，25 开

本书附各种家畜重要传染病简明识别防治一览表。

收藏单位：广东馆、南京馆

03440

家畜传染病学　贺克编

上海：商务印书馆，1935.2，103 页，32 开

长沙：商务印书馆，1938.6，再版，103 页，32 开

长沙：商务印书馆，1939.4，3 版，103 页，32 开

本书分总论、各论两编，总论共 5 章：兽疫简述、病原微生物、免疫学概论、传染病之诊断、一般传染病预防要点；各论共 6 章：牛之传染病、猪之传染病、鸡之传染病、马之传染病、羊之传染病、犬之传染病。为高级农业学校教科书。

收藏单位：安徽馆、重庆馆、国家馆

03441

家畜传染病学　罗清生编

兰州：国立兽医学院出版委员会，1948，196 页，25 开（国立兽医学院丛书 3）

本书共 6 篇：全身急性传染病、急性疹状传染病、定位于器官之急性传染病、损坏神经系统之传染病、慢性传染病、原生动物所致传染病。

收藏单位：国家馆

03442

家畜传染病学　罗清生编

中国兽医学会、国立中央大学农学院畜牧兽医系，1937.1，188 页，25 开（畜牧兽医丛书 1）

中国兽医学会、国立中央大学农学院畜牧兽医系，1948，188 页，25 开

本书内容包括：疽炭、恶性水肿、黑腿病、猪丹毒病、出血性败血病、出生幼畜败血病、马流行性感冒、犬热病、犬斑疹伤寒病、牛瘟、猪瘟等。

收藏单位：重庆馆、国家馆、南京馆

03443

家畜传染病学　庞敦敏著

北京：人人书店，1943.8，162+18 页，32 开

收藏单位：国家馆、首都馆

03444

家畜传染病学　吴信法著　陈之长校

南京：正中书局，1936.11，167 页，23 开（应用科学丛书）

重庆：正中书局，1943，5 版，167 页，23 开（应用科学丛书）

上海：正中书局，1947，167 页，23 开（应用科学丛书）

上海：正中书局，1948.8，沪 2 版，167 页，23 开（应用科学丛书）

本书共 4 章：急性传染病、幼畜的急性传染病、慢性传染病、因原生动物所致的传染病。书末附血清及预防液等使用说明、我国兽疫防治用血清制造的机关、各种血清的用途及用量简解等。

收藏单位：安徽馆、重庆馆、东北师大馆、广东馆、国家馆、湖南馆、辽宁馆、南京馆、上海馆、西南大学馆、浙江馆

03445

家畜传染病学　治安总署陆军兽医训练班编

治安总署陆军兽医训练班，1942，油印本，36 页，16 开

收藏单位：国家馆

03446

家畜的卫生常识　李秉权著

出版者不详，1934.1，16 页，32 开

03447

家畜防疫　江西省农业院编

南昌：江西省农业院，1935.12，18 页，25 开（推广教本 畜字 1）

江西省农业院，1938.11，3 版，20 页，25 开（推广丛书 畜字 1）

江西省农业院，1939.10，4 版，20 页，25 开（推广丛书 畜字 1）

江西省农业院，1940，11 页，25 开（推广丛

书 畜字 1）

本书内容包括：家畜传染病的意义、家畜传染病的可怕、家畜传染病发生的原因等。

收藏单位：重庆馆、江西馆、西南大学馆、浙江馆

03448

家畜防疫便览 江西省农业院编

[南昌]：江西省农业院，1937.1，30 页，24 开

收藏单位：南京馆、上海馆

03449

家畜防疫常识 福建省农业改进处畜牧兽医股编

[福州]：福建省农业改进处畜牧兽医股，1938.11，再版，4 叶，32 开（福建省农业改进处第 1 号）

本书内容包括：提倡家畜防疫的三种用意、什么叫家畜传染病、家畜传染病的防备方法、如何应对畜瘟病等。题名页责任者题：畜牧兽医股编。

03450

家畜防疫须知 卫生署西北防疫处编

兰州：卫生署西北防疫处，1937.3，24 页，32 开

03451

家畜寄生虫病学 赵辉元编著

陆军兽医学校，1947.4，318 页，大 32 开，精装

收藏单位：南京馆

03452

家畜寄生虫病学 治安总署陆军兽医训练班编

治安总署陆军兽医训练班，1942，油印本，67 叶，16 开

本书分总论和各论，各论含内部寄生虫、外部寄生虫两部分。内部寄生虫部分共 6 编：消化器之寄生虫、呼吸器之寄生虫、血液之寄生虫、泌尿器之寄生虫、运动器之寄生虫、脑之寄生虫；外部寄生虫部分内容包括：疥癣、毛囊虫疹、其他之皮屑寄生虫。

收藏单位：国家馆

03453

家畜解剖学

出版者不详，1942，油印本，310+12+17 页，16 开

本书共 7 编：骨学、韧带学、筋学又曰肌学、内脏学、脉管学、神经学、感觉器官学五官器学。

收藏单位：国家馆

03454

家畜内科学 陆军兽医学校编

陆军兽医学校，1945，192 页，18 开

收藏单位：广东馆

03455

家畜内科学 治安总署陆军兽医训练班编

治安总署陆军兽医训练班，1942，油印本，181 页，16 开

收藏单位：国家馆

03456

家畜内科诊断学 陆军兽医学校编

陆军兽医学校，1946，188 页，36 开

收藏单位：广东馆

03457

家畜内科诊断学 治安总署陆军兽医训练班编

治安总署陆军兽医训练班，1942，油印本，104 页，16 开

收藏单位：国家馆

03458

家畜内科诊断学

出版者不详，204 页，16 开

收藏单位：南京馆

03459

家畜去势学 郭璋山编著 崔步瀛校

陆军兽医学校，1947.4，62 页，32 开

本书共两编：公畜去势术、母畜去势术。内容包括：公马去势术、公牛去势术、母猪去势术、母狗去势术、母牛去势术、母马去势术、母猫去势术等。

收藏单位：湖南馆、南京馆

03460
家畜生理学讲义 ［陆军兽医学校编］
陆军兽医学校，1940，154 页，16 开

收藏单位：广东馆

03461
家畜生理学讲义 赵恩典编
辽宁省立农业专门学校，1949.4，117 页，32 开

本书共 15 章：总论、循环系统、呼吸系统、消化系统、吸收、营养、泌尿系统、体温及调节、皮屑、内分泌系统、骨骼、筋肉、神经系统、感觉、生殖及发育。

03462
家畜外科手术学 ［陆军兽医学校编］
［陆军兽医学校］，110 页，25 开

本书内容包括：外科手术学定义、施术前准备、家畜保定法、麻醉法、防腐法等。

收藏单位：重庆馆

03463
家畜外科手术学 治安总署陆军兽医训练班编
治安总署陆军兽医训练班，1942，油印本，142 叶，16 开

收藏单位：国家馆

03464
家畜外科学（总论） 治安总署陆军兽医训练班编
治安总署陆军兽医训练班，1942，油印本，95 叶，16 开

本书共 13 章：炎症论、化脓论、肉芽组织（附瘢痕组织）、外伤总论、创伤传染病、溃疡瘘管及坏死、内脏位置之变更、粘液囊之外伤及诸病、神经之疾患论、开节脱臼及捩转论、剧伸论、骨之外伤论、肿伤论。

收藏单位：国家馆

03465
家畜外科学（各论） 治安总署陆军兽医训练班编
治安总署陆军医训练班，1942，油印本，96 叶，16 开

本书共 8 章：头部疾病、颈部疾病、咽头及食道异物、胸部疾病、腹部疾病、背腰部疾患、前肢之疾病、后肢疾病。

收藏单位：国家馆

03466
家畜外科诊断学 治安总署陆军兽医训练班编
治安总署陆军兽医训练班，1942，油印本，63 叶，16 开

本书共两部分：总论、各论。总论为外科诊断法通则；各论共 14 章：跛行通论、肿胀之诊查、创伤及溃伤诊查、热之检查、头部诊查、眼之诊查、颈部诊查、胸部诊查、腹部诊查、直肠检查、泌尿生殖器之诊查、尾诊查、前肢各部局的诊查法、后肢各部局的诊查法。

收藏单位：国家馆

03467
家畜卫生学 ［陆军兽医学校编］
陆军兽医学校，200 页，36 开

本书封面题名：家畜卫生学讲义。为陆军兽医学校讲义。

收藏单位：重庆馆、广东馆

03468
家畜细菌免疫学 治安总署陆军兽医训练班编
治安总署陆军兽医训练班，1942，油印本，67 叶，16 开

收藏单位：国家馆

03469
家畜眼科学 治安总署陆军兽医训练班编

治安总署陆军兽医训练班，1942，油印本，60叶，16开

收藏单位：国家馆

03470

家畜眼科学讲义　陆军兽医学校编

陆军兽医学校，1947，118页，36开

收藏单位：重庆馆、广东馆

03471

家畜药物治疗法　[日本农林省畜产局著]沈华辉译

上海、昆明：中华书局，1940.7，129页，36开（实用农业小丛书6）

上海：中华书局，1949.3，再版，129页，36开（实用农业小丛书6）

本书共8章：消化器病、呼吸器病、循环器病、尿器病、皮肤病、内脏寄生虫病、神经系统病、运动器病。附录临床家畜处方集。

收藏单位：重庆馆、国家馆、江西馆、辽宁馆、内蒙古馆、上海馆、首都馆、西南大学馆

03472

家畜诊断学　陆军兽医学校编

陆军兽医学校，1936，126页，23开

本书为兽医学校适用。

收藏单位：重庆馆

03473

家禽病害　徐正铿编　万国鼎校

外文题名：The diseases of poultry

上海：商务印书馆，1924.5，81页，27开

上海：商务印书馆，1927，再版，81页，25开

上海：商务印书馆，1934.6，国难后1版，65页，32开

上海：商务印书馆，1935.1，国难后2版，65页，32开

上海：商务印书馆，1938，国难后5版，65页，32开

本书共两章：禽害及驱除法、禽病及医治法。第1章共3节：走兽之害、飞禽之害、昆虫之害；第2章共7节：消化器官部各症、循环器官部各症、呼吸器官部各症、生殖器官部各症、神经器官部各症、传染及其他危险各症、其他杂症。书末附各病之由起预防之要素、根本医治法、养禽家之防病日历。为初级农业学校教科书、农业学校用书。

收藏单位：重庆馆、国家馆、河南馆、湖南馆、吉林馆、江西馆、首都馆、天津馆、浙江馆

03474

简明家畜内科学　陆军兽医学校编

陆军兽医学校，油印本，102页，18开，环筒页装

本书为兽医学校适用。

收藏单位：重庆馆

03475

简明家畜外总论讲义　陆军兽医学校编

陆军兽医学校，油印本，72页，18开，环筒页装

本书为兽医学校适用。

收藏单位：重庆馆

03476

简易兽病防治法　康心著

出版者不详，1944.11，56页，64开（通俗卫生丛书）

本书共5部分：牛病防治法、羊病防治法、马和驴病防治法、猪病防治法、鸡病防治法。书末附几种发展畜牧的好范例。

收藏单位：国家馆、山东馆

03477

江西省第七行政区家畜防疫处概况　江西省第七行政区家畜防疫处编

江西省第七行政区家畜防疫处，1939.1，34页，16开，环筒页装

本书共3部分：沿革、组织、业务概况。业务概况部分重点介绍了关于调查统计事项、关于宣传与训练事项、关于实施防疫事项、关于耕牛保险事项、关于家畜诊疗事项。书末附录12个，包括：临川实验区防疫模范区家畜防疫委员会组织条例、江西省家畜防疫办法、江西省耕牛简易保险暂行办法、集市

家畜检查暂行办法等。

收藏单位：国家馆

03478

江西省农业院兽医专科学校概况　江西省农业院兽医专科学校编

[南昌]：江西省农业院兽医专科学校，[1938—1949]，54 页，13 开

本书内容包括：江西省农业院兽医专科学校沿革、本校组织大纲、本校现况等。

收藏单位：浙江馆

03479

疥癣的预防　江苏省立教育学院研究实验部编

江苏省立教育学院，1932.5，10 页，25 开（民众卫生丛书 13）

收藏单位：重庆馆、江西馆

03480

军畜防毒浅说　陆军通信兵学校编

陆军通信兵学校，1937，45 页，64 开

收藏单位：广东馆

03481

军畜管理厩舍卫生　陶乐莘编

出版者不详，27 页，32 开

本书共 7 章，介绍军畜的饲养、管理、检查以及厩舍卫生的常识。

收藏单位：重庆馆

03482

六畜病的治法　康心等著

新华书店，1945.10，53 页，32 开（通俗卫生丛书）

本书共两部分：简易防治法、预防兽疫的办法。第 1 部分共 5 节：牛病防治法、羊病防治法、马和驴病防治法、猪病防治法、鸡病防治法；第 2 部分有 2 个附录，附录 1 为家畜虻幼虫症、牲口长疥的问题、牲口病治疗法，附录 2 为几种发展畜牧的好案例。

收藏单位：国家馆、山西馆

03483

六畜病防治法　若望编

太行新华书店，1949.1，107 页，32 开

本书共 10 部分：牛病防治法、羊病防治法、马和驴病防治法、猪病防治法、鸡病防治法、家畜瘟疫的预防、喂猪须知、用虫养鸡新法子、买牲口常识、赶牲口和喂牲口。

收藏单位：国家馆、山东馆

03484

六畜平安书　若望编

安东：东北书店辽东总分店，1949.6，80 页，32 开（大众读物生产丛书）

03485

六畜平安书　若望编

东北新华书店远东总分店，[1949.6]，80 页，32 开（大众读物生产丛书）

收藏单位：国家馆、清华馆、山东馆

03486

六畜平安书　若望编

苏北新华书店，1949.8，86 页，48 开

收藏单位：国家馆、山东馆

03487

陆军兽医勤务学　陆军兽医训练班录稿

陆军兽医训练班，1942.3，油印本，110 叶，16 开，环筒页装

本书内容包括：陆军兽医勤务的地位、职责、应备器材及其诸多事项等。

收藏单位：国家馆、湖南馆

03488

陆军兽医学校外科学各论　苏荫庚编译

出版者不详，124 页，25 开

本书共 9 章，内容包括：四肢疾病、腹部外科病、直肠及肛门外科病、马生殖器病、泌尿器疾病等。

收藏单位：重庆馆

03489

陆军兽医之道　文中进编著

陆军兽医学校图书馆，1945.5，73 页，32 开

本书共 7 章：陆军兽医概念、陆军兽医教育四十年之回顾、陆军兽医入学之道、陆军兽医服务之道、陆军兽医进修之道、陆军兽医建设的根本问题、建国期中陆军兽医应有的觉悟。

收藏单位：重庆馆、国家馆

03490
陆军兽医治疗便览 苏希峨 李德耀编
太原：山西农业专科学校推广部，1937.6，147 页，25 开（山西农业专科学校丛刊 10）

收藏单位：湖南馆、山西馆

03491
马传染性贫血诊疗预防手册 贾清汉编
陆军兽医学校，1946，74 页，32 开（兽医小丛书 1）

收藏单位：广东馆、南京馆

03492
马寄生虫病 赵辉元编著
陆军兽医学校图书馆，1946.12，68 页，32 开（兽医小丛书）

本书共 3 章：概论、马内寄生虫病、马外寄生虫病。内容包括：由寄生虫所生之症候及损害、寄生虫病之一般防制法、一般诊断法、医药疗法、线虫病、条虫病、吸虫病、原虫病等。

收藏单位：南京馆

03493
马麻痹性血色素血病及骨软症佝偻病
陆军兽医学校，1946.7，62 页（兽医小丛书 2）

收藏单位：广东馆、南京馆

03494
马氏家畜诊断学（德）马尔克谟斯（B. Malkmus）著 陈之长 罗清生译
外文题名：Clinical diagnostics of the internal diseases of domestic animals
成都：中国畜牧兽医学会，1944，90 页，16 开

本书共两部分：病之经过或称病历、诊断现在情形。第 2 部分详细介绍了家畜疾病的普通检查、分系检查及特殊检查。正文页书名题：家畜诊断学。

收藏单位：重庆馆

03495
马氏家畜诊断学（德）马尔克谟斯（B. Malkmus）著 陈之长 罗清生译
外文题名：Clinical diagnostics of the internal diseases of domestic animals
成都：中华畜牧兽医出版社，1941，93 页，16 开
成都：中华畜牧兽医出版社，1942，90 页，16 开

03496
马医学
出版者不详，[380] 页，10 开

本书全册为解剖图。单面印刷。

收藏单位：国家馆

03497
满蒙之兽疫及其预防之方法（日）葛西胜尔述
奉天（沈阳）：南满铁路公司兽疫研究所，1926.5，21 页，32 开

03498
牦牛之抗牛瘟免疫试验（应用血清血毒共同注射法） 邝荣禄著
外文题名：Immunization of yaks against rinderpest by means of serum simultaneous method
南京：农林部中央畜牧实验所，1947.9，6 页，16 开（兽医专刊 10）

本书为《畜牧兽医月刊》第 6 卷第 8—9 期合刊抽印本。附英文摘要。

03499
宁夏省河西六县畜牧兽疫调查报告 宁夏省农林处 西北兽疫防治处宁夏工作站编
宁夏省农林处、西北兽疫防治处宁夏工作站，

1943.7，13 页，16 开
收藏单位：南京馆

03500
牛急性传染病纲要表　程绍迥著
出版者不详，1938.5，10 页，25 开
本书以图表形式罗列各种牛传染病。
收藏单位：贵州馆

03501
牛瘟　国立中山大学农学院推广部 [编]
国立中山大学农学院推广部，1931.4，8 页，25 开
国立中山大学农学院推广部，1934.10，4 版，8 页，25 开（农林浅说 畜牧类 2）
本书共 8 部分：特性、分布、病原及其传染、病状、尸体检查、疗治、预防、免疫法。
收藏单位：国家馆

03502
牛瘟　罗清生编著
成都：中华畜牧兽医学会，1943，40 页，32 开
收藏单位：重庆馆、广东馆

03503
牛瘟防治浅说　云南建设厅第三科编
[昆明]：云南建设厅，1938.3，12 页，36 开（云南农业小丛书 6）
本书内容包括：本市牛瘟发生的原因、牛瘟的症状、关于防疫方面、关于治疗牛瘟病法、关于处理死牛方面和消毒等。
收藏单位：国家馆

03504
牛瘟与卫生　彭允之编
[开封]：[河南大学农业推广部]，1930.12，2 版，6 页，32 开（河南大学农业推广部农业丛书 24）
本书共两部分：卫生、牛瘟。内容包括：牛舍、饲料、劳役、病征、免疫、预防。
收藏单位：国家馆

03505
牛瘟预防及免疫方法　广东建设厅农林局推广课编
广州：广东建设厅农林局推广课，1932.7，3 页，32 开（推广丛书 11）
广州：广东建设厅农林局推广课，1933 年春，再版，3 页，32 开
广州：广东建设厅农林局推广课，1933 年冬，3 版，3 页，32 开
收藏单位：国家馆

03506
牛疫浅说·牛口蹄疫浅说　实业部渔牧司编
南京：实业部总务司编辑科，1931.10，10 页，16 开（兽疫浅说）
本书介绍了牛疫和牛口蹄疫的病源、病征，以及对牛的隔离、消毒、诊治、预防等。书名页刊：实业部编印。
收藏单位：国家馆

03507
牛猪瘟的预防法　河北省农事第一试验场编
天津：河北省农事第一试验场，1933.12，[14] 页，24 开（农林浅说 畜牧类 1）
本书共两部分：牛瘟、猪瘟。内容包括：牛瘟的特性、分布、病状、尸体检查、疗治、预防，猪瘟发生的原因、猪瘟发生时的病状、病猪死后的剖验、猪瘟的预防法、猪瘟的治法。
收藏单位：国家馆

03508
农林部中央畜牧实验所东南兽疫防治处概况　农林部中央畜牧实验所东南兽疫防治处编
南京：农林部中央畜牧实验所东南兽疫防治处，1948.4，32 页，25 开
收藏单位：南京馆

03509
胚胎学讲义　陆军兽医学校编
陆军兽医学校，1944，76 页，36 开，环筒页装
本书为大学用书。
收藏单位：重庆馆

03510
平沪之新城鸡疫 马闻天 梁英 潘宝年著
南京：农林部中央畜牧实验所，1947.9，[5]页，16开（农业部中央畜牧实验所兽医专刊8）
本书为《畜牧兽医月刊》第6卷第8—9期合刊抽印本。

03511
山羊伪结核病及其病原菌 粟寿初著
外文题名：Pseudotuberculosis of goats and its causative organism
南京：农林部中央畜牧实验所，1947.7，5页，16开（农林部中央畜牧实验所兽医专刊5）
本书内容包括：病灶之性状、细菌检查、形态及染色特性、在培养基中之生长特性等。

03512
牲畜防疫及卫生 李之干编著
长沙：商务印书馆，1938.7，143页，32开，精装
长沙：商务印书馆，1939，再版，143页，32开，精装
长沙：商务印书馆，1940，4版，143页，32开
上海：商务印书馆，1946.10，5版，143页，32开
上海：商务印书馆，1947.10，6版，143页，32开
本书共6章：畜疫总论、畜疫预防、牲畜卫生、畜疫检查、畜疫防治步骤、畜疫防治实施。为职业学校教科书。
收藏单位：安徽馆、广东馆、国家馆、辽宁馆、南京馆、上海馆、首都馆

03513
牲畜防疫与饲养
冀晋新华书店，1946.7，68页，64开，环筒页装
本书共6章：怎样赶牲口，养猪，养羊，怎样把牛养好，怎样养好驴、骡、马匹，怎样治鸡瘟。
收藏单位：国家馆

03514
牲畜炭疽病预防浅说 工商部青岛商品检验局编
［青岛］：工商部青岛商品检验局，1931，6页，32开（工商部青岛商品检验局检验丛刊6）
本书内容包括：炭疽病是什么病、炭疽病是怎么样染上的、炭疽病的症候是什么样子、炭疽病应该怎样预防等。
收藏单位：国家馆

03515
实施牛疫预防注射告农民书 实业部青岛商品检验局编
［青岛］：实业部青岛商品检验局，1931，16页，32开（实业部青岛商品检验局检验丛刊8）
本书内含10帧注射实况图。正文页题名：实业部青岛商品检验局实施牛疫预防注射告农民书。
收藏单位：国家馆

03516
实业部上海商品检验局、上海市政府卫生局共立兽医专科学校概况 兽医专科学校编
上海：兽医专科学校，[1933]，6页，18开
本书收录有兽医专科学校校史、学则、经费、师生情况等内容。

03517
实业部中央农业实验所实业部上海商品检验局实业部合办兽疫防治所江苏省建设厅安徽省建设厅上海市政府卫生局南京市卫生事务所合办防治苏皖两省口蹄症报告 实业部中央农业实验所上海商品检验局合办兽疫防治所编
上海：实业部中央农业实验所上海商品检验局合办兽疫防治所，1935.5，140页，22开
本书逐页题名：合办防治苏皖两省口蹄症报告。
收藏单位：贵州馆、南京馆

03518
兽医宝典（下）
［南京］：陆军兽医学校，1929.7，1册，32开
收藏单位：南京馆

03519
兽医必携　陆军兽医学校编
陆军兽医学校，1941.8，200页，32开
收藏单位：重庆馆

03520
兽医警察学　治安总署陆军兽医训练班编
治安总署陆军兽医训练班，1942，油印本，52页，16开
收藏单位：国家馆

03521
兽医警察学讲义　陆军兽医学校编
陆军兽医学校，1945，168页，36开
收藏单位：广东馆

03522
兽医平时勤务讲义　陆军兽医学校编
陆军兽医学校，1944，油印本，43页，18开
收藏单位：广东馆

03523
兽医勤务学　治安总署陆军兽医训练班编
治安总署陆军兽医训练班，1942，油印本，85页，16开
收藏单位：国家馆

03524
兽医调剂术讲义
出版者不详，1944，油印本，94页，18开
收藏单位：广东馆

03525
兽医外科学（卷1）　秦和生编著
［兰州］：秦和生［出版者］，1948.9，108页，23开
本书内容包括：炎症、脓肿、坏疽、溃疡、瘘及瘘管、外伤、肿瘤与囊肿、滑囊病害、肌肉病害、腱之病害、滑膜鞘之病害、动脉病害、静脉病害、淋巴系之病害、神经病害、骨之病害、关节病害等。
收藏单位：国家馆

03526
兽医外科诊断学　［陆军兽医学校编］
陆军兽医学校，1945，油印本，146页，18开
收藏单位：广东馆

03527
兽医卫生行政及实施　白亮采编著　竹绍齐校
陆军兽医学校附设印刷所，1942.6，112页，36开
本书共4篇：兽疫预防法、肉品检验、牛乳检验、附录。内容包括：国内兽疫预防法、国外兽疫侵入预防法、兽疫扑灭法、肉品检验之意义及目的、牲畜宰前检查法、各种肉品检验法、各种牲畜主要副产品之检查等。
收藏单位：国家馆

03528
兽医细菌学　R. A. Kelser　H. W. Schoening著　盛彤笙译
成都：中国畜牧兽医学会出版部，1944—1946，3册（130+120+89页），16开
本书内容包括：细菌学之方法、传染及免疫、细菌变异、裂殖菌纲之病原菌、致病之霉菌、原生虫、滤过性毒及立克氏体、血清学、血学、兽医生物药品之制造、牛乳细菌学、牛乳之消毒等。Kelser通称：凯尔泽，Schoening通称：舍恩宁。上、中册1944年出版，下册1946年南京出版。
收藏单位：国家馆、湖南馆

03529
兽医细菌学实习指导　盛彤笙　朱晓屏编
兰州：国立兽医学院出版委员会，1948，2版，152页，32开（国立兽医学院丛书1）
本书正文共36部分，内容包括：细菌之型及染色、重要仪器之用法及玻璃器皿之预备、培养基之准备、细菌之生理等。附录6章：染色剂及染色法、常用培养基制备法、培养基反应之滴定法、生物化学试验、实验动物管理法、菌种保存法。
收藏单位：广东馆、国家馆

03530
兽医新编 赖昌编译
上海：科学书局，1913，308页，22开
本书内容包括：家畜解剖学、家畜生理学、健康与疾病等。为中等农学校用书。
收藏单位：广东馆、首都馆、浙江馆

03531
兽医学 关鹏万编
上海：商务印书馆，1918.6，58页，32开
上海：商务印书馆，1935.1，国难后1版，58页，32开
上海：商务印书馆，1935.7，国难后2版，58页，32开
上海：商务印书馆，1936.9，国难后3版，58页，32开
上海：商务印书馆，1939.4，国难后5版，58页，32开
上海：商务印书馆，1947.3，6版，58页，32开
上海：商务印书馆，1947.10，7版，58页，32开
本书共9章：兽医学之定义、健康之意义及检查法、病原论、症候及诊断、治疗之方法、药物论、内科诸症及治疗法、外科诸症及治疗法、免疫论。为初级农业职业学校教科书。
收藏单位：重庆馆、国家馆、南京馆、内蒙古馆、上海馆

03532
兽医学大意 关鹏万编
上海：商务印书馆，1918.6，60页，25开
上海：商务印书馆，1918.10，再版，60页，25开
上海：商务印书馆，1925，6版，60页，25开
本书内容包括：兽医学之定义、健康之意义及检查法等。为农业学校用书。
收藏单位：重庆馆、广东馆、国家馆、湖南馆、首都馆、浙江馆

03533
兽医学大意讲义 庞敦敏著
北平：农学月报社，1937.3，348页，25开
北平：农学月报社，1942，再版，增订本，262页，32开
本书共10篇：家畜解剖学纲要、家畜生理学概略、疾病概论、药物泛论、家畜制驭法摘要、细菌学大意、传染病论、寄生虫病论、兽疫、非传染性疾患摘要。
收藏单位：国家馆

03534
兽医学大意讲义 庞敦敏著
北京：人人书店，1942.10，再版，增订版，262页，32开

03535
兽医学教科书 （日）生驹藤太郎著 赖昌译述
上海：新学会社，1913，142页，22开
上海：新学会社，1922.9，4版，142页，22开
收藏单位：江西馆、首都馆

03536
兽医学校家畜产科学讲义 兽医学校编
兽医学校，1949，108页，32开
本书目录页题名：家畜产科学讲义。
收藏单位：重庆馆

03537
兽医药理学撷要 沈华辉编著
外文题名：Pharmakologie für tierarzte
上海：世界书局，1940.1，107页，32开
上海：世界书局，1947.9，再版，107页，32开
本书上篇介绍了药理学之定义、药品之作用、药品之用量、药用之部位、药品在体内之结局、药品与体质之关系等内容，下篇收录了各类兽药的性状、作用、应用、用量及处方。书末附中德英用法语一览、配合禁忌概要、药名译名对照表。
收藏单位：重庆馆、国家馆、辽宁馆、南京馆、浙江馆

03538
兽医药物浅说 贺克编
东阳：鸿文印刷所，[1934]，石印本，66页，32开

本书内容包括：药物之主义、用法、作用分类、应用注意、用量单位、用量比例等。

收藏单位：浙江馆

03539

兽医药物学　吴信法　黄祝封编著

出版者不详，1949.1，438 页，32 开

本书共 32 章，内容包括：药物之分类、影响于药物作用之因子、药物服用之方法、配合禁忌及解毒、衡量及处方、制药及药制剂、作用于循环系统之药物、退热剂、主要作用于中枢神经系之药物、主要作用于周围神经之药物、主要作用于消化道之药剂、挥发性油类、作用于呼吸系之药物、利尿剂、生殖排尿系兴奋剂及消毒剂、作用于生殖器官之药物、发汗剂及止汗剂、止血剂等。封面责任方式为合编。

03540

兽医药物学及治疗学　王志敏著

上海：中国农业书局，1937.4，287 页，24 开，精装

本书附中西名词索引。

收藏单位：黑龙江馆、南京馆

03541

兽医业务讲话　喻利编

中央训练团监察官训练班，1948.2，8 页，25 开

本书内容包括：引言、马厩之管理、清册及检查报告、问题。封面题：教字第 15 号。

收藏单位：国家馆、黑龙江馆

03542

兽医园药处方汇编　沈苏编著

兽医园药治疗研究所，1941，102 页，50 开（西药代替品丛书 2）

收藏单位：广东馆

03543

兽疫防治讲话　谷延麻著

出版者不详，[1946]，83 页，25 开

收藏单位：贵州馆、江西馆

03544

兽疫防治人员手册　农林部编

[南京]：农林部，1946.12，64 页，32 开

本书共 5 章：家畜传染病概况、健畜正常体态、兽疫预防、消毒、主要兽疫简说。书后有 5 个附件：防疫人员注意事项、各国法定传染病表、防治兽疫标语、兽疫概况调查表、防疫人员工作总报告表。

收藏单位：国家馆、南京馆

03545

兽疫防治须知　贵州省兽疫防治委员会编

贵州省兽疫防治委员会，1939.1，38 页，36 开

本书内容包括：兽疫预防条例、贵州省兽疫防治委员会组织规程、贵州省兽疫防治督导团组织规程、家畜卫生纲要、病与疫的分别等。

收藏单位：贵州馆、国家馆

03546

兽疫及其防疫法　[陆军兽医学校译]

陆军兽医学校，1925.6，316 页，32 开

本书内容包括：病马厂及马匹补充所、防疫范则等。其他题名：兽疫及防疫法。

收藏单位：浙江馆

03547

兽疫预防法　国立中山大学农学院推广部编

广州：国立中山大学出版部，1921.3，12 页，24 开（农林浅说 畜牧类 3）

广州：国立中山大学出版部，1929.4，再版，12 页，24 开（农林浅说 畜牧类 3）

广州：国立中山大学出版部，1931.10，4 版，12 页，24 开（农林浅说 畜牧类 3）

广州：国立中山大学出版部，1934.10，6 版，12 页，24 开（农林浅说 畜牧类 3）

本书内容包括：兽疫之病性病原症候、预防方法，介绍了 11 种兽疫及 20 种预防方法。初版至 4 版题名：兽疫预防须知。6 版逐页题名：兽疫预防须知。

收藏单位：国家馆

03548
兽疫预防问答 程宗颐编辑
武昌：李荣真印书馆，1932.10，14页，22开
本书以问答的形式解读兽疫预防知识，收录问题37个，包括：什么叫做兽疫、家畜传染病的病源是什么、家畜传染病的机会怎样、家畜传染病的经过分哪几个时期、家畜传染病有哪几种等。
收藏单位：广西馆

03549
兽疫预防须知（实业专刊） 钟宝璜编
柳州：广西实业院，1928.5，石印本，25页，25开（广西实业院刊物 第3种 第1号）
本书共6章，介绍了兽疫的由来、预防、卫生、种类、症状、消毒。
收藏单位：国家馆

03550
四川省家畜保育所成立周年纪念刊 四川省家畜保育所编辑委员会编
成都：四川省家畜保育所编辑委员会，1937.3，30页，32开

03551
四川省家畜保育所近况概述 四川省家畜保育所
成都：四川省家畜保育所，1936.6，18页，23开
本书共5部分：成立理由及经过、组织系统及工作纲要、自成立至现在工作概况、二十五年度预定事业计划、经营概算。
收藏单位：重庆馆、浙江馆

03552
四川省农业改进所扩大所务会议畜牧兽医组二十七年度工作报告 四川省农业改进所畜牧兽医组[编]
四川省农业改进所，1938，油印本，1册，18开，环筒页装
本书封面题名：四川省农业改进所畜牧兽医组二十七年度工作报告。
收藏单位：国家馆

03553
四川省兽疫防治报告（二十七年度） 四川省农业改进所编
成都：四川省农业改进所，[1940]，56页，16开（农业丛刊7）
收藏单位：南京馆

03554
四川省兽疫防治报告（二十八年度） 四川省农业改进所兽疫防治督导团编
四川省农业改进所兽疫防治督导团，1941.5，46页，16开（农业丛刊21）
本书内容包括：川边松茂防治猪牛瘟、川北庙会牛瘟预防注射、三台绵竹防治猪牛瘟、陪都及外围防治牛瘟、荣县防治牛瘟等。逐页题名：二十八年度兽疫防治报告。
收藏单位：贵州馆、国家馆、南京馆

03555
四川省兽疫防治报告（二十九年度） 四川省农业改进所兽疫防治督导团编
四川省农业改进所兽疫防治督导团，1941.5，118页，16开（农业丛刊20）
本书内容包括：紧急防疫、猪丹毒预防注射、省会外围牛瘟防治、川北庙会防疫（牛瘟）、川南糖区防疫（牛瘟）等。逐页题名：二十九年度兽疫防治报告。
收藏单位：重庆馆、贵州馆、国家馆

03556
蹄病学 治安总署陆军兽医训练班编
治安总署陆军兽医训练班，1942，油印本，49页，16开
收藏单位：国家馆

03557
蹄病学讲义
出版者不详，1946，50页，25开
收藏单位：广东馆

03558
蹄铁学 治安总署陆军兽医训练班编
治安总署陆军兽医训练班，1942，油印本，

57 叶，16 开
　　收藏单位：国家馆

03559
土种山羊对于 Mukteswar 系牛瘟病毒之感染性　粟寿初　邝荣禄著
南京：农林部中央畜牧实验所，1947.9，7 页，16 开（农林部中央畜牧实验所专报 9）
　　本书为《畜牧兽医月刊》第 6 卷第 8—9 期合刊抽印本。

03560
豚病学　王承钧编著
上海：新学会社，1934.4，130 页，32 开
　　本书内容包括：豚之卫生、豚之传染病、呼吸器病、豚之内科、豚之外科、豚之产科等。
　　收藏单位：国家馆、南京馆

03561
豚病学　王承钧编著
上海：中国农业书局，1940.6，再版，129 页，36 开
　　收藏单位：南京馆

03562
西北绵羊冬季大量倒毙原因的研究　顾谦吉　俞保权著
[重庆]：财政部贸易委员会、外销物资增产推销委员会，1942，18 页，32 开（报告 1）
　　本书共 5 部分：现时死亡情形的估计、倒毙的情形、倒毙的研究工作、上述研究工作之检讨、结论及初步改善办法。
　　收藏单位：国家馆、山西馆

03563
西北之山羊传染性胸膜肺炎　邝荣禄著
南京：农林部中央畜牧实验所，1947.7，17 页，16 开（农林部中央畜牧实验所兽医专刊 6）
　　本书为《畜牧兽医月刊》第 6 卷第 5—7 期合刊抽印本。

03564
西南常见的三种兽疫　冀锡霖著
出版者不详，1947，22 页，25 开
　　本书内容包括：牛瘟、牛出血性败血症、猪出血性败血症等。为贵州兽疫防治人员训练班教材。
　　收藏单位：重庆馆

03565
修正广西省防治畜疫暂行办法
出版者不详，28 页，32 开
　　收藏单位：南京馆

03566
永吉两县防治牛疫纪实　江西省农业院编
江西省农业院，1937.1，28 页，23 开
　　本书共 8 章：省府令永吉县府之原令、本院防疫人员之出发及调动、防疫人员之分配及业务进行纲要之拟定、防疫工作实施概况、实施期间遭遇之困难、损害调查统计、实施防疫期间所需经费、关系规章表式。
　　收藏单位：重庆馆、国家馆、湖南馆、南京馆、上海馆

03567
预防鸡瘟“鸡霍乱”的方法　四川省家畜保育所编
成都：四川省家畜保育所，1936.6，4 页，32 开（四川省家畜保育所兽医浅说 6）
　　本书介绍了鸡得鸡瘟后的症状以及预防办法。逐页题名：预防鸡瘟的方法。
　　收藏单位：国家馆

03568
预防牛瘟“烂肠瘟”的方法　四川省家畜保育所编
成都：四川省家畜保育所，1936.6，6 页，32 开（四川省家畜保育所兽医浅说 3）
　　本书介绍了牛患烂肠瘟后的症状以及预防措施。逐页题名：预防牛瘟的方法。
　　收藏单位：国家馆

03569
预防猪瘟“猪肺疫”的方法　四川省家畜保育所编

[成都]：四川省家畜保育所，1936.6，6页，32开（四川省家畜保育所兽医浅说5）

本书介绍了猪患猪肺疫的症状以及预防措施。逐页题名：预防猪瘟的方法。

收藏单位：国家馆

03570

预防猪瘟“猪霍乱”的方法　四川省家畜保育所编

成都：四川省家畜保育所，1936.6，6页，32开（四川省家畜保育所兽医浅说4）

本书介绍了猪患猪霍乱后的症状以及预防措施。逐页题名：预防猪霍乱方法。

收藏单位：国家馆

03571

怎样防治兽疫　梁贻谋编著

赣县：新赣南出版社，1942.5，40页，50开（乡镇建设小丛书1）

本书共11章：什么叫做兽疫、为什么要防治兽疫、平时预防方法、兽疫流行时预防方法、畜舍清洁消毒方法、防疫上简易消毒方法、各种兽疫的病状及防治方法、血清疫苗注射法及用量、兽疫检查、防治兽疫的步骤、结语。

收藏单位：重庆馆、国家馆

03572

怎样预防鸡瘟　河北省人民政府农业厅编

保定：河北省联合出版社，1949，10页，64开（农业生产丛书2）

收藏单位：国家馆、辽宁馆

03573

中国兽学丛书　石声汉编

出版者不详，66页，18开，精装

收藏单位：广东馆

03574

中国兽疫情况视察报告（民国三十二年至三十三年）　童立夫（E. A. Junnicliff）著　潘简良译

[南京]：农林部，[1945]，油印本，50页，18开，环筒页装

本书共4章：成都兽医讨论会、中国东南部各兽医防治机关视察报告、青海省视察报告、对中国西北部家畜疾病之观感及建议。

收藏单位：国家馆

03575

猪及其他脊椎动物十二指肠的潘氏细胞及黄色细胞　汤尔和著

出版者不详，1920，48页，25开

收藏单位：重庆馆

03576

猪瘟　国立中山大学农学院推广部编

广州：国立中山大学出版部，1928.5，6页，25开（农林浅说 畜牧类4）

广州：国立中山大学出版部，1930.4，3版，6页，25开（农林浅说 畜牧类4）

广州：国立中山大学出版部，1930.11，4版，6页，25开（农林浅说 畜牧类4）

广州：国立中山大学出版部，1934.10，7版，6页，25开（农林浅说 畜牧类4）

本书共5部分：猪瘟发生的原因、猪瘟发生时的病状、病猪死后的剖验、猪瘟的预防法、猪瘟的治法。

收藏单位：国家馆

狩猎、野生动物驯养

03577

白燕养殖法　李天化编译

外文题名：Canaries

李天化[发行者]，1931.2，122页，32开

李天化[发行者]，1931.5，再版，122页，32开

本书主要介绍了白燕的繁殖方法、换羽及饲色方法、训练方法、疾病及医疗、饲料、种类等养殖知识。

收藏单位：上海馆

03578

狐与狸　潘念之编著

上海：中国农业书局，1937.3，148页，36开　精装（农村副业丛书1）

本书介绍了狐和狸的养殖方法，内容包括：狐的品种、牧场、棚舍、食饵、繁殖、制皮、卫生，狸的品种、饲育与管理、繁殖。

收藏单位：重庆馆、国家馆、辽宁馆、南京馆、内蒙古馆、宁夏馆、浙江馆

03579

金丝雀饲养法　黄中成编译

上海：成善出版社，[1937]，68页，32开

本书内容包括：绪论、原始与历史、品种与类别、绿毛种、性别与年龄的判断、金丝雀的寿命、饲养法等。

收藏单位：上海馆

03580

笼鸟饲养法　贾祖璋编

上海：商务印书馆，1937.5，166页，32开（百科小丛书）

本书分总论、分论两篇，上篇共7章：绪言、一般的处理法、鸟笼与禽舍、食饵、清洁、换羽、疾病；下篇共4章：概说、粒饵鸟、粉饵鸟、生饵鸟。

收藏单位：重庆馆、广东馆、贵州馆、国家馆、河南馆、江西馆、辽宁馆、南京馆、宁夏馆、人大馆、首都馆

03581

毛支动物饲养法　张家骏编　薛德焴校订

上海：世界书局，[1940.12]，60页，32开

本书介绍鼬、貂、狸、狐、獾等动物的饲养、管理、繁殖及毛皮加工方法。

收藏单位：国家馆、河南馆、黑龙江馆、辽宁馆、南京馆、内蒙古馆、西南大学馆

03582

狩猎学　李英贤编著

上海：新学会社，1924.1，174页，24开

上海：新学会社，1930.9，再版，174页，24开

上海：新学会社，1937.8，3版，174页，24开

本书共4编：狩猎经济、猎枪弹药及射击、狩猎动物、猎犬。内容包括：狩猎与国民经济上之关系、狩猎制度、狩猎实行、猎枪之种类、枪机之扫除、弹药、射击等。

收藏单位：安徽馆、重庆馆、广东馆、国家馆、南京馆、上海馆、浙江馆

03583

狩猎要览　申屠编著

上海：均益利国联合印刷公司，1935.4，122页，22开

本书内容包括：狩猎的意义、对于戒杀的一种解释、狩猎要有法的遵守、狩猎目的物的培植、狩猎技术上的研究、猎犬问题等。

收藏单位：南京馆、上海馆、浙江馆

03584

畋猎学

出版者不详，96+82页，22开

本书内容包括：畋猎总论、畋猎各论。后附农具学。

收藏单位：浙江馆

03585

养狐新知识　张伯衡编

北平：新林商店，1931.3，148页，32开

本书共8章：总论、狐、选定位置与养狐式样、设备、饲料、管理与繁殖、狐皮之收获、结论。书末附种狐繁殖准表、购种建场人工饲料一览决算表等。

收藏单位：国家馆、浙江馆

03586

养狐与养鼬　史公山编

上海：中华书局，1948.9，145页，32开

本书分两篇：养狐法、养鼬法，上篇共9章：总论、种狐之选择、厂址之选定、设备、繁殖、饲料与饲养、管理、疾病与治疗、屠杀与干皮；下篇共5章：总论、种鼬之选择、鼬舍之构造、繁殖与育成、饲养管理。

收藏单位：安徽馆、重庆馆、广东馆、国家馆、南京馆、内蒙古馆、上海馆

03587

养鸟法　严岩编述

上海：中国农业书局，1942.1，再版，39+45页，32开

本书分上、下两卷，上卷介绍了食物、笼及禽舍、附属器具、水浴与沙浴、孵卵、疾病及治疗法、换羽、生鸟就食法等养鸟基础知识；下卷介绍了鹦鹉、黄雀、斑鸠等60种鸟的饲养法。卷首、书口书名题：小鸟六十种。

收藏单位：上海馆

畜禽产品的综合利用

03588
畜产品　李之干著
上海：商务印书馆，1948.9，18+355页，32开

本书共11章：猪鬃、肠衣、羊毛、蛋品、生皮、毛皮、羽毛、牲脂、兽骨、肉品、奶品。为职业学校教科书。

收藏单位：重庆馆、国家馆、湖南馆、浙江馆

蚕桑

03589
本校蚕桑部两年来改良蚕种之概略　杨邦杰述
仲恺农工学校，1930，10页，16开

收藏单位：南京馆

03590
蚕　薛德焴著
上海：新亚书店，1934.2，34页，32开（动物解剖丛书 卷9）

本书内容包括：养蚕的起源、体躯的构造、头部的观察、胸部的观察、腹部的观察、内脏的观察、蛹的观察、成虫的观察等。

收藏单位：安徽馆、国家馆、西南大学馆、浙江馆

03591
蚕宝宝　都冰如绘图
上海：中华书局，1931.6，15页，32开（小学生丛书1第22册）

收藏单位：黑龙江馆、上海馆

03592
蚕宝宝　叶绍钧编著
上海：中华书局，1936.4，15页，32开（小朋友文库）

收藏单位：重庆馆

03593
蚕病消毒法　黄溍西编
上海：新学会社，1913.11，石印本，126页，22开（蚕业丛书 第9编）

本书共4编：总论、消毒与蚕业之关系、消毒器械、消毒论。内容包括：消毒与蚕业之关系、消毒上之用语、微生物、蚕病之种类、消毒药品之说明、木精、醋酸亚勒西特及酒精、亚硫酸瓦斯等。

收藏单位：浙江馆

03594
蚕病预防法　姚志强　赖昌编　庄崧甫校阅
上海：新学会社，1913.1，102页，22开（蚕业丛书 第8编）
上海：新学会社，1913，再版，130页，22开（蚕业丛书 第8编）
上海：新学会社，1923.5，3版，142页，22开（蚕业丛书 第8编）
上海：新学会社，1931，130页（蚕业丛书 第8编）

本书叙述了蚕病的原因及种类以及防治方法。内容包括：蚕病之原因及种类、微粒子病预防法、脓病预防法、软化病预防法、硬化病预防法、蠁蛆病预防法、蚕病与外界之关系等。校阅者原题：庄景仲。

收藏单位：安徽馆、江西馆、南京馆、首都馆、浙江馆

03595
蚕病预防浅说　江苏省立民众教育院　劳农学院研究部编
江苏省立民众教育院、江苏省立劳农学院研

究部，[1931]，6页，25开（注音农民小丛书）

收藏单位：江西馆

03596

蚕儿品种改良问题中的“一代杂种” 杨永炳著

东方印刷公司，1931，44页，32开

本书讲述有关养蚕制种业的问题。

收藏单位：重庆馆

03597

蚕和丝 徐应昶编

上海：商务印书馆，1934.2，38页，32开（小学生文库 第1集 动物类）

上海：商务印书馆，1934.10，再版，38页，32开（小学生文库 第1集 动物类）

本书内容包括：养蚕的历史、蚕的一生、缫丝和染丝、丝的用途、我国的养蚕事业、柞蚕、怎样养普通的蚕、蚕的病、养柞蚕等。

收藏单位：重庆馆、东北师大馆、湖南馆、宁夏馆、上海馆、首都馆

03598

蚕户训练教本（自民国廿七年九月至廿八年十一月） 陆星垣编 常宗会校

昆明：大中印刷厂，1939.11，28页，32开（云南省建设厅蚕桑改进所印刷品8）

本书共4编：养蚕、栽桑、蚕病、网簇制造。内容包括：养蚕的利益、住宅兼用蚕室的布置、养蚕前的准备、催青、饲育温度、饲育湿度和通气、采桑贮桑、给桑等。

收藏单位：国家馆

03599

蚕卵单性发育与正常发育之比较（中法文本） 朱洗 赵汝翼著

北平：中法大学，1936.6，32页，16开（北平中法大学理学院特刊6）

本书从蚕卵的正常发育、单性发育略史、材料和实验的方法、生体观察、细胞学研究等方面介绍了细胞学发育手术中关于蚕卵单性发育的研究内容及成果。

收藏单位：北师大馆

03600

蚕卵浸温水试验 桂应祥 杨邦杰撰述

外文题名：The watering of the eggs of silkworms

广州：仲恺农工学校，1933.8，83页，16开（仲恺农工学校研究报告 第1卷1）

本书共4章：材料及方法、生种的浸温水法、黑种的浸温水法、生种浸温水对于其蚕儿时代之影响。书末附摘要、参考文献。

收藏单位：广西馆、国家馆、上海馆

03601

蚕桑概论

浙江省地方自治专修学校，1930，70页，22开

本书内容包括：蚕室、蚕具、蚕具与蚁量、蚕种之处理及保护、蚕种之检查等。

收藏单位：浙江馆

03602

蚕桑害虫学 张景欧编

上海：黎明书局，1934.6，379页，23开（黎明农业丛书）

本书共两章：总论、各论。内容包括：昆虫在动物界之地位及其构造、昆虫之变态、昆虫之习性、昆虫之色彩、一般害虫防治法、治虫药剂之调制及施用等。书末附索引。

收藏单位：安徽馆、重庆馆、东北师大馆、广西馆、贵州馆、国家馆、江西馆、南京馆、上海馆、绍兴馆、首都馆、西南大学馆、浙江馆

03603

蚕桑简要法 陈滓编辑

上海：新学会社，1911，1册，22开

上海：新学会社，1913，再版，1册，22开

收藏单位：首都馆

03604

蚕桑浅说 河北省政府农矿厅编

河北省政府农矿厅，1930.3，18页，32开

本书从养蚕的利益、培桑、栽桑、养蚕等方面介绍了栽桑养蚕的注意事项。

03605
蚕桑浅说 江苏省立育蚕试验所编
[镇江]:[江苏省立育蚕试验所],35页,大32开
收藏单位:南京馆

03606
蚕桑浅说 山西农矿厅编
[太原]:山西农矿厅,1930.9,24页,32开
收藏单位:国家馆

03607
蚕桑浅要 林志恂著 中国蚕桑研究会主编
上海:大东书局,1933.6,96页,32开
本书内容包括:种葚、接桑、整枝、分栽、施肥、害虫、蚕室、蚕性、蚕病、催青、收蚁、给桑、贮桑等。
收藏单位:广东馆、国家馆、江西馆

03608
蚕桑推广指导工作报告(自民国廿七年九月至廿八年五月) 常宗会编
昆明:大中印刷厂,1939.8,42页,32开(云南省建设厅蚕桑改进所印刷品4)
本书内容包括:调查各县蚕桑状况、确定蚕桑推广区、经费之补助、宣传推广改良蚕种、配发改良蚕种、配发桑苗、实施稚蚕共育、招收养蚕练习生等。
收藏单位:重庆馆、国家馆

03609
蚕桑新法问答 上海科学书局编译
上海:科学书局,1914,1册,22开(蚕桑丛书)
本书内容包括:绪论、蚕学起原、哺春蚕法、缫丝绪法、哺夏蚕法、收蚕种法等。
收藏单位:首都馆

03610
蚕桑新术 陈启莹编
安徽农务总会,1912,112页,大32开
本书逐页题名:实验蚕桑新术。封面为张之屏题字。
收藏单位:安徽馆、南京馆

03611
蚕丝改进计划草案 农林部编
[南京]:农林部,1948.1,10页,32开
本书内容包括:过去办理成果、事业目标、进行方针、实施纲要、执行机构、三十七年度经费概算。
收藏单位:国家馆

03612
蚕丝改良委员会丛刊(1—4册) 全国经济委员会蚕丝改良委员会编
杭州:全国经济委员会蚕丝改良委员会,1936.12,[1600]页,16开
本书第1册为1934年蚕丝事业工作报告,第2—4册为《中国蚕丝》第1—10号及第2卷1—6号期刊合订本。内容为养蚕、缫丝的调查报告。

03613
蚕丝专刊号 中华农学会编辑
南京:中华农学会事务所,1921,1册,22开
收藏单位:首都馆

03614
蚕体病理教科书 郑辟疆编纂
外文题名:Silkworm diseases
上海:商务印书馆,1917.10,116页,25开
上海:商务印书馆,1925.9,7版,116页,25开
上海:商务印书馆,1928.10,8版,116页,25开
本书共13章:总论、多化性蚕蛆病、蠁蛆病、微粒子病、脓病、白僵病、其余之硬化病、卒倒病、起缩病、中毒、外伤、虚弱病、蚕病预防法。为蚕业学校用书。
收藏单位:重庆馆、湖南馆、首都馆、浙江馆

03615
蚕体病理论 黄涓西编
上海:新学会社,1911.3,再版,订正本,126

页，22开（蚕业丛书 第7编）
上海：新学会社，1916，4版，126页，22开（蚕业丛书 第7编）

本书分通论、各论两编，通论共10章：定义、病原、病征、传染及预防、征菌、丝状菌、酸酵菌、细菌、由动物试验以确定病原之方法、原生虫；各论共6章：微粒子病、软化病、硬化病、脓病、蛆害、其他动物及于蚕儿之害。书末附录为蚕病消毒，共4章：消毒药品、消毒器械、蚕室消毒法、蚕具消毒法。

收藏单位：国家馆、首都馆、浙江馆

03616
蚕体解剖教科书　郑辟疆编
上海：商务印书馆，1917.3，86页，27开
上海：商务印书馆，1922，6版，86页，27开
上海：商务印书馆，1924.10，8版，86页，27开
上海：商务印书馆，1926.5，9版，86页，27开
上海：商务印书馆，1928.8，10版，86页，27开
上海：商务印书馆，1930，11版，86页，27开
上海：商务印书馆，1934，国难后2版，86页，27开

本书共10章：总论、蚕儿之外景、蚕儿之内景、茧、蛹、蚕蛾之外景、蚕蛾之内景、组织、蚕卵之构造、实验用具。为蚕业学校用书。

收藏单位：重庆馆、广东馆、广西馆、辽大馆、南京馆、西南大学馆、浙江馆

03617
蚕体解剖论　余宗农编辑
上海：新学会社，1915.9，4版，146页，22开（蚕业丛书 第3编）

本书共5章：总论、蚕虫解剖论、蚕蛾解剖论、蚕卵解剖论、蚕体解剖用器具论。内容包括：蚕在动物学上之位置、变态、家蚕与野蚕、一般生物体之构造、蚕卵之形态、蚕卵之构造、受精之现象等。

收藏单位：浙江馆

03618
蚕体解剖学　朱美予编
上海：商务印书馆，1934.9，219页，32开
上海：商务印书馆，1935.5，再版，219页，32开
长沙：商务印书馆，1939.4，3版，219页，32开

本书共7章：总论、幼虫（蚕儿）之外部解剖、幼虫之内部解剖及组织、蛹之解剖、成虫（蛾）之解剖、卵之解剖、解剖实验用具。为高级农业学校教科书。

收藏单位：重庆馆、广东馆、国家馆、南京馆

03619
蚕体生理教科书　郑辟疆编
外文题名：A text-book on silkworm physiology
上海：商务印书馆，1917.9，111页，27开
上海：商务印书馆，1925.8，8版，110页，25开
上海：商务印书馆，1928.6，9版，110页，25开
上海：商务印书馆，1930.7，10版，110页，25开

本书共20章：总论、孵化及梳毛、成长、蜕皮、消化及吸收、新陈代谢、血液及其循环、排泄、脂肪体之生理、呼吸、运动、营茧、茧丝、生殖、五官、胚子之发达、蚕卵之呼吸、蚕卵之穷理、成虫器官之发达、遗传及变异。为蚕业学校用书。

收藏单位：广西馆、国家馆、湖南馆、辽大馆、南京馆、首都馆、浙江馆

03620
蚕体生理论　黄毅编译　庄崧甫校阅
上海：新学会社，1913.7，3版，142页，22开（蚕业丛书 第6编）
上海：新学会社，1916，4版，142页，22开（蚕业丛书 第6编）

本书内容包括：生理学之范围、生物之起源、生命与死亡、细胞及其增殖、生存竞争、自然淘汰、本能、人为淘汰、生物体之变态、

生物对于人性之关系、生殖机论、卵体生理论、血液及血液循环论、呼吸机论、消化机论、吸收及类化机论等。校阅者原题：庄景仲。

收藏单位：国家馆、湖南馆、首都馆、浙江馆

03621

蚕体生理学　陆星垣编纂

上海：商务印书馆，1934.8，215 页，32 开

上海：商务印书馆，1934.12，2 版，215 页，32 开

长沙：商务印书馆，1938.3，3 版，215 页，32 开

本书共 15 章：绪论、蚕体之成分、营养、血液及循环、呼吸、排泄、成长、绢丝之生成、营茧及茧、势力之发现、蚕儿与环境、生殖、胚子之发生、蚕卵外观上之变化、胚子与外界。为高级农业学校教科书。

收藏单位：安徽馆、重庆馆、东北师大馆、广西馆、国家馆、南京馆、农大馆、山西馆、西南大学馆

03622

蚕体生理学　尹良莹编

上海：黎明书局，1933.9，20+362 页，32 开（黎明农业丛书）

上海：黎明书局，1937.6，再版，20+362 页，32 开（黎明农业丛书）

本书共 6 编，第 1 编为总论，共 3 章：蚕体生理学之定义与范围、蚕之位置、蚕之生态；第 2 编为蚕之生命，共 6 章：营养、血液、血液循环、呼吸、消化、排泄；第 3 编为蚕之智能，共 5 章：本能与智慧、体温、运动、神经、五官；第 4 编为蚕之发育，共 4 章：蚕体成分、成长、变态、营茧；第 5 编为蚕之环境，共 5 章：温度、湿度、气流、光线、毒物；第 6 编为蚕之增殖，共 3 章：生理细胞、胚子、胚子与外界。

收藏单位：重庆馆、广西馆、国家馆、湖南馆、江西馆、南京馆、山西馆、首都馆、天津馆、西南大学馆、浙江馆

03623

蚕体遗传学　蒋同庆著

昆明：太华印书馆，1948.9 印，285 页，23 开

本书共 10 篇：总论、实验的遗传学、细胞的遗传学、原形质遗传学、雌雄性遗传学、突然变异及交配淘汰、育种的设计、育种的实施、文献、索引。

收藏单位：国家馆

03624

蚕学（上卷）　姚鋈编述

北平：文化学社，1937.1，350 页，16 开

本书内容包括：蚕业概论、蚕卵论、蚕儿论、蚕蛹蚕蛾论、蚕病论。

收藏单位：重庆馆、国家馆、首都馆

03625

蚕学大意　山东省政府建设厅合作事业指导委员会编

山东省政府建设厅合作事业指导委员会，1934.11，44 页，18 开

本书主要介绍山东省养蚕事业的情况，有桑树图 26 帧。

收藏单位：重庆馆

03626

蚕业指导　殷秋松编著

上海：正中书局，1948.3，188 页，23 开

本书共两编：总论、蚕业指导之实施。第 1 编共 3 章：绪言、中国之农村社会、蚕业指导员服务须知；第 2 编共 12 章：调查与组织、共同购买、蚕病预防消毒、共同催青、稚蚕共育、壮蚕饲育、上簇收茧、巡回指导、蚕病种类与防除法、蚕业合作、养蚕农民之训练、蚕农之贷款。

收藏单位：安徽馆、重庆馆、广东馆、国家馆、南京馆、西南大学馆、浙江馆

03627

蚕与丝　徐应昶编纂

上海：商务印书馆，1928，23 页，32 开（儿童理科丛书 第 33 册）

收藏单位：首都馆

03628
蚕种保护法　姜白名著
上海：新社会社，1930.4，131 页，32 开
本书共 3 章：蚕种保护之分类、春蚕种之保护、夏秋蚕种之保护。
收藏单位：浙江馆

03629
蚕种浅说　彭允之编
[开封]：河南中山大学农业推广部，1930.6，10 页，32 开（河南中山大学农业推广部农业丛书 19）
本书内容包括：选蚕、剥茧、选茧、护茧及覆纸、捉蛾、选蛾、交尾、割爱、种具及产卵等。
收藏单位：国家馆

03630
蚕种人工孵化之原理与实际　张毓骅著
日本：东京高等蚕丝学校研究科，1 册，16 开
收藏单位：南京馆

03631
蚕种学　陆星垣编
上海：商务印书馆，1935.1，10+240 页，32 开
长沙：商务印书馆，1939.5，4 版，10+240 页，32 开
上海：商务印书馆，1947.6，5 版，10+240 页，32 开
本书共 8 章：蚕之品种、春蚕种制造法概说、夏秋蚕种制造法、越年蚕种之保护、蚕之遗传、蚕之变异、蚕之品种改良法、蚕种制造场经营设计。为高级农业学校教科书。
收藏单位：重庆馆、东北师大馆、国家馆、江西馆、内蒙古馆、山西馆、西南大学馆

03632
蚕种学　（日）梅谷与七郎著　汪协如译
上海：商务印书馆，1936.10，328 页，32 开（农学丛书）
本书内容包括：蚕的生殖与蚕种、蚕种的制造、蚕种的保护、蚕种的冷藏、蚕种的人工孵化等。
收藏单位：安徽馆、重庆馆、广东馆、国家馆、南京馆、上海馆、西南大学馆

03633
蚕种学　求良儒编著　孙本忠校
上海：新亚书店，1934.3，141 页，32 开
收藏单位：重庆馆、国家馆、辽宁馆、浙江馆

03634
蚕种制造　殷秋松编
上海：中华书局，1945.10，12+308 页，32 开（农业丛书）
本书共 8 章：品种改良、原蚕饲育、原种之催青法、蚕病预防消毒、蚕种制造、蚕种之保护与冷藏、蚕种人工孵化法、蚕种制造经营。书前有邵申培先生序、绪言。
收藏单位：重庆馆、国家馆、江西馆、辽宁馆、内蒙古馆

03635
蚕种制造条例　江苏省蚕业改进管理委员会编
江苏省蚕业改进管理委员会，[1936]，10 页，32 开
本书收录蚕种制造法规 35 条。中华民国二十五年二月二十八日国民政府公布。
收藏单位：上海馆

03636
蚕种制造须知　江苏省蚕种制造技术改进会编
杭州：浙江省蚕种取缔所，1934.5，48 页，32 开

03637
初级养蚕概要　陆星垣编　常宗会校
昆明：大中印刷厂，1939.9 印，16 页，32 开（云南省建设厅蚕桑改进所印刷品 6）
本书内容包括：绪言、养蚕前的准备——洗涤消毒、催青、收益、饲育气象的调节、采桑贮桑给桑、除沙分箔、眠起的处理等。
收藏单位：国家馆

03638
改良蚕业浅说（第1种） 浙江省立蚕业学校编
浙江省立蚕业学校，10页
本书内容包括：改良制种法、保护蚕种法等。
收藏单位：浙江馆

03639
改良蚕种方法论 钱天鹤著
南京：金陵大学农林科，1922，16页，22开（金陵大学蚕业丛刊5）
收藏单位：广东馆

03640
告农友扑灭松花蚕书 浙江省蚕丝业改良场推广部编
[杭州]：浙江省蚕丝业改良场推广部，1930，6页，32开
本书介绍了松花蚕的形态、松花蚕的孵化情形、扑灭法等。
收藏单位：国家馆

03641
古今合纂殖桑法 金步瀛编述
杭州：浙江省立图书馆，1930.5，11+60叶，25开
本书共5章：总论、播实法、压条法、扦条法、接木法。
收藏单位：浙江馆

03642
关于家蚕的蚁蚕体毛之形态与其分布的研究 桂应祥等著
广州：仲恺农工学校，1936.5，14页，16开（仲恺农工学校研究报告 第3卷1）

03643
广东蚕种制造法 李秉楠著
[广州]：国立中山大学出版部，1927.4，24页，25开
[广州]：国立中山大学出版部，1930.1，再版，24页，25开
[广州]：国立中山大学出版部，1932.12，4版，24页，25开
[广州]：国立中山大学出版部，1933.11，5版，24页，25开（农林浅说 蚕桑类4）
本书内容包括：制种之设备、原种子之强弱、种茧、种蛾、浴种、种纸等。
收藏单位：国家馆

03644
广东特异蚕卵之形态与遗传学的研究 桂应祥著
外文题名：On the morphological and genetical studies in the egg of the cantonese races of bombyx mori
广州：仲恺农工学校，1934.2，260页，16开（仲恺农工学校研究报告 第2卷1）
本书内容包括：材料及方法、卵壳之构造、劣性缩卵系、粉白缩卵系、大造纺锤形卵系、块形卵、特殊卵系相互的交杂试验等。

03645
广东种桑指要 国立中山大学农学院推广部编
广州：国立中山大学出版部，1926.6，6页，25开
广州：国立中山大学出版部，1928.12，再版，6页，25开
广州：国立中山大学出版部，1933.7，4版，6页，25开
广州：国立中山大学出版部，1934.10，6版，6页，25开（农林浅说 蚕桑类1）
本书内容包括：桑园选地、种桑的时期、桑苗修整、桑树施肥、桑园常见害虫、桑树常见病等。
收藏单位：国家馆

03646
国立中山大学农学院南路蚕业试验场报告书 刘伯渊著
[广州]：[国立中山大学农学院]，1934，54页，16开
本书为文言体，内容包括：经过历史、事务处理、场务兴革、职员一览表、生产报告表、丝场缫丝成绩表等。目录页题名：南路蚕业试验场第一次报告书。正文页、书口书名

题　国立中山大学农学院南路蚕业试验场第一次报告书。

收藏单位：广西馆、国家馆、上海馆、浙江馆

03647
杭州市最近蚕业概况　杭州市蚕桑改良委员会编
杭州：杭州市蚕桑改良委员会，1935，26 页，25 开

本书共 4 章：绪言、杭州市蚕业所占之地位、最近三年蚕业行政之过程、今后的设施。

收藏单位：浙江馆

03648
河南省柞蚕改良场三年来工作概况
出版者不详，[1943—1949]，52 页，32 开

收藏单位：南京馆

03649
河南橡蚕问答　洪怀祖编
[南京]：南京龙章印刷厂，[1920.10] 印，64 页，23 开

03650
烘茧法　陈淬编辑　周葆初校
上海：新学会社，1914，58 页，22 开（蚕业丛书 第 11 编）
上海：新学会社，1923，再版，58 页，25 开（蚕业丛书 第 11 编）

本书共 23 章，对各种制茧法的优劣进行比较，介绍了其中简易尽善的方法。

收藏单位：重庆馆、南京馆、首都馆、浙江馆

03651
烘茧须知
[四川丝业公司]，[1940.4]，52 页，32 开（四川丝业公司训练用书 1）

本书共 10 章：叙言、炕茧的意义和目的、生茧处理、土灶和烘茧机、烘茧方法、土灶烘茧时的工作、烘茧机烘茧时的工作、半干茧处理、全干茧处理、烘茧期中管炕员的注意事项。

收藏单位：安徽馆、广东馆

03652
家蚕品种改良法　熊季光　李绍宜编著
上海：商务印书馆，1936.5，131 页，32 开（农学小丛书）
长沙：商务印书馆，1939.9，2 版，131 页，32 开（农学小丛书）

本书分上、下两篇：总论、品种改良法各论。上篇共 6 章：绪论、家蚕著名品种及其性状、家蚕遗传现象、变异测定、家蚕育种设备、品种改良的基础技术；下篇共 6 章：品种改良着手法、纯系分离法、交杂固定法、突然变异利用法、一代杂种利用改良法、品种退化防止法。

收藏单位：安徽馆、重庆馆、广东馆、国家馆、湖南馆、南京馆、内蒙古馆、宁夏馆、上海馆、首都馆、西南大学馆、浙江馆

03653
家蚕生理学（上卷）　赵烈编
外文题名：Physiology of domestic silkworm
广州：国立中山大学出版部，1928.10，238+20 页，23 开（国立中山大学高等农学丛书）

本书共 12 章：物质代谢总论、家蚕之成分、营养、血液、免疫性及沉淀反应、呼吸、排泄、成长、变态、丝腺之形成、茧、物质代谢结算。书前有泛论，介绍了生理学之定义、生理学与解剖学之关系、生理学之分类、家蚕生理学之效用等内容。

收藏单位：国家馆、南京馆、浙江馆

03654
家蚕微粒子病检查法与防除法　尹良莹编著
上海：商务印书馆，1948.5，92 页，25 开（中国蚕丝丛书）

本书分家蚕微粒子病检查法、家蚕微粒子病防除法两编。内容包括：绪言、蚕蛾微粒子检查法、蚕卵微粒子检查法、蚕儿微粒子检查法、蚕蛹微粒子检查法等。

收藏单位：广东馆、国家馆、辽宁馆、内蒙古馆、清华馆、上海馆、浙江馆

03655
家蚕新品种“贸易一号”育种经过及推广成绩初步报告 孙本忠著
外文题名：A preliminary report of the breeding and the extension of the new silkworm variety “F.T.I.”
财政部贸易委员会外销物资增产推销委员会，[1945]，8 页，23 开（财政部贸易委员会外销物资增产推销委员会技术丛刊 第 1 号）
本书共 6 章：育种目的、育种方法、育种进度、本品种之现状、一代交杂试验、一代交杂种推广试验。
收藏单位：国家馆、南京馆

03656
家蚕育种时“试验技术”之研究 孙本忠著
外文题名：A study of experimental technique for silkworm breeding
南京：实业部中央农业实验所，1936.4，[32] 页，16 开（实业部中央农业实验所研究报告 第 1 卷 11）
本书共 3 部分：蚕箔定位试验、蛾区试验、取样试验。正文分中英文两部分。
收藏单位：国家馆

03657
家蚕之品种、性及体量与成熟速度之关系·广东蚕之二三特殊系统 桂应祥 杨邦杰合著
外文题名：On the cor-relationship among the race, sex, weight and maturity in the silkworm. Upon some special strains of the Cantonese silkworm
广州：仲恺农工学校，1933.8，40 页，16 开（仲恺农工学校研究报告 第 1 卷 2）
本书为《家蚕之品种、性及体量与成熟速度之关系》和《广东蚕之二三特殊系统》合订书，附英文摘要。
收藏单位：国家馆

03658
江苏省蚕种制造取缔规则（中华民国二十八年五月） 江苏省建设厅编
江苏省建设厅，[1939.5]，32 页，16 开
本书收录江苏省蚕种制造取缔规则 70 条。书末附筹设蚕种制造场申请书、蚕种制造场登记请求书、蚕种制造场迁移申请书、蚕种期作业计划书、蚕期收蚁声明书等。
收藏单位：国家馆

03659
江苏省立扬州蚕业试验场十七年度工作概况（自十七年十一月起至十八年六月止） 江苏省立蚕业试验场编
江苏省立蚕业试验场，[1929]，28 页，27 开
收藏单位：上海馆

03660
鲁桑栽培浅说 崔毓桂编述
山东省立蚕业试验场，1933，再版，石印本，21 叶，长 18 开，环筒页装
本书内容包括：品种和用途、繁殖法、栽培法、剪定法、伐采法、培养法、衰弱复强法、收叶量、病虫害预防驱除法、图中用具。
收藏单位：国家馆

03661
民国二十一年浙江省桑蟥为害调查 浙江省昆虫局推广部编
外文题名：A survey on the damage caused by Rondotia Menciana in Chekiang, 1932
杭州：浙江省昆虫局，1933.10，[28] 页，16 开（浙江省昆虫局特刊 第 23 号）
本书是关于 1932 年浙江省桑蟥灾害进行的调查报告及分析，涉及二十七个县，主要从被害程度和被害面积来揭示 1932 年浙江省桑蟥灾害的情况。为《新农村》第 1 卷第 3 期抽印本。另有浙江省昆虫局特刊 19—27 号合订本。
收藏单位：国家馆、江西馆、南京馆、首都馆

03662
农林部中央农业实验所蚕桑系三年来之工作概况 孙本忠著
出版者不详，1941.3，12 页，16 开
收藏单位：南京馆

03663
农林经济部蚕丝产销协导委员会浙江办事处三十六年度工作报告　农林经济部蚕丝产销协导委员会浙江办事处编
农林经济部蚕丝产销协导委员会浙江办事处，1947.6，油印本，35 页，13 开
本书内容包括：导言、管理春蚕、管理秋蚕、督察缫丝、调查夏虫、调查各石燃料、统计表、附录等。
收藏单位：浙江馆

03664
培苗栽桑浅说（自民国廿七年九月至廿八年十一月）　周占梅编　常宗会校
昆明：大中印刷厂，1939.11，1 册，32 开（云南省建设厅蚕桑改进所印刷品 7）
本书共两部分：桑苗培育浅说、栽桑浅说。桑苗培育浅说共 5 章：绪言、采种、播种、移植、嫁接。栽桑浅说共 5 章：桑树之栽植、桑树之剪定、桑树之培育、桑树之收获、桑园年中行事表。
收藏单位：重庆馆、国家馆

03665
培育桑苗计划　周占梅编
昆明：云南省建设厅蚕桑改进所，1939.8，6 页，32 开（云南省建设厅蚕桑改进所印刷品 5）
本书卷端题名：蚕桑改进所二十八年度培育桑苗计划大纲。书口题名：培育桑苗计划大纲。

03666
普通养蚕学　尹良莹编
上海：黎明书局，1933.10，24+386 页，32 开，精装（黎明农业丛书）
上海：黎明书局，1936.8，再版，24+386 页，32 开（黎明农业丛书）
上海：黎明书局，1937.5，3 版，24+386 页，32 开（黎明农业丛书）
本书共 6 编：总论、蚕室与蚕具、蚕种与催青、饲育、上簇与制种、消毒。内容包括：中国蚕业之沿革、蚕之一生形态、养蚕业、蚕室、蚕具、蚕种之类别、蚕种之特性、蚕种之选择、蚕种之催青、收蚁、给桑等。版权页题：尹良莹著。
收藏单位：安徽馆、重庆馆、广东馆、国家馆、湖南馆、南京馆、首都馆、浙江馆

03667
普通栽桑学　尹良莹编
上海：黎明书局，1934.4，[26]+482 页，32 开（黎明农业丛书）
上海：黎明书局，1936.10，再版，[26]+482 页，32 开（黎明农业丛书）
上海：黎明书局，1937，3 版，[26]+386 页，32 开（黎明农业丛书）
本书共 6 编：总论、桑之种类、桑之栽培、桑之环境、桑之病害、桑之虫害。内容包括：中国栽桑之沿革、中国现代桑田之面积、桑之位置、桑树各部形态、桑之品种、桑之类别等。
收藏单位：安徽馆、重庆馆、广东馆、国家馆、湖南馆、江西馆、南京馆、首都馆、西南大学馆、浙江馆

03668
黔省柞蚕问题　顾青虹著
贵阳：文通书局，1942.9，54 页，32 开
本书共 8 部分：黔省柞蚕业之由来、柞蚕丝之销路及用途、黔省柞蚕区域、黔省柞蚕业生产概况、黔省柞蚕业衰落之原因、过去改良失败之理由、目下柞蚕业应须研究之问题、结论。
收藏单位：重庆馆、贵州馆、国家馆

03669
秋蚕期间桑树枝条皮纹之研究　赵鸿基著
杭州：浙江省蚕桑改良场，1937.1，26 页，16 开

03670
秋蚕饲育浅说　四川省蚕桑改良志推广股编
四川省蚕桑改良志推广股，1937，18 页，32 开
本书为农业科普读物。
收藏单位：重庆馆

03671
秋蚕稚蚕新饲育法要览 浙江省蚕丝统制委员会编
杭州：浙江省蚕丝统制委员会，1936，6页，22开（浙江省蚕丝统制委员会丛刊6）
本书共3部分：导言、箱饲育之优点、箱饲之准备。
收藏单位：浙江馆

03672
桑 韦息予著 周建人校
上海：商务印书馆，1933.10，44页，32开（小学生文库第1集植物类）
上海：商务印书馆，1934.3，再版，44页，32开
本书内容包括：桑的种类和用途、桑的形态、桑树的栽培方法、管理桑园的方法、桑树的害虫、桑树的病害和灾害。
收藏单位：湖南馆、吉林馆、上海馆、首都馆

03673
桑蚕育植法试验
出版者不详，油印本，1册，16开
收藏单位：南京馆

03674
桑尺蠖生活史之考查 祝汝佐著
外文题名：Investigations on the life history of the mulberry geometrid
杭州：浙江省昆虫局，1933.10，42页，16开（浙江省昆虫局专门报告10）（新农村 第1卷第3期）
本书通过分别对室内、室外饲养的桑尺蠖进行观察实验，观察其生存习性等，并提出防治措施。内容包括：名称、分布、为害情形、特征、各期经过与习性、生活年史、天敌、防治法。
收藏单位：国家馆、江西馆、南京馆、首都馆

03675
桑的研究 王遵武 陈叔英等编辑
上海：新亚书店，22页，32开（儿童基本科学丛书）
收藏单位：首都馆

03676
桑蟥 浙江省立植物病虫害防治所编
杭州：浙江省立植物病虫害防治所，1931.11，12页，25开（浙江省立植物病虫害防治所浅说10）
本书共7部分：引子、别名和分布、生活情形——附生活史图、除蟥应行注意的几点、怎样扑灭桑蟥、蟥的天敌、寄生蜂保护器制法——附图。
收藏单位：国家馆、湖南馆、上海馆、浙江馆

03677
桑蟥研究报告 朱珍著
杭州：浙江省昆虫局，[1930.9]，40页，23开（浙江省昆虫局丛刊2）
收藏单位：国家馆、南京馆、上海馆、浙江馆

03678
桑螟 陈方洁著
杭州：浙江省昆虫局，1933.10，[28]页，16开（浙江省昆虫局专门报告11）
本书内容包括：引言、在昆虫分类学上之地位、分布状况、为害情形、外部形态略述、生活史及其习性、天敌、驱除法等。为《新农村》第1卷第3期抽印本。
收藏单位：国家馆、江西馆、南京馆、首都馆

03679
桑木虱防治法 四川省农业改进所编
[成都]：四川省农业改进所，1940.1，7页，36开
[成都]：四川省农业改进所，1945.2，再版，7页，36开（农林浅说）
收藏单位：重庆馆

03680
桑虱之生活、天敌及防治法之考查 祝汝佐著

出版者不详，1934，[20] 页，16 开
　　收藏单位：广东馆

03681
桑树　张伯康编
上海：商务印书馆，1925，21 页，50 开（平民小丛书 38 实业类）
上海：商务印书馆，1926，再版，21 页，50 开（平民小丛书 38 实业类）
上海：商务印书馆，1935.9，39 页，50 开
上海：商务印书馆，1935.10，再版，39 页，50 开（民众基本丛书第 1 集 实业类 19）
上海：商务印书馆，1935.11，3 版，39 页，50 开（民众基本丛书第 1 集 实业类 19）
　　收藏单位：安徽馆、重庆馆、国家馆、内蒙古馆、首都馆

03682
桑树白蚕浅说
南京：江苏省昆虫局，1930.6，16 页，22 开（通俗浅说 12）
　　收藏单位：上海馆

03683
桑树病虫害学　朱美予编
上海：商务印书馆，1934.2，194 页，32 开
上海：商务印书馆，1934.9，再版，194 页，32 开
上海：商务印书馆，1935，3 版，194 页，32 开
　　本书共 6 章：绪论、桑树害虫总论、桑树害虫各论、根之害虫、桑树之病菌各论、桑树之非寄生性病害。为高级农业学校教科书。
　　收藏单位：安徽馆、重庆馆、广东馆、江西馆、辽宁馆、内蒙古馆、上海馆、西南大学馆、浙江馆

03684
桑树虫害论　余宗农编辑
上海：新学会社，1913.3，3 版，66 页，22 开（蚕业丛书 第 5 编）
上海：新学会社，1917.3，4 版，66 页，22 开（蚕业丛书 第 5 编）
上海：新学会社，1931.2，7 版，66 页，22 开
　　本书共 8 章：总论、桑之尺蠖、桑之蠹虫、桑之蛄蟖、桑之叶卷虫及蚜虫、绵虫蛀虫及介壳虫、桑之叶虫、备考。
　　收藏单位：浙江馆

03685
桑树的重要害虫　江苏省立教育学院研究实验部编
无锡：江苏省立教育学院，1931.6，2 册，25 开（注音农民小丛书）
　　收藏单位：江西馆

03686
桑树品种之研究　浙江省蚕丝统制委员会编
杭州：浙江省蚕丝统制委员会，1937，228 页，22 开（浙江省蚕丝统制委员会丛刊 8）
　　本书介绍了桑树的种类以及各类的外形和优劣性。
　　收藏单位：浙江馆

03687
桑树栽培法　孙觉三编辑
上海：大华农场农书出版部，1935.8，58 页，32 开
　　本书与《茶树栽培法》《油桐栽培法》《乌血栽培法》合订一册。系上海市私立大华农场农业函授讲义。

03688
桑树栽培教科书　郑辟疆编纂
外文题名：Mulberry tree cultivation
上海：商务印书馆，1917.5，131 页，25 开
上海：商务印书馆，1919，4 版，131 页，25 开
上海：商务印书馆，1925.5，9 版，131 页，25 开
上海：商务印书馆，1927，[10] 版，131 页，25 开
上海：商务印书馆，1930.8，11 版，131 页，25 开
　　本书共 18 章：总论、桑之品种及其改良、栽桑与气候、栽桑与土质、栽桑与肥料、桑树之繁殖法、栽植法、剪定法、培养、收获、夏秋蚕用桑园、桑树之细菌病、桑树之霉菌

病、桑之根瘤病、桑树之萎缩病、寒害及霜害、害虫、蛞蝓蜗牛及野鼠。为蚕业学校用书。

收藏单位：重庆馆、广东馆、广西馆、湖南馆、首都馆、西南大学馆、浙江馆

03689
桑树栽培浅说 江西省立女子甲种职业学校蚕丝部本科第二班学生编
江西省立女子甲种职业学校，1920.7，18页，32开

本书内容包括：地势和土质、接木、栽植和剪定、培养和收获。

收藏单位：国家馆

03690
桑树栽培新法 何嘉昂编辑
北京：新学会社，1914，202+6页，18开

本书文中其他题名：桑树栽培法。

收藏单位：首都馆

03691
桑树栽培学 戴礼澄编
上海：商务印书馆，1934.8，12+265页，32开
长沙：商务印书馆，1938，4版，12+265页，32开
上海：商务印书馆，1947.6，5版，12+265页，32开

本书共12章：桑园地之选择、桑品种之选择、桑秧（桑苗）之育成、栽植、桑树之养成（定剪）、肥培、管理、收获法、病虫害之防除、荒废桑园之改植、专用桑园之设置、桑园经营之设计。为高级农业学校教科书。

收藏单位：重庆馆、东北师大馆、广东馆、广西馆、国家馆、湖北馆、湖南馆、江西馆、辽大馆、南京馆、内蒙古馆、山西馆、首都馆、西南大学馆、浙江馆

03692
桑树栽培学 顾青虹编
出版者不详，油印本，152叶，21开，环筒页装

收藏单位：重庆馆

03693
桑树栽培学 聂信予编
成都：日新印刷工业社，1933，216页，32开

本书共10章：植物学上桑树之位置、桑树品种选择及改良、桑树繁殖法、栽桑之适地及气候、桑树栽植法、树式养成法、收获肥料及管理、桑园年中行事、桑园审查要项、速成桑园养成法。书前有绪论，书末附桑园年中行事表。

03694
桑蛀虫之生活史及防治法之初步报告（鳞翅目，亮翅蛾科） 刘君谔著
上海：出版者不详，[1934]，31页，16开

收藏单位：国家馆

03695
山蚕浅说 张鹤经著
文登县政府第五科，[1933.10]，25页，25开

本书收录《论山之质性及地之色性并山石之色质》《种柞及选柞种之法》《养柞苗及剪柞枝之法》《辨各山各岭所产之柞之性味与平原及砂砾所产之柞之性味》等文章。

收藏单位：国家馆

03696
实地养蚕法 李钟瑞编
上海：中华书局，1931.4，72页，36开（自然丛书2）
上海：中华书局，1935.2，再版，72页，36开（自然丛书2）
上海：中华书局，1936.2，52页，32开（初中学生文库）
上海：中华书局，1936.11，再版，52页，32开（初中学生文库）
上海：中华书局，1941，4版，52页，32开（初中学生文库）

本书共40章，内容包括：蚕业之沿革、各省之蚕况、桑秧之鉴别、桑子之播种、桑苗之移植、桑秧之嫁接、桑植之时期、桑树之剪定、桑枝之修剪、桑叶之采摘、桑田之耕培、桑之病虫害、蚕室之建造、蚕具之制备、蚕具之消毒、蚕卵之催青、蚕蚁之收扫、

饲料之处理、蚕儿之饲育等。

收藏单位：重庆馆、广东馆、广西馆、国家馆、河南馆、黑龙江馆、湖南馆、江西馆、辽宁馆、南京馆、内蒙古馆、上海馆、首都馆、浙江馆

03697

实验蚕卵稀盐酸人工孵化法　（日）中井五二原著　汪协如译

上海：亚东图书馆，1934，243 页，23 开

本书内容包括：蚕卵人工孵化法的沿革及其大要、诸种的人工孵化法的得失、蚕卵人工孵化法的效果及其利益、人工孵化法蚕种制造法等。

收藏单位：重庆馆、广东馆、国家馆、内蒙古馆、上海馆、西南大学馆、浙江馆

03698

实验蚕桑简要法　陈滓编

上海：新学会社，1911.3，82 页，22 开

上海：新学会社，1913.4，[再版]，82 页，22 开

上海：新学会社，1919.3，3 版，82 页，22 开

本书共两编：栽桑法、养蚕法。其他题名：蚕桑简要法。

收藏单位：南京馆、浙江馆

03699

实验蚕桑全书（第 1 册 栽桑编）　奚楚明编

上海：中国实业研究会社，1933，修正 4 版，75 页，25 开

本书共 12 章：桑业起源时期、桑树种类及用途、栽桑与气候之关系、栽桑与土壤之关系、栽桑与肥料之关系、桑树繁殖法、桑树栽植法、桑树剪定法、桑树之培养法、采桑法、夏秋蚕专用桑园栽植法、桑树病虫害预防驱除法。

收藏单位：重庆馆、湖南馆、江西馆、山西馆

03700

实验蚕桑全书（第 1 册 栽桑编）　奚楚明编

上海：中华全国工界协进会，1920.3，75 页，16 开

收藏单位：重庆馆、广东馆、国家馆、浙江馆

03701

实验蚕桑全书（第 2 册 养蚕编）　奚楚明编

上海：中国实业研究会社，1920.5，128 页，16 开

上海：中国实业研究会社，1933，修正 4 版，128 页，25 开

本书共 13 章：蚕之形态及其经过、蚕儿之类别、蚕室、蚕具、蚕室及蚕具之消毒法、春蚕之品种、蚕种之鉴定及运送保护法、饲育法、蚕种制造法、夏秋蚕饲育法、夏秋蚕饲育上注意之各节、普通养蚕家之经营法、蚕病及预防法。

03702

实验蚕桑全书（第 3 册 缫丝编）　奚楚明编

上海：中国实业研究会社，1920.6，80 页，16 开

上海：中国实业研究会社，1933，修正 4 版，80 页，25 开

本书共 14 章：丝之种类及输出价额、制丝业之经营、缫丝厂之管理、原料茧、杀蛹干茧储茧选茧法、缫丝器械、缫丝水质、缫丝法、足踏缫丝之改良、转缫及改缫法、整丝法、屑物之利用、生丝之销售、检查蚕丝之品位法。

03703

实验桑树栽培法　陈奭棠编译

上海：新学会社，1919，318 页，24 开

上海：新学会社，1930.3，4 版，318 页，24 开

本书共 16 章，内容包括：桑树的生理、桑树的培养和收获等。逐页题名：桑树栽培法。

收藏单位：广西馆、南京馆、浙江馆

03704

实验夏秋蚕饲育法教科书　徐镜　顾鸣盛编译

上海：科学书局，1913.6，214 页，22 开（蚕桑丛书）

本书共 7 编，内容包括：总论、蚕种、桑

叶、蚕室、饲育等。为中等蚕桑学校用书。
收藏单位：浙江馆

03705
实验养蚕问答 程宗颐编
上海：南星书店，1933，161 页，32 开（畜牧问答指导丛书 1）
上海：南星书店，1934.12，改订版，160 页，32 开（畜牧问答指导丛书 1）
上海：南星书店，1936，再版，161+24 页，32 开（畜牧问答指导丛书 1）
本书共 18 编，以问答的形式介绍了蚕室、蚕具、品种、催青、收蚁等养蚕知识。
收藏单位：重庆馆、广东馆、湖南馆、内蒙古馆、浙江馆

03706
实验栽桑问答 郑恺编
上海：古今图书店，1925.4，34 页，42 开
本书以问答的形式讲述桑树从种植到收获的过程。
收藏单位：浙江馆

03707
实验栽桑养蚕新法 王宗朴译著 庄纪庆校
上海：新学会社，1920.9，76 页，23 开
上海：新学会社，1927.9，4 版，76 页，23 开
本书为文言体，乙种蚕学校及农业补习科用。
收藏单位：安徽馆、重庆馆、南京馆

03708
实业部中央农业实验所民国二十二年家蚕品种试验第一年结果报告 孙本忠著
外文题名：A variety test of silkworms report of the first year's results conducted by the National Agricultural Research Bureau
南京：实业部中央农业实验所，1935.2，36 页，16 开（实业部中央农业实验所特刊 8）
本书共 6 部分：引言、试验目的、预定之试验程序、试验项目、试验各项之成绩、结论。
收藏单位：重庆馆、国家馆、黑龙江馆

03709
实用蚕种学 戴礼澄编著
出版者不详，油印本，1 册，16 开
收藏单位：南京馆

03710
实用养蚕法 江蝶庐编
上海：新民书局，1933.2，150 页，32 开
上海：新民书局，1935.7，再版，150 页，32 开
上海：新民书局，1936.3，[3 版]，150 页，32 开
本书共 10 章：蚕室、蚕之器具、饲育总论、蚕种选择法、蚕种保护法、春蚕饲育法、蚕之上簇法、制蚕种法、夏秋蚕饲育法、饲育标准。
收藏单位：广东馆、国家馆、湖南馆、江西馆、山西馆、首都馆、中科图

03711
实用柞蚕饲育学 任醇修编
南召：河南省柞蚕改良场，1943.2，26 页，36 开（河南省柞蚕改良场丛书 1）
本书共 9 章：柞蚕生活之经过、制种、出蛾交配、产卵制种、蚕坡、饲蚕、催青、撒蚕、各龄饲料与场所。
收藏单位：国家馆、河南馆

03712
私立岭南大学民国二十四年度蚕病研究工作报告书 岭南大学农学院蚕丝系编
岭南大学农学院蚕丝系，1936，油印本，1 册，18 开
本书内容包括：引言、微粒子病之研究、各种病菌之培养、卒倒病菌之抵抗力试验等。
收藏单位：国家馆

03713
四川省蚕桑改良场筹备工作报告 四川省蚕桑改良场编
南充：四川省蚕桑改良场，1936.12，[600] 页，16 开
收藏单位：中科图

03714
四川省农业改进所蚕丝试验场二十七年度工作报告 四川省农业改进所蚕丝试验场 [编]
四川省农业改进所，1938，油印本，1 册，18 开，环筒页装
收藏单位：国家馆

03715
四川省栽桑在自然界之探讨 赵鸿基著
重庆：国立中央大学农学院，1942.7，58 页，32 开
本书为国立中央大学农学院蚕桑研究室研究论文，论述四川省栽桑与植物分布之关系、经营桑苗圃之指标杂草、山地栽培之指标植物、荒地造成桑林之指标植物 4 个问题。
收藏单位：重庆馆

03716
速成桑园种植法·蚕丝业普及捷法（新法蚕桑宝筏） 倪绍雯编述·刘安钦著
出版者不详，1 册，25 开
收藏单位：上海馆

03717
天蚕生活史及制丝方法 广东建设厅农林局昆虫系编
广州：广东建设厅农林局推广课，1935，增订再版，22 页，32 开（推广丛书 37）
本书共 4 章：总论、天蚕之认识、生活史经过情形概说、制天蚕丝之方法。
收藏单位：重庆馆、广西馆

03718
天津蚕桑传习所纪实 [天津蚕桑传习所编]
[天津]：天津蚕桑传习所，1927.6，[40] 页，24 开
本书卷端题名：天津县蚕桑传习所纪实。

03719
通俗蚕种学 陈爽棠编译 葛国璋校
上海：新学会社，1919.3，16+340 页，23 开
上海：新学会社，1926，3 版，16+340 页，23 开
本书共 3 编：总论、蚕种制造论、蚕种保护论。内容包括：蚕种学定义、蚕卵、蚕之种类、遗传现象、变异现象、种类改良、原蚕种之选择、原蚕之饲育、采种法、春蚕种之制造、夏秋蚕黑种之制造、二化性夏秋蚕生种之制造等。逐页题名：蚕种学。
收藏单位：重庆馆、广西馆、国家馆、湖南馆、西南大学馆

03720
夏秋蚕人工孵化法 张镜明著
出版者不详，[1916]，52 页，16 开
收藏单位：广东馆

03721
夏秋蚕人工孵卵法 朱新予著
上海：新学会社，1926.8，68 页，32 开
本书共 6 章：总论、稀盐酸人工孵化法通论、加温稀盐酸人工孵化法、不加温稀盐酸人工孵化法、涂抹式稀盐酸人工孵化法、人工越冬稀盐酸孵化法。
收藏单位：国家馆、浙江馆

03722
夏秋蚕饲育法 （日）横田长太郎著 赖昌编译
上海：新学会社，1913，234 页，22 开
上海：新学会社，1931.5，3 版，234 页，22 开
本书内容包括：养蚕业之经营、饲育法之目的、饲育法与经营法、饲育法及其应用、夏秋蚕饲育法与春蚕饲育法、收蚁、分箔、给桑等。3 版版权页题：赖晋仙编译。赖昌即赖晋仙。
收藏单位：南京馆、首都馆

03723
现行家蚕新品种性状概说 中国蚕丝公司编辑
上海：商务印书馆，1947.6，21 页，32 开（中国蚕丝丛刊 2）
本书介绍了家蚕新品种性状，内容包括：原育成者、育成经过、性状概要、处理要项、本品种之主要交杂形式等。
收藏单位：重庆馆、东北师大馆、贵州

馆、国家馆、辽宁馆、内蒙古馆、首都馆、西南大学馆

03724
新品种养蚕概说　中国蚕丝公司编辑
上海：商务印书馆，1947.6，10页，32开（中国蚕丝丛刊1）
本书共两节：新品种特殊性状的认识、新品种饲育技术的应用。
收藏单位：重庆馆、国家馆、首都馆

03725
新译蚕桑学全书　亩间居士译著
上海：科学书局，132页，大32开
收藏单位：南京馆

03726
养蚕　张伯康编
上海：商务印书馆，1924，20页，50开（平民小丛书27实业类）
收藏单位：首都馆

03727
养蚕法　关维震编
上海：商务印书馆，1929.10，50页，32开（万有文库第1集642）（农学小丛书）
上海：商务印书馆，1933.3，国难后1版，50页，32开（农学小丛书）
上海：商务印书馆，1934.1，国难后2版，50页，32开（农学小丛书）
上海：商务印书馆，1934.7，再版，50页，32开（万有文库第1集642）（农学小丛书）
上海：商务印书馆，1935.5，国难后3版，50页，32开（农学小丛书）
上海：商务印书馆，1937.4，国难后4版，50页，32开（农学小丛书）
本书共11章：蚕宝、蚕具、催青、扫蚁、饲育、给桑、除沙、分箔、上簇、收茧、制种。
收藏单位：安徽馆、重庆馆、大理馆、大连馆、东北师大馆、广东馆、广西馆、贵州馆、国家馆、黑龙江馆、湖南馆、江西馆、辽大馆、辽师大馆、内蒙古馆、宁夏馆、天津馆、西南大学馆、浙江馆

03728
养蚕法　宋君宜编著
上海：中国农业书局，1946.7，176页，32开
本书版权页题名：最新养蚕法。封面题名：最新养蚕学。
收藏单位：南京馆、内蒙古馆

03729
养蚕法辑要　许纯兰编
[句容县]：句容县公署，1939.4，14页，16开
本书内容包括：蚕儿发育之经过、普通蚕室之选择及注意各点、消毒的重要及其简便的方法、蚕种催青、现今共同催青之方法等。
收藏单位：国家馆

03730
养蚕法讲义　顾青虹编
南京：民丰制种场，1931.1，208页，25开
本书内容包括：蚕种、蚕室、蚕具、饲育法、扫蚁、蚕室内之气象、饲料、给桑法等。
收藏单位：国家馆、南京馆

03731
养蚕法教科书　郑辟疆编著
上海：商务印书馆，1918.7，14+158页，25开
上海：商务印书馆，1924.8，7版，14+158页，25开
上海：商务印书馆，1925，8版，14+158页，25开
上海：商务印书馆，1929.9，9版，14+158页，25开
上海：商务印书馆，1930，10版，14+158页，25开
上海：商务印书馆，1933.2，国难后1版，14+158页，25开
本书共7编：总论、蚕室及蚕具、养蚕之准备、春蚕饲育法、夏秋蚕饲育法、蚕种制造、蚕业之经营。为蚕业学校用书。
收藏单位：重庆馆、广西馆、国家馆、湖南馆、辽大馆、首都馆、西南大学馆、浙江馆

03732
养蚕概要　张祝三　李化鲸编
杭州：浙江省立蚕丝业改良场，1932，80页，32开（浙江省立蚕丝业改良场丛书1）
收藏单位：国家馆

03733
养蚕纪要　国立中山大学农林科推广部编
广州：国立中山大学农林科推广部，1928.5，12页，25开
广州：国立中山大学农林科推广部，1929.1，再版，12页，25开（农林浅说 蚕桑类2）

03734
养蚕教科书　（日）松永伍作著　郑辟疆编译
上海：新学会社，1912，162页，32开
上海：新学会社，1913，再版，162页，32开
上海：新学会社，1917，3版，162页，32开
上海：新学会社，1926.6，5版，162页，32开
本书共11章：养蚕之起源、桑树栽培、蚕之形态、蚕之器官及其作用、蚕室及蚕具、蚕种、育蚕、蚕种制造、蚕病、蚕病之消毒、缫丝。为高级农科用书。
收藏单位：广东馆、首都馆、浙江馆

03735
养蚕浅说　河南中山大学农业推广部编辑股编
开封：河南中山大学农业推广部，[1927—1930]，62页，32开（农业浅说丛书1）
本书介绍了养蚕的基础常识。
收藏单位：南京馆、浙江馆

03736
养蚕浅说　秦翌著
上海：中华书局，1935.5，23页，36开（民众农业丛书19）
收藏单位：重庆馆、国家馆、黑龙江馆、南京馆、上海馆

03737
养蚕浅说　山东省立蚕业试验场编
山东省立蚕业试验场，1933.1，再版，石印本，[38]页，25开，环筒页装
本书内容包括：蚕室、蚕具、消毒、暖种、收蚁、给桑、眠起、抬蚕、换气等。书中正文题：崔毓桂编。
收藏单位：国家馆

03738
养蚕浅说　苏之耀编
天津：华新印刷局，1921.5，再版，34页，23开
本书共3章：养蚕之预备、蚕儿饲养法、制种。内容包括：桑叶之计算、桑室之设备、蚕具之设备、蚕室蚕具消毒法、催青、收蚁、饲育标准、切桑、给桑、储桑、摘桑、除沙及分箔等。
收藏单位：国家馆、天津馆

03739
养蚕新论　黄毅编辑
上海：新学会社，1911，再版，135页，22开
上海：新学会社，1911.3，4版，135页，22开（蚕业丛书第2编）
上海：新学会社，1915，6版，135页，22开
上海：新学会社，1917.3，6版，135页，25开（蚕业丛书第2编）
上海：新学会社，1931.7，7版，135页，22开（蚕业丛书第2编）
本书共7章：蚕室、蚕具、蚕种之保护、蚕之饲育法、上簇、收茧、制种。
收藏单位：国家馆、河南馆、湖南馆、江西馆、首都馆、西南大学馆、浙江馆

03740
养蚕须知　浙江省立蚕丝业改良场编
杭州：浙江省立蚕丝业改良场，1928，22页，32开
杭州：浙江省立蚕丝业改良场，1930，22页，32开
本书内容包括：养蚕的起源、养蚕改良的必要、制种的情形、蚕种的保护、蚕室蚕具的消毒就是消除蚕病、养蚕应注意的要点、稚蚕饲育法等。
收藏单位：国家馆

03741
养蚕学 戴礼澄编著
长沙：商务印书馆，1940.12，160页，32开
重庆：商务印书馆，1944，渝1版，160页，32开
上海：商务印书馆，1946.10，再版，160页，32开
上海：商务印书馆，1949.6，3版，160页，32开
本书共3编：总论、蚕室及蚕具、饲育法。内容包括：养蚕之目的及饲育法之分类、蚕之一生及其生活要素、养蚕计划、蚕室、蚕具、饲育法之检讨、蚕种之选择及保护、饲育之手续等。为职业学校教科书。
收藏单位：安徽馆、重庆馆、广东馆、广西馆、国家馆、湖南馆、江西馆、辽大馆、内蒙古馆、宁夏馆

03742
养蚕学 龚厥民编
上海：商务印书馆，1930，再版，166页，25开
上海：商务印书馆，1932.6，国难后1版，166页，32开
上海：商务印书馆，1933.1，国难后2版，166页，32开
上海：商务印书馆，1934.8，国难后3版，166页，32开
上海：商务印书馆，1935，国难后4版，166页，32开
本书共3篇：桑、蚕、丝。内容包括：品种、繁殖、栽植、养成、培养、整枝、患害、形态、蚕病及其预防、蚕室蚕具等。为高级农业学校教科书。
收藏单位：安徽馆、重庆馆、广东馆、广西馆、国家馆、南京馆、浙江馆

03743
养蚕学 沈叔贤编译
上海：世界书局，1931.12，288页，32开
上海：世界书局，1932.11，再版，288页，32开
上海：世界书局，1946.2，重排新3版，192页，32开
上海：世界书局，1948.10，重排新3版，192页，32开
本书共7章：泛论、蚕体解剖及其生理、论蚕病、论蚕之饲育、留种、蚕丝、论桑。据法国费咸迩著《养蚕学》编译而成。
收藏单位：东北师大馆、广东馆、广西馆、国家馆、湖南馆、江西馆、南京馆、内蒙古馆、浙江馆

03744
养蚕学 吴志远编
外文题名：Sericulture
上海：商务印书馆，1920.10，177页，25开
上海：商务印书馆，1927.1，4版，177页，25开
本书为农业学校用书。
收藏单位：国家馆、江西馆、首都馆

03745
养蚕学 吴志远 龚厥民编
上海：商务印书馆，1928.6，166页，23开
本书附春、夏、秋季蚕蚁量壹钱饲育标准表。为新学制高级农业学校教科书。
收藏单位：重庆馆、国家馆、湖南馆、江西馆

03746
养蚕研究 蒋念英编著
上海：大中华书局，1934.11，120页，36开
上海：大中华书局，1936.4，再版，120页，32开
上海：大中华书局，1939.1，120页，36开
本书共4章：一般常识、饲育常识、管理常识、保卫常识。内容包括：品种、蚕室、蚕具、催青、收蚁、饲料、桑叶、给桑、眠中管理、蚕室管理、上簇管理、采茧管理、除沙、分箔、蚕病、预防。
收藏单位：重庆馆、首都馆

03747
养蚕要览
出版者不详，40页，21开
本书共6章：蚕种、春蚕饲育法、夏秋蚕

饲育法、蚕体病理、桑叶、蚕室。

收藏单位：黑龙江馆、内蒙古馆、上海馆、浙江馆

03748

养蚕制种工作报告（自民国廿七年九月至廿八年五月） 常宗会报告

昆明：大中印刷厂，1939.7，18 页，32 开（云南省建设厅蚕桑改进所印刷品 3）

本书内容包括：蚕室、蚕具、蚕种、桑叶、温度、湿度、饲育经过、收茧、催青经过、收蚁状况等。

收藏单位：国家馆

03749

野蚕浅说 江苏省昆虫局编

南京：江苏省昆虫局，1931.3，11 页，23 开（江苏省昆虫局通俗浅说 15）

本书简述桑树害虫野蚕的习性及防治法。

03750

一蛾饲育法 袁沅编译

上海：新学会社，1920，56 页，22 开

本书为蚕学新著。

收藏单位：广西馆、南京馆

03751

意大利蚕书 （意）丹吐鲁著 （英）傅兰雅（英）傅绍兰口译 汪振声笔述

出版者不详，[124] 页，32 开，环筒页装

本书内容包括：论蚕类并吐丝之蚕、论吐丝之蚕、论饲蚕宜食之桑、论蚕子并蚕初出之时等。封面刊：著易堂仿聚珍版印。

03752

原蚕品种之性状 浙江省蚕丝统制委员会编

杭州：浙江省蚕丝统制委员会，1936，17 页

收藏单位：广东馆、湖南馆、山西馆

03753

云南之蚕桑（自民国二十七年九月起至民国二十九年五月三十日蚕桑改进所之工作报告） 常宗会编

开智印刷公司，1940.7 印，23 页，32 开（云南省建设厅蚕桑改进所印刷品 第特号密件）

本书附复兴云南蚕桑之计划及实施状况。

收藏单位：重庆馆

03754

栽桑法 朱念椿编著

上海：商务印书馆，1937，124 页，32 开

长沙：商务印书馆，1941.4，124 页，32 开

上海：商务印书馆，1946.10，124 页，32 开

上海：商务印书馆，1947.8，3 版，124 页，32 开

本书内容包括：绪言、桑树之种类、桑树之品种改良及早晚种之栽植比例、桑树之生理、栽桑与土地、桑树之繁殖、桑树之栽植、桑树之养成、桑树之培养、桑树之整理、桑树之收获、夏秋蚕用桑树及速成桑树养成法、桑树之病害等。为职业学校教科书。

收藏单位：安徽馆、重庆馆、广东馆、广西馆、江西馆、辽大馆、南京馆、西南大学馆

03755

栽桑浅说 四川省蚕丝改良场编

四川省蚕丝改良场，1938，16 页，32 开，环筒页装

收藏单位：重庆馆

03756

栽桑实验谈 陈枢著

[南京]：江苏省教育林，[1916—1949]，8 页，22 开（江苏省教育林刊物 2）

本书内容包括：择地、养苗、定植、接木、剪定、删枝、修理、中耕、施肥、补植。

收藏单位：国家馆

03757

栽桑图说 郭葆琳编

山东省立模范蚕业讲习所，1919.2，石印本，[32] 页，长 18 开，环筒页装（改良蚕业丛书初编）

本书内容包括：采种法、整畦法、播种法、培苗法、分栽法、插接法、腹接法、哨接法、接桑时应注意之事项、桑园栽植法、

栽植之疏密、地桑整枝法、拳桑整枝法、树桑整枝法、采桑等。

收藏单位：国家馆

03758

栽桑新论 黄毅编辑

上海：新学会社，1912.8，5 版，156 页，22 开（蚕业丛书 第 1 编）

上海：新学会社，1916，订正 8 版，156 页，22 开（蚕业丛书 第 1 编）

上海：新学会社，1920.8，订正 9 版，156 页，22 开（蚕业丛书 第 1 编）

本书共 12 章：桑树之形态及其组织、桑树之生理、气候、地势、土壤、肥料、桑树之种类、桑树繁殖法、整地及栽植、桑树之养成法、桑树之培养成法、收获。

收藏单位：国家馆、江西馆、首都馆

03759

栽桑学 朱美予著

上海：中华书局，1937.3，14+234 页，32 开（农业丛书）

上海：中华书局，1939.1，再版，14+234 页，32 开（农业丛书）

上海：中华书局，1948.3，3 版，14+234 页，32 开（农业丛书）

本书共 10 章：绪论、性状、品种改良、繁殖、栽培、剪定、培养、收获、病虫害、桑园管理。书末附重要参考书、中西名词索引。

收藏单位：重庆馆、广西馆、国家馆、湖南馆、江西馆、辽宁馆、南京馆、内蒙古馆、宁夏馆、首都馆

03760

柞蚕饲养法 蒋根尧编著

上海：商务印书馆，1948.8，210 页，32 开

本书共 5 章：柞蚕概论、蚕体解剖及生理、蚕病敌害论、饲育论、采种论。书末附柞蚕各龄发育程度表、柞蚕茧丝调查表、柞蚕卵浸汤酸试验、河种形性之考研、催青期间柞蚕卵重量之减耗、预防柞蚕微粒子病之研讨。为职业学校教科书。

收藏单位：重庆馆、广西馆、国家馆、黑龙江馆、湖南馆、内蒙古馆、上海馆、西南大学馆、浙江馆

03761

柞蚕学概论 贺康著

外文题名：Traite sur la sericiculture du bombyx quercus

上海：广学会，1947.5，99 页，25 开

本书共 12 章：总论、改良柞蚕种之方针、柞蚕种、柞蚕卵之生理解剖、孵卵、柞蚕体之生理解剖、育蚕、蚕场之管理、柞蚕病理及害敌、柞蚕蛹及柞蚕茧、柞蚕蛾体之生理解剖、柞蚕之饲料。

收藏单位：国家馆

03762

这样养蚕可以得到最大的利益 顾莹著

南京：南京金陵大学农林科，1926，16 页，42 开（农林浅说 16）

收藏单位：重庆馆

03763

浙江蚕丝概况（三十五年度） 苏浙两省秋茧贷款联合管理处编

苏浙两省秋茧贷款联合管理处，1946，油印本，36 页，13 开

本书内容包括：绪言、桑苗圃、蚕种、蚕业推广区、茧行等。

收藏单位：浙江馆

03764

浙江桑树害虫名录 程淦藩编

外文题名：A preliminary list of the mulberry-tree insects of Chekiang Province China

杭州：浙江省立植物病虫害防治所，1931.12，6 页，16 开（浙江省立植物病虫害防治所专门报告 3）

本书以中英文对照的形式罗列了浙江桑树害虫的名称及分布区域。

收藏单位：国家馆、江西馆、上海馆、浙江馆

03765
浙江省蚕桑改良场试验报告第四号（桑树托叶痕及皮目之研究） 赵鸿基撰
浙江省蚕桑改良场，1937.1，19页，16开
本书讲述桑叶对于蚕作之影响。
收藏单位：浙江馆

03766
浙江省蚕桑改良场一览
杭州：浙江省蚕丝统制委员会，1936.3，40页，23开（浙江省蚕丝统制委员会丛刊2）
本书共6部分：沿革、组织、历年经常费一览、工作概要、图表、职员录。工作概要部分介绍了制种、取缔、试验、桑园、女子蚕业讲习所等内容。
收藏单位：国家馆、河南馆、南京馆、浙江馆

03767
浙江省蚕业指导讲演会讲演录　浙江省蚕业指导讲演会编
杭州：浙江省农业改良总场蚕桑场，1933.2，222页，16开
本书收录演讲稿18篇：《浙江蚕丝业》《蚕业修养》《农民放款之过去现在与将来》《合作概论》《养蚕合作之经营》《蚕业指导与农村社会问题》《实施统制政策与今后蚕丝业之开展》《消毒常识》《蚕室蚕具蚕体之消毒》《软化病之防除》《白僵病之防除法》《蚕种之保护及催青》《眠起之处理》《蚕儿与环境及对不良气象之处理》《簇中保护与制丝解舒之关系》《蚕儿与桑叶及实际之给桑法》《浙江蚕桑害虫的一般》《桑树栽培及今后改良之趋势》。书末附浙江省蚕业指导讲演会办法等。
收藏单位：国家馆、浙江馆

03768
浙江省蚕业指导人员读书会汇刊　浙江省建设厅管理改良蚕桑事业委员会编
杭州：浙江省建设厅管理改良蚕桑事业委员会，1934.3，[170]页，16开
本书内容包括：读书会缘起、养蚕法问题、蚕体病理问题、饲料问题、蚕业指导问题、调查统计大意、各科实际问题、结束谈。书末附读书会规则、全省蚕业指导员读书成绩考核名单。
收藏单位：国家馆、浙江馆

03769
浙江省改进蚕丝工作一览　浙江省蚕丝统制委员会编
杭州：浙江省蚕丝统制委员会，1936.3，40页，22开（浙江省蚕丝统制委员会丛刊1）
本书内容包括：本会沿革及组织、蚕桑改良区域之演进、各种业务之发展等。书前有绪言，书末附结论及浙江省蚕丝统制委员会组织规程。
收藏单位：国家馆、湖南馆、上海馆、浙江馆

03770
浙江省建设厅管理改良蚕桑事业委员会廿二年秋蚕讲演会讲演录　浙江省建设厅管理改良蚕桑事业委员会编
杭州：浙江省建设厅管理改良蚕桑事业委员会，1934.2，88页，16开
本书内收《指导育蚕应深切认识之几点》《蚕业与政治之关系》《浙江蚕业之缺点与指导人员应有之认识》《桑树栽培及桑园管理》《秋蚕饲育要项及稚蚕特殊饲育法》《浸酸种之奏效鉴定及蚕种之保护运输》等训话及讲演报告。
收藏单位：国家馆、浙江馆

03771
浙江省立蚕桑科职业学校卅周纪念特刊　浙江省立蚕桑科职业学校校友会编辑部　卅周纪念大会筹备会宣传部编
杭州：浙江省立蚕桑科职业学校校友会、卅周纪念大会筹备会，1928.6，1册，16开
本书内容包括：照片、校史、论著、研究、调查、文苑、小说、译林、报告等。附会员职员录。
收藏单位：国家馆、浙江馆

03772
浙江省立高级蚕桑科中学章则一览　浙江省立高级蚕桑科中学编

杭州：浙江省立高级蚕桑科中学，1933，114页，25开

本书内容包括：浙江省立高级蚕桑科中学校史、调查、章则等。

收藏单位：浙江馆

03773

浙江原蚕种制造场第四年实录（民国八年度）　浙江原蚕种制造场编

杭州：浙江原蚕种制造场，1920，120页，22开

本书共6章：绪言、凡例、设计、制造部成绩表、培养部成绩表、夏蚕成绩表。其他题名：中华民国八年度浙江原蚕种制造场第四年实录。

收藏单位：浙江馆

03774

制种法　陈洊编

上海：新学会社，1914.11，72页，22开（蚕业丛书 第12编）

上海：新学会社，1929，72页，22开（蚕业丛书 第12编）

本书共10章：总论、蚕之种类、蚕种之检查、蚕种之运寄、蚕种之组成、蚕种之生理、制种用具之制造法、蚕种之制造法、蚕种之糊裱法、蚕种之贮藏法。

收藏单位：湖南馆、南京馆、首都馆

03775

制种法之研究　顾莹著

南京：金陵大学农林科，1923，14页，25开（金陵大学蚕业丛刊7）

收藏单位：广东馆

03776

稚蚕共育专论　钱幼琢编

萧山：萧山改良蚕桑模范区，1935，1册，16开

本书共两章：稚蚕共育之必要与利益、稚蚕共育之出发点。

收藏单位：浙江馆

03777

中等养蚕法　王历农编

上海：中华书局，1926.7，80页，27开

上海：中华书局，1930.5，3版，80页，27开

上海：中华书局，1931，5版，80页，27开

上海：中华书局，1932，6版，80页，27开

上海：中华书局，1933，7版，80页，27开

上海：中华书局，1934.10，8版，80页，27开

上海：中华书局，1937.5，9版，80页，27开

上海：中华书局，1940.6，10版，80页，27开

本书共9章：绪论、蚕、蚕卵、蚕种、蚕种之保护、养蚕之设备、春蚕之饲育、夏秋蚕之饲育、蚕病。为新学制农业教科书。

收藏单位：安徽馆、重庆馆、广西馆、江西馆、南京馆、上海馆、浙江馆

03778

中国合众蚕桑改良会1921年、1922年报告册　中国合众蚕桑改良会编

中国合众蚕桑改良会，[1922]，[17]页，23开

收藏单位：上海馆

03779

中国合众蚕桑改良会蚕业指导所简章　中国合众蚕桑改良会编

中国合众蚕桑改良会，[8]页，24开

03780

中国合众蚕桑改良会民国九年报告　中国合众蚕桑改良会编

中国合众蚕桑改良会，[1921]，[17]页，23开

本书内容包括：育蚕经过、育蚕用具、制种、种子轻重试验等。书末附诸暨育蚕制种场、上海育蚕制种场、横林育蚕制种场、东北塘育蚕制种场、嘉兴育蚕制种场、苏州育蚕制种场的成绩。

收藏单位：近代史所、上海馆

03781

中国合众蚕桑改良会民国十年报告　中国合众蚕桑改良会编

中国合众蚕桑改良会，[1922]，[29]页，23开

本书收录了上海育蚕制种场、横林育蚕制种场、嘉兴育蚕制种场、诸暨育蚕制种场、

安徽育蚕场、南京金陵大学蚕科、南京东南大学农科蚕桑系等取得的成绩，书末附生产图及各场成绩表。

收藏单位：近代史所、上海馆

03782

中国合众蚕桑改良会民国十一年报告 中国合众蚕桑改良会编

中国合众蚕桑改良会，[1923]，[50] 页，23 开

本书介绍了上海育蚕场及总会、苏州育蚕场、横林育蚕场、南京育蚕场、嘉兴育蚕场、诸暨育蚕场、青阳育蚕场的育蚕情形，另附表格对重要点加以注释。

收藏单位：上海馆

03783

中国合众蚕桑改良会民国十二年报告 中国合众蚕桑改良会编

中国合众桑蚕改良会，[1924]，[58] 页，23 开

本书内容包括：各育蚕场之概况、制种购种及其成本、散发蚕种、扩充制种之办法、复验等。书前附各育蚕场图，书末附各场制种成绩表等。

收藏单位：上海馆

03784

中国合众蚕桑改良会民国十三年报告 中国合众蚕桑改良会编

中国合众蚕桑改良会，[1925]，[64] 页，23 开

本书以图、表结合的形式，介绍了本会各分场的饲育成绩及所得健蛾数，列举了桑叶价格上涨的两个重要原因，讲解了共同暖种、稚蚕共育、蚕病预防等知识。

收藏单位：上海馆

03785

中国合众蚕桑改良会民国十四年报告 中国合众蚕桑改良会编

中国合众蚕桑改良会，[1926]，[80] 页，23 开

收藏单位：南京馆、上海馆

03786

中国合众蚕桑改良会民国十五年报告 中国合众蚕桑改良会编

中国合众蚕桑改良会，[1927]，[59] 页，23 开

本书共 5 部分：试验、制种、指导、创设、南京丝茧展览会。书前附各蚕种育场及桑园图，书末附各分场成绩表。

收藏单位：上海馆

03787

中国合众蚕桑改良会民国十六年报告 中国合众蚕桑改良会编

中国合众蚕桑改良会，[1929]，[37] 页，23 开

03788

中国合众蚕桑改良会民国十八年报告 中国合众蚕桑改良会编

中国合众蚕桑改良会，[1930]，140 页，23 开

本书共 3 部分：绪言、制种、推广。内容包括：本会各制种场、注册各私立制种场、蚕业指导所、女子蚕业讲习所等事业报告。书末附垦荒植桑委员会。

收藏单位：国家馆、上海馆

03789

中国合众蚕桑改良会民国十九年报告 中国合众蚕桑改良会编

中国合众蚕桑改良会，[1931]，140 页，22 开

收藏单位：上海馆

03790

中国合众蚕桑改良会业务报告书（民国二十年） 中国合众蚕桑改良会编

中国合众蚕桑改良会，[1932]，147 页，16 开

本书收录了中国合众蚕桑改良会研究部、制种部、推广部、女子蚕业学校取得的成绩。书末附二十年度各指导所工作经过表、工作人员一览表、暖种经过报告表等。

收藏单位：国家馆、上海馆

03791

中国合众蚕桑改良会业务报告书（民国二十一年） 中国合众蚕桑改良会编

中国合众蚕桑改良会，157 页，16 开

收藏单位：上海馆

03792
中国合众蚕桑改良会业务报告书（民国廿二年廿三年） 中国合众蚕桑改良会编
中国合众蚕桑改良会，1935.2，144 页，16 开
本书共 4 部分，介绍了中国合众蚕桑改良会研究部、制种部（南京场、镇江场、苏州场）、推广部、女子蚕业学校取得的成绩。目次页题名：中国合众蚕桑改良会业务报告书（二十二年二十三年）。
收藏单位：国家馆

03793
中国合众蚕桑改良会镇江蚕种制造场试验成绩报告（第 1 号） 中国合众蚕桑改良会镇江蚕种制造场编
镇江：中国合众蚕桑改良会镇江蚕种制造场，1930.8，81 页，23 开
本书共 11 部分：绪言、壮蚕残桑之适度调查、十九年春期原原用品种饲育成绩、春期各品种饲育成绩、夏期二化性品种饲育成绩、稚期用桑硬软关系试验成绩、壮蚕期摘心桑给与试验成绩、交尾时间与受精关系试验成绩、春蚕第五龄蚕儿之浸水障害抵抗力调查、春期桑叶发育状况调查成绩、七种桑叶伸展速度比较调查。封面题名：试验成绩报告第一号。逐页题名：蚕桑改良会报告。
收藏单位：国家馆

03794
中国合众蚕桑改良会镇江女子蚕业学校概况 镇江女子蚕业学校编
镇江：镇江女子蚕业学校，[1933]，1 册，16 开
本书内容包括：校训、校徽、校歌、校舍图、大事记、学则、组织大纲、各项规程等。
收藏单位：国家馆

03795
中国养蚕学 郭葆琳编
上海：新学会社，1918.7，[213] 页，23 开
上海：新学会社，1931.1，再版，[213] 页，23 开
本书共 11 章：总论、蚕室、蚕具、家蚕概论、饲育法概论、蚕种之选择及运搬、蚕种之保护、春蚕饲育法、上簇及采茧、蚕种制造法、夏秋蚕饲育法。书末附饲育标准表。版权页题：郭葆琳编译。
收藏单位：重庆馆、国家馆、江西馆、辽宁馆

03796
种桑法 夏诒彬著
外文题名：Mulberry culture
上海：商务印书馆，1930.4，87 页，32 开（万有文库 第 1 集 641）（农学小丛书）
上海：商务印书馆，1934.7，再版，87 页，32 开
上海：商务印书馆，1934.8，87 页，32 开（农学小丛书）
上海：商务印书馆，1934.10，再版，87 页，32 开（万有文库 第 1 集 641）（农学小丛书）
本书共 14 章：绪论、性能、品种、风土、繁殖、开园、施肥、整枝法、管理法、收获、病害、虫害、夏秋蚕用桑树栽培法、鲁桑栽培法。
收藏单位：安徽馆、重庆馆、大理馆、大连馆、东北师大馆、广东馆、广西馆、贵州馆、国家馆、河南馆、黑龙江馆、湖南馆、江西馆、辽大馆、辽师大馆、南京馆、内蒙古馆、宁夏馆、山西馆、上海馆、绍兴馆、天津馆、西南大学馆、浙江馆

03797
种桑浅说 赵英若编
上海：中华书局，1931.4，20 页，36 开（民众农业丛书 11）
上海：中华书局，1934.5，再版，20 页，36 开（民众农业丛书 11）
本书共 4 部分：桑的种类、桑的种法、夏秋蚕用的桑园、桑的病虫害。
收藏单位：重庆馆、黑龙江馆、江西馆、南京馆、上海馆、首都馆

03798
种桑树花椒树 太行行署编
出版者不详，1946，10 页，64 开
本书为农业技术文件第 12 号。

收藏单位：国家馆

03799
最近实验蚕体解剖生理教科书　姜伯明编辑
上海：科学书局，1916.7，100页，22开（农桑丛书）
本书共20章，内容包括：动物学上家蚕之位置、变态、家蚕之种原及品种、蚕体之构成、遗传及变异、蚕之生活与温湿及光线等。
收藏单位：浙江馆

03800
最近实验养蚕法教科书　赵季甫编　刘伯选校阅
上海：科学书局，1915，172页，25开（农桑丛书）
本书为中等蚕桑学校用书。
收藏单位：重庆馆、浙江馆

03801
最近实验栽桑新法教科书　姜伯明编辑
上海：科学书局，1916.4，188页，22开（农桑丛书）
本书共15章，内容包括：栽桑之沿革、桑树之种类、桑树之形态及生理、栽桑与气候、栽桑与地形等。
收藏单位：浙江馆

03802
最新桑树栽培学　潘霖编译
南京市立民众图书馆，[1930]，204页，22开
收藏单位：南京馆

03803
最新实验养蚕法　邬祥赓编译
上海：新学会社，1917.3，[190]页，25开
上海：新学会社，1921，再版，[190]页，25开
上海：新学会社，1929，3版，[190]页，25开
本书共4编：蚕室及蚕具、春蚕的饲育法、夏秋蚕饲育法、蚕种制造法。据日本土屋泰著《养蚕法教科书》中第2—5篇译述。目次页题名：养蚕法教科书。
收藏单位：重庆馆、天津馆、浙江馆

03804
最新实验养蚕法　姚志强编
上海：新学会社，1913，3版，[52]页，22开
收藏单位：江西馆、首都馆、浙江馆

03805
最新养蚕法　关维震编纂
外文题名：New methods of silkworm raising
上海：商务印书馆，1920.8，50页，32开
上海：商务印书馆，1921，3版，50页，32开
上海：商务印书馆，1926，7版，50页，32开（农业小丛书）
上海：商务印书馆，1931，8版，50页，32开
本书共11部分：蚕室、蚕具、催青、扫蚁、饲育、给桑、除沙、分箔、上簇、收茧、制种。
收藏单位：广西馆、国家馆、河南馆、内蒙古馆、绍兴馆、首都馆、天津馆、浙江馆

03806
最新养蚕法　何佐英编
上海：南星书店，1934.6，58页，50开（生产教育小丛书 第4集 畜牧9）
本书共17部分：蚕丝概述、蚕室和蚕具、蚕的品种、蚕种的检查、蚕种的保护、蚕种的催青、蚕的收蚁、桑叶的贮藏、桑叶的调制、蚕的给桑、蚕的分箔、蚕的除沙、蚕的眠起、蚕的温度和湿度、蚕的病害、蚕的上簇、茧的采收。
收藏单位：国家馆

养蜂、益虫饲养

03807
北平民生养蜂讲习所要览（第7期）　北平民生养蜂讲习所出版部编辑
北平：民生养蜂讲习所出版部，1931.3，40页，32开
本书内容包括：本所略史、职员一览表、

教员职务要项、职员职务要项、毕业学员现任职务一览表、历年各期毕业学员人数表、学员籍贯人数表、组织大纲及入所细则、实习规则、寄宿规则、函授科章程、出版部章程、养蜂月报社简章、预约蜂群简章等。

收藏单位：山西馆

03808

采蜜管理法 周渊如编

重庆：重庆市橘园养蜂场，1931，54页，25开（养蜂全集 第9册）

收藏单位：重庆馆

03809

采蜜之理论与实验 贺子固编

北平：养蜂月报社，1933.5，30页，23开

北平：养蜂月报社，1934.10，再版，30页，23开（养蜂月报丛书4）

03810

蜂具使用法 周渊如编

重庆：重庆市橘园养蜂场，1931，71页，25开（养蜂全集 第3册）

收藏单位：重庆馆

03811

蜂蜜之效用 华氏养蜂场著

上海：华绎之养蜂公司，1922.10，24页，48开

上海：华绎之养蜂公司，1932，7版，24页，48开

03812

蜂群管理法 （日）驹井春吉著 张伯衡译

北京：直隶书局，1923.8，52页，32开

北京：直隶书局，1927.10，再版，52页，32开

北京：直隶书局，1928.4，3版，52页，32开

北平：直隶书局，1929.3，4版，52页，32开

北平：直隶书局，1930.5，5版，52页，32开

本书内容包括：整理蜂群之方法、对于螫毒之注意、早春之管理、春季之管理、夏季之管理、冬季之管理、转地饲养、饵料之调制等。

收藏单位：重庆馆、国家馆

03813

蜂王养成法 （日）青柳浩次郎原著 曾仙舟译

北平：民生养蜂场，1930.3，72页，36开

北平：民生养蜂场，1931，再版，72页，36开

本书内容包括：绪论、养成蜂王的利益、蜂王可以养成的原理、养成蜂王的器具、要养成蜂王预先应怎样准备、什么蜂群可以养成蜂王等。

收藏单位：重庆馆

03814

蜂王养成法 （日）野野垣淳一著 甘子刚译

上海：新学会社，1929.8，90页，32开

上海：新学会社，1930.8，再版，90页，32开

上海：新学会社，1932.8，3版，90页，32开

本书内容包括：养成蜂王之目的、蜂王之能力、蜂王之性质、蜂王之成长、养成蜂王之要素、蜂王养成法之区别、人工蜂王养成器具、养成蜂王之时期、适于养成蜂王之蜂群、蜂王养成群之性质、雄蜂养成法、自然的蜂王养成法、无王群之自然蜂王养成法等。版权页、目录页及正文页书名题：自然人工蜂王养成法。

收藏单位：广东馆、广西馆、国家馆、内蒙古馆、首都馆、浙江馆

03815

蜂学 牛献周著

济南：山东养蜂学会，1929，再版，2册（188+298页），长18开

本书介绍了家蜜蜂的种类、品质及养蜂的方法。附养蜂历。

收藏单位：重庆馆

03816

蜂学 牛献周著

保定：同兴蜂场，1928.10，2册（172+288页），长18开

本书共3编：蜜蜂、养蜂之要素、养蜂技术。内容包括：蜜蜂之形态、蜜蜂之性质及其

能力、养王法等。
收藏单位：重庆馆、国家馆、首都馆

03817
蜂种蜂具目录　兴农养蜂场编
外文题名：Bees & bee-supplies
北京：兴农养蜂场，1926，14页，16开
本书共3部分：蜂种、养蜂器具、购具简章。内容包括：美国鲁特公司系意大利种、日本水野氏系意大利种、福建已故张品南君之意系等。
收藏单位：国家馆

03818
蜂种蜂具目录说明　兴农养蜂场编
北京：兴农养蜂场，1927，重订本，40页，32开
收藏单位：国家馆

03819
蜂种蜂具图说（中华民国二十二年度）　李林园养蜂场编
北平：李林园养蜂场，[1933]，34页，32开
收藏单位：国家馆

03820
蜂种蜂具图说（中华民国二十五年度）　李林园养蜂场编
北平：李林园养蜂场，[1936]，44页，21开
收藏单位：南京馆

03821
蜂种蜂具图说（中华民国二十六年度）　李林园养蜂场编
北平：李林园养蜂场，[1937]，46页，13开
本书介绍了蜜蜂品种及其蜂具。
收藏单位：广东馆、浙江馆

03822
改良中蜂箱构造说明书　广东建设厅农林局昆虫系编
广州：广东建设厅农林局推广课，1932，14页，32开（推广丛书34）
广州：广东建设厅农林局推广课，1933，再版，14页，32开（推广丛书34）
广州：广东建设厅农林局推广课，1934，3版，14页，32开（推广丛书34）
广州：广东建设厅农林局推广课，1936，4版，14页，32开（推广丛书34）
收藏单位：重庆馆

03823
贵州白蜡种虫品质问题　刘廷蔚　林郁　李兰芬著
农林部贵州省政府贵州省农业改进所，1940.11，[28]页，16开（农林部贵州省政府贵州省农业改进所研究报告5白蜡研究报告3）
本书内容包括：绪言、记录、好种品质之检讨。
收藏单位：贵州馆、国家馆

03824
密勒氏养蜂法　（美）密勒（C. C. Miller）著　华绎之　冯焕文译
外文题名：Miller's fifty years among the bee
上海：商务印书馆，1929.6，159页，32开
上海：商务印书馆，1931.4，再版，159页，32开
上海：商务印书馆，1933.1，国难后1版，135页，32开
上海：商务印书馆，1934，国难后2版，159页，32开
上海：商务印书馆，1935.4，再版，159页，32开
长沙：商务印书馆，1938，国难后3版，135页，32开
本书共16章：个人之历史、养蜂之经历、早春须知、巢箱、喂饲、继箱、分封、收蜜、盗蜂、育王、人工分封、巢蜜、冬季管理、蜂病、制蜡、杂论。译者“冯焕文”原题：冯瀚章。
收藏单位：安徽馆、重庆馆、广东馆、广西馆、国家馆、江西馆、南京馆、首都馆、浙江馆

03825
密勒氏养蜂问答 （美）密勒（C. C. Miller）著 冯焕文译
上海：新学会社，1929.3，212 页，32 开
上海：新学会社，1931，3 版，212 页，32 开
上海：新学会社，1933.7，4 版，212 页，32 开
本书从《密勒氏养蜂一千问答》编译而成，内容包括：逃蜂、吸湿之物、阿特尔蜂种、后次分封、蜂之寿命、蚁、蜂场、阿必夫、菩提树、蜂之面包、养蜂学之最重要者、凶猛之蜂、脱蜂器、蜂蛾等。封面及书脊书名题：养蜂问答。
收藏单位：广东馆、广西馆、国家馆、黑龙江馆、南京馆、上海馆、首都馆、浙江馆

03826
蜜蜂 陆仁寿编
上海：商务印书馆，1948.8，修订 1 版，18 页，32 开（修订幼童文库初编）
本书以图文结合的形式，介绍了蜂巢、采蜜、繁殖、分封等蜜蜂的相关知识。
收藏单位：广东馆

03827
蜜蜂改良蕃殖法 张伯衡著
北京：兴农养蜂场，1925，34 页，32 开
北京：兴农养蜂场，1927.7，再版，36 页，32 开
本书共 6 节：生殖概论、遗传、形质之变异、淘汰、蕃殖法之类别、蜂群变种法。
收藏单位：重庆馆、国家馆、南京馆

03828
蜜蜂人工分封法 张伯衡译著
北京：广安车站兴农园，1923.8，26 页，36 开
北京：广安车站兴农园，1927.8，再版，26 页，36 开
北京：广安车站兴农园，1928.10，3 版，26 页，36 开
本书附防止分封法。版权页题名：人工分封法。
收藏单位：重庆馆、国家馆、南京馆

03829
蜜蜂人工养王法 （日）驹井春吉著 张伯衡译
北京：广安车站兴农园，1923，50 页，32 开
北京：广安车站兴农园，1927，再版，40 页，32 开
本书附交尾法、邮送法。逐页题名：人工蜂王养成法。书中题名：人工的蜂王养成法。
收藏单位：重庆馆、国家馆

03830
蜜蜂生理学 周渊如编
重庆：重庆市橘园养蜂场，1931.10，76 页，25 开
本书内容包括：蜜蜂之形态、蜜蜂之生活、蜜蜂之性质能力等。目次页题名：蜜蜂生理及生态学。封面有蒲伯英题字。
收藏单位：重庆馆

03831
蜜蜂小姐 白动生著
南京：正中书局，1936.5，103 页，32 开
上海：正中书局，1947.12，沪 1 版，103 页，32 开
本书以童话的形式介绍了蜜蜂的成长过程、生活习性等内容。
收藏单位：安徽馆、重庆馆、贵州馆、国家馆、吉林馆、南京馆、宁夏馆、上海馆、首都馆

03832
蜜蜂自然分封法 （日）驹井春吉著 张伯衡译
北京：广安车站兴农园，1923.7，36 页，32 开
北京：广安车站兴农园，1927.8，再版，29 页，32 开
北京：广安车站兴农园，1928.11，3 版，29 页，32 开
本书内容包括：蜂蜜之分封、分封之原因、分封之顺序、第二分封、第三第四分封、分封之时期及时刻、分封之状况、分封之变态等。书末附自动分封法。书眉题名：自然分

封法。

收藏单位：重庆馆、国家馆

03833

蜜蜂自然养王法 （日）驹井春吉著 张伯衡译

北京：广安车站兴农园，1923，28页，32开

北京：广安车站兴农园，1927，再版，22页，32开

本书附蜂王诱入法。逐页题名：自然养王法。

收藏单位：重庆馆、国家馆、南京馆

03834

蜜源植物学 周渊如编

重庆：重庆市橘园养蜂场，1931，38页，25开（养蜂全集 第10册）

本书内容包括：蜜源植物、蜂与蜜源植物之关系、蜜源植物与土地气候之关系、蜜源植物之栽培、养蜂之主要蜜源植物、蜜源植物之调查表等。

收藏单位：重庆馆

03835

女子与养蜂（附养蜂辞典） 曹云鹏著 姚名达主编

上海：女子书店，1933，150页，50开（女子文库）（女子职业丛书）

本书内容包括：引言、养蜂的学识、蜂群管理法、养蜂词典，书末附本国最著名之蜜源植物等。

收藏单位：广西馆、国家馆、南京馆、首都馆、浙江馆

03836

人工养王法 李俊著作 黄子固 林恒义校阅

北平：李林园养蜂场，1931.5，68页，32开（李俊出版物5）（养蜂丛书）

本书共7章：蜂王总论、养王准备、养王用具、养王实施、交尾及产卵、提用新王、养王场之设备。

收藏单位：国家馆、山西馆

03837

实地养蜂法 王历农编 童士恺校

上海：中华书局，1925.10，89页，36开（自然丛书）

上海：中华书局，1927，再版，89页，36开（自然丛书）

上海：中华书局，1929.9，4版，89页，36开（自然丛书）

上海：中华书局，1931，5版，89页，36开（自然丛书）

上海：中华书局，1932.5，6版，89页，36开（自然丛书）

上海：中华书局，1932.9，7版，89页，36开（自然丛书）

上海：中华书局，1935.2，8版，89页，36开（自然丛书）

上海：中华书局，1938.12，9版，89页，36开（实用农业小丛书1）

本书共24章：蜜蜂之性质、蜜蜂之形态、蜜蜂之分类、蜜蜂之雌雄、种蜂之选定、养蜂之利益、蜜蜂之食物、蜜蜂之营巢、蜂儿之育成、养蜂之植物、始业之注意、养蜂之场所、蜜蜂之巢箱、养蜂之器具、巢础之应用、蜜蜂之处置、蜜蜂之管理、继箱之用法、蜜蜂之饵养、蜜蜂之越冬、蜜蜂之分封、蜂群之逃逸、蜜蜂之害敌、蜜蜂之疾病。

收藏单位：重庆馆、广西馆、国家馆、黑龙江馆、湖南馆、江西馆、辽宁馆、南京馆、内蒙古馆、山西馆、上海馆、绍兴馆、西南大学馆、浙江馆

03838

实验蜂学丛书 冯焕章著

北平：复兴养蜂场，1930.4，360页，32开

本书共16章：养蜂家之起手要诀、养蜂业之历史、中国养蜂业、养蜂之性质、改良之由来、养蜂之利益、养蜂之预算、养蜂场所之选择、蜂群之管理法、养蜂一年的行事、采蜜管理法、人工自然育王法、人工天然分封法、蜂群之害敌、蜂病之预防法、蜜源的植物与花果之关系。书脊书名题：蜂学丛书。

收藏单位：广东馆、国家馆、首都馆

03839
实验蜂学丛书 冯焕章著
北平：养蜂研究社，1930.8，360页，32开
收藏单位：国家馆

03840
实验养蜂法 廉建中编著
上海：世界书局，1944.4，53页，32开
上海：世界书局，1947.9，再版，53页，32开
本书从养蜂的利益、蜂种的研究、初养蜂的手续和器具、吉田氏巢箱的构造、蜂群的组织、蜜蜂的机能、养蜂场的选择、采蜜的工序等方面详细介绍了养蜂的方法。
收藏单位：重庆馆、国家馆、江西馆、辽大馆、内蒙古馆、绍兴馆、西南大学馆

03841
实验养蜂历 张品南译著
上海：新学会社，1920.1，158页，32开
上海：新学会社，1922.5，3版，158页，32开
上海：新学会社，1929，158页，32开
上海：新学会社，1930，3版，114页，32开
上海：新学会社，1930.5，6版，158页，32开
上海：新学会社，1931.7，7版，158页，32开
本书按月份介绍养蜂需要做的工作，附养蜂词典大要。原书著者：（日）野野垣淳一。
收藏单位：重庆馆、广西馆、国家馆、黑龙江馆、湖南馆、辽师大馆、南京馆、内蒙古馆、绍兴馆、首都馆、天津馆、浙江馆

03842
实验养蜂问答 程宗颐编著
上海：南星书店，1933.10，28+150页，32开（畜牧问答指导丛书6）
上海：南星书店，1936，再版，28+150页，32开（畜牧问答指导丛书6）
上海：南星书店，1937.6，再版，28+150页，32开（畜牧问答指导丛书6）
本书共15编：总论、养蜂场的设置、养蜂的器具、蜜蜂的种类、蜜蜂的生理、蜜蜂的生活、蜂群的繁殖、蜜蜂的食料、蜂的蜜源植物、蜂群的管理、旅行的饲养、采蜜的方法、采蜡的方法、蜜蜂的害敌、蜜蜂的疾病。书中涵盖了323个养蜂问题。
收藏单位：重庆馆、国家馆、辽宁馆、浙江馆

03843
实验养蜂学 冯焕文著
上海：新学会社，1928，168页，23开
上海：新学会社，1929.9，再版，增正本，304页，32开，精装
上海：新学会社，1931.3，5版，增正本，304页，32开
上海：新学会社，1931.7，6版，304页，32开
上海：新学会社，1933，8版，304页，32开
上海：新学会社，1935.1，增订9版，204页，32开
本书共16章：蜂种、蜂箱、蜂群之组织、蜜蜂生理、蜂群管理、分封、育王、蜜蜂之螫针、机蜜之出产、制蜜法、巢蜜、蜂蜡、越冬、蜂病、蜜蜂与花果之关系、蜜源植物。书脊刊：冯焕文著。
收藏单位：重庆馆、广西馆、国家馆、黑龙江馆、辽宁馆、内蒙古馆、上海馆、绍兴馆、首都馆、浙江馆

03844
实验养蜂要诀 冯焕章著
北平：养蜂研究社，1930.8，196页，32开
本书内容包括：蜂群之集蜜力、蜂之贮蜜状态、蜂儿与贮蜜之关系、采蜜蜂群之格、巢箱装置等。
收藏单位：国家馆

03845
实验养蜂择要 刘文海选辑
上海：养蜂研究社，1929.8，92页，32开
本书共30章：养蜂业之历史、我国养蜂业、养蜂业之性质、改良法之由来、养蜂之利益、养蜂之预算、蜂群之成立、蜜蜂与农作物、蜜蜂生产物、养蜂场之经营、蜜蜂之食物、养蜂上之蜜源植物、蜂群之繁殖、蜜蜂管理法、蜂王养成法、蜂群改良法、盗蜂、蜜蜂之害敌、蜜蜂之逃去、蜂病、蜂蜜之贩路、蜜蜂之种类、蜜蜂之生活状态、采蜜及

其时期、采蜜机、采蜜机使用法、对于蜜蜂之越冬施设、蜂蜜之效用、蜜蜂之生活状况、养蜂与外界之关系。版权页题：实用养蜂择要。

收藏单位：国家馆

03846

实验最新养蜂学　冯俊卿著

上海：养蜂研究社，1929.9，214 页，32 开

上海：养蜂研究社，1930.2，再版，214 页，32 开

本书共 16 章：蜜蜂、蜂群之组织、发育顺序、蜂箱、养蜂器具、分封、育王、蜜蜂之螫针、机蜜之出产、制蜜法、巢蜜、蜂蜡、越冬、蜂病、蜜蜂与花果之关系、蜜源植物。

收藏单位：国家馆、南京馆、首都馆

03847

实用养蜂法　江蝶庐编

上海：新民书局，1932.5，122 页，25 开

上海：新民书局，1933.4，再版，122 页，25 开

上海：新民书局，1934.9，重版，122 页，25 开

上海：新民书局，1936.3，122 页，25 开

本书共 10 章：蜂之种类、蜂之组织、蜂之器具、蜂之管理、蜂之分封、蜂之育王、蜂之越冬、蜂之螫针、蜂之蜜蜡、蜂之疾病。

收藏单位：安徽馆、重庆馆、黑龙江馆、湖南馆、江西馆、南京馆、西南大学馆、浙江馆

03848

实用养蜂法　朱睿丰著　陈时勋　周文彬校

上海：中国养蜂研究社，1932.11，151 页，25 开

本书共 8 篇，内容包括：养蜂的利益、蜂种、蜜蜂之生活、蜂具、繁殖、采蜜、寒暑之处理等。

收藏单位：重庆馆、广西馆、浙江馆

03849

实用养蜂全书　郑蠡编译

上海：新学会社，1919，114 页，24 开

上海：新学会社，1925.1，3 版，114 页，24 开

上海：新学会社，1926.5，4 版，114 页，24 开

上海：新学会社，1929.8，6 版，114 页，24 开

上海：新学会社，1931.2，7 版，114 页，24 开

上海：新学会社，1932.10，8 版，114 页，24 开

上海：新学会社，1933.5，9 版，114 页，24 开

本书共 12 章：绪论、养蜂家之起手要诀、蜜蜂之生理及种类、蜜蜂之生活状况、蜂场之设置、蜂群繁殖法、蜜蜂饲育法、箱蜜采取法、房蜜采取法、蜂蜡采取法、对于蜜蜂之渡冬设施法、蜜蜂之疾病及害物防御法。卷首刊：郑蠡、江声编。

收藏单位：重庆馆、广东馆、黑龙江馆、江西馆、南京馆、绍兴馆、天津馆、浙江馆

03850

实用养蜂新书　（日）吉田弘藏著　沈化夔编译

上海：新学会社，[1911.12]，60 页，23 开

上海：新学会社，1913.7，再版，60 页，23 开

上海：新学会社，1914，3 版，60 页，23 开

上海：新学会社，1920，5 版，60 页，23 开

上海：新学会社，1922.12，6 版，60 页，23 开

上海：新学会社，1928.9，9 版，60 页，23 开

上海：新学会社，1931.2，12 版，60 页，23 开

上海：新学会社，1931.8，13 版，60 页，23 开

本书共 18 章：总说、蜜蜂之种类、蜜蜂之生活状态、蜜蜂之机能、养蜂之适地、养蜂场之选择、巢箱、吉田式巢箱之构造、蜂巢之构造、分封、蜂群捕获法及其准备、蜂群之遁走防止法、女王之交尾妊娠及卵之变化、采蜜法及其时期、采蜜机、采蜜机使用法、对于蜜蜂之越冬施设、蜂蜜之效用。

收藏单位：重庆馆、广东馆、国家馆、南京馆、内蒙古馆、首都馆、天津馆、浙江馆

03851

实用养蜂学　刘德元编

北平：新业养蜂场，1926.1，[12]+232 页，18 开

北平：新业养蜂场，1930.1，再版，[12]+232 页，18 开

本书共 6 编：总论、蜜蜂、养蜂场经营法、养蜂器具、蜜蜂管理法、余论。

收藏单位：国家馆、南京馆、农大馆

03852
实用养蜂学　张进修著
上海：实业部上海商品检验局，1935，166页，23开（实业部上海商品检验局丛书1）
本书共12章，内容包括：概论、养蜂之历史、各国养蜂概况、养蜂与民生、蜜蜂之解剖、蜂种、管理法、蜜蜂之害敌与疾病、蜜源植物等。
收藏单位：重庆馆、宁夏馆、浙江馆

03853
收蜜管理　黄铭　龚琢编撰
重庆：裕农蜂场，1932，40页，36开（分类养蜂大全 第7册）
本书为养蜂实用技术读物。
收藏单位：重庆馆

03854
四十年实地经验养蜂实务志　（日）青柳浩次郎著　曾仙舟译
北平：民生养蜂场，1929，159页，22开
北平：民生养蜂场，1930，2版，159页，22开
北平：民生养蜂场，1932.7，3版，159页，22开
本书共15章，内容包括：养蜂之目的、蜜蜂、蜜蜂之生活状态、蜜蜂之三异性、分封、养蜂始业之准备、春季管理法、夏季管理法等。书口书名题：养蜂实务志。
收藏单位：重庆馆、福建馆、广西馆、国家馆、湖南馆、浙江馆

03855
陶公实验养蜂学　姚江村　姚幼叔著
广州：陶公养蜂讲习所，1932.10，273页，24开
广州：陶公养蜂讲习所，1933.5，再版，273页，24开
本书内容包括：蜜蜂生理、蜜蜂种类、养蜂器具、蜜蜂组织、育王、分封、管理、巢础之制造、改良中国蜂种法、蜂病等。

03856
五倍子　郑止善编著
重庆：正中书局，1945.12，68页，32开
上海：正中书局，1948.1，沪1版，68页，32开
本书共9章：五倍子之生产及运销、五倍子之生成及种类、五倍子寄主之种类性状及栽培、五倍子之发育及性状、五倍子致瘿蚜虫之种类及性状、五倍子之分析及检定、五倍子之化学性质、五倍子酸之制造、五倍子之利用。
收藏单位：重庆馆、国家馆、南京馆、内蒙古馆、上海馆、西南大学馆、浙江馆

03857
现代养王法　M. T. Prichard著　刘策安译
北平：植源蜂场，1931.1，26页，32开
本书内容包括：问答、养王之天然基本、移虫、造王群、蜂王喂养笼、剪翅等。原著为鲁特公司1929年5月出版。
收藏单位：首都馆

03858
小养蜂家（3）　白动生著　陈江风绘
上海：儿童书局，1935.10，16页，32开
上海：儿童书局，1937.8，3版，16页，32开（低级儿童常识丛书）
收藏单位：贵州馆

03859
新法养蜂须知　益群养蜂研究会编
益群养蜂研究会，1925.10，54页，32开
本书内容包括：养蜂家之起手要诀、蜜蜂之生理及种类、蜜蜂之生活状况、蜂场之设置、蜜蜂饲育法、箱蜜采取法、房蜜采取法等。
收藏单位：浙江馆

03860
养蜂　江西省农业院编
江西省农业院，1940，16页，32开（推广丛书 畜字3）
本书内容包括：养蜂的新旧法、江西养蜂的情形、养蜂的利益、养蜂必备的条件等。

收藏单位：重庆馆

03861
养蜂　张伯康编
上海：商务印书馆，1935.9，31页，50开
上海：商务印书馆，1935.11，3版，31页，50开（民众基本丛书 第1集 实业类16）

03862
养蜂采蜜管理法　张品南编译
上海：新学会社，1923.9，146页，24开
上海：新学会社，1928.4，再版，146页，24开
上海：新学会社，1929，3版，146页，24开
上海：新学会社，1930，5版，146页，24开
上海：新学会社，1933.1，7版，146页，24开

本书共12章：绪论、养蜂与外界之关系、蜂群贮蜜状态、采蜜蜂群、采蜜上之设备、流蜜期、采蜜蜂群之准备、采蜜上之管理、对于分封之处理、分离蜜之采收、巢蜜之采收、采蜜后之管理。

收藏单位：广东馆、广西馆、国家馆、吉林馆、南京馆、上海馆、首都馆、浙江馆

03863
养蜂答客问　季雪云著
出版者不详，1932.7，再版，14页，32开

本书内容包括：养蜂的利益怎样、什么样的人应该养蜂、始业养蜂的设备怎样、怎样管理蜂群等。

收藏单位：浙江馆

03864
养蜂大全　冯焕文编著
上海：新学会社，1933.6，312页，25开

本书共24章：世界养蜂状况、蜂种、巢箱、蜂群的性状、蜜蜂的解剖和生理、蜜蜂的发育顺序、蜂群管理法、蜂子的繁殖、食料箱、分封、育王法、机蜜的出产、巢蜜、越冬、蜂种改良、制造巢础、达藤式养蜂法、蜂蜜、蜂病、蜂之害敌、蜜源植物、几种科学上的研究、中国蜂的改良饲养、附录。

收藏单位：广东馆、广西馆、辽师大馆、绍兴馆、浙江馆

03865
养蜂大意　张品南译
上海：新学会社，1920.9，62页，23开
上海：新学会社，1924.3，再版，62页，23开
上海：新学会社，1928.3，4版，62页，23开
上海：新学会社，1929.11，5版，62页，23开
上海：新学会社，1930.2，6版，58页，23开

本书内容包括：养蜂业之历史、我国养蜂业、养蜂之性质、改良法之由来、养蜂之利益、养蜂之预算、养蜂之始业、养蜂器具、蜜蜂之食物、养蜂上之蜜源植物等。逐页题名：实用养蜂大意。版权页题：张品南著。

收藏单位：福建馆、广东馆、国家馆、江西馆、南京馆、绍兴馆、浙江馆

03866
养蜂法　刘大绅著
外文题名：Bee keeping
上海：商务印书馆，1920.12，63页，32开
上海：商务印书馆，1930.4，63页，32开（万有文库 第1集640）（农学小丛书）
上海：商务印书馆，1933.2，国难后1版，63页，32开（农学小丛书）
上海：商务印书馆，1933.2，国难后2版，63页，32开（农学小丛书）
上海：商务印书馆，1934.7，再版，63页，32开（万有文库 第1集640）（农学小丛书）
上海：商务印书馆，1934.12，国难后3版，63页，32开
上海：商务印书馆，1937.4，国难后5版，63页，32开
上海：商务印书馆，1947.7，6版，63页，32开（农学小丛书）

本书内容包括：养蜂之旨趣、养蜂之预备、蜜蜂之种类、养蜂适宜之地、养蜂地选择法、巢箱、蜜蜂之生活状态、蜜蜂之官能、蜂王之交配、蜂卵之发达、分封、捕蜂法等。

收藏单位：安徽馆、重庆馆、大理馆、大连馆、东北师大馆、广东馆、广西馆、贵州馆、国家馆、黑龙江馆、湖南馆、辽大馆、辽师大馆、内蒙古馆、宁夏馆、上海馆、绍兴馆、天津馆、浙江馆

03867
养蜂法的新研究　王历农著
上海：新亚书店，1933.3，78页，36开（科学知识普及丛书）
本书共4章：绪言、养蜂者应有的知识、养蜂者应有的设备、养蜂者应有的技术。内容包括：蜜蜂与植物的关系、蜂蜜、蜂蜡、蜜蜂的能力、蜜蜂的三异性、蜜蜂的食物、蜂儿的成育、蜜蜂的分封、选择种蜂的标准、养蜂场、始业养蜂的注意点等。
收藏单位：安徽馆、重庆馆、广东馆、国家馆、南京馆、山西馆、浙江馆

03868
养蜂讲义　冯焕文著
上海：中国农业书局，1937.2，350页，25开，精装
本书共16讲，内容包括：养蜂设备、蜂种、蜜蜂生理、巢房与食料、巢箱、蜂群管理、分封、育王、巢础、产蜜、蜜与蜂蜡、蜂王、害敌、蜜源植物、度冬、结论。版权页题：养蜂十六讲。封面题：上海新学会社印。封面刊：新学会社附设养兔蜂函授学校。
收藏单位：广东馆

03869
养蜂浅说　江苏省立教育学院研究实验部编
无锡：江苏省立教育学院，1931.6，20页，25开（注音农民小丛书）
收藏单位：江西馆

03870
养蜂浅说　山西省农矿厅编
山西省农矿厅，1930.5，28页，32开
本书共4部分：起头的几句话、养蜂的利益、养蜂的方法、管理之方法。正文插图12帧。
收藏单位：国家馆

03871
养蜂浅说　赵英若著
上海：中华书局，1934.7，22页，36开（民众农业丛书15）
本书共12部分：养蜂的利益、蜂群的组织、蜂群的繁殖、分封、养蜂的器具、蜂的食料、蜂群管理法、采蜜法和蜜的用处、采蜡法和蜡的用处、蜂的病害、养蜂历、意蜂和中蜂的比较。
收藏单位：重庆馆、江西馆、南京馆、内蒙古馆、上海馆

03872
养蜂浅说　周霖编著
上海：新学会社，1924.8，31页，32开
上海：新学会社，1929.10，增订再版，30页，32开
上海：新学会社，1930.10，增订3版，30页，32开
本书内容包括：蜜蜂与人类之关系、蜂群之组织、蜂群之繁殖、分封、食料之研究、养蜂应注意之点、人工分封法等。
收藏单位：黑龙江馆、南京馆、浙江馆

03873
养蜂群繁殖法　周渊如编
重庆：重庆市橘园养蜂场，1931，42页，25开（养蜂全集 第4册）
收藏单位：重庆馆

03874
养蜂十六讲　冯焕文著
上海：中国农业书局，1937.2，350页，32开，精装
本书共16讲，内容包括：养蜂设备、蜂种、蜜蜂生理、巢房与食料、巢箱、蜂群管理、分封、育王、巢础、产蜜、蜜与蜂蜡、蜂王、害敌、蜜源植物、度冬、结论。逐页题名：养蜂讲义。
收藏单位：重庆馆、南京馆

03875
养蜂实习　贺志诚　贺子固著
北平：民生养蜂讲习所出版部，1930，128页，32开
收藏单位：重庆馆

03876

养蜂始业　张伯衡译著

北京：广安车站兴农养蜂园，1923，52页，32开

本书附养蜂概算例。

收藏单位：国家馆、南京馆

03877

养蜂始业概要　周渊如编

重庆：重庆市橘园养蜂场，1931，42页，25开（养蜂全集 第1册）

收藏单位：重庆馆

03878

养蜂始业须知　黄子固著

北平：李林园养蜂场，1941.4，32页，32开

本书共3章：养蜂浅说、始业须知、始业蜂群管理法。内容包括：蜂群的组织、蜂群的惯性、两种共性、蜂王、雄蜂、群味、简易设备、选择蜂种、蜜源植物、选择蜂箱等。

收藏单位：安徽馆、广东馆、国家馆、浙江馆

03879

养蜂始业要义　苍德玉编

新京（长春）：农业进步社，1935.8，150页，32开

新京（长春）：农业进步社，1942.11，9版，150页，32开

新京（长春）：农业进步社，1943.8，12版，150页，32开

本书主要叙述了养蜂的常识以及应对措施。内容包括：蜂种的说明、蜂群的组织、蜂王、雄蜂、蜜蜂发育表、蜂具、巢箱、喷烟器、巢门饲养器、溶蜡壶、埋线器、蜜源、购种、人工饲养、蜂群管理十一则等。

收藏单位：国家馆

03880

养蜂始业要义　李俊著　黄子固校阅

北平：李林园养蜂场，1930.5，50页，32开（李俊出版物3）

本书介绍养蜂的计划和方法，内容包括：蜂种、蜂群的组织、蜂王、雄蜂、蜂的发育表、蜂具、巢箱、喷烟器、巢门饲养器、埋线器等。

收藏单位：重庆馆、国家馆

03881

养蜂图说　冯焕文著

上海：新学会社，1931.4，198页，32开

本书详细介绍了蜂的饲养法，注重养蜂图案，以便于初学者观察后易于明白。

收藏单位：重庆馆、广西馆、国家馆、内蒙古馆、浙江馆

03882

养蜂问答千则　任静波著

北平：北平民生养蜂讲习所，330页，32开

本书共11篇：蜂种、蜂群之组织、蜜蜂之生理、蜜蜂之生活状况、蜜蜂之采集物、蜂之病害及疗除法、蜂具之构造及使用、蜂群之四季管理法、分封法、养王法、采蜜及制蜡。

收藏单位：广西馆

03883

养蜂学　黄作夫　陈家熊编

上海：中华书局，1936.2，122页，32开（初中学生文库）

上海：中华书局，1936.10，再版，122页，32开（初中学生文库）

上海：中华书局，1941.7，4版，122页，32开（初中学生文库）

本书共15章：蜂种、蜂群之组织、蜜蜂之采集物、蜂群之管理、自然分封、人工分封、自然养王、人工养王、蜂王之诱人、蜂病、蜂群之害敌、中国蜂改良法、收蜜法、制蜡法、蜂具。

收藏单位：重庆馆、广西馆、贵州馆、黑龙江馆、江西馆、内蒙古馆

03884

养蜂学　王启虞　顾玄编著

上海：中国科学图书仪器公司，1939.4，108页，32开

上海：中国科学图书仪器公司，1943，再版，108页，32开（中国科学社科学画报丛书 昆虫丛谈3）
上海：中国科学图书仪器公司，1947.10，3版，108页，32开（中国科学社科学画报丛书 昆虫丛谈3）

本书共10章：绪言、蜜蜂之种类、蜂群、蜜蜂之器官及生理、蜂箱蜂具、蜂群管理、分封及育王、采蜜管理法、敌害、结论。

收藏单位：重庆馆、国家馆、内蒙古馆

03885
养蜂学 徐正铿编著
外文题名：Bee keeping
上海：商务印书馆，1925.3，194页，32开
上海：商务印书馆，1928，200页，32开
上海：商务印书馆，1928.3，3版，200页，32开
上海：商务印书馆，1931.8，4版，200页，32开
上海：商务印书馆，1933.4，国难后1版，194页，32开
上海：商务印书馆，1934.9，国难后2版，194页，32开
上海：商务印书馆，1935，国难后4版，194页，32开
上海：商务印书馆，1936，9版，194页，32开
长沙：商务印书馆，1938.11，国难后6版，194页，32开，精装
上海：商务印书馆，1939，国难后7版，194页，32开
上海：商务印书馆，1941.4，国难后8版，194页，32开
上海：商务印书馆，1947.7，9版，194页，32开

本书内容包括：绪论、蜜蜂、蜜源、蜂具、管理、分封、蜂王育成、越冬、蜂之产物、售蜜、病敌、古法摘要等，并附中西养蜂参考书、美国蜂具公司名称地址录。

收藏单位：安徽馆、重庆馆、广东馆、广西馆、国家馆、湖南馆、江西馆、南京馆、首都馆、西南大学馆

03886
养蜂研究 程振华编 董坚志校
上海：大中华书店，1935.10，100页，32开

本书共4章：一般常识、饲养常识、管理常识、保卫常识。内容包括：蜜蜂的种类、蜜蜂的生理、蜜蜂的生活、蜂群的繁殖、蜜蜂的食料、蜂的蜜源植物、旅行的饲养、养蜂的器具、蜂群、养蜂场、采蜜、采蜡、蜜蜂的害敌、蜜蜂的疾病等。

收藏单位：国家馆

03887
养蜂一瞥 中国蜂业改进社编纂
北平：肇昌印刷局，1928，6页，22开

收藏单位：首都馆

03888
养蜂指导 白动生编 陶行知校
上海：儿童书局，1933，4册（34+38+32+33页），32开（儿童科学丛书）

本书校者原题：陶知行。

收藏单位：重庆馆、广西馆、贵州馆、首都馆

03889
养蜂指导 甘纯权编
上海：中华职业教育社，1931.7，42页，32开（职业指导小丛书）

收藏单位：国家馆、黑龙江馆、浙江馆

03890
养蜂指南 董秀夫编
烟台：烟台超群蜂业学校，1930，160页，16开
烟台：烟台超群蜂业学校，1931，再版，160页，16开

本书共18章，内容包括：养蜂概论、蜜蜂绪论、蜂群之组织、蜜蜂之构造、蜂箱、蜂具、蜂群管理法、蜜蜂之害敌及疾病、养王法、蜜源、古法摘录等。封面题名：最新实验养蜂指南全集。

收藏单位：重庆馆

03891
养蜂指南
出版者不详，1931.8，32页，64开
本书内容包括：养蜂之利、农家副业以养蜂为最宜、养蜂之意义如何、采蜜及制蜡等。
收藏单位：浙江馆

03892
养蜂自习　张敬农主编
北平：北平养蜂试验场，1930.5，88+26页，32开
北平：北平养蜂试验场，1930.8，再版，88+26页，32开
本书共5编：绪论、蜜蜂概论、养蜂器具、人工养蜂实习、养蜂应注意之点。附录实验养蜂历、创业报告。
收藏单位：国家馆

03893
养王名著选辑　贺子固编
北平：养蜂月报社，1935.3，60页，23开（养蜂月报丛书3）
本书内容包括：对于养蜂为什么要有始工群与完成群、余之简易无器养王法、蜂王诱入法、蜂王优劣诊察法等。

03894
益群养蜂报汇刊　南京益群养蜂研究会编
南京：南京益群养蜂研究会，1927.1，118页，32开
本书为1926年全年《养蜂报》合刊本，汇集了中外作者有关养蜂的理论、方法等文章40余篇。

03895
怎样养蜜蜂　史秉章编著
中华平民教育促进会，1930.11，34页，48开
中华平民教育促进会，1932，再版，34页，48开（平民读物5）
本书共6章：养蜂的利益、蜂群的组织、养蜂的器具、蜂群之管理、蜜源植物及养蜂历、分封。
收藏单位：国家馆

03896
中蜂巢箱论　张五权著
北平：北平新农园，1936.1，20页，32开
北平：北平新农园，1936.5，再版，20页，32开（蜂业指导小丛书1）
本书共7部分：中国养蜂之沿革、中国蜂之饲养方法、中国蜂箱改革之由来、中蜂巢箱之构造、中蜂巢框之规定、巢箱之装饰、中蜂移入改良巢箱法。
收藏单位：重庆馆、国家馆

03897
中蜂改良箱研究报告　张进修著
[广州]：广东建设厅农林局，1935.5，70页，16开（研究丛书2）
本书共14部分：引言、中蜂群体之大小、中蜂躯体之大小展翅长度及重量、巢房之质料深度面积及直径、中蜂之行为、中蜂之抵抗力、蜂箱进化之沿革、吾国现今饲养中蜂所用蜂箱之种类、巢箱容积及巢框大小之试验、框与框间及框与箱壁间之距离试验、箱底与箱身连接问题、中蜂改良箱之构造、摘要、参考书。书末附正误表。

03898
最安全蜂群渡冬法　李俊著作　黄子固校阅
北平：李林园蜂场，1931.4，74页，32开（李俊出版物4）
本书共7章：概论、准备管理法、蜂群渡冬之实施、渡冬蜂场之设备、保温与温度之研究、早春管理法、结论及附录。逐页题名：蜂群渡冬法。
收藏单位：国家馆、绍兴馆

03899
最近实验蜜蜂饲育法　顾树屏　华堂编
上海：科学书局，1913.8，92页，32开
本书附《养蜂实验者之说》《春、冬季蜜蜂管理法》。
收藏单位：国家馆、河南馆

03900
最新蜂王育成法　冯焕文著　董叔平校

上海：新学会社，1931.10，再版，64页，32开

本书共24章，内容包括：度力得尔历史、蜂王之重要、自然育王法、天然交替育王法、老式育王法、人工育王法之初步、新式育王法、刷去王台之蜂、王台安置法、王台保护法、做小群法、小群繁殖法、选择雄蜂等。

收藏单位：国家馆、辽宁馆、浙江馆

03901

最新实验养蜂法 贺子固著

北平：民生养蜂讲习所，1929.11，70页，32开

北平：民生养蜂讲习所，1933.8，4版，122页，32开

本书内容包括：养蜂之利益、蜂群之组成、蜜蜂之生理、蜜蜂之种类、蜂具使用法、人工分封法、害敌防除法、疾病防除法、中国蜂改良法等。

收藏单位：国家馆、浙江馆

03902

最新实验养蜂法 贺子固著

西北民生养蜂场，1941.5，7版，70页，32开

03903

最新实验养蜂法 贺子固著

西安：陕西蜂业促进会，1941.7，8版，增订版，76页，32开

收藏单位：重庆馆

03904

最新实验养蜂学 关崇义著

旅顺：农业进步社，1940.12，4版，21+308页，32开

新京（长春）：农业进步社，1943.4，21+308页，32开

本书共22篇：养蜂大意、蜜蜂的组织、蜜蜂的生理、蜜蜂的生活状况、蜜蜂的采集、蜂种、蜂的病理、养蜂器具、始业养蜂应有的基础知识、始业蜂群管理法、养蜂名词、蜂群的管理、养蜂的十二个月、人工养王法、分离蜜采取法、巢蜜的采取法、蜂蚁的功用及处理、越冬管理法、蜂场学、满洲蜂的管理法、蜂蜜、蜜源植物。

收藏单位：国家馆

03905

最新实验养蜂学大全 文森绵著

［北平］：养蜂研究会，1930.4，234页，22开

本书内容包括：养蜂对于人生之利益、我国古代之养蜂、外国之养蜂业、我国现代之养蜂业、蜜蜂个体之研究、蜜蜂贮蜜之情形、对于蜜蜂巢内各种工作之观察、雏蜂之育成、蜂王之育成、雄蜂之育成、自然分封之现象、蜂群之种类、养蜂之气候及地宜、蜂群之选定等。

收藏单位：首都馆

03906

最新实验养蜂学讲义 李俊著 黄子固校

北平：李林园蜂场，1928.3，220页，32开（李俊出版物2）

北平：李林园蜂场，1930.3，增订再版，220页，32开（李俊出版物2）

北平：李林园蜂场，1933.5，增订3版，220页，32开（李俊出版物2）

本书共14篇：蜂群之组织、蜜蜂之生活状况、蜂之采集物、蜂种、蜂之生理、蜂之病理、养蜂器具、器群之管理、养王、渡冬、采蜜及制蜡、家庭蜂场、专业蜂场、杂录。

收藏单位：国家馆、绍兴馆、首都馆

03907

最新收蜜法（附制蜡法） 张伯衡译著

北京：北京广安门车站兴农园，1923，50页，32开

收藏单位：国家馆、南京馆

03908

最新养蜂法 刘大纶编

上海：商务印书馆，1920.12，63页，32开

上海：商务印书馆，1921.6，再版，63页，32开

上海：商务印书馆，1922.5，3版，63页，32开

上海：商务印书馆，1924，4版，63页，32开

上海：商务印书馆，1928，5版，63页，32开

本书内容包括：养蜂之旨趣、养蜂之预备、养蜂地选择法、巢箱、蜂王之交配、蜂卵之发达、分封、养蜂月令等。

收藏单位：重庆馆、国家馆、首都馆、西南大学馆、浙江馆

03909
最新养蜂学　黄子固著
北平：李林园养蜂场，1937.7，571 页，21 开

本书内容包括：养蜂大意、养蜂始业、养蜂名词、世界养蜂状况、蜂种、蜜蜂生理发育之顺序、蜜蜂生理之构造、蜜蜂之生活状况、巢箱、蜂具等。

收藏单位：国家馆

03910
最新养蜂研究法　冯俊卿编辑
上海：养蜂研究社，1930.2，144 页，32 开

本书其他题名：自然人工养蜂研究法、养蜂研究法。

收藏单位：安徽馆、首都馆

水产、渔业

03911
广东建设厅水产试验场一周年纪念册　广东建设厅水产试验场编
[广州]：广东建设厅水产试验场，1930.7，362 页，16 开

本书分 6 部分：论文、报告、计划、译述、专载、法规。内容包括：本场今后之方针、一点小贡献、横拖渔业试验之意旨、对于粤省水产事业的我观、本场成立一周年之经过、香洲气象报告表等。目录页书名题：一周年纪念特刊。

收藏单位：国家馆、上海馆

03912
国立高级水产职业学校概况　国立高级水产职业学校编
平湖：国立高级水产职业学校，1948.10，1 册，32 开

收藏单位：南京馆

03913
河北省立水产专科学校迁校计划书　河北省立水产专科学校编
天津：河北省立水产专科学校，1933.2，26 页，16 开

本书共 12 部分：缘起、北戴河海滨图、校址地形图、校舍工厂分配图、建筑预算说明书、迁校建筑及设备费、分年建筑、工作计划、迁校利点、附言、本校统系表、二十一年度经常费概算表。

收藏单位：国家馆

03914
河北省立水产专科学校一览　河北省立水产专科学校编
天津：河北省立水产专科学校，1932.6，62 页，16 开
天津：河北省立水产专科学校，1934.6，85 页，16 开
天津：河北省立水产专科学校，1936.5，111 页，16 开

本书内容包括：校旗校徽校章、校歌、校事纪要、学校组织大纲、本校毕业学生录、在校学生录、现任教职员录及前任教职员录等。

收藏单位：广东馆、广西馆、国家馆、河南馆、湖南馆、近代史所、南京馆、上海馆、首都馆、天津馆、浙江馆

03915
河北省立水产专科学校组织大纲、办事总则、学则、各项规章　河北省立水产专科学校编
天津：河北省立水产专科学校，1935，102 页，22 开

收藏单位：国家馆

03916
江苏省立水产学校学则　江苏省立水产学校编
[镇江]：[江苏省立水产学校]，1936 重印，

21 页，28 开

收藏单位：重庆馆

03917

江苏省立水产职业学校校友通讯录

[镇江]：[江苏省立水产职业学校]，1948.7，80 页，32 开

本书收录了江苏省立水产职业学校在校校友（教职员）、离校校友（教职员）、离校校友（学生）、毕业校友、在校校友（学生）等通讯录。书前序言介绍了该校的发展历程，书末附该校校友总会理监事名单。

收藏单位：南京馆

03918

江西省建设厅养鱼实验场廿九年工作检讨三十年工作计划　江西省政府建设厅养鱼实验场编

江西省政府建设厅养鱼实验场，1940.12，32 页，23 开

本书共两章：本年工作总结、来年工作计划书。书中介绍了江西省政府建设厅养鱼实验场的设立经过、内部组织、设备等情况。

收藏单位：重庆馆

03919

石浦渔业之调查　王宁适编

[宁波]：宁波民众教育馆，1936.11，11 页，大 16 开

本书内容包括：石浦附近渔业区之分布、渔民帮别人数及船只种类数量、渔具及采捕方法暨价目等。

收藏单位：浙江馆

03920

实验养鱼学全书　李茂新编著

上海：科学书局，1916.9，430 页，22 开

本书共 14 章：总论上、总论下、淡水养鱼紧要关键、养殖略法、制造各法、鱼类之通证、甲壳类之通证、鱼产地及名称、水产之食盐、鲑鳟属之人工养殖精法、咸水鱼类养殖法、贝类之养法、渔业要旨等。书前附水产计划概论、水产计划总纲、水产事业改良谈等。为农业畜牧讲义。

收藏单位：首都馆

03921

水产常识纲要　吴贤岳编

杭州：星星书社，1932，32 页，32 开

本书共 4 章：我国的水产业、渔捞学、养殖学、制造学。

收藏单位：浙江馆

03922

水产动物学　江苏省立水产学校编

外文题名：Study on aquatic animals

上海：商务印书馆，1916.12，248 页，25 开

上海：商务印书馆，1930.12，再版，248 页，27 开

上海：商务印书馆，1933.4，国难后 1 版，248 页，32 开

上海：商务印书馆，1934.6，国难后 2 版，248 页，25 开

本书从脊索类、节肢类、软体类、棘皮类、腔肠类、海绵类、原生类 7 大类详细介绍了关于水产动物的相关专业知识。

收藏单位：安徽馆、重庆馆、东北师大馆、广东馆、广西馆、国家馆、河南馆、湖南馆、江西馆、辽大馆、南京馆、内蒙古馆、山西馆、首都馆

03923

水产浅话　震东著

天津：河北省立水产专科学校出版委员会，1934.10，24 页，32 开（水产通俗小丛书 1）

本书共 6 部分：水产是什么、水产养殖、渔捞、水产制造、世界水产业情况、我国水产业情况。

收藏单位：广西馆、国家馆、湖南馆、江西馆、南京馆、首都馆

03924

水产新编　顾鸣盛编译

上海：科学书局，1911，136 页，22 开

上海：科学书局，1914，3 版，136 页，22 开（农学丛书）

本书内容包括：总论、渔捞、制造、养殖、结论等。为日本农科大学课本。

收藏单位：安徽馆、广东馆、河南馆、湖南馆、首都馆、浙江馆

03925
水产学　关鹏万编
上海：商务印书馆，1919.2，91 页，32 开
上海：商务印书馆，1929.6，4 版，91 页，32 开
上海：商务印书馆，1934.3，国难后 1 版，91 页，32 开
上海：商务印书馆，1934.12，国难后 2 版，91 页，32 开
上海：商务印书馆，1936，国难后 3 版，91 页，32 开
上海：商务印书馆，1947.3，5 版，91 页，32 开

本书共 13 章：水产学之定义、水产学与其他各科学之关系、渔船、渔具、人工养殖法、保护繁殖法、普通鱼类养殖法、介类养殖法、藻类养殖法、食用品、肥料制品、工艺用品、药用品。为初级农业学校教科书。

收藏单位：安徽馆、东北师大馆、广东馆、广西馆、国家馆、辽大馆、内蒙古馆、上海馆、西南大学馆

03926
水产学　孙钰编著
上海：中华书局，1948.6，102 页，32 开

本书共 10 章：鱼之解剖生理、鱼之习性、鱼之品种、鱼苗之饲养、鱼群之饲养、鱼饵、疾病及害敌、虾之养殖、贝类之养殖、咸水养殖。

收藏单位：重庆馆、广东馆、国家馆、江西馆、辽大馆、南京馆、内蒙古馆、上海馆、西南大学馆

03927
水产学大意　关鹏万编
外文题名：Essential studies of marine products
上海：商务印书馆，1919.2，91 页，27 开
上海：商务印书馆，1919.12，再版，91 页，27 开
上海：商务印书馆，1924，3 版，91 页，27 开
上海：商务印书馆，1929.6，4 版，91 页，32 开
上海：商务印书馆，1934.12，国难后 2 版，91 页，32 开
上海：商务印书馆，1947.3，5 版，91 页，32 开

本书共 4 编：总论、渔捞、制造、养殖。内容包括：水产学之定义、水产学与其他各科学之关系、渔船、渔具、人工养殖法、保护繁殖法、普通鱼类养殖法、介类养殖法、藻类养殖法、食用品、肥料用品、工艺用品、药用品。为初级农业职业学校教科书。农业学校用书。

收藏单位：重庆馆、广西馆、国家馆、河南馆、湖南馆、辽师大馆、首都馆、天津馆、浙江馆

03928
浙江省水产试验场概况　浙江省水产试验场编
外文题名：The Chekiang provincial fisheries experiment station
定海：浙江省水产试验场，1936.2，[12] 页，16 开（浙江省水产试验场特刊 1）

本书内容包括：沿革、组织、职员、设备、经费、工作概况、出版物。

收藏单位：国家馆、浙江馆

03929
直隶省立甲种水产学校一览　赵思和　李炳垣著
天津：直隶省立水产学校，1917.1，[174] 页，18 开

本书共 10 章：纪要、章程、职务、规则、文牍、资产、经费、表簿、人员、杂纂。

收藏单位：国家馆、天津馆

03930
中等水产学　周监殷　鱼华仙编
上海：中华书局，1928.5，156 页，32 开
上海：中华书局，1939.5，4 版，156 页，32 开
上海：中华书局，1939.5，5 版，156 页，32 开

本书内容包括：水产业之沿革、水产学之

定义、水产动植物概说等。为新学制农业教科书。

收藏单位：重庆馆、广东馆、广西馆、国家馆、河南馆、湖南馆、江西馆、南京馆、宁夏馆、浙江馆

水产地区分布、水产志

03931
崇明岛产鱼志 （日）木村重著
上海：上海自然科学研究所，1935.10，29页，16开（上海自然科学研究所汇报 第5卷 别册17）（中国淡水鱼之生物学的研究 第3报）

本书内容包括：崇明岛之生物地理、崇明岛之渔法、养殖、崇明岛与产卵场之关系等。

收藏单位：上海馆

03932
东沙岛海产调查初步简明报告 陈子英 曾呈奎合编
厦门：厦门大学，1933，9页，25开

本书印自《厦大周刊》第13卷第7期。

收藏单位：广东馆

03933
胶州湾海产动物采集团第二期及第三期采集报告 张玺 马绣同著
北平：国立北平研究院总办事处出版课，1936.10，176页，16开（国立北平研究院动物学研究所中文报告汇刊17）

本书内容包括：照片四幅、绪言、各站获得动物之一般、各站所得之主要动物、主要动物之分布、各站动物多少之比较、海水之理化性质、胶州湾海水之温度等。

收藏单位：广东馆、国家馆、上海馆、浙江馆

03934
胶州湾海产动物采集团第一、二期测量报告
[北平]：国立北平研究院，[1936]，[50]页，16开

本书内容包括：绪言、仪器及方法之说明、测量日记、测量及分析记录、结论、测量纪略等。青岛市政府暨国立北平研究院合组胶州湾海产动物采集团、青岛市观象台参加。

收藏单位：国家馆

03935
胶州湾海产动物采集团第一期采集报告 张玺著
北平：国立北平研究院出版课，1935.8，95页，16开（国立北平研究院动物学研究所中文报告汇刊11）

本书内容包括：采集团之缘起及组织、采集之主要工具、各区采得标本之一般、海水之理化性质、采集区内所得主要动物之分布、各站动物之比较。为《国立北平研究院院务汇报》第6卷第4期抽印本。

收藏单位：国家馆、上海馆、浙江馆

03936
闽中海错疏 （明）屠本畯著 徐惇补疏
上海：商务印书馆，1937.3，36页，32开（万有文库 第2集356）（国学基本丛书）

本书共3卷，其中闽海水族、凡鳞部2卷，共167种；介绍1卷，共90种。附非闽产物海粉、燕窝2种。书末有自跋。

收藏单位：安徽馆、重庆馆、大理馆、大连馆、大庆馆、东北师大馆、国家馆、黑龙江馆、湖南馆、辽师大馆、内蒙古馆、宁夏馆、绍兴馆、天津馆、西南大学馆、浙江馆

03937
日本统治下的台湾水产 中央设计局台湾调查委员会编
中央训练团，1945.3，28页，32开

本书共9章：概说、水产设施、主要鱼族分布状态、水产业、水产制造业、制盐业、养殖业、水产业商号鱼市及水产贸易、水产业之将来。为中央训练团台湾行政干部训练班参考资料。

收藏单位：国家馆、南京馆

03938
上海食用鱼类图志　徐季抟编著
外文题名：Common food fishes of Shanghai
上海：上海市立渔业指导所，1935.11，72 页，18 开
本书共 4 编，介绍淡水食用鱼、海水食用鱼及虾、蟹、蚌、蛤等 72 种，均有附图。另附烹调法、1933—1934 年上海市重要鱼类消费总量及单价比较表。
收藏单位：广东馆、国家馆、上海馆、浙江馆

03939
西江鱼苗调查报告书　林书颜编著
[广州]：广东建设厅农林局推广课，1933 夏，44 页，23 开（报告丛书 9）
收藏单位：桂林馆

03940
中国食用淡水鱼类志（卷上）　宋修阜译编
青岛：青岛鱼市场出版委员会，1948.9，46 页，32 开（甲种水产丛书）
本书共 15 章：鲟鱼科、虱目鱼科、鰊鱼科、鳀鱼科、鲑科、纽摩顺科、脍残鱼科、鲤科、鲶科、狗鱼科、鳢科、鲻鱼科、鲈科、鲿科、鳗科。
收藏单位：广东馆、国家馆、南京馆、浙江馆

03941
中国鱼苗志　陈椿寿　林书颜著
定海：浙江省水产试验场，1935.11，44 页，16 开（浙江省水产试验场水产汇报 第 1 卷 4）
本书内容包括：鱼类的生活、分布、产卵及鱼苗搬运、饲养、产销等。
收藏单位：浙江馆

水产资源

03942
胶州湾海产动物采集团第四期采集报告　张玺　马绣同著
北平：国立北平研究院总办事处出版课，1949.8，1 册，16 开（国立北平研究院动物学研究所中文报告汇刊 17）
本书介绍了胶州湾海的水产资源分布情况。
收藏单位：广东馆、浙江馆

03943
鄞县渔业调查报告　林茂春　吴玉麒编
定海：浙江省水产试验场，1936.4，28 页，16 开（浙江省水产试验场水产汇报 第 2 卷 2）
本书内容包括：鄞县渔区概况、渔业种类、渔村概况等。
收藏单位：南京馆、浙江馆

水产保护学

03944
池鱼针虫防治法　广东建设厅农林局水产系编
广州：广东建设厅农林局推广课，1934，8 页，32 开
广州：广东建设厅农林局推广课，1935，再版，10 页，32 开（推广丛书 40）
本书初版题名为：针虫防治法。
收藏单位：广西馆

03945
普陀之紫菜　陈椿寿　高德培著
定海：浙江省水产试验场，1936.9，6 页，16 开（浙江省水产试验场水产汇报 第 2 卷 6）
本书内容包括：紫菜种类、习性等。
收藏单位：浙江馆

03946
鱼虱之预防及治疗法　广东建设厅农林局水产系编
广州：广东建设厅农林局推广课，1933 夏，4 页，32 开
广州：广东建设厅农林局推广课，1933 秋，再版，4 页，32 开

广州：广东建设厅农林局推广课，1933 冬，3 版，4 页，32 开（推广丛书 27）
广州：广东建设厅农林局推广课，1934，4 版，4 页，32 开（推广丛书 27）
收藏单位：重庆馆、广西馆

水产工程

03947
建造鱼池须知 农林部淡水鱼养殖场丛刊室编辑
农林部淡水鱼养殖场丛刊室，1942.5，12 页，32 开（鱼类养殖推广丛书 第 1 种 3）
本书内容包括：绪言、造池前应有之注意与检定、鱼池之种类、造池的工程、流水式池及其构造。
收藏单位：国家馆

水产养殖技术

03948
保护亲鱼浅说 农林部淡水鱼养殖场丛刊室编辑
农林部淡水鱼养殖场丛刊室，1941.9，6 页，36 开（鱼类养殖推广丛书 第 1 种 1）
本书共 4 部分：什么叫做亲鱼、为什么要保亲鱼、那几种是重要的亲鱼、怎样去保护亲鱼。
收藏单位：重庆馆、国家馆

03949
池塘养鱼浅说 江西省政府建设厅编
[南昌]：江西省政府建设厅，1940.7，24 页，23 开
本书内容包括：池塘养鱼的场所、设备、鱼种、放养量、饲料、投饵量、池塘之天然生产量等。
收藏单位：重庆馆、浙江馆

03950
池塘养鱼浅说 农林部淡水鱼养殖场丛刊室编
农林部淡水鱼养殖场丛刊室，1941.9，8 页，36 开（鱼类养殖推广丛书 第 1 种 2）
收藏单位：国家馆

03951
淡水产供食鱼养殖法浅说 上海市渔业指导所编
上海：上海市渔业指导所，1933.4，19 页，25 开（小册 2）
本书共 8 章：鱼池、鱼种及放养数、饵料、鱼病及害敌、工作的分配、捕获、运搬、经济情形。
收藏单位：国家馆、上海馆

03952
淡水大虾龙虾养殖法 王净沙编译
上海：中国农业书局，1937.3，134 页，32 开
本书共 9 章：绪论、淡水大虾之产地、形态与习性、养殖场之选定与养殖法、与鲤鳗等之混养、饵料、搬运法、外敌、烹调上之注意。封面题名：淡水大虾附龙虾养殖法。书脊题名：淡水大虾养殖法。
收藏单位：国家馆、南京馆、上海馆、西南大学馆

03953
稻田养鲤法 陆稻香著
[广州]：广东建设厅农林处，[1941.2]，20 页，32 开
本书内容包括：稻田养鲤之利益、稻田之选定、稻田之设备、稻田之放水期与水深及放养之时期、稻田之肥料、鲤鱼之放饲、稻苗之植法等。
收藏单位：国家馆、南京馆

03954
稻田养鲤实施法 广东建设厅农林局水产系编
[广州]：广东建设厅农林局推广课，1935，16 页，32 开（推广丛书 45）
本书内容包括：稻田养鲤之利益、养鲤稻

田之设备、鲤鱼之处理法、鲤鱼与肥料等。
收藏单位：重庆馆、广西馆

03955
稻田养鱼浅说 农林部淡水鱼养殖场丛刊室编
农林部淡水鱼养殖场丛刊室，1943.1，6页，32开（鱼类养殖推广丛书 第1种4）
本书内容包括：鱼类之选择、养鱼稻田应具之条件、养鱼稻田之整理、稻田养鱼之处理、饲料投给法、稻田养鱼管理等。
收藏单位：重庆馆、国家馆

03956
鳜鱼饲养法 广东建设厅农林局优良种苗繁殖场编
广州：广东建设厅农林局推广课，1934，14页，32开（推广丛书42）
收藏单位：广西馆

03957
金鱼丛谈 许和编
上海：新中华图书公司，1935.12，182页，32开
本书收有饲养金鱼文章17篇，内有图照44帧。
收藏单位：黑龙江馆、上海馆

03958
金鱼的变异与天演 陈桢著
北京：科学出版社，1925，304—330页，32开
本书为《科学》第10卷第3期摘印本。
收藏单位：国家馆

03959
金鱼的饲养法 胡一臧编译
上海：商务印书馆，1935.3，89页，32开
上海：商务印书馆，1935.5，2版，89页，32开
本书共13章，内容包括：金鱼的生物史、金鱼的色相与种类、金鱼的系统图、畜养金鱼的容器、金鱼与水的关系、金鱼的防护物、金鱼的食物等。
收藏单位：安徽馆、重庆馆、广东馆、国家馆、黑龙江馆、湖南馆、江西馆、内蒙古馆、农大馆、上海馆、绍兴馆、首都馆

03960
金鱼饲养法 吴吉人著
上海：鱼乐国有限公司，1934.1，44页，64开
本书内容包括：金鱼饲养实验、第二次试验饲养的结果、王先生的养鱼法、金鱼产卵程序等。
收藏单位：国家馆、上海馆

03961
金鱼饲养实验谈 张元贤编辑
上海：元昌广告公司，1935.7，39页，50开
上海：元昌广告公司，1935.9，再版，39页，50开（万有丛书1）
本书内容包括：饲养金鱼的准备、金鱼的种类、饲养的要诀、金鱼的防护、产卵、金鱼的疾病和治疗法、金鱼与水藻的关系、每天饲养的程序等。
收藏单位：国家馆

03962
金鱼养育法 （德）赫各莫腊透著 照士 啸翁译
上海：商务印书馆，1917.6，58页，32开（百科小丛书）
上海：商务印书馆，1917.10，再版，[96]页，32开
上海：商务印书馆，1920，3版，[96]页，32开
上海：商务印书馆，1922，4版，[96]页，32开
上海：商务印书馆，1930，6版，58页，32开
上海：商务印书馆，1934.2，国难后1版，[94]页，32开（百科小丛书）
上海：商务印书馆，1934.8，国难后2版，86页，32开（百科小丛书）
上海：商务印书馆，1935.7，国难后3版，86页，32开（百科小丛书）
本书内容包括：历史、总说、种类、鱼

眼、金鱼之评判、位置、鱼缸之制造、水草、装置法、换水法、普通护育法、鱼沼、各沼之建筑、鱼体之解剖、生产法、产休布置法等。

收藏单位：重庆馆、广东馆、广西馆、国家馆、河南馆、黑龙江馆、辽大馆、南京馆、内蒙古馆、清华馆、上海馆、首都馆、浙江馆

03963
静水池养鱼浅说 李象元编
[南京]：农林部农业推广委员会，1946.1，15 页，32 开（农业推广浅说 7）

本书共 6 部分：几种重要池鱼之习性、静水池之建造、鱼种及放养数量、池鱼之饲料及投给法、池鱼管理、出池与整理鱼池。

收藏单位：国家馆

03964
科学化金鱼饲养法 林汉达编著
上海：世界书局，1938.6，74 页，32 开
上海：世界书局，1941.5，再版，74 页，32 开

本书介绍了金鱼的历史、特点、种类以及养法。书口书名题：金鱼饲养法。

收藏单位：安徽馆、重庆馆、黑龙江馆、江西馆、南京馆、内蒙古馆、上海馆、西南大学馆、浙江馆

03965
流水式养鱼法 广西省政府农业管理处编
广西省政府农业管理处，22 页，32 开（渔业丛书 3）

本书内容包括：流水池在养鱼上之价值、饲养之鱼类、饲养问题、地点之选定等。题名和责任者取自封面。

收藏单位：桂林馆

03966
流水式养鱼法 江西省政府建设厅编
[南昌]：江西省政府建设厅，1940，26 页，23 开

本书共 12 章，内容包括：流水池在养鱼上之价值、饲养之鱼类、饲养问题、地点之选定、造池、饲养方法、养鱼器具等。

收藏单位：重庆馆、浙江馆

03967
鳗与鳖 胡宜庐编著
上海：中国农业书局，1937.1，208 页，36 开，精装（农村副业丛书 1）

本书共两篇，分鳗与鳖。内容包括：种类与形态、养殖、疾病与害敌、养鳗经济、总论等。

收藏单位：广东馆、上海馆

03968
墨鱼发生之研究 林书颜撰
定海：浙江省水产试验场，1935.12，24 页，16 开（浙江省水产试验场水产汇报 第 1 卷 5）

本书内容包括：墨鱼的卵、精荚及精虫、受精作用、卵之分裂、胚胎之构成、孵化时间等。

收藏单位：浙江馆

03969
热带鱼 冯焕文编述
上海：中国农业书局，1940.12，122 页，32 开

本书内容包括：概说、养鱼初步、水族器内的水、水草等。编述者原题：翰章。

收藏单位：国家馆

03970
热带鱼蓄养法 马怀西译
[上海]：现代热带鱼场，1939.12，130 页，25 开，精装

本书内容包括：水族学原理及管理、氧、光、温度、饲养、鱼的食物、活的食物、鱼的仇敌、鱼的疾病、普通的管理法等。

收藏单位：南京馆

03971
人工孵鱼法 张伯衡编
北京：直隶书局，1924.8，11 页，32 开

本书内容包括：鲑鱼之孵化饲养法、鳟鱼鲤鱼孵化饲养法等。

收藏单位：国家馆

03972
石花菜培养基之制法 屠宝琦著
[热带病研究所]，1932.2，7页，18开（热带病研究所刊物）
收藏单位：国家馆

03973
实利养蛙法 黄中成编著
上海：成善出版社，1934.6，66页，32开
上海：成善出版社，1937.7，66页，32开
本书内容包括：养蛙之利益、蛙的面面观、蛙种的选择、蛙池布置法、蛙池掘筑法、利用稻田养蛙的讨论等。
收藏单位：广西馆、国家馆、浙江馆

03974
实利养蛙法 黄中成编著
上海：德园家禽函授学校，1936.3，再版，66页，32开
收藏单位：国家馆、上海馆

03975
实验养鱼法 廉建中编
世界书局，1936，57页，32开
世界书局，1943.5，57页，32开
世界书局，1947.9，2版，57页，32开
本书内容包括：养鱼法总论、养鱼法分论、养鱼法种类及繁殖、养鲤鱼法、养金鱼法等。
收藏单位：广西馆、国家馆、辽大馆、辽宁馆、南京馆、上海馆、浙江馆

03976
实用养鲤法 陆精治著
学术研究会，1932.5，100页，32开（学术研究会丛书）
本书共7章：鲤鱼、养鲤池、鲤鱼之蕃殖、鲤鱼之饵料、鲤鱼之育成、鲤鱼之病害、稻田养鲤法。
收藏单位：重庆馆、广东馆、国家馆、南京馆、浙江馆

03977
实用养鱼法 江蝶庐编
上海：广益书局，1940.1，102页，32开
本书共10章：养鲤鱼法、养金鱼法、养鳗鱼法、养鲻鱼法、养鳖鱼法、养鲑鱼法、养鳟鱼法、养鳕鱼法、养比目鱼法、各种捕鱼法。
收藏单位：安徽馆、重庆馆、广西馆、江西馆

03978
实用养鱼法 江蝶庐编
上海：新民书局，1932.7，102页，32开
上海：新民书局，1935.7，102页，32开
上海：新民书局，1935，再版，102页，32开
上海：新民书局，1936.3，102页，32开
收藏单位：重庆馆、广西馆、国家馆、河南馆、江西馆、内蒙古馆、首都馆、浙江馆

03979
实用养鱼法 刘桐身编纂
上海：商务印书馆，1936.10，194页，32开（农学丛书）
上海：商务印书馆，1939.5，再版，194页，32开（农学丛书）
本书分总论、各论两篇，总论共8章：鱼池、池水、鱼种、放养数、饵料、鱼病（附害敌）、蓄养及冬围、活鱼运搬；各论共7章：鲢鱼养殖法、青鱼养殖法、草鱼养殖法、鲤鱼养殖法、鲫鳊养殖法、鳗鲻养殖法、蛙鳖养殖法。书末附养鱼月历。
收藏单位：安徽馆、重庆馆、广东馆、广西馆、国家馆、黑龙江馆、湖北馆、湖南馆、吉林馆、江西馆、辽宁馆、南京馆、内蒙古馆、宁夏馆、青海馆、山西馆、陕西馆、首都馆、天津馆、新疆馆、云南馆、浙江馆

03980
实用养鱼全书（一名，水产养殖法） 杨占春编著
上海：中国农业书局，1942.5，8版，306页，22开
本书共2编：淡水养法、咸水养殖。第1

编共2章：各论、鲑鳟属人工养法；第2编共3章：鱼类之养法、贝类之养法、海藻类之养法。书前总论介绍了养殖生物之范围、养殖之起源及沿革、养殖法与其学理。版权页题名为：养鱼全书，一名，水产养殖法。

收藏单位：山西馆

03981

食用蛙 王净沙编

上海：中国农业书局，1937.4，179页，36开（农村副业丛书）

上海：中国农业书局，1941.11，再版，179页，36开（农村副业丛书）

本书共7章：食用蛙、欧美诸国养蛙事业之概况、食用蛙之养殖方法、日本之养蛙试验、美国之养蛙法、食用蛙之搬运法、余论。附录广东田蛙及其养殖法、食用蛙饲养法。

收藏单位：广东馆、国家馆、上海馆、西南大学馆

03982

食用蛙饲养法 章乃焕著

昆明：中华书局，1940，88页，36开（实用农业小丛书7）

本书共9章：导论、食用蛙之种类、蛙之习性、蛙之生理、蛙池与蛙具、繁殖、饲养、种蛙之购入与贩卖、蛙肉之市场与加工。

收藏单位：重庆馆、广东馆、国家馆、河南馆、黑龙江馆、江西馆、辽宁馆、上海馆

03983

水产养殖法（一名，养鱼全书）（日）日暮忠 （日）越田德次郎著 杨占春译

上海：新学会社，1914.4，12+306页，23开

上海：新学会社，1919.7，2版，12+306页，23开

上海：新学会社，1926，4版，12+306页，23开

上海：新学会社，1929.11，5版，12+306页，23开

上海：新学会社，1932.11，6版，12+306页，23开

上海：新学会社，1933，7版，12+306页，23开

本书共2编：淡水养法、咸水养殖。第1编共2章：各论、鲑鳟属人工养法；第2编共3章：鱼类之养法、贝类之养法、海藻类之养法。书前总论介绍了养殖生物之范围、养殖之起源及沿革、养殖法与其学理。

收藏单位：重庆馆、广西馆、国家馆、黑龙江馆、江西馆、南京馆、首都馆、浙江馆

03984

水田养鱼浅说 江西省政府建设厅编

[南昌]：江西省政府建设厅，1941.4，14页，23开

本书内容包括：水田养鱼之种类、水田养鱼与稻作之关系等。

收藏单位：重庆馆、浙江馆

03985

水族相养器 董纯才编 陶行知校

上海：儿童书局，1931.10，25页，25开（儿童科学丛书）

上海：儿童书局，1932.6，再版，25页，25开（儿童科学丛书）

上海：儿童书局，1933.2，3版，25页，32开（儿童科学丛书）

本书校者原题：陶知行。

收藏单位：广西馆、贵州馆、江西馆、首都馆

03986

蛙鳖养殖法 周㑇千编译

南京：正中书局，1939.4，99页，25开（农学丛书）

上海：正中书局，1947.12，沪1版，99页，25开（农学丛书）

本书共两篇：食用蛙的养殖法、养鳖法。第1篇共6章：食用蛙、欧美诸国的养蛙事业、食用蛙的养殖法、日本的养蛙试验、美国的养蛙业、蛙的运搬方法；第2篇共7章：总论、种类和习性、池的构造、饲育、饲料、成长状态和雌雄的辨别、鳖的保护。

收藏单位：国家馆、内蒙古馆、上海馆、西南大学馆、浙江馆

03987
蛙和蟾蜍 胡钟瑞著 赵景源校
上海：商务印书馆，1933.12，34页，32开（小学生文库 第1集 动物类）
上海：商务印书馆，1936.3，40页，32开
本书内容包括：蛙的形态、蛙的发生、蛙的生活、蛙的感受、蛙对于人类的关系、几种常见的蛙类等。
收藏单位：重庆馆、东北师大馆、湖南馆、上海馆、首都馆

03988
养黄河鱼鲤浅说 山东省建设厅全省农业推广委员会编
上海：山东省建设厅全省农业推广委员会，1936，26页，16开
收藏单位：首都馆

03989
养蛙实验录 （美）赖夫立著 黄中成译述
外文题名：Practical frog raising
上海：德园家禽函授学校，1936.8，94页，32开
本书内容包括：美国养蛙业之沿革、日本之养蛙业、养蛙业之前瞻、适合饲养之蛙种、珍宝巨蛙之生活史、蛙之疾病、养蛙漫谈、养蛙场之地位、养蛙场之设计等。书末附日本养蛙法。
收藏单位：广东馆、上海馆

03990
养鱼常识 中央陆军军官学校特别训练班编
中央陆军军官学校特别训练班，1936，46页，32开
本书共4章：总论、养鱼法、繁殖保护法、各种鱼类饲养法。
收藏单位：重庆馆

03991
养鱼法 陈椿寿著
上海：商务印书馆，1930，66页，32开（万有文库 第1集644）（农学小丛书）
上海：商务印书馆，1931.4，66页，32开（万有文库 第1集644）（农学小丛书）
上海：商务印书馆，1933.11，66页，32开（农学小丛书）
上海：商务印书馆，1934.4，再版，66页，32开（农学小丛书）
上海：商务印书馆，1934，3版，66页，32开（农学小丛书）
上海：商务印书馆，1935.7，5版，66页，32开
上海：商务印书馆，1937.3，6版，66页，32开
长沙：商务印书馆，1939，7版，66页，32开（农学小丛书）
本书共8章：总论、通论、各论、人工繁殖法、湖中养鱼法、海中养鱼法、蓄养法、繁殖保护。
收藏单位：安徽馆、重庆馆、大理馆、大连馆、东北师大馆、广西馆、贵州馆、国家馆、黑龙江馆、湖南馆、江西馆、辽大馆、辽宁馆、辽师大馆、内蒙古馆、宁夏馆、上海馆、绍兴馆、天津馆、浙江馆

03992
养鱼法 朱碧光著
上海：正中书局，1936，30页，32开（特教丛刊8）
重庆：正中书局，1940，30页，32开（特教丛刊8）
重庆：正中书局，1942，4版，30页，32开（特教丛刊8）
重庆：正中书局，1946，30页，32开（特教丛刊8）
上海：正中书局，1946，沪1版，30页，32开（特教丛刊8）
上海：正中书局，1947.10，沪4版，30页，32开（特教丛刊8）
本书共5章：总说、鱼池之建筑、鱼类之放殖及养成、饲料、病害防除。
收藏单位：重庆馆、东北师大馆、国家馆、江西馆、南京馆、宁夏馆、上海馆、首都馆

03993
养鱼浅说 广东建设厅农林局水产系编
广州：广东建设厅农林局，1933夏，20页，32

开
广州：广东建设厅农林局，1933 秋，2 版，20 页，32 开
广州：广东建设厅农林局，1934 春，3 版，20 页，32 开
广州：广东建设厅农林局，1936，4 版，20 页，32 开（推广丛书 8）

本书共 9 章：鱼池、鱼种及放养数、饵料、鱼之害敌及其预防法、鱼之疾病及其预防法、工作之分配、捕获、运搬、经营及收益。

收藏单位：广西馆

03994
养鱼浅说　广东省建设厅农林处编
广东省建设厅农林处，16 页

收藏单位：南京馆

03995
养鱼浅说　江苏省立民众教育院　劳农学院研究部编
江苏省立民众教育院研究部、江苏省立劳农学院研究部，14 页，32 开（注音农民小丛书）

本书内容包括：造池、鱼种、食饵、鱼儿的养成、总结。

收藏单位：国家馆

03996
养鱼浅说（青鱼草鱼鲢鱼之饲养法）　江苏省立渔业试验场编
上海：江苏省立渔业试验场，1934.9，16 页，32 开（水产通俗丛书 1）

03997
养殖真珠之研究　金之玉编
农林部真珠贝养殖场，1949，26 页，32 开

03998
鱼　伍志一编
上海：商务印书馆，1948.8，修订 1 版，18 页，32 开（幼童文库 第一集 自然类）（修订幼童文库初编）

本书以图文结合的形式，介绍了鱼体的构造、鱼类繁殖等知识。

收藏单位：广东馆

03999
渔业研究集　周氏著
[广州]：李莲食物研究所，1941.10，36 页，16 开

本书收入文章 8 篇：《鳁油丁种维生素的含藏》《一百万尾鳟的养殖设计》《鲑的养殖实验》《鲤的天然及人工的营养饲料》《鲤的生殖》《加拿大云高华岛鲑的标志经过》《美国西雅图海边实习录》《美国水产贝壳工业》。

收藏单位：广东馆、国家馆

04000
造池养鱼须知　广东建设厅农林局水产系编
广州：广东建设厅农林局推广课，1937，24 页，32 开（鱼类养殖丛书 1）

收藏单位：广西馆

04001
造池养鱼须知　广西鱼类养殖实验场编辑
广西鱼类养殖实验场，1937.3，24 页，32 开（鱼类养殖丛书 1）

本书内容包括：概言、造池前应有之注意与检定、鱼池之种类、造池之工程、流水池及其构造等。题名和责任者取自版权页。

收藏单位：桂林馆

04002
怎样养金鱼　吴德铭著　周建人校
上海：商务印书馆，1933.10，43 页，32 开（小学生文库 第 1 集 农业类）
上海：商务印书馆，1934.3，再版，43 页，32 开

本书内容包括：金鱼的形态、金鱼的种类、金鱼的饲养法、水和容器、换水、日覆和冬围、水草、金鱼的繁殖和幼鱼的饲育、金鱼的疾病和害敌。

收藏单位：重庆馆、东北师大馆、贵州馆、首都馆

04003
最新养鲤法　史公山编著
南京：正中书局，1937.4，185页，23开（农学丛书）
上海：正中书局，1947.12，沪1版，185页，23开（农学丛书）
本书共13章：鲤之养殖总说、池中养殖法、稻田养殖法、溜池养殖法、流水式养殖法、温泉养鲤法、利用冷水及涌泉之养鲤法、养鱼池水质论、饵料与肉味、蓄养法、冬围法、运搬法、鱼病及害敌。
收藏单位：重庆馆、广东馆、国家馆、浙江馆

04004
最新养蛙法　（日）部坂晋三著　黄中成编译
[上海]：成善出版社，1937.7，42页，32开
本书内容包括：种类、食用蛙输入日本之时期、着手研究养蛙、新法养蛙的成功、蛙的销路问题、吃蛙风尚的发起、蛙在医药上的价值、蛙的风味、养蛙的方法、蛙池与围壁、堤岸、防空、饲育法、每日给饵时间、养蛙的利益、蛙的功用等。附译者著《养蛙杂录》。
收藏单位：上海馆

水产捕捞

04005
V.D.式机轮拖网渔业　李祖超编著
外文题名：Vigneron dahl gear trawl fishery
台北：李祖超[发行者]，1947.12，118页，32开
本书共23章，内容包括：V.D.式机轮拖网渔业之特点、机轮拖网渔业之沿革、鱼类移动与饵料之关系、渔场、渔轮、副渔具等。
收藏单位：上海馆、浙江馆

04006
捕鱼　张慧君编著
[南京]：正中书局，1939.4，33页，32开
[上海]：正中书局，1946.12，沪1版，33页，32开（童子军小丛书）
[南京]：正中书局，1946.12，2版，33页，32开
本书共7章：训练标准、捕鱼的价值、捕鱼和养鱼的历史、捕鱼法、捕鱼的用具、钓鱼的技巧、养鱼的方法。为童子军野外露营活动中的一课。
收藏单位：广东馆、国家馆、河南馆、南京馆

04007
东北渔业图志　宋修阜译编
青岛：青岛鱼市场，1949.5，76页，32开（甲种水产丛书）
本书共两篇：淡水渔业、海洋渔业。内容包括：拉网、挂网、掩网、堵沟网、撒网渔业及其他网渔业和杂渔业等，内有46幅图、3张地图。
收藏单位：广东馆、国家馆

04008
墨鱼渔业试验报告　江苏省立渔业试验场　江苏省立水产学校编
江苏省立渔业试验场、江苏省立水产学校，[1935]，90页，25开
收藏单位：国家馆、南京馆、上海馆

04009
墨鱼渔业试验报告（民国二十四年八月）　江苏省立水产学校编
[镇江]：江苏省立水产学校，[1936]，36页，16开
本书共13章：照片、总说、试验经过、结论、渔场试验日志、放养池试验日志、渔获状况表、本年水温与渔获量比较图、本年比重与渔获量比较图、三年水温比较图、三年比重比较图、三年水温与渔获量比较图、三年比重与渔获量比较图。逐页题名：第三次墨鱼渔业试验报告。
收藏单位：国家馆、上海馆

04010
青岛沿海渔具解说　青岛特别市社会局经济

科编
青岛：青岛特别市社会局经济科，1939，28页，16开
　　收藏单位：首都馆

04011
网线材料及其纤维　张震东编
河北省水产专科学校出版委员会，1947.10，10页，16开（水产丛书 第2种）（渔具学补充资料1）
　　本书共6章：网线材料、网线性能与用途、网线构成、线之粗度与重量、网线之抗能力与伸长度、网线之吸水量与沉降力。
　　收藏单位：国家馆、南京馆

04012
渔捞浅说　徐建安编著
上海：上海市渔业指导所，1935.11，105页，32开
　　本书共9章：绪言、海洋、气象、渔场、渔期、渔船、渔具、渔法、渔获物处理法。附录包括：全国重要渔获物量值统计表、中国海报风例。
　　收藏单位：重庆馆、广东馆、广西馆、国家馆、南京馆、上海馆、首都馆、西南大学馆、浙江馆

水产物运输、保鲜、贮藏、加工、包装

04013
国产海藻之成份　黄海化学工业研究社编
乐山：黄海化学工业研究社，1942.8，4页，18开（黄海化学工业研究社调查研究报告24）
上海：黄海化学工业研究社，1949重印，4页，18开（黄海化学工业研究社调查研究报告26）
　　本书为国产海藻之成份的分析报告，研究所采品种由海藻植物学专家曾呈奎鉴别定名。正文著者题：魏文德。
　　收藏单位：国家馆、上海馆

04014
墨鱼干制试验报告　陈同白编
定海：浙江省水产试验场，1935.10，10页，16开（浙江省水产试验场水产汇报 第1卷3）
　　收藏单位：国家馆

04015
凝菜制造试验　陈琼璋著
定海：浙江省水产试验场，1937.2，6页，16开（浙江省水产试验场汇报 第3卷1）
　　本书介绍了凝菜试制过程，分本地海藻、牛毛菜、石花菜三种，分别介绍其形态、采集法与繁殖法，并对制造方法与成品检定作了说明。

04016
鱼苗运输改良法　广东建设厅农林局水产系编
广州：广东建设厅农林局推广课，1933.5，10页，32开（推广丛书33）
广州：广东建设厅农林局推广课，1933秋，2版，10页，32开（推广丛书33）
广州：广东建设厅农林局推广课，1934春，3版，10页，32开（推广丛书33）
广州：广东建设厅农林局推广课，1935，4版，更正版，10页，32开（推广丛书33）
　　本书内容包括：旧法运输鱼苗之利弊、打气机之用法、用打气机之利益等。
　　收藏单位：重庆馆、广西馆

04017
渔民用冰须知　浙江省水产试验场编
定海：浙江省水产试验场，1935.6，6页，32开（推广丛书1）
　　本书共3部分：冰的种类、冰的用法、用冰须知十条。
　　收藏单位：国家馆

题名首字汉语拼音检索表

（按题名首字汉语拼音音序排列，对应页码为题名索引页码）

C

cai

can

cang

cao

ce

cha

chang

chao

cheng

chi

chong

chou

chu

chuan

chuang

chun

cong

cui

D

da

dan

dao

zao

zen

zeng

zhan

zhang

zhe

zheng

zhi

zhong

zhou

zhu

zhuang

zi

zong

zui

zuo

题名索引

（按题名首字汉语拼音音序排列，题名尾部五位数码即该书的顺序号）

cang

cao

ce

cha

chang

chao

cheng

chi

chong

chou

de

di

dian

diao

ding

dong

G

gai

gan

gui

guo

H

hai

han

hang

he

hei

hong

hu

jian

jiang

jiao

jie

N

nai

nan

ni

nian

niao

ning

niu

nong

nü

O

ou

P

pan

pao

pei

pen

peng

pi

pin

ping

pu

Q

qi

qian

qiao

qin

qing

S

san

sang

sen

sha

shan

shang

shao

shen

sheng

shi

shou

shun

si

tie

tong

tu

tui

tun

W

wa

wai

yang

yao

ye

yi

zeng

zhan

zhang

zhe

zheng

zhi

zhong

ZUO